Y 5580
C/a.1.

Yf 3091

BIBLIOTHÈQUE
D'AUTEURS CLASSIQUES.

IMPRIMERIE D'ADOLPHE ÉVERAT ET Ce.,
rue du Cadran, n° 16.

MOLIÈRE.

OEUVRES
DE MOLIÈRE

AVEC LES NOTES

DE TOUS LES COMMENTATEURS.

DEUXIÈME ÉDITION PUBLIÉE

PAR L. AIMÉ-MARTIN.

TOME PREMIER.

A PARIS,

CHEZ LEFÈVRE, LIBRAIRE,

RUE DE L'ÉPERON, N° 6.

M DCCC XXXVII.

PRÉFACE

DE LA PREMIÈRE ÉDITION

PUBLIÉE DE 1824 A 1826[1].

Quel que soit le nombre des auteurs comiques qui ont enrichi notre scène, Molière est encore sans rival. Ce grand homme, dès ses premiers pas dans la carrière, atteignit le but de son art, et ne laissa à ses successeurs que l'alternative de le suivre ou de s'égarer. Ses comédies renferment donc la véritable poétique du genre; c'est là seulement qu'on peut espérer de découvrir quelques uns des secrets de ce génie qui se fait également sentir dans les jeux de Sganarelle, et dans les inspirations du Misanthrope; c'est là qu'on retrouve le siècle tout entier, la cour et la ville, les vices et les ridicules, les choses et les hommes. Aussi ne peut-on espérer de connoître Molière, si l'on n'étudie le temps où il a vécu, les livres où il a puisé, sa société, sa vie, ses passions, tout ce qui a ému son cœur, éclairé son esprit, inspiré son génie.

Frappé de ces idées, je commençai, il y a plusieurs années, une étude approfondie de cet auteur; mais je

---

[1] J'ai fait peu de changements à cette nouvelle édition. Toutefois, en revoyant mon travail avec soin, j'ai cru devoir y ajouter quelques notes critiques assez importantes, et tout ce que plusieurs années d'études ont pu m'apprendre sur Molière, sa vie, et ses ouvrages. (*Note de l'éditeur*, 1836.)

ne tardai pas à reconnoître mon insuffisance, et la nécessité de m'environner de tous les hommes de goût qui avant moi s'étoient occupés du même travail. Ce double examen, en me forçant à d'immenses recherches, m'enrichit d'un assez grand nombre de faits nouveaux, et de toutes les observations que je publie aujourd'hui sous la forme d'un *variorum*.

S'il m'étoit permis d'établir ici les règles de ce genre de travail, je dirois qu'un *variorum* ne doit pas, comme on a semblé le croire, être le recueil de tous les commentaires, mais seulement le choix de ce qu'ils ont d'excellent. Il faut d'abord éclairer son auteur, sans songer à se montrer soi-même ; éviter les répétitions, les discussions, l'érudition, ou, pour mieux dire, tout connoître, et n'écrire que ce qui est utile ; tout discuter, et ne donner que des résultats ; enfin les recherches minutieuses, le fatras scientifique du commentateur, doivent disparoître comme ces échafaudages qui offusquent la vue d'un palais, et qui cependant ont servi à le bâtir.

Remonter aux sources pour éviter les erreurs, et rendre à chacun ce qui lui appartient ; corriger les négligences, sans en faire l'objet d'une dissertation ; suppléer aux oublis de cette foule d'écrivains qui se succèdent en se copiant, par impuissance ou par paresse ; compléter leur travail après l'avoir rectifié, telle est la mission que se donne l'éditeur d'un *variorum*. Il doit être à-la-fois, pour ses devanciers, un ami officieux qui fasse valoir leurs recherches sans jamais s'en attribuer l'honneur, et un juge impartial qui efface leurs fautes sans jamais les en gourmander. Le nombre des notes importe peu. Eût-on, comme Scalesius, savant éditeur de Perse [1], le rare bonheur de joindre trois volumes de remarques à quinze feuillets de texte, si un goût exercé n'a présidé à ce travail, on en recueillera peu de gloire : le public ne tient pas compte du poids d'un livre, mais de sa bonté.

Les personnes qui voudront bien se souvenir que dans le *Racine* publié en 1820 j'ai donné le premier modèle d'un *variorum françois,* me pardonneront sans doute d'établir ici les règles que je m'efforçois de suivre alors, et dont le travail que je publie aujourd'hui me fait sentir de nouveau la nécessité.

Plusieurs critiques exercés, Riccoboni, Bret, Cailhava, MM. Petitot, Auger [2], et Le Mercier, ont rendu hommage au génie de Molière en étudiant ses ouvrages. D'autres écrivains, parmi lesquels on distingue Voltaire, Marmontel, J. J. Rousseau, d'Alembert, Diderot, La Harpe, Palissot, Chamfort, De Visé, le père Roger, les frères Parfait, MM. Geoffroi, et Després, se sont bornés à l'examen particulier de quelques pièces. Leur but étoit moins de les commenter que d'étudier les secrets d'un art dont l'auteur du *Misanthrope* avoit mesuré toute l'étendue.

Cette liste ne laisse pas d'être imposante : voilà beau-

---

[1] Cette édition est peu connue; elle fut publiée à Naples en 1690, chez Charles Porsile, en trois volumes qui forment ensemble plus de deux mille pages.

J'aurois cru manquer de justice envers M. Auger, si, en composant un *variorum*, j'avois considéré comme non avenu un commentaire qui lui a déja coûté dix ans de travail. Profitant donc de l'autorisation qu'il a bien voulu me donner par l'entremise de M. Lefèvre, libraire, je lui ai emprunté un petit nombre de notes qui rentrent dans mon plan général, et je les ai signées de son nom.

coup de noms illustres, et cependant les travaux sont loin d'être complets. Les remarques de Voltaire et de La Harpe sont pleines de goût, mais peu nombreuses. Celles de Bret manquent souvent d'exactitude, et toujours de profondeur. Cailhava indique quelques unes des sources où Molière a puisé; mais il fourmille d'erreurs, il est long, diffus, superficiel, souvent ridicule. Riccoboni, qui, en sa double qualité d'acteur et d'auteur, avoit acquis quelque expérience de la scène, essaie, il est vrai, d'en faire l'application; mais ses essais manquent de force; l'ensemble de la pièce lui échappe, et il se noie dans les détails. Enfin tous les commentateurs, sans exception, semblent avoir pris à tâche de négliger les recherches utiles à l'intelligence du texte de Molière : leur indifférence à cet égard est une chose presque incroyable; et pour qu'on ne m'accuse pas d'exagérer les oublis que j'ai cherché à réparer, ou les erreurs que j'ai fait disparoître, je me hâte d'en citer quelques exemples.

Desirez-vous connoître l'origine du nom de Gorgibus, employé par Molière dans les *Précieuses* et dans le *Cocu imaginaire?* les commentateurs vous apprennent aussitôt que c'est celui d'un homme qui déposa contre le cardinal de Retz. Ils font ensuite preuve d'érudition en citant le passage des Mémoires, sans s'embarrasser du peu de rapport qui existe entre l'honnête bourgeois des *Précieuses* et un homme que le cardinal traite de *filou fieffé*. Voilà la note faite; il ne s'agit plus que de la copier, en y changeant quelques mots, et cette belle découverte passe de commentaire en commentaire, sans que les éditeurs se soient doutés que le nom de *Gorgibus* est tout simplement celui d'un emploi de l'ancienne comédie, comme les Pasquins, les Turlupins, les Jodelets [1], etc.

Lisez-vous, dans les *Précieuses,* le passage où Mascarille, après s'être vanté de son talent pour les vers, ajoute qu'il *travaille* à mettre en madrigaux toute l'Histoire romaine? les commentateurs ne manquent pas de vous dire que c'est une allusion aux Métamorphoses d'Ovide, mises en rondeaux par Benserade, tandis que Benserade ne publia son livre que dix-sept ans après la première représentation des *Précieuses.*

Êtes-vous frappé de ce vers prononcé par Anselme, lorsque Mascarille cherche à le tromper sur les dispositions de la jeune Nérine?

Que dit-elle de moi, cette *gente* assassine?

aussitôt un commentateur se hâte de vous apprendre que Molière s'est servi du mot *gent, gente* pour *gentil, gentille,* explication qui ne donne aucune idée du sens de ce vieux mot, dont La Bruyère regrettoit la perte, et qui exprime à la fois la légèreté dans la taille, et la propreté et l'élégance dans les vêtements [3]. Marot a dit d'une jeune fille qu'elle étoit *gente* de corps et de façon. Voiture disoit de plusieurs dames : Elles ont le cœur noble et le corps *gent.* Et l'on ne sauroit, sans changer le sens de ces deux phrases, remplacer le mot *gent* par les mots *gentil, gentille.*

[1] Palaprat, préface de ses œuvres, page 30.
[2] *Étourdi,* acte I, scène VI.
[3] Voyez Nicot et Le Duchat.

Voilà, me dira-t-on, de bien légères inadvertances, et qu'un lecteur un peu instruit relèvera facilement sans le secours d'un nouveau commentateur. Offrons donc l'exemple de quelques difficultés d'un autre genre, de celles qu'on ne sauroit résoudre si l'on ne s'est livré à une étude spéciale de la langue de Molière, des mœurs du temps, et des traditions anciennes. Il s'agit d'entendre le texte de l'auteur, de donner un sens à certains vers.

Dans la fameuse scène de l'acte II de *l'Étourdi*, Anselme s'écrie en voyant Pandolfe qu'il croit mort :

Ah ! bon Dieu, je frémi !
Pandolfe qui revient, *fût-il bien endormi !*

J'ai vu des grammairiens habiles fort embarrassés sur le sens de ce demi-vers, peut-être parcequ'ils étoient grammairiens. Voici la note d'un commentateur : *Fût-il bien endormi ?* pour *étoit-il bien endormi, bien mort*. Ainsi, d'après cette explication, Anselme est en doute sur la mort de son ami, doute qui ôteroit toute vraisemblance à la suite de cette scène, et qui est démenti par la scène elle-même. Le commentateur, toujours préoccupé de son idée, ajoute *que ce prétérit simple, au lieu de l'imparfait, est contraire à l'usage, et nuit à la clarté du sens*. Il se trompe : ce n'est point le prétérit simple, c'est l'imparfait du subjonctif. Le temps du verbe est déterminé par le sens même de cette locution qui étoit d'un usage vulgaire et presque proverbial à l'époque de Molière. *Fût-il bien endormi !* veut dire : Plût à Dieu qu'il dormît en paix ! que rien ne troublât le repos de son ame! Dans *Boniface et le Pédant*, pièce imprimée en 1633, Boniface, regrettant de s'être marié, s'écrie : *Qu'eussai-je été bien endormi! quand je m'avisai de m'aller encornailler*[1]. Dans *Gilette*, comédie facétieuse, imprimée en 1620, un gentilhomme, surpris par sa femme au moment où il donne un baiser à sa servante, dit à part :

> Que ce baiser m'a semblé doux,
> En dépit de ma vieille amie !
> Qu'eût-elle été bien endormie,
> Au lieu de me venir fâcher !

J'entends déja mes lecteurs se récrier sur le pédantisme et l'aridité de cette discussion : aussi ne la donné-je point comme un modèle ; c'est un exemple des recherches qu'un commentateur ne doit faire que pour lui. Je viens de montrer quelques parties de ces échafaudages nécessaires à la construction de l'édifice, mais qu'il faut ensuite savoir faire disparoître. Tout ce que je puis promettre, c'est d'observer rigoureusement cette règle dans le cours de mon travail. Cette promesse, je l'espère, me fera trouver grace pour les deux ou trois exemples qui me restent à citer. Voici le premier :

Dans la scène v de l'acte IV de *l'Étourdi*, Mascarille reproche à son maître, qui vient de dîner chez Trufaldin, d'avoir fait mille imprudences qui pouvoient découvrir son amour pour Célie :

> Sur les morceaux touchés par sa main délicate,
> Ou mordus de ses dents, vous étendiez la patte

[1] *Boniface et le Pédant*, comédie en prose, imitée de l'italien, de Bruno Nolano; à Paris, chez Pierre Ménard, 1633. — *Gilette*, comédie facétieuse du sieur d'Aves; Rouen, imprimerie de Petit-Val, 1620.

> Plus brusquement qu'un chat dessus une souris,
> Et les avaliez tout ainsi *que des pois gris.*

Tous les commentateurs se taisent sur ce dernier hémistiche, qui cependant est inintelligible. Molière ne l'a-t-il placé là que pour la rime, ou vouloit-il faire allusion à quelque usage dont le souvenir s'est perdu? Voilà les questions qu'il falloit essayer de résoudre, et l'on eût trouvé que ce demi-vers, si obscur aujourd'hui, offroit au public de Molière une image aussi vive que comique de l'avidité de Lélie pour les morceaux touchés par sa maîtresse, et qu'il étoit parfaitement placé dans le discours de Mascarille[1].

Je prendrai mon second exemple dans le *Tartuffe*, acte II, scène IV. Valère se querelle avec sa maîtresse; il est prêt à se retirer, lorsque la suivante Dorine le retient en s'écriant :

> Encor? Diantre soit fait de vous! *Si*, je le veux?
> Cessez ce badinage, et venez çà tous deux.

Un commentateur, après avoir assez longuement disserté sur la manière dont il faut ponctuer ce premier vers, finit par avouer qu'il ne comprend pas le sens du mot *si*. Que n'ouvroit-il le *Trésor de la langue françoise ancienne et moderne,* par Nicot! il y auroit vu qu'autrefois le mot *si* remplaçoit au besoin les mots *oui, aussi, pourtant ;* et, dit encore Nicot, *il sert à renforcer le verbe qui le suit.* Ainsi, dans le vers de Molière, cette expression ajoutoit à la force de *je le veux* : c'étoit un commandement sans réplique. L'auteur avoit parlé sa

---

[1] Voyez la note de l'acte IV de *l'Étourdi,* page 85. On trouve un exemple de cette locution populaire dans *la Prison* de Dassoucy, page 45.

langue, et une langue plus énergique que la nôtre, puisque nous n'avons point de mot qui puisse *renforcer* un commandement *impératif* comme *je le veux!*

Mais voici un reproche plus grave, et par lequel je terminerai cette longue liste d'erreurs. Lorsqu'on lit dans *l'École des femmes,* ce passage où Arnolphe témoigne avec humeur sa répugnance pour un nom qui cependant est le sien, on cherche vainement dans les commentaires une explication de cette boutade; et comme toute la pièce est fondée sur le double nom d'*Arnolphe* et de *La Souche,* il en résulte qu'on peut accuser Molière d'avoir établi son intrigue sur un changement de nom, sans vraisemblance, parcequ'il est sans motif. Ce motif existe cependant, et le premier devoir d'un commentateur étoit de le trouver, pour en éclairer sa pièce. Dans les Fabliaux du douxième et du treizième siècle, on rencontre souvent des plaisanteries piquantes sur le nom d'Arnolphe; et toutes ces plaisanteries prouvent que nos aïeux avoient fait de saint Arnolphe le patron des maris trompés : on disoit même proverbialement d'un mari dont la femme avoit un galant, *qu'il devoit une chandelle à saint Arnolphe.* La répugnance d'un homme déja mûr, et prêt à se marier, pour un nom de si mauvais présage, n'a donc rien que de très naturel. Si Molière n'a point indiqué la cause de cette répugnance, c'est que de son temps le proverbe qui servoit à l'intelligence de la pièce en faisoit ressortir les intentions comiques. Nos pères rioient lorsque Arnolphe s'écrie :

La Souche plus qu'Arnolphe à mes oreilles plaît...

PRÉFACE

> J'y vois de la raison, j'y trouve des appas;
> Et m'appeler de l'autre est ne m'obliger pas.

car ce nom réveilloit dans les esprits des idées que nous n'y attachons plus. Ainsi, à mesure que les mœurs changent ou que les traditions s'effacent, l'étude des meilleurs auteurs devient plus difficile; ils perdent de leur finesse, de leur gaieté, de leur naïveté, ils perdent même de leur énergie, et il arrive souvent que leurs plaisanteries ne sont plus entendues. Qu'on juge par ce seul exemple des choses qui doivent nous échapper à la lecture de Plaute et de Térence !

Ces observations, qu'il me seroit trop facile de multiplier, ne portent, il est vrai, que sur des objets de détails; mais tout ce qui a rapport à l'ensemble des pièces et à l'étude de l'art trouvera sa place dans le commentaire. Heureux si par mes efforts j'ai pu contribuer à rétablir quelquefois la vérité ! Ce n'est point une chose facile que de juger Molière : nos plus grands philosophes s'y sont trompés. Ses bons mots amusent la foule, corrigent la société; mais quand il s'agit d'en pénétrer la profondeur, il ne lui reste plus qu'un petit nombre de juges. Combien de scènes blâmées, d'intentions calomniées, dans lesquelles il faut toujours finir par reconnoître un trait de morale et de génie ! Et combien peu de critiques se sont doutés que c'est dans l'étude approfondie du cœur humain qu'il faut chercher l'intelligence des plus belles scènes de Molière.

Les principes développés au commencement de cette préface me laisse peu de chose à dire sur la critique que j'ai dû exercer dans le choix des commentateurs.

Je leur ai emprunté tout ce qu'ils avoient d'utile, remontant toujours aux sources pour ne pas propager une erreur, et signant toujours la note du nom de celui qui en a eu la première idée. Mes propres recherches ont ensuite suppléé à leurs oublis. Les lecteurs qui prendront la peine de rapprocher mon commentaire de tous ceux qui l'ont précédé, se convaincront facilement qu'en rendant à chacun son bien, je ne me suis emparé de celui de personne.

Pour entendre Molière, je me plais à le répéter, il faut connoître sa vie, ses habitudes, ses sociétés, et son siècle; il faut même pénétrer dans son cabinet, examiner ses livres, se mettre, s'il se peut, dans la confidence de ses lectures ; voir si à côté des pièces de Plaute, de Térence, et du théâtre italien et espagnol, on ne trouvera pas les canevas embellis par Scaramouche, et Mezzetin, ainsi que les comédies de Bruno Nolano, de l'Aveugle d'Adrie, etc.; jeter un regard curieux sur une tablette qui doit être chargée de quelques centaines de volumes tout pétillants d'une gaieté un peu grivoise, et auxquels les amateurs donnent le nom de *facéties;* se saisir en passant des *Quinze joies du mariage,* livre qui rappelle quelquefois le naturel et le génie comique de Molière; des *Serées* de Bouchet, et des *Baliverneries* d'Eutrapel, joyeux recueils de ces bons mots et de ces bons contes qui faisoient rire nos pères; enfin ne pas oublier le *Francion*, ouvrage vraiment remarquable, qui parut trente ans avant le *Roman comique*, et il a le double mérite d'avoir fourni plus d'un trait à l'auteur du *Cocu ima-*

ginaire, et à celui de *Gil Blas.* On verroit encore sur les mêmes tablettes quelques livres chargés de remarques et sans cesse feuilletés, tels que Rabelais, Boccace, Cervantes, Scarron, Béroald de Verville, la Satire Ménippée, les Essais de Montaigne, et les Provinciales. L'histoire de la bibliothèque d'un homme de lettres n'est point une chose indifférente. C'est là seulement que nous pouvons saisir à leur source les premières inspirations du génie, retrouver la page, la ligne, le mot qui les ont éveillées, et sentir tout-à-coup comment une pensée qui nous eût semblé indigne de notre attention, a pu faire naître une pensée sublime.

Une étude plus importante encore, c'est de chercher les passions et la vie d'un auteur dans ses propres ouvrages. Cette idée féconde en aperçus neufs et piquants, nous a été inspirée par le passage suivant de La Grange, ancien camarade de Molière : « Molière, » y est-il dit, observoit les manières et les mœurs de » tout le monde, et il trouvoit ensuite le moyen d'en » faire des applications admirables dans ses comédies, » où l'on peut dire qu'il a joué tout le monde, puis» qu'il s'y est joué le premier, en plusieurs endroits, » sur les affaires de sa famille, et *qui regardoient ce qui* » *se passoit dans son domestique;* c'est ce que ses plus » particuliers amis ont remarqué bien des fois [1]. »

Le souvenir de ce passage doit toujours être présent à la mémoire du commentateur. Il en est de même du passage suivant, qui montre l'adresse avec laquelle

---

[1] Préface de l'édition de Molière donnée en 1682 par La Grange et Vinot.

Molière savoit faire intervenir les passions de ses acteurs dans les rôles qu'il leur destinoit, afin d'ajouter à la vérité de leur jeu : « Molière a le se-
» cret (c'est toujours un contemporain qui parle)
» d'ajuster si bien ses pièces à la portée de ses acteurs,
» qu'ils semblent être nés pour tous les personnages
» qu'ils représentent. Sans doute qu'il les a tous dans
» l'esprit quand il compose. Ils n'ont pas même un
» défaut dont il ne profite quelquefois, et il rend ori-
» ginaux ceux-là mêmes qui sembleroient devoir gâter
» son théâtre. De l'Espy, qui ne promettoit rien que
» de très médiocre, parut inimitable dans l'*École des*
» *Maris*; et Béjard le boiteux nous a donné Desfou-
» gerais au naturel dans les médecins...... Enfin c'est
» un homme qui a eu le bonheur de connoître son
» siècle aussi parfaitement que sa troupe. Il a mis la
» satire sur le théâtre ; et la promenant par toutes les
» conditions des hommes, il les a raillés les uns après
» les autres, et chacun a eu le plaisir de rire de son
» compagnon [1]. »

Tels sont les deux morceaux qui nous ont inspiré l'idée de replacer Molière au milieu de ses livres, de sa troupe, et de ses contemporains. Quant aux notes grammaticales, tout ce qui tient à l'histoire de la langue a trouvé place dans notre commentaire; tout ce qui tient à la grammaire proprement dite en a été écarté. Il étoit au moins superflu d'appliquer au texte de Molière des règles qui ne furent adoptées que long-temps après lui, et que ses ouvrages n'ont pas servi

[1] *Promenade de Saint-Cloud*, par Guéret, page 212.

à établir ; car, s'il est un modèle de style comique, il n'est pas toujours une autorité dans la langue.

Il me reste à parler des Mémoires sur la vie de Molière, par Grimarest ; Mémoires que j'ai cru devoir placer à la tête de cette édition, malgré le discrédit où ils sont tombés, et la critique sévère de Boileau. « Pour ce qui est de la vie de Molière, écrivoit Boi- » leau, franchement ce n'est pas un ouvrage qui mé- » rite qu'on en parle ; il est fait par un homme qui ne » savoit rien de la vie de Molière ; et *il se trompe dans* » *tout*, ne sachant pas même ce que tout le monde » sait[1]. » L'exagération de cette critique doit au moins éveiller le doute ; et d'abord Grimarest ne se *trompe pas dans tout*, puisque plusieurs des faits qu'il raconte se trouve confirmés par des relations du temps, et entre autres par la Préface de La Grange[2], la Notice du Mercure[3], et les Mémoires de Louis Racine. L'anecdote la plus invraisemblable en apparence, le souper d'Auteuil, dont Voltaire s'est beaucoup moqué, n'est-il pas garanti par le témoignage de Racine, et par celui de Boileau lui-même[4] ?

Grimarest manque de goût ; ses jugements sur les pièces de Molière sont presque toujours sans critique et sans justesse ; en un mot, il ne sait point apprécier le génie de l'auteur du *Misanthrope!* Voilà ce qui a frappé Boileau ; voilà ce qui a dû exciter sa mauvaise

---

[1] Lettre de Boileau à Brossette, tome IV, page 426 de l'édition de M. Amar.
[2] A la tête de l'édition des œuvres de Molière, publiée en 1682.
[3] *Mercure*, mois de mai 1740.
[4] Voyez les *Mémoires de Louis Racine*, à la tête des œuvres de Jean Racine, édition de Lefèvre, page 67.

humeur : quelques pages du livre lui ont fait condamner le livre tout entier.

D'ailleurs les Mémoires sur Molière ne sont point aussi incomplets que pourroit le faire croire cette phrase déja citée : *Grimarest ne savoit pas même ce que tout le monde sait.* Il suffit, pour s'en convaincre, de réunir ce que Brossette nous a laissé sur le même sujet[1]. On sait que ce laborieux commentateur avoit recueilli de la bouche de Baron, et de celle de Boileau, tous les documents nécessaires pour écrire de nouveaux Mémoires[2] ; et cependant, il faut le dire, non seulement ces documents, qui ont été publiés, ne contredisent en rien la Vie de Molière par Grimarest, mais ils y ajoutent peu.

Une autre considération qui me semble décisive, c'est que dans toutes les critiques dirigées contre l'ouvrage de Grimarest, on ne trouve pas un seul grief important. Cependant les auteurs de ces critiques avoient été les amis de Molière ; ils devoient tous connoître ce que Grimarest est accusé d'avoir ignoré. Que ne signaloient-ils ses erreurs et ses omissions ? Que ne publioient-ils de nouveaux Mémoires ? Et pourquoi ne pas faire une justice éclatante pendant que les contemporains étoient là pour juger ?

Enfin les matériaux de ces Mémoires ont été fournis à Grimarest par le fameux Baron, élève de Molière : Brossette et J. B. Rousseau en conviennent eux-mêmes.

---

[1] Dans son Commentaire sur Boileau, et dans les précieux Mélanges de Cizeron Rival ; nous avons tout recueilli.

[2] *OEuvres de J.-B. Rousseau*, publiées par M. Amar ; tome V, pag. 291 et 327.

Seulement ils accusent Baron « de s'être laissé empor-
» ter par son imagination et son talent de peindre au-
» delà des bornes du vrai. » Suivant eux, « Grimarest
» auroit trop consulté cet acteur, et pas assez la raison,
» en transportant sur le papier toutes les bagatelles
» vraies ou fausses qu'il lui auroit ouï conter [1]. » Ainsi
J. B. Rousseau se borne à accuser Grimarest d'avoir
beaucoup consulté l'homme qui devoit le mieux connoître toutes les circonstances de la vie de Molière : ce
qui prouve au moins que si ces Mémoires renferment
quelques erreurs, ils doivent renfermer beaucoup de
vérités. Il faudroit une fatalité bien inconcevable pour
que Baron eût toujours menti en parlant de son bienfaiteur, de son maître, de celui qui eut pour son
enfance tous les soins d'un père, et pour sa jeunesse
tout le dévouement d'un ami [2] !

Un dernier mot décide tout : ces Mémoires tant critiqués renferment les seuls documents un peu considérables que nous possédions sur Molière ; et cela est
si vrai, que la plupart de ceux qui les ont blâmés
n'ont pu se dispenser de les copier. Voltaire lui-même,
après avoir traité l'auteur avec le plus profond mépris,
s'est vu réduit à l'humiliante nécessité de lui emprunter tout le fond de son propre ouvrage. Sa Notice spi-

---

[1] Lettres de J.-B. Rousseau, tome III, page 155.

[2] Les preuves de la coopération de Baron aux Mémoires de Grimarest sont nombreuses ; en voici une entre vingt : « Quand Molière étoit dans sa maison d'Auteuil,
» avec Chapelle et Baron, il étoit impossible de deviner ce qui se passoit entre eux.
» Il a donc fallu que l'un des trois en ait rendu compte. Or tout le monde sait que
» Grimarest et Baron ont été en liaison particulière pendant plusieurs années ; cela
» suffit pour garantir la véracité, *et j'ajoute* la bonne foi de l'historien. » (*Lettre
de M.... au sujet d'une brochure intitulée* Vie de Molière, 1739).

DE L'ÉDITEUR.

rituelle, mais froide, mais écourtée, n'offre rien de nouveau, rien de complet, rien qui révèle son auteur. Si tel a été le sort de Voltaire, que pouvons-nous espérer aujourd'hui, que toutes les traditions sur Molière sont éteintes?

Mon intention n'est pas de soutenir que les Mémoires sur la vie de Molière sont exempts d'erreurs. Le travail que je présente au public montre assez ce qu'il faut penser de celui de Grimarest; mais enfin l'auteur a vu Molière, il a été l'ami de Baron, et ces circonstances donnent à son livre une place que le talent même de Voltaire n'a pu lui enlever. En un mot, l'ouvrage restera, parcequ'il est d'un contemporain; et mon office a dû se borner à rectifier ses fautes et à suppléer à ses oublis. C'est ce que j'ai fait dans près de cent notes tirées de sources quelquefois peu connues, et qui offrent un recueil précieux de tout ce qui a été écrit d'intéressant sur la vie et les ouvrages de Molière dans le siècle où il a vécu [1].

Un pareil ouvrage, pour être complet, devoit être suivi de l'histoire « de cette troupe accomplie de co- « médiens, formée de la main de Molière, dont il « étoit l'ame, et qui ne peut avoir de pareille [2]. » J'ai

---

[1] Ces notes furent publiées en 1824. Deja M. Taschereau avoit donné une *Vie de Molière* à la tête de son édition des œuvres de ce poëte (1823). J'ignore ce qu'il pensoit de son travail; mais un beau jour il se prit à le refaire, ou, si l'on aime mieux, à l'enrichir de tous les faits recueillis ici pour la première fois. Cette seconde Vie de Molière, dont je suis loin de contester le mérite, parut en 1825. Je rappelle ces dates pour fixer l'époque où M. Taschereau s'est tout-à-coup trouvé plein d'érudition sur un sujet qu'il avoit d'abord traité avec les seules ressources de son esprit naturel. Au reste, je n'accuse point M. Taschereau de m'avoir copié; ce qu'il m'importe d'établir, c'est que moi je n'ai point copié M. Taschereau.

[2] *Mémoires de Segrais*, page 173.

emprunté ce travail à l'estimable ouvrage des frères Parfait. Heureux de trouver cette occasion de rendre hommage à ces laborieux écrivains, dont le sort a été d'être sans cesse pillés et jamais cités ; mais qui, après s'être vus dépouiller pendant soixante ans par tous les compilateurs d'*anecdotes*, de *dictionnaires* et de *galeries*, ont encore aujourd'hui le mérite d'avoir donné au public l'ouvrage le plus complet, le plus exact, et le plus judicieux sur l'histoire du théâtre françois.

Cet ouvrage, ainsi que celui de Chapuzeau, la Gazette de Loret, les Observations de De Visé, etc., m'ont fourni quelques traditions curieuses sur la troupe de Molière. On trouvera à la tête de chaque pièce le nom des acteurs qui ont créé les rôles.

En réunissant tout ce que les critiques les plus distingués ont écrit sur la vie et les ouvrages de Molière, j'ai tracé, sans en avoir l'intention, le seul éloge qu'il soit désormais permis de faire de ce grand homme ; car, comme le dit si bien l'abbé Prévost, « Molière « n'a pas besoin qu'on le recommande ; il est depuis « long-temps, et pour toujours, à ce point de réputa- « tion auquel les éloges n'ajoutent rien, et où la beauté « même et la délicatesse des louanges ne sert qu'à l'hon- « neur de celui qui les donne. »

Le 15 janvier 1824.

L. AIMÉ-MARTIN.

VIE
DE MOLIÈRE.

Il y a lieu de s'étonner que personne n'ait encore recherché la vie de M. de Molière, pour nous la donner. On doit s'intéresser à la mémoire d'un homme qui s'est rendu si illustre dans son genre. Quelles obligations notre scène comique ne lui a-t-elle pas ? Lorsqu'il commença à travailler, elle étoit dépourvue d'ordre, de mœurs, de goût, de caractères ; tout y étoit vicieux. Et nous sentons assez souvent aujourd'hui que, sans ce génie supérieur, le théâtre comique seroit peut-être encore dans cet affreux chaos d'où il l'a tiré par la force de l'imagination, aidée d'une profonde lecture, et de ses réflexions, qu'il a toujours heureusement mises en œuvre. Ses pièces, représentées sur tant de théâtres, traduites en tant de langues, le feront admirer autant de siècles que la scène durera. Cependant on ignore ce grand homme ; et les foibles crayons qu'on nous en a donnés sont tous manqués, ou si peu recherchés, qu'ils ne suffisent pas pour le faire connoître tel qu'il étoit. Le public est rempli d'une infinité de fausses histoires à son occasion. Il y a peu de personnes de son temps qui, pour se faire honneur d'avoir figuré avec lui, n'inventent des aventures qu'ils prétendent avoir eues ensemble. J'en ai eu plus de peine à développer la vérité ; mais je la rends sur des mémoires très assurés, et je n'ai point épargné les soins pour n'avancer rien de douteux. J'ai écarté aussi beaucoup de faits domestiques, qui sont communs à toutes sortes de personnes ; mais je n'ai point négligé ceux qui peuvent réveiller mon lecteur. Je me flatte que le public me saura bon gré d'avoir travaillé : je lui donne la vie d'une personne qui l'occupe si souvent, d'un auteur inimitable dont le souvenir touche tous ceux qui ont le discernement assez heureux pour sentir, à la lecture ou à la représentation de ses pièces, toutes les beautés qu'il y a répandues.

M. de Molière se nommoit Jean-Baptiste Poquelin [1]; il étoit fils et petit-fils de tapissiers, valets de chambre du roi Louis XIII. Ils avoient leur boutique sous les piliers des Halles, dans une maison qui leur appartenoit en propre. Sa mère s'appeloit Boudet; elle étoit aussi fille d'un tapissier, établi sous les mêmes piliers des Halles.

Les parents de Molière l'élevèrent pour être tapissier, et ils le firent recevoir en survivance de la charge du père dans un âge peu avancé; ils n'épargnèrent aucun soin pour le mettre en état de la bien exercer, ces bonnes gens n'ayant pas de sentiments qui dussent les engager à destiner leur enfant à des occupations plus élevées : de sorte qu'il resta dans la boutique jusqu'à l'âge de quatorze ans; et ils se contentèrent de lui faire apprendre à lire et à écrire pour les besoins de sa profession.

Molière avoit un grand-père qui l'aimoit éperdument; et comme ce bon homme avoit de la passion pour la comédie, il y menoit souvent le petit Poquelin, à l'hôtel de Bourgogne [2]. Le

[1] Les recherches précieuses de M. Beffara nous ont appris que Molière est né, non sous les piliers des Halles, mais dans la rue Saint-Honoré, près de la rue de l'Arbre-Sec; non en 1620, mais le 15 de janvier 1622, et que sa mère s'appeloit, non Boudet, mais Marie Cressé, fille d'un marchand tapissier des Halles. (DESP.) (Voyez la *Dissertation sur Molière*, par M. Beffara.)

M. Delort, auteur d'un ouvrage fort curieux sur Paris, a découvert que cinq des parents de Molière avoient été *juges* et *consuls* de la ville de Paris (depuis 1647 jusqu'en 1685), fonctions considérables qui donnoient quelquefois la noblesse. (Voyez le *Voyage aux environs de Paris*, page 199.)

[2] Nous avons essayé de découvrir le nom des comédiens qui durent frapper les premiers regards de Molière. Parmi eux se trouvoient trois farceurs célèbres, Gauthier Garguille, Turlupin, et Gros-Guillaume. Une tendre amitié et le goût de la comédie les ayant réunis, ils élevèrent leurs tréteaux à l'Estrapade, et ils obtinrent une si grande vogue, que le bruit en parvint jusqu'à Richelieu. Ce ministre voulut les voir; et, charmé de leurs bouffonneries, il fit venir les comédiens de l'hôtel de Bourgogne, et leur dit qu'on sortoit toujours triste de la représentation de leurs pièces, et qu'il leur ordonnoit de s'associer ces trois acteurs comiques. Cet ordre fut exécuté, et c'est à l'hôtel de Bourgogne, au bout de deux ou trois ans, en 1634, que se termina leur histoire par la plus touchante catastrophe : « Gros-Guillaume, « disent les frères Parfait, ayant eu la hardiesse de contrefaire un magistrat à qui « une certaine grimace étoit familière, il le contrefit trop bien, car il fut décrété

père, qui appréhendoit que ce plaisir ne dissipât son fils, et ne lui ôtât toute l'attention qu'il devoit à son métier, demanda un jour à ce bon homme pourquoi il menoit si souvent son petit-fils au spectacle. Avez-vous, lui dit-il avec un peu d'indignation, envie d'en faire un comédien? Plût à Dieu, lui répondit le grand-père, qu'il fût aussi bon comédien que Bellerose[1] (c'étoit un fameux acteur de ce temps-là)! Cette réponse frappa le jeune homme; et, sans pourtant qu'il eût d'inclination déterminée, elle lui fit naître du dégoût pour la profession de tapissier, s'imaginant que, puisque son grand-père souhaitoit qu'il pût être comédien, il pouvoit aspirer à quelque chose de plus qu'au métier de son père.

Cette prévention s'imprima tellement dans son esprit, qu'il ne restoit dans la boutique qu'avec chagrin. De manière que, revenant un jour de la comédie, son père lui demanda pourquoi

« ainsi que ses deux compagnons. Ceux-ci prirent la fuite : mais Gros-Guillaume
« fut arrêté, et mis dans un cachot. Le saisissement qu'il en eut lui causa la mort, et
« la douleur que Gauthier Garguille et Turlupin en ressentirent les emporta aussi
« dans la même semaine. Ces trois acteurs avoient toujours joué sans femmes. Ils
« n'en vouloient point, disoient-ils, parcequ'elles les désuniroient. » On ne peut s'empêcher de plaindre et d'admirer ces pauvres gens, et l'on diroit volontiers de leur amitié ce que Molière a dit de la vertu : Où diable va-t-elle se nicher?

Ces acteurs ne furent remplacés que plusieurs années après par le fameux Scaramouche, qui devint le maître de Molière, et que Mazarin fit venir d'Italie. Ainsi deux cardinaux protégèrent notre théâtre naissant.

Molière avoit environ douze ans à l'époque de cette catastrophe. Elle dut le frapper, car il est à remarquer que dans aucune de ses pièces il n'a introduit de rôle de magistrat.

[1] Pierre Le Meslier, dit Bellerose, étoit un des plus excellents acteurs qui eussent paru dans le genre tragique sous le règne de Louis XIII. L'auteur d'une lettre sur la vie et les ouvrages de Molière et les comédiens de son temps dit, en parlant de Bellerose, « que l'on croit que c'est lui qui a joué d'original le rôle de *Cinna*. Il étoit,
« ajoute-t-on, en grande réputation sous le cardinal de Richelieu. Il annonçoit de
« bonne grace, parloit facilement, et ses petits discours faisoient toujours plaisir à
« entendre. (Il étoit orateur de la troupe. Il a joué le rôle du Menteur d'original.)
« Le cardinal de Richelieu lui avoit fait présent d'un habit magnifique pour jouer
« ce rôle. » (*Mercure de France*, mai 1740.) Ses talents supérieurs n'empêchèrent pas de remarquer ses défauts. Scarron, dans son Roman comique, fait dire à La Rancune que ce comédien étoit trop affecté; et on lit dans les Mémoires du cardinal de Retz que madame de Montbazon ne pouvoit se résoudre à aimer M. de La Rochefoucauld, parcequ'il ressembloit à Bellerose, qui avoit l'air trop fade. Cet acteur mourut en 1670. (*Frères Parfait*, tome V.)

il étoit si mélancolique depuis quelque temps. Le petit Poquelin ne put tenir contre l'envie qu'il avoit de déclarer ses sentiments à son père; il lui avoua franchement qu'il ne pouvoit s'accommoder de sa profession; mais qu'il lui feroit un plaisir sensible de le faire étudier. Le grand-père, qui étoit présent à cet éclaircissement, appuya par de bonnes raisons l'inclination de son petit-fils. Le père s'y rendit, et se détermina à l'envoyer au collége des jésuites[1].

Le jeune Poquelin étoit né avec de si heureuses dispositions pour les études, qu'en cinq années de temps il fit non seulement ses humanités, mais encore sa philosophie.

Ce fut au collége qu'il fit connoissance avec deux hommes illustres de notre temps, M. Chapelle[2] et M. Bernier[3].

Chapelle étoit fils de M. Luillier, sans pouvoir être son héritier de droit; mais celui-ci auroit pu lui laisser les grands biens qu'il possédoit, si, par la suite, il ne l'avoit reconnu incapable de les gouverner. Il se contenta de lui laisser seulement huit mille livres de rente, entre les mains de personnes qui les lui payoient régulièrement.

M. Luillier n'épargna rien pour donner une belle éducation à Chapelle, jusqu'à lui choisir pour précepteur le célèbre M. de Gassendi, qui, ayant remarqué dans Molière toute la docilité et toute la pénétration nécessaires pour prendre les connoissances de la philosophie, se fit un plaisir de la lui enseigner en même temps qu'à MM. Chapelle et Bernier[4].

---

[1] C'est-à-dire au collége de Clermont, depuis Louis-le-Grand, dirigé par les jésuites. Molière avoit alors quatorze ans (en 1636); il resta au collége jusqu'à la fin de 1641. Le prince de Conti, frère du grand Condé, âgé de sept ans, fut un de ses condisciples. (*Vie de Molière*, par La Grange, préface de l'édition de 1682.)

[2] Chapelle, célèbre par sa gaieté, sa vie insouciante, et par le *Voyage* qu'il composa avec Bachaumont.

[3] Les *Voyages* de Bernier sont encore ce que nous avons de mieux sur le Mogol, l'Indoustan, et le royaume de Cachemire, pays qu'il parcourut avec l'empereur Aureng-Zeb, auprès duquel il resta douze ans.

[4] Grimarest oublie le célèbre Hesnault, qui fut aussi condisciple de Molière sous Gassendi. Ces premières études de philosophie inspirèrent sans doute à Hesnault et à Molière l'idée de traduire Lucrèce. La traduction de Molière est perdue : on ne connoît de celle d'Hesnault que l'invocation à Vénus.

Cyrano de Bergerac[1], que son père avoit envoyé à Paris, sur sa propre conduite, pour achever ses études, qu'il avoit assez mal commencées en Gascogne, se glissa dans la société des disciples de Gassendi, ayant remarqué l'avantage considérable qu'il en tireroit. Il y fut admis cependant avec répugnance : l'esprit turbulent de Cyrano ne convenoit point à des jeunes gens qui avoient déjà toute la justesse d'esprit que l'on peut souhaiter dans des personnes toutes formées. Mais le moyen de se débarrasser d'un jeune homme aussi insinuant, aussi vif, aussi gascon que Cyrano? Il fut donc reçu aux études et aux conversations que Gassendi conduisoit avec les personnes que je viens de nommer. Et comme ce même Cyrano étoit très avide de savoir, et qu'il avoit une mémoire fort heureuse, il profitoit de tout, et il se fit un fonds de bonnes choses, dont il tira avantage dans la suite. Molière aussi ne s'est pas fait un scrupule de placer dans ses ouvrages plusieurs pensées que Cyrano avoit employées auparavant dans les siens. Il m'est permis, disoit Molière, de reprendre mon bien où je le trouve[2].

Quand Molière eut achevé ses études, il fut obligé, à cause du grand âge de son père[3], d'exercer sa charge pendant quelque temps ; et même il fit le voyage de Narbonne à la suite de Louis XIII[4]. La cour ne lui fit pas perdre le goût qu'il avoit pris dès sa jeunesse pour la comédie ; ses études n'avoient

[1] Cyrano de Bergerac, né en 1620. Son caractère étoit bouillant; sa bravoure le rendit célèbre : il n'y avoit pas de jour qu'il ne se battît en duel, et l'auteur de sa Vie a remarqué que ce fut presque toujours en qualité de second. Cet auteur, dit Sabattier de Castres, étoit capable de devenir grand physicien, habile critique et profond moraliste, si la mort ne l'eût enlevé presque aussitôt qu'il se fut consacré aux lettres.

[2] *Le Pédant joué* de Cyrano a fourni à Molière deux scènes des *Fourberies de Scapin*. Cyrano composa cette pièce étant encore au collège, pour se venger d'un de ses professeurs.

[3] Non pas *à cause du grand âge de son père*, puisque celui-ci n'avoit que quarante-six ans ; Molière en avoit dix-neuf. (BEFFARA.)

[4] Ce voyage fut marqué par des événements mémorables. Louis XIII reprit Perpignan sur les Espagnols. Molière put voir Richelieu, sur son lit de mort, déjouant la conspiration de Cinq-Mars et de De Thou, ressaisissant d'une main ferme le pouvoir qu'on tentoit de lui arracher, et, au moment de descendre le Rhône, faisant attacher à la queue de sa barque celle qui renfermoit les deux victimes qu'il conduisoit à l'échafaud. Toujours auprès du roi, Molière fut témoin de l'imprudence du

même servi qu'à l'y entretenir[1]. C'étoit assez la coutume dans ce temps-là de représenter des pièces entre amis. Quelques bourgeois de Paris formèrent une troupe dont Molière étoit ; ils jouèrent plusieurs fois pour se divertir. Mais ces bourgeois, ayant suffisamment rempli leur plaisir, et s'imaginant être de bons acteurs, s'avisèrent de tirer du profit de leurs représentations. Ils pensèrent bien sérieusement aux moyens d'exécuter leur dessein ; et, après avoir pris toutes leurs mesures, ils s'établirent dans le jeu de paume de la Croix-Blanche, au faubourg Saint-Germain[2]. Ce fut alors que Molière prit le nom qu'il a toujours porté depuis. Mais lorsqu'on lui a demandé ce qui l'avoit engagé à prendre celui-là plutôt qu'un autre, jamais il n'en a voulu dire la raison, même à ses meilleurs amis[3].

L'établissement de cette nouvelle troupe de comédiens n'eut point de succès, parcequ'ils ne voulurent pas suivre les avis

favori, du despotisme du ministre, et de la foiblesse du maître. Ce furent là ses premières études du cœur humain.

[1] Il y a ici une lacune de plusieurs années, sur lesquelles les Mémoires jettent peu de lumière. On peut présumer cependant, d'après l'aveu de Grimarest, à la fin de la Vie, et surtout d'après la comédie satirique d'*Élomire*, qu'en 1642, le père de Molière se décida à envoyer son fils à Orléans pour y faire son droit, et que le jeune Poquelin ne revint à Paris qu'au mois d'août 1643, époque à laquelle il fut reçu avocat. Il suivit alors le barreau ; ou plutôt, entraîné par son goût pour le théâtre, il devint un des plus assidus spectateurs de l'Orviétan et de Bary, successeurs de Mondor et de Tabarin, dont les tréteaux s'élevoient sur le Pont-Neuf, et qui partageoient l'admiration avec le fameux Scaramouche. Quelques Mémoires assurent même que Molière prenoit dès-lors des leçons particulières de ce dernier. (*Menagiana*, page 9 ; et *Vie de Scaramouche*, par Mezzetin.) Tallemant, dans ses Mémoires, dit que Molière avoit d'abord étudié la théologie, et que ses parents le destinoient à l'état ecclésiastique. Cette anecdote est invraisemblable, puisque Molière étoit appelé à succéder à la charge de valet de chambre exercée par son père. L'assertion vague de Tallemant ne mérite donc aucune confiance.

[2] Cette troupe, connue sous le nom d'*Illustre théâtre*, étoit dirigée par les Béjart (1645). Elle débuta sur les fossés de la porte de Nesle, aujourd'hui la rue Mazarine. N'ayant obtenu aucun succès, elle traversa la Seine, et ouvrit un théâtre au port Saint-Paul. De là elle revint au faubourg Saint-Germain, et c'est alors seulement qu'elle s'établit au jeu de paume de la Croix-Blanche.

[3] Ce silence n'a rien de fort merveilleux : peut-être que le souvenir de *la Polyxène*, roman qui avoit alors quelque réputation, et dont l'auteur, qui se nommoit Molière, avoit long-temps joué la comédie, eut quelque part à ce choix. (Ce passage est extrait d'une *Vie de Molière*, peu connue, écrite en 1724. Nous aurons plusieurs fois occasion de citer cet ouvrage, dont le rédacteur avoit recueilli de la bouche des contemporains plusieurs anecdotes fort piquantes.)

de Molière, qui avoit le discernement et les vues beaucoup plus justes que des gens qui n'avoient pas été cultivés avec autant de soins que lui.

Un auteur grave nous fait un conte au sujet du parti que Molière avoit pris de jouer la comédie. Il avance que sa famille, alarmée de ce dangereux dessein, lui envoya un ecclésiastique [1] pour lui représenter qu'il perdoit entièrement l'honneur de sa famille; qu'il plongeoit ses parents dans de douloureux déplaisirs, et qu'enfin il risquoit son salut d'embrasser une profession contre les bonnes mœurs, et condamnée par l'Église; mais qu'après avoir écouté tranquillement l'ecclésiastique, Molière parla à son tour avec tant de force en faveur du théâtre, qu'il séduisit l'esprit de celui qui le vouloit convertir, et l'emmena avec lui pour jouer la comédie. Ce fait est absolument inventé par les personnes de qui M. Perrault peut l'avoir pris pour nous le donner; et quand je n'en aurois pas de certitude, le lecteur, à la première réflexion, présumera, avec moi, que ce fait n'a aucune vraisemblance. Il est vrai que les parents de Molière essayèrent, par toutes sortes de voies, de le détourner de sa résolution; mais ce fut inutilement: sa passion pour la comédie l'emportoit sur toutes leurs raisons [2].

Quoique la troupe de Molière n'eût point réussi, cependant, pour peu qu'elle avoit paru, elle lui avoit donné occasion suffisamment de faire valoir dans le monde les dispositions extraordinaires qu'il avoit pour le théâtre; et M. le prince de Conti, qui l'avoit fait venir plusieurs fois jouer dans son hôtel, l'encouragea; et, voulant bien l'honorer de sa protection, il lui ordonna

---

[1] Perrault, qui raconte cette anecdote, parle d'un maître de pension, et non d'un *ecclésiastique*. Le fait ainsi rétabli n'a rien d'invraisemblable. On peut croire au contraire que Molière composa *le Maître d'École*, *le Docteur amoureux*, *les trois Docteurs rivaux*, et le rôle de *Métaphraste*, pour son maître de pension : on sait avec quel soin il approprioit ses rôles au caractère de ses acteurs.

[2] A cette époque, c'est-à-dire en 1645, Molière quitta Paris, et parcourut la province avec sa troupe. Il y resta quatre ou cinq ans pour se perfectionner dans son art. Dans ce long intervalle on le retrouve une seule fois à Bordeaux où son séjour laissa peu de trace. En 1650 il revint à Paris, et c'est seulement alors que le prince de Conti, son ancien condisciple, le fit jouer à son hôtel (aujourd'hui la Monnoie).

de le venir trouver en Languedoc avec sa troupe, pour y jouer la comédie[1].

Cette troupe étoit composée de la Béjart, de ses deux frères[2]; de Duparc, dit Gros-René; de sa femme; d'un pâtissier de la rue Saint-Honoré, père de la demoiselle de La Grange, femme de chambre de la de Brie[3]; celle-ci étoit aussi de la troupe avec son mari, et quelques autres[4].

Molière, en formant sa troupe, lia une forte amitié avec la Béjart, qui, avant qu'elle le connût, avoit eu une petite fille de M. de Modène, gentilhomme d'Avignon, avec qui j'ai su, par des témoignages très assurés, que la mère avoit contracté un

---

[1] Nouvelle confusion dans les époques. Ce ne fut qu'en 1653 ou 1654, un peu avant la convocation des états du Languedoc, que le prince de Conti ordonna à Molière d'aller le rejoindre à Béziers. Ainsi voilà huit années de la vie de Molière dont tous les détails nous sont inconnus. Molière passa à Lyon toute l'année de 1653.

[2] On trouvera une histoire de la troupe de Molière à la suite de ces Mémoires.

[3] Ce pâtissier se nommoit Ragueneau; il fut long-temps aimé des comédiens et chéri des poëtes, qui se régaloient à ses dépens. L'un de ces derniers, nommé Beys, lui ayant inspiré l'idée de faire des vers, le pauvre Ragueneau négligea son four, et de bon pâtissier il devint d'abord méchant poëte, puis méchant comédien. D'Assoucy, qui nous a conservé son histoire, dit qu'à force de faire crédit à ses confrères du Parnasse il se ruina, et qu'un beau matin, sans aucun respect pour les Muses, des huissiers le jetèrent dans une prison. Il en sortit après un an de captivité, et voulut donner au monde les vers qu'il avoit composés; mais, dit plaisamment d'Assoucy, « il ne trouva dans Paris aucun poëte qui le voulût nourrir à son « tour, et aucun pâtissier qui, sur un de ses sonnets, lui voulût faire crédit seule- » ment d'un pâté. Il sortit donc de Paris avec sa femme et ses enfants, lui cin- « quième, en comptant un petit âne tout chargé de ses œuvres, pour aller chercher « fortune en Languedoc, où il fut reçu dans une troupe de comédiens qui avoit be- « soin d'un homme pour faire un personnage de Suisse, où, quoique son rôle fût « tout au plus de quatre vers, il s'en acquitta si bien qu'en moins d'un an il acquit « la réputation du plus méchant comédien du monde; de sorte que les comédiens, « ne sachant à quoi l'employer, le voulurent faire moucheur de chandelles; mais il « ne voulut point accepter cette condition, comme répugnante à l'homme et à la « qualité de poëte: depuis, ne pouvant résister à la force de ses destins, je l'ai vu « avec une autre troupe, mouchant les chandelles fort proprement. Voilà le destin « des fous quand ils se font poëtes, et le destin des poëtes quand ils deviennent « fous. » (D'Assoucy, *Aventures d'Italie*, page 284.)

[4] Ces acteurs ne faisoient pas partie de la troupe au moment de son départ de Paris; mais Molière, s'étant arrêté à Lyon, où il donna *l'Étourdi*, y obtint un tel succès qu'il fit tomber deux autres troupes, dont les premiers acteurs s'empressèrent de se joindre à lui. De ce nombre étoient La Grange, du Croisy, Duparc, et les demoiselles de Brie et Duparc. C'est pour Duparc que Molière fit le rôle de Gros-René du *Dépit amoureux*.

mariage caché. Cette petite fille, accoutumée avec Molière, qu'elle voyoit continuellement, l'appela son mari dès qu'elle sut parler[1]; et à mesure qu'elle croissoit, ce nom déplaisoit moins à Molière; mais cela ne paroissoit à personne tirer à aucune conséquence. La mère[2] ne pensoit à rien moins qu'à ce qui arriva dans la suite; et, occupée seulement de l'amitié qu'elle avoit pour son prétendu gendre, elle ne voyoit rien qui dût lui faire faire des réflexions.

Molière partit avec sa troupe, qui eut bien de l'applaudissement en passant à Lyon, en 1653, où il donna au public *l'Étourdi*, la première de ses pièces, qui eut autant de succès qu'il en pouvoit espérer. La troupe passa en Languedoc, où Molière fut reçu très favorablement de M. le prince de Conti[3],

[1] Molière ne se lia avec les Béjart qu'en 1643. La jeune Armande étoit peut-être alors auprès de sa sœur. Elle avoit quatorze ou quinze ans en 1653, au moment de son départ pour Lyon. Molière l'ayant épousée dans la suite, on osa répandre le bruit qu'il s'étoit uni à la fille de sa maîtresse, et même à sa propre fille : imputations infames, auxquelles Molière ne daigna jamais répondre. Cependant on avoit ignoré jusqu'à ce jour qu'Armande Béjart (femme de Molière) étoit la sœur, et non la fille de cette Magdeleine Béjart que Raymond, seigneur de Modène, épousa secrètement. Cette découverte précieuse est due à M. Beffara, qui a publié l'acte de mariage de Molière, acte qu'il ne sera point inutile de rapporter ici :

« Jean-Baptiste Poquelin, fils de sieur Jean Poquelin et de feu Marie Cressé,
« d'une part, et Armande Gresinde Béjart, fille de feu Joseph Béjart et de Marie
« Hervé, d'autre part, tous deux de cette paroisse vis-à-vis le Palais-Royal, fiancés
« et mariés, tout ensemble, par permission de M. de Comtes, doyen de Notre-Dame,
« et grand-vicaire de monseigneur le cardinal de Retz, archevêque de Paris, en
« présence dudit Jean Poquelin, père du marié, et de André Boudet, beau-frère
« du marié, de ladite Marie Hervé, mère de la mariée, Louis Béjart et Magdeleine
« Béjart, frère et sœur de ladite mariée. »

Cet acte est signé J.-B. Poquelin (c'est Molière), J. Poquelin (c'est son père), Boudet (c'est son beau-frère), Marie Hervé (c'est la mère d'Armande Béjart), Armande Gresinde Béjart, Louis Béjart, et *Béjart* (Magdeleine, sœur d'Armande Béjart).

[2] Lisez, *la sœur*.

[3] Armand de Bourbon, prince de Conti, frère du grand Condé, né le 11 octobre 1629, épousa, en 1654, Martinozzi, nièce de Mazarin, ce qui le fit nommer gouverneur de Guienne. Il aimoit passionnément la comédie, et se plaisoit même à imaginer des sujets propres à la scène; depuis il a écrit contre les spectacles. Il mourut à Pézenas, le 21 février 1666. Son ouvrage est intitulé *Traité de la comédie et des spectacles selon la tradition de l'Église, par le prince de Conti*; Paris, 1667, in-8°).

qui eut la bonté de donner des appointements à ces comédiens [1]. Molière s'acquit beaucoup de réputation dans cette province,

[1] Ce ne fut qu'en 1654 que Molière se rendit auprès du prince de Conti. Cette date est établie par la première représentation du *Dépit amoureux*, et par les Mémoires de d'Assoucy. Ce dernier ouvrage nous fournit quelques détails pleins d'intérêt sur cette époque de la vie de Molière, sur son voyage, et sur la générosité de son caractère. D'Assoucy étoit une espèce de troubadour, bon musicien, poëte agréable, qui couroit joyeusement de ville en ville, son luth à la main, et suivi de deux jeunes pages qui ont beaucoup trop occupé la muse de Chapelle. Arrivé à Lyon, il trouva, dit-il, ses poésies dans tous les couvents de religieuses ; mais, « ce qui me « charma le plus, ce fut la rencontre de Molière et de MM. les Béjart. Comme la « comédie a des charmes, je ne pus si tôt quitter ces charmants amis : je demeurai « trois mois à Lyon parmi les jeux, la comédie, et les festins, quoique j'eusse bien « mieux fait de ne m'y pas arrêter un jour ; car, au milieu de tant de caresses, je « ne laissai pas d'y essuyer de mauvaises rencontres. » (Il perdit son argent au jeu, et un de ses pages l'abandonna.) « Ayant ouï dire qu'il y avoit à Avignon une ex- « cellente voix de dessus, dont je pourrois facilement disposer, je m'embarquai avec « Molière sur le Rhône, qui mène en Avignon, où, étant arrivé avec quarante pis- « toles de reste du débris de mon naufrage, comme un joueur ne sauroit vivre sans « cartes, non plus qu'un matelot sans tabac, la première chose que je fis, ce fut « d'aller à l'académie : j'avois déjà ouï parler du mérite de ce lieu et de la capacité « de plusieurs galants hommes qui divertissoient galamment les bienheureux pas- « sants qui aiment à jouer à trois dés. J'en fus encore averti charitablement par un « fort honnête marchand de linge, qui, voyant ma bourse assez bien garnie, que « j'avois ouverte pour lui payer quelques rabats, me dit : Monsieur, tandis que « vous avez la main au gousset, vous feriez bien de faire votre provision de linge, « car je vous vois souvent entrer dans cette porte (me montrant la porte de l'aca- « démie), où j'ai bien vu entrer des étrangers aussi lestes que vous ; mais je vous « puis assurer, par la part que je prétends en paradis, que je n'en ai vu jamais « aucun qui, au bout de quinze jours, en soit sorti mieux vêtu que notre premier « père Adam sortit du paradis terrestre. Comme cette maison est un petit quartier « de la Judée, et que les Juifs sont amoureux des nippes, ils joueront sur tout, et « bien que vous ayez le visage d'un *fébricitant* (il avoit la fièvre), ne croyez pas « que ce peuple mosaïque, qui ne pardonne pas à la peau, pardonne à la chemise. « Après avoir gagné votre argent, ils vous dépouilleront comme au coin d'un bois, « et vous gagneront votre habit : c'est pourquoi je vous conseille d'acheter au « moins une paire de caleçons.... J'étois trop amoureux de mon foible pour écou- « ter un conseil si contraire à ma passion dominante, et jour pour jour, je me trou- « vai, au bout du mois, au même état que mon marchand de linge m'avoit prédit. « Un grand Juif, qui avoit le nez long et le visage pâle, me gagna mon argent ; « Moïse me gagna ma bague, et Simon le lépreux mon manteau. Pierrotin, qui « faisoit gloire de m'imiter, ra'la son baudrier contre Abraham. Je laissai donc tout « à ce peuple circoncis, jusqu'à ma fièvre quarte, que je perdis avec mon argent. « Mais comme un homme n'est jamais pauvre tant qu'il a des amis, ayant Molière « pour estimateur, et toute la maison des Béjart pour amie, en dépit du diable, de « la fortune, et de tout ce peuple hébraïque, je me vis plus riche et plus content « que jamais ; car ces généreuses personnes ne se contentèrent pas de m'assister

par les deux premières pièces de sa façon qu'il fit paroître, *l'Étourdi* et *le Dépit amoureux;* ce qui engagea d'autant plus M. le prince de Conti à l'honorer de sa bienveillance et de ses bienfaits : ce prince lui confia la conduite des plaisirs et des spectacles qu'il donnoit à la province, pendant qu'il en tint les états; et, ayant remarqué en peu de temps toutes les bonnes qualités de Molière, son estime pour lui alla si loin qu'il le voulut faire son secrétaire : mais Molière aimoit l'indépendance, et il étoit si rempli du desir de faire valoir le talent qu'il se

« comme ami, elles me voulurent traiter comme parent. Étant commandés pour
« aller aux états, ils me menèrent avec eux à Pézenas, où je ne saurois dire com-
« bien de graces je reçus ensuite de toute la maison. On dit que le meilleur frère est
« las, au bout d'un mois, de donner à manger à son frère; mais ceux-ci, plus gé-
« néreux que tous les frères qu'on puisse avoir, ne se lassèrent point de me voir à
« leur table tout un hiver; et je peux dire,

« Qu'en cette douce compagnie,
« Que je repaissois d'harmonie,
« Au milieu de sept ou huit plats,
« Exempt de soin et d'embarras,
« Je passois doucement la vie.
« Jamais plus gueux ne fut plus gras;
« Et quoi qu'on chante et quoi qu'on die
« De ces beaux messieurs des états,
« Qui tous les jours ont six ducats,
« La musique et la comédie;
« A cette table bien garnie,
« Parmi les plus friants muscats,
« C'est moi qui soufflois la rôtie,
« Et qui buvois plus d'hypocras.

« En effet, quoique je fusse chez eux, je pouvois bien dire que j'étois chez moi.
« Je ne vis jamais tant de bonté, tant de franchise, ni tant d'honnêteté, que parmi
« ces gens-là, bien dignes de représenter réellement dans le monde les personnages
« des princes qu'ils représentent tous les jours sur le théâtre. Après donc avoir passé
« six bons mois dans cette cocagne, et avoir reçu de M. le prince de Conti, de
« Guilleragues, et de plusieurs personnes de cette cour, des présents considérables,
« je commençai à regarder du côté des monts; mais, comme il me fâchoit fort de
« retourner en Piémont sans y amener encore un page de musique, et que je me
« trouvois tout porté dans la province de France qui produit les plus belles voix,
« aussi bien que les plus beaux fruits, je résolus de faire encore une tentative; et
« pour cet effet, comme la comédie avoit assez d'appas pour s'accommoder à mon
« desir, je suivis encore Molière à Narbonne. » (*Aventures de d'Assoucy*, tome I,
p. 309.) On regrette que d'Assoucy ne soit pas entré dans de plus longs détails sur
Molière et sur sa troupe; cependant ce passage est d'autant plus précieux qu'il renferme les seuls documents authentiques qui nous soient parvenus sur cette époque
de la vie de Molière.

connoissoit, qu'il pria M. le prince de Conti de le laisser continuer la comédie; et la place qu'il auroit remplie fut donnée à M. de Simoni. Ses amis le blâmèrent de n'avoir point accepté un emploi si avantageux. « Eh! messieurs, leur dit-il, ne nous
« déplaçons jamais; je suis passable auteur, si j'en crois la voix
« publique; je puis être un fort mauvais secrétaire. Je divertis
« le prince par les spectacles que je lui donne; je le rebuterai
« par un travail sérieux et mal conduit. Et pensez-vous d'ail-
« leurs, ajouta-t-il, qu'un misanthrope comme moi, capricieux
« si vous voulez, soit propre auprès d'un grand? Je n'ai pas
« les sentiments assez flexibles pour la domesticité : mais, plus
« que tout cela, que deviendront ces pauvres gens que j'ai ame-
« nés si loin? qui les conduira? Ils ont compté sur moi; et je me
« reprocherois de les abandonner. » Cependant j'ai su que la Béjart (Magdeleine) lui auroit fait le plus de peine à quitter; et cette femme, qui avoit tout pouvoir sur son esprit, l'empêcha de suivre M. le prince de Conti. De son côté, Molière étoit ravi de se voir le chef d'une troupe; il se faisoit un plaisir sensible de conduire sa petite république : il aimoit à parler en public; il n'en perdoit jamais l'occasion; jusque-là que s'il mouroit quelque domestique de son théâtre, ce lui étoit un sujet de haranguer pour le premier jour de comédie. Tout cela lui auroit manqué chez M. le prince de Conti[1].

[1] Grimarest oublie ici un fait qui a pu influer sur la détermination de Molière. Cette place lui fut offerte peu de temps après la mort du poëte Sarrasin, que le prince lui proposoit de remplacer; et on lit dans les *Mémoires de Segrais*, « Que
« Sarrasin mourut à l'âge de quarante-trois ans, d'une fièvre chaude causée par un
« mauvais traitement que lui fit M. le prince de Conti. Ce prince lui donna un coup
« de pincette à la tempe : le sujet de son mécontentement étoit que l'abbé de Cos-
« nac, depuis archevêque d'Aix, et Sarrasin, l'avoient fait condescendre à épouser
« la nièce du cardinal Mazarin, et abandonner quarante mille écus de bénéfice pour
« n'avoir que vingt-cinq mille écus de rente; de sorte que l'argent lui manquoit sou-
« vent; et alors il étoit dans des chagrins contre ceux qui lui avoient fait faire cette
« bassesse, comme il l'appeloit, à cause de la haine universelle qu'on avoit dans ce
« temps-là contre le cardinal de Mazarin. » (*Mémoires de Segrais*, page 51.) Le prince de Conti avoit été généralissime des troupes de la Fronde. Le cardinal de Retz, qui l'avoit vu de près, dit que c'étoit un zéro qui ne multiplioit que parcequ'il étoit prince du sang. La méchanceté, ajoute-t-il, faisoit en lui ce que la foiblesse faisoit en monseigneur le duc d'Orléans. — NOTA. Ce fut le cardinal de Retz qui plaça

Après quatre ou cinq années de succès dans la province, la troupe résolut de venir à Paris. Molière sentit qu'il avoit assez de force pour y soutenir un théâtre comique, et qu'il avoit assez façonné ses comédiens pour espérer d'y avoir un plus heureux succès que la première fois. Il s'assuroit aussi sur la protection de M. le prince de Conti.

Molière quitta donc le Languedoc[1] avec sa troupe; mais il s'arrêta à Grenoble, où il joua pendant tout le carnaval; après quoi ces comédiens vinrent à Rouen, afin qu'étant plus à portée de Paris, leur mérite s'y répandît plus aisément. Pendant ce séjour, qui dura tout l'été, Molière fit plusieurs voyages à Paris, pour se préparer une entrée chez Monsieur, qui, lui ayant accordé sa protection, eut la bonté de le présenter au roi et à la reine-mère.

Ces comédiens eurent l'honneur de représenter la pièce de *Nicomède* devant leurs majestés, au mois d'octobre 1658[2]. Leur début fut heureux; et les actrices surtout furent trouvées bonnes. Mais comme Molière sentoit bien que sa troupe ne l'emporteroit pas pour le sérieux sur celle de l'hôtel de Bourgogne, après la pièce il s'avança sur le théâtre, et après avoir remercié sa majesté en des termes très modestes de la bonté qu'elle avoit eue d'excuser ses défauts et ceux de sa troupe, qui n'avoit paru qu'en tremblant devant une assemblée si auguste, il ajouta « que l'envie qu'ils avoient d'avoir l'honneur de di« vertir le plus grand roi du monde leur avoit fait oublier que « sa majesté avoit à son service d'excellents originaux, dont ils

---

le poëte Sarrasin auprès de ce prince. (*Mémoires du cardinal de Retz*, livre II, page 297, et liv. III, page 60.)

[1] A son retour des états de Languedoc, au mois de décembre 1657, il trouva à Avignon Pierre Mignard, qui revenoit d'Italie, où il avoit passé vingt-deux ans. A cette époque Mignard faisoit le portrait de la marquise de Ganges, célèbre par sa beauté et sa fin tragique. C'est donc à Avignon que commença entre Mignard et Molière une amitié qui dura toute leur vie. Mignard a laissé à la postérité le portrait de Molière; et Molière, dans son poëme du *Val de Grace*, a rendu au talent de Mignard un hommage qui mérita les éloges de Boileau. (*Vie de Mignard*, in-12, 1630, page 53.)

[2] Ce début eut lieu le 24 octobre, sur un théâtre que le roi avoit fait dresser dans la salle des gardes du vieux Louvre. (*Vie de Molière*, par La Grange.)

mais le jour suivant on fut obligé de la mettre au double, à cause de la foule incroyable qui y avoit été le premier jour[1].

Les Précieuses furent jouées pendant quatre mois de suite. M. Ménage, qui étoit à la première représentation de cette pièce, en jugea favorablement. « Elle fut jouée, dit-il, avec un « applaudissement général ; et j'en fus si satisfait en mon parti- « culier, que je vis dès-lors l'effet qu'elle alloit produire. Mon- « sieur, dis-je à M. Chapelain en sortant de la comédie, nous « approuvions, vous et moi, toutes les sottises qui viennent « d'être critiquées si finement, et avec tant de bon sens ; mais, « croyez-moi, il nous faudra brûler ce que nous avons adoré, et « adorer ce que nous avons brûlé. Cela arriva comme je l'avois « prédit, et dès cette première représentation l'on revint du « galimatias et du style forcé. »

Un jour que l'on représentoit cette pièce, un vieillard s'écria du milieu du parterre : *Courage, courage, Molière ! voilà la bonne comédie* ; ce qui fait bien connoître que le théâtre comique étoit alors bien négligé, et que l'on étoit fatigué de mauvais ouvrages avant Molière, comme nous l'avons été après l'avoir perdu.

Cette comédie eut cependant des critiques ; on disoit que c'étoit une charge un peu forte : mais Molière connoissoit déjà le point de vue du théâtre, qui demande de gros traits pour affecter le public ; et ce principe lui a toujours réussi dans tous les caractères qu'il a voulu peindre.

Le 28 mars 1660, Molière donna pour la première fois *le Cocu imaginaire*, qui eut beaucoup de succès. Cependant les petits auteurs comiques de ce temps-là, alarmés de la réputation que Molière commençoit à se former, faisoient leur possible pour décrier sa pièce. Quelques personnes savantes et délicates répandoient aussi leur critique : le titre de cet ouvrage, disoient-

---

[1] L'auteur veut dire sans doute que le prix des places fut doublé : il se trompe, elles furent tiercées, ce qui n'empêcha pas la pièce d'être jouée quatre mois de suite. Il paroit que Molière joua le rôle de Mascarille avec un masque pendant les premières représentations. C'est ce que nous apprend le comédien Villiers dans *la Vengeance des marquis*. (B.)

ils, n'est pas noble ; et puisqu'il a pris presque toute cette pièce chez les étrangers, il pouvoit choisir un sujet qui lui fît plus d'honneur. Le commun des gens ne lui tenoit pas compte de cette pièce, comme des *Précieuses ridicules;* les caractères de celle-là ne les touchoient pas aussi vivement que ceux de l'autre. Cependant, malgré l'envie des troupes, des auteurs et des personnes inquiètes, *le Cocu imaginaire* passa avec applaudissement dans le public. Un bon bourgeois de Paris, vivant bien noblement, mais dans les chagrins que l'humeur et la beauté de sa femme lui avoient assez publiquement causés, s'imagina que Molière l'avoit pris pour l'original de son *Cocu imaginaire.* Ce bourgeois crut devoir s'en offenser; il en marqua son ressentiment à un de ses amis. « Comment! lui dit-il, un petit comédien « aura l'audace de mettre impunément sur le théâtre un homme « de ma sorte (car le bourgeois s'imagine être beaucoup plus « au-dessus du comédien que le courtisan ne croit être élevé « au-dessus de lui)! Je m'en plaindrai, ajouta-t-il : en bonne « police, on doit réprimer l'insolence de ces gens-là; ce sont les « pestes d'une ville ; ils observent tout, pour le tourner en ridi- « cule. » L'ami, qui étoit homme de bon sens, et bien informé, lui dit : « Monsieur, si Molière a eu intention sur vous en faisant » *le Cocu imaginaire,* de quoi vous plaignez-vous? il vous a » pris du beau côté; et vous seriez bien heureux d'en être quitte » pour l'imagination. » Le bourgeois, quoique peu satisfait de la réponse de son ami, ne laissa pas d'y faire quelque réflexion, et ne retourna plus au *Cocu imaginaire.*

Molière ne fut pas heureux dans la seconde pièce qu'il fit paroître à Paris le 4 février 1661 : *Don Garcie de Navarre,* ou *le Prince jaloux,* n'eut point de succès. Molière sentit, comme le public, le foible de sa pièce : aussi ne la fit-il pas imprimer ; et on ne l'a ajoutée à ses ouvrages qu'après sa mort.

Ce peu de réussite releva ses ennemis; ils espéroient qu'il tomberoit de lui-même, et que, comme presque tous les auteurs comiques, il seroit bientôt épuisé : mais il n'en connut que mieux le goût du temps; il s'y accommoda entièrement dans *l'École des Maris*, qu'il donna le 24 juin 1661. Cette pièce, qui est une de ses meilleures, confirma le public dans la bonne opinion qu'il avoit conçue de cet excellent auteur. On ne douta plus que Molière ne fût entièrement maître du théâtre dans le genre qu'il avoit choisi ; ses envieux ne purent pourtant s'empêcher de parler mal de son ouvrage. « Je ne vois pas, disoit un auteur « contemporain qui ne réussissoit point, où est le mérite de « l'avoir fait : ce sont *les Adelphes* de Térence ; il est aisé de « travailler en y mettant si peu du sien, et c'est se donner de « la réputation à peu de frais. » On n'écoutoit point les personnes qui parloient de la sorte ; et Molière eut lieu d'être satisfait du public, qui applaudit fort à sa pièce : c'est aussi une de celles que l'on verroit encore représenter aujourd'hui avec le plus de plaisir, si elle étoit jouée avec autant de feu et de délicatesse qu'elle l'étoit du temps de l'auteur.

Les Fâcheux, qui parurent à la cour au mois d'août 1661, et à Paris le 4 du mois de novembre suivant, achevèrent de donner à Molière la supériorité sur tous ceux de son temps qui travailloient pour le théâtre comique. La diversité de caractères dont cette pièce est remplie, et la nature que l'on y voyoit peinte avec des traits si vifs, enlevoient tous les applaudissements du public. On avoua que Molière avoit trouvé la bonne comédie ; il la rendoit divertissante et utile. Cependant l'homme de cour, comme l'homme de ville, qui croyoit voir le ridicule de son caractère sur le théâtre de Molière, attaquoit l'auteur de tous côtés. Il outre tout, disoit-on ; il est inégal dans ses peintures ; il dénoue mal. Toutes les dissertations malignes que l'on faisoit sur ses pièces n'en empêchoient pourtant point le succès ; et le public étoit toujours de son côté.

On lit dans la préface qui est à la tête des pièces de Molière, qu'elles n'avoient pas d'égales beautés, parce, dit-on, qu'il étoit obligé d'assujettir son génie à des sujets qu'on lui prescrivoit, et de travailler avec une très grande précipitation. Mais je sais, par de très bons mémoires, qu'on ne lui a jamais donné de sujets ; il en avoit un magasin d'ébauchés, par la quantité de petites farces qu'il avoit hasardées dans les provinces; et la cour et la ville lui présentoient tous les jours des originaux de tant de façons, qu'il ne pouvoit s'empêcher de travailler de lui-même sur ceux qui frappoient le plus : et quoiqu'il dise, dans sa préface des *Fâcheux*, qu'il ait fait cette pièce en quinze jours, j'ai de la peine à le croire; c'étoit l'homme du monde qui travailloit avec le plus de difficulté; et il s'est trouvé que des divertissements qu'on lui demandoit étoient faits plus d'un an auparavant.

On voit dans les remarques de M. Ménage, que « dans la « comédie des *Fâcheux*, qui est, dit-il, une des plus belles de « celles de M. de Molière, le fâcheux chasseur qu'il introduit « sur la scène est M. de Soyecourt; que ce fut le roi qui lui « donna ce sujet en sortant de la première représentation de « cette pièce, qui se donna chez M. Fouquet. Sa majesté, voyant « passer M. de Soyecourt, dit à Molière : Voilà un grand origi- « nal que vous n'avez point encore copié. » Je n'ai pu savoir absolument si ce fait est véritable; mais j'ai été mieux informé que M. Ménage de la manière dont cette belle scène du chasseur fut faite : Molière n'y a aucune part que pour la versification; car, ne connoissant point la chasse, il s'excusa d'y travailler; de sorte qu'une personne, que j'ai des raisons de ne pas nommer, la lui dicta tout entière dans un jardin; et M. de Molière l'ayant versifiée, en fit la plus belle scène de ses *Fâcheux*, et le roi prit beaucoup de plaisir à la voir représenter [1].

L'École des Femmes parut en 1662, avec peu de succès; les gens de spectacle furent partagés; les femmes outragées, à ce qu'elles croyoient, débauchoient autant de beaux esprits qu'elles le pouvoient, pour juger de cette pièce comme elles en jugeoient. Mais que trouvez-vous à redire d'essentiel à cette pièce? disoit un connoisseur à un courtisan de distinction. Ah! parbleu, ce que

---

[1] Comment ose-t-on écrire que Molière n'a aucune part à cette scène, parce qu'il ignoroit les termes de la chasse? N'est-il pas plus naturel de penser, d'après quelques mémoires du temps, que, le lendemain de l'ordre donné par Louis XIV, Molière alla chez M. de Soyecourt, et que, dans une conversation très animée sur la chasse, il trouva le sujet de la scène des *Fâcheux*?

j'y trouve à redire est plaisant, s'écria l'homme de cour. *Tarte à la crême*, morbleu! *tarte à la crême*. Mais *tarte à la crême* n'est point un défaut, répondit le bon esprit, pour décrier une pièce comme vous le faites. *Tarte à la crême* est exécrable, répondit le courtisan. *Tarte à la crême*, bon Dieu! avec du sens commun peut-on soutenir une pièce où l'on a mis *tarte à la crême?* Cette expression se répétoit par écho parmi tous les petits esprits de la cour et de la ville, qui ne se prêtent jamais à rien, et qui, incapables de sentir le bon d'un ouvrage, saisissent un trait foible pour attaquer un auteur beaucoup au-dessus de leur portée. Molière, outré à son tour des mauvais jugements que l'on portoit sur sa pièce, les ramassa, et en fit *la Critique de l'École des Femmes*, qu'il donna en 1663. Cette pièce fit plaisir au public : elle étoit du temps, et ingénieusement travaillée[1].

L'Impromptu de Versailles, qui fut joué pour la première fois devant le roi le 14 d'octobre 1663, et à Paris le 4 de novembre de la même année, n'est qu'une conversation satirique entre les comédiens, dans laquelle Molière se donne carrière contre les courtisans dont les caractères lui déplaisoient, contre les comédiens de l'hôtel de Bourgogne, et contre ses ennemis.

Molière, né avec des mœurs droites; Molière, dont les ma-

[1] Brossette, dans ses notes sur la septième épître de Boileau, donne les noms de quelques uns des détracteurs de *l'École des Femmes*. C'est le duc de La Feuillade qui est désigné ici par le titre d'*homme de cour*, et qui ne pouvoit soutenir une pièce où l'on avoit mis *tarte à la crême*. Ce mot étoit devenu proverbe. Les autres personnages désignés dans l'épître de Boileau sont le commandeur de Souvré, et le comte de Broussin, qui, pour faire sa cour au commandeur, sortit un jour au second acte de la comédie. L'auteur d'une Vie de Molière, écrite en 1724, dit que le duc de La Feuillade, outré de se voir traduit sur la scène dans *la Critique de l'École des Femmes*, « s'avisa d'une vengeance indigne d'un honnête homme. Un jour qu'il vit
« passer Molière par un appartement où il étoit, il l'aborda avec les démonstrations
« d'un homme qui vouloit lui faire caresse. Molière s'étant incliné, il lui prit la tête,
« et, en lui disant, *Tarte à la crême*, Molière, *tarte à la crême*, il lui frotta le
« visage contre ses boutons, et lui mit le visage en sang. Le roi, qui vit Molière le
« même jour, apprit la chose avec indignation, et le marqua au duc, qui apprit à ses
« dépens combien Molière étoit dans les bonnes grâces de sa majesté. Je tiens ce fait
« d'une personne contemporaine qui m'a assuré l'avoir vu de ses propres yeux. »
Vie de Molière, écrite en 1724.)

nières étoient simples et naturelles, souffroit impatiemment le courtisan empressé, flatteur, médisant, inquiet, incommode, faux ami. Il se déchaîne agréablement dans son *Impromptu* contre ces messieurs-là, qui ne lui pardonnoient pas dans l'occasion. Il attaque leur mauvais goût pour les ouvrages; il tâche d'ôter tout crédit au jugement qu'ils faisoient des siens.

Mais il s'attache surtout à tourner en ridicule une pièce intitulée *le Portrait du Peintre*, que M. Boursault avoit faite contre lui, et à faire voir l'ignorance des comédiens de l'hôtel de Bourgogne dans la déclamation, en les contrefaisant tous si naturellement, qu'on les reconnoissoit dans son jeu. Il épargna le seul Floridor[1]. Il avoit très grande raison de charger sur leur mauvais goût. Ils ne savoient aucun principe de leur art; ils ignoroient même qu'il y en eût. Tout leur jeu ne consistoit que dans une prononciation ampoulée et emphatique, avec laquelle ils récitoient également tous leurs rôles; on n'y reconnoissoit ni mouvements ni passions; et cependant les Beauchâteau[2], les

---

[1] Floridor entra dans la troupe du Marais en 1640. Il avoit beaucoup de noblesse dans l'air et dans les manières : il étoit fort aimé de la cour, et particulièrement du roi. De Visé a dit de lui : « Il paroit véritablement ce qu'il représente dans toutes les « pièces qu'il joue : tous les auditeurs souhaiteroient de le voir sans cesse; et sa « démarche, son air et ses actions, ont quelque chose de si naturel, qu'il n'est pas « nécessaire qu'il parle pour attirer l'admiration de tout le monde. » (*Critique de la tragédie de Sophonisbe*.) La nature avoit encore accordé à cet excellent acteur une figure noble, une taille bien prise, un son de voix qui, quoique mâle, avoit quelque chose de pénétrant et d'affectueux : il joignoit à tous ces avantages beaucoup d'esprit, et, ce qui est encore plus estimable, une probité et une conduite exemplaire. Josias de Soulas Floridor étoit né de parents nobles, et avoit d'abord servi en qualité d'enseigne. (*Les Frères Parfait*, tome VIII, page 221.) Une anecdote racontée par Boileau confirme tout ce qu'on vient de lire. Racine avoit confié à Floridor le rôle de Néron dans *Britannicus* : mais cet acteur étoit tellement aimé du public, que tout le monde souffroit de lui voir représenter Néron et de lui vouloir du mal, ce qui nuisit au succès de la pièce. Racine, s'étant aperçu de ce singulier effet du mérite de Floridor, confia le rôle à un autre acteur, et la pièce s'en trouva mieux. (*Bolœana*, page 106.)

[2] Beauchâteau étoit gentilhomme. Il n'a jamais rempli que les seconds rôles tragiques et comiques. Molière, dans *l'Impromptu de Versailles*, contrefit la déclamation outrée de cet acteur en récitant les stances du *Cid* :

Percé jusques au fond du cœur.

Le fils de Beauchâteau fut célèbre à huit ans. On recueillit ses poésies sous le titre

Mondory, étoient applaudis parcequ'ils faisoient pompeusement ronfler un vers. Molière, qui connoissoit l'action par principes, étoit indigné d'un jeu si mal réglé, et des applaudissements que le public ignorant lui donnoit. De sorte qu'il s'appliquoit à mettre ses acteurs dans le naturel ; et avant lui, pour le comique, et avant M. Baron, qu'il forma dans le sérieux, comme je le dirai dans la suite, le jeu des comédiens étoit pitoyable pour les personnes qui avoient le goût délicat ; et nous nous apercevons malheureusement que la plupart de ceux qui représentent

de *Muse naissante du jeune Beauchâteau*, 1657. Le poëte Maynard orna ce recueil d'une préface. A onze ans Beauchâteau présenta son ouvrage à l'Académie ; à quatorze ans il passa en Angleterre ; il s'embarqua ensuite pour la Perse, et depuis on n'a pas eu de ses nouvelles. (*Les Frères Parfait*, tome IX, page 411.)

[1] L'*Impromptu de Versailles* fut joué en 1663. Il ne peut donc être ici question de Mondory, mort en 1651 : c'est Montfleury qu'il faut lire. Molière critiqua le jeu et la déclamation de cet acteur dans la scène Ire de l'*Impromptu*, critique que Montfleury ne pardonna pas, et dont son fils le vengea par une comédie intitulée l'*Impromptu de l'hôtel de Condé*, où il contrefit à son tour Molière dans le rôle de César de *la Mort de Pompée*. Heureux, s'il eût borné là sa vengeance ! mais la haine l'aveugla au point qu'il se fit l'interprète des plus infames calomnies, et présenta à Louis XIV une requête dans laquelle il accusoit Molière d'avoir épousé sa propre fille. Racine, très jeune encore, fut témoin de cette intrigue : « Montfleury, écrit, « il à M. Le Vasseur, a fait une requête contre Molière, et l'a donnée au roi : il l'ac- « cuse d'avoir épousé la fille, et d'avoir vécu autrefois avec la mère ; mais Montfleury « n'est point écouté à la cour. » Molière ne daigna point répondre à cette attaque, et l'on doit peut-être le blâmer de ce silence, puisque ce n'est que dans notre siècle qu'il a trouvé un noble défenseur, M. Beffara, qui, les pièces du procès à la main, est venu porter la lumière dans ce dédale de bassesse et de lâcheté. M. Beffara a mérité la reconnoissance de tous les honnêtes gens ; car non seulement il a honoré la mémoire de Molière, en faisant briller la vérité, mais il a puni les calomniateurs, en effaçant leurs calomnies.

Ici les dates sont précieuses, et l'on peut dire que leur rapprochement est comme un trait de lumière qui nous montre la grande ame de Louis XIV. La requête dans laquelle Montfleury accusoit Molière d'avoir épousé sa fille fut présentée à la fin de décembre 1663 ; et le 28 février 1664, c'est-à-dire deux mois après cette requête, le roi de France tenoit sur les fonts de baptême, avec madame Henriette d'Angleterre, le premier enfant de Molière, et lui donnoit le nom de Louis. C'est ainsi que Louis XIV répondit toujours aux ennemis de Molière. Toutes les calomnies dont on vouloit accabler ce grand poëte étoient aussitôt consolées par un bienfait.

Ce Montfleury, qui croyoit se venger de Molière en se déshonorant, avoit l'orgueil de se croire son rival. Son théâtre a été imprimé avec celui de son fils, auteur de *la Femme juge et partie*, qui partagea un moment avec le *Tartuffe* la faveur du public. On dit que Montfleury se rompit une veine en jouant Oreste dans *An-*

aujourd'hui, destitués d'étude qui les soutienne dans la connoissance des principes de leur art, commencent à perdre ceux que Molière avoit établis dans sa troupe [1].

La différence de jeu avoit fait naître de la jalousie entre les deux troupes. On alloit à celle de l'hôtel de Bourgogne; les auteurs tragiques y portoient presque tous leurs ouvrages : Molière en étoit fâché. De manière qu'ayant su qu'ils devoient représenter une pièce nouvelle dans deux mois, il se mit en tête d'en avoir une prête pour ce temps-là, afin de figurer avec l'ancienne troupe. Il se souvint qu'un an auparavant un jeune homme lui avoit apporté une pièce intitulée *Théagène et Chariclée*, qui, à la vérité, ne valoit rien, mais qui lui avoit fait voir que ce jeune homme en travaillant pouvoit devenir un excellent auteur. Il ne le rebuta point; mais il l'exhorta à se perfectionner dans la poésie avant que de hasarder ses ouvrages au public, et il lui dit de revenir le trouver dans six mois. Pendant ce temps-là Molière fit le dessein des *Frères ennemis* [2]; mais le jeune homme n'avoit point encore paru, et lorsque Molière en eut besoin, il ne savoit où le prendre; il dit à ses comédiens de le lui déterrer, à quelque prix que ce fût. Ils le trouvèrent. Molière lui donna son projet, et le pria de lui en apporter un acte par semaine, s'il étoit possible. Le jeune auteur, ardent et de bonne volonté, répondit à l'empressement de Molière; mais celui-ci remarqua qu'il avoit pris presque tout son travail dans *la Thébaïde*, de

dromaque; c'est une erreur : il mourut de la fièvre, il est vrai, peu de jours après avoir joué ce rôle. Montfleury étoit gentilhomme, et il avoit été page du duc de Guise. Chapuzeau le cite comme un excellent comédien. (Voyez *Chapuzeau*, l. III, pages 177 et 178; *les Frères Parfait*, tome VII, pages 129 et 130, et les *Mémoires* de Louis Racine, page 58.)

[1] Ceci est un trait lancé contre Beaubourg qui avoit remplacé Baron, et dont le jeu étoit outré. Ce passage est une nouvelle preuve que Grimarest a travaillé d'après les Mémoires de Baron, alors retiré du théâtre, mais qui y remonta en 1720.

[2] On a ouï dire souvent à M. le président Montesquieu, d'après une ancienne tradition de Bordeaux, que Molière, encore comédien de campagne, avoit fait représenter dans cette ville une tragédie de sa façon, qui avoit pour titre *la Thébaïde*, mais que le peu de succès qu'elle obtint le détourna du genre tragique. C'est sans doute le plan de cette pièce que Molière donna à Racine. (B.)

Rotrou[1]. On lui fit entendre qu'il n'y avoit point d'honneur à remplir son ouvrage de celui d'autrui; que la pièce de Rotrou étoit assez récente pour être encore dans la mémoire des spectateurs; et qu'avec les heureuses dispositions qu'il avoit, il falloit qu'il se fît honneur de son premier ouvrage, pour disposer favorablement le public à en recevoir de meilleurs. Mais comme le temps pressoit, Molière l'aida à changer ce qu'il avoit emprunté, et à achever la pièce, qui fut prête dans le temps, et qui fut d'autant plus applaudie, que le public se prêta à la jeunesse de M. Racine, qui fut animé par les applaudissements, et par le présent que Molière lui fit. Cependant ils ne furent pas long-temps en bonne intelligence, s'il est vrai que ce soit celui-ci qui ait fait la critique de l'*Andromaque,* comme M. Racine le croyoit; il estimoit cet ouvrage comme un des meilleurs de l'auteur; mais Molière n'eut point de part à cette critique; elle est de M. de Subligny[2].

Le roi connoissant le mérite de Molière, et l'attachement particulier qu'il avoit pour divertir sa majesté, daigna l'honorer d'une pension de mille livres. On voit dans ses ouvrages le remerciement qu'il en fit au roi. Ce bienfait assura Molière dans son travail; il crut après cela qu'il pouvoit penser favorablement de ses ouvrages, et il forma le dessein de travailler sur de plus grands caractères, et de suivre le goût de Térence un peu plus qu'il n'avoit fait : il se livra avec plus de fermeté aux courtisans et aux savants, qui le recherchoient avec empressement : on croyoit trouver un homme aussi égayé, aussi juste dans la conversation qu'il l'étoit dans ses pièces, et l'on avoit la satisfaction

[1] Rotrou n'a point fait de *Thébaïde;* il est l'auteur d'*Antigone*, pièce à laquelle Racine fit en effet quelques emprunts. Lagrange-Chancel disoit avoir entendu dire à des amis particuliers de Racine, que, pressé par le peu de temps que lui avoit donné Molière pour composer cette pièce, il y avoit fait entrer, sans presque aucun changement, deux récits entiers tirés de l'*Antigone* de Rotrou, jouée en 1638. Ces morceaux disparurent dans l'impression de *la Thébaïde*, jouée en 1664. Voilà à quoi il faut réduire tout ce que dit ici Grimarest.

[2] Avocat, faisant des parodies, des romans, et d'autres niaiseries oubliées. Il s'associoit avec le père du président Hénault pour dénigrer Racine, et finit par devenir le panégyriste du grand poëte dont il avoit été le zoïle. (DESP.)

de trouver dans son commerce encore plus de solidité que dans ses ouvrages ; et ce qu'il y avoit de plus agréable pour ses amis, c'est qu'il étoit d'une droiture de cœur inviolable, et d'une justesse d'esprit peu commune.

On ne pouvoit souhaiter une situation plus heureuse que celle où il étoit à la cour et à Paris depuis quelques années. Cependant il avoit cru que son bonheur seroit plus vif et plus sensible s'il le partageoit avec une femme ; il voulut remplir la passion que les charmes naissants de la fille de la Béjart[1] avoient nourrie dans son cœur à mesure qu'elle avoit crû. Cette jeune fille avoit tous les agréments qui peuvent engager un homme, et tout l'esprit nécessaire pour le fixer. Molière avoit passé, des amusements que l'on se fait avec un enfant, à l'amour le plus violent qu'une maîtresse puisse inspirer ; mais il savoit que la mère avoit d'autres vues, qu'il auroit de la peine à déranger. C'étoit une femme altière et peu raisonnable lorsqu'on n'adhéroit pas à ses sentiments ; elle aimoit mieux être l'amie de Molière que sa belle-mère : ainsi, il auroit tout gâté de lui déclarer le dessein qu'il avoit d'épouser sa fille. Il prit le parti de le faire sans en rien dire à cette femme ; mais comme elle l'observoit de fort près, il ne put consommer son mariage pendant plus de neuf mois : c'eût été risquer un éclat qu'il vouloit éviter sur toutes choses, d'autant plus que la Béjart, qui le soupçonnoit de quelque dessein sur sa fille, le menaçoit souvent en femme furieuse et extravagante de le perdre, lui, sa fille et elle-même, si jamais il pensoit à l'épouser[2]. Cependant la jeune fille ne s'accommodoit point de l'emportement de sa mère, qui la tourmentoit continuellement, et qui lui faisoit essuyer tous les désagréments qu'elle pouvoit inventer ; de sorte que cette jeune personne, plus lasse peut-être d'attendre le plaisir d'être femme,

[1] Nous avons déjà dit qu'Armande Béjart (femme de Molière) étoit la sœur et non la fille de Magdeleine Béjart. (Voyez la *Dissertation sur Poquelin de Molière*, par M. Beffara.)

[2] Les emportements de Magdeleine Béjart sont vraisemblables ; mais le mariage de Molière ne fut point secret, et Magdeleine Béjart y assista en sa qualité de sœur, comme le prouve le contrat que nous avons cité.

que de souffrir les duretés de sa mère, se détermina un matin de s'aller jeter dans l'appartement de Molière, fortement résolue de n'en point sortir qu'il ne l'eût reconnue pour sa femme, ce qu'il fut contraint de faire. Mais cet éclaircissement causa un vacarme terrible; la mère donna des marques de fureur et de désespoir comme si Molière avoit épousé sa rivale, ou comme si sa fille fût tombée entre les mains d'un malheureux. Néanmoins, il fallut bien s'apaiser; il n'y avoit point de remède, et la raison fit entendre à la Béjart que le plus grand bonheur qui pût arriver à sa fille étoit d'avoir épousé Molière, qui perdit par ce mariage tout l'agrément que son mérite et sa fortune pouvoient lui procurer, s'il avoit été assez philosophe pour se passer d'une femme [1].

[1] Cette femme, qui inspira une si forte passion à Molière, et qui le rendit si malheureux, n'avoit pas une beauté régulière : voici le portrait que Molière en a fait lui-même à une époque où elle lui avoit déjà causé beaucoup de chagrins. « Elle a « les yeux petits, mais elle les a pleins de feu; les plus brillants, les plus perçants « du monde; les plus touchants qu'on puisse voir. Elle a la bouche grande, mais on « y voit des graces qu'on ne voit point aux autres bouches. Sa taille n'est pas « grande, mais elle est aisée et bien prise. Elle affecte une nonchalance dans son « parler et dans son maintien, mais elle a grace à tout cela, et ses manières ont je « ne sais quel charme à s'insinuer dans les cœurs. Enfin son esprit est du plus fin et « du plus délicat; sa conversation est charmante, et si elle est capricieuse autant « que personne du monde, tout sied bien aux belles, on souffre tout des belles. » (*Bourgeois Gentilhomme*, acte III, scène IX.) Élève de Molière, elle devint une excellente actrice : sa voix étoit si touchante, qu'on eût dit, suivant un auteur contemporain, qu'elle avoit véritablement dans le cœur la passion qui n'étoit que dans sa bouche. « Remarquez, dit-il, que la Molière et La Grange font voir beaucoup de « jugement dans leur récit, et que leur jeu continue encore, lors même que leur « rôle est fini. Ils ne sont jamais inutiles sur le théâtre : ils jouent presque aussi bien « quand ils écoutent que quand ils parlent. Leurs regards ne sont pas dissipés, « leurs yeux ne parcourent pas les loges. Ils savent que leur salle est remplie, mais « ils parlent et ils agissent comme s'ils ne voyoient que ceux qui ont part à leur ac- « tion ; ils sont propres et magnifiques sans rien faire paroître d'affecté. Ils ont soin « de leur parure, et ils n'y pensent plus dès qu'ils sont sur la scène. Et si la Molière « retouche parfois à ses cheveux, si elle raccommode ses nœuds et ses pierreries, « ces petites façons cachent une satire judicieuse et naturelle. Elle entre par-là dans « le ridicule des femmes qu'elle veut jouer ; mais enfin, avec tous ces avantages, elle « ne plairoit pas tant si sa voix étoit moins touchante; elle en est si persuadée elle- « même, que l'on voit bien qu'elle prend autant de divers tons qu'elle a de rôles « différents. » (*Entretiens galants*. Paris, Ribou, 1681, tome II, page 91.) Grandval, le père, disoit de madame Molière qu'elle jouoit à merveille les rôles que son

DE MOLIÈRE.

Celle-ci ne fut pas plutôt madame de Molière, qu'elle crut être au rang d'une duchesse; et elle ne se fut pas donnée en spectacle à la comédie, que le courtisan désoccupé lui en conta. Il est bien difficile à une comédienne, belle et soigneuse de sa personne, d'observer si bien sa conduite, que l'on ne puisse l'attaquer. Qu'une comédienne rende à un grand seigneur les devoirs qui lui sont dus, il n'y a point de miséricorde, c'est son amant. Molière s'imagina que toute la cour, toute la ville en vouloit à son épouse. Elle négligea de l'en désabuser; au contraire, les soins extraordinaires qu'elle prenoit de sa parure, à ce qu'il lui sembloit, pour tout autre que pour lui, qui ne demandoit point tant d'arrangement, ne firent qu'augmenter sa jalousie. Il avoit beau représenter à sa femme la manière dont elle devoit se conduire pour passer heureusement la vie ensemble, elle ne profitoit point de ses leçons, qui lui paroissoient trop sévères pour une jeune personne, qui d'ailleurs n'avoit rien à se reprocher. Ainsi Molière, après avoir essuyé beaucoup de froideurs et de dissensions domestiques, fit son possible pour se renfermer dans son travail et dans ses amis, sans se mettre en peine de la conduite de sa femme [1].

mari avoit faits pour elle, et ceux des femmes coquettes et satiriques, et que, sans être belle, elle étoit piquante, et capable d'inspirer une grande passion. (*Ciceron Rival*, page 13, et *les Frères Parfait*.)

[1] « Cependant ce ne fut pas sans se faire une grande violence que Molière résolut
« de vivre avec elle dans cette indifférence. Il y rêvoit un jour dans son jardin
« d'Auteuil quand son ami Chapelle, qui s'y promenoit par hasard, l'aborda, et le
« trouvant plus inquiet que de coutume, il lui en demanda plusieurs fois le sujet.
« Molière, qui eut quelque honte de se sentir si peu de constance pour un malheur
« si fort à la mode, résista autant qu'il put; mais comme il étoit alors dans une de
« ces plénitudes de cœur si connues par les gens qui ont aimé, il céda à l'envie de
« se soulager, et avoua de bonne foi à son ami que la manière dont il étoit forcé d'en
« user avec sa femme étoit la cause de cet abattement où il se trouvoit. Chapelle,
« qui croyoit être au-dessus de ces sortes de choses, le railla sur ce qu'un homme
« comme lui, qui savoit si bien peindre le foible des autres, tomboit dans celui qu'il
« blâmoit tous les jours, et lui fit voir que le plus ridicule de tous étoit d'aimer une
« personne qui ne répond pas à la tendresse qu'on a pour elle. Pour moi, lui dit-il,
« je vous avoue que si j'étois assez malheureux pour me trouver en pareil état, et
« que je fusse fortement persuadé que la même personne accordât des faveurs à
« d'autres, j'aurois tant de mépris pour elle, qu'il me guériroit infailliblement de

La Princesse d'Élide, qui fut représentée dans une grande fête que le roi donna aux reines et à toute sa cour au mois de mai 1664, fit à Molière tout l'honneur qu'il en pouvoit attendre. Cette pièce le réconcilia, pour ainsi dire, avec le courtisan

« ma passion. Encore avez-vous une satisfaction que vous n'auriez pas si c'étoit une
« maîtresse ; et la vengeance, qui prend ordinairement la place de l'amour dans un
« cœur outragé, vous peut payer tous les chagrins que vous cause votre épouse,
« puisque vous n'avez qu'à l'enfermer ; ce sera un moyen assuré de vous mettre
« l'esprit en repos.

« Molière, qui avoit écouté son ami avec assez de tranquillité, l'interrompit pour
« lui demander s'il n'avoit jamais été amoureux.—Oui, lui répondit Chapelle, je
« l'ai été comme un homme de bon sens doit l'être ; mais je ne me serois jamais fait
« une si grande peine pour une chose que mon honneur m'auroit conseillé de faire,
« et je rougis pour vous de vous trouver si incertain. — Je vois bien que vous n'a-
« vez encore rien aimé, lui répondit Molière, et vous avez pris la figure de l'amour
« pour l'amour même. Je ne vous rapporterai point une infinité d'exemples qui
« vous feroient connoître la puissance de cette passion. Je vous ferai seulement un
« fidèle récit de mon embarras, pour vous faire comprendre combien on est peu
« maître de soi-même, quand elle a une fois pris sur nous un certain ascendant que
« le tempérament lui donne d'ordinaire. Pour vous répondre donc sur la connois-
« sance parfaite que vous dites que j'ai du cœur de l'homme, par les portraits que
« j'en expose tous les jours, je demeurerai d'accord que je me suis étudié autant
« que j'ai pu à connoître leur foible ; mais si ma science m'a appris qu'on pouvoit
« fuir le péril, mon expérience ne m'a que trop fait voir qu'il est impossible de l'é-
« viter ; j'en juge tous les jours par moi-même. Je suis né avec les dernières dispo-
« sitions à la tendresse ; et, comme j'ai cru que mes efforts pourroient lui inspirer,
« par l'habitude, des sentiments que le temps ne pourroit détruire, je n'ai rien ou-
« blié pour y parvenir. Comme elle étoit encore fort jeune quand je l'épousai, je ne
« m'aperçus pas de ses méchantes inclinations, et je me crus un peu moins mal-
« heureux que la plupart de ceux qui prennent de pareils engagements : aussi le
« mariage ne ralentit point mes empressements ; mais je lui trouvai tant d'indiffé-
« rence, que je commençai à m'apercevoir que toute ma précaution avoit été inu-
« tile, et que ce qu'elle sentoit pour moi étoit bien éloigné de ce que j'aurois
« souhaité pour être heureux. Je me fis à moi-même ce reproche sur une délicatesse
« qui me sembloit ridicule dans un mari, et j'attribuai à son humeur ce qui étoit un
« effet de son peu de tendresse pour moi ; mais je n'eus que trop de moyens de
« m'apercevoir de mon erreur ; et la folle passion qu'elle eut peu de temps après
« pour le comte de Guiche fit trop de bruit pour me laisser dans cette tranquillité
« apparente. Je n'épargnai rien à la première connoissance que j'en eus pour me
« vaincre moi-même, dans l'impossibilité que je trouvai à la changer ; je me servis
« pour cela de toutes les forces de mon esprit ; j'appelai à mon secours tout ce qui
« pouvoit contribuer à ma consolation. Je la considérai comme une personne de
« qui tout le mérite est dans l'innocence, et qui, par cette raison, n'en conservoit
« plus depuis son infidélité. Je pris, dès-lors, la résolution de vivre avec elle comme
« un honnête homme qui a une femme coquette, et qui est bien persuad , quoi

chagrin : elle parut dans un temps de plaisirs, le prince l'avoit applaudie, Molière à la cour étoit inimitable; on lui rendoit justice de tous côtés, les sentiments qu'il avoit donnés à ses personnages, ses vers, sa prose (car il n'avoit pas eu le temps de versifier toute sa pièce), tout fut trouvé excellent dans son ouvrage : mais *le Mariage forcé*, qui fut représenté le dernier jour de la fête du roi, n'eut pas le même sort chez le courtisan. Est-ce le même auteur, disoit-on, qui a fait ces deux pièces? Cet homme aime à parler au peuple, il n'en sortira jamais ; il croit encore être sur son théâtre de campagne. Malgré cette critique, Sganarelle, avec ses expressions, ne laissa pas de faire rire l'homme de cour.

La Princesse d'Élide et *le Mariage forcé* eurent aussi leurs

« qu'on puisse dire, que sa réputation ne dépend point de la méchante conduite de
« son épouse ; mais j'eus le chagrin de voir qu'une personne sans beauté, qui doit
« le peu d'esprit qu'on lui trouve à l'éducation que je lui ai donnée, détruisoit en
« un moment toute ma philosophie. Sa présence me fit oublier mes résolutions, et
« les premières paroles qu'elle me dit pour sa défense me laissèrent si convaincu
« que mes soupçons étoient mal fondés, que je lui demandai pardon d'avoir été si
« crédule. Cependant mes bontés ne l'ont point changée. Je me suis donc déterminé
« à vivre avec elle comme si elle n'étoit pas ma femme ; mais si vous saviez ce que
« je souffre, vous auriez pitié de moi. Ma passion est venue à un tel point, qu'elle
« va jusqu'à entrer avec compassion dans ses intérêts ; et quand je considère com-
« bien il m'est impossible de vaincre ce que je sens pour elle, je me dis en même
« temps qu'elle a peut-être une même difficulté à détruire le penchant qu'elle a d'être
« coquette, et je me trouve plus dans la disposition de la plaindre que de la blâmer.
« Vous me direz sans doute qu'il faut être fou pour aimer de cette manière ; mais
« pour moi, je crois qu'il n'y a qu'une sorte d'amour, et que les gens qui n'ont
« point senti de semblable délicatesse n'ont jamais aimé véritablement. Toutes les
« choses du monde ont du rapport avec elle dans mon cœur : mon idée en est si fort
« occupée, que je ne fais rien en son absence qui m'en puisse divertir. Quand je la
« vois, une émotion et des transports qu'on peut sentir, mais qu'on ne sauroit ex-
« primer, m'ôtent l'usage de la réflexion ; je n'ai plus d'yeux pour ses défauts ; il
« m'en reste seulement pour tout ce qu'elle a d'aimable : n'est-ce pas là le dernier
« point de la folie? Et n'admirez-vous pas que tout ce que j'ai de raison ne sert
« qu'à me faire connoître ma foiblesse sans en pouvoir triompher ?— Je vous avoue
« à mon tour, lui dit son ami, que vous êtes plus à plaindre que je ne pensois ; mais
« il faut tout espérer du temps. Continuez cependant à faire vos efforts ; ils feront
« leur effet lorsque vous y penserez le moins. Pour moi, je vais faire des vœux afin
« que vous soyez bientôt content. Là-dessus il se retira et laissa Molière, qui rêva
« encore fort long-temps aux moyens d'amuser sa douleur. » (*La fameuse Comédienne, ou histoire de la Guérin, auparavant femme de Molière.*)

applaudissements à Paris au mois de novembre de la même année ; mais bien des gens se récrièrent contre cette dernière pièce, qui n'auroit pas passé si un autre auteur l'avoit donnée, et si elle avoit été jouée par d'autres comédiens que ceux de la troupe de Molière, qui par leur jeu faisoient goûter au bourgeois les choses les plus communes.

Molière, qui avoit accoutumé le public à lui donner souvent des nouveautés, hasarda son *Festin de Pierre* le 15 février 1665. On en jugea, dans ce temps-là, comme on en juge en celui-ci ; et Molière eut la prudence de ne point faire imprimer cette pièce, dont on fit dans le temps une très mauvaise critique[1].

C'est une question souvent agitée dans les conversations, savoir si Molière a maltraité les médecins par humeur, ou par ressentiment. Voici la solution de ce problème : Il logeoit chez un médecin dont la femme, qui étoit extrêmement avare, dit plusieurs fois à la Molière qu'elle vouloit augmenter le loyer de la portion de maison qu'elle occupoit. Celle-ci, qui croyoit encore trop honorer la femme du médecin de loger chez elle, ne daigna seulement pas l'écouter ; de sorte que son appartement fut loué à la Duparc, et on donna congé à Molière. C'en fut assez pour former de la dissension entre ces trois femmes. La Duparc, pour se mettre bien avec sa nouvelle hôtesse, lui donna un billet de comédie : celle-ci s'en servit avec joie, parce qu'il ne lui en coûtoit rien pour voir le spectacle ; elle n'y fut pas plutôt, que la Molière envoya deux gardes pour la faire sortir de l'amphithéâtre, et se donna le plaisir d'aller lui dire elle-même que puisqu'elle la chassoit de sa maison, elle pouvoit bien à son tour

---

[1] Cette critique portoit le titre d'*Observations sur le Festin de Pierre*, par le sieur de Rochemont. On y voit que Molière est vraiment diabolique, que diabolique est son cerveau, et que c'est un diable incarné. L'auteur termine en menaçant du déluge, de la peste et de la famine, si la sagesse de Louis XIV ne met un frein à l'impiété de Molière. Enfin on sent partout que cette brochure a été inspirée par la crainte du *Tartuffe*, déjà célèbre et déjà persécuté, quoique non représenté. Les trois premiers actes du *Tartuffe* avoient été joués aux fêtes de Versailles en mai 1664, et la pièce entière au Raincy le 29 novembre de la même année. Chose remarquable ! ce libelle est imprimé avec permission du lieutenant civil ; ce qui prouve que le sieur de Rochemont étoit appuyé par des personnes puissantes.

la faire sortir d'un lieu où elle étoit la maîtresse. La femme du médecin, plus avare que susceptible de honte, aima mieux se retirer que de payer sa place. Un traitement si offensant causa de la rumeur : les maris prirent parti trop vivement ; de sorte que Molière, qui étoit très facile à entraîner par les personnes qui le touchoient, irrité contre le médecin, pour se venger de lui, fit en cinq jours de temps la comédie de *l'Amour médecin*, dont il fit un divertissement pour le roi, le 15 septembre 1665, et qu'il représenta à Paris le 22 du même mois. Cette pièce ne relevoit pas, à la vérité, le mérite de son auteur ; Molière le sentit lui-même, puisqu'en la faisant imprimer il prévint son lecteur sur le peu de temps qu'il avoit employé à la faire, et sur le peu de plaisir qu'elle peut faire à la lecture.

Depuis ce temps-là, Molière[1] n'a pas épargné les médecins dans toutes les occasions qu'il en a pu amener, bonnes ou mauvaises. Il est vrai qu'il avoit peu de confiance en leur savoir; et il ne se servoit d'eux que fort rarement, n'ayant, à ce que l'on dit, jamais été saigné. Et l'on rapporte, dans deux livres de remarques, que M. de Mauvilain et lui, étant à Versailles au dîner du roi, sa majesté dit à Molière : « Voilà donc votre mé-« decin ? Que vous fait-il ? — Sire, répondit Molière, nous rai-« sonnons ensemble ; il m'ordonne des remèdes ; je ne les fais « point, et je guéris. » On m'a assuré que Molière définissoit un médecin, un homme que l'on paie pour conter des fariboles dans la chambre d'un malade, jusqu'à ce que la nature l'ait guéri, ou que les remèdes l'aient tué. Cependant un médecin du temps et de la connoissance de Molière veut lui ôter l'honneur de cette heureuse définition, et m'a assuré qu'il en étoit l'auteur. M. de Mauvilain est le médecin pour lequel Molière a fait le troisième placet qui est à la tête de son *Tartuffe*, lorsqu'il demanda au roi un canonicat de Vincennes pour le fils de ce médecin.

[1] Que cette anecdote soit vraie ou fausse, peu importe. Ce qui est absurde, c'est de vouloir y trouver le motif des critiques de Molière, comme s'il avoit pu avoir d'autre but que de dévoiler le charlatanisme et l'ignorance doctorale des médecins de son temps.

Molière étoit continuellement occupé du soin de rendre sa troupe meilleure. Il avoit de bons acteurs pour le comique ; mais il lui en manquoit pour le sérieux, qui répondissent à la manière dont il vouloit qu'il fût récité sur le théâtre. Il se présenta une favorable occasion de remplir ses intentions, et le plaisir qu'il avoit de faire du bien à ceux qui le méritoient. Baron a toujours été un de ces sujets heureux qui touchent à la première vue. Je me flatte qu'il ne trouvera point mauvais que je dise comment il excita Molière à lui vouloir du bien ; c'est un des plus beaux endroits de la vie d'un homme dont la mémoire doit lui être chère.

Un organiste de Troyes, nommé Raisin, fortement occupé du desir de gagner de l'argent, fit faire une épinette à trois claviers, longue à peu près de trois pieds, et large de deux et demi, avec un corps, dont la capacité étoit le double plus grande que celle des épinettes ordinaires. Raisin avoit quatre enfants, tous jolis, deux garçons et deux filles ; il leur avoit appris à jouer de l'épinette : quand il eut perfectionné son idée, il quitte son orgue, et vient à Paris avec sa femme, ses enfants, et l'épinette ; il obtint une permission de faire voir, à la foire Saint-Germain, le petit spectacle qu'il avoit préparé. Son affiche, qui promettoit un prodige de mécanique et d'obéissance dans une épinette, lui attira du monde les premières fois suffisamment pour que tout le public fût averti que jamais on n'avoit vu une chose aussi étonnante que l'épinette du Troyen. On va la voir en foule ; tout le monde l'admire, tout le monde en est surpris, et peu de personnes pouvoient deviner l'artifice de cet instrument. D'abord le petit Raisin l'aîné et sa petite sœur Babet se mettoient chacun à son clavier, et jouoient ensemble une pièce, que le troisième clavier répétoit seul d'un bout à l'autre, les deux enfants ayant les bras levés : ensuite le père les faisoit retirer, et prenoit une clef, avec laquelle il montoit cet instrument par le moyen d'une roue qui faisoit un vacarme terrible dans le corps de la machine, comme s'il y avoit eu une multiplicité de roues, possible et nécessaire pour exécuter ce qu'il lui falloit faire jouer. Il la changeoit même souvent de place, pour ôter tout soupçon. Hé! épinette, disoit-il à cet instrument, quand tout étoit préparé, jouez-moi une telle courante. Aussitôt l'obéissante épinette jouoit cette pièce entière. Quelquefois Raisin l'interrompoit, en lui disant : Arrêtez-vous, épinette. S'il lui disoit de poursuivre la pièce, elle la poursuivoit; d'en jouer une autre, elle la jouoit; de se taire, elle se taisoit.

Tout Paris étoit occupé de ce petit prodige : les esprits foibles croyoient Raisin sorcier; les plus présomptueux ne pouvoient le deviner. Cependant la foire valut plus de vingt mille livres à Raisin. Le bruit de cette épinette alla jusqu'au roi ; sa majesté voulut la voir, et en admira l'invention : elle la fit passer dans l'appartement de la reine pour lui donner un spectacle si nouveau : mais sa majesté en fut tout d'un coup effrayée, de sorte que le roi ordonna sur-le-champ que l'on ouvrît le corps de l'épinette, d'où l'on vit sortir un petit enfant de cinq ans, beau comme un ange ; c'étoit Raisin le cadet[1], qui fut dans le moment caressé de toute la cour. Il étoit temps que le pauvre enfant sortît de sa prison, où il étoit si mal à son aise depuis cinq ou six heures, que l'épinette en avoit contracté une mauvaise odeur.

Quoique le secret de Raisin fût découvert, il ne laissa pas de former le dessein de tirer encore parti de son épinette à la foire suivante. Dans le temps il fait afficher, et il annonce le même spectacle que l'année précédente; mais il promet de découvrir son secret, et d'accompagner son épinette d'un petit divertissement.

Cette foire fut aussi heureuse pour Raisin que la première. Il commençoit son spectacle par sa machine, ensuite de quoi les trois enfants dansoient une sarabande; ce qui étoit suivi d'une comédie que ces trois petites personnes, et quelques autres dont Raisin avoit formé une troupe, représentoient tant bien que

---

[1] Ce Raisin devint un comédien excellent. Il joignoit au talent le plus parfait un esprit heureux et fécond, un agréable enjouement, l'art de conter et de jouer ses contes. Les princes de Vendôme l'admettoient à leur table; la cour et la ville se le disputoient. (DESP.)

d.

mal. Ils avoient deux petites pièces qu'ils faisoient rouler, *Tricassin rival*, et *l'Andouille de Troyes*. Cette troupe prit le titre de *comédiens de monsieur le Dauphin*, et elle se donna en spectacle avec succès pendant du temps.

Je sais que cette histoire n'est pas tout-à-fait de mon sujet; mais elle m'a paru si singulière, que je ne crois pas que l'on me sache mauvais gré de l'avoir donnée. D'ailleurs on verra par la suite qu'elle a du rapport à quelques particularités qui regardent Molière.

Pendant que cette nouvelle troupe se faisoit valoir, le petit Baron étoit en pension à Villejuif; et un oncle et une tante, ses tuteurs, avoient déjà mangé la plus grande et la meilleure partie du bien que sa mère lui avoit laissé[1]; et lui en restant peu qu'ils pussent consommer, ils commençoient à être embarrassés de sa personne. Ils poursuivoient un procès en son nom : leur avocat, qui se nommoit Margane, aimoit beaucoup à faire de méchants vers : une pièce de sa façon, intitulée *la Nymphe dodue*, qui couroit parmi le peuple, faisoit assez connoître la mauvaise disposition qu'il avoit pour la poésie. Il demanda un jour à l'oncle et à la tante de Baron ce qu'ils vouloient faire de leur pupille. « Nous ne le savons point, dirent-ils; son inclina-
» tion ne paroit pas encore : cependant il récite continuellement
» des vers. — Hé bien! répondit l'avocat, que ne le mettez-vous

---

[1] Le père et la mère de Baron étoient tous deux de fort bons comédiens. Il est surprenant que Grimarest n'en ait pas dit un mot dans un livre dont le fils paroit avoir fourni les matériaux. Voici deux anecdotes assez piquantes. « La mère de
« Baron étoit une si belle femme que, lorsqu'elle se présentoit pour paroitre à la
« toilette de la reine-mère, sa majesté disoit aux dames qui étoient présentes :
« Mesdames, voici la Baron ; et elles prenoient la fuite. Le père de Baron mourut
« d'un accident très singulier : il faisoit le rôle de don Diègue dans *le Cid*; son épée
« lui étoit tombée des mains, comme la circonstance l'exige dans la scène qu'il avoit
« faite avec le comte de Gormas, et en la repoussant du pied avec indignation, il en
« trouva malheureusement la pointe, dont il eut le petit doigt piqué. On traita le
« soir cette blessure comme une bagatelle ; mais quand il vit, deux jours après,
« que la gangrène faisoit tout apprêter pour lui couper la jambe, il ne le voulut pas
« souffrir : Non, non, dit-il, un roi de théâtre, comme moi, se feroit huer avec une
« jambe de bois. Il aima mieux attendre doucement la mort, qui l'emporta le lende-
« main. » (*Lettre à mylord *** sur Baron*, par d'Allainval.)

» dans cette petite troupe de monsieur le Dauphin, qui a tant de
» succès? » Ces parents saisirent ce conseil, plus par envie de se
défaire de l'enfant, pour dissiper plus aisément le reste de son
bien, que dans la vue de faire valoir le talent qu'il avoit apporté
en naissant. Ils l'engagèrent donc pour cinq ans dans la troupe
de la Raisin (car son mari étoit mort alors). Cette femme fut
ravie de trouver un enfant qui étoit capable de remplir tout ce
que l'on souhaiteroit de lui ; et elle fit ce petit contrat avec d'autant plus d'empressement, qu'elle y avoit été fortement incitée
par un fameux médecin qui étoit de Troyes, et qui, s'intéressant à l'établissement de cette veuve, jugeoit que le petit Baron
pouvoit y contribuer, étant fils d'une des meilleures comédiennes qui aient jamais été.

Le petit Baron parut sur le théâtre de la Raisin avec tant
d'applaudissements, qu'on le fut voir jouer avec plus d'empressement que l'on n'en avoit eu à chercher l'épinette. Il étoit
surprenant qu'un enfant de dix ou onze ans, sans avoir été
conduit dans les principes de la déclamation, fît valoir une
passion avec autant d'esprit qu'il le faisoit.

La Raisin s'étoit établie, après la foire, proche du vieux hôtel
de Guénégaud ; et elle ne quitta point Paris qu'elle n'eût gagné
vingt mille écus de bien. Elle crut que la campagne ne lui seroit
pas moins favorable ; mais à Rouen, au lieu de préparer le lieu
de son spectacle, elle mangea ce qu'elle avoit d'argent avec un
gentilhomme de M. le prince de Monaco, nommé Olivier, qui
l'aimoit à la fureur, et qui la suivoit partout ; de sorte qu'en très
peu de temps sa troupe fut réduite dans un état pitoyable.
Ainsi destituée de moyens pour jouer la comédie à Rouen, la
Raisin prit le parti de revenir à Paris avec ses petits comédiens
et son Olivier.

Cette femme, n'ayant aucune ressource, et connoissant
l'humeur bienfaisante de Molière, alla le prier de lui prêter son
théâtre pour trois jours seulement, afin que le petit gain qu'elle
espéroit de faire dans ses trois représentations lui servît à remettre sa troupe en état. Molière voulut bien lui accorder ce

qu'elle lui demandoit. Le premier jour fut plus heureux qu'elle ne se l'étoit promis; mais ceux qui avoient entendu le petit Baron en parlèrent si avantageusement que, le second jour qu'il parut sur le théâtre, le lieu étoit si rempli, que la Raisin fit plus de mille écus.

Molière, qui étoit incommodé, n'avoit pu voir le petit Baron les deux premiers jours; mais tout le monde lui en dit tant de bien, qu'il se fit porter au Palais-Royal à la troisième représentation, tout malade qu'il étoit. Les comédiens de l'hôtel de Bourgogne n'en avoient manqué aucune, et ils n'étoient pas moins surpris du jeune acteur que l'étoit le public, surtout la Duparc, qui le prit tout d'un coup en amitié, et qui bien sérieusement avoit fait de grands préparatifs pour lui donner à souper ce jour-là. Le petit homme, qui ne savoit auquel entendre pour recevoir les caresses qu'on lui faisoit, promit à cette comédienne qu'il iroit chez elle; mais la partie fut rompue par Molière, qui lui dit de venir souper avec lui. C'étoit un maître et un oracle quand il parloit: et ces comédiens avoient tant de déférence pour lui, que Baron n'osa lui dire qu'il étoit retenu; et la Duparc n'avoit garde de trouver mauvais que le jeune homme lui manquât de parole. Ils regardoient tous ce bon accueil comme la fortune de Baron, qui ne fut pas plutôt arrivé chez Molière, que celui-ci commença par envoyer chercher son tailleur pour le faire habiller (car il étoit en très mauvais état), et il recommanda au tailleur que l'habit fût très propre, complet, et fait dès le lendemain matin. Molière interrogeoit et observoit continuellement le jeune Baron pendant le souper, et il le fit coucher chez lui, pour avoir plus le temps de connoître ses sentiments par la conversation, afin de placer plus sûrement le bien qu'il lui vouloit faire.

Le lendemain matin, le tailleur exact apporta sur les neuf à dix heures, au petit Baron, un équipage tout complet. Il fut tout étonné et fort aise de se voir tout d'un coup si bien ajusté. Le tailleur lui dit qu'il falloit descendre dans l'appartement de Molière pour le remercier. « C'est bien mon intention, répondit

« le petit homme ; mais je ne crois pas qu'il soit encore levé. » Le tailleur l'ayant assuré du contraire, il descendit, et fit un compliment de reconnoissance à Molière, qui en fut très satisfait, et qui ne se contenta pas de l'avoir si bien fait accommoder ; il lui donna encore six louis d'or, avec ordre de les dépenser à ses plaisirs. Tout cela étoit un rêve pour un enfant de douze ans, qui étoit depuis long-temps entre les mains de gens durs, avec lesquels il avoit souffert ; et il étoit dangereux et triste qu'avec les favorables dispositions qu'il avoit pour le théâtre, il restât en de si mauvaises mains. Ce fut cette fâcheuse situation qui toucha Molière ; il s'applaudit d'être en état de faire du bien à un jeune homme qui paroissoit avoir toutes les qualités nécessaires pour profiter du soin qu'il vouloit prendre de lui ; il n'avoit garde d'ailleurs, à le prendre du côté du bon esprit, de manquer une occasion si favorable d'assurer sa troupe, en y faisant entrer le petit Baron.

Molière lui demanda ce que sincèrement il souhaiteroit le plus alors. « D'être avec vous le reste de mes jours, lui répondit « Baron, pour vous marquer ma vive reconnoissance de toutes « les bontés que vous avez pour moi.—Hé bien ! lui dit Molière, « c'est une chose faite ; le roi vient de m'accorder un ordre pour « vous ôter de la troupe où vous êtes. » Molière, qui s'étoit levé dès quatre heures du matin, avoit été à Saint-Germain supplier sa majesté de lui accorder cette grace ; et l'ordre avoit été expédié sur-le-champ.

La Raisin ne fut pas long-temps à savoir son malheur : animée par son Olivier, elle entra toute furieuse le lendemain matin dans la chambre de Molière, deux pistolets à la main, et lui dit que s'il ne lui rendoit son acteur, elle alloit lui casser la tête. Molière, sans s'émouvoir, dit à son domestique de lui ôter cette femme-là. Elle passa tout d'un coup de l'emportement à la douleur ; les pistolets lui tombèrent des mains, et elle se jeta aux pieds de Molière, le conjurant, les larmes aux yeux, de lui rendre son acteur, et lui exposant la misère où elle alloit être réduite, elle et toute sa famille, s'il le retenoit. « Comment

« voulez-vous que je fasse? lui dit-il ; le roi veut que je le retire
« de votre troupe : voilà son ordre. » La Raisin voyant qu'il n'y
avoit plus d'espérance, pria Molière de lui accorder du moins
que le petit Baron jouât encore trois jours dans sa troupe. « Non
« seulement trois, répondit Molière, mais huit, à condition
« pourtant qu'il n'ira point chez vous, et que je le ferai toujours
« accompagner par un homme qui le ramènera dès que la pièce
« sera finie. » Et cela de peur que cette femme et Olivier ne
séduisissent l'esprit du jeune homme, pour le faire retourner
avec eux. Il falloit bien que la Raisin en passât par-là; mais
ces huit jours lui donnèrent beaucoup d'argent, avec lequel elle
voulut faire un établissement près de l'hôtel de Bourgogne, mais
dont le détail et le succès ne regardent plus mon sujet.

Molière, qui aimoit les bonnes mœurs, n'eut pas moins d'attention à former celles de Baron que s'il eût été son propre fils :
il cultiva avec soin les dispositions extraordinaires qu'il avoit
pour la déclamation. Le public sait comme moi jusqu'à quel
degré de perfection il l'a élevé : mais ce n'est pas le seul endroit
par lequel il nous ait fait voir qu'il a su profiter des leçons d'un
si grand maître. Qui, depuis sa mort, a tenu plus sûrement le
théâtre comique que M. Baron ?

Le roi se plaisoit tellement aux divertissements fréquents que
la troupe de Molière lui donnoit, qu'au mois d'août 1665 sa
majesté jugea à propos de la fixer tout-à-fait à son service, en
lui donnant une pension de sept mille livres[1]. Elle prit alors le
titre de *troupe du roi*, qu'elle a toujours conservé depuis; et
elle étoit de toutes les fêtes qui se faisoient partout où étoit sa
majesté[2].

Molière, de son côté, n'épargnoit ni soins ni veilles pour sou-

[1] La pension étoit de 7,000 fr. pour la troupe, et de 1,000 fr. pour Molière. L'époque où elle fut donnée est digne de remarque. *Le Festin de Pierre* venoit d'exciter les plus étranges réclamations. Le libelliste de Rochemont avoit appelé la colère du roi sur cet ouvrage ; intéressant la religion dans cette querelle, il réclamoit les plus terribles punitions contre l'auteur, qu'il traitoit d'impie. Louis XIV répondit en comblant Molière de ses bienfaits.

[2] Quoique comédien, Molière faisoit toujours auprès du roi son service de valet de chambre. Cette double fonction fut cause de plusieurs aventures que nous allon-

tenir et augmenter la réputation qu'il s'étoit acquise, et pour répondre aux bontés que le roi avoit pour lui. Il consultoit ses amis ; il examinoit avec attention ce qu'il travailloit ; on sait même que lorsqu'il vouloit que quelque scène prît le peuple des spectateurs, comme les autres, il la lisoit à sa servante, pour voir si elle en seroit touchée[1]. Cependant il ne saisissoit pas toujours le public d'abord ; il l'éprouva dans son *Avare*. A peine

rapporter. Un jour, s'étant présenté pour faire le lit du roi, un autre valet de chambre, qui devoit le faire avec lui, se retira brusquement, en disant qu'il n'avoit point de service à partager avec un comédien. Bellocq, homme d'esprit, et qui faisoit de jolis vers, s'approcha dans le moment, et dit : « Monsieur de Molière, voulez-vous « bien que j'aie l'honneur de faire le lit du roi avec vous ? » Louis XIV, instruit de l'affront qu'on avoit voulu faire à Molière, en parut fort mécontent. (*Molierana*, p. 58.) Voici une anecdote du même genre, et que le père de madame Campan tenoit d'un vieux médecin ordinaire de Louis XIV. « Ce médecin se nommoit Lafosse : « c'étoit un homme d'honneur, et incapable d'inventer cette histoire. Il disoit donc « que Louis XIV ayant su que les officiers de sa chambre témoignoient par des dé- « dains offensants combien ils étoient blessés de manger à la table du contrôleur de « la bouche avec Molière, valet de chambre du roi, parcequ'il jouoit la comédie, cet « homme célèbre s'abstenoit de manger à cette table. Louis XIV, voulant faire « cesser des outrages qui ne devoient pas s'adresser à l'un des plus grands génies de « son siècle, dit un matin à Molière, à l'heure de son petit lever : On dit que vous « faites maigre chère ici, Molière, et que les officiers de ma chambre ne vous trou- « vent pas fait pour manger avec eux. Vous avez peut-être faim, moi-même je m'é- « veille avec un très bon appétit ; mettez-vous à cette table, et qu'on me serve mon « *en cas de nuit*. (Tous les services de prévoyance s'appeloient des *en cas*.) Alors « le roi coupant sa volaille, et ayant ordonné à Molière de s'asseoir, lui sert une aile, « en prend en même temps une pour lui, et ordonne que l'on introduise les entrées « familières, qui se composoient des personnes les plus marquantes et les plus favo- « risées de la cour. Vous me voyez, leur dit le roi, occupé à faire manger Molière, « que mes valets de chambre ne trouvent pas assez bonne compagnie pour eux. De « ce moment Molière n'eut plus besoin de se présenter à cette table de service ; toute « la cour s'empressa de lui faire des invitations. » (*Mémoires de madame Campan*, tome III, page 8.)

[1] Elle se nommoit Laforest. Boileau lui a donné une espèce d'immortalité dans le passage suivant : « On dit que Malherbe consultoit sur ses vers jusqu'à l'oreille « de sa servante ; et je me souviens que Molière m'a montré aussi plusieurs fois une « vieille servante qu'il avoit chez lui, et à qui il lisoit, disoit-il, quelquefois ses « comédies ; et il m'assuroit que, lorsque des endroits de plaisanterie ne l'avoient « point frappée, il les corrigeoit, parcequ'il avoit plusieurs fois éprouvé sur son « théâtre que ces endroits n'y réussissoient point. » (Boileau, *Réflexions critiques*, p. 182, tome III des Œuvres, édition de M. Amar.) « Un jour Molière, pour éprouver « le goût de cette servante, lui lut quelques scènes d'une pièce de Brécourt. Laforest « ne prit point le change, et, après avoir ouï quelques mots, elle soutint que son « maître n'avoit pas fait cet ouvrage. » (BROSS.)

fut-il représenté sept fois. La prose dérouta les spectateurs [1].
« Comment ! disoit M. le duc de......, Molière est-il fou, et nous
« prend-il pour des benêts, de nous faire essuyer cinq actes de
« prose? A-t-on jamais vu plus d'extravagance? Le moyen d'être
« diverti par de la prose ! » Mais Molière fut bien vengé de ce
public injuste et ignorant quelques années après : il donna son
Avare pour la seconde fois le 9 septembre 1668. On y courut
en foule, et il fut joué presque toute l'année : tant il est vrai que
le public goûte rarement de bonnes choses quand il est dépaysé !
Cinq actes de prose l'avoient révolté la première fois; mais la
lecture et la réflexion l'avoient ramené, et il alla voir avec empressement une pièce qu'il avoit d'abord méprisée.

Cependant ces jugements injustes et de cabale, et la situation
domestique où se trouvoit Molière, ne laissoient pas de le troubler, quelque heureux qu'il fût du côté de son prince et de celui
de ses amis. Son mariage diminua l'amitié que la Béjart avoit
pour lui auparavant, au lieu de la cimenter ; de manière qu'il
voyoit bien que sa belle-mère [2] ne l'aimoit plus, et il s'imaginoit
que sa femme étoit prête à le haïr. L'esprit de ces deux femmes
étoit tellement opposé à celui de Molière, qu'à moins de s'assujettir à leur conduite et à leur humeur, il ne devoit pas compter
de jouir d'aucuns moments agréables avec elles. Le bien que
Molière faisoit à Baron déplaisoit à sa femme : sans se mettre
en peine de répondre à l'amitié qu'elle vouloit exiger de son
mari, elle ne pouvoit souffrir qu'il eût de la bonté pour cet enfant,
qui, de son côté, à treize ans, n'avoit pas toute la prudence
nécessaire pour se gouverner avec une femme à qui il devoit des

---

[1] Cette anecdote est douteuse. Il paroit, d'après le registre de la Comédie-Françoise, que *l'Avare* ne fut pas représenté avant le 9 septembre 1668. Il eut alors
neuf représentations, et onze deux mois après. Ces premières représentations, il
est vrai, furent presque désertes ; mais Boileau s'y montroit fort assidu, et soutenoit
que la pièce étoit excellente. Racine, irrité contre Molière (il le croyoit auteur
d'une satire contre *Andromaque*, dont l'auteur véritable étoit Subligny), dit un
jour à Boileau : Je vous vis dernièrement à *l'Avare*, et vous riiez tout seul sur le
théâtre.— Je vous estime trop, répondit Boileau, pour croire que vous n'y ayez pas
ri du moins intérieurement. (Voyez le *Bolœana*, p. 104.)

[2] Lisez : sa belle-sœur.

égards. Il se voyoit aimé du mari, nécessaire même à ses spectacles, caressé de toute la cour; il s'embarrassoit fort peu de plaire, ou non, à la Molière : elle ne le négligeoit pas moins; elle s'échappa même un jour jusqu'à lui donner un soufflet, sur un sujet assez léger. Le jeune homme en fut si vivement piqué qu'il se retira de chez Molière : il crut son honneur intéressé d'avoir été battu par une femme. Voilà de la rumeur dans la maison. Est-il possible, dit Molière à son épouse, que vous ayez l'imprudence de frapper un enfant aussi sensible que vous connoissez celui-là, et encore dans un temps où il est chargé d'un rôle dans la pièce que nous devons représenter incessamment devant le roi[1]? On donna beaucoup de mauvaises raisons, piquantes même, auxquelles Molière prit le parti de ne point répondre; il tâcha seulement d'adoucir le jeune homme, qui s'étoit sauvé chez la Raisin. Rien ne pouvoit le ramener, il étoit trop irrité; cependant il promit qu'il représenteroit son rôle, mais il persista à ne point rentrer chez Molière. En effet, il eut la hardiesse de demander au roi, à Saint-Germain, la permission de se retirer; et, incapable de réflexion, il se remit dans la troupe de la Raisin, qui l'avoit excité à tenir ferme dans son ressentiment.

Cette femme prit la résolution de courir la province avec sa troupe, qui réussit assez partout, à cause de son acteur. Mais elle se dérangea par la suite. Il s'en forma une meilleure, dans laquelle étoit mademoiselle de Beauval : Baron jugea à propos de s'y mettre. Cependant il étoit toujours occupé de Molière; l'âge, le changement, lui faisoient sentir la reconnoissance qu'il lui devoit, et le tort qu'il avoit eu de le quitter. Il ne cachoit point ces sentiments, et il disoit publiquement qu'il ne

---

[1] Il ne peut être question de *Psyché*, comme le croit un commentateur. Baron étoit âgé de treize ans à l'époque du *soufflet*, et le ballet de *Psyché* ne fut composé que cinq ans plus tard. Ce ne fut qu'après les aventures dont nous parlerons dans la suite, et une absence de plusieurs années, que Baron remplit le rôle de l'Amour. Il étoit alors âgé de dix-huit ans. Il s'agit ici du rôle de Myrtil dans *Mélicerte*. (Voyez le tome XV de l'*Histoire du théâtre françois*, par les frères Parfait, et les notes de *Mélicerte*.)

cherchoit point à se remettre avec lui, parcequ'il s'en reconnoissoit indigne. Ces discours furent rapportés à Molière; il en fut bien aise; et, ne pouvant tenir contre l'envie qu'il avoit de faire revenir ce jeune homme dans sa troupe, qui en avoit besoin, il lui écrivit à Dijon une lettre très touchante; et comme s'il avoit été assuré que Baron adhéreroit à sa prière, et répondroit au bien qu'il lui faisoit, il lui envoya un nouvel ordre du roi, et lui marqua de prendre la poste pour se rendre plus promptement auprès de lui.

Molière avoit souffert de l'absence de Baron; l'éducation de ce jeune homme l'amusoit dans ses moments de relâche : les chagrins de famille augmentoient tous les jours chez lui. Il ne pouvoit pas toujours travailler, ni être avec ses amis pour s'en distraire. D'ailleurs il n'aimoit ni la foule ni la gêne; il n'avoit rien pour s'amuser et s'étourdir sur ses déplaisirs. Sa plus douloureuse réflexion étoit, qu'étant parvenu à se former la réputation d'un homme de bon esprit, on eût à lui reprocher que son ménage n'en fût pas mieux conduit et plus paisible. Ainsi il regardoit le retour de Baron comme un amusement familier avec lequel il pourroit avec plus de satisfaction mener une vie tranquille, conforme à sa santé et à ses principes, débarrassé de cet attirail étranger de famille, et d'amis même qui nous dérobent le plus souvent par leur présence importune les moments les plus agréables de notre vie.

Baron ne fut pas moins vif que Molière sur les sentiments du retour : il part aussitôt qu'il eut reçu la lettre; et Molière, occupé du plaisir de revoir son jeune acteur quelques moments plus tôt, fut l'attendre à la porte Saint-Victor le jour qu'il devoit arriver; mais il ne le reconnut point. Le grand air de la campagne et la course l'avoient tellement harassé et défiguré, qu'il le laissa passer sans le reconnoître; et il revint chez lui tout triste, après avoir bien attendu. Il fut agréablement surpris d'y trouver Baron, qui ne put mettre en œuvre un beau compliment qu'il avoit composé en chemin : la joie de revoir son bienfaiteur lui ôta la parole.

Molière demanda à Baron s'il avoit de l'argent. Il lui répondit qu'il n'en avoit que ce qui étoit resté de répandu dans sa poche, parcequ'il avoit oublié sa bourse sous le chevet de son lit à la dernière couchée; qu'il s'en étoit aperçu à quelques postes, mais que l'empressement qu'il avoit de le revoir ne lui avoit pas permis de retourner sur ses pas pour chercher son argent. Molière fut ravi que Baron revînt touché et reconnoissant. Il l'envoya à la comédie, avec ordre de s'envelopper tellement dans son manteau que personne ne pût le reconnoître, parcequ'il n'étoit pas habillé, quoique fort proprement, à la fantaisie d'un homme qui en faisoit l'agrément de ses spectacles. Molière n'oublia rien pour le remettre dans son lustre ; il reprit la même attention qu'il avoit eue pour lui dans les commencements ; et l'on ne peut s'imaginer avec quel soin il s'appliquoit à le former dans les mœurs, comme dans sa profession. En voici un exemple, qui est un des plus beaux traits de sa vie :

Un homme, dont le nom de famille étoit Mignot, et Mondorge celui de comédien, se trouvant dans une triste situation, prit la résolution d'aller à Auteuil, où Molière avoit une maison, et où il étoit actuellement, pour tâcher d'en tirer quelques secours pour les besoins pressants d'une famille qui étoit dans une misère affreuse. Baron, à qui ce Mondorge s'adressa, s'en aperçut aisément; car ce pauvre comédien faisoit le spectacle du monde le plus pitoyable. Il dit à Baron, qu'il savoit être un assuré protecteur auprès de Molière, que l'urgente nécessité où il étoit lui avoit fait prendre le parti de recourir à lui, pour le mettre en état de rejoindre quelque troupe avec sa famille; qu'il avoit été le camarade de M. de Molière en Languedoc, et qu'il ne doutoit pas qu'il ne lui fît quelque charité, si Baron vouloit bien s'intéresser pour lui.

Baron monta dans l'appartement de Molière, et lui rendit le discours de Mondorge, avec peine, et avec précaution pourtant, craignant de rappeler désagréablement à un homme fort riche l'idée d'un camarade fort gueux. « Il est vrai que nous avons
« joué la comédie ensemble, dit Molière, et c'est un fort honnête

« homme ; je suis fâché que ses petites affaires soient en si
« mauvais état. Que croyez-vous, ajouta-t-il, que je doive lui
« donner ? » Baron se défendit de fixer le plaisir que Molière
vouloit faire à Mondorge, qui, pendant que l'on décidoit sur le
secours dont il avoit besoin, dévoroit dans la cuisine, où Baron
lui avoit fait donner à manger. « Non, répondit Molière, je
« veux que vous déterminiez ce que je dois lui donner. » Baron,
ne pouvant s'en défendre, statua sur quatre pistoles, qu'il croyoit
suffisantes pour donner à Mondorge la facilité de joindre une
troupe. « Hé bien ! je vais lui donner quatre pistoles pour moi,
« dit Molière à Baron, puisque vous le jugez à propos ; mais en
« voilà vingt autres que je lui donnerai pour vous : je veux qu'il
« connoisse que c'est à vous qu'il a l'obligation du service que
« je lui rends. J'ai aussi, ajouta-t-il, un habit de théâtre, dont
« je crois que je n'aurai plus de besoin : qu'on le lui donne : le pau-
« vre homme y trouvera de la ressource pour sa profession. »
Cependant cet habit, que Molière donnoit avec tant de plaisir,
lui avoit coûté deux mille cinq cents livres, et il étoit presque
tout neuf. Il assaisonna ce présent d'un bon accueil qu'il fit à
Mondorge, qui ne s'étoit pas attendu à tant de libéralité[1].

Quoique la troupe de Molière fût suivie, elle ne laissa pas de
languir pendant quelque temps par le retour de Scaramouche[2].

---

[1] Un autre trait mérite d'être rapporté. Molière revenoit d'Auteuil avec Charpentier, fameux compositeur de musique ; il donna l'aumône à un pauvre qui, un instant après, fit arrêter le carrosse, en disant : « Monsieur, vous n'avez pas eu des-
« sein de me donner une pièce d'or. Où la vertu va-t-elle se nicher ? s'écria Molière,
« après un instant de réflexion : tiens, mon ami, en voilà une autre. »

[2] C'est entre les mois de mars et d'octobre 1670 que le public déserta le théâtre de Molière pour suivre Scaramouche. La longue absence de cet acteur, qui resta en Italie depuis 1667 jusqu'au commencement de 1670, explique l'empressement du public. Le Bourgeois gentilhomme et la tragédie de *Tite et Bérénice* de Corneille, jouée le 28 novembre 1670, et dans laquelle Baron fit sa rentrée, ramenèrent la foule au théâtre de Molière. Scaramouche étoit un Napolitain appelé Tiberio Fiorelli. Il excelloit dans la pantomime ; et le trait suivant, rapporté par Gherardi, peut donner une idée de son merveilleux talent : « Dans une scène de *Colombine*
« *avocat pour et contre*, Scaramouche, après avoir arrangé tout ce qu'il y a dans
« sa chambre, prend sa guitare, s'assied dans un fauteuil, et joue en attendant
« l'arrivée de son maître. Pascariel vient tout doucement derrière lui, et bat la me-

DE MOLIÈRE.

Ce comédien, après avoir gagné une somme assez considérable pour se faire dix ou douze mille livres de rente, qu'il avoit placées à Florence, lieu de sa naissance, fit dessein d'aller s'y établir. Il commença par y envoyer sa femme et ses enfants ; et quelque temps après il demanda au roi la permission de se retirer en son pays. Sa majesté voulut bien la lui accorder ; mais elle lui dit en même temps qu'il ne falloit pas espérer de retour. Scaramouche, qui ne comptoit pas de revenir, ne fit aucune attention à ce que le roi lui avoit dit : il avoit de quoi se passer du théâtre. Il part ; mais il trouva chez lui une femme et des enfants rebelles, qui le reçurent non seulement comme un étranger, mais encore qui le maltraitèrent. Il fut battu plusieurs fois par sa femme, aidée de ses enfants, qui ne vouloient point

« sure par-dessus ses épaules. C'est ici que cet incomparable acteur, modèle des
« plus illustres comédiens de son siècle, qui avoient appris de lui l'art si difficile
« de remuer les passions et de savoir les bien peindre sur leur visage, c'est ici,
« dis-je, qu'il faisoit pâmer de rire pendant un gros quart d'heure dans une scène
« d'épouvante où il ne proféroit pas un seul mot... » Cet exemple suffit pour appuyer
ce que dit Mezzetin de l'étude que Molière avoit faite du jeu de ce grand acteur.
« La nature, dit-il, avoit doué Scaramouche d'un talent merveilleux, qui étoit de
« figurer par les postures de son corps et par les grimaces de son visage tout ce
« qu'il vouloit, et cela d'une manière si originale, que le célèbre Molière, après
« l'avoir étudié long-temps, avoua ingénument qu'il lui devoit toute la beauté de
« son action. » (*Vie de Scaramouche*, par Mezzetin, p. 188.) Voici un autre passage
tiré du *Ménagiana*. « Scaramouche, y est-il dit, étoit le plus parfait pantomime que
« nous ayons vu de nos jours. Molière, original françois, n'a jamais perdu une re-
« présentation de cet original italien. » (*Ménagiana*, tome II, p. 404.) Enfin nous
citerons encore ces paroles de Palaprat : « Qui nous racontera les merveilles de
« l'inimitable Dominico ; les charmes de la nature jouant elle-même à visage dé-
« couvert sous les traits de Scaramouche ? » (*Préface* des Œuvres de Palaprat, p. 40.)
Les études de Molière sur le jeu de Scaramouche lui ont été reprochées par ses
ennemis, qui, ne pouvant nier la perfection de son talent, faisoient tous leurs
efforts pour lui en ôter le mérite. « Voulez-vous, disoit l'un d'eux, tout de bon jouer
« Molière, il faut dépeindre un homme qui ait dans son habillement quelque chose
« d'arlequin, de Scaramouche, du docteur, et de Trivelin ; que Scaramouche lui
« vienne redemander sa démarche, sa barbe, et ses grimaces ; et que les autres
« viennent en même temps demander ce qu'il prend d'eux dans son jeu et dans ses
« habits. Dans une autre scène, on pourroit faire venir tous les auteurs et tous les
« vieux bouquins où il a pris ce qu'il y a de plus beau dans ses pièces. On pourroit
« ensuite faire paroître tous les gens de qualité qui lui ont donné des mémoires, et
« tous ceux qu'il a copiés. » (Voyez *Zélinde*, comédie, scène VIII, page 90, un volume in-12, imprimé en 1663.)

partager avec lui la jouissance du bien qu'il avoit gagné ; et ce mauvais traitement alla si loin, qu'il ne put y résister ; de manière qu'il fit solliciter fortement son retour en France, pour se délivrer de la triste situation où il étoit en Italie. Le roi eut la bonté de lui permettre de revenir. Paris l'avoit trouvé fort à redire, et son retour réjouit toute la ville. On alla avec empressement à la comédie italienne pendant plus de six mois, pour revoir Scaramouche : la troupe de Molière fut négligée pendant tout ce temps-là ; elle ne gagnoit rien, et les comédiens étoient prêts à se révolter contre leur chef. Ils n'avoient point encore Baron pour rappeler le public, et l'on ne parloit pas de son retour. Enfin, ces comédiens injustes murmuroient hautement contre Molière, et lui reprochoient qu'il laissoit languir leur théâtre. « Pourquoi, lui disoient-ils, ne faites-vous pas des « ouvrages qui nous soutiennent ? Faut-il que ces farceurs d'Ita-« liens nous enlèvent tout Paris ? » En un mot, la troupe étoit un peu dérangée, et chacun des acteurs méditoit de prendre son parti. Molière étoit lui-même embarrassé comment il les ramèneroit ; et à la fin, fatigué des discours de ses comédiens, il dit à la Duparc et à la Béjart, qui le tourmentoient le plus, qu'il ne savoit qu'un moyen pour l'emporter sur Scaramouche, et de gagner de l'argent : que c'étoit d'aller bien loin pour quelque temps, pour s'en revenir comme ce comédien ; mais il ajouta qu'il n'étoit ni en son pouvoir, ni dans ses desseins, d'employer ce moyen, qui étoit trop long ; mais qu'elles étoient les maîtresses de s'en servir. Après s'être ainsi moqué d'elles, il leur dit sérieusement que Scaramouche ne seroit pas toujours couru avec ce même empressement [1] ; qu'on se lassoit des bonnes choses

[1] Voici ce que raconte un auteur contemporain de l'estime que Molière faisoit des acteurs italiens, des soupers où ils se trouvoient réunis, et des conversations favorites de ces aimables et joyeux convives. « Molière, dit-il, ce grand comédien, et « mille fois encore plus grand auteur, vivoit d'une étroite familiarité avec les Italiens « parcequ'ils étoient de bons acteurs, et fort honnêtes gens : il y en avoit toujours « deux ou trois des meilleurs à nos soupers. Molière en étoit souvent aussi, mais « non pas aussi souvent que nous le souhaitions, et mademoiselle Molière encore « moins souvent que lui ; mais nous avions toujours fort régulièrement plusieurs « *virtuosi*, et ces *virtuosi* étoient les gens de Paris les plus initiés dans les anciens

comme des mauvaises, et qu'ils auroient leur tour ; ce qui arriva aussi par la première pièce que donna Molière.

Ce n'est pas là le seul désagrément que Molière ait eu avec ses comédiens : l'avidité du gain étouffoit bien souvent leur reconnoissance, et ils le harceloient toujours pour demander des graces au roi. Les mousquetaires, les gardes-du-corps, les gendarmes, et les chevau-légers, entroient à la comédie sans payer, et le parterre en étoit toujours rempli ; de sorte que les comédiens pressèrent Molière d'obtenir de sa majesté un ordre pour qu'aucune personne de sa maison n'entrât à la comédie sans payer. Le roi le lui accorda. Mais ces messieurs ne trouvèrent pas bon que les comédiens leur fissent imposer une loi si dure, et ils prirent pour un affront qu'ils eussent eu la hardiesse de le demander : les plus mutins s'ameutèrent, et ils résolurent de forcer l'entrée. Ils furent en troupe à la comédie. Ils attaquent brusquement les gens qui gardoient les portes. Le portier se défendit pendant quelque temps : mais enfin, étant obligé de céder au nombre, il leur jeta son épée, se persuadant qu'étant

« mystères de la comédie françoise, les plus savants dans ses annales, et qui avoient
« fouillé le plus avant dans les archives de l'hôtel de Bourgogne et du Marais. Ils
« nous entretenoient des vieux comiques, de Turlupin, Gauthier-Garguille,
« Gorgibus, Crivello, Spinette, du docteur, du capitan Jodelet, Gros-René, Crispin.
« Ce dernier florissoit plus que jamais ; c'étoit le nom de théâtre ordinaire sous lequel
« le fameux Poisson brilloit tant à l'hôtel de Bourgogne. Quoique Molière eût en lui
« un redoutable rival, il étoit trop au-dessus de la basse jalousie pour n'entendre
« pas volontiers les louanges qu'on lui donnoit ; et il me semble fort, sans oser
« pourtant l'assurer après quarante ans, d'avoir ouï dire à Molière en parlant avec
« Dominico (c'est le célèbre arlequin, père de mademoiselle de La Thorillière,
« célèbre elle-même sous le nom de Colombine) de Poisson, qu'il auroit donné
« toute chose au monde pour avoir le naturel de ce grand comédien. C'est dans ces
« soupers que j'appris une espèce de suite chronologique de comiques, jusqu'aux
« Sganarelles qui ont été le personnage favori de Molière, quand il ne s'est pas
« jeté dans les grands rôles à manteau, et dans le noble et haut comique de *l'École*
« *des Femmes*, des *Femmes savantes*, du *Tartuffe*, de *l'Avare*, du *Misan-*
« *thrope*, etc. » Ce passage est précieux, mais que de regrets il fait naître, lorsqu'on songe à toutes les choses que l'auteur ne fait qu'indiquer ! Il étoit temps encore d'écrire la vie de Molière ; et le simple récit d'un de ses soupers feroit aujourd'hui plus d'honneur à cet écrivain que ne lui en a fait *le Concert ridicule*, *le Ballet extravagant*, *le Secret révélé*, *la Prude du temps*, et toutes ses poésies diverses. (Voyez la *Préface* de Palaprat à la tête de ses Œuvres, p. 50.)

désarmé, ils ne le tueroient pas. Le pauvre homme se trompa : ces furieux, outrés de la résistance qu'il avoit faite, le percèrent de cent coups d'épée; et chacun d'eux, en entrant, lui donnoit le sien. Ils cherchoient toute la troupe, pour lui faire éprouver le même traitement qu'aux gens qui avoient voulu soutenir la porte. Mais Béjart, qui étoit habillé en vieillard pour la pièce qu'on alloit jouer, se présenta sur le théâtre. « Eh! messieurs, « leur dit-il, épargnez du moins un pauvre vieillard de soixante-« quinze ans, qui n'a plus que quelques jours à vivre. » Le compliment de ce jeune comédien, qui avoit profité de son habillement pour parler à ces mutins, calma leur fureur. Molière leur parla aussi très vivement sur l'ordre du roi; de sorte que, réfléchissant sur la faute qu'ils venoient de faire, ils se retirèrent. Le bruit et les cris avoient causé une alarme terrible dans la troupe, les femmes croyoient être mortes : chacun cherchoit à se sauver, surtout Hubert et sa femme, qui avoient fait un trou dans le mur du Palais-Royal. Le mari voulut passer le premier; mais parceque le trou n'étoit pas assez ouvert, il ne passa que la tête et les épaules; jamais le reste ne put suivre. On avoit beau le tirer de dedans le Palais-Royal, rien n'avançoit; et il crioit comme un forcené par le mal qu'on lui faisoit, et dans la peur qu'il avoit que quelque gendarme ne lui donnât un coup d'épée dans le derrière. Mais le tumulte s'étant apaisé, il en fut quitte pour la peur, et l'on agrandit le trou pour le retirer de la torture où il étoit.

Quand tout ce vacarme fut passé, la troupe tint conseil, pour prendre une résolution dans une occasion si périlleuse. Vous ne m'avez point donné de repos, dit Molière à l'assemblée, que je n'aie importuné le roi pour avoir l'ordre qui nous a mis tous à deux doigts de notre perte; il est question présentement de voir ce que nous avons à faire. Hubert vouloit qu'on laissât toujours entrer la maison du roi, tant il appréhendoit une seconde rumeur. Plusieurs autres, qui ne craignoient pas moins que lui, furent de même avis. Mais Molière, qui étoit ferme dans ses résolutions, leur dit que puisque le roi avoit daigné leur accorder cet ordre, il falloit en pousser l'exécution jusqu'au bout, si sa majesté le jugeoit à propos : et je pars dans ce moment, leur dit-il, pour l'en informer. Ce dessein ne plut nullement à Hubert, qui trembloit encore.

Quand le roi fut instruit de ce désordre, sa majesté ordonna aux commandants des corps qui l'avoient fait, de les faire mettre sous les armes le lendemain, pour connoître et faire punir les plus coupables, et pour leur réitérer ses défenses d'entrer à la comédie sans payer. Molière, qui aimoit fort la harangue, fut en faire une à la tête des gendarmes, et leur dit que ce n'étoit point pour eux ni pour les autres personnes qui composoient la maison du roi, qu'il avoit demandé à sa majesté un ordre pour les empêcher d'entrer à la comédie ; que la troupe seroit toujours ravie de les recevoir quand ils voudroient les honorer de leur présence : mais qu'il y avoit un nombre infini de malheureux qui tous les jours, abusant de leur nom et de la bandoulière de messieurs les gardes-du-corps, venoient remplir le parterre, et ôter injustement à la troupe le gain qu'elle devoit faire; qu'il ne croyoit pas que des gentilshommes qui avoient l'honneur de servir le roi dussent favoriser ces misérables contre les comédiens de sa majesté ; que d'entrer à la comédie sans payer n'étoit point une prérogative que des personnes de leur caractère dussent si fort ambitionner, jusqu'à répandre du sang pour se la conserver ; qu'il falloit laisser ce petit avantage aux auteurs, et aux personnes qui, n'ayant pas le moyen de dépenser quinze sous, ne voyoient le spectacle que par charité, s'il m'est permis, dit-il, de parler de la sorte. Ce discours fit tout l'effet que Molière s'étoit promis ; et depuis ce temps-là la maison du roi n'est point entrée à la comédie sans payer.

Quelque temps après le retour de Baron (en 1670), on joua une pièce intitulée *Don Quixote* (je n'ai pu savoir de quel auteur)[1] : on l'avoit prise dans le temps que don Quixote installe

---

[1] Cette pièce ancienne, mais *raccommodée* par Magdeleine Béjart, ainsi qu'on le voit dans une note du registre de La Grange, datée du 30 janvier 1660, portoit le titre de *Don Quixote, ou les Enchantements de Merlin*. Guérin de Bouscal a

Sancho Pança dans son gouvernement. Molière faisoit Sancho ; et comme il devoit paroitre sur le théâtre monté sur un âne, il se mit dans la coulisse pour être prêt à entrer dans le moment que la scène le demanderoit. Mais l'âne, qui ne savoit point le rôle par cœur, n'observa point ce moment ; et dès qu'il fut dans la coulisse, il voulut entrer, quelques efforts que Molière employât pour qu'il n'en fît rien. Il tiroit le licou de toute sa force ; l'âne n'obéissoit point, et vouloit absolument paroitre. Molière appeloit, *Baron, Laforest, à moi! ce maudit âne veut entrer.* Laforest étoit une servante qui faisoit alors tout son domestique, quoiqu'il eût près de trente mille livres de rente. Cette femme étoit dans la coulisse opposée, d'où elle ne pouvoit passer par-dessus le théâtre pour arrêter l'âne ; et elle rioit de tout son cœur de voir son maître renversé sur le derrière de cet animal, tant il mettoit de force à tirer son licou pour le retenir. Enfin, destitué de tout secours, et désespérant de pouvoir vaincre l'opiniâtreté de son âne, il prit le parti de se retenir aux ailes du théâtre, et de laisser glisser l'animal entre ses jambes, pour aller faire telle scène qu'il jugeroit à propos. Quand on fait réflexion au caractère d'esprit de Molière, à la gravité de sa conduite et de sa conversation, il est risible que ce philosophe fût exposé à de pareilles aventures, et prît sur lui les personnages les plus comiques. Il est vrai qu'il s'en est lassé plus d'une fois ; et si ce n'avoit été l'attachement inviolable qu'il avoit pour sa troupe et pour les plaisirs du roi, il auroit tout quitté pour vivre dans une mollesse philosophique, dont son domestique, son travail, et sa troupe, l'empêchoient de jouir. Il y avoit d'autant plus d'inclination, qu'il étoit devenu très valétudinaire ; et il étoit réduit à ne vivre que de lait. Une toux qu'il avoit négligée lui avoit causé une fluxion sur la poitrine, avec un crachement de sang, dont il étoit resté incommodé ; de sorte qu'il fut obligé de se mettre au lait pour se raccommoder, et pour être en état de continuer son travail. Il observa ce régime presque le reste de

donné deux comédies en cinq actes, sous ce titre. Il est probable que Magdeleine Béjart avoit retouché une de ces deux pièces.

ses jours ; de manière qu'il n'avoit plus de satisfaction que par l'estime dont le roi l'honoroit ; et du côté de ses amis, il en avoit de choisis, à qui il ouvroit souvent son cœur.

L'amitié qu'ils avoient formée dès le collége, Chapelle et lui, dura jusqu'au dernier moment. Cependant celui-là n'étoit pas un ami consolant pour Molière, il étoit trop dissipé ; il aimoit véritablement, mais il n'étoit point capable de rendre de ces devoirs empressés qui réveillent l'amitié. Il avoit pourtant un appartement chez Molière, à Auteuil[1], où il alloit fort

---

[1] Auteuil étoit alors le rendez-vous de tous les amis de Molière, au nombre desquels il faut compter Boileau, La Fontaine, Guilleragues, Puymorin, et l'abbé Le Vayer, fils unique de La Mothe Le Vayer. Brossette nous apprend que ce dernier avoit un attachement singulier pour Molière, dont il étoit le partisan et l'admirateur. Un jour qu'il se trouvoit avec Boileau à Auteuil, la conversation s'engagea sur le travers des hommes : Molière soutint que *tous les hommes sont fous, et que chacun néanmoins croit être sage tout seul.* Cette idée fut approfondie et discutée, de manière qu'elle fournit à Boileau le sujet de sa quatrième satire. On croit même que Molière conçut le dessein de la mettre au théâtre. Un autre jour Puymorin, frère de Boileau, raconta qu'ayant osé critiquer le poëme de *la Pucelle* en présence de Chapelain, celui-ci lui avoit répondu : « C'est bien à vous d'en juger, vous qui ne savez pas lire, » et qu'il lui avoit répliqué : « Je ne sais que trop lire depuis que vous faites im-
« primer. » Boileau et Racine trouvèrent cette réplique fort piquante, et voulurent en faire une épigramme qu'ils tournèrent ainsi :

    Froid, sec et dur auteur, digne objet de satire,
    De ne savoir pas lire oses-tu me blâmer ?
    Hélas ! pour mes péchés je n'ai que trop su lire
    Depuis que tu fais imprimer.

Racine soutint qu'il valoit mieux écrire : *De mon peu de lecture*, pour éviter que le second hémistiche du second vers ne rimât avec le premier et le troisième. Molière soutint au contraire qu'il falloit conserver *de ne savoir pas lire* : « Cette
« façon, dit-il, est plus naturelle, et il faut sacrifier toute régularité à la justesse
« de l'expression. C'est l'art même qui doit nous apprendre à nous affranchir des
« règles de l'art. » Boileau fut si frappé de la justesse de cette décision, qu'il l'a mise en vers dans le quatrième chant de *l'Art poétique* :

    Quelquefois dans sa course un esprit vigoureux,
    Trop resserré par l'art, sort des règles prescrites,
    Et de l'art même apprend à franchir les limites.

On lit dans les Mémoires de Racine le fils qu'un soir à souper chez Molière, La Fontaine fut accablé des railleries de ses meilleurs amis, au nombre desquels se trouvoit Racine. Ils ne l'appeloient tous que *le bon homme*, à cause de sa simplicité. La Fontaine essuya leurs railleries avec tant de douceur, que Molière, qui en eut

souvent; mais c'étoit plus pour se réjouir que pour entrer dans le sérieux. C'étoit un de ces génies supérieurs et réjouissants, que l'on annonçoit six mois avant que de le pouvoir donner pendant un repas. Mais pour être trop à tout le monde, il n'étoit point assez à un véritable ami : de sorte que Molière s'en fit deux plus solides dans la personne de MM. Rohault et Mignard [1], qui le dédommageoient de tous les chagrins qu'il avoit d'ailleurs. C'étoit à ces deux messieurs qu'il se livroit sans réserve. « Ne « me plaignez-vous pas, leur disoit-il un jour, d'être d'une pro- « fession et dans une situation si opposées aux sentiments et à « l'humeur que j'ai présentement? J'aime la vie tranquille, et la « mienne est agitée par une infinité de détails communs et tur- « bulents, sur lesquels je n'avois pas compté dans les commen- « cements, et auxquels il faut absolument que je me donne tout « entier malgré moi. Avec toutes les précautions dont un homme « peut être capable, je n'ai pas laissé de tomber dans le désor- « dre où tous ceux qui se marient sans réflexion ont accoutumé « de tomber. — Oh! oh! dit M. Rohault. — Oui, mon cher « monsieur Rohault, je suis le plus malheureux de tous les « hommes, ajouta Molière, et je n'ai que ce que je mérite. Je « n'ai pas pensé que j'étois trop austère pour une société do- « mestique. J'ai cru que ma femme devoit assujettir ses manières « à sa vertu et à mes intentions; et je sens bien que, dans la « situation où elle est, elle eût encore été plus malheureuse que

---

enfin pitié, dit tout bas à son voisin : Ils ont beau se trémousser, ils n'effaceront pas *le bon homme*. Nous avons réuni ces trois anecdotes pour donner une idée de la société de Molière, et de ces entretiens pleins de charme auxquels Racine, Boileau, La Fontaine, etc., durent souvent leurs plus heureuses inspirations. (Voyez *Mémoires sur la vie de Racine*, p. 68; *Vie de Molière*, écrite en 1724; *Commentaires de Brossette sur la quatrième Satire de Boileau*, tome V, p. 30, et tome IV, page 44.)

[1] Rohault, célèbre physicien, auteur de plusieurs ouvrages que les savants consultent encore. On croit qu'il servit de modèle au philosophe du *Bourgeois gentilhomme*: il mourut en 1675. Quant à Mignard, l'auteur se trompe sur l'époque de l'amitié qui s'établit entre ce grand peintre et Molière. Il y avoit plus de vingt-trois ans que cette amitié existoit. Molière fit la connoissance de Mignard à Avignon, en 1657.

« je ne le suis, si elle l'avoit fait. Elle a de l'enjouement, de
« l'esprit; elle est sensible au plaisir de le faire valoir; tout cela
« m'ombrage malgré moi. J'y trouve à redire, je m'en plains.
« Cette femme, cent fois plus raisonnable que je ne le suis, veut
« jouir agréablement de la vie; elle va son chemin; et, assurée
« par son innocence, elle dédaigne de s'assujettir aux précautions
« que je lui demande. Je prends cette négligence pour du mé-
« pris; je voudrois des marques d'amitié pour croire que l'on
« en a pour moi, et que l'on eût plus de justesse dans sa con-
« duite pour que j'eusse l'esprit tranquille. Mais ma femme,
« toujours égale et libre dans la sienne, qui seroit exempte de
« tout soupçon pour tout autre homme moins inquiet que je ne
« le suis, me laisse impitoyablement dans mes peines; et, occu-
« pée seulement du desir de plaire en général, comme toutes les
« femmes, sans avoir de dessein particulier, elle rit de ma foi-
« blesse; encore si je pouvois jouir de mes amis aussi souvent
« que je le souhaiterois, pour m'étourdir sur mes chagrins et sur
« mon inquiétude ! mais vos occupations indispensables, et les
« miennes, m'ôtent cette satisfaction. » M. Rohault étala à Molière toutes les maximes d'une saine philosophie, pour lui faire
entendre qu'il avoit tort de s'abandonner à ses déplaisirs. « Eh!
« lui répondit Molière, je ne saurois être philosophe avec une
« femme aussi aimable que la mienne ; et peut-être qu'en ma
« place vous passeriez encore de plus mauvais quarts d'heure. »
Chapelle n'entroit pas si intimement dans les plaintes de
Molière; il étoit contrariant avec lui, et il s'occupoit beaucoup
plus de l'esprit et de l'enjouement que du cœur et des affaires
domestiques, quoique ce fût un très honnête homme. Il aimoit
tellement le plaisir, qu'il s'en étoit fait une habitude. Mais
Molière ne pouvoit plus lui répondre de ce côté-là, à cause de
son incommodité; ainsi, quand Chapelle vouloit se réjouir à
Auteuil, il y menoit des convives pour lui tenir tête; et il n'y
avoit personne qui ne se fît un plaisir de le suivre. Connoître
Molière étoit un mérite que l'on cherchoit à se donner avec empressement : d'ailleurs M. Chapelle soutenoit sa table avec

honneur. Il fit un jour partie avec MM. de J...¹, de N..., et de L..., pour aller se réjouir à Auteuil avec leur ami. « Nous venons
« souper avec vous, dirent-ils à Molière. — J'en aurois, dit-
« il, plus de plaisir si je pouvois vous tenir compagnie ; mais
« ma santé ne me le permettant pas, je laisse à M. Chapelle le
« soin de vous régaler du mieux qu'il pourra. » Ils aimoient trop Molière pour le contraindre ; mais ils lui demandèrent du moins Baron. « Messieurs, leur répondit Molière, je vous vois en
« humeur de vous divertir toute la nuit ; le moyen que cet enfant
« puisse tenir ! il en seroit incommodé ; je vous prie de le laisser.
« — Oh parbleu ! dit M. de L..., la fête ne seroit pas bonne sans
« lui, et vous nous le donnerez. » Il fallut l'abandonner ; et Molière prit son lait devant eux, et s'alla coucher.

Les convives se mirent à table : les commencements du repas furent froids : c'est l'ordinaire entre gens qui savent ménager le plaisir ; et ces messieurs excelloient dans cette étude : mais le vin eut bientôt réveillé Chapelle, et le tourna du côté de la mauvaise humeur. « Parbleu, dit-il, je suis un grand fou de
« venir m'enivrer ici tous les jours pour faire honneur à Molière;
« je suis bien las de ce train-là ; et ce qui me fâche, c'est qu'il
« croit que j'y suis obligé. » La troupe, presque tout ivre, approuva les plaintes de Chapelle. On continue de boire, et insensiblement on changea de discours. A force de raisonner sur les choses qui font ordinairement la matière de semblables repas entre gens de cette espèce, on tomba sur la morale vers les trois heures du matin. « Que notre vie est peu de chose ! dit Chapelle ;
« qu'elle est remplie de traverses ! Nous sommes à l'affût pen-
« dant trente ou quarante années pour jouir d'un moment de
« plaisir, que nous ne trouvons jamais. Notre jeunesse est har-
« celée par de maudits parents qui veulent que nous nous
« mettions un fatras de fariboles dans la tête. Je me soucie
« morbleu bien, ajouta-t-il, que la terre tourne, ou le soleil ; que
« ce fou de Descartes ait raison, ou cet extravagant d'Aristote !

¹ Les convives que Grimarest n'ose nommer étoient Jonsac, Nantouillet, Lulli, Despréaux, et quelques autres.

« J'avois pourtant un enragé de précepteur qui me rebattoit tou-
« jours ces fadaises-là, et qui me faisoit sans cesse retomber sur
« son Épicure : encore passe pour ce philosophe-là, c'étoit celui
« qui avoit le plus de raison. Nous ne sommes pas débarrassés
« de ces fous-là, qu'on nous étourdit les oreilles d'un établisse-
« ment. Toutes ces femmes, dit-il encore en haussant la voix,
« sont des animaux qui sont ennemis jurés de notre repos. Oui,
« morbleu ! chagrins, injustices, malheurs de tous côtés dans
« cette vie ! — Tu as, parbleu, raison, mon cher ami, répondit
« J..... en l'embrassant ; sans ce plaisir-ci que ferions-nous ? La
« vie est un pauvre partage ; quittons-la, de peur que l'on ne
« sépare d'aussi bons amis que nous le sommes ; allons nous noyer
« de compagnie : la rivière est à notre portée. — Cela est vrai,
« dit N., nous ne pouvons jamais mieux prendre notre temps
« pour mourir bons amis, et dans la joie ; et notre mort fera du
« bruit. » Ainsi, ce glorieux dessein fut approuvé tout d'une
voix. Ces ivrognes se lèvent, et vont gaiement à la rivière.
Baron courut avertir du monde, et éveiller Molière, qui fut
effrayé de cet extravagant projet, parcequ'il connoissoit le vin
de ses amis. Pendant qu'il se levoit, les convives avoient gagné
la rivière, et s'étoient déja saisis d'un petit bateau pour prendre
le large, afin de se noyer en plus grande eau. Des domestiques
et des gens du lieu furent promptement à ces débauchés, qui
étoient déja dans l'eau, et les repêchèrent. Indignés du secours
qu'on venoit de leur donner, ils mirent l'épée à la main, cou-
rurent sur leurs ennemis, les poursuivirent jusque dans Auteuil,
et les vouloient tuer. Ces pauvres gens se sauvent la plupart chez
Molière, qui, voyant ce vacarme, dit à ces furieux : « Qu'est-
« ce donc, messieurs, que ces coquins-là vous ont fait ? —
« Comment, morbleu, dit J., qui étoit le plus opiniâtré à se
« noyer, ces malheureux nous empêcheront de nous noyer ?
« Écoute, mon cher Molière, tu as de l'esprit, vois si nous
« avons tort : fatigués des peines de ce monde, nous avons fait
« dessein de passer en l'autre pour être mieux ; la rivière nous
« a paru le plus court chemin pour nous y rendre ; ces marauds

« nous l'ont bouché. Pouvons-nous faire moins que de les en
« punir? — Comment! vous avez raison, répondit Molière.
« Sortez d'ici, coquins, que je ne vous assomme, dit-il à ces
« pauvres gens, paroissant en colère. Je vous trouve bien hardis
« de vous opposer à de si belles actions! » Ils se retirèrent marqués de quelques coups d'épée.

« Comment! messieurs, poursuit Molière, que vous ai-je fait
« pour former un si beau projet sans m'en faire part? Quoi!
« vous voulez vous noyer sans moi? Je vous croyois plus de mes
« amis. — Il a, parbleu, raison, dit Chapelle; voilà une injus-
« tice que nous lui faisions. Viens donc te noyer avec nous. —
« Oh! doucement, répondit Molière; ce n'est point ici une
« affaire à entreprendre mal-à-propos : c'est la dernière action
« de notre vie, il n'en faut pas manquer le mérite. On seroit
« assez malin pour lui donner un mauvais jour, si nous nous
« noyions à l'heure qu'il est; on diroit à coup sûr que nous
« l'aurions fait la nuit, comme des désespérés, ou comme des
« gens ivres. Saisissons le moment qui nous fasse le plus d'hon-
« neur, et qui réponde à notre conduite. Demain, sur les huit
« à neuf heures du matin, bien à jeun et devant tout le monde,
« nous irons nous jeter, la tête devant, dans la rivière. — J'ap-
« prouve fort ses raisons, dit N., et il n'y a pas le petit mot à
« dire. — Morbleu, j'enrage, dit L.; Molière a toujours cent fois
« plus d'esprit que nous. Voilà qui est fait, remettons la partie
« à demain, et allons nous coucher, car je m'endors. » Sans la
présence d'esprit de Molière, il seroit infailliblement arrivé du
malheur, tant ces messieurs étoient ivres, et animés contre ceux
qui les avoient empêchés de se noyer. Mais rien ne le désoloit
plus que d'avoir affaire à de pareilles gens, et c'étoit cela qui
bien souvent le dégoûtoit de Chapelle; cependant leur ancienne
amitié prenoit toujours le dessus [1].

---

[1] Voltaire a voulu jeter quelques doutes sur ce fait. Il est facile cependant de l'appuyer d'un témoignage irrécusable, puisque Racine le fils, qui le rapporte dans ses Mémoires, d'après Grimarest, ajoute que Boileau « racontoit souvent cette folie

Chapelle étoit heureux en semblables aventures. En voici une où il eut encore besoin de Molière. En revenant d'Auteuil, à son ordinaire, bien rempli de vin, car il ne voyageoit jamais à jeun, il eut querelle, au milieu de la petite prairie d'Auteuil, avec un valet nommé Godemer, qui le servoit depuis plus de trente ans. Ce vieux domestique avoit l'honneur d'être toujours dans le carrosse de son maître. Il prit fantaisie à Chapelle, en descendant d'Auteuil, de lui faire perdre cette prérogative, et de le faire monter derrière son carrosse. Godemer, accoutumé aux caprices que le vin causoit à son maître, ne se mit pas beaucoup en peine d'exécuter ses ordres. Celui-ci se met en colère; l'autre se moque de lui. Ils se gourment dans le carrosse : le cocher descend de son siége pour aller les séparer. Godemer en profite pour se jeter hors du carrosse. Mais Chapelle irrité le poursuit, et le prend au collet; le valet se défend, et le cocher ne pouvoit les séparer. Heureusement Molière et Baron, qui étoient à leur fenêtre, aperçurent les combattants : ils crurent que les domestiques de Chapelle l'assommoient : ils accourent au plus vite. Baron, comme le plus ingambe, arriva le premier, et fit cesser les coups; mais il fallut Molière pour terminer le différend. « Ah! Molière, dit Chapelle, puisque vous voilà, jugez si j'ai « tort. Ce coquin de Godemer s'est lancé dans mon carrosse, « comme si c'étoit à un valet de figurer avec moi. — Vous ne « savez ce que vous dites, répondit Godemer; monsieur sait « que je suis en possession du devant de votre carrosse depuis « plus de trente ans; pourquoi voulez-vous me l'ôter aujourd'hui « sans raison?— Vous êtes un insolent qui perdez le respect, « répliqua Chapelle; si j'ai voulu vous permettre de monter dans « mon carrosse, je ne le veux plus; je suis le maître, et vous irez « derrière, ou à pied.— Y a-t-il de la justice à cela? dit Gode-« mer : me faire aller à pied présentement que je suis vieux, et « que je vous ai bien servi si long-temps! il falloit m'y faire aller « pendant que j'étois jeune : j'avois des jambes alors, mais à

« de sa jeunesse, et que ce souper, quoique peu croyable, est très véritable. » (Voyez *OEuvres de Jean Racine*, édition de Lefèvre, t I, p. 67.)

« présent je ne puis plus marcher. En un mot comme en cent,
« ajouta ce valet, vous m'avez habitué au carrosse, je ne puis
« plus m'en passer; et je serois déshonoré si l'on me voyoit au-
« jourd'hui derrière.—Jugez-nous, Molière, je vous en prie,
« dit M. Chapelle; j'en passerai par tout ce que vous voudrez.
« — Eh bien, puisque vous vous en rapportez à moi, dit Molière,
« je vais tâcher de mettre d'accord deux si honnêtes gens. Vous
« avez tort, dit-il à Godemer, de perdre le respect envers votre
« maître, qui peut vous faire aller comme il voudra; il ne faut
« pas abuser de sa bonté : ainsi je vous condamne à monter
« derrière son carrosse jusqu'au bout de la prairie, et là vous
« lui demanderez fort honnêtement la permission d'y rentrer ;
« je suis sûr qu'il vous la donnera.—Parbleu! s'écria Chapelle,
« voilà un jugement qui vous fera honneur dans le monde.
« Tenez, Molière, vous n'avez jamais donné une marque d'esprit
« si brillante. Oh bien! ajouta-t-il, je fais grace à ce maraud-là
« en faveur de l'équité avec laquelle vous venez de nous juger.
« Ma foi, Molière, dit-il encore, je vous suis obligé, car cette
« affaire-là m'embarrassoit ; elle avoit sa difficulté. Adieu, mon
« cher ami; tu juges mieux qu'homme de France. »

Molière étant seul avec Baron, il prit occasion de lui dire que le mérite de Chapelle étoit effacé quand il se trouvoit dans des situations aussi désagréables que celle où il venoit de le voir : qu'il étoit bien fâcheux qu'une personne qui avoit autant d'esprit que lui eût si peu de retenue; et qu'il aimeroit beaucoup mieux avoir plus de conduite pour se rendre heureux, que tant de brillant pour faire plaisir aux autres. « Je ne vois point,
« ajouta Molière, de passion plus indigne d'un galant homme
« que celle du vin : Chapelle est mon ami, mais ce malheureux
« penchant m'ôte tous les agréments de son amitié. Je n'ose lui
« rien confier, sans risquer d'être commis un moment après avec
« toute la terre. » Ce discours ne tendoit qu'à donner à Baron du dégoût pour la débauche; car Molière ne laissoit passer aucune occasion de le tourner au bien; mais sur toutes choses il lui recommandoit de ne point sacrifier ses amis, comme faisoit

Chapelle, à l'envie de dire un bon mot, qui avoit souvent de mauvaises suites.

Je ne puis m'empêcher de rapporter celui qu'il dit à l'occasion d'une épigramme qu'il avoit faite contre M. le marquis de .... C'étoit une espèce de fat constitué en dignité : on sait que la fatuité est de tous les états. Le marquis offensé se trouvant chez M. de M... en présence de Chapelle, qu'il savoit être l'auteur de l'épigramme, ou du moins il s'en doutoit, menaçoit d'une terrible force le pauvre auteur, sans le nommer : son emportement ne finissoit point. Le poëte devoit mourir sous le bâton, ou du moins en avoir tant de coups, qu'il se souviendroit toute sa vie d'avoir versifié. Chapelle, fatigué d'entendre toujours ce fanfaron parler sur ce ton-là, se lève, et s'approchant de M. de....: « Eh! morbleu, lui dit-il en présentant le dos, si tu as tant « d'envie de donner des coups de bâton, donne-les, et t'en va.»

On sait que les trois premiers actes de la comédie du *Tartuffe* de Molière furent représentés à Versailles dès le mois de mai de l'année 1664, et qu'au mois de septembre de la même année, ces trois actes furent joués pour la seconde fois à Villers-Coterets, avec applaudissement. La pièce entière parut la première et la seconde fois au Raincy, au mois de novembre suivant, et en 1665; mais Paris ne l'avoit point encore vue en 1667. Molière sentoit la difficulté de la faire passer dans le public. Il le prévint par des lectures; mais il n'en lisoit que jusqu'au quatrième acte[1] :

---

[1] On trouve dans un auteur contemporain une anecdote fort piquante sur une lecture du *Tartuffe* faite chez la célèbre Ninon de Lenclos. « Je me rappelle, dit « l'auteur, une particularité que je tiens de Molière lui-même, qui nous la raconta « peu de jours avant la première représentation du *Tartuffe*. On parloit du pouvoir « de l'imitation. Nous lui demandâmes pourquoi le même ridicule qui nous échappe « souvent dans l'original, nous frappe à coup sûr dans la copie; il nous répondit « que c'est parceque nous le voyons alors par les yeux de l'imitateur, qui sont meil- « leurs que les nôtres; car, ajouta-t-il, le talent de l'apercevoir par soi-même n'est pas « donné à tout le monde. Là-dessus il nous cita Léontium (Ninon), comme la per- « sonne qu'il connoissoit sur qui le ridicule faisoit une plus prompte impression ; et « il nous apprit qu'ayant été la veille lui lire son *Tartuffe* (selon sa coutume de la « consulter sur tout ce qu'il faisoit), elle le paya en même monnoie par le récit « d'une aventure qui lui étoit arrivée avec un scélérat à peu près de cette espèce, « dont elle lui fit le portrait avec des couleurs si vives et si naturelles, que, si sa

de sorte que tout le monde étoit fort embarrassé comment il tireroit Orgon de dessous la table. Quand il crut avoir suffisamment préparé les esprits, le 5 d'août 1667 il fait afficher *le Tartuffe*. Mais il n'eut pas été représenté une fois, que les gens austères se révoltèrent contre cette pièce. On représenta au roi qu'il étoit de conséquence que le ridicule de l'hypocrisie ne parût point sur le théâtre. Molière, disoit-on, n'étoit pas préposé pour reprendre les personnes qui se couvrent du manteau de la dévotion pour enfreindre les lois les plus saintes, et pour troubler la tranquillité domestique des familles. Enfin ceux qui faisoient ces représentations au roi donnèrent de bonnes raisons, puisque sa majesté jugea à propos de défendre *le Tartuffe*[1]. Cet ordre fut un coup de foudre pour les comédiens et pour l'auteur. Ceux-là attendoient avec justice un gain considérable de cette pièce, et Molière croyoit donner par cet ouvrage une dernière main à sa réputation. Il avoit marqué le caractère

« pièce n'eût pas été faite, nous disoit-il, il ne l'auroit jamais entreprise, tant il se « seroit cru incapable de rien mettre sur le théâtre d'aussi parfait que le Tartuffe « de Léontium (Ninon). Vous savez si Molière étoit un bon juge en ces sortes de « matières. Puisque Léontium (Ninon) est frappée plus que personne du ridicule, « il ne faut pas s'étonner qu'elle le rende si bien. » (*Dialogue sur la musique des anciens*, par l'abbé Châteauneuf, un vol. in-12, 1725.)

[1] On a lu dans vingt écrits, et entre autres dans ceux de Voltaire, que Molière, recevant la défense au moment même où on alloit commencer la seconde représentation, dit aux nombreux spectateurs qu'elle avoit attirés : « Messieurs, nous « allions vous donner *le Tartuffe*; mais monsieur le premier président ne veut « pas qu'on le joue. » Le fait n'est ni vrai ni vraisemblable : Molière, quel que fût son dépit, respectoit trop les bienséances et la vérité; il se respectoit trop lui-même pour se permettre publiquement un quolibet si offensant et si calomnieux. Le premier président de Lamoignon, l'ami de Racine et de Boileau, l'Ariste du *Lutrin*, ne pouvoit en aucune manière être comparé à Tartuffe. Il étoit d'une piété sincère, que nul ne révoquoit en doute; mais, si l'on refuse de croire à ses vertus, on ajoutera foi aux faits et aux dates. La troupe de Molière ne jouoit que trois fois par semaine : le mercredi, le vendredi et le dimanche. *Le Tartuffe* fut représenté pour la première fois le vendredi 5, la défense arriva le lendemain 6, et c'est le dimanche 7 que devoit se donner la seconde représentation. Il est donc faux que la défense ait été notifiée aux comédiens à l'instant où ils se disposoient à entrer en scène. L'annonce de Molière ne put se faire non plus le lendemain, puisque, à dater du jour de la défense, le théâtre fut fermé pendant cinquante jours, interruption qui ne fut point commandée par l'autorité, et qui eut pour cause le départ subit de La Grange et de La Thorillière. (A.)

de l'hypocrisie de traits si vifs et si délicats, qu'il s'étoit imaginé que, bien loin qu'on dût attaquer sa pièce, on lui sauroit gré d'avoir donné de l'horreur pour un vice si odieux. Il le dit lui-même dans sa préface à la tête de cette pièce : mais il se trompa, et il devoit savoir par sa propre expérience que le public n'est pas docile. Cependant Molière rendit compte au roi des bonnes intentions qu'il avoit eues en travaillant à cette pièce. De sorte que sa majesté ayant vu par elle-même qu'il n'y avoit rien dont les personnes de piété et de probité pussent se scandaliser, et qu'au contraire on y combattoit un vice qu'elle a toujours eu soin elle-même de détruire par d'autres voies, elle permit apparemment à Molière de remettre sa pièce sur le théâtre.

Tous les connoisseurs en jugeoient favorablement ; et je rapporterai ici une remarque de M. Ménage, pour justifier ce que j'avance. « Je lisois hier *le Tartuffe* de Molière. Je lui en avois
« autrefois entendu lire trois actes chez M. de Montmort[1], où se
« trouvèrent aussi M. Chapelain, M. l'abbé de Marolles, et
« quelques autres personnes. Je dis à M. ...., lorsqu'il empêcha
« qu'on ne le jouât, que c'étoit une pièce dont la morale étoit
« excellente, et qu'il n'y avoit rien qui ne pût être utile au
« public. »

Molière laissa passer quelque temps avant que de hasarder une seconde fois la représentation du *Tartuffe* ; et l'on donna pendant ce temps-là *Scaramouche ermite*, qui passa dans le public, sans que personne s'en plaignit. Louis XIV ayant vu cette pièce dit, en parlant au prince de Condé[2] : « Je voudrois

---

[1] Ce Montmort n'étoit point le fameux parasite, mais Habert, seigneur de Montmort, conseiller au parlement, et membre de l'Académie françoise, qui donna une édition des Œuvres de Gassendi, avec une préface latine très bien écrite. Ce magistrat étoit lié avec Chapelain et avec les hommes les plus célèbres de son temps : il mourut en 1679.

[2] Nous rétablissons ici cette anecdote telle qu'elle se trouve dans le *Ménagiana*, t. IV, p. 174. Le grand Condé avoit pour Molière une amitié toute particulière : souvent il l'envoyoit chercher pour s'entretenir avec lui. Un jour il lui dit, en présence de personnes qui me l'ont rapporté : « Molière, je vous fais venir peut-être
« trop souvent, je crains de vous distraire de votre travail; ainsi je ne vous enverrai plus chercher : mais je vous prie, à toutes vos heures vides, de me venir

« bien savoir pourquoi les gens qui se scandalisent si fort de
« la comédie de Molière, ne disent pas un mot de celle de Sca-
« ramouche. — C'est, répondit le prince, que la comédie de
« Scaramouche joue le ciel et la religion, dont ces messieurs ne
« se soucient guère ; tandis que celle de Molière les joue eux-
« mêmes ; et c'est ce qu'ils ne peuvent souffrir. »

Molière ne laissoit point languir le public sans nouveauté ;
toujours heureux dans le choix de ses caractères, il avoit travaillé sur celui du *Misanthrope*, il le donna au public; mais il sentit, dès la première représentation, que le peuple de Paris vouloit plus rire qu'admirer, et que pour vingt personnes qui sont susceptibles de sentir des traits délicats et élevés, il y en a cent qui les rebutent faute de les connoître. Il ne fut pas plutôt rentré dans son cabinet qu'il travailla au *Médecin malgré lui*, pour soutenir le *Misanthrope* dont la seconde représentation fut encore plus foible que la première, ce qui l'obligea de se dépêcher de fabriquer son *Fagotier*[1]; en quoi il n'eut pas

« trouver; faites-vous annoncer par un valet de chambre, je quitterai tout pour
« être avec vous. » Lorsque Molière venoit, le prince congédioit ceux qui étoient
avec lui, et il étoit souvent des trois et quatre heures avec Molière. On a entendu
ce grand prince, en sortant de ces conversations, dire publiquement : Je ne m'ennuie jamais avec Molière, c'est un homme qui fournit de tout, son érudition et
son jugement ne s'épuisent jamais. (GRIMAREST, *Réponse à la critique de la Vie
de M. de Molière.*) On trouve dans les *Anecdotes littéraires* qu'un abbé ayant cru
faire sa cour au grand Condé en lui présentant une épitaphe de Molière : Ah! lui
dit ce prince, que celui dont tu me présentes l'épitaphe n'est-il en état de faire la
tienne ! (tom. II, pag. 48.)

[1] Ce fait est singulier, piquant ; il plaît à notre malice, en nous offrant une preuve signalée de la vanité et de l'inconséquence des jugements publics ; il tend même à rehausser la gloire de Molière, en nous le montrant supérieur à son siècle ; enfin, il peut servir, au besoin, à consoler la vanité de quelque auteur dont l'ouvrage n'aura pas été accueilli au gré de ses espérances. Mais, le dirai-je ? le fait est faux, entièrement faux. Je sais que j'attaque ici une centaine de recueils d'anecdotes, et autant d'ouvrages de critique littéraire. Je n'ai qu'une arme, mais elle est sûre : c'est le registre même de la comédie, tenu jour par jour avec une exactitude qui ne fait grâce d'aucun détail. Le *Misanthrope* fut joué dans les mois de juin et de juillet, c'est-à-dire dans la saison la plus défavorable aux spectacles; et il eut vingt-une représentations consécutives dont il fit seul tous les frais, aucune petite pièce, ni ancienne ni nouvelle, n'ayant été donnée à la suite. De ces représentations, dont le nombre suffisoit alors pour constater un plein succès, quatre des dernières seulement n'at-

beaucoup de peine, puisque c'étoit une de ces petites pièces, ou approchant, que sa troupe avoit représentées sur-le-champ dans les commencements ; il n'avoit qu'à transcrire. La troisième représentation du *Misanthrope* fut encore moins heureuse que les précédentes. On n'aimoit point tout ce sérieux qui est répandu dans cette pièce. D'ailleurs le marquis étoit la copie de plusieurs originaux de conséquence, qui décrioient l'ouvrage de toute leur force. « Je n'ai pu pourtant faire mieux, et sûre-« ment je ne ferai pas mieux, » disoit Molière à tout le monde.

M. de Visé crut se faire un mérite auprès de Molière de défendre *le Misanthrope*; il fit une longue lettre qu'il donna à Ribou pour mettre à la tête de cette pièce. Molière, qui en fut irrité, envoya chercher son libraire, le gronda de ce qu'il avoit imprimé cette rapsodie sans sa participation, et lui défendit de vendre aucun exemplaire de sa pièce où elle fût, et il brûla tout ce qui en restoit ; mais, après sa mort, on l'a réimprimée[1]. M. de Visé, qui aimoit fort à voir la Molière, vint souper chez elle le même jour. Molière le traita cavalièrement sur le sujet de sa lettre, en lui donnant de bonnes raisons pour souhaiter qu'il ne se fût point avisé de défendre sa pièce.

A la quatrième représentation du *Misanthrope* il donna son *Fagotier*, qui fit bien rire le bourgeois de la rue Saint-Denis.

teignirent pas tout-à-fait à la somme qui étoit considérée comme bonne et satisfaisante recette. Loin que *le Misanthrope* ait été soutenu par *le Médecin malgré lui*, cette dernière pièce, jouée six jours après qu'on eut cessé de jouer la première, le fut onze fois de suite avec d'autres ouvrages ; après quoi les deux pièces furent données ensemble, et ne le furent que cinq fois. Ainsi croule de tout côté la petite fable bâtie sur la destinée du *Misanthrope* à sa naissance. (A.) — Un passage des Mémoires de Dangeau appuie les observations précédentes sur le succès qu'obtint *le Misanthrope*, puisqu'on y lit que « cette pièce fit grand bruit, et eut un « grand succès à Paris avant d'être jouée à la cour. » (*Mémoires de Dangeau*, 10 mai 1690.)

[1] Elle ne fut réimprimée qu'en 1682, et on ne la trouve pas dans la seconde édition du *Misanthrope* publiée chez Claude Barbin, un peu plus d'un an après la mort de Molière. Cette circonstance suffiroit pour prouver la vérité de l'anecdote racontée par Grimarest, lorsqu'on ne sauroit pas que jusqu'alors de Visé avoit été un des plus acharnés détracteurs de Molière, et que plus tard il se fit l'apologiste de l'abbé Cotin dans le compte qu'il rendit des *Femmes savantes*. (Voyez *le Mercure galant*, année 1672.)

On en trouva *le Misanthrope* beaucoup meilleur, et insensiblement on le prit pour une des meilleures pièces qui eussent jamais paru [1]. Et *le Misanthrope* et *le Médecin malgré lui*, joints ensemble, ramenèrent tout le pêle-mêle de Paris, aussi bien que les connoisseurs. Molière, s'applaudissant du succès de son invention, pour forcer le public à lui rendre justice, hasarda d'en tirer une glorieuse vengeance en faisant jouer *le Misanthrope* seul. Il eut un succès très favorable; de sorte que l'on ne put lui reprocher que la petite pièce eût fait aller la grande.

Les hypocrites avoient été tellement irrités par *le Tartuffe*, que l'on fit courir dans Paris un livre terrible, que l'on mettoit sur le compte de Molière pour le perdre. C'est à cette occasion qu'il mit dans *le Misanthrope* les vers suivants:

Et, non content encor du tort que l'on me fait,
Il court parmi le monde un livre abominable [2],
Et de qui la lecture est même condamnable;
Un livre à mériter la dernière rigueur,
Dont le fourbe a le front de me faire l'auteur.
Et là-dessus on voit Oronte qui murmure,
Et tâche méchamment d'appuyer l'imposture;
Lui qui d'un honnête homme à la cour tient le rang.

On voit par cette remarque que *le Tartuffe* fut joué avant *le Misanthrope*, et avant *le Médecin malgré lui* [3], et qu'ainsi la date de la première représentation de ces deux dernières pièces, que l'on a mise dans les Œuvres de Molière, n'est pas véritable, puisque l'on marque qu'elles ont été jouées dès les mois de mars et de juin de l'année 1666.

---

[1] Boileau disoit que Molière, après avoir lu *le Misanthrope*, lui avoit dit: Vous verrez bien autre chose. Il mettoit alors la dernière main au *Tartuffe*, dont on ne connoissoit encore que les trois premiers actes. Ce trait prouve la préférence qu'il donnoit à ce dernier ouvrage. (B.)

[2] On ignore le titre de ce livre.

[3] Les trois premiers actes du *Tartuffe* furent joués le 12 mai 1664, à la sixième journée des *Plaisirs de l'Ile enchantée*; mais la représentation de la pièce entière n'eut lieu que le 5 août 1667. Ainsi Grimarest se trompe lorsqu'il dit que *le Tartuffe* parut avant *le Misanthrope* et *le Médecin malgré lui*, qui furent représentés dans l'été de 1666. (DESP.)

DE MOLIÈRE.

Molière avoit lu son *Misanthrope* à toute la cour, avant que de le faire représenter [1]; chacun lui en disoit son sentiment; mais il ne suivoit que le sien ordinairement, parcequ'il auroit été souvent obligé de refondre ses pièces, s'il avoit suivi tous les avis qu'on lui donnoit; et d'ailleurs il arrivoit quelquefois que ces avis étoient intéressés. Molière ne traitoit point de caractères, il ne plaçoit aucun trait qu'il n'eût des vues fixes. C'est pourquoi il ne voulut point ôter du *Misanthrope*, « Ce « grand flandrin qui crachoit dans un puits pour faire des « ronds, » que Madame (Henriette d'Angleterre) lui avoit dit de supprimer lorsqu'il eut l'honneur de lire sa pièce à cette princesse. Elle regardoit cet endroit comme un trait indigne d'un si bon ouvrage; mais Molière avoit son original, il vouloit le mettre sur le théâtre [2].

Au mois de décembre de la même année, il donna au roi le divertissement des deux premiers actes d'une pastorale qu'il

---

[1] On sait que les ennemis de Molière voulurent persuader au duc de Montausier, fameux par sa vertu sauvage, que c'étoit lui que Molière jouoit dans *le Misanthrope*. Le duc de Montausier alla voir la pièce, et dit en sortant : Je n'ai garde de vouloir du mal à Molière; il faut que l'original soit bon, puisque la copie est si belle! Et, comme on insistoit pour l'irriter, il ajouta : « Je voudrois bien ressembler au *Mis-* « *anthrope !* c'est un honnête homme. » (*Vie du duc de Montausier*, t. II, p. 129.) Dangeau rapporte cette anecdote avec des circonstances qui dénaturent également le caractère de M. de Montausier et celui de Molière. Il mérite d'autant moins de foi, qu'il n'a consigné ce récit dans ses Mémoires qu'en 1690, à l'époque de la mort du duc de Montausier, c'est-à-dire plus de vingt-quatre ans après la première représentation du *Misanthrope*. Nous prouverons dans la suite que Molière s'est peint lui-même dans le personnage d'Alceste. (Voyez la note 2, sc. XII, des *Précieuses ridicules*, et le commentaire du *Misanthrope*.)

[2] Molière ne se rendoit pas toujours aux conseils qu'on lui donnoit, et il avoit raison. Cependant, il étoit loin de croire à la perfection de ses ouvrages. Un jour, à la lecture de ce vers de Boileau parlant de lui,

Il plaît à tout le monde, et ne sauroit se plaire,

il s'écria, serrant la main du satirique : « Voilà la plus grande vérité que vous ayez « jamais dite. Je ne suis pas du nombre de ces esprits sublimes dont vous parlez ; « mais tel que je suis, je n'ai jamais rien fait dont je sois véritablement content. » (*OEuvres de Boileau*, par Saint-Marc, tome I, page 49.) Ce qui doit faire admirer encore plus la modestie de Molière, c'est qu'il tint ce discours dans la même année où les trois premiers actes du *Tartuffe* furent joués à la cour. (B.)

avoit faite; c'est *Mélicerte*. Mais il ne jugea pas à propos, avec raison, d'en faire le troisième acte, ni de faire imprimer les deux premiers, qui n'ont vu le jour qu'après sa mort.

Le Sicilien fut trouvé une agréable petite pièce à la cour et à la ville, en 1667 ; et l'*Amphitryon* passa tout d'une voix au mois de janvier 1668. Cependant un savantasse n'en voulut point tenir compte à Molière. « Comment! disoit-il, il a tout « pris sur Rotrou, et Rotrou sur Plaute. Je ne vois pas pour-« quoi on applaudit à des plagiaires[1]. C'a toujours été, ajou-« toit-il, le caractère de Molière; j'ai fait mes études avec lui, « et un jour qu'il apporta des vers à son régent, celui-ci recon-« nut qu'il les avoit pillés ; l'autre assura fortement qu'ils étoient « de sa façon; mais après que le régent lui eut reproché son « mensonge, et qu'il lui eut dit qu'il les avoit pris dans Théo-« phile, Molière le lui avoua, et lui dit qu'il les y avoit pris avec « d'autant plus d'assurance, qu'il ne croyoit pas qu'un jésuite « pût lire Théophile. Ainsi, disoit ce pédant à mon ami, si l'on « examinoit bien les ouvrages de Molière, on les trouveroit tous « pillés de cette force-là; et même quand il ne sait où prendre, « il se répète sans précaution. » De semblables critiques n'empêchèrent pas le cours de l'*Amphitryon*, que tout Paris vit avec beaucoup de plaisir, comme un spectacle bien rendu en notre langue, et à notre goût[2].

[1] Les ennemis de Molière confondoient à dessein le plagiat avec l'imitation. Imiter, ce n'est pas copier, c'est ajouter à son modèle ; c'est lutter avec lui d'invention et de génie : et voilà ce que Molière a fait avec un rare bonheur dans *Amphitryon*. Aussi a-t-on dit de lui qu'il étoit original, même lorsqu'il imitoit. Les ouvrages de Virgile et de Vida suffisent pour établir la différence qui existe entre l'imitateur et le plagiaire : Virgile imite Homère, et ne le pille pas ; il est quelquefois son égal. Vida copie Virgile ; il dénature ses vers pour les voler, et dans ses larcins même il reste toujours au-dessous du poëte qu'il dépouille. Nous avons cru nécessaire d'établir ici les véritables principes, afin de repousser une fois pour toutes les reproches de ce genre qui se trouvent répétés plusieurs fois dans le cours de cet ouvrage.

[2] Madame Dacier fit une dissertation pour prouver que l'*Amphitryon* de Plaute étoit fort au-dessus du moderne; mais, ayant ouï dire que Molière vouloit faire une comédie des femmes savantes, elle supprima sa dissertation. (V.)—Ceci est une erreur qui a passé comme beaucoup d'autres à la faveur du nom de Voltaire. Ce fut seulement dix ans après la mort de Molière, en 1683, que madame Dacier publia sa

Après que Molière eut repris avec succès son *Avare*, au mois de janvier 1668, comme je l'ai déjà dit, il projeta de donner son *George Dandin*. Mais un de ses amis lui fit entendre qu'il y avoit dans le monde un Dandin qui pourroit bien se reconnoître dans sa pièce, et qui étoit en état par sa famille non seulement de la décrier, mais encore de le faire repentir d'y avoir travaillé. « Vous avez raison, dit Molière à son ami ; mais je « sais un sûr moyen de me concilier l'homme dont vous me « parlez : j'irai lui lire ma pièce. » Au spectacle, où il étoit assidu, Molière lui demanda une de ses heures perdues, pour lui faire une lecture. L'homme en question se trouva si fort honoré de ce compliment, que, toutes affaires cessantes, il donna parole pour le lendemain ; et il courut tout Paris pour tirer vanité de la lecture de cette pièce. Molière, disoit-il à tout le monde, me lit ce soir une comédie : voulez-vous en être? Molière trouva une nombreuse assemblée, et son homme qui présidoit. La pièce fut trouvée excellente ; et lorsqu'elle fut jouée, personne ne la faisoit mieux valoir que celui dont je viens de parler, et qui pourtant auroit pu s'en fâcher, une partie des scènes que Molière avoit traitées dans sa pièce étant arrivées à cette personne. Ce secret de faire passer sur le théâtre un caractère à son original a été trouvé si bon, que plusieurs auteurs l'ont mis en usage depuis avec succès. Le *George Dandin* fut donc bien reçu à la cour au mois de juillet 1668, et à Paris au mois de novembre suivant.

Quand Molière vit que les hypocrites, qui s'étoient si fort offensés de son *Imposteur*, étoient calmés, il se prépara à le faire paroître une seconde fois. Il demanda à sa troupe, plus par conversation que par intérêt, ce qu'elle lui donneroit s'il faisoit renaître cette pièce. Les comédiens voulurent absolument qu'il

---

traduction des trois comédies de Plaute, avec une dissertation sur *Amphitryon*, où elle déclare qu'elle avoit résolu d'examiner la pièce de Molière ; mais qu'elle croit la chose inutile après l'examen de la comédie latine. Mademoiselle Lefèvre (depuis madame Dacier) n'avoit que dix-sept ans à l'époque où l'*Amphitryon* de Molière fut représenté pour la première fois.

fait réussir ; un acteur que l'on aime à voir, une situation, une scène heureusement traitée, un travestissement, des pensées piquantes, peuvent entraîner au spectacle, sans que la pièce soit bonne.

La bonté que le roi eut de permettre que *le Tartuffe* fût représenté donna un nouveau mérite à Molière. On vouloit même que cette grace fût personnelle. Mais sa majesté, qui savoit par elle-même que l'hypocrisie étoit vivement combattue dans cette pièce, fut bien aise que ce vice, si opposé à ses sentiments, fût attaqué avec autant de force que Molière le combattoit. Tout le monde lui fit compliment sur ce succès ; ses ennemis même lui en témoignèrent de la joie, et étoient les premiers à dire que *le Tartuffe* étoit de ces pièces excellentes qui mettoient la vertu dans son jour. « Cela est vrai, disoit Molière ; mais je trouve « qu'il est très dangereux de prendre ses intérêts au prix qui « m'en coûte. Je me suis repenti plus d'une fois de l'avoir « fait. »

Quoique Molière donnât à ses pièces beaucoup de mérite du côté de la composition, cependant elles étoient représentées avec un jeu si délicat, que quand elles auroient été médiocres elles auroient passé. Sa troupe étoit bien composée ; il ne confioit point ses rôles à des acteurs qui ne sussent pas les exécuter ; il ne les plaçoit point à l'aventure, comme on fait aujourd'hui ; d'ailleurs il prenoit toujours les plus difficiles pour lui. Ce n'est pas qu'il eût universellement l'éloquence en partage, comme Baron. Au contraire, dans les commencements, même dans la province, il paroissoit mauvais comédien à bien des gens, peut-être à cause d'un hoquet ou tic de gorge qu'il avoit, et qui rendoit d'abord son jeu désagréable à ceux qui ne le connoissoient pas : mais pour peu que l'on fît attention à la délicatesse avec laquelle il entroit dans un caractère et il exprimoit un sentiment, on convenoit qu'il entendoit parfaitement l'art de la déclamation. Il avoit contracté par habitude le hoquet dont je viens de parler. Dans les commencements qu'il monta sur le théâtre, il reconnut qu'il avoit une volubilité de langue dont il n'étoit pas le maître, et qui rendoit son jeu désagréable; et des efforts qu'il faisoit par se retenir dans la prononciation, il s'en forma un hoquet qui lui demeura jusqu'à la fin : mais il sauvoit ce désagrément par toute la finesse avec laquelle on peut représenter. Il ne manquoit aucun des accents et des gestes nécessaires pour toucher le spectateur ; il ne déclamoit point au hasard, comme ceux qui, destitués des principes de la déclamation, ne sont point assurés dans leur jeu ; il entroit dans tous les détails de l'action : mais s'il revenoit aujourd'hui, il ne reconnoîtroit pas ses ouvrages dans la bouche de ceux qui les représentent [1].

Il est vrai que Molière n'étoit bon que pour représenter le comique ; il ne pouvoit entrer dans le sérieux, et plusieurs personnes assurent qu'ayant voulu le tenter, il réussit si mal la première fois qu'il parut sur le théâtre, qu'on ne le laissa pas achever. Depuis ce temps-là, dit-on, il ne s'attacha qu'au comique, où il avoit toujours du succès, quoique les gens délicats l'accusassent d'être un peu grimacier.

Molière n'étoit point un homme qu'on pût oublier par l'ab-

[1] L'admirable talent de Molière comme acteur fut célébré, au moment de sa mort, dans une espèce d'oraison funèbre, dont le morceau suivant seul mérite d'être cité. « Les anciens n'ont jamais eu d'acteur égal à celui dont nous pleurons aujour-
« d'hui la perte; et Roscius, ce fameux comédien de l'antiquité, lui auroit cédé le
« premier rang, s'il eût vécu de son temps. C'est avec justice qu'il le méritoit ; il
« étoit tout comédien depuis les pieds jusques à la tête. Il sembloit qu'il eût plusieurs
« voix, tout parloit en lui; et d'un pas, d'un sourire, d'un clin d'œil, et d'un re-
« muement de tête, il faisoit plus concevoir de choses que le plus grand parleur
« n'auroit pu dire en une heure. » A cette image animée du talent nous croyons devoir joindre son portrait tel que nous l'a laissé une actrice (mademoiselle Poisson, fille de Du Croisy), qui avoit vécu long-temps auprès de lui. « Il n'étoit ni trop gras
« ni trop maigre ; il avoit la taille plus grande que petite, le port noble, la jambe
« belle ; il marchoit gravement, avoit l'air très sérieux, le nez gros, la bouche
« grande, les lèvres épaisses, le teint brun, les sourcils noirs et forts, et les divers
« mouvements qu'il leur donnoit lui rendoient la physionomie extrêmement co-
« mique. A l'égard de son caractère, il étoit doux, complaisant, généreux. Il aimoit
« fort à haranguer ; et quand il lisoit ses pièces aux comédiens, il vouloit qu'ils y
« amenassent leurs enfants, pour tirer des conjectures de leurs mouvements natu-
« rels. » (Voyez le *Mercure galant*, tome IV, première année, page 502. Il est aussi parlé du talent de Molière comme acteur dans Cizeron Rival. page 17, et dans le *Bolœana*. — Voyez aussi le *Mercure de France*, mai 1740.)

sence. M. Bernier ne fut pas plus tôt de retour de son voyage du Mogol, qu'il fut le voir à Auteuil. Après les premiers compliments d'amitié, celui-là commença la conversation par la relation de son voyage : il fit d'abord observer à Molière que l'on n'en usoit point avec l'empereur du Mogol détrôné, et avec ses enfants, aussi inhumainement qu'on le fait en Turquie. «On « se contente, dit-il, de leur donner une drogue, que l'on « nomme du *pouss*, pour leur faire perdre l'esprit, afin qu'ils « soient hors d'état de se former un parti. — Apparemment, dit « Baron, que cette conversation ennuyoit fort, ces gens-là « vous ont fait prendre du pouss avant que de revenir. — Tai- « sez-vous, jeune homme, dit Molière; vous ne connoissez pas « M. Bernier, et vous ne savez pas que c'est mon ami; peu s'en « faut que je prenne sérieusement votre imprudence. — Com- « ment! répliqua Baron, qui s'étoit donné toute liberté de par- « ler devant Molière, vous êtes si bons amis, et monsieur, « après une si longue absence, n'a, à la première vue, que des « contes à vous dire! » Le philosophe, touché de cette leçon, qui étoit à sa place, se mit sur les sentiments ; Molière n'en fut pas fâché : car, plus homme de cour que Bernier, et plus occupé de ses affaires que de celles du grand Mogol, la relation ne lui faisoit pas beaucoup de plaisir. On parla de santé : Molière rendit compte du mauvais état de la sienne à Bernier, qui, au lieu de lui répondre, lui dit qu'il avoit conduit heureusement celle du premier ministre du grand Mogol ; qu'il n'avoit point voulu être médecin de l'empereur lui-même, parceque quand il meurt on enterre aussi le médecin avec lui. A la fin, ne sachant plus que dire sur le Mogol, il offrit ses soins à Molière. «Oh! « monsieur, dit Baron, M. de Molière est en de bonnes mains; « depuis que le roi a eu la bonté de donner un canonicat au fils « de son médecin, il fait des merveilles, et il tiendra monsieur « long-temps en état de divertir sa majesté. Les médecins du « Mogol ne s'accommodent point avec notre santé : et, à moins « que de convenir que l'on vous enterrera avec monsieur, je « ne lui conseille pas de vous confier la sienne. » Bernier vit bien que Baron étoit un enfant gâté; il mit la conversation sur son chapitre. Molière, qui en parloit avec plaisir, en commença l'histoire ; mais Baron, ennuyé de l'entendre, alla chercher à s'amuser ailleurs [1].

Molière n'étoit pas seulement bon acteur et excellent auteur, il avoit toujours soin de cultiver la philosophie. Chapelle et lui ne se passoient rien sur cet article-là : celui-là pour Gassendi, celui-ci pour Descartes. En revenant d'Auteuil un jour, dans le bateau de Molière, ils ne furent pas long-temps sans faire naître une dispute. Ils prirent un sujet grave pour se faire valoir devant un minime qu'ils trouvèrent dans leur bateau, et qui s'y étoit mis pour gagner les Bons-Hommes. « J'en fais juge le bon « père, si le système de Descartes n'est pas cent fois mieux « imaginé que tout ce que M. de Gassendi nous a ajusté au « théâtre pour nous faire passer les rêveries d'Épicure. Passe pour « sa morale ; mais le reste ne vaut pas la peine que l'on y fasse « attention. N'est-il pas vrai, mon père ? » ajouta Molière au minime. Le religieux répondit par un *hom! hom!* qui faisoit entendre aux philosophes qu'il étoit connoisseur dans cette matière ; mais il eut la prudence de ne se point mêler dans une conversation si échauffée, surtout avec des gens qui ne paroissoient pas ménager leur adversaire. « Oh, parbleu ! mon père, « dit Chapelle, qui se crut affoibli par l'apparente approbation « du minime, il faut que Molière convienne que Descartes n'a « formé son système que comme un mécanicien qui imagine une « belle machine sans faire attention à l'exécution : le système « de ce philosophe est contraire à une infinité de phénomènes de « la nature, que le bon homme n'avoit pas prévus. » Le minime sembla se ranger du côté de Chapelle par un second *hom! hom!* Molière, outré de ce qu'il triomphoit, redouble ses efforts avec une chaleur de philosophe, pour détruire Gassendi par de si

---

[1] Il y a peu de naturel et peu d'esprit dans cette scène burlesque dont Grimarest semble vouloir faire honneur à Baron. On n'y reconnoit ni Molière ni Bernier, et ce n'est point ainsi qu'après de longues années se passe la première entrevue de deux amis de collége.

bonnes raisons, que le religieux fut obligé de s'y rendre par un troisième *hom! hom!* obligeant, qui sembloit décider la question en sa faveur. Chapelle s'échauffe, et criant du haut de la tête pour convertir son juge, il ébranla son équité par la force de son raisonnement. « Je conviens que c'est l'homme du monde
« qui a le mieux rêvé, ajouta Chapelle; mais, morbleu! il a pillé
« ses rêveries partout; et cela n'est pas bien, n'est-il pas vrai,
« mon père? » dit-il au minime. Le moine, qui convenoit de tout obligeamment, donna aussitôt un signe d'approbation, sans proférer une seule parole. Molière, sans songer qu'il étoit au lait, saisit avec fureur le moment de rétorquer les arguments de Chapelle. Les deux philosophes en étoient aux convulsions et presque aux invectives d'une dispute philosophique, quand ils arrivèrent devant les Bons-Hommes. Le religieux les pria qu'on le mît à terre. Il les remercia gracieusement, et applaudit fort à leur profond savoir sans intéresser son mérite : mais avant que de sortir du bateau, il alla prendre sous les pieds du batelier sa besace, qu'il y avoit mise en entrant : c'étoit un frère-lai. Les deux philosophes n'avoient point vu son enseigne; et, honteux d'avoir perdu le fruit de leur dispute devant un homme qui n'y entendoit rien, ils se regardèrent l'un l'autre sans se rien dire. Molière, revenu de son abattement, dit à Baron, qui étoit de la compagnie, mais d'un âge à négliger une pareille conversation : « Voyez, petit garçon, ce que fait le silence,
« quand il est observé avec conduite. — Voilà comme vous
« faites toujours, Molière, dit Chapelle, vous me commettez
« sans cesse avec des ânes qui ne peuvent savoir si j'ai raison. Il
« y a une heure que j'use mes poumons, et je n'en suis pas plus
« avancé. »

Chapelle reprochoit toujours à Molière son humeur rêveuse; il vouloit qu'il fût d'une société aussi agréable que la sienne; il le vouloit en tout assujettir à son caractère, et que, sans s'embarrasser de rien, il fût toujours préparé à la joie. « Oh! monsieur,
« lui répondit Molière, vous êtes bien plaisant. Il vous est aisé
« de vous faire ce système de vivre; vous êtes isolé de tout, et

« vous pouvez penser quinze jours durant à un bon mot, sans que
« personne vous trouble, et aller après, toujours chaud de vin,
« le débiter partout aux dépens de vos amis; vous n'avez que
« cela à faire. Mais si vous étiez, comme moi, occupé de plaire
« au roi, et si vous aviez quarante ou cinquante personnes qui
« n'entendent point raison à faire vivre et à conduire, un
« théâtre à soutenir, et des ouvrages à faire pour ménager votre
« réputation, vous n'auriez pas envie de rire, sur ma parole; et
« vous n'auriez point tant d'attention à votre bel esprit et à vos
« bons mots, qui ne laissent pas de vous faire bien des ennemis.
« — Mon pauvre Molière, répondit Chapelle, tous ces ennemis
« seront mes amis dès que je voudrai les estimer, parceque je
« suis d'humeur et en état de ne les point craindre; et si j'avois
« des ouvrages à faire, j'y travaillerois avec tranquillité, et
« peut-être seroient-ils moins remplis que les vôtres de choses
« basses et triviales; car, vous avez beau faire, vous ne sauriez
« quitter le goût de la farce. — Si je travaillois pour l'honneur,
« répondit Molière, mes ouvrages seroient tournés tout autre-
« ment : mais il faut que je parle à une foule de peuple, et à
« peu de gens d'esprit, pour soutenir ma troupe; ces gens-là
« ne s'accommoderoient nullement de votre élévation dans le
« style et dans les sentiments; et, vous l'avez vu vous-même,
« quand j'ai hasardé quelque chose d'un peu passable, avec
« quelle peine il m'a fallu en arracher le succès! Je suis sûr que
« vous, qui me blâmez aujourd'hui, vous me louerez quand je
« serai mort. Mais vous, qui faites si fort l'habile homme, et qui
« passez, à cause de votre bel esprit, pour avoir beaucoup de
« part à mes pièces, je voudrois bien vous voir à l'ouvrage : je
« travaille présentement sur un caractère où j'ai besoin de telles
« scènes; faites-les, vous m'obligerez, et je me ferai honneur
« d'avouer un secours comme le vôtre. » Chapelle accepta le
défi; mais lorsqu'il apporta son ouvrage à Molière, celui-ci, après
la première lecture, le rendit à Chapelle. Il n'y avoit aucun goût
de théâtre; rien n'y étoit dans la nature : c'étoit plutôt un recueil de bons mots que des scènes suivies. Cet ouvrage de

M. Chapelle ne seroit-il point l'original du *Tartuffe*, qu'une famille de Paris, jalouse avec justice de la réputation de Chapelle, se vante de posséder écrit et raturé de sa main? Mais, à en venir à l'examen, on y trouveroit sûrement de la différence avec celui de Molière [1].

Voici une scène très comique qui se passa entre Molière et un de ces courtisans qui marquent par la singularité. Celui-ci, sur le rapport de quelqu'un qui vouloit apparemment se moquer de lui, fut trouver l'autre en grand seigneur. « Il m'est revenu, « monsieur de Molière, dit-il avec hauteur dès la porte, qu'il « vous prend fantaisie de m'ajuster au théâtre, sous le titre « d'*Extravagant* : seroit-il bien vrai? — Moi, monsieur! lui « répondit Molière, je n'ai jamais eu dessein de travailler sur « ce caractère, j'attaquerois trop de monde; mais si j'avois à le « faire, je vous avoue, monsieur, que je ne pourrois mieux « faire que de prendre dans votre personne le contraste que j'ai « accoutumé de donner au ridicule, pour le faire sentir davan- « tage. — Ah! je suis bien aise que vous me connoissiez un peu, « lui dit le comte; et j'étois étonné que vous m'eussiez si mal « observé. Je venois arrêter votre travail, car je ne crois pas que « vous eussiez passé outre. — Mais, monsieur, lui repartit « Molière, qu'aviez-vous à craindre? Vous eût-on reconnu dans « un caractère si opposé au vôtre? Tubleu! répondit le comte, « il ne faut qu'un geste qui me ressemble pour me désigner, et « c'en seroit assez pour amener tout Paris à votre pièce : je sais « l'attention que l'on a sur moi. — Non, monsieur, dit Molière; « le respect que je dois à une personne de votre rang doit vous « être garant de mon silence. — Ah, bon! répondit le comte, « je suis bien aise que vous soyez de mes amis; je vous estime

---

[1] Cette conversation de Molière et l'histoire du *Tartuffe* de Chapelle sont d'une absurdité inconcevable. L'anecdote si connue de la scène des *Fâcheux*, confiée à la plume de Chapelle, et dont il se tira si mal, est sans doute l'origine de ce dernier conte. Le reste ne mérite pas que nous nous y arrêtions. Heureusement il n'en est pas de même des scènes suivantes, qui ne manquent ni de naturel ni de vraisemblance. (Voyez sur l'anecdote relative à *Tartuffe* les Mémoires pour servir à la Vie de Chapelle par Saint-Marc, pages 71 et 74.)

« de tout mon cœur, et je vous ferai plaisir dans les occasions.
« Je vous prie, ajouta-t-il, mettez-moi en contraste dans quel-
« que pièce; je vous donnerai un Mémoire de mes bons endroits.
« Ils se présentent à la première vue, lui répliqua Molière; mais
« pourquoi voulez-vous faire briller vos vertus sur le théâtre?
« elles paroissent assez dans le monde, personne ne vous ignore.
« — Cela est vrai, répondit le comte; mais je serois ravi que
« vous les rapprochassiez toutes dans leur point de vue; on par-
« leroit encore plus de moi. Écoutez, ajouta-t-il, je tranche fort
« avec N...; mettez-nous ensemble, cela fera une bonne pièce :
« quel titre lui donneriez-vous? — Mais je ne pourrois, lui dit
« Molière, lui en donner d'autre que celui d'*Extravagant*. —
« Il seroit excellent, par ma foi, lui repartit le comte, car le
« pauvre homme n'extravague pas mal : faites cela, je vous en
« prie; je vous verrai souvent pour suivre votre travail. Adieu,
« monsieur de Molière, songez à notre pièce; il me tarde qu'elle
« ne paroisse. La fatuité de ce courtisan mit Molière de mauvaise humeur, au lieu de le réjouir, et il ne perdit pas l'idée
de le mettre bien sérieusement au théâtre; mais il n'en a pas eu
le temps.

Molière trouva mieux son compte dans la scène suivante que
dans celle du courtisan; il se mit dans le vrai à son aise, et
donna des marques désintéressées d'une parfaite sincérité; c'é-
toit où il triomphoit. Un jeune homme de vingt-deux ans, beau
et bien fait, le vint trouver un jour, et, après les compliments,
lui découvrit qu'étant né avec toutes les dispositions nécessaires pour le théâtre, il n'avoit point de passion plus forte que
celle de s'y attacher; qu'il venoit le prier de lui en procurer les
moyens, et lui faire connoître que ce qu'il avançoit étoit véritable. Il déclama quelques scènes détachées, sérieuses et comiques, devant Molière, qui fut surpris de l'art avec lequel ce
jeune homme faisoit sentir les endroits touchants. Il sembloit
qu'il les eût travaillés vingt années, tant il étoit assuré dans
ses tons; ses gestes étoient ménagés avec esprit; de sorte que
Molière vit bien que ce jeune homme avoit été élevé avec soin.

plaisir; il se livroit au premier venu sur cet article-là; il ne falloit pas être son ami pour l'engager dans ces repas qui se prolongent jusqu'à l'extrémité de la nuit; il suffisoit de le connoître légèrement. Molière étoit désolé d'avoir un ami si agréable et si honnête homme attaqué de ce défaut; il lui en faisoit souvent des reproches, et M. Chapelle lui promettoit toujours merveille sans rien tenir. Molière n'étoit pas le seul de ses amis à qui sa conduite fît de la peine. M. Despréaux le rencontrant un jour au Palais, lui en parla à cœur ouvert : « Eh quoi ! lui dit-il, ne
« reviendrez-vous point de cette fatigante crapule qui vous
« tuera à la fin? Encore, si c'étoit toujours avec les mêmes
« personnes, vous pourriez espérer de la bonté de votre tem-
« pérament de tenir bon aussi long-temps qu'eux; mais quand
« une troupe s'est outrée avec vous, elle s'écarte : les uns vont
« à l'armée, les autres à la campagne, où ils se reposent; et
« pendant ce temps-là une autre compagnie les relève; de ma-
« nière que vous êtes nuit et jour à l'atelier. Croyez-vous de
« bonne foi pouvoir être toujours le plastron de ces gens-là sans
« succomber? D'ailleurs vous êtes tout agréable, ajouta M. Des-
« préaux; faut-il prodiguer cet agrément indifféremment à tout
« le monde? Vos amis ne vous ont plus d'obligation quand vous
« leur donnez de votre temps pour se réjouir avec vous, puis-
« que vous prenez le plaisir avec le premier venu qui vous le
« propose, comme avec le meilleur de vos amis. Je pourrois vous
« dire encore que la religion, votre réputation même, devroient
« vous arrêter, et vous faire faire de sérieuses réflexions sur vo-
« tre dérangement. — Ah ! voilà qui est fait, mon cher ami, je
« vais entièrement me mettre en règle, répondit Chapelle, la
« larme à l'œil, tant il étoit touché; je suis charmé de vos rai-
« sons, elles sont excellentes, et je me fais un plaisir de les en-
« tendre; redites-les-moi, je vous en conjure, afin qu'elles me
« fassent plus d'impression; mais, dit-il, je vous écouterai plus
« commodément dans le cabaret qui est ici proche; entrons-y,
« mon cher ami, et me faites bien entendre raison, car je veux
« revenir de tout cela. » M. Despréaux, qui croyoit être au mo-

ment de convertir Chapelle, le suit, et, en buvant un coup de bon vin, lui étale une seconde fois sa rhétorique; mais le vin venoit toujours, de manière que ces messieurs, l'un en prêchant et l'autre en écoutant, s'enivrèrent si bien qu'il fallut les reporter chez eux [1].

Si Chapelle étoit incommode à ses amis par son indifférence, Molière ne l'étoit pas moins dans son domestique par son exactitude et par son arrangement. Il n'y avoit personne, quelque attention qu'il eût, qui y pût répondre : une fenêtre ouverte ou fermée un moment devant ou après le temps qu'il l'avoit ordonné mettoit Molière en convulsion; il étoit petit dans ces occasions. Si on lui avoit dérangé un livre, c'en étoit assez pour qu'il ne travaillât de quinze jours; il y avoit peu de domestiques qu'il ne trouvât en défaut; et la vieille servante Laforest y étoit prise aussi souvent que les autres, quoiqu'elle dût être accoutumée à cette fatigante régularité que Molière exigeoit de tout le monde; et même il étoit prévenu que c'étoit une vertu; de sorte que celui de ses amis qui étoit le plus régulier et le plus arrangé étoit celui qu'il estimoit le plus.

Il étoit très sensible au bien qu'il pouvoit faire dire de tout ce qui le regardoit : ainsi, il ne négligeoit aucune occasion de tirer avantage dans les choses communes, et comme dans le sérieux; et il n'épargnoit pas la dépense pour se satisfaire, d'autant plus qu'il étoit naturellement très libéral; et l'on a toujours remarqué qu'il donnoit aux pauvres avec plaisir, et qu'il ne leur faisoit jamais des aumônes ordinaires.

Il n'aimoit point le jeu, mais il avoit assez de penchant pour le sexe; la de... l'amusoit quand il ne travailloit pas [2]. Un de ses amis, qui étoit surpris qu'un homme aussi délicat que Molière eût si mal placé son inclination, voulut le dégoûter de cette comédienne. « Est-ce la vertu, la beauté ou l'esprit, lui dit-il,

---

[1] Louis Racine raconte aussi cette anecdote dans ses Mémoires sur la vie de son père.
[2] L'auteur désigne ici mademoiselle de Bric.

« qui vous font aimer cette femme-là? Vous savez que La Barre[1]
« et Florimont sont de ses amis, qu'elle n'est point belle, que
« c'est un vrai squelette, et qu'elle n'a pas le sens commun. —
« Je sais tout cela, monsieur, lui répondit Molière; mais je suis
« accoutumé à ses défauts; et il faudroit que je prisse trop sur
« moi pour m'accommoder aux imperfections d'une autre; je
« n'en ai ni le temps ni la patience. » Peut-être aussi qu'une
autre n'auroit pas voulu de l'attachement de Molière; il traitoit
l'engagement avec négligence, et ses assiduités n'étoient pas
trop fatigantes pour une femme; en huit jours une petite conversation, c'en étoit assez pour lui, sans qu'il se mit en peine
d'être aimé, excepté de sa femme, dont il auroit acheté la tendresse pour toute chose au monde. Mais ayant été malheureux
de ce côté-là, il avoit la prudence de n'en parler jamais qu'à ses
amis; encore falloit-il qu'il y fût indispensablement obligé.

C'étoit l'homme du monde qui se faisoit le plus servir; il falloit l'habiller comme un grand seigneur, et il n'auroit pas arrangé les plis de sa cravate. Il avoit un valet, dont je n'ai pu
savoir ni le nom, ni la famille, ni le pays; mais je sais que c'étoit
un domestique assez épais, et qu'il avoit soin d'habiller Molière.
Un matin qu'il le chaussoit à Chambord, il mit un de ses bas à
l'envers. « Un tel, dit gravement Molière, ce bas est à l'en-
« vers. » Aussitôt ce valet le prend par le haut, et en dépouillant la jambe de son maître, met ce bas à l'endroit : mais,
comptant ce changement pour rien, il enfonce son bras dedans,
le retourne pour chercher l'endroit; et l'envers revenu dessus,
il rechausse Molière. « Un tel, lui dit-il encore froidement, ce
« bas est à l'envers. » Le stupide domestique, qui le vit avec
surprise, reprend le bas, et fait le même exercice que la première fois; et, s'imaginant avoir réparé son peu d'intelligence,
et avoir donné sûrement à ce bas le sens où il devoit être, il

---

[1] Ce La Barre étoit musicien. La Fontaine l'a placé au nombre des auteurs de chants mélodieux, dans son *Épître sur l'Opéra*, adressée à M. de Niert, 1677. Voilà tout ce que nous avons pu découvrir sur ce rival de Molière. Quant à Florimont, il nous est inconnu.

chausse son maître avec confiance; mais ce maudit envers se trouvant toujours dessus, la patience échappa à Molière. « Oh, « parbleu! c'en est trop, dit-il en lui donnant un coup de pied « qui le fit tomber à la renverse; ce maraud-là me chaussera « éternellement à l'envers; ce ne sera jamais qu'un sot, quel- « que métier qu'il fasse. — Vous êtes philosophe! vous êtes plu- « tôt le diable, » lui répondit ce pauvre garçon, qui fut plus de vingt-quatre heures à comprendre comment ce malheureux bas se trouvoit toujours à l'envers [1].

On dit que le *Pourceaugnac* fut fait à l'occasion d'un gentilhomme limousin qui, un jour de spectacle, et dans une querelle qu'il eut sur le théâtre avec les comédiens, étala une partie du ridicule dont il étoit chargé. Il ne le porta pas loin; Molière, pour se venger de ce campagnard, le mit en son jour sur le théâtre, et en fit un divertissement au goût du peuple, qui se réjouit fort à cette pièce, laquelle fut jouée à Chambord au mois de septembre de l'année 1669, et à Paris un mois après [2].

Le roi s'étant proposé de donner un divertissement à sa cour au mois de février de l'année 1670, Molière eut ordre d'y travailler : il fit *les Amants magnifiques*, qui firent beaucoup de plaisir au courtisan, qui est toujours touché par ces sortes de spectacles.

Molière travailloit toujours d'après la nature, pour travailler plus sûrement. M. Rohault, quoique son ami, fut son modèle pour le Philosophe du *Bourgeois gentilhomme;* et afin d'en rendre la représentation plus heureuse, Molière fit dessein d'emprunter un vieux chapeau de M. Rohault, pour le donner à Du Croisy, qui devoit représenter ce personnage dans la pièce. Il envoya

---

[1] L'auteur de la *Lettre critique sur la vie de Molière* dit que ce valet, qui ne savoit pas chausser son maître, devint habile mécanicien, et qu'il fit fortune dans les affaires. Cet homme se nommoit *Provençal;* mais il changea de nom en changeant d'*état*, et son nouveau nom ne nous est pas parvenu.

[2] C'est une opinion généralement répandue à Limoges que Molière se vengea du mauvais accueil qu'il reçut dans cette ville, en composant sa comédie de *Pourceaugnac*.

Baron chez M. Rohault pour le prier de lui prêter ce chapeau, qui étoit d'une si singulière figure, qu'il n'avoit pas son pareil : mais Molière fut refusé, parceque Baron n'eut pas la prudence de cacher au philosophe l'usage qu'on vouloit faire de son chapeau. Cette attention de Molière dans une bagatelle fait connoître celle qu'il avoit à rendre ses représentations heureuses : il savoit que, quelque recherche qu'il pût faire, il ne trouveroit point un chapeau aussi philosophe que celui de son ami, qui auroit cru être déshonoré si sa coiffure avoit paru sur la scène [1].

Cette inquiétude de Molière sur tout ce qui pouvoit contribuer au succès de ses pièces causa de la mortification à sa femme à la première représentation du *Tartuffe*. Comme cette pièce promettoit beaucoup, elle voulut y briller par l'ajustement ; elle se fit faire un habit magnifique sans en rien dire à son mari, et du temps à l'avance elle étoit occupée du plaisir de le mettre. Molière alla dans sa loge une demi-heure avant qu'on commençât la pièce. « Comment donc, mademoiselle ! « dit-il en la voyant si parée, que voulez-vous dire avec cet « ajustement ? ne savez-vous pas que vous êtes incommodée « dans la pièce ? et vous voilà éveillée et ornée comme si vous « alliez à une fête ! Déshabillez-vous vite, et prenez un habit « convenable à la situation où vous devez être. » Peu s'en fallut que la Molière ne voulût pas jouer, tant elle étoit déso-

---

[1] Rien ne pourroit justifier Molière d'avoir voulu réjouir le parterre aux dépens d'un ami ; et cette réflexion suffit seule pour jeter du doute sur l'anecdote que raconte Grimarest. Il est possible que le chapeau de Rohault fût très ridicule ; mais Rohault lui-même ne l'étoit pas. Molière d'ailleurs n'a pu le prendre pour modèle d'un philosophe qui ne débite que des puérilités, puisque Rohault peut être regardé comme un de ceux qui ont le plus contribué à proscrire le galimatias scolastique, et à ramener les sciences à leur véritable objet, l'étude de la nature : on en peut voir la preuve dans son *Traité de Physique*, encore estimé aujourd'hui malgré les progrès de la science. Au reste, une autre anecdote plus vraisemblable peut avoir donné lieu à celle-ci. On sait que, dans *les Femmes savantes*, Molière a joué Ménage et l'abbé Cotin sous le nom de Vadius et de Trissotin ; mais, ne voulant pas que le public pût se méprendre sur le dernier de ces deux personnages, il eut soin de se procurer un des vieux habits de Cotin, et c'est avec cet habit que le rôle fut oué.

lée de ne pouvoir faire parade d'un habit qui lui tenoit plus au cœur que la pièce.

Le Bourgeois gentilhomme fut joué pour la première fois à Chambord, au mois d'octobre 1670. Jamais pièce n'a été plus malheureusement reçue que celle-là ; et aucune de celles de Molière ne lui a donné tant de déplaisir. Le roi ne lui en dit pas un mot à son souper; et tous les courtisans la mettoient en morceaux. « Molière nous prend assurément pour des grues, de « croire nous divertir avec de telles pauvretés, disoit M. le duc « de ... — Qu'est-ce qu'il veut dire avec son *halaba, balachou* ? « ajoutoit M. le duc de ... ; le pauvre homme extravague, il est « épuisé : si quelque autre auteur ne prend le théâtre, il va « tomber; cet homme-là donne dans la farce italienne. » Il se passa cinq jours avant que l'on représentât cette pièce pour la seconde fois; et pendant ces cinq jours Molière, tout mortifié, se tint caché dans sa chambre ; il appréhendoit le mauvais compliment du courtisan prévenu; il envoyoit seulement Baron à la découverte, qui lui rapportoit toujours de mauvaises nouvelles. Toute la cour étoit révoltée.

Cependant on joua cette pièce pour la seconde fois. Après la représentation, le roi, qui n'avoit point encore porté son jugement, eut la bonté de dire à Molière : « Je ne vous ai point « parlé de votre pièce à la première représentation, parceque « j'ai appréhendé d'être séduit par la manière dont elle avoit « été représentée : mais en vérité, Molière, vous n'avez encore « rien fait qui m'ait plus diverti, et votre pièce est excellente. » Molière reprit haleine au jugement de sa majesté; et aussitôt il fut accablé de louanges par les courtisans, qui tout d'une voix répétoient, tant bien que mal, ce que le roi venoit de dire à l'avantage de cette pièce. « Cet homme-là est inimitable, di« soit le même M. le duc de ... : il y a un *vis comica* dans tout « ce qu'il fait, que les anciens n'ont pas aussi heureusement « rencontré que lui. » Quel malheur pour ces messieurs que sa majesté n'eût point dit son sentiment la première fois! ils n'auroient pas été à la peine de se rétracter, et de s'avouer foibles connoisseurs en ouvrages. Je pourrois rappeler ici qu'ils avoient été auparavant surpris par le sonnet du *Misanthrope*. A la première lecture ils en furent saisis, ils le trouvèrent admirable ; ce ne furent qu'exclamations, et peu s'en fallut qu'ils ne trouvassent fort mauvais que le Misanthrope fît voir que ce sonnet étoit détestable.

En effet, y a-t-il rien de plus beau que le premier acte du *Bourgeois gentilhomme?* il devoit du moins frapper ceux qui jugent avec équité par les connoissances les plus communes; et Molière avoit bien raison d'être mortifié de l'avoir travaillé avec tant de soin, pour être payé de sa peine par un mépris assommant; et si j'ose me prévaloir d'une occasion si peu considérable par rapport au roi, on ne peut trop admirer son heureux discernement, qui n'a jamais manqué de justesse dans les petites occasions comme dans les grands événements.

Au mois de novembre de la même année 1670, que l'on représenta *le Bourgeois gentilhomme* à Paris, le nombre prit le parti de cette pièce. Chaque bourgeois y croyoit trouver son voisin peint au naturel; et il ne se lassoit point d'aller voir ce portrait : le spectacle d'ailleurs, quoique outré, et hors du vraisemblable, mais parfaitement bien exécuté, attiroit les spectateurs; et on laissoit gronder les critiques sans faire attention à ce qu'ils disoient contre cette pièce.

Il y a des gens de ce temps-ci qui prétendent que Molière ait pris l'idée du *Bourgeois gentilhomme* dans la personne de Gandouin, chapelier, qui avoit consommé cinquante mille écus avec une femme que Molière connoissoit, et à qui ce Gandouin donna une belle maison qu'il avoit à Meudon. Quand cet homme fut abîmé, dit-on, il voulut plaider pour rentrer en possession de son bien. Son neveu, qui étoit procureur, et de meilleur sens que lui, n'ayant pas voulu entrer dans son sentiment, cet oncle furieux lui donna un coup de couteau, dont pourtant il ne mourut pas : mais on fit enfermer ce fou à Charenton, d'où il se sauva par-dessus les murs. Bien loin que ce bourgeois ait servi d'original à Molière pour sa pièce, il ne l'a connu ni devant ni après l'avoir faite; et il est indifférent à mon sujet que l'aventure de ce chapelier soit arrivée, ou non, après la mort de Molière.

Les Fourberies de Scapin parurent pour la première fois le 24 de mai 1671; et *la Comtesse d'Escarbagnas* fut jouée à la cour au mois de février de l'année suivante; et à Paris, le 8 de juillet de la même année. Tout le monde sait combien les bons juges et les gens du goût délicat se récrièrent contre ces deux pièces; mais le peuple, pour qui Molière avoit eu intention de les faire, s'y rendit en foule, et les vit avec plaisir.

Si le roi n'avoit eu autant de bonté pour Molière à l'égard de ses *Femmes savantes,* que sa majesté en avoit eu auparavant au sujet du *Bourgeois gentilhomme,* cette première pièce seroit peut-être tombée. Ce divertissement, disoit-on, étoit sec, peu intéressant, et ne convenoit qu'à des gens de lecture. « Que
« m'importe, s'écrioit M. le marquis..., de voir le ridicule d'un
« pédant? est-ce un caractère à m'occuper? Que Molière en
« prenne à la cour, s'il veut me faire plaisir. Où a-t-il été déter-
« rer, ajoutoit M. le comte de..., ces sottes femmes sur les-
« quelles il a travaillé aussi sérieusement que sur un bon sujet?
« Il n'y a pas le mot pour rire à tout cela pour l'homme de cour
« et pour le peuple. » Le roi n'avoit point parlé à la première représentation de cette pièce; mais à la seconde, qui se donna à Saint-Cloud, sa majesté dit à Molière que la première fois elle avoit dans l'esprit autre chose qui l'avoit empêchée d'observer sa pièce; mais qu'elle étoit très bonne, et qu'elle lui avoit fait beaucoup de plaisir. Molière n'en demandoit pas davantage, assuré que ce qui plaisoit au roi étoit bien reçu des connoisseurs, et assujettissoit les autres. Ainsi il donna sa pièce à Paris avec confiance le 11 de mai 1672 [1].

Molière étoit vif quand on l'attaquoit. Bensserade l'avoit fait; mais je n'ai pu savoir à quelle occasion. Celui-là résolut de se

[1] Ce fut peu de temps après la représentation des *Femmes savantes* que Louis XIV demanda à Boileau quel étoit le plus grand écrivain qui eût illustré son règne : Boileau nomma Molière. Je ne le croyois pas, poursuivit le roi; mais vous vous y connoissez mieux que moi. Ce mot, qui passa aussitôt de bouche en bouche, mit le comble à la gloire de Molière.

venger de celui ci, quoiqu'il fût le bel esprit d'un grand seigneur, et honoré de sa protection. Molière s'avisa donc de faire des vers du goût de ceux de Bensserade, à la louange du roi, qui représentoit Neptune dans une fête. Il ne s'en déclara point l'auteur, mais il eut la prudence de le dire à sa majesté. Toute la cour trouva ces vers très beaux, et tout d'une voix les donna à Bensserade, qui ne fit point de façon d'en recevoir les compliments, sans néanmoins se livrer trop imprudemment. Le grand seigneur [1] qui le protégeoit étoit ravi de le voir triompher, et il en tiroit vanité comme s'il avoit lui-même été l'auteur de ces vers. Mais quand Molière eut bien préparé sa vengeance, il déclara publiquement qu'il les avoit faits. Bensserade fut honteux, et son protecteur se fâcha que Molière eût fait cette pièce à une personne qu'il honoroit de son estime et de sa protection. Mais le grand seigneur avoit les sentiments trop élevés pour que Molière dût craindre les suites de son premier mouvement [2].

Bien des gens s'imaginent que Molière a eu un commerce

[1] Ce grand seigneur étoit l'amiral de Brézé. (Voyez le *Tableau historique*, par Taillefer, tome II, page 124.)

[2] Voici à quelle occasion Molière se vengea de Bensserade. « Molière avoit com-
« posé une pièce dans laquelle on chantoit ces vers :

« Et tracez sur les herbettes
« L'image de nos chansons.

« Sur quoi Bensserade dit tout haut qu'il falloit dire :

« Et tracez sur les herbettes
« L'image de vos chaussons.

« Molière avoit fait seul ce ballet, et même les vers pour les personnages ; et Bens-
« serade, de chagrin, avoit fait la plaisanterie que je viens de citer. Molière, pour
« s'en venger d'une manière nouvelle, fit des vers pour le roi, représentant Nep-
« tune et le Soleil, d'un style fort ressemblant à celui de Bensserade, un peu ou-
« trés, à la vérité, par les jeux de mots ; et les vers furent vus de toute la cour, et
« la réjouirent. » (Voyez la *Vie de Bensserade* à la tête de ses œuvres.) Pour bien comprendre cette anecdote, il faut savoir que Bensserade se croyoit le privilége exclusif de travailler aux ballets de la cour. La querelle de ces deux poètes vint donc de ce que Molière s'étoit ingéré de faire des vers pour le ballet des *Amants magnifiques*. Les vers critiqués par Bensserade sont dans l'acte III, scène v. Ceux qu'il fit, à l'imitation de ce poète, sont dans le premier intermède et dans le sixième. Ils furent ajoutés aux représentations suivantes.

particulier avec M. Racine. Je n'ai point trouvé que cela fût vrai, dans la recherche que j'en ai faite ; au contraire, l'âge, le travail et le caractère de ces messieurs étoient si différents, que je ne crois pas qu'ils dussent se chercher ; et je ne pense pas même que Molière estimât Racine. J'en juge par ce qui leur arriva à l'occasion d'*Alexandre*. Racine ayant fait cette pièce la promit à Molière, pour la faire jouer sur son théâtre; il la laissa même annoncer. Cependant il jugea à propos de la donner aux comédiens de l'hôtel de Bourgogne, ce qui indigna Molière et Baron contre lui. M. de P....[1] ayant dit à celui-ci, à Fontainebleau, qu'il étoit fâché que sa troupe n'eût pas *Alexandre*, parceque cette pièce lui auroit fait honneur, Baron lui répondit qu'il en étoit fort aise, pour n'avoir point affaire à un malhonnête homme. M. de P.... lui répliqua qu'il étoit bien hardi de lui parler mal de son ami. Baron animé ne fit pas de façon de soutenir sa thèse, qui dégénéra en invectives; et ils en étoient presque aux mains derrière le théâtre, quand Molière arriva, et qui, après les avoir séparés et s'être fait rendre compte du sujet de la querelle, dit à Baron qu'il avoit grand tort de dire du mal de Racine à M. de P...., qu'il savoit bien que c'étoit son ami, et que c'étoit, pour un jeune homme, trop s'écarter de la politesse; qu'à la vérité, lui Molière répandoit partout la mauvaise foi de Racine, et qu'il faisoit voir son indigne caractère à tout le monde; mais qu'il se donnoit bien de garde d'en venir dire du mal à M. de P...., qui, quoique très mal satisfait de la remontrance de Molière à Baron, prit le parti de ne rien répondre, et de se retirer. J'ai cependant entendu parler à M. Racine fort avantageusement de Molière ; et c'est de lui que je tiens une bonne partie des choses que j'ai rapportées[2].

J'ai assez fait connoître que Molière n'avoit pas toujours vécu

---

[1] On croit que c'est Boileau de Puymorin.

[2] Tous ces faits manquent d'exactitude, et Louis Racine parle avec plus de vraisemblance de la justice que se rendoient ces deux grands hommes. « *Alexandre*, « dit-il, fut joué d'abord par la troupe de Molière; mais l'auteur, mécontent des « acteurs, leur retira sa pièce, et fut cause en même temps que la meilleure actrice « de Molière (la demoiselle Duparc) le quitta pour passer sur le théâtre de l'hôtel

en intelligence avec sa femme ; il n'est pas même nécessaire que j'entre dans de plus grands détails pour en faire voir la cause. Mais je prends ici occasion de dire que l'on a débité, et que l'on donne encore aujourd'hui dans le public plusieurs mauvais Mémoires remplis de faussetés à l'égard de Molière et de sa femme. Il n'est pas jusqu'à M. Bayle qui, dans son *Dictionnaire historique*, et sur l'autorité d'un indigne et mauvais roman, ne fasse faire un personnage à Molière et à sa femme fort au-dessous de leurs sentiments, et éloigné de la vérité sur cet article-là. Il vivoit en vrai philosophe, et, toujours occupé de plaire à son prince par ses ouvrages, et de s'assurer une réputation d'honnête homme, il se mettoit peu en peine des humeurs de sa femme [1], qu'il laissoit vivre à sa fantaisie, quoiqu'il conservât toujours pour elle une véritable tendresse. Cependant ses amis essayèrent de les raccommoder, ou pour mieux dire de les faire vivre avec plus de concert. Ils y réussirent ; et Molière, pour rendre leur union plus parfaite, quitta l'usage du lait, qu'il n'avoit point discontinué jusqu'alors, et il se mit à la viande ; ce changement d'aliments redoubla sa toux et sa fluxion sur la poitrine [2]. Cependant, il ne laissa pas d'achever *le Malade imaginaire*, qu'il avoit commencé depuis du temps ; car, comme je

« de Bourgogne : ce qui mortifia Molière, et causa entre eux deux un refroidisse-
« ment qui dura toujours, quoiqu'ils se rendissent mutuellement justice sur leurs
« ouvrages.... La première représentation des *Plaideurs* ayant été mal reçue, Mo-
« lière, qui étoit présent à la seconde, quoique alors brouillé avec l'auteur, ne se
« laissa séduire ni par l'intérêt particulier, ni par le jugement du public. Il dit tout
« haut, en sortant, que cette comédie étoit excellente, et que ceux qui s'en mo-
« quoient méritoient qu'on se moquât d'eux... Le lendemain de la première repré-
« sentation du *Misanthrope*, qui fut très malheureuse, un homme, qui crut faire
« plaisir à Racine, courut lui annoncer cette nouvelle, en lui disant : La pièce est
« tombée ; rien n'est si froid, vous pouvez m'en croire ; j'y étois. Vous y étiez, re-
« prit mon père, et je n'y étois pas ; cependant je n'en croirai rien, parce qu'il est
« impossible que Molière ait fait une mauvaise pièce. Retournez-y, et examinez-la
« mieux. » (*Mémoires de Louis Racine*, page 50. Voyez aussi *Bolæana*, p. 104,
et le *Furetierana*, page 75, et les *Lettres* en vers de Robinet, 20 décembre 1665 et
30 janvier 1666.

[1] Grimarest oublie ici ce qu'il a dit plus haut des chagrins de Molière, et du souci que lui donnoit la conduite de sa femme.

[2] Deux mois avant la mort de Molière, M. Despréaux alla le voir, et le trouva fort

l'ai déja dit, il ne travailloit pas vite, mais il n'étoit pas fâché
qu'on le crût expéditif. Lorsque le roi lui demanda un divertissement, et qu'il donna *Psyché*, au mois de janvier 1672, il
ne désabusa point le public que ce qui étoit de lui dans cette
pièce ne fût fait ensuite des ordres du roi; mais je sais qu'il
étoit travaillé un an et demi auparavant, et, ne pouvant pas
se résoudre d'achever la pièce en aussi peu de temps qu'il en
avoit, il eut recours à M. de Corneille pour lui aider [1]. On sait
que cette pièce eut à Paris, au mois de juillet 1672, tout le
succès qu'elle méritoit. Il n'y a pourtant pas lieu de s'étonner
du temps que Molière mettoit à ses ouvrages; il conduisoit sa
troupe, il se chargeoit toujours des plus grands rôles; les visites
de ses amis et des grands seigneurs étoient fréquentes; tout cela
l'occupoit suffisamment pour n'avoir pas beaucoup de temps à
donner à son cabinet : d'ailleurs sa santé étoit très foible; il
étoit obligé de se ménager.

incommodé de sa toux, et faisant des efforts de poitrine qui sembloient le menacer d'une fin prochaine. Molière, assez froid naturellement, fit plus d'amitié que jamais à M. Despréaux. Cela l'engagea à lui dire : « Mon pauvre M. Molière, vous voilà dans un pitoyable état. La contention continuelle de votre esprit, l'agitation continuelle de vos poumons sur votre théâtre, tout enfin devroit vous déterminer à renoncer à la représentation : n'y a-t-il que vous dans la troupe qui puisse exécuter les premiers rôles? Contentez-vous de composer, et laissez l'action théâtrale à quelqu'un de vos camarades : cela vous fera plus d'honneur dans le public, qui regardera vos acteurs comme vos gagistes; vos acteurs, d'ailleurs, qui ne sont pas des plus souples avec vous, sentiront mieux votre supériorité. — Ah! monsieur, répondit Molière, que me dites-vous là? il y a un honneur pour moi à ne point quitter. » Plaisant point d'honneur, disoit en soi-même le satirique, qui consiste à se noircir tous les jours le visage pour se faire une moustache de *Sganarelle*, et à dévouer son dos à toutes les bastonnades de la comédie! Quoi! cet homme, le premier de notre temps pour l'esprit et pour les sentiments d'un vrai philosophe, cet ingénieux censeur de toutes les folies humaines, en a une plus extraordinaire que celle dont il se moque tous les jours! cela montre bien le peu que sont les hommes.(*Ménagiana* et *Bolœana*.)

[1] Molière ne composa que le prologue, le premier acte, la première scène du second, et la première du troisième. Corneille fit tous les autres vers qui se récitent, et Molière avertit lui-même que ce grand poëte n'avoit employé qu'une quinzaine de jours à ce travail. Quinault se chargea de tout ce qui devoit être chanté, à la réserve de la plainte italienne, dont les paroles furent fournies par Lulli. Quinault, ayant ensuite jugé à propos de faire une tragédie en musique sur le même sujet, reprit tout ce qu'il avoit prêté à Molière.(*Vie de Molière*, écrite en 1724.)

Dix mois après son raccommodement avec sa femme, il donna, le 10 février de l'année 1673, *le Malade imaginaire,* dont on prétend qu'il étoit l'original. Cette pièce eut l'applaudissement ordinaire que l'on donnoit à ses ouvrages, malgré les critiques qui s'élevèrent. C'étoit le sort de ses meilleures pièces d'en avoir, et de n'être goûtées qu'après la réflexion ; et l'on a remarqué qu'il n'y a guère eu que *les Précieuses ridicules* et l'*Amphitryon* qui aient pris tout d'un coup.

Le jour que l'on devoit donner la troisième représentation du *Malade imaginaire,* Molière se trouva tourmenté de sa fluxion beaucoup plus qu'à l'ordinaire, ce qui l'engagea de faire appeler sa femme, à qui il dit, en présence de Baron : « Tant que « ma vie a été mêlée également de douleur et de plaisir, je me « suis cru heureux ; mais aujourd'hui que je suis accablé de « peines sans pouvoir compter sur aucun moment de satisfac- « tion et de douceur, je vois bien qu'il me faut quitter la partie ; « je ne puis plus tenir contre les douleurs et les déplaisirs qui « ne me donnent pas un instant de relâche. Mais, ajouta-t-il en « réfléchissant, qu'un homme souffre avant que de mourir ! Ce- « pendant je sens bien que je finis. » La Molière et Baron furent vivement touchés du discours de M. de Molière, auquel ils ne s'attendoient pas, quelque incommodé qu'il fût. Ils le conjurèrent, les larmes aux yeux, de ne point jouer ce jour-là, et de prendre du repos pour se remettre. « Comment voulez-vous que « je fasse? leur dit-il; il y a cinquante pauvres ouvriers qui n'ont « que leur journée pour vivre : que feront-ils si l'on ne joue pas? « Je me reprocherois d'avoir négligé de leur donner du pain un « seul jour, le pouvant faire absolument. » Mais il envoya chercher les comédiens, à qui il dit que, se sentant plus incommodé que de coutume, il ne joueroit point ce jour-là, s'ils n'étoient prêts à quatre heures précises pour jouer la comédie ; « sans « cela, leur dit-il, je ne puis m'y trouver, et vous pourrez « rendre l'argent. » Les comédiens tinrent les lustres allumés et la toile levée précisément à quatre heures. Molière représenta avec beaucoup de difficulté, et la moitié des spectateurs s'apercut qu'en prononçant *Juro*, dans la cérémonie du *Malade imaginaire*, il lui prit une convulsion. Ayant remarqué lui-même que l'on s'en étoit aperçu, il se fit un effort, et cacha par un ris forcé ce qui venoit de lui arriver.

Quand la pièce fut finie, il prit sa robe de chambre et fut dans la loge de Baron, et il lui demanda ce que l'on disoit de sa pièce. M. Baron lui répondit que ses ouvrages avoient toujours une heureuse réussite à les examiner de près, et que plus on les représentoit, plus on les goûtoit. « Mais, ajouta-t-il, vous « me paroissez plus mal que tantôt. — Cela est vrai, lui répon- « dit Molière : j'ai un froid qui me tue. » Baron, après lui avoir touché les mains, qu'il trouva glacées, les lui mit dans son manchon pour les réchauffer; il envoya chercher ses porteurs pour le porter promptement chez lui, et il ne quitta point sa chaise, de peur qu'il ne lui arrivât quelque accident du Palais-Royal dans la rue de Richelieu, où il logeoit. Quand il fut dans sa chambre, Baron voulut lui faire prendre du bouillon, dont la Molière avoit toujours provision pour elle; car on ne pouvoit avoir plus de soin de sa personne qu'elle en avoit. « Eh! non, « dit-il, les bouillons de ma femme sont de vraie eau forte pour « moi; vous savez tous les ingrédients qu'elle y fait mettre : « donnez-moi plutôt un petit morceau de fromage de Parmesan. » Laforest lui en apporta; il en mangea avec un peu de pain, et il se fit mettre au lit. Il n'y eut pas été un moment qu'il envoya demander à sa femme un oreiller rempli d'une drogue qu'elle lui avoit promis pour dormir. « Tout ce qui n'entre point dans « le corps, dit-il, je l'éprouve volontiers; mais les remèdes « qu'il faut prendre me font peur; il ne faut rien pour me faire « perdre ce qui me reste de vie. » Un instant après il lui prit une toux extrèmement forte, et après avoir craché il demanda de la lumière : « Voici, dit-il, du changement. » Baron, ayant vu le sang qu'il venoit de rendre, s'écria avec frayeur. « Ne vous « épouvantez point, lui dit Molière; vous m'en avez vu rendre « bien davantage. Cependant, ajouta-t-il, allez dire à ma femme « qu'elle monte. » Il resta assisté de deux sœurs religieuses, de celles qui viennent ordinairement à Paris quêter pendant le carême, et auxquelles il donnoit l'hospitalité. Elles lui prodiguèrent, à ce dernier moment de sa vie, tout le secours édifiant que l'on pouvoit attendre de leur charité, et il leur fit paroître tous les sentiments d'un bon chrétien, et toute la résignation qu'il devoit à la volonté du Seigneur. Enfin il rendit l'esprit entre les bras de ces deux bonnes sœurs ; le sang qui sortoit par sa bouche en abondance l'étouffa. Ainsi, quand sa femme et Baron remontèrent, ils le trouvèrent mort. J'ai cru que je devois entrer dans le détail de la mort de Molière, pour désabuser le public de plusieurs histoires que l'on a faites à cette occasion. Il mourut[1] le vendredi 17e du mois de février de l'année 1673[2], âgé de cinquante-trois ans, regretté de tous les gens de lettres, des courtisans et du peuple. Il n'a laissé qu'une fille. Mademoiselle Poquelin fait connoître, par l'arrangement de sa conduite[3], et par la solidité et l'agrément de sa conversation, qu'elle a moins hérité des biens de son père, que de ses bonnes qualités.

Aussitôt que Molière fut mort, Baron fut à Saint-Germain en informer le roi ; sa majesté en fut touchée, et daigna le témoigner.

Chapelle fut saisi de douleur à la mort de son ami ; il crut avoir perdu toute consolation, tout secours, et il donna des marques d'une affliction si vive, que l'on doutoit qu'il lui survécût long-temps.

[1] Molière est mort dans la maison qu'il habitoit rue de Richelieu, près de l'académie des peintres, en face de la fontaine, à l'angle des rues Traversière et Richelieu ; cette maison est aujourd'hui numérotée 34. (BEFFARA.)

[2] Molière n'avoit que cinquante-un ans un mois et deux jours, lorsque la France le perdit. (Voyez son portrait tracé par Chapusault dans le *Théâtre françois*, page 196, in-18 ; Lyon, 1673.)

[3] La fille que Molière avoit eue de son mariage avec mademoiselle Béjart fut nommée Esprit-Marie-Magdeleine Poquelin Molière. Elle étoit grande, bien faite, peu jolie ; mais elle réparoit ce défaut par beaucoup d'esprit. Lassée d'attendre un parti du choix de sa mère, elle se laissa enlever par le sieur Claude Rachel, écuyer, sieur de Montalant. Mademoiselle Molière, remariée pour lors à Guérin d'Étriché, fit quelques poursuites ; mais des amis communs accommodèrent l'affaire. M. et madame de Montalant sont morts à Argenteuil près de Paris, sans postérité. (*Cizeron Rival*, page 14.)

DE MOLIÈRE.

Tout le monde sait les difficultés que l'on eut à faire enterrer Molière[1] comme un chrétien catholique, et comment on obtint,

[1] Voici une anecdote peu connue, trouvée manuscrite dans les papiers de Brossette. « Lorsque Molière fut mort, sa femme alla à Versailles se jeter aux pieds du « roi, pour se plaindre de l'injure que l'on faisoit à la mémoire de son mari en lui « refusant la sépulture (l'archevêque de Harlay avoit défendu qu'on l'inhumât); mais « elle fit fort mal sa cour en disant au roi que, si son mari étoit criminel, ses crimes « avoient été autorisés par sa majesté même. Pour surcroit de malheur, la Molière avoit « amené avec elle le curé d'Auteuil pour rendre témoignage des bonnes mœurs du « défunt, qui louoit une maison dans ce village. Ce curé, au lieu de parler en fa- « veur de Molière, entreprit mal-à-propos de se justifier lui-même d'une accusation « de jansénisme, dont il croyoit qu'on l'avoit chargé auprès de sa majesté. Ce con- « tre-temps acheva de tout gâter : le roi les renvoya brusquement l'un et l'autre, « en disant à la Molière que l'affaire dont elle lui parloit dépendoit du ministère de « M. l'archevêque. » (*Cizeron Rival*, pages 23 et 24.) Ajoutons ici que le roi fit donner au prélat les ordres nécessaires pour que la sépulture fût accordée. Nous croyons devoir rapporter la supplication que la veuve de Molière adressa à l'archevêque de Paris, et l'ordonnance de ce dernier.

« *A monseigneur l'illustrissime et révérendissime archevêque de Paris.*

« Du 17 février 1673.

« Supplie humblement Élisabeth-Claire-Grasinde Béjart, veufve de feu Jean-Bap- « tiste Poquelin de Molière, vivant valet de chambre et tapissier du roy, et l'un « des comédiens de sa trouppe, et en son absence Jean-Aubry son beau-frère[*], « disant que vendredy dernier, dix-septième du présent mois de febvrier mil six « cent soixante-treize, sur les neuf heures du soir, ledict feu sieur de Molière s'es- « tant trouvé mal de la maladie dont il décéda environ une heure après, il voulut « dans le moment témoigner des marques de ses fautes et mourir en bon chrestien; « à l'effet de quoy avecq instances il demanda un prestre pour recevoir les sacre- « ments, et envoya par plusieurs fois son valet et servante à Sainct-Eustache sa « paroisse, lesquels s'adressèrent à messieurs Lenfant et Lechat, deux prestres ha- « bituez en ladicte paroisse, qui refusèrent plusieurs fois de venir; ce qui obligea le « sieur Jean Aubry d'y aller luy-mesme pour en faire venir, et de faict fist lever le « nommé Paysant, aussi prestre habitué audict lieu : et comme toutes ces allées et « venues tardèrent plus d'une heure et demye, pendant lequel temps ledict feu « Molière décéda, et ledict sieur Paysant arriva comme il venoit d'expirer; et « comme ledict sieur Molière est décédé sans avoir reçu le sacrement de confession « dans un temps où il venoit de représenter la comédie, monsieur le curé de Sainct- « Eustache lui refuse la sépulture, ce qui oblige la suppliante vous présenter la pré- « sente requeste, pour luy estre sur ce pourvu.

« Ce considéré, monseigneur, et attendu ce que dessus, et que ledict défunct a « demandé auparavant que de mourir un prestre pour estre confessé, qu'il est

[*] Ce passage confirme les observations de M. Beffara sur l'acte de mariage. Jean Aubry avoit épousé une des sœurs de madame Molière; et si madame Molière eût été fille de la Béjart, cet Aubry auroit été son oncle, et non son beau-frère.

en considération de son mérite et de la droiture de ses sentiments, dont on fit des informations, qu'il fût inhumé à Saint-Joseph. Le jour qu'on le porta en terre, il s'amassa une foule incroyable de peuple devant sa porte. La Molière en fut épouvantée; elle ne pouvoit pénétrer l'intention de cette populace. On lui conseilla de répandre une centaine de pistoles par les fenêtres. Elle n'hésita point; elle les jeta à ce peuple amassé, en le priant, avec des termes si touchants, de donner des prières à

« mort dans le sentiment d'un bon chrestien, ainsy qu'il l'a témoigné en présence
« de deux dames religieuses, demeurant en la même maison, d'un gentilhomme
« nommé M. Couton, entre les bras de qui il est mort, et de plusieurs autres per-
« sonnes, et que Me Bernard, prestre habitué en l'églize Sainct-Germain, lui a ad-
« ministré les sacrements à Pasques dernier, il vous plaise de grace spéciale accor-
« der à ladicte suppliante que son dict feu mary soit inhumé et enterré dans ladicte
« églize Sainct-Eustache, sa paroisse, dans les voyes ordinaires et accoutumées, et
« ladicte suppliante continuera les prières à Dieu pour vostre prospérité et santé,
« et ont signé. Ainsy signé,

« LE VASSEUR et AUBRY, *avecq paraphe.* »

Et au-dessoubz est escript ce qui suit :

« Renvoyé au sieur abbé de Benjamin, nostre officinal, pour informer des faict
« contenus en la présente requeste, pour information à nous rapportée estre enfinc
« ordonné ce que de raison. Faict à Paris, dans nostre palais archiépiscopal, le
« vingtiesme feburier mil six cent soixante-treize.

« *Signé*, ARCHEVESQUE DE PARIS. »

Extrait des registres de l'archevêché de Paris.

« Veu ladicte requeste, ayant aucunement esgard aux preuves résultantes de
« l'enqueste faicte par mon ordonnance, nous avons permis au sieur curé de Sainct-
« Eustache de donner la sépulture ecclésiastique au corps du défunct Molière dans
« le cimetière de la paroisse, à condition néantmoins que ce sera sans aucune
« pompe, et avec deux prestres seullement et hors des heures du jour, et qu'il ne se
« fera aucun service solemnel pour luy, ny dans ladicte paroisse Sainct-Eustache
« ny ailleurs, mesme dans aucune églize des réguliers, et que nostre présente per-
« mission sera sans préjudice aux règles du rituel de nostre églize, que nous vou-
« lons estre observées selon leur forme et teneur. Donné à Paris, ce vingtiesme fe-
« burier mil six cent soixante-treize. Ainsy signé.

« ARCHEVESQUE DE PARIS.

« Et au-dessoubz,

« MONSEIGNEUR MORANGE, *avecq paraphe.* »

son mari, qu'il n'y eut personne de ces gens-là qui ne priât Dieu de tout son cœur¹.

Le convoi se fit tranquillement à la clarté de près de cent flambeaux, le mardi 21 de février. Comme il passoit dans la rue Montmartre, on demanda à une femme qui étoit celui qu'on portoit en terre. « Hé! c'est ce Molière, » répondit-elle. Une autre femme qui étoit à sa fenêtre et qui l'entendit, s'écria : « Comment, malheureuse! il est bien monsieur pour toi². »

Il ne fut pas mort que les épitaphes furent répandues par tout Paris. Il n'y avoit pas un poëte qui n'en eût fait ; mais il y en eut peu qui réussirent.

M. Huet, évêque d'Avranches, à qui une source profonde d'érudition avoit mérité un des emplois les plus précieux de la cour, et qui est un illustre prélat aujourd'hui, daigna honorer la mémoire de Molière par les vers suivants :

> Plaudebat, Moleri, tibi plenis aula theatris ;
>   Nunc eadem mœrens post tua fata gemit.
> Si risum nobis movisses parcius olim,
>   Parcius, heu ! lacrymis tingeret ora dolor.

¹ « La veuve de Molière fit porter une grande tombe de pierre qu'on plaça au milieu du cimetière de Saint-Joseph, où on la voit encore (1732). Cette pierre est fendue par le milieu ; ce qui fut occasionné par une action très belle et très remarquable de cette demoiselle. Deux ou trois ans après la mort de Molière, il y eut un hiver très froid ; elle fit voiturer cent voies de bois dans ledit cimetière, lequel bois fut brûlé sur la tombe de son mari pour chauffer tous les pauvres du quartier : la grande chaleur du feu ouvrit cette pierre en deux. Voilà ce que j'ai appris, il y a environ vingt ans, d'un ancien chapelain de Saint-Joseph, qui me dit avoir assisté à l'enterrement de Molière, et qu'il n'étoit pas inhumé sous cette tombe, mais dans un endroit plus éloigné attenant à la maison du chapelain. (Titon du Tillet, *Parnasse françois*, page 520.)

² L'enterrement fut fait par deux prêtres qui accompagnèrent le corps sans chanter. Molière fut inhumé dans le cimetière qui est derrière la chapelle de Saint-Joseph, rue Montmartre. Tous ses amis y assistèrent, ayant chacun un flambeau à la main. La Molière s'écrioit partout : « Quoi ! l'on refusera la sépulture à un homme « qui a mérité des autels ? » C'est ainsi que M. de Brossette explique ces deux vers de Boileau dans sa septième épître :

> Avant qu'un peu de terre obtenu par prière
> Pour jamais sous la tombe eût enfermé Molière.
>   (*Vie de Molière*, écrite en 1724.)

« Molière, toute la cour, qui t'a toujours honoré de ses ap-
« plaudissements sur ton théâtre comique, touchée aujourd'hui
« de ta mort, honore ta mémoire des regrets qui te sont dus :
« toute la France proportionne sa vive douleur au plaisir que tu
« lui as donné par ta fine et sage plaisanterie. »

J'avois fort à cœur de recouvrer les ouvrages de Molière qui n'ont jamais vu le jour. Je savois qu'il avoit laissé quelques fragments de pièces qu'il devoit achever. Je savois aussi qu'il en avoit quelques unes entières qui n'ont jamais paru. Mais sa femme, peu curieuse des ouvrages de son mari, les donna tous, quelque temps après sa mort, au sieur de La Grange, comédien, qui, connoissant tout le mérite de ce travail, le conserva avec grand soin jusqu'à sa mort. La femme de celui-ci ne fut pas plus soigneuse de ces ouvrages que la Molière : elle vendit toute la bibliothèque de son mari, où apparemment se trouvèrent les manuscrits qui étoient restés après la mort de Molière.

Cet auteur avoit traduit presque tout Lucrèce, et il auroit achevé ce travail, sans un malheur qui arriva à son ouvrage. Un de ses domestiques, à qui il avoit ordonné de mettre sa perruque sous le papier, prit un cahier de sa traduction pour faire des papillotes. Molière n'étoit pas heureux en domestiques; les siens étoient sujets aux étourderies; ou celle-ci doit être encore imputée à celui qui le chaussoit à l'envers. Molière, qui étoit facile à s'indigner, fut si piqué de la destinée de son cahier de traduction, que, dans la colère, il jeta sur-le-champ le reste au feu. A mesure qu'il y avoit travaillé, il avoit lu son ouvrage à M. Rohault, qui en avoit été très satisfait, comme il l'a témoigné à plusieurs personnes. Pour donner plus de goût à sa traduction, Molière avoit rendu en prose toutes les matières philosophiques, et il avoit mis en vers ces belles descriptions de Lucrèce [1].

---

[1] Molière ne nous a conservé qu'un seul morceau de cet ouvrage dans la scène v du IIe acte du *Misanthrope*. Brossette raconte qu'en 1664 Boileau, étant chez M. du Broussin avec le duc de Vitry et Molière, « ce dernier y devoit lire une traduction « de Lucrèce en vers françois, qu'il avoit faite dans sa jeunesse. En attendant le

DE MOLIÈRE.

On s'étonnera peut-être que je n'aie point fait M. de Molière avocat. Mais ce fait m'avoit été absolument contesté par des personnes que je devois supposer en savoir mieux la vérité que le public; et je devois me rendre à leurs bonnes raisons. Cependant sa famille m'a si positivement assuré du contraire, que je me crois obligé de dire que Molière fit son droit avec un de ses camarades d'étude; que, dans le temps qu'il se fit recevoir avocat, ce camarade se fit comédien; que l'un et l'autre eurent du succès chacun dans sa profession, et qu'enfin lorsqu'il prit fantaisie à Molière de quitter le barreau pour monter sur le théâtre, son camarade le comédien se fit avocat. Cette double cascade m'a paru assez singulière pour la donner au public telle qu'on me l'a assurée, comme une particularité qui prouve que Molière a été avocat.

« Voilà tout ce que nous avons pu recueillir sur la vie du fa-
« meux Molière : il a été pour le comique ce que Corneille a été
« pour le tragique. Mais Corneille a vu avant de mourir un jeune
« rival lui disputer la première place, et faire balancer entre eux
« le jugement du parterre. Molière n'a encore eu personne qu'on
« puisse lui comparer, et, pour nous servir d'une heureuse
« expression de Chamfort, son trône est resté vacant!
« Malgré les défauts qu'on peut signaler dans quelques unes
« de ses pièces, c'est de tous nos auteurs comiques celui qui a
« le mieux su ménager le goût du public, par la beauté du dia-
« logue, par un fonds inépuisable d'ingénieuses plaisanteries,

« dîner, on pria Despréaux de réciter la satire adressée à Molière; mais, après ce
« récit, Molière ne voulut point lire sa traduction, craignant qu'elle ne fût pas assez
« belle pour soutenir les louanges qu'il venoit de recevoir. Il se contenta de lire le
« premier acte du *Misanthrope* auquel il travailloit en ce temps-là, disant qu'on ne
« devoit pas s'attendre à des vers aussi parfaits et aussi achevés que ceux de M. Des-
« préaux, parcequ'il lui faudroit un temps infini s'il vouloit travailler ses ouvrages
« comme lui. » Ce fait prouve que Molière travailloit au *Misanthrope* en 1664.

« et par des situations très comiques. Accablé des détails où
« l'engageoit la direction d'une troupe dont il étoit l'ame, en
« proie aux chagrins domestiques dont sa femme ne cessoit de
« l'abreuver ; frappé par les indignes calomnies des ennemis de
« sa gloire et de son génie ; interrompu dans ses travaux par des
« infirmités qui augmentèrent jusqu'à sa mort, il est étonnant
« qu'il ait pu, dans le cours de vingt années, composer trente
« et une comédies, dont la moitié sont des chefs-d'œuvre, aux-
« quels rien ne peut être comparé, et dont l'autre moitié ren-
« ferme des scènes que ses successeurs les plus illustres n'ont pu
« égaler. » (Extrait en partie de la *Vie de Molière*, écrite en
1724.)

HISTOIRE

DE

LA TROUPE DE MOLIÈRE.

ACTEURS ET ACTRICES

DE LA TROUPE DE MOLIÈRE.

BÉJART AÎNÉ, fondateur de l'illustre théâtre.
BÉJART CADET.
BRÉCOURT.
BARON.
BEAUVAL.
DE BRIE.
DUPARC, dit GROS-RENÉ.
DU CROISY.
DE L'ESPY.
LA GRANGE.
HUBERT.
LA THORILLIÈRE.

BÉJART (MAGDELEINE).
BÉJART (GENEVIÈVE-HERVÉ), sa sœur.
BÉJART (ARMANDE), sœur des deux précédentes, femme de Molière.
DE BRIE (mademoiselle).
BEAUVAL (mademoiselle).
BEAUPRÉ (mademoiselle MAROTTE).
DU CROISY (mademoiselle), femme de l'acteur.
DU CROISY (mademoiselle), fille de l'acteur, femme de Poisson.
DUPARC (mademoiselle).
LA GRANGE (mademoiselle).

HISTOIRE

DE

LA TROUPE DE MOLIÈRE.

ACTEURS.

BÉJART L'AÎNÉ.

Béjart l'aîné faisoit partie de l'illustre théâtre, ainsi que son frère, ses deux sœurs, Duparc et Molière.

On ne trouve aucun détail sur cet acteur, qui étoit bègue, et qui n'a pu jouer que dans *l'Étourdi* et *le Dépit amoureux*; car il mourut en 1659, avant la première représentation des *Précieuses ridicules*.

Béjart paroît être l'auteur d'un ouvrage intitulé *Recueil des titres, qualités, blasons et armoiries des prélats et barons des états de Languedoc, tenus en* 1654, par le sieur J. Béjart, volume in-folio imprimé à Lyon en 1655. Dans une dédicace au prince de Conti on trouve la phrase suivante, qui ne laisse aucun doute sur le véritable auteur de l'ouvrage. « J'avoue que
« Votre Altesse me rendit confus lorsqu'elle eut la bonté de
« vouloir lire d'un bout à l'autre le livre qu'elle me commanda
« lui faire voir, et qu'elle en fît son divertissement durant
« les entr'actes de la comédie que l'on représentoit devant
« elle. »

BÉJART CADET.

Béjart, frère des trois actrices de ce nom, prit fort jeune le parti de la comédie. Il fut camarade de Molière en province et à Paris. Son emploi dans le comique étoit les pères et les seconds valets, et dans le tragique les troisièmes et quatrièmes rôles. Il demeura estropié d'une blessure qu'il reçut au pied en séparant deux de ses amis qui se battoient dans la place du Palais-Royal (en croisant leurs épées avec la sienne, et les rabattant, l'une lui piqua un pied). Molière, qui, peu de temps après, donna sa comédie de *l'Avare*, chargea Béjart du rôle de La Flèche, de qui Harpagon dit par allusion: « Je ne me plais « point à voir ce chien de boiteux-là. » Comme Béjart faisoit beaucoup de plaisir, on boita aussitôt sur tous les théâtres de province, non seulement dans le rôle de La Flèche, où cela devenoit nécessaire, mais indifféremment dans tous ceux que Béjart remplissoit à Paris. Cet acteur se retira en 1670 avec une pension de mille livres que la troupe lui fit, et qui lui fut continuée jusqu'à sa mort, arrivée le 29 septembre 1678. Il fut le premier à qui on accorda la pension de mille liv. (*Frères Parfait*. Voyez aussi la lettre de Dallainval sur Baron, où se trouve pour la première fois l'anecdote de La Flèche et la Prison de M. d'Assoucy, Paris, 1678, page 70.)

BRÉCOURT.

Guillaume Marcoureau, sieur de Brécourt, embrassa de très bonne heure le parti de la comédie, et la joua quelques années en province dans différentes troupes, et enfin dans celle de Molière. Il suivit ce dernier à Paris, lorsqu'il vint s'y établir en 1658. Mais, ayant eu le malheur de tuer un cocher sur la route de Fontainebleau, il fut obligé de se sauver, et se retira en Hollande, où il s'engagea dans une troupe françoise qui appartenoit au prince d'Orange. Pendant le séjour de Brécourt en ce pays, la cour de France, pour certaines raisons d'état, voulut faire enlever un particulier qui s'étoit réfugié en Hollande. Brécourt, qui ne cherchoit que les occasions de se faire rappeler dans sa patrie, promit d'exécuter ce qu'on demandoit. Mais cette entreprise ayant manqué, Brécourt jugea bien que sa vie n'étoit pas en sûreté, et sur-le-champ il revint en France. Le roi, informé de la bonne volonté dont il avoit donné des preuves, lui accorda sa grace, et lui permit de rentrer dans la troupe de Molière, qu'il quitta vers l'année 1664 pour passer dans celle de l'Hôtel de Bourgogne. En 1680, lors de la réunion des troupes, Brécourt fut conservé, et continua de jouer sur le théâtre de Guénégaud, encore environ cinq années ; il se rompit une veine dans le corps par les efforts qu'il fit en représentant le principal rôle de sa comédie de *Timon*, et mourut de cet accident vers la fin du mois de février 1685.

Brécourt a été un très grand comédien dans le tragique et dans le comique. Après avoir joué Antiochus dans la tragédie de *Bérénice*, il représentoit le rôle de Colin dans sa petite comédie de *la Noce de village*. Cet auteur, jouant d'original le rôle d'Alain dans *l'École des Femmes*, fit dire au roi, qui étoit charmé de son jeu : « Cet homme-là feroit rire des pierres. »

Indépendamment des rôles que nous venons de citer, Brécourt jouoit supérieurement ceux de l'Avare, de Pourceaugnac, etc. Il étoit de moyenne taille, bien facé, mais extrêmement pâle. Si nous en voulons croire les Mémoires manuscrits de M. de Tralage, Brécourt aimoit avec excès le jeu, les femmes, et le vin. Ces trois passions lui firent une réputation assez désavantageuse ; et les dettes qu'il laissa après sa mort ne purent être acquittées, parcequ'elles montoient à plus de 20,000 liv. au-delà de sa succession.

F. BOIRON, dit BARON.

Molière éleva et forma un homme qui, par la supériorité de ses talents et par les dons singuliers qu'il avoit reçus de la nature, mérite d'être connu de la postérité ; c'étoit le comédien Baron, qui a été unique dans la tragédie et la comédie... Son mérite étoit dans la perfection de l'art du comédien, perfection très rare, et qui n'appartient qu'à lui. Cet art demande tous les dons de la nature, une grande intelligence, un travail assidu, une mémoire imperturbable, et surtout cet art si rare de se transformer en la personne qu'on représente. (V.) — Il débuta du vivant de Molière, en 1670, par le rôle d'Antiochus dans *la Bérénice de Corneille*, et en 1671, par le rôle de l'Amour dans *Psyché*. L'année même de la mort de Molière, il joua le Misanthrope. Baron avoit la plus haute idée de son état : il disoit qu'un comédien étoit un homme nourri dans le giron des rois. J'ai lu, disoit-il, toutes les histoires anciennes et modernes ; la nature, prodigue, a produit dans tous les temps une foule de héros et de grands hommes dans chaque genre ; elle semble n'avoir été avare que de grands comédiens ; je ne trouve que Roscius et moi [1]. Cette haute opinion que Baron avoit de son mérite fut sur le point de lui faire refuser la pension que Louis XIV lui avoit donnée, parceque l'ordonnance portoit : « Payez au nommé « Michel Boiron, dit Baron [2]. »

Baron mit tant de soin à cacher son âge pendant sa vie, qu'on ignore encore aujourd'hui l'âge qu'il avoit au moment de sa mort. Différentes circonstances, dont on a fait le rapprochement, lui font donner quatre-vingt-deux ans.

Baron ayant peu joué du vivant de Molière, et une partie des aventures de sa jeunesse se trouvant dans les Mémoires de Grimarest, nous croyons inutile d'étendre davantage cette notice. Ceux qui auroient la curiosité de connoître en détail la vie de ce grand acteur peuvent consulter :

1° La *Lettre à mylord... sur Baron*, par Dallainval ; 2° *les Amusements littéraires* de Cizeron Rival, pag. 48 et 49 ; 3° les *Lettres de J.-B. Rousseau*, tome III ; 4° les *Caractères de La*

---

[1] *Lettres sur Baron*, par Dallainval.
[2] *Mélanges* de Cizeron Rival, page 47.

Bruyère, où il est parlé de Baron sous le nom de Roscius; 5° le roman de *Gil Blas*, où il est peint sous le nom de Carlos Alonso de La Ventoleria; 6° les *Mémoires de Collé*; 7° les *Mémoires de mademoiselle Clairon*; 8° *Mercure de France*, décembre 1729; 9° *Parnasse françois*, de Titon du Tillet; 10° *Histoire du Théâtre françois*, par les frères Parfait.

BEAUVAL.

Jean Pitel, sieur de Beauval, étoit frère de Pitel de Longchamp, comédien, qui n'a jamais joué qu'en province. Beauval suivit sa femme, lorsqu'elle vint à Paris débuter au Palais-Royal, et fut reçu dans la troupe. Comme c'étoit un foible acteur, Molière étudia son peu de talent, et lui donna des rôles qui le firent supporter du public; mais celui qui lui fit le plus de réputation alors, c'est le rôle de Thomas Diafoirus dans la comédie du *Malade imaginaire*, qu'il joua supérieurement. On dit que Molière, en faisant répéter cette pièce, parut mécontent des acteurs qui y jouoient, et principalement de mademoiselle Beauval, qui représentoit le personnage de Toinette; cette actrice, peu endurante, après lui avoir répondu assez brusquement, ajouta : « Vous nous tourmentez tous, et vous « ne dites mot à mon mari. — J'en serois bien fâché, reprit « Molière, je lui gâterois son jeu; la nature lui a donné de meil- « leures leçons que les miennes pour ce rôle. »

Après la mort d'Hubert, Beauval eut tous les rôles de femme dont ce premier étoit en possession.

Beauval quitta la comédie en 1704, et mourut le 29 décembre 1709. Il joua d'original le rôle de Diafoirus, et celui de Bobinet dans *la Comtesse d'Escarbagnas*.

DE BRIE.

De Brie (Edme Wilquin) s'engagea à Lyon avec sa femme dans la troupe de Molière, et le suivit à Paris. Il joua au Palais-

Royal, et ensuite rue Mazarine. Si l'on s'en rapporte à l'auteur de la Lettre sur Molière et les comédiens de son temps [1], de Brie succéda à Duparc dans les rôles de Gros-René. On ajoute qu'il étoit grand bréteur, et que Molière ne l'aimoit pas. Il mourut en 1676. (*Frères Parfait*, tome XII, page 204.)

DUPARC, dit GROS-RENÉ.

Duparc fut un des acteurs de la société bourgeoise qui joua sur l'illustre théâtre en 1645. Le dessein que cette société avoit de s'établir à Paris n'ayant pas réussi, Molière, qui en étoit, proposa à ses camarades de se joindre à lui, et de former une troupe pour aller jouer en province. Sa proposition fut acceptée de la plupart de ses camarades. Plusieurs années après, Molière retrouva Duparc, dit Gros-René, à Lyon; ils allèrent ensemble en Languedoc, et revinrent à Paris en 1658. (*Frères Parfait*, page 410.)

Gros-René mourut le 4 novembre 1664; sa mort affligea tellement ses camarades, qu'ils ne jouèrent pas ce jour-là, quoique ce fût un mardi, jour qui leur appartenoit, d'après le partage qu'ils avoient fait de la semaine avec les comédiens italiens. Sa part fut continuée à mademoiselle Duparc jusqu'en 1665.

DU CROISY.

Philibert Gassaud, sieur du Croisy, gentilhomme du pays de Beauce, étoit à la tête d'une troupe de province, lorsqu'il se joignit à celle de Molière, qui, peu de temps après, vint à Paris, et y obtint son établissement. Du Croisy fut un des meilleurs acteurs de la troupe du Palais-Royal, et ce fut pour lui que Molière composa le rôle du Tartuffe, que du Croisy joua au gré de l'auteur et des spectateurs.

M. de Tralage a dit de cet acteur qu'il avoit de certains rôles

---

[1] Voyez *Mercure de France*, mai 1740, p. 846.

où il étoit original, entre autres celui du Tartuffe. Plusieurs années après la mort de Molière, étant goutteux, il se retira à Conflans-Sainte-Honorine, qui est un bourg près de Paris, où il avoit une maison. Ses amis l'y alloient voir. Il y vécut en fort honnête homme, se faisant estimer de tout le monde, et entre autres de son curé, qui le regardoit comme un de ses meilleurs paroissiens. Il y mourut en 1695 (âgé de soixante-six ans); et le curé en fut si fort touché, qu'il n'eut pas le courage de l'enterrer; et il pria un autre curé de ses amis de faire les cérémonies à sa place. Cette anecdote, continue M. de Tralage, m'a été contée par M. Guillet de Saint-George, en octobre 1695.

L'ESPY.

L'Espy, frère de Jodelet, entre dans la troupe de Molière en 1659; il y reste jusqu'en 1663. On ne sait rien de sa vie, ni des rôles qu'il remplissoit. Gueret, dans sa *Promenade de Saint-Cloud*, dit seulement que l'Espy faisoit des merveilles dans *l'École des Maris*; et tout fait présumer que Molière lui avoit confié le rôle d'Ariste.

LA GRANGE.

Charles Varlet, sieur de La Grange, né à Amiens en Picardie, excédé par les chicanes de son tuteur, prit le parti de la comédie, et courut quelques années les provinces; il s'engagea ensuite dans la troupe de Molière, qui débuta à Paris en 1658. La Grange se distingua dans cette troupe; il fut de celle de Guénégaud en 1673. Il mourut le samedi 1ᵉʳ mars 1692.

La Grange étoit un bon acteur : il a toujours joué au gré du public; et, quoique parvenu à un certain âge, il remplissoit les rôles d'amoureux d'une manière noble et aisée. Il n'avoit qu'une fille unique, qu'il aimoit beaucoup; l'ayant mariée à un homme qui la trompa, il en mourut de chagrin. Il fut enterré à Saint-André-des-Arcs. La Grange étoit un homme de bonne mine, d'une taille médiocre, avec assez d'embonpoint. (*Note de Granval père.*)

M. Vinot, ami intime de Molière, et La Grange, son camarade, donnèrent une édition de ce poëte, Paris, Thiéry, 1682. La préface qui est au commencement de ce livre est de leur composition. M. de La Grange étoit un très honnête homme, docile, et poli; et Molière avoit pris plaisir lui-même à l'instruire. (*Note de M. de Tralage.*) Voyez aussi *Théâtre-François*, par Chapuzeau, page 282; *Frères Parfait*, tome XIII, page 296.

HUBERT.

André Hubert, comédien de la troupe de Molière, ensuite de la troupe appelée de Guénégaud, en 1673, se retira avec une pension de mille livres, le 14 avril 1685, et mourut le vendredi 19 novembre 1700. M. de Visé, en annonçant les changements arrivés dans la troupe des comédiens du roi, en 1687, parle ainsi du sieur Hubert : « Cet acteur étoit l'original de plusieurs rôles qu'il représentoit dans les pièces de Molière; et comme il étoit entré dans le sens de ce fameux auteur, par qui il avoit été instruit, il y réussissoit parfaitement. Jamais acteur n'a porté si loin les rôles d'homme en femme. Celui de Bélise, dans *les Femmes savantes*; madame Jourdain, dans *le Bourgeois gentilhomme*, et madame Jobin, dans *la Devineresse*, lui ont attiré l'applaudissement de tout Paris. Il s'est fait aussi admirer dans le rôle du vicomte de *l'Inconnu*, ainsi que dans ceux de médecins, et de marquis ridicules. » Les rôles de femme que Hubert jouoit furent donnés à Beauval. (*Note de M. Granval le père. — Frères Parfait*, tome XII, page 473.)

LE NOIR DE LA THORILLIÈRE.

Le Noir, sieur de La Thorillière, quoique gentilhomme et capitaine de cavalerie, se sentit un goût si décidé pour jouer la comédie, qu'il se décida à demander à Louis XIV la permission d'entrer dans la troupe de Molière. Le roi, surpris de cette demande, lui donna quelque temps pour faire ses réflexions. La Thorillière persista dans le dessein de se faire comédien, et sa majesté y consentit. Il entra dans la troupe de Molière au mois de mai 1662. En 1667, Molière le chargea d'aller avec La Grange, son camarade, présenter un placet au roi, dans son camp, devant Lille en Flandre, sur la défense faite à Molière et à sa troupe, le 6 août (même année 1667), de jouer *le Tartuffe*. Après la mort de Molière, La Thorillière entra à l'hôtel de Bourgogne, où il joua vraisemblablement jusqu'en 1679. Il mourut du chagrin que lui causa le mariage de sa fille Thérèse Le Noir avec d'Ancourt, qui l'avoit enlevée. (*Frères Parfait*, tome XI, page 326.)

ACTRICES.

Mlle BÉJART.

Magdeleine Béjart, née vers 1620, s'engagea dans une troupe de comédiens en 1637, et parcourut le Languedoc et la Provence avec ses deux frères. Ce fut dans cette dernière province qu'elle fit la connoissance d'un gentilhomme, nommé *de Modène*, avec qui elle contracta, dit-on, un mariage secret, dont elle eut une fille le 2 juillet 1638. A cette époque, Molière n'avoit que seize ans, et ce n'est que sept ans plus tard qu'il rencontra, à Paris, Magdeleine Béjart. Cette observation détruiroit les calomnies que Montfleury se plut à répandre sur Molière, lors même qu'on n'auroit pas l'acte de mariage de ce dernier avec Armande Béjart, qui étoit la sœur et non la fille de Magdeleine Béjart. Voyez la *Dissertation* de M. Beffara.

Magdeleine Béjart revint à Paris, avec ses deux frères, en 1645, et concourut à former l'illustre théâtre. C'est alors que Molière fit sa connoissance, et fut reçu dans la troupe dont elle faisoit partie.

Cette troupe parcourut la province jusqu'en 1650, revint à Paris, et joua à l'hôtel de Conti; partit ensuite pour Lyon en 1653, et s'établit enfin à Paris en 1658.

L'emploi principal de cette actrice dans la comédie étoit celui des soubrettes.

Magdeleine Béjart mourut en février 1672, un an avant Molière.

Mlle GENEVIÈVE HERVÉ BÉJART,

Sœur de Magdeleine Béjart, femme, en premières noces, du sieur de Villeaubrun, et, en secondes noces, du sieur Aubry, auteur d'un *Démétrius*. Elle fut comédienne de la troupe du Palais-Royal et de celle de Guénégaud; mais elle n'y brilla pas beaucoup. Elle mourut au mois de juin 1675, après une maladie de trois années. Elle joua d'original le rôle de Bélise dans *les Femmes savantes*.

ARMANDE BÉJART,
Mlle MOLIÈRE.

Armande-Grésinde-Claire-Élisabeth Béjart, sœur des Béjart, et femme de Molière, fut une excellente comédienne.

Les Mémoires de Grimarest nous dispensent d'entrer dans de longs détails sur Armande Béjart.

Après la mort de Molière, elle épousa Guérin d'Estriché, et continua de briller sur la scène par ses graces naturelles et ses talents pour le noble comique, jusqu'au 14 octobre 1694, qu'elle obtint, à Fontainebleau, son congé, et une pension de mille livres. Retirée dans son ménage, elle y vécut avec une conduite exemplaire, et mourut le 3 novembre 1700, rue de Touraine. Elle fut inhumée le 2 décembre, à Saint-Sulpice. Son extrait de mort porte qu'elle étoit âgée de cinquante-cinq ans.

Mademoiselle Molière, disent les frères Parfait, avoit la voix extrêmement jolie; elle chantoit avec goût le françois et l'italien, et personne n'a mieux su se mettre à l'air de son visage par l'arrangement de sa coiffure, et plus noblement par l'ajustement de son habit.

Mlle DE BRIE.

Catherine Le Clerc, femme d'Edme Wilquin, sieur de Brie. Si l'on s'en rapporte à l'auteur de *la fameuse Comédienne, ou l'histoire de la Guérin, auparavant femme de Molière*, mademoiselle de Brie étoit comédienne dans une troupe qui jouoit à Lyon, lorsque Molière arriva en cette ville ; ce dernier devint amoureux de mademoiselle Duparc, camarade de mademoiselle de Brie ; mais ses soins ayant été mal reçus, Molière tourna ses vœux du côté de mademoiselle de Brie, dont il fut accueilli très favorablement, ce qui l'attacha si fort, que ne pouvant se résoudre à se séparer de cette demoiselle, il l'engagea dans sa troupe avec mademoiselle Duparc. L'intelligence de Molière avec mademoiselle de Brie dura jusqu'au mariage de cet acteur avec la sœur des Béjart ; mais les chagrins domestiques de Molière le ramenèrent à mademoiselle de Brie. Quoi qu'il en soit de cette histoire, mademoiselle de Brie étoit une fort bonne comédienne, grande, bien faite, et extrêmement jolie ; et la nature lui accorda le don de paroître toujours avec un air de jeunesse ; elle jouoit dans le grand tragique et le noble comique. Parmi les rôles de ce dernier genre, on cite celui d'Agnès de *l'École des Femmes*, qu'elle rendoit supérieurement. « Quelques années avant sa retraite du théâtre, ses camarades l'engagèrent à céder son rôle d'Agnès à mademoiselle du Croisy ; et cette dernière s'étant présentée pour le jouer, tout le parterre demanda si hautement mademoiselle de Brie, qu'on fut forcé de l'aller chercher chez elle, et on l'obligea de jouer dans son habit de ville. On peut juger des acclamations qu'elle reçut ; et ainsi elle garda le rôle d'Agnès jusqu'à ce qu'elle quittât le théâtre. Elle le jouoit encore à soixante et cinq ans. » (*Note de M. de Tralage.*)

HISTOIRE

Mlle BEAUVAL.

Elle débuta avec succès, en 1670, dans la troupe de Molière ; mais elle n'eut pas le bonheur de plaire au roi à Chambord, et sa majesté voulut faire donner le rôle qu'elle devoit jouer dans *le Bourgeois gentilhomme* (c'étoit celui de Nicole) à une autre actrice. Molière représenta respectueusement au roi, que la pièce devant être jouée dans peu de jours, il étoit impossible qu'une autre personne pût apprendre ce rôle dans un temps si court; de sorte que mademoiselle Beauval joua le personnage que Molière avoit fait pour elle, et le joua si excellemment, qu'après la pièce, le roi dit à Molière : « Je reçois votre actrice. »

Mademoiselle Beauval continua de jouer avec applaudissement les grands comiques et les reines-mères dans le tragique. Après la mort de Molière, elle passa avec son mari à l'hôtel de Bourgogne. Elle mourut en 1720, âgée de soixante et treize ans. (*Frères Parfait*, tome XIV, page 527.)

Mlle MAROTTE BEAUPRÉ.

Mademoiselle Marotte Beaupré étoit extrêmement jolie, et sage au *par-dessus*, si l'on s'en rapporte à Robinet. Mademoiselle Marotte joua dans la troupe du Marais jusqu'en 1669, et cette même année elle passa dans la troupe du Palais-Royal, où elle représenta une des sœurs de Psyché dans la tragi-comédie de ce nom. En 1671, elle joua d'original *la comtesse d'Escarbagnas* dans la comédie qui en porte le titre. L'emploi de cette actrice étoit celui des troisièmes rôles dans le tragique, et les ridicules dans le comique. Elle se retira en 1672. Chapuzeau, livre III de son *Théâtre françois*, page 206, met mademoiselle Marotte Beaupré au rang des actrices du Marais retirées en 1673 ; mais il pourroit bien s'être trompé, ainsi que l'auteur de la *Lettre sur la vie de Molière et des comédiens de son temps*, qui dit que mademoiselle Marotte étoit femme de Verneuil, comédien du Marais. (*Frères Parfait*, tome II, page 302.) On raconte que mademoiselle Beaupré ayant eu un différend avec une actrice nommée Catherine Des-Urlis, elles mirent l'épée à la main, et se battirent après la petite pièce. Sauval fut témoin de ce duel, et il en parle dans ses *Antiquités de Paris*, tome II, livre X, page 578.

Mlle DU CROISY,

Femme de l'acteur du Croisy. Elle joua la comédie peu de temps, et sans succès. Elle se retira avant 1673.

Mlle DU CROISY.

Fille de l'acteur, femme de Poisson. En janvier 1671, elle remplit le rôle d'une des Graces dans *Psyché*; mais il paroît qu'elle ne fut reçue dans la troupe qu'après la mort de Molière, au mois de mai 1673.

Mlle DUPARC.

Mademoiselle Duparc, femme de Duparc, connu au théâtre sous le nom de Gros René, s'engagea avec son mari dans la troupe de Molière, lorsque ce dernier en composa une pour aller représenter en province. Mademoiselle Duparc y parut avec succès dans les seconds rôles tragiques, et dans les seconds rôles d'amoureuse comique. Elle joignit au talent de la déclamation et du jeu de théâtre celui de la danse. « Elle faisoit certaines « cabrioles remarquables pour le temps; car on lit dans le *Mer-* « *cure de France* qu'on voyoit ses jambes au moyen d'une jupe « qui étoit ouverte des deux côtés, avec des bas de soie atta- « chés au haut d'une petite culotte; ce qui alors étoit une nou- « veauté[1]. »

Mademoiselle Duparc revint avec Molière et sa troupe à Paris, en 1658, et réussit encore plus sur le théâtre du Petit-Bourbon, et sur celui du Palais-Royal, que dans les différentes villes du

---

[1] *Mercure de France*, mai 1740, page 846.

royaume où elle avoit représenté. Molière l'estimoit beaucoup : on en voit la preuve dans son *Impromptu de Versailles.*

Le rôle d'Axiane, que mademoiselle Duparc représenta avec beaucoup de succès dans la tragédie d'*Alexandre,* de Racine, fit tant de plaisir, particulièrement à cet illustre poëte, qu'il forma le dessein de faire passer cette actrice à l'hôtel de Bourgogne, où il avoit résolu de donner ses ouvrages; il en fit faire la proposition à mademoiselle Duparc, qui l'accepta. Ainsi, lorsqu'elle fut entrée dans la troupe, Racine lui fit jouer le rôle d'Andromaque, qu'elle rendit supérieurement. Des connoisseurs ont dit, peut-être un peu trop sévèrement, que c'étoit le seul rôle que mademoiselle Duparc avoit représenté parfaitement, et que, dans tous les autres, sa beauté et ses graces avoient joué pour elle; cependant sa perte fut regrettée non seulement des amateurs du théâtre, mais aussi de ses camarades. Mademoiselle Duparc mourut le 11 décembre 1668. Robinet, dans sa lettre du 15 décembre de la même année, décrit le convoi funèbre de cette actrice ; et, parmi *les adorateurs de ses charmes,* il montre Racine *à demi* trépassé.

Mademoiselle Duparc a joué d'original Arsinoé dans *le Misanthrope.*

Un fait assez curieux et qui n'a point été remarqué, c'est que Molière, les deux Corneille, Racine et La Fontaine devinrent successivement amoureux de mademoiselle Duparc : Molière, à Lyon, en 1653; les deux Corneille, à Rouen, en 1658; La Fontaine et Racine, à Paris, en 1664. Il paroît que Racine fut le seul écouté. Le recueil manuscrit de Conrart, conservé à l'Arsenal, démontre la vérité de ce fait, en désignant mademoiselle Duparc par le surnom de *Marquise,* et en lui faisant adresser deux pièces de vers recueillies dans les œuvres de Pierre et de Thomas Corneille, mais sans indication. Celle de Pierre Corneille, sur le départ de mademoiselle Duparc pour Paris, commence par ce vers :

Allez, belle marquise, allez en d'autres lieux.

Celle de Thomas, par :

> Iris, je vais parler ; c'est trop de violence.

Pierre Corneille lui a encore adressé les délicieuses stances :

> Marquise, si mon visage
> A quelques traits un peu vieux,
> Souvenez-vous qu'à mon âge
> Vous ne vaudrez guère mieux.

M{}^{lle} LA GRANGE.

Marie Ragueneau, femme du sieur La Grange, comédienne de la troupe du Palais-Royal, ensuite de celle de Guénégaud, retirée avec une pension de mille livres le 1er avril 1692, morte le 2 ou le 3 février 1727. Mademoiselle La Grange ne jouoit au gré du public que lorsqu'elle remplissoit les rôles de ridicule ; elle ne représentoit point dans le tragique. On dit qu'elle étoit très laide et un peu coquette : c'est ce qui lui attira le quatrain suivant :

> Si n'ayant qu'un amant on peut passer pour sage,
> Elle est assez femme de bien ;
> Mais elle en auroit davantage
> Si l'on vouloit l'aimer pour rien

La veuve de La Grange avoit été femme de chambre de mademoiselle de Brie : on la **nommoit Marotte**. (*Frères Parfait*, tome XIII, page 299.)

FIN DE L'HISTOIRE DE LA TROUPE DE MOLIÈRE.

Nota. Pour éviter la répétition des noms à la fin de chaque note, les commentateurs seront désignés ainsi qu'il suit :

Riccoboni,	(R.)
Voltaire,	(V.)
Marmontel,	(M.)
J.-J. Rousseau,	(J.-J. R.)
D'Alembert,	(D'A.)
Diderot,	(D.)
Cailhava,	(C.)
Bret,	(B.)
La Harpe,	(L.)
Petitot,	(P.)
Geoffroy,	(G.)
Le Mercier,	(L. M.)
Auger,	(A.)
Després,	(Desp.)
Frères Parfait,	(Frères P.)
Nicot,	(Nic.)
Le Duchat,	(L. Duch.)
Ménage.	(Mén.)

Au moment où l'on terminoit l'impression des deux premiers volumes de Molière, M. Lefèvre, libraire, nous a communiqué le manuscrit d'un commentaire de Luneau de Boisjermain. Quoique les recherches de cet écrivain soient très superficielles, et ses notes à peine esquissées, si nous trouvons dans son travail quelques observations dignes d'être citées, nous en enrichirons notre commentaire, et nous les signerons des deux lettres suivantes (L. B.). (*Note de 1824.*)

Les notes sans signature sont de M. Aimé-Martin.

L'ÉTOURDI.

MASCARILLE (le battant toujours en le chassant.)
Tirez, tirez, vous dis-je, ou bien je vous assomme.

Acte 4, sc. 8.

Publié par Furne, Paris.

L'ÉTOURDI,

OU

LES CONTRE-TEMPS,

COMÉDIE EN CINQ ACTES,

REPRÉSENTÉE A LYON EN 1653, ET A PARIS EN 1658.

PERSONNAGES.

LÉLIE, fils de Pandolfe [1].
CÉLIE, esclave de Trufaldin [2].
MASCARILLE *, valet de Lélie [3].
HIPPOLYTE, fille d'Anselme [4].
ANSELME, père d'Hippolyte [5].
TRUFALDIN, vieillard.
PANDOLFE, père de Lélie [6].
LÉANDRE, fils de famille.
ANDRÈS, cru Égyptien.
ERGASTE, ami de Mascarille.
UN COURRIER.
DEUX TROUPES DE MASQUES.

ACTEURS.

[1] LA GRANGE. — [2] Mademoiselle DE BRIE. — [3] MOLIÈRE. — [4] Mademoiselle DUPARC. — [5] Louis BÉJART. — [6] BÉJART aîné.

La scène est à Messine.

* Tout porte à croire que ce nom de *Mascarille* est de l'invention de Molière ; on ne le voit figurer dans aucune comédie antérieure aux siennes. Il l'a probablement tiré de l'italien *maschera*, masque ; ou plutôt de l'espagnol *mascara*, dont le diminutif est *mascarilla*. Ce qui appuie cette conjecture, c'est que Molière, qui s'étoit réservé le rôle de Mascarille, le jouoit d'abord sous le masque. (A.)

L'ÉTOURDI,

ou

LES CONTRE-TEMPS[1].

ACTE PREMIER.

SCÈNE I.

LÉLIE.

Hé bien ! Léandre, hé bien ! il faudra contester ;
Nous verrons de nous deux qui pourra l'emporter ;
Qui, dans nos soins communs pour ce jeune miracle,
Aux vœux de son rival portera plus d'obstacle :
Préparez vos efforts, et vous défendez bien,
Sûr que de mon côté je n'épargnerai rien.

SCÈNE II.

LÉLIE, MASCARILLE.

LÉLIE.

Ah ! Mascarille !

[1] Cette pièce est la première comédie que Molière ait donnée à Paris ; elle est composée de plusieurs petites intrigues assez indépendantes les unes des autres : c'était le goût du théâtre italien et espagnol qui s'était introduit à Paris. Les comédies n'étaient alors que des tissus d'aventures singulières, où l'on n'avait guère songé à peindre les mœurs ; le théâtre n'était point, comme il doit l'être, la représentation de la vie humaine ; on n'y voyait que de vils bouffons, qui étaient les modèles de nos jodelets, et on ne représentait que le ridicule de ces misérables, au lieu de jouer celui de leurs maîtres. La bonne comédie ne pouvait être connue en France, puisque la société et la galanterie, seules sources du bon comique, ne faisaient que d'y naître... Aussi ce ne fut qu'après avoir bien vu la cour et

MASCARILLE.

Quoi?

LÉLIE.

Voici bien des affaires;
J'ai dans ma passion toutes choses contraires :
Léandre aime Célie, et, par un trait fatal,
Malgré mon changement, est toujours mon rival.

MASCARILLE.

Léandre aime Célie!

LÉLIE.

Il l'adore, te dis-je.

MASCARILLE.

Tant pis.

LÉLIE.

Hé, oui, tant pis; c'est là ce qui m'afflige.
Toutefois j'aurois tort de me désespérer;
Puisque j'ai ton secours, je puis me rassurer;
Je sais que ton esprit, en intrigues fertile,

Paris, et bien connu les hommes, que Molière les représenta avec des couleurs si durables. (V.) — *L'Inavvertito* du comédien Nicolo Barbieri a fourni à Molière l'idée de *l'Étourdi*; mais l'auteur françois n'a imité ni le plan, ni le style de la pièce italienne. Tout ce qui est remarquable dans *l'Étourdi*; la mise en scène, la rapidité du dialogue, la force comique de quelques situations, le feu et le coloris de plusieurs scènes, tout ce qui, en un mot, promettoit à la France un homme de génie, appartient à Molière; les deux rôles de femme qui gâtent la pièce par leur insignifiance, et le roman obscur et long qui en fait le dénoûment, appartiennent à l'auteur italien. *L'Étourdi* fut joué sur le théâtre de Lyon en 1653, et à Paris, sur le théâtre du Petit-Bourbon, en 1658; mais il ne fut imprimé qu'en 1663, c'est-à-dire la même année que *l'École des Femmes*. La modestie de Molière lui fit long-temps redouter cette épreuve. « *L'Étourdi*, dit Voltaire, eut plus » de succès que *le Misanthrope*, *l'Avare*, et *les Femmes savantes*, n'en eu- » rent depuis; c'est qu'avant *l'Étourdi* on ne connaissait pas mieux, et que la » réputation de Molière ne fesait pas encore d'ombrage; il n'y avait alors de » bonne comédie au théâtre français, que *le Menteur*. » Ainsi il est probable, et l'on ne peut y songer sans intérêt, que Molière a dû à cet ouvrage les plus douces joies de sa vie: un tel succès n'avoit point encore eu d'exemple. L'auteur remplissoit lui-même le rôle brillant de Mascarille. La cour et la ville admiroient pour la première fois la double verve de son jeu et de son talent il recueilloit enfin ces prémices de gloire qui ouvrent l'ame à de si vastes espérances.

N'a jamais rien trouvé qui lui fût difficile;
Qu'on te peut appeler le roi des serviteurs,
Et qu'en toute la terre...

MASCARILLE.

Hé! trêve de douceurs.
Quand nous faisons besoin, nous autres misérables,
Nous sommes les chéris et les incomparables;
Et dans un autre temps, dès le moindre courroux,
Nous sommes les coquins qu'il faut rouer de coups.

LÉLIE.

Ma foi! tu me fais tort avec cette invective.
Mais enfin discourons un peu de ma captive :
Dis si les plus cruels et plus durs sentiments [1]
Ont rien d'impénétrable à des traits si charmants.
Pour moi, dans ses discours, comme dans son visage,
Je vois pour sa naissance un noble témoignage;
Et je crois que le ciel dedans un rang si bas
Cache son origine, et ne l'en tire pas.

MASCARILLE.

Vous êtes romanesque avecque vos chimères.
Mais que fera Pandolfe en toutes ces affaires?
C'est, monsieur, votre père, au moins à ce qu'il dit;
Vous savez que sa bile assez souvent s'aigrit,
Qu'il peste contre vous d'une belle manière,
Quand vos déportements lui blessent la visière.
Il est avec Anselme en parole pour vous
Que de son Hippolyte on vous fera l'époux,
S'imaginant que c'est dans le seul mariage
Qu'il pourra rencontrer de quoi vous faire sage;
Et s'il vient à savoir que, rebutant son choix,
D'un objet inconnu vous recevez les lois,
Que de ce fol amour la fatale puissance
Vous soustrait au devoir de votre obéissance,

---

[1] Est-il un cœur assez dur pour ne pas l'aimer! voilà ce que Molière vouloit dire. Le sens de ces deux vers, mal écrits, se présente difficilement. (B.)

Dieu sait quelle tempête alors éclatera,
Et de quels beaux sermons on vous régalera.
LÉLIE.
Ah! trêve, je vous prie, à votre rhétorique!
MASCARILLE.
Mais vous, trêve plutôt à votre politique!
Elle n'est pas fort bonne, et vous devriez tâcher...
LÉLIE.
Sais-tu qu'on n'acquiert rien de bon à me fâcher,
Que chez moi les avis ont de tristes salaires,
Qu'un valet conseiller y fait mal ses affaires?
MASCARILLE.
(à part.) (haut.)
Il se met en courroux. Tout ce que j'en ai dit
N'étoit rien que pour rire et vous sonder l'esprit.
D'un censeur de plaisirs ai-je fort l'encolure?
Et Mascarille est-il ennemi de nature?
Vous savez le contraire, et qu'il est très certain
Qu'on ne peut me taxer que d'être trop humain.
Moquez-vous des sermons d'un vieux barbon de père;
Poussez votre bidet, vous dis-je, et laissez faire.
Ma foi! j'en suis d'avis, que ces penards chagrins
Nous viennent étourdir de leurs contes badins,
Et, vertueux par force, espèrent par envie
Oter aux jeunes gens les plaisirs de la vie.
Vous savez mon talent, je m'offre à vous servir.
LÉLIE.
Ah! c'est par ces discours que tu peux me ravir.
Au reste, mon amour, quand je l'ai fait paroître,
N'a point été mal vu des yeux qui l'ont fait naître;
Mais Léandre, à l'instant, vient de me déclarer
Qu'à me ravir Célie il se va préparer:
C'est pourquoi dépêchons, et cherche dans ta tête
Les moyens les plus prompts d'en faire ma conquête.
Trouve ruses, détours, fourbes, inventions,

Pour frustrer un rival de ses prétentions.
MASCARILLE.
Laissez-moi quelque temps rêver à cette affaire.
(à part.)
Que pourrois-je inventer pour ce coup nécessaire?
LÉLIE.
Eh bien! le stratagème?
MASCARILLE.
Ah! comme vous courez!
Ma cervelle toujours marche à pas mesurés.
J'ai trouvé votre fait : il faut... Non, je m'abuse.
Mais si vous alliez...
LÉLIE.
Où?
MASCARILLE.
C'est une foible ruse.
J'en songeois une...
LÉLIE.
Et quelle?
MASCARILLE.
Elle n'iroit pas bien.
Mais ne pourriez-vous pas...?
LÉLIE.
Quoi?
MASCARILLE.
Vous ne pourriez rien.
Parlez avec Anselme.
LÉLIE.
Et que lui puis-je dire?
MASCARILLE.
Il est vrai, c'est tomber d'un mal dedans un pire.
Il faut pourtant l'avoir. Allez chez Trufaldin.
LÉLIE.
Que faire?

MASCARILLE.

Je ne sais.

LÉLIE.

C'en est trop à la fin,
Et tu me mets à bout par ces contes frivoles.

MASCARILLE.

Monsieur, si vous aviez en main force pistoles,
Nous n'aurions pas besoin maintenant de rêver
A chercher les biais que nous devons trouver,
Et pourrions, par un prompt achat de cette esclave,
Empêcher qu'un rival vous prévienne et vous brave.
De ces Égyptiens qui la mirent ici,
Trufaldin, qui la garde, est en quelque souci;
Et, trouvant son argent, qu'ils lui font trop attendre,
Je sais bien qu'il seroit très ravi de la vendre :
Car enfin en vrai ladre il a toujours vécu;
Il se feroit fesser pour moins d'un quart d'écu;
Et l'argent est le dieu que surtout il révère :
Mais le mal, c'est...

LÉLIE.

Quoi? c'est...

MASCARILLE.

Que monsieur votre père
Est un autre vilain qui ne vous laisse pas,
Comme vous voudriez bien, manier ses ducats;
Qu'il n'est point de ressort qui, pour votre ressource,
Pût faire maintenant ouvrir la moindre bourse.
Mais tâchons de parler à Célie un moment,
Pour savoir là dessus quel est son sentiment;
La fenêtre est ici.

LÉLIE.

Mais Trufaldin, pour elle,
Fait de nuit et de jour exacte sentinelle.
Prends garde.

ACTE I, SCÈNE III.

MASCARILLE.

Dans ce coin demeurons en repos.
O bonheur! la voilà qui paroît à propos [1].

SCÈNE III.

CÉLIE, LÉLIE, MASCARILLE.

LÉLIE.

Ah! que le ciel m'oblige, en offrant à ma vue
Les célestes attraits dont vous êtes pourvue!
Et, quelque mal cuisant que m'aient causé vos yeux,
Que je prends de plaisir à les voir en ces lieux!

CÉLIE.

Mon cœur, qu'avec raison votre discours étonne,
N'entend pas que mes yeux fassent mal à personne;
Et, si dans quelque chose ils vous ont outragé,
Je puis vous assurer que c'est sans mon congé.

LÉLIE.

Ah! leurs coups sont trop beaux pour me faire une injure!

[1] Cette première scène d'un premier ouvrage annonce un homme né pour écrire supérieurement la comédie. Les intérêts et la situation des personnages les plus essentiels y sont exposés rapidement et sans confusion; leurs caractères même y sont déjà établis, excepté celui de Lélie, qui est ou qui du moins semble être le principal personnage de la pièce. Dans la réalité, le rôle principal est celui de Mascarille, rôle calqué sur les Daves et les Syrus de la comédie antique. (A.) — Quelques commentateurs ont fait un reproche à Molière d'avoir transporté ce caractère sur notre théâtre; d'autres ont essayé de l'excuser, en cherchant le modèle de Mascarille dans les habitudes et les mœurs du temps de la Fronde. Tous se sont livrés à des recherches ou à des observations inutiles, et il ne faut que réfléchir au genre de la pièce pour justifier Molière. Mascarille n'est point un valet françois; la scène de *l'Étourdi* ne se passe pas à Paris, mais à Messine; et ce lieu se prête au costume, au caractère, et aux fourberies de ce personnage. L'auteur eût donc fait un véritable contre-sens s'il eût peint nos usages et nos mœurs. Dans une pièce d'intrigue, il a dû mettre un valet d'intrigue; dans une comédie italienne, il a dû mettre un valet italien. Enfin il est aisé de voir que, n'écrivant point une pièce de mœurs, Molière, dans ce premier essai, n'avoit la prétention ni de corriger, ni d'instruire ses spectateurs; il ne s'agissoit encore que d'amuser et de plaire; c'est le but de toutes les pièces de ce genre. Un tableau de fantaisie a des convenances qui ne sont pas celles d'un tableau d'histoire.

Je mets toute ma gloire à chérir ma blessure,
Et...

MASCARILLE.

Vous le prenez là d'un ton un peu trop haut;
Ce style maintenant n'est pas ce qu'il nous faut.
Profitons mieux du temps, et sachons vite d'elle
Ce que...

TRUFALDIN, *dans sa maison.*

Célie!

MASCARILLE, *à Lélie.*

Eh bien!

LÉLIE.

O rencontre cruelle!
Ce malheureux vieillard devoit-il nous troubler?

MASCARILLE.

Allez, retirez-vous; je saurai lui parler.

SCÈNE IV.

TRUFALDIN, CÉLIE; LÉLIE, *retiré dans un coin;*
MASCARILLE.

TRUFALDIN, *à Célie.*

Que faites-vous dehors? et quel soin vous talonne,
Vous à qui je défends de parler à personne?

CÉLIE.

Autrefois j'ai connu cet honnête garçon;
Et vous n'avez pas lieu d'en prendre aucun soupçon.

MASCARILLE.

Est-ce là le seigneur Trufaldin?

CÉLIE.

Oui, lui-même.

MASCARILLE.

Monsieur, je suis tout vôtre, et ma joie est extrême
De pouvoir saluer en toute humilité
Un homme dont le nom est partout si vanté.

ACTE I, SCÈNE IV.

TRUFALDIN.

Très humble serviteur.

MASCARILLE.

J'incommode peut-être ;
Mais je l'ai vue ailleurs, où m'ayant fait connoître
Les grands talents qu'elle a pour savoir l'avenir,
Je voulois sur un point un peu l'entretenir.

TRUFALDIN.

Quoi ! te mêlerois-tu d'un peu de diablerie?

CÉLIE.

Non, tout ce que je sais n'est que blanche magie.

MASCARILLE.

Voici donc ce que c'est. Le maître que je sers
Languit pour un objet qui le tient dans ses fers;
Il auroit bien voulu du feu qui le dévore
Pouvoir entretenir la beauté qu'il adore :
Mais un dragon, veillant sur ce rare trésor,
N'a pu, quoi qu'il ait fait, le lui permettre encor ;
Et, ce qui plus le gêne et le rend misérable,
Il vient de découvrir un rival redoutable ;
Si bien que, pour savoir si ses soins amoureux
Ont sujet d'espérer quelque succès heureux,
Je viens vous consulter, sûr que de votre bouche
Je puis apprendre au vrai le secret qui nous touche.

CÉLIE.

Sous quel astre ton maître a-t-il reçu le jour?

MASCARILLE.

Sous un astre à jamais ne changer son amour.

CÉLIE.

Sans me nommer l'objet pour qui son cœur soupire,
La science que j'ai m'en peut assez instruire.
Cette fille a du cœur, et, dans l'adversité,
Elle sait conserver une noble fierté ;
Elle n'est pas d'humeur à trop faire connoître
Les secrets sentiments qu'en son cœur on fait naître :

Mais je les sais comme elle, et, d'un esprit plus doux,
Je vais en peu de mots vous les découvrir tous.
MASCARILLE.
O merveilleux pouvoir de la vertu magique!
CÉLIE.
Si ton maître en ce point de constance se pique,
Et que la vertu seule anime son dessein,
Qu'il n'appréhende pas de soupirer en vain;
Il a lieu d'espérer, et le fort qu'il veut prendre
N'est pas sourd aux traités, et voudra bien se rendre.
MASCARILLE.
C'est beaucoup; mais ce fort dépend d'un gouverneur
Difficile à gagner.
CÉLIE.
C'est là tout le malheur [1].
MASCARILLE, *à part, regardant Lélie.*
Au diable le fâcheux qui toujours nous éclaire!
CÉLIE.
Je vais vous enseigner ce que vous devez faire.
LÉLIE, *les joignant.*
Cessez, ô Trufaldin, de vous inquiéter;
C'est par mon ordre seul qu'il vous vient visiter,
Et je vous l'envoyois, ce serviteur fidèle,
Vous offrir mon service, et vous parler pour elle,
Dont je vous veux dans peu payer la liberté,
Pourvu qu'entre nous deux le prix soit arrêté.
MASCARILLE.
La peste soit la bête!
TRUFALDIN.
Ho! ho! qui des deux croire?

---

[1] Cette situation, dans laquelle des intérêts de cœur se traitent en présence d'un rival, d'un père ou d'un tuteur, à la faveur d'une fiction qui l'empêche d'y rien comprendre, est toujours d'un grand effet au théâtre, quand la fiction est ingénieuse et vraisemblable. Molière l'a employée encore dans la XIV° scène du II° acte de *l'École des Maris*, la XI° scène du III° acte de *l'Avare*, et la VI° scène du II° acte du *Malade imaginaire*. (A.)

Ce discours au premier est fort contradictoire.
MASCARILLE.
Monsieur, ce galant homme a le cerveau blessé;
Ne le savez-vous pas?
TRUFALDIN.
Je sais ce que je sai.
J'ai crainte ici dessous de quelque manigance.
(à Célie.)
Rentrez, et ne prenez jamais cette licence.
Et vous, filoux fieffés, ou je me trompe fort,
Mettez, pour me jouer, vos flûtes mieux d'accord.

SCÈNE V.
LÉLIE, MASCARILLE.

MASCARILLE.
C'est bien fait. Je voudrois qu'encor, sans flatterie,
Il nous eût d'un bâton chargés de compagnie.
A quoi bon se montrer, et, comme un étourdi,
Me venir démentir de tout ce que je di?
LÉLIE.
Je pensois faire bien.
MASCARILLE.
Oui, c'étoit fort l'entendre.
Mais quoi! cette action ne me doit point surprendre:
Vous êtes si fertile en pareils contre-temps,
Que vos écarts d'esprit n'étonnent plus les gens.
LÉLIE.
Ah! mon Dieu! pour un rien me voilà bien coupable!
Le mal est-il si grand qu'il soit irréparable?
Enfin, si tu ne mets Célie entre mes mains,
Songe au moins de Léandre à rompre les desseins;
Qu'il ne puisse acheter avant moi cette belle.
De peur que ma présence encor soit criminelle,
Je te laisse.

MASCARILLE, *seul.*
Fort bien. A dire vrai, l'argent
Seroit dans notre affaire un sûr et fort agent;
Mais, ce ressort manquant, il faut user d'un autre.

SCÈNE VI.

ANSELME, MASCARILLE.

ANSELME.
Par mon chef, c'est un siècle étrange que le nôtre!
J'en suis confus. Jamais tant d'amour pour le bien,
Et jamais tant de peine à retirer le sien!
Les dettes aujourd'hui, quelque soin qu'on emploie,
Sont comme les enfants, que l'on conçoit en joie,
Et dont avecque peine on fait l'accouchement.
L'argent dans une bourse entre agréablement :
Mais, le terme venu que nous devons le rendre,
C'est lors que les douleurs commencent à nous prendre.
Baste! ce n'est pas peu que deux mille francs, dus
Depuis deux ans entiers, me soient enfin rendus;
Encore est-ce un bonheur.
MASCARILLE, *à part les quatre premiers vers.*
O dieu! la belle proie
A tirer en volant! Chut, il faut que je voie
Si je pourrois un peu de près le caresser.
Je sais bien les discours dont il le faut bercer...
Je viens de voir, Anselme...
ANSELME.
Et qui?
MASCARILLE.
Votre Nérine.
ANSELME.
Que dit-elle de moi cette gente assassine[1]?

[1] *Gent, gente,* ne veut pas dire *gentille.* Ce mot exprime à la fois la légèreté

ACTE I, SCÈNE VI.

MASCARILLE.

Pour vous elle est de flamme.

ANSELME.

Elle?

MASCARILLE.

Et vous aime tant,
Que c'est grande pitié.

ANSELME.

Que tu me rends content!

MASCARILLE.

Peu s'en faut que d'amour la pauvrette ne meure.
Anselme, mon mignon, crie-t-elle à toute heure,
Quand est-ce que l'hymen unira nos deux cœurs,
Et que tu daigneras éteindre mes ardeurs?

ANSELME.

Mais pourquoi jusqu'ici me les avoir celées?
Les filles, par ma foi, sont bien dissimulées!
Mascarille, en effet, qu'en dis-tu? quoique vieux,
J'ai de la mine encore assez pour plaire aux yeux.

MASCARILLE.

Oui, vraiment, ce visage est encor fort mettable;
S'il n'est pas des plus beaux, il est des-agréable.

ANSELME.

Si bien donc...?

MASCARILLE *veut prendre la bourse.*

Si bien donc qu'elle est sotte de vous,
Ne vous regarde plus...

ANSELME.

Quoi?

MASCARILLE.

Que comme un époux;
Et vous veut...

---

dans la taille, la propreté et l'élégance dans les vêtements. La Bruyère regrettoit la perte de ce mot avec d'autant plus de raison qu'aucune expression ne le remplace dans notre langue. (Voyez NICOT et LE DUCHAT.)

ANSELME.

Et me veut...?

MASCARILLE.

Et vous veut, quoi qu'il tienne,
Prendre la bourse...

ANSELME.

La...?

MASCARILLE *prend la bourse, et la laisse tomber.*

La bouche avec la sienne[1].

ANSELME.

Ah! je t'entends. Viens çà : lorsque tu la verras,
Vante-lui mon mérite autant que tu pourras.

MASCARILLE.

Laissez-moi faire.

ANSELME.

Adieu.

MASCARILLE, *à part.*

Que le ciel te conduise!

ANSELME, *revenant.*

Ah! vraiment, je faisois une étrange sottise,
Et tu pouvois pour toi m'accuser de froideur.
Je t'engage à servir mon amoureuse ardeur,
Je reçois par ta bouche une bonne nouvelle,
Sans du moindre présent récompenser ton zèle!
Tiens, tu te souviendras...

MASCARILLE.

Ah! non pas, s'il vous plaît.

ANSELME.

Laisse-moi...

MASCARILLE.

Point du tout. J'agis sans intérêt.

---

[1] Mauvais jeu de mots qui blesse le goût et la décence, et dont le canevas italien que Molière avoit pris pour modèle n'offre que trop d'exemples. Rien ne peut justifier une pareille licence, et rien ne peut l'expliquer dans un génie tel que Molière, pas même le désir de plaire à une multitude accoutumée aux lazzis de Turlupin et de Scaramouche.

ANSELME.

Je le sais; mais pourtant...

MASCARILLE.

Non, Anselme, vous dis-je;
Je suis homme d'honneur, cela me désoblige.

ANSELME.

Adieu donc, Mascarille.

MASCARILLE, *à part.*

O long discours!

ANSELME, *revenant.*

Je veux
Régaler par tes mains cet objet de mes vœux;
Et je vais te donner de quoi faire pour elle
L'achat de quelque bague, ou telle bagatelle
Que tu trouveras bon.

MASCARILLE.

Non, laissez votre argent :
Sans vous mettre en souci, je ferai le présent;
Et l'on m'a mis en main une bague à la mode,
Qu'après vous payerez, si cela l'accommode.

ANSELME.

Soit; donne-la pour moi : mais surtout fais si bien
Qu'elle garde toujours l'ardeur de me voir sien.

SCÈNE VII.

LÉLIE, ANSELME, MASCARILLE.

LÉLIE, *ramassant la bourse.*

A qui la bourse[1]?

---

[1] L'acteur Molé, qui, par son jeu brillant, donnoit tant de charme à ce rôle, paroît s'être trompé dans cette scène, où il produisoit cependant beaucoup d'effet. Il ramassoit la bourse, étendoit le bras, s'élançoit sur la pointe du pied, comme on nous peint quelquefois Mercure; puis, ainsi suspendu, il s'écrioit d'une voix de fausset : *A qui la bourse?* La bourse doit être rendue simplement, parceque l'action est d'un honnête homme, et non d'un étourdi. (C.)

ANSELME.

Ah! dieux! elle m'étoit tombée,
Et j'aurois, après, cru qu'on me l'eût dérobée!
Je vous suis bien tenu de ce soin obligeant,
Qui m'épargne un grand trouble, et me rend mon argent.
Je vais m'en décharger au logis tout-à-l'heure.

SCÈNE VIII.

LÉLIE, MASCARILLE.

MASCARILLE.

C'est être officieux, et très fort, ou je meure.

LÉLIE.

Ma foi! sans moi, l'argent étoit perdu pour lui.

MASCARILLE.

Certes, vous faites rage, et payez aujourd'hui
D'un jugement très rare et d'un bonheur extrême;
Nous avancerons fort, continuez de même[1].

LÉLIE.

Qu'est-ce donc? Qu'ai-je fait?

MASCARILLE

Le sot, en bon françois,
Puisque je puis le dire, et qu'enfin je le dois.
Il sait bien l'impuissance où son père le laisse;
Qu'un rival qu'il doit craindre étrangement nous presse;
Cependant, quand je tente un coup pour l'obliger,
Dont je cours moi tout seul la honte et le danger...

LÉLIE.

Quoi! c'étoit...?

---

[1] Les connoisseurs ont dit que *l'Étourdi* devoit seulement être intitulé *les Contre-Temps*. Lélie, en rendant une bourse qu'il a trouvée, en secourant un homme qu'on attaque (acte v), fait des actions de générosité plutôt que d'étourderie. Son valet paroît plus étourdi que lui, puisqu'il n'a presque jamais l'attention de l'avertir de ce qu'il va faire. (V.) — Aussi a-t-on écrit que la pièce de Molière étoit imitée d'une farce qui porte le titre d'*Arlequin valet étourdi*. (Voyez le livre sans nom, page 7.)

ACTE I, SCÈNE VIII.

MASCARILLE.

Oui, bourreau, c'étoit pour la captive
Que j'attrapois l'argent dont votre soin nous prive.

LÉLIE.

S'il est ainsi, j'ai tort[1]; mais qui l'eût deviné?

MASCARILLE.

Il falloit, en effet, être bien raffiné!

LÉLIE.

Tu me devois par signe avertir de l'affaire.

MASCARILLE.

Oui, je devois au dos avoir mon luminaire.
Au nom de Jupiter[2], laissez-nous en repos,
Et ne nous chantez plus d'impertinents propos.
Un autre, après cela, quitteroit tout peut-être;
Mais j'avois médité tantôt un coup de maître,
Dont tout présentement je veux voir les effets;
A la charge que si...

LÉLIE.

Non, je te le promets,
De ne me mêler plus de rien dire ou rien faire.

MASCARILLE.

Allez donc; votre vue excite ma colère.

LÉLIE.

Mais surtout hâte-toi, de peur qu'en ce dessein...

MASCARILLE.

Allez, encore un coup; j'y vais mettre la main.

(Lélie sort.)

Menons bien ce projet; la fourbe sera fine,

---

[1] Lélie, en cet endroit, blesse les mœurs du théâtre. *S'il est ainsi, j'ai tort,* dit-il; c'est-à-dire qu'il regrette de n'avoir pas fait une friponnerie. Molière manque rarement aux convenances morales, et le reproche qu'on lui adresse ici, il ne l'a jamais mérité dans les pièces de son propre fonds. (B.)

[2] Sur la scène françoise cette invocation pèche contre la vraisemblance et le costume; il n'en est pas de même en Italie, où tant de monuments rappellent le culte de l'ancienne Rome, et où, d'après le récit des voyageurs, le peuple jure encore par *Jupiter*.

S'il faut qu'elle succède ainsi que j'imagine.
Allons voir... Bon, voici mon homme justement.

SCÈNE IX.

PANDOLFE, MASCARILLE.

PANDOLFE.

Mascarille.

MASCARILLE.

Monsieur.

PANDOLFE.

A parler franchement,
Je suis mal satisfait de mon fils.

MASCARILLE.

De mon maître ?
Vous n'êtes pas le seul qui se plaigne de l'être ;
Sa mauvaise conduite, insupportable en tout,
Met à chaque moment ma patience à bout.

PANDOLFE.

Je vous croyois pourtant assez d'intelligence
Ensemble.

MASCARILLE.

Moi ? Monsieur, perdez cette croyance ;
Toujours de son devoir je tâche à l'avertir,
Et l'on nous voit sans cesse avoir maille à partir [1]
A l'heure même encor nous avons eu querelle
Sur l'hymen d'Hippolyte, où je le vois rebelle,
Où, par l'indignité d'un refus criminel,
Je le vois offenser le respect paternel.

---

[1] *Avoir maille à partir*, c'est-à-dire à se partager, du latin *partiri*. La maille étoit une petite monnoie de si peu de valeur, qu'elle ne pouvoit être divisée. De là le proverbe *avoir maille à partir*, se disputer sur un partage impossible, et par extension, avoir une dispute interminable. Ménage dit que cette monnoie étoit ainsi appelée du vieux mot françois *maille*, qui signifie *figure carrée*, parceque la maille avoit cette forme. N'avoir ni *denier* ni *maille* signifioit autrefois n'avoir aucune sorte de monnoie, ni *ronde* ni *carrée*.

ACTE I, SCÈNE IX.

PANDOLFE.

Querelle?

MASCARILLE.

Oui, querelle, et bien avant poussée.

PANDOLFE.

Je me trompois donc bien ; car j'avois la pensée
Qu'à tout ce qu'il faisoit tu donnois de l'appui.

MASCARILLE.

Moi? Voyez ce que c'est que du monde aujourd'hui,
Et comme l'innocence est toujours opprimée.
Si mon intégrité vous étoit confirmée,
Je suis auprès de lui gagé pour serviteur,
Vous me voudriez encor payer pour précepteur :
Oui, vous ne pourriez pas lui dire davantage
Que ce que je lui dis pour le faire être sage.
Monsieur, au nom de Dieu, lui fais-je assez souvent,
Cessez de vous laisser conduire au premier vent ;
Réglez-vous ; regardez l'honnête homme de père
Que vous avez du ciel, comme on le considère ;
Cessez de lui vouloir donner la mort au cœur,
Et, comme lui, vivez en personne d'honneur.

PANDOLFE.

C'est parler comme il faut. Et que peut-il répondre?

MASCARILLE.

Répondre? Des chansons dont il me vient confondre.
Ce n'est pas qu'en effet, dans le fond de son cœur,
Il ne tienne de vous des semences d'honneur ;
Mais sa raison n'est pas maintenant la maitresse.
Si je pouvois parler avecque hardiesse,
Vous le verriez dans peu soumis sans nul effort.

PANDOLFE.

Parle.

MASCARILLE.

C'est un secret qui m'importeroit fort

S'il étoit découvert [1]; mais à votre prudence
Je le puis confier avec toute assurance.

PANDOLFE.

Tu dis bien.

MASCARILLE.

Sachez donc que vos vœux sont trahis
Par l'amour qu'une esclave imprime à votre fils.

PANDOLFE.

On m'en avoit parlé; mais l'action me touche
De voir que je l'apprenne encore par ta bouche.

MASCARILLE.

Vous voyez si je suis le secret confident...

PANDOLFE.

Vraiment je suis ravi de cela.

MASCARILLE.

Cependant
A son devoir, sans bruit, desirez-vous le rendre?
Il faut... J'ai toujours peur qu'on nous vienne surprendre :
Ce seroit fait de moi, s'il savoit ce discours.
Il faut, dis-je, pour rompre à toute chose cours,
Acheter sourdement l'esclave idolâtrée,
Et la faire passer en une autre contrée.
Anselme a grand accès auprès de Trufaldin;
Qu'il aille l'acheter pour vous dès ce matin :
Après, si vous voulez en mes mains la remettre,
Je connois des marchands, et puis bien vous promettre
D'en retirer l'argent qu'elle pourra coûter,
Et, malgré votre fils, de la faire écarter;
Car enfin, si l'on veut qu'à l'hymen il se range,

---

[1] *Cela m'importeroit*, dans le sens restreint et déterminé de *cela seroit fâcheux pour moi*. Les écrivains du temps en offrent quelques exemples; on lit dans *les Morts vivants*, de d'Ouville :

... Il m'importeroit de ne le trouver pas.

Ce qui ne veut pas dire, *il seroit avantageux*, mais, *il seroit fâcheux pour moi de ne pas le trouver*. (A.)

A cet amour naissant il faut donner le change ;
Et de plus, quand bien même il seroit résolu,
Qu'il auroit pris le joug que vous avez voulu [1],
Cet autre objet, pouvant réveiller son caprice,
Au mariage encor peut porter préjudice.

PANDOLFE.

C'est très bien raisonner ; ce conseil me plaît fort...
Je vois Anselme ; va, je m'en vais faire effort
Pour avoir promptement cette esclave funeste,
Et la mettre en tes mains pour achever le reste.

MASCARILLE, *seul*.

Bon ; allons avertir mon maître de ceci.
Vive la fourberie, et les fourbes aussi [2] !

SCÈNE X.

HIPPOLYTE, MASCARILLE.

HIPPOLYTE.

Oui, traître, c'est ainsi que tu me rends service !
Je viens de tout entendre, et voir ton artifice [3] :

---

[1] Ce qui veut dire : *lors même que votre fils seroit déja marié, l'esclave pourroit encore réveiller son caprice ; il faut donc l'éloigner.* Ici *résolu* n'est pas employé pour résolution à prendre, mais pour résolution accomplie. C'est le sens de la phrase qui donne le sens du mot, ce qui est une faute ; mais si l'expression est impropre, le fond du discours est excellent. Mascarille raisonne à merveille dans l'intérêt du père : c'est toute sa ruse, et c'est la seule peut-être qui pût tromper Pandolfe.

[2] Cette ruse de Mascarille, dont l'auteur de *l'Inavvertito* a fourni l'idée à Molière, appartient originairement à Plaute. Dans *l'Épidique*, l'esclave intrigant et fourbe qui donne son nom à la pièce, conseille de même au père de son jeune maître d'acheter une joueuse de harpe dont celui-ci passe pour être amoureux, afin d'éloigner de lui cet objet d'une folle passion ; il indique de même un ami du vieillard comme l'homme le plus propre à conclure ce marché ; et de même encore il promet de trouver pour cette fille un acquéreur qui rende tout l'argent qu'elle aura coûté. Si le moyen est semblable, le but ne l'est pas ; mais il est inutile d'expliquer ici cette différence. (A.)

[3] Pourquoi Hippolyte vient-elle sur cette place publique, qui est le lieu de la scène ? Elle ne le dit pas. Comment a-t-elle pu entendre l'entretien de Pandolfe et de Mascarille ? On ne le sait pas. Au théâtre, elle se montre vers la fin de la dernière scène, et le spectateur doit supposer qu'auparavant elle étoit à l'entrée de

A moins que de cela, l'eussé-je soupçonné?
Tu couches d'imposture [1], et tu m'en as donné.
Tu m'avois promis, lâche, et j'avois lieu d'attendre
Qu'on te verroit servir mes ardeurs pour Léandre;
Que du choix de Lélie, où l'on veut m'obliger,
Ton adresse et tes soins sauroient me dégager;
Que tu m'affranchirois du projet de mon père;
Et cependant ici tu fais tout le contraire!
Mais tu t'abuseras; je sais un sûr moyen
Pour rompre cet achat où tu pousses si bien;
Et je vais de ce pas...

MASCARILLE.

Ah! que vous êtes prompte!
La mouche tout d'un coup à la tête vous monte [2],
Et, sans considérer s'il a raison ou non,
Votre esprit contre moi fait le petit démon.
J'ai tort, et je devrois, sans finir mon ouvrage,
Vous faire dire vrai, puisqu'ainsi l'on m'outrage.

HIPPOLYTE.

Par quelle illusion penses-tu m'éblouir?
Traître, peux-tu nier ce que je viens d'ouïr?

MASCARILLE.

Non. Mais il faut savoir que tout cet artifice
Ne va directement qu'à vous rendre service;
Que ce conseil adroit, qui semble être sans fard,
Jette dans le panneau l'un et l'autre vieillard [3];

---

quelque rue, d'où elle pouvoit *tout entendre et tout voir*. Les bienséances modernes sont trop souvent blessées dans ces pièces où l'action se passe sur une place publique. (A.)

[1] *Coucher d'imposture*, pour *payer de ruses*, *de mensonges*. Cette manière de s'exprimer, dit Voltaire, n'est plus admise; elle vient du jeu. On disoit : *Couché de vingt pistoles, de trente pistoles, couché belle*.

[2] Imitation du proverbe italien : *salir le mosche al naso*. On dit proverbialement en françois, *qu'un homme est tendre aux mouches*, *qu'il prend la mouche*, *que la mouche le pique*, pour exprimer qu'il est trop susceptible, qu'il se fâche mal-à-propos. (B.)

[3] On appelle *panneau* un filet à prendre des lièvres, des lapins, etc. De là les

Que mon soin par leurs mains ne veut avoir Célie,
Qu'à dessein de la mettre au pouvoir de Lélie;
Et faire que, l'effet de cette invention
Dans le dernier excès portant sa passion,
Anselme, rebuté de son prétendu gendre,
Puisse tourner son choix du côté de Léandre.

HIPPOLYTE.

Quoi! tout ce grand projet, qui m'a mise en courroux,
Tu l'as formé pour moi, Mascarille?

MASCARILLE.

Oui, pour vous.
Mais, puisqu'on reconnoit si mal mes bons offices,
Qu'il me faut de la sorte essuyer vos caprices,
Et que, pour récompense, on s'en vient, de hauteur,
Me traiter de faquin, de lâche, d'imposteur,
Je m'en vais réparer l'erreur que j'ai commise,
Et, dès ce même pas, rompre mon entreprise.

HIPPOLYTE, *l'arrêtant.*

Hé! ne me traite pas si rigoureusement,
Et pardonne aux transports d'un premier mouvement.

MASCARILLE.

Non, non, laissez-moi faire; il est en ma puissance
De détourner le coup qui si fort vous offense.
Vous ne vous plaindrez point de mes soins désormais;
Oui, vous aurez mon maître, et je vous le promets.

HIPPOLYTE.

Hé! mon pauvre garçon, que ta colère cesse.
J'ai mal jugé de toi, j'ai tort, je le confesse.
  (Tirant sa bourse.)
Mais je veux réparer ma faute avec ceci.
Pourrois-tu te résoudre à me quitter ainsi?

MASCARILLE.

Non, je ne le saurois, quelque effort que je fasse;

expressions proverbiales, *donner, se jeter, jeter quelqu'un dans le panneau.* (A.)

Mais votre promptitude est de mauvaise grace.
Apprenez qu'il n'est rien qui blesse un noble cœur
Comme quand il peut voir qu'on le touche en l'honneur.

HIPPOLYTE.

Il est vrai, je t'ai dit de trop grosses injures :
Mais que ces deux louis guérissent tes blessures.

MASCARILLE.

Hé! tout cela n'est rien; je suis tendre à ces coups.
Mais déja je commence à perdre mon courroux :
Il faut de ses amis endurer quelque chose.

HIPPOLYTE.

Pourras-tu mettre à fin ce que je me propose?
Et crois-tu que l'effet de tes desseins hardis
Produise à mon amour le succès que tu dis?

MASCARILLE.

N'ayez point pour ce fait l'esprit sur des épines.
J'ai des ressorts tout prêts pour diverses machines;
Et, quand ce stratagème à nos vœux manqueroit,
Ce qu'il ne feroit pas, un autre le feroit.

HIPPOLYTE.

Crois qu'Hippolyte au moins ne sera pas ingrate

MASCARILLE.

L'espérance du gain n'est pas ce qui me flatte.

HIPPOLYTE.

Ton maître te fait signe, et veut parler à toi :
Je te quitte; mais songe à bien agir pour moi.

SCÈNE XI.

LÉLIE, MASCARILLE.

LÉLIE.

Que diable fais-tu là? Tu me promets merveille;
Mais ta lenteur d'agir est pour moi sans pareille.
Sans que mon bon génie au-devant m'a poussé,
Déja tout mon bonheur eût été renversé ;

C'étoit fait de mon bien, c'étoit fait de ma joie ;
D'un regret éternel je devenois la proie :
Bref, si je ne me fusse en ces lieux rencontré,
Anselme avoit l'esclave, et j'en étois frustré ;
Il l'emmenoit chez lui. Mais j'ai paré l'atteinte,
J'ai détourné le coup, et tant fait que, par crainte,
Le pauvre Trufaldin l'a retenue [1].

MASCARILLE.

Et trois :
Quand nous serons à dix, nous ferons une croix [2].
C'étoit par mon adresse, ô cervelle incurable !
Qu'Anselme entreprenoit cet achat favorable ;
Entre mes propres mains on la devoit livrer,
Et vos soins endiablés nous en viennent sevrer.
Et puis pour votre amour je m'emploierois encore !
J'aimerois mieux cent fois être grosse pécore,
Devenir cruche, chou, lanterne, loup-garou,
Et que monsieur Satan vous vînt tordre le cou.

LÉLIE, *seul*.

Il nous le faut mener en quelque hôtellerie,
Et faire sur les pots décharger sa furie [3].

[1] En écoutant ce récit, on se demande comment Lélie, qui, dès la IVe scène, a été chassé par Trufaldin, avec des paroles outrageantes, a pu tout-à-coup prendre assez d'empire sur l'esprit de ce vieillard, pour l'empêcher de vendre une esclave dont on lui offre le prix. Trufaldin doit être peu tenté de suivre les conseils d'un homme à qui il a dit :

> Et vous, filoux fieffés, ou je me trompe fort,
> Mettez, pour me jouer, vos flûtes mieux d'accord.

Peut-être eût-il été nécessaire de mieux motiver ce dernier accident, et d'expliquer comment, *par crainte*, *Trufaldin a retenu son esclave*.

[2] Ce proverbe vient peut-être de ce que pour marquer X en chiffres romains on fait ce qu'on appelle une croix de saint André, ou croix de Bourgogne. (B.)

[3] L'exposition de *l'Étourdi* a mérité les éloges de tous les commentateurs. En effet, rien de pareil n'avoit encore paru au théâtre. Vingt lignes suffisent à l'auteur pour nous instruire de son sujet. Mascarille arrive, la scène est remplie, l'intérêt commence ; et cet intérêt, qui, par le genre même de l'ouvrage, ne peut être que de curiosité, est également soutenu par l'esprit et la gaieté du dialogue, par l'originalité du caractère de Mascarille, et par l'impatience que Lélie fait souvent

ACTE SECOND.

SCÈNE I.

LÉLIE, MASCARILLE.

MASCARILLE.

A vos desirs enfin il a fallu se rendre :
Malgré tous mes serments, je n'ai pu m'en défendre,
Et pour vos intérêts, que je voulois laisser,
En de nouveaux périls viens de m'embarrasser.
Je suis ainsi facile; et si de Mascarille
Madame la nature avoit fait une fille,
Je vous laisse à penser ce que c'auroit été.
Toutefois n'allez pas, sur cette sûreté,
Donner de vos revers au projet que je tente,
Me faire une bévue, et rompre mon attente.
Auprès d'Anselme encor nous vous excuserons,
Pour en pouvoir tirer ce que nous desirons;
Mais si dorénavant votre imprudence éclate,
Adieu, vous dis, mes soins pour l'objet qui vous flatte.

LÉLIE.

Non, je serai prudent, te dis-je; ne crains rien :
Tu verras seulement...

MASCARILLE.

Souvenez-vous-en bien ;
J'ai commencé pour vous un hardi stratagème.
Votre père fait voir une paresse extrême

éprouver aux spectateurs. Enfin, bien que la situation soit toujours la même, la scène ne languit pas un moment. Ce premier acte sera comme le type de toute la pièce ; on sent, en le lisant, que Molière est maître de son sujet, et que les incidents ne lui manqueront que lorsqu'il voudra terminer son ouvrage.

A rendre par sa mort tous vos desirs contents;
Je viens de le tuer (de parole, j'entends) [1] :
Je fais courir le bruit que d'une apoplexie
Le bon homme surpris a quitté cette vie.
Mais avant, pour pouvoir mieux feindre ce trépas,
J'ai fait que vers sa grange il a porté ses pas;
On est venu lui dire, et par mon artifice,
Que les ouvriers qui sont après son édifice,
Parmi les fondements qu'ils en jettent encor,
Avoient fait par hasard rencontre d'un trésor.
Il a volé d'abord; et comme à la campagne
Tout son monde à présent, hors nous deux, l'accompagne,
Dans l'esprit d'un chacun je le tue aujourd'hui,
Et produis un fantôme enseveli pour lui.
Enfin je vous ai dit à quoi je vous engage:

[1] Un valet rusé et fripon suppose la mort du père de son maître: le maître feint lui-même de pleurer cette mort; tous deux n'ont d'autre but que d'escroquer l'argent d'un vieillard. Un pareil stratagème devroit inspirer plus de mépris que de gaieté; et il est important, pour l'art, de découvrir par quel moyen Molière a pu affoiblir ces inconvenances morales, et comment il a su en tirer les situations les plus comiques de sa pièce. Si le valet eût tenté d'arracher le consentement du maître par la persuasion, il eût révolté les spectateurs. Qu'a fait Molière? il a placé le maître dans la dépendance du valet. Les étourderies du premier ont dégoûté le second; Lélie est obligé de flatter et d'apaiser Mascarille; il va jusqu'à le conduire au cabaret, *parmi les pots, pour décharger sa furie*, et par cela seul il se met à sa discrétion. Dès-lors Mascarille peut tout dire, tout hasarder: aussi va-t-il droit au but, et sans préambule; il frappe l'esprit de Lélie par ces vers, qui ont subi la critique de tous les commentateurs :

> Votre père fait voir une paresse extrême
> A rendre par sa mort tous vos desirs contents;
> Je viens de le tuer...

Certes si Lélie laissoit éclater de la joie, rien ne seroit plus horrible que cette situation; mais si, au contraire, il laisse voir de la surprise et de l'effroi, il n'y a plus d'autre immoralité que celle du sujet même; car Mascarille se hâte d'ajouter: *de parole, j'entends*. Ainsi il s'agit d'une nouvelle ruse; les spectateurs n'en ont pas douté un moment, et désormais ils pardonneront tout, si on les fait rire. Les trois vers que nous avons cités sont donc comme une courte exposition qui fait passer tout-à-coup notre esprit, d'une idée terrible à une idée plaisante, et préparent les spectateurs aux choses étranges qui vont se passer sous leurs yeux. Quant au fond de cette scène, il n'appartient pas à l'auteur italien: un conte d'Eutrapel en a fourni l'idée à Molière.

Jouez bien votre rôle; et, pour mon personnage,
Si vous apercevez que j'y manque d'un mot,
Dites absolument que je ne suis qu'un sot.

SCÈNE II.

LÉLIE.

Son esprit, il est vrai, trouve une étrange voie
Pour adresser mes vœux au comble de leur joie;
Mais quand d'un bel objet on est bien amoureux,
Que ne feroit-on pas pour devenir heureux?
Si l'amour est au crime une assez belle excuse [1],
Il en peut bien servir à la petite ruse
Que sa flamme aujourd'hui me force d'approuver,
Par la douceur du bien qui m'en doit arriver.
Juste ciel! qu'ils sont prompts! Je les vois en parole [2].
Allons nous préparer à jouer notre rôle.

SCÈNE III.

ANSELME, MASCARILLE.

MASCARILLE.

La nouvelle a sujet de vous surprendre fort.

ANSELME.

Être mort de la sorte!

MASCARILLE.

Il a, certes, grand tort :
Je lui sais mauvais gré d'une telle incartade.

---

[1] Ce petit monologue de Lélie, où le malaise d'une action coupable lui fait invoquer pour excuse les crimes que l'amour fait commettre, est plein de vérité et de naturel. Ce n'est pas un crime *qu'il approuve, c'est une petite ruse*. Voilà bien le langage et l'aveuglement de la passion; tout ce qui peut la servir semble un tort léger à celui qu'elle entraîne.

[2] *Être en paroles*, pour *converser, s'entretenir*. On dit encore aujourd'hui, *ils sont en paroles de mariage, en paroles d'affaires*. Ces phrases toutes faites dérivent peut-être de la phrase dont Molière se sert ici, et qui n'est plus d'usage.

ACTE II, SCÈNE III.

ANSELME.
N'avoir pas seulement le temps d'être malade!
MASCARILLE.
Non, jamais homme n'eut si hâte de mourir.
ANSELME.
Et Lélie?
MASCARILLE.
    Il se bat, et ne peut rien souffrir;
Il s'est fait en maints lieux contusion et bosse,
Et veut accompagner son papa dans la fosse :
Enfin, pour achever, l'excès de son transport
M'a fait en grande hâte ensevelir le mort,
De peur que cet objet, qui le rend hypocondre,
A faire un vilain coup ne me l'allât semondre [1].
ANSELME.
N'importe, tu devois attendre jusqu'au soir;
Outre qu'encore un coup j'aurois voulu le voir,
Qui tôt ensevelit, bien souvent assassine;
Et tel est cru défunt, qui n'en a que la mine.
MASCARILLE.
Je vous le garantis trépassé comme il faut.
Au reste, pour venir au discours de tantôt,
Lélie (et l'action lui sera salutaire)
D'un bel enterrement veut régaler son père,
Et consoler un peu ce défunt de son sort,
Par le plaisir de voir faire honneur à sa mort.
Il hérite beaucoup; mais, comme en ses affaires

---

[1] Semondre, de *submonere*, inviter, convier. Il a plus de force que ces deux mots, et on le trouve souvent employé, dans les anciens auteurs, avec le sens d'*appeler*. Toutefois il est bon de remarquer qu'il étoit hors d'usage long-temps avant Molière. Sorel l'ayant employé en 1628, dans son *Berger extravagant*, on lui en fit un reproche, et il crut devoir se justifier en citant ces vers de Théophile, aux Muses :

    Descendez de ce double mont,
    Et ne vous montrez point restives
    Quand le mérite vous *semond*.
        (Remarques sur *le Berger extravagant*, page 128.

Il se trouve assez neuf et ne voit encor guères,
Que son bien la plupart n'est point en ses quartiers,
Ou que ce qu'il y tient consiste en des papiers,
Il voudroit vous prier, ensuite de l'instance
D'excuser de tantôt son trop de violence,
De lui prêter au moins pour ce dernier devoir...

ANSELME.

Tu me l'as déja dit, et je m'en vais le voir.

MASCARILLE, *seul.*

Jusques ici du moins tout va le mieux du monde.
Tâchons à ce progrès que le reste réponde;
Et, de peur de trouver dans le port un écueil,
Conduisons le vaisseau de la main et de l'œil.

SCÈNE IV.

ANSELME, LÉLIE, MASCARILLE.

ANSELME.

Sortons; je ne saurois qu'avec douleur très forte
Le voir empaqueté de cette étrange sorte.
Las! en si peu de temps! Il vivoit ce matin!

MASCARILLE.

En peu de temps parfois on fait bien du chemin.

LÉLIE, *pleurant.*

Ah!

ANSELME.

Mais quoi, cher Lélie! enfin il étoit homme.
On n'a point pour la mort de dispense de Rome.

LÉLIE.

Ah!

ANSELME.

Sans leur dire gare, elle abat les humains,
Et contre eux de tout temps a de mauvais desseins.

LÉLIE.

Ah!

ACTE II, SCÈNE IV.

ANSELME.
Ce fier animal, pour toutes les prières,
Ne perdroit pas un coup de ses dents meurtrières.
Tout le monde y passe.

LÉLIE.
Ah!

MASCARILLE.
Vous avez beau prêcher,
Ce deuil enraciné ne se peut arracher.

ANSELME.
Si, malgré ces raisons, votre ennui persévère,
Mon cher Lélie, au moins, faites qu'il se modère.

LÉLIE.
Ah!

MASCARILLE.
Il n'en fera rien, je connois son humeur.

ANSELME.
Au reste, sur l'avis de votre serviteur,
J'apporte ici l'argent qui vous est nécessaire
Pour faire célébrer les obsèques d'un père.

LÉLIE.
Ah! ah!

MASCARILLE.
Comme à ce mot s'augmente sa douleur!
Il ne peut, sans mourir, songer à ce malheur.

ANSELME.
Je sais que vous verrez aux papiers du bon homme
Que je suis débiteur d'une plus grande somme;
Mais, quand par ces raisons je ne vous devrois rien,
Vous pourriez librement disposer de mon bien.
Tenez, je suis tout vôtre, et le ferai paroître.

LÉLIE, *s'en allant.*
Ah!

MASCARILLE.
Le grand déplaisir que sent monsieur mon maître!

ANSELME.

Mascarille, je crois qu'il seroit à propos
Qu'il me fît de sa main un reçu de deux mots.

MASCARILLE.

Ah!

ANSELME.

Des événements l'incertitude est grande.

MASCARILLE.

Ah!

ANSELME.

Faisons-lui signer le mot que je demande.

MASCARILLE.

Las! en l'état qu'il est, comment vous contenter?
Donnez-lui le loisir de se désattrister [1];
Et, quand ses déplaisirs prendront quelque allégeance,
J'aurai soin d'en tirer d'abord votre assurance.
Adieu. Je sens mon cœur qui se gonfle d'ennui,
Et m'en vais tout mon soûl pleurer avecque lui.
Ah!

ANSELME, *seul*.

Le monde est rempli de beaucoup de traverses;
Chaque homme tous les jours en ressent de diverses;
Et jamais ici-bas...

SCÈNE V.

PANDOLFE, ANSELME.

ANSELME.

Ah! bon Dieu! je frémi!
Pandolfe qui revient! Fût-il bien endormi [2]!

[1] Mot utile, créé par analogie, et dont Molière semble avoir fait usage le premier. Depuis on l'a employé dans la conversation; mais l'Académie ne l'a point adopté.

[2] Cette phrase étoit d'un usage vulgaire au commencement du dix-septième siècle; elle est obscure aujourd'hui. Anselme veut dire, *Plût à Dieu qu'il dormît en paix, que rien ne troublât le repos de son ame!* car il ne doute pas un in-

Comme depuis sa mort sa face est amaigrie!
Las! ne m'approchez pas de plus près, je vous prie!
J'ai trop de répugnance à coudoyer un mort.

PANDOLFE.

D'où peut donc provenir ce bizarre transport?

ANSELME.

Dites-moi de bien loin quel sujet vous amène?
Si pour me dire adieu vous prenez tant de peine,
C'est trop de courtoisie, et véritablement
Je me serois passé de votre compliment.
Si votre ame est en peine et cherche des prières,
Las! je vous en promets, et ne m'effrayez guères!
Foi d'homme épouvanté, je vais faire à l'instant
Prier tant Dieu pour vous que vous serez content.

  Disparoissez donc, je vous prie,
  Et que le ciel, par sa bonté,
  Comble de joie et de santé
  Votre défunte seigneurie!

PANDOLFE, *riant*.

Malgré tout mon dépit, il m'y faut prendre part.

ANSELME.

Las! pour un trépassé vous êtes bien gaillard!

PANDOLFE.

Est-ce jeu, dites-nous, ou bien si c'est folie,
Qui traite de défunt une personne en vie?

ANSELME.

Hélas! vous êtes mort, et je viens de vous voir.

PANDOLFE.

Quoi! j'aurois trépassé sans m'en apercevoir?

ANSELME.

Sitôt que Mascarille en a dit la nouvelle,
J'en ai senti dans l'ame une douleur mortelle.

stant que son ami ne soit mort, comme le prouve le vers suivant. (*Voyez la préface.*)

PANDOLFE.

Mais enfin, dormez-vous? êtes-vous éveillé?
Me connoissez-vous pas?

ANSELME.

Vous êtes habillé
D'un corps aérien qui contrefait le vôtre,
Mais qui dans un moment peut devenir tout autre.
Je crains fort de vous voir comme un géant grandir,
Et tout votre visage affreusement laidir [1].
Pour Dieu! ne prenez point de vilaine figure;
J'ai prou de ma frayeur en cette conjoncture [2].

PANDOLFE.

En une autre saison, cette naïveté
Dont vous accompagnez votre crédulité,
Anselme, me seroit un charmant badinage,
Et j'en prolongerois le plaisir davantage :
Mais, avec cette mort, un trésor supposé,
Dont parmi les chemins on m'a désabusé,
Fomente dans mon ame un soupçon légitime.
Mascarille est un fourbe, et fourbe fourbissime,
Sur qui ne peuvent rien la crainte et le remords,
Et qui pour ses desseins a d'étranges ressorts.

ANSELME.

M'auroit-on joué pièce, et fait supercherie?
Ah! vraiment, ma raison, vous seriez fort jolie!
Touchons un peu pour voir : en effet, c'est bien lui.
Malepeste du sot que je suis aujourd'hui!

---

[1] *Laidir*, du latin *lædere*, blesser, défigurer, ou de l'allemand *leid*, affliction, chagrin. Vieux mot qui n'est plus en usage. Il signifioit d'abord dommage, injure; de là l'expression ancienne *faire laid à quelqu'un*, pour lui faire injure, l'affliger. Peu à peu sa signification a changé, et après avoir exprimé les douleurs de l'ame, il a exprimé les difformités du corps. Le mot *enlaidir*, qui l'a remplacé, a moins d'énergie; il suffit de le substituer à celui de Molière, pour voir combien son emploi affoibliroit l'image. C'est donc une véritable perte pour notre langue.

[2] *Prou*, vieux mot qui signifie *assez*, *beaucoup*. Il n'est plus d'usage que dans ces phrases familières : *peu ou prou*, *ni peu, ni prou*. (B.)

ACTE II, SCÈNE VI.

De grace, n'allez pas divulguer un tel conte;
On en feroit jouer quelque farce à ma honte :
Mais, Pandolfe, aidez-moi vous-même à retirer
L'argent que j'ai donné pour vous faire enterrer.

PANDOLFE.

De l'argent, dites-vous? Ah! c'est donc l'enclouure!
Voilà le nœud secret de toute l'aventure!
A votre dam ¹. Pour moi, sans m'en mettre en souci,
Je vais faire informer de cette affaire ici
Contre ce Mascarille; et si l'on peut le prendre,
Quoi qu'il puisse coûter, je le veux faire pendre.

ANSELME, *seul.*

Et moi, la bonne dupe à trop croire un vaurien,
Il faut donc qu'aujourd'hui je perde et sens et bien.
Il me sied bien, ma foi, de porter tête grise,
Et d'être encor si prompt à faire une sottise;
D'examiner si peu sur un premier rapport...
Mais je vois...

SCÈNE VI.

LÉLIE, ANSELME.

LÉLIE, *sans voir Anselme.*

Maintenant, avec ce passe-port,
Je puis à Trufaldin rendre aisément visite.

ANSELME.

A ce que je puis voir, votre douleur vous quitte?

LÉLIE.

Que dites-vous? Jamais elle ne quittera
Un cœur qui chèrement toujours la nourrira.

ANSELME.

Je reviens sur mes pas vous dire avec franchise

---

¹ La peine *du dam*, celle qu'éprouvent les damnés. *A votre dam*, à votre préjudice, du latin *damnum*, dommage. Ce mot a vieilli : autrefois on l'employoit dans la poésie la plus élevée, comme on peut le voir dans Malherbe et dans Segrais.

Que tantôt avec vous j'ai fait une méprise;
Que parmi ces louis, quoiqu'ils semblent très beaux,
J'en ai, sans y penser, mêlé que je tiens faux;
Et j'apporte sur moi de quoi mettre en leur place.
De nos faux monnoyeurs l'insupportable audace
Pullule en cet état d'une telle façon,
Qu'on ne reçoit plus rien qui soit hors de soupçon.
Mon Dieu, qu'on feroit bien de les faire tous pendre!

LÉLIE.

Vous me faites plaisir de les vouloir reprendre;
Mais je n'en ai point vu de faux, comme je croi.

ANSELME.

Je les connoîtrai bien, montrez, montrez-les-moi.
Est-ce tout?

LÉLIE.

Oui.

ANSELME.

Tant mieux. Enfin je vous raccroche,
Mon argent bien aimé; rentrez dedans ma poche.
Et vous, mon brave escroc, vous ne tenez plus rien.
Vous tuez donc des gens qui se portent fort bien?
Et qu'auriez vous donc fait sur moi, chétif beau-père?
Ma foi! je m'engendrois d'une belle manière [1],
Et j'allois prendre en vous un beau-fils fort discret!
Allez, allez mourir de honte et de regret.

LÉLIE, *seul*.

Il faut dire : J'en tiens. Quelle surprise extrême!
D'où peut-il avoir su sitôt le stratagème [2]?

---

[1] *S'engendrer*, pour *se donner un gendre*, est un barbarisme plaisant dont on se sert volontiers dans la conversation, et qui, par conséquent, peut être du dictionnaire de la comédie. Je n'en connois pas d'exemple plus ancien que ce vers de *la Sœur*, pièce de Rotrou, jouée en 1646 :

Vous vous *engendriez* mal; c'est un fou, c'est un traître. (A.)

[2] Comme nous l'avons déjà remarqué, l'idée fondamentale de toutes les scènes précédentes se trouve dans un conte d'Eutrapel. Les différents auteurs qui ont écrit sur le théâtre remarquent bien que la comédie du *Deuil*, que Thomas Cor-

SCÈNE VII.

LÉLIE, MASCARILLE.

MASCARILLE.

Quoi! vous étiez sorti? Je vous cherchois partout.
Hé bien! en sommes-nous enfin venus à bout?
Je le donne en six coups au fourbe le plus brave.
Çà, donnez-moi que j'aille acheter notre esclave;
Votre rival après sera bien étonné.

LÉLIE.

Ah! mon pauvre garçon, la chance a bien tourné!
Pourrois-tu de mon sort deviner l'injustice?

MASCARILLE.

Quoi! que seroit-ce?

LÉLIE.

      Anselme, instruit de l'artifice,
M'a repris maintenant tout ce qu'il nous prêtoit,
Sous couleur de changer de l'or que l'on doutoit.

MASCARILLE.

Vous vous moquez peut-être?

LÉLIE.

      Il est trop véritable.

MASCARILLE.

Tout de bon?

LÉLIE.

      Tout de bon; j'en suis inconsolable.
Tu te vas emporter d'un courroux sans égal.

---

neille donna sous le nom de Hauteroche, quinze ans après, étoit tirée du même conteur; mais comment n'ont-ils pas observé que Corneille ou d'Hauteroche ne faisoient que représenter les mêmes tableaux, les mêmes détails que Molière avoit offerts dans l'acte second de *l'Étourdi?* Ce que Molière emprunte d'Eutrapel est une richesse pour le théâtre; ce que d'autres osent refaire après Molière est au moins une superfluité. (B.)

MASCARILLE.

Moi, monsieur! Quelque sot [1] : la colère fait mal,
Et je veux me choyer, quoi qu'enfin il arrive.
Que Célie, après tout, soit ou libre ou captive,
Que Léandre l'achète, ou qu'elle reste là,
Pour moi, je m'en soucie autant que de cela.

LÉLIE.

Ah! n'aye point pour moi si grande indifférence,
Et sois plus indulgent à ce peu d'imprudence!
Sans ce dernier malheur, ne m'avoueras-tu pas
Que j'avois fait merveille, et qu'en ce feint trépas
J'éludois un chacun d'un deuil si vraisemblable [2],
Que les plus clairvoyants l'auroient cru véritable?

MASCARILLE.

Vous avez en effet sujet de vous louer.

LÉLIE.

Hé bien! je suis coupable, et je veux l'avouer;
Mais si jamais mon bien te fut considérable [3],
Répare ce malheur, et me sois secourable.

MASCARILLE.

Je vous baise les mains; je n'ai pas le loisir.

LÉLIE.

Mascarille, mon fils.

[1] Il faut suppléer *le feroit; mais je ne le ferai pas.* Cette locution elliptique, très commune dans nos anciennes comédies, est encore d'usage dans la conversation. (A.)

[2] *Éluder*, éviter avec adresse. On dit éluder les lois, les traités. Molière est peut-être le seul qui ait employé ce mot dans le sens de tromper avec adresse; car ce n'est pas seulement *tromper* qu'il a voulu dire. L'expression prise dans ce sens n'a pas été adoptée.

[3] *Si jamais mon bien te fut considérable*, c'est-à-dire si jamais mon bien te fut cher, fut de quelque prix à tes yeux. Autrefois, *considérable* s'employoit ainsi avec un régime; on trouve dans *la Célimène*, comédie de Rotrou :

> Que ce feu soit charmant, qu'il soit incomparable,
> Madame, sa beauté *m'est peu considérable.*

Aujourd'hui *considérable* ne s'emploie qu'absolument. (A.)

MASCARILLE.
Point.
LÉLIE.
Fais-moi ce plaisir.
MASCARILLE.
Non, je n'en ferai rien.
LÉLIE.
Si tu m'es inflexible,
Je m'en vais me tuer.
MASCARILLE.
Soit; il vous est loisible.
LÉLIE.
Je ne te puis fléchir?
MASCARILLE.
Non.
LÉLIE.
Vois-tu le fer prêt?
MASCARILLE.
Oui.
LÉLIE.
Je vais le pousser.
MASCARILLE.
Faites ce qu'il vous plaît.
LÉLIE.
Tu n'auras pas regret de m'arracher la vie?
MASCARILLE.
Non.
LÉLIE.
Adieu, Mascarille.
MASCARILLE.
Adieu, monsieur Lélie.
LÉLIE.
Quoi!...

MASCARILLE.

Tuez-vous donc vite. Ah! que de longs devis [1]!

LÉLIE.

Tu voudrois bien, ma foi, pour avoir mes habits,
Que je fisse le sot, et que je me tuasse.

MASCARILLE.

Savois-je pas qu'enfin ce n'étoit que grimace;
Et, quoi que ces esprits jurent d'effectuer,
Qu'on n'est point aujourd'hui si prompt à se tuer?

SCÈNE VIII.

TRUFALDIN, LÉANDRE, LÉLIE, MASCARILLE.

(Trufaldin parle bas à Léandre dans le fond du théâtre.)

LÉLIE.

Que vois-je? mon rival et Trufaldin ensemble!
Il achète Célie; ah! de frayeur je tremble!

MASCARILLE.

Il ne faut point douter qu'il fera ce qu'il peut,
Et, s'il a de l'argent, qu'il pourra ce qu'il veut.
Pour moi, j'en suis ravi. Voilà la récompense
De vos brusques erreurs, de votre impatience.

LÉLIE.

Que dois-je faire? dis; veuille me conseiller.

MASCARILLE.

Je ne sais.

LÉLIE.

Laisse-moi, je vais le quereller [2].

---

[1] *Devis*, propos familiers, propos qui font passer le temps. Il est employé ici fort heureusement, puisque Lélie ne cherche qu'à gagner du temps. Ce mot n'est plus d'usage, et on ne l'a pas remplacé.

[2] Corneille a dit de même, dans *le Menteur* :

  Mais ce n'est pas ici qu'il le faut *quereller*.

Et Voltaire, dans son Commentaire, observe que *quereller*, qui signifie aujourd'hui reprendre, faire des reproches, réprimander, signifioit alors insulter, défier, et même se battre. Ce mouvement de Lélie est d'une vérité parfaite ; il est tout-

MASCARILLE.

Qu'en arrivera-t-il?

LÉLIE.

Que veux-tu que je fasse
Pour empêcher ce coup?

MASCARILLE.

Allez, je vous fais grace;
Je jette encore un œil pitoyable sur vous.
Laissez-moi l'observer; par des moyens plus doux
Je vais, comme je crois, savoir ce qu'il projette.

(Lélie sort.)

TRUFALDIN, *à Léandre.*

Quand on viendra tantôt, c'est une affaire faite.

(Trufaldin sort.)

MASCARILLE, *à part, en s'en allant.*

Il faut que je l'attrape, et que de ses desseins
Je sois le confident, pour mieux les rendre vains.

LÉANDRE, *seul.*

Graces au ciel, voilà mon bonheur hors d'atteinte;
J'ai su me l'assurer, et je n'ai plus de crainte.
Quoi que désormais puisse entreprendre un rival,
Il n'est plus en pouvoir de me faire du mal.

SCÈNE IX.

LÉANDRE, MASCARILLE.

MASCARILLE *dit ces deux vers dans la maison,
et entre sur le théâtre.*

Ahi! à l'aide! au meurtre! au secours! on m'assomme!
Ah! ah! ah! ah! ah! ah! O traitre! ô bourreau d'homme!

LÉANDRE.

D'où procède cela? Qu'est-ce? que te fait-on?

à-fait dans le caractère d'un jeune fou qui, au défaut du bon sens ou du bon
droit, ne sait recourir qu'à son épée. (A.)

MASCARILLE.

On vient de me donner deux cents coups de bâton.
LÉANDRE.

Qui?
MASCARILLE.

Lélie.
LÉANDRE.

Et pourquoi?
MASCARILLE.

Pour une bagatelle
Il me chasse, et me bat d'une façon cruelle.
LÉANDRE.

Ah! vraiment il a tort.
MASCARILLE.

Mais, ou je ne pourrai,
Ou je jure bien fort que je m'en vengerai.
Oui, je te ferai voir, batteur que Dieu confonde,
Que ce n'est pas pour rien qu'il faut rouer le monde,
Que je suis un valet, mais fort homme d'honneur;
Et qu'après m'avoir eu quatre ans pour serviteur,
Il ne me falloit pas payer en coups de gaules,
Et me faire un affront si sensible aux épaules :
Je te le dis encor, je saurai m'en venger;
Une esclave te plait, tu voulois m'engager
A la mettre en tes mains; et je veux faire en sorte
Qu'un autre te l'enlève, ou le diable m'emporte.
LÉANDRE.

Écoute, Mascarille, et quitte ce transport.
Tu m'as plu de tout temps, et je souhaitois fort
Qu'un garçon comme toi, plein d'esprit et fidèle,
A mon service un jour pût attacher son zèle :
Enfin, si le parti te semble bon pour toi,
Si tu veux me servir, je t'arrête avec moi.
MASCARILLE.

Oui, monsieur, d'autant mieux que le destin propice

M'offre à me bien venger, en vous rendant service ;
Et que, dans mes efforts pour vos contentements,
Je puis à mon brutal trouver des châtiments :
De Célie, en un mot, par mon adresse extrême...
LÉANDRE.
Mon amour s'est rendu cet office lui-même.
Enflammé d'un objet qui n'a point de défaut,
Je viens de l'acheter moins encor qu'il ne vaut.
MASCARILLE.
Quoi ! Célie est à vous ?
LÉANDRE.
Tu la verrois paroître,
Si de mes actions j'étois tout-à-fait maître ;
Mais quoi ! mon père l'est : comme il a volonté,
Ainsi que je l'apprends d'un paquet apporté,
De me déterminer à l'hymen d'Hippolyte,
J'empêche qu'un rapport de tout ceci l'irrite.
Donc avec Trufaldin (car je sors de chez lui)
J'ai voulu tout exprès agir au nom d'autrui,
Et l'achat fait, ma bague est la marque choisie
Sur laquelle au premier il doit livrer Célie.
Je songe auparavant à chercher les moyens
D'ôter aux yeux de tous ce qui charme les miens ;
A trouver promptement un endroit favorable
Où puisse être en secret cette captive aimable.
MASCARILLE.
Hors de la ville un peu, je puis avec raison
D'un vieux parent que j'ai vous offrir la maison ;
Là vous pourrez la mettre avec toute assurance,
Et de cette action nul n'aura connoissance.
LÉANDRE.
Oui, ma foi, tu me fais un plaisir souhaité.
Tiens donc, et va pour moi prendre cette beauté.
Dès que par Trufaldin ma bague sera vue,
Aussitôt en tes mains elle sera rendue,

Et dans cette maison tu me la conduiras,
Quand¹... Mais chut! Hippolyte est ici sur nos pas.

SCÈNE X.

HIPPOLYTE, LÉANDRE, MASCARILLE.

HIPPOLYTE.

Je dois vous annoncer, Léandre, une nouvelle;
Mais la trouverez-vous agréable, ou cruelle?

LÉANDRE.

Pour en pouvoir juger et répondre soudain,
Il faudroit la savoir.

HIPPOLYTE.

Donnez-moi donc la main
Jusqu'au temple; en marchant je pourrai vous l'apprendre².

LÉANDRE, *à Mascarille*.

Va, va-t'en me servir, sans davantage attendre.

SCÈNE XI.

MASCARILLE.

Oui, je te vais servir d'un plat de ma façon.
Fut-il jamais au monde un plus heureux garçon?
Oh! que dans un moment Lélie aura de joie!
Sa maîtresse en nos mains tomber par cette voie!
Recevoir tout son bien d'où l'on attend le mal!
Et devenir heureux par la main d'un rival!
Après ce rare exploit, je veux que l'on s'apprête

---

¹ Célie achetée par Léandre ; Mascarille feignant d'avoir été battu et chassé par son maître ; Léandre le prenant à son service, et lui remettant la bague qu'il doit montrer à Trufaldin, pour se faire livrer Célie, tout cela est dans *l'Inavvertito*. (A.)

² Il y a bien peu d'art dans cette manière de faire emmener Léandre par Hippolyte, pour que Mascarille reste maître de la scène. Quelle est cette nouvelle qu'Hippolyte *doit annoncer à Léandre?* on l'ignore, et il n'en est plus question par la suite. (A.)

A me peindre en héros, un laurier sur la tête,
Et qu'au bas du portrait on mette en lettres d'or :
Vival Mascarillus, fourbum imperator!

SCÈNE XII.

TRUFALDIN, MASCARILLE.

MASCARILLE.

Holà!

TRUFALDIN.

Que voulez-vous?

MASCARILLE.

Cette bague connue
Vous dira le sujet qui cause ma venue.

TRUFALDIN.

Oui, je reconnois bien la bague que voilà.
Je vais quérir l'esclave; arrêtez un peu là.

SCÈNE XIII.

TRUFALDIN, UN COURRIER, MASCARILLE.

LE COURRIER, *à Trufaldin.*

Seigneur, obligez-moi de m'enseigner un homme...

TRUFALDIN.

Et qui?

LE COURRIER.

Je crois que c'est Trufaldin qu'il se nomme.

TRUFALDIN.

Et que lui voulez-vous? Vous le voyez ici.

LE COURRIER.

Lui rendre seulement la lettre que voici.

TRUFALDIN *lit.*

« Le ciel, dont la bonté prend souci de ma vie,
« Vient de me faire ouïr, par un bruit assez doux,

« Que ma fille, à quatre ans par des voleurs ravie,
« Sous le nom de Célie est esclave chez vous.

« Si vous sûtes jamais ce que c'est qu'être père,
« Et vous trouvez sensible aux tendresses du sang,
« Conservez-moi chez vous cette fille si chère,
« Comme si de la vôtre elle tenoit le rang.

« Pour l'aller retirer je pars d'ici moi-même,
« Et vous vais de vos soins récompenser si bien,
« Que par votre bonheur, que je veux rendre extrême,
« Vous bénirez le jour où vous causez le mien.
 « De Madrid.
                           « DON PEDRO DE GUSMAN,
                             « MARQUIS DE MONTALCANE. »

(Il continue.)
Quoiqu'à leur nation bien peu de foi soit due,
Ils me l'avoient bien dit, ceux qui me l'ont vendue,
Que je verrois dans peu quelqu'un la retirer,
Et que je n'aurois pas sujet d'en murmurer;
Et cependant j'allois, par mon impatience,
Perdre aujourd'hui les fruits d'une haute espérance[1].
(au Courrier.)
Un seul moment plus tard tous vos pas étoient vains,
J'allois mettre à l'instant cette fille en ses mains.
Mais suffit; j'en aurai tout le soin qu'on desire.
                              (Le Courrier sort.)
(à Mascarille.)
Vous-même vous voyez ce que je viens de lire.
Vous direz à celui qui vous a fait venir,
Que je ne lui saurois ma parole tenir;
Qu'il vienne retirer son argent.

---

[1] Dans sa préoccupation, Trufaldin, sans voir ceux qui l'environnent, répond à sa propre pensée. Ce trait est fort naturel, mais il jette ici quelque obscurité. Ce premier vers :

Quoiqu'à leur nation bien peu de foi soit due,

semble d'abord se rapporter aux Espagnols ; il faut que le vers suivant nous apprenne qu'il s'agit des Égyptiens.

ACTE II, SCÈNE XIV.

MASCARILLE.
Mais l'outrage
Que vous lui faites...

TRUFALDIN.
Va, sans causer davantage.

MASCARILLE, *seul.*
Ah! le fâcheux paquet que nous venons d'avoir!
Le sort a bien donné la baie [1] à mon espoir;
Et bien à la malheure [2] est-il venu d'Espagne
Ce courrier, que la foudre ou la grêle accompagne!
Jamais, certes, jamais plus beau commencement
N'eut en si peu de temps plus triste événement.

SCÈNE XIV.

LÉLIE, *riant*, MASCARILLE.

MASCARILLE.
Quel beau transport de joie à présent vous inspire?

LÉLIE.
Laisse-m'en rire encore avant que te le dire.

MASCARILLE.
Çà, rions donc bien fort, nous en avons sujet.

LÉLIE.
Ah! je ne serai plus de tes plaintes l'objet.
Tu ne me diras plus, toi qui toujours me cries,

---

[1] Étienne Pasquier, pour trouver l'origine de ce mot, cite la farce où Patelin conseille à un berger de répondre toujours *bée* quand son maître lui demandera de l'argent. Le berger suit ce conseil avec son maître et avec Patelin lui-même; ainsi il les paie tous deux de *bées*. Pasquier s'est trompé, le mot françois *baie* vient de l'italien *baia*. Les Italiens disent comme nous *dar la baia* pour se moquer. (MÉNAGE.) — Corneille s'est servi plusieurs fois de ce mot dans *le Menteur;* et Le Sage en a fait un emploi si heureux dans le second chapitre de Gil Blas, qu'aucune autre expression n'eût si bien rendu sa pensée.

[2] *Male*, de *malus*, mauvais. Ce mot est très ancien dans notre langue. On disoit dans le douzième siècle, male-femme, male-loi, pour mauvaise femme, mauvaise loi. L'expression employée par Molière tire son origine de l'influence secrète que les anciens attribuoient à certaines heures. De *mala hora*, *bona hora*, nous avons fait malheur et bonheur, *heure heureuse*, *heure malheureuse*.

Que je gâte en brouillon toutes tes fourberies :
J'ai bien joué moi-même un tour des plus adroits.
Il est vrai, je suis prompt, et m'emporte parfois :
Mais pourtant, quand je veux, j'ai l'imaginative [1]
Aussi bonne, en effet, que personne qui vive,
Et toi-même avoueras que ce que j'ai fait part
D'une pointe d'esprit où peu de monde a part.

MASCARILLE.

Sachons donc ce qu'a fait cette imaginative.

LÉLIE.

Tantôt, l'esprit ému d'une frayeur bien vive
D'avoir vu Trufaldin avecque mon rival,
Je songeois à trouver un remède à ce mal,
Lorsque, me ramassant tout entier en moi-même,
J'ai conçu, digéré, produit un stratagème
Devant qui tous les tiens, dont tu fais tant de cas,
Doivent, sans contredit, mettre pavillon bas.

MASCARILLE.

Mais qu'est-ce?

LÉLIE.

Ah! s'il te plaît, donne-toi patience.
J'ai donc feint une lettre avecque diligence,
Comme d'un grand seigneur écrite à Trufaldin,
Qui mande qu'ayant su, par un heureux destin,
Qu'une esclave qu'il tient sous le nom de Célie
Est sa fille, autrefois par des voleurs ravie,
Il veut la venir prendre, et le conjure au moins
De la garder toujours, de lui rendre des soins;
Qu'à ce sujet il part d'Espagne, et doit pour elle
Par de si grands présents reconnoître son zèle;

---

[1] Ce mot, qui produit ici beaucoup d'effet, et que Molière met à la mode, avoit été employé avant lui, dans un petit ouvrage satirique et facétieux, intitulé *Recueil général des caquets de l'accouchée;* seconde journée, page 29. Cet ouvrage qui a fourni quelques inspirations à Molière, fut imprimé, pour la première fois, en 1623.

ACTE II, SCÈNE XIV.

Qu'il n'aura point regret de causer son bonheur.

MASCARILLE.

Fort bien.

LÉLIE.

Écoute donc, voici bien le meilleur.
La lettre que je dis a donc été remise ;
Mais sais-tu bien comment? En saison si bien prise,
Que le porteur m'a dit que, sans ce trait falot,
Un homme l'emmenoit, qui s'est trouvé fort sot.

MASCARILLE.

Vous avez fait ce coup sans vous donner au diable?

LÉLIE.

Oui. D'un tour si subtil m'aurois-tu cru capable ?
Loue au moins mon adresse, et la dextérité
Dont je romps d'un rival le dessein concerté.

MASCARILLE.

A vous pouvoir louer selon votre mérite,
Je manque d'éloquence, et ma force est petite.
Oui, pour bien étaler cet effort relevé,
Ce bel exploit de guerre à nos yeux achevé,
Ce grand et rare effet d'une imaginative
Qui ne cède en vigueur à personne qui vive,
Ma langue est impuissante, et je voudrois avoir
Celles de tous les gens du plus exquis savoir,
Pour vous dire en beaux vers, ou bien en docte prose,
Que vous serez toujours, quoi que l'on se propose,
Tout ce que vous avez été durant vos jours ;
C'est-à-dire un esprit chaussé toutàr cbours,
Une raison malade et toujours en débauche,
Un envers du bon sens, un jugement à gauche,
Un brouillon, une bête, un brusque, un étourdi,
Que sais-je? un... cent fois plus encor que je ne di.
C'est faire en abrégé votre panégyrique.

LÉLIE.

Apprends-moi le sujet qui contre moi te pique ;

4.

Ai-je fait quelque chose? Éclaircis-moi ce point.
MASCARILLE.
Non, vous n'avez rien fait; mais ne me suivez point.
LÉLIE.
Je te suivrai partout, pour savoir ce mystère.
MASCARILLE.
Oui? Sus donc, préparez vos jambes à bien faire;
Car je vais vous fournir de quoi les exercer.
LÉLIE, *seul*.
Il m'échappe. O malheur qui ne se peut forcer [1] !
Aux discours qu'il m'a faits que saurois-je comprendre,
Et quel mauvais office aurois-je pu me rendre [2] ?

[1] Il est assez difficile de comprendre ce que c'est qu'*un malheur qui ne se peut forcer*. Est-ce un malheur qui ne peut être surpassé, ou bien un malheur qu'on ne peut vaincre? (A.)

[2] En rapprochant cette scène de la dernière du premier acte, on se demande avec surprise comment Molière a pu donner à des tableaux si semblables un coloris si différent: même situation, même faute de Lélie, même colère de Mascarille; et cependant intérêt toujours croissant. C'est là un des secrets du génie de Molière. Ici, par exemple, il lui a suffi, pour donner du piquant à des traits déjà mis en œuvre, de prêter à ses personnages une passion nouvelle, l'orgueil. Dans la scène II du premier acte, Lélie, qui croit avoir assuré les intérêts de son amour, reproche légèrement à Mascarille la lenteur que celui-ci met à le servir. Mascarille repousse ce reproche en dévoilant le projet que l'étourderie de Lélie vient de faire avorter; et dans tout ce que dit le valet intrigant, on sent plus de dépit contre le sort que de colère contre son maître. Mais au second acte, ce n'est pas seulement la joie d'avoir déjoué les projets d'un rival, qui fait triompher Lélie; ce qui le transporte, c'est d'avoir réparé toutes ses fautes, en surpassant d'un seul coup toutes les inventions de Mascarille. Quel aplomb, quel orgueil dans ces vers admirables!

> Lorsque, me ramassant tout entier en moi-même,
> J'ai conçu, digéré, produit un stratagème,
> Devant qui tous les tiens, dont tu fais tant de cas,
> Doivent, sans contredit, mettre pavillon bas.

Chaque mot de cette tirade blesse la vanité de Mascarille. Sa colère, suspendue un moment par la surprise, s'arme bientôt des traits d'une amère ironie. Il jouira de sa vengeance sans pitié; et l'abandon où se trouvera Lélie réveillera l'intérêt en sa faveur, avec une nouvelle curiosité pour ce qui doit suivre. C'est ainsi qu'en introduisant un mouvement d'orgueil dans cette admirable scène, Molière lui a non seulement donné de la nouveauté, mais il en a fait encore un modèle d'excellent comique. Tout y est à sa place, tout y est vrai, tout y est neuf, et la fuite même

ACTE TROISIÈME.

SCÈNE I.

MASCARILLE.

Taisez-vous, ma bonté, cessez votre entretien,
Vous êtes une sotte, et je n'en ferai rien.
Oui, vous avez raison, mon courroux, je l'avoue;
Relier tant de fois ce qu'un brouillon dénoue,
C'est trop de patience; et je dois en sortir,
Après de si beaux coups qu'il a su divertir.
Mais aussi raisonnons un peu sans violence.
Si je suis maintenant ma juste impatience,
On dira que je cède à la difficulté;
Que je me trouve à bout de ma subtilité :
Et que deviendra lors cette publique estime,
Qui te vante partout pour un fourbe sublime,
Et que tu t'es acquise en tant d'occasions,
A ne t'être jamais vu court d'inventions?
L'honneur, ô Mascarille, est une belle chose [1] !
A tes nobles travaux ne fais aucune pause;
Et, quoi qu'un maître ait fait pour te faire enrager,
Achève pour ta gloire, et non pour l'obliger.
Mais quoi! que feras-tu, que de l'eau toute claire?

de Mascarille est un trait remarquable, car elle évite une explication qui ne pourroit manquer de refroidir les spectateurs.

[1] Mascarille devroit être dégoûté de prêter le secours de ses stratagèmes à un étourdi, à un *malencontreux*, qui les fait tous échouer. Il n'y a encore eu pour lui, à ce métier, que de la honte et du danger, sans aucun profit. Molière a très habilement fait de lui donner l'amour et l'orgueil de son art. Il ne veut pas perdre *la publique estime* en abandonnant la partie, et c'est pour *l'honneur* qu'il travaille en risquant les galères. (A.)

Traversé sans repos par ce démon contraire,
Tu vois qu'à chaque instant il te fait déchanter,
Et que c'est battre l'eau de prétendre arrêter
Ce torrent effréné, qui de tes artifices
Renverse en un moment les plus beaux édifices.
Hé bien! pour toute grace, encore un coup du moins,
Au hasard du succès, sacrifions des soins;
Et s'il poursuit encore à rompre notre chance,
J'y consens, ôtons-lui toute notre assistance.
Cependant notre affaire encor n'iroit pas mal,
Si par-là nous pouvions perdre notre rival,
Et que Léandre enfin, lassé de sa poursuite,
Nous laissât jour entier pour ce que je médite.
Oui, je roule en ma tête un trait ingénieux,
Dont je promettrois bien un succès glorieux,
Si je puis n'avoir plus cet obstacle à combattre.
Bon, voyons si son feu se rend opiniâtre [1].

SCÈNE II.

LÉANDRE, MASCARILLE.

MASCARILLE.

Monsieur, j'ai perdu temps, votre homme se dédit.

[1] Avant de poser des règles, un auteur a besoin de plaire à ses juges, et de captiver leurs suffrages. Les fautes où cette nécessité l'entraine doivent être un objet d'étude plutôt qu'un objet de critique, car elles font partie de la plus intéressante des histoires, celle de l'esprit humain. Tel est ici le monologue de Mascarille. Dans l'enfance de notre théâtre, le monologue étoit une sorte d'hommage que le poëte et l'acteur venoient rendre au public en déployant devant lui toutes les ressources de leur art. Rotrou usa jusqu'à l'abus de ce moyen de succès. Le monologue n'est le plus souvent, chez lui, qu'un morceau d'apparat qui ne tient pas à l'action. Corneille, plus habile, plaça trois monologues dans sa comédie du *Menteur*; mais en les faisant toujours ressortir d'une passion, il sut leur donner de la vraisemblance. Nous verrons Molière suivre cet exemple dans Sganarelle, dont le monologue est peut-être le chef-d'œuvre du genre. Quant à celui qui fait le sujet de cette note, il ne mérite pas le même éloge. Mascarille parle sans autre nécessité que d'instruire les spectateurs, et c'est là surtout l'écueil qu'il falloit éviter.

LÉANDRE.

De la chose lui-même il m'a fait un récit;
Mais c'est bien plus; j'ai su que tout ce beau mystère,
D'un rapt d'Égyptiens, d'un grand seigneur pour père,
Qui doit partir d'Espagne, et venir en ces lieux,
N'est qu'un pur stratagème, un trait facétieux,
Une histoire à plaisir, un conte dont Lélie
A voulu détourner notre achat de Célie.

MASCARILLE.

Voyez un peu la fourbe!

LÉANDRE.

Et pourtant Trufaldin
Est si bien imprimé de ce conte badin [1],
Mord si bien à l'appât de cette foible ruse,
Qu'il ne veut point souffrir que l'on le désabuse.

MASCARILLE.

C'est pourquoi désormais il la gardera bien,
Et je ne vois pas lieu d'y prétendre plus rien.

LÉANDRE.

Si d'abord à mes yeux elle parut aimable,
Je viens de la trouver tout-à-fait adorable;
Et je suis en suspens si, pour me l'acquérir,
Aux extrêmes moyens je ne dois point courir,
Par le don de ma foi rompre sa destinée,
Et changer ses liens en ceux de l'hyménée.

MASCARILLE.

Vous pourriez l'épouser?

LÉANDRE.

Je ne sais : mais enfin,
Si quelque obscurité se trouve en son destin,
Sa grace et sa vertu sont de douces amorces,
Qui, pour tirer les cœurs, ont d'incroyables forces.

---

[1] La Bruyère a employé le même mot dans le même sens. « Quelle facilité est la nôtre, dit-il, pour perdre tout d'un coup le sentiment et la mémoire des choses dont nous nous sommes vus le plus fortement *imprimés !* »

MASCARILLE.

Sa vertu, dites-vous?

LÉANDRE.

Quoi? que murmures-tu?
Achève, explique-toi sur ce mot de vertu.

MASCARILLE.

Monsieur, votre visage en un moment s'altère,
Et je ferai bien mieux peut-être de me taire.

LÉANDRE.

Non, non, parle.

MASCARILLE.

Hé bien donc, très charitablement
Je vous veux retirer de votre aveuglement.
Cette fille...

LÉANDRE.

Poursuis.

MASCARILLE.

N'est rien moins qu'inhumaine;
Dans le particulier elle oblige sans peine,
Et son cœur, croyez-moi, n'est point roche, après tout,
A quiconque la sait prendre par le bon bout;
Elle fait la sucrée, et veut passer pour prude.
Mais je puis en parler avecque certitude :
Vous savez que je suis quelque peu d'un métier
A me devoir connoître en un pareil gibier.

LÉANDRE.

Célie...

MASCARILLE.

Oui, sa pudeur n'est que franche grimace,
Qu'une ombre de vertu qui garde mal sa place,
Et qui s'évanouit, comme l'on peut savoir,
Aux rayons du soleil qu'une bourse fait voir [1].

---

[1] Ce vers fait allusion au soleil représenté sur les louis d'or du temps de Louis XIV. Charles IX est le premier de nos rois qui ait fait frapper des monnoies d'or avec l'effigie du soleil, Louis XIV est le dernier.

ACTE III, SCÈNE III.

LÉANDRE.

Las! que dis-tu? Croirai-je un discours de la sorte?

MASCARILLE.

Monsieur, les volontés sont libres; que m'importe?
Non, ne me croyez pas, suivez votre dessein,
Prenez cette matoise, et lui donnez la main;
Toute la ville en corps reconnoîtra ce zèle,
Et vous épouserez le bien public en elle [1].

LÉANDRE.

Quelle surprise étrange!

MASCARILLE, *à part.*

Il a pris l'hameçon.
Courage! s'il s'y peut enferrer tout de bon,
Nous nous ôtons du pied une fâcheuse épine.

LÉANDRE.

Oui, d'un coup étonnant ce discours m'assassine.

MASCARILLE.

Quoi! vous pourriez...

LÉANDRE.

Va-t'en jusqu'à la poste, et voi
Je ne sais quel paquet qui doit venir pour moi.

(Seul, après avoir rêvé.)

Qui ne s'y fût trompé! jamais l'air d'un visage,
Si ce qu'il dit est vrai, n'imposa davantage.

SCÈNE III.

LÉLIE, LÉANDRE.

LÉLIE.

Du chagrin qui vous tient, quel peut être l'objet?

---

[1] L'idée de cette scène se retrouve dans *Pourceaugnac*, acte II, scène IV. Sbrigani, par un motif semblable à celui qui fait agir Mascarille, détourne le gentilhomme limousin du projet d'épouser la fille d'Oronte, en la lui dépeignant comme une coquette achevée. La scène de *Pourceaugnac* est fort supérieure à celle de *l'Étourdi*; Sbrigani met plus d'art que Mascarille dans ses insinuations; il gradue davantage ses fausses confidences; surtout il les exprime avec une retenue

LÉANDRE.

Moi?

LÉLIE.

Vous-même.

LÉANDRE.

Pourtant je n'en ai point sujet.

LÉLIE.

Je vois bien ce que c'est, Célie en est la cause.

LÉANDRE.

Mon esprit ne court pas après si peu de chose.

LÉLIE.

Pour elle vous aviez pourtant de grands desseins.
Mais il faut dire ainsi, lorsqu'ils se trouvent vains.

LÉANDRE.

Si j'étois assez sot pour chérir ses caresses,
Je me moquerois bien de toutes vos finesses.

LÉLIE.

Quelles finesses donc?

LÉANDRE.

Mon Dieu! nous savons tout.

LÉLIE.

Quoi?

LÉANDRE.

Votre procédé de l'un à l'autre bout.

LÉLIE.

C'est de l'hébreu pour moi, je n'y puis rien comprendre.

LÉANDRE.

Feignez, si vous voulez, de ne me pas entendre;
Mais, croyez-moi, cessez de craindre pour un bien
Où je serois fâché de vous disputer rien.
J'aime fort la beauté qui n'est point profanée,
Et ne veux point brûler pour une abandonnée.

plus étroite et plus perfide. Mais Molière avoit fait alors *le Misanthrope*, *l'Avare*,
et *le Tartufe*. (A.)

LÉLIE.

Tout beau, tout beau, Léandre!

LÉANDRE.

Ah! que vous êtes bon!
Allez, vous dis-je encor, servez-la sans soupçon;
Vous pourrez vous nommer homme à bonnes fortunes.
Il est vrai, sa beauté n'est pas des plus communes;
Mais en revanche aussi le reste est fort commun.

LÉLIE.

Léandre, arrêtons là ce discours importun.
Contre moi tant d'efforts qu'il vous plaira pour elle;
Mais, surtout, retenez cette atteinte mortelle.
Sachez que je m'impute à trop de lâcheté
D'entendre mal parler de ma divinité;
Et que j'aurai toujours bien moins de répugnance
A souffrir votre amour, qu'un discours qui l'offense.

LÉANDRE.

Ce que j'avance ici me vient de bonne part.

LÉLIE.

Quiconque vous l'a dit est un lâche, un pendard.
On ne peut imposer de tache à cette fille,
Je connois bien son cœur.

LÉANDRE.

Mais enfin Mascarille
D'un semblable procès est juge compétent;
C'est lui qui la condamne.

LÉLIE.

Oui!

LÉANDRE.

Lui-même.

LÉLIE.

Il prétend
D'une fille d'honneur insolemment médire,
Et que peut-être encor je n'en ferai que rire!
Gage qu'il se dédit.

LÉANDRE.
Et moi, gage que non.
LÉLIE.
Parbleu! je le ferois mourir sous le bâton,
S'il m'avoit soutenu des faussetés pareilles.
LÉANDRE.
Moi, je lui couperois sur-le-champ les oreilles,
S'il n'étoit pas garant de tout ce qu'il m'a dit.

SCÈNE IV.

LÉLIE, LÉANDRE, MASCARILLE.

LÉLIE.
Ah! bon, bon, le voilà. Venez çà, chien maudit.
MASCARILLE.
Quoi?
LÉLIE.
Langue de serpent, fertile en impostures,
Vous osez sur Célie attacher vos morsures,
Et lui calomnier la plus rare vertu
Qui puisse faire éclat sous un sort abattu?
MASCARILLE, *bas à Lélie.*
Doucement, ce discours est de mon industrie.
LÉLIE.
Non, non, point de clin d'œil et point de raillerie;
Je suis aveugle à tout, sourd à quoi que ce soit;
Fût-ce mon propre frère, il me la payeroit;
Et sur ce que j'adore oser porter le blâme,
C'est me faire une plaie au plus tendre de l'ame.
Tous ces signes sont vains. Quels discours as-tu faits?
MASCARILLE.
Mon Dieu! ne cherchons point querelle, ou je m'en vais.
LÉLIE.
Tu n'échapperas pas.

ACTE III, SCÈNE IV.

MASCARILLE.

Ahi!

LÉLIE.

Parle donc, confesse.

MASCARILLE, *bas à Lélie.*

Laissez-moi, je vous dis que c'est un tour d'adresse.

LÉLIE.

Dépêche; qu'as-tu dit? Vide entre nous ce point.

MASCARILLE, *bas à Lélie.*

J'ai dit ce que j'ai dit : ne vous emportez point.

LÉLIE, *mettant l'épée à la main.*

Ah! je vous ferai bien parler d'une autre sorte!

LÉANDRE.

Halte un peu, retenez l'ardeur qui vous emporte.

MASCARILLE, *à part.*

Fut-il jamais au monde un esprit moins sensé?

LÉLIE.

Laissez-moi contenter mon courage offensé.

LÉANDRE.

C'est trop que de vouloir le battre en ma présence.

LÉLIE.

Quoi! châtier mes gens n'est pas en ma puissance?

LÉANDRE.

Comment, vos gens?

MASCARILLE, *à part.*

Encore! Il va tout découvrir.

LÉLIE.

Quand j'aurois volonté de le battre à mourir,
Hé bien! c'est mon valet.

LÉANDRE.

C'est maintenant le nôtre.

LÉLIE.

Le trait est admirable! Et comment donc le vôtre?
Sans doute...

MASCARILLE, *bas à Lélie.*
Doucement.
LÉLIE.
Hem! que veux-tu conter?
MASCARILLE, *à part.*
Ah! le double bourreau, qui me va tout gâter,
Et qui ne comprend rien, quelque signe qu'on donne!
LÉLIE.
Vous rêvez bien, Léandre, et me la baillez bonne.
Il n'est pas mon valet?
LÉANDRE.
Pour quelque mal commis,
Hors de votre service il n'a pas été mis?
LÉLIE.
Je ne sais ce que c'est.
LÉANDRE.
Et, plein de violence,
Vous n'avez pas chargé son dos avec outrance?
LÉLIE.
Point du tout. Moi, l'avoir chassé, roué de coups?
Vous vous moquez de moi, Léandre, ou lui de vous.
MASCARILLE, *à part.*
Pousse, pousse, bourreau; tu fais bien tes affaires.
LÉANDRE, *à Mascarille.*
Donc les coups de bâton ne sont qu'imaginaires!
MASCARILLE.
Il ne sait ce qu'il dit; sa mémoire...
LÉANDRE.
Non, non,
Tous ces signes pour toi ne disent rien de bon.
Oui, d'un tour délicat mon esprit te soupçonne;
Mais pour l'invention, va, je te le pardonne.
C'est bien assez pour moi qu'il m'a désabusé,
De voir par quels motifs tu m'avois imposé,
Et que m'étant commis à ton zèle hypocrite,

A si bon compte encor je m'en sois trouvé quitte.
Ceci doit s'appeler *un avis au lecteur*.
Adieu, Lélie, adieu; très humble serviteur [1].

SCÈNE V.

LÉLIE, MASCARILLE.

MASCARILLE.

Courage, mon garçon! tout heur nous accompagne :
Mettons flamberge au vent, et bravoure en campagne ;
Faisons l'Olibrius, l'occiseur d'innocents [2].

LÉLIE.

Il t'avoit accusé de discours médisants
Contre...

MASCARILLE.

Et vous ne pouviez souffrir mon artifice,
Lui laisser son erreur, qui vous rendoit service,
Et par qui son amour s'en étoit presque allé?
Non, il a l'esprit franc, et point dissimulé.
Enfin chez son rival je m'ancre avec adresse,
Cette fourbe en mes mains va mettre sa maîtresse,
Il me la fait manquer avec de faux rapports.
Je veux de son rival alentir les transports,
Mon brave incontinent vient qui le désabuse;

---

[1] Cette scène et la précédente sont des plus franchement comiques que Molière lui-même ait jamais faites. Tout y est vrai, juste et piquant. Il est certain que Lélie n'est point un étourdi pour trouver mauvais qu'en sa présence on outrage sa maîtresse et l on frappe son valet; mais il est amoureux, aimable, intéressant; et si son caractère et sa conduite sont ici peu d'accord avec le titre de la pièce, ils sont du moins conformes à la nature. (A.)

[2] Suivant une vieille légende, Olibrius, gouverneur des Gaules, ne pouvant toucher le cœur de sainte Reine, la fit mourir. Le martyre de cette sainte fut plus tard le sujet d'un grand nombre de *mystères* qui plaisoient beaucoup au peuple. Olibrius y étoit représenté comme un fanfaron, un glorieux, un occiseur d'innocents; de là l'expression proverbiale : *faire l'Olibrius* pour *faire le faux brave, persécuter ceux qui sont sans défense*, etc. (Voyez le *Dictionnaire des Proverbes*, par La M......)

J'ai beau lui faire signe, et montrer que c'est ruse :
Point d'affaire; il poursuit sa pointe jusqu'au bout,
Et n'est point satisfait qu'il n'ait découvert tout.
Grand et sublime effort d'une imaginative
Qui ne le cède point à personne qui vive !
C'est une rare pièce, et digne, sur ma foi,
Qu'on en fasse présent au cabinet d'un roi.

LÉLIE.

Je ne m'étonne pas si je romps tes attentes;
A moins d'être informé des choses que tu tentes,
J'en ferois encor cent de la sorte.

MASCARILLE.

     Tant pis.

LÉLIE.

Au moins pour t'emporter à de justes dépits
Fais-moi dans tes desseins entrer de quelque chose.
Mais que de leurs ressorts la porte me soit close,
C'est ce qui fait toujours que je suis pris sans vert[1],

MASCARILLE.

Je crois que vous seriez un maître d'arme expert;
Vous savez à merveille, en toutes aventures,
Prendre les contre-temps et rompre les mesures.

LÉLIE.

Puisque la chose est faite, il n'y faut plus penser.
Mon rival, en tout cas, ne peut me traverser;
Et pourvu que tes soins, en qui je me repose...

MASCARILLE.

Laissons là ce discours, et parlons d'autre chose.
Je ne m'apaise pas, non, si facilement;
Je suis trop en colère. Il faut premièrement

---

[1] Cette expression tire son origine d'un jeu fort en usage sous le règne de Louis XIV, mais beaucoup plus ancien. Au premier jour de mai, chacun devoit se trouver muni d'une branche de verdure. On se visitoit, on tâchoit de se surprendre en faute ; ces mots : *Je vous prends sans vert*, retentissoient de tous côtés, et la moindre négligence étoit punie d'une amende, dont le produit étoit destiné à une fête champêtre où l'on célébroit le printemps.

ACTE III, SCÈNE V.

Me rendre un bon office, et nous verrons ensuite
Si je dois de vos feux reprendre la conduite.

LÉLIE.

S'il ne tient qu'à cela, je n'y résiste pas.
As-tu besoin, dis-moi, de mon sang, de mes bras?

MASCARILLE.

De quelle vision sa cervelle est frappée!
Vous êtes de l'humeur de ces amis d'épée [1]
Que l'on trouve toujours plus prompts à dégaîner
Qu'à tirer un teston, s'il falloit le donner [2].

LÉLIE.

Que puis-je donc pour toi?

MASCARILLE.

C'est que de votre père
Il faut absolument apaiser la colère.

LÉLIE.

Nous avons fait la paix.

MASCARILLE.

Oui; mais non pas pour nous.
Je l'ai fait, ce matin, mort pour l'amour de vous;
La vision le choque, et de pareilles feintes
Aux vieillards comme lui sont de dures atteintes,
Qui, sur l'état prochain de leur condition,
Leur font faire à regret triste réflexion.
Le bon homme, tout vieux [3], chérit fort la lumière,

---

[1] Par *amis d'épée*, Molière n'entend pas *compagnons d'armes*, mais seulement *compagnons de duel*. Cette expression peint heureusement les mœurs du temps; à cette époque une dispute devenoit une petite guerre où les amis prenoient fait et cause; on se battoit deux contre deux, trois contre trois, suivant le nombre des *amis d'épée*. Molière s'est sans doute servi de cette expression par analogie avec *amis de table*, *amis de tripot*. (Voyez la note de l'acte II, scène X, des *Fâcheux*.)

[2] Le *teston* valoit dix sous tournois, le marc d'argent étant à douze livres dix sous; il étoit appelé *teston* à cause de la tête de Louis XII qui y étoit représentée. Cette monnoie, fabriquée en 1513, subsista jusqu'à Henri III; mais le mot s'est conservé parmi le peuple qui dit encore proverbialement d'une chose de peu de valeur, qu'*elle ne vaut pas un teston*. (B.)

[3] *Tout vieux*, pour *quoique vieux*. Locution en usage du temps de Molière, et

Et ne veut point de jeu dessus cette matière;
Il craint le pronostic, et, contre moi fâché,
On m'a dit qu'en justice il m'avoit recherché.
J'ai peur, si le logis du roi fait ma demeure,
De m'y trouver si bien dès le premier quart d'heure,
Que j'aye peine aussi d'en sortir par après.
Contre moi dès long-temps l'on a force décrets;
Car enfin la vertu n'est jamais sans envie,
Et dans ce maudit siècle est toujours poursuivie.
Allez donc le fléchir.

LÉLIE.

Oui, nous le fléchirons :
Mais aussi tu promets...

MASCARILLE.

Ah! mon Dieu, nous verrons.

(Lélie sort.)

Ma foi, prenons haleine après tant de fatigues.
Cessons pour quelque temps le cours de nos intrigues,
Et de nous tourmenter de même qu'un lutin.
Léandre, pour nous nuire, est hors de garde enfin,
Et Célie arrêtée avecque l'artifice...

SCÈNE VI.

ERGASTE, MASCARILLE.

ERGASTE.

Je te cherchois partout pour te rendre un service [1],
Pour te donner avis d'un secret important.

MASCARILLE.

Quoi donc?

ERGASTE.

N'avons-nous point ici quelque écoutant?

---

dont Corneille offre plusieurs exemples. On se sert aujourd'hui du mot *tout* pour *quoique*, mais on l'accompagne d'un verbe : *tout vieux qu'il est*, etc.

[1] Le personnage d'Ergaste ne tient point à l'action, et il n'instruit pas le public des motifs qui l'engagent à rendre service à Mascarille : c'est une faute.

####### MASCARILLE.

Non.

####### ERGASTE.

Nous sommes amis autant qu'on le peut être :
Je sais bien tes desseins et l'amour de ton maître;
Songez à vous tantôt. Léandre fait parti
Pour enlever Célie; et j'en suis averti
Qu'il a mis ordre à tout, et qu'il se persuade
D'entrer chez Trufaldin par une mascarade,
Ayant su qu'en ce temps, assez souvent le soir,
Des femmes du quartier en masque l'alloient voir.

####### MASCARILLE.

Oui? Suffit; il n'est pas au comble de sa joie,
Je pourrai bien tantôt lui souffler cette proie;
Et contre cet assaut je sais un coup fourré
Par qui je veux qu'il soit de lui-même enferré.
Il ne sait pas les dons dont mon ame est pourvue.
Adieu; nous boirons pinte à la première vue.

SCÈNE VII.

####### MASCARILLE.

Il faut, il faut tirer à nous ce que d'heureux
Pourroit avoir en soi ce projet amoureux;
Et, par une surprise adroite et non commune,
Sans courir le danger, en tenter la fortune.
Si je vais me masquer pour devancer ses pas,
Léandre assurément ne nous bravera pas,
Et là, premier que lui, si nous faisons la prise,
Il aura fait pour nous les frais de l'entreprise;
Puisque par son dessein déja presque éventé
Le soupçon tombera toujours de son côté,
Et que nous, à couvert de toutes ses poursuites,
De ce coup hasardeux ne craindrons point de suites.

C'est ne se point commettre à faire de l'éclat,
Et tirer les marrons de la patte du chat [1].
Allons donc nous masquer avec quelques bons frères;
Pour prévenir nos gens, il ne faut tarder guères.
Je sais où gît le lièvre, et me puis, sans travail,
Fournir en un moment d'hommes et d'attirail.
Croyez que je mets bien mon adresse en usage :
Si j'ai reçu du ciel les fourbes en partage,
Je ne suis point au rang de ces esprits mal nés
Qui cachent les talents que Dieu leur a donnés [2].

SCÈNE VIII.

LÉLIE, ERGASTE.

LÉLIE.

Il prétend l'enlever avec sa mascarade?

ERGASTE.

Il n'est rien plus certain. Quelqu'un de sa brigade
M'ayant de ce dessein instruit, sans m'arrêter,
A Mascarille lors j'ai couru tout conter,
Qui s'en va, m'a-t-il dit, rompre cette partie
Par une invention dessus le champ bâtie;
Et, comme je vous ai rencontré par hasard,
J'ai cru que je devois de tout vous faire part.

LÉLIE.

Tu m'obliges par trop avec cette nouvelle :
Va, je reconnoîtrai ce service fidèle [3].

[1] Un proverbe italien et une fable de Regnier ont pu inspirer ce vers, et ce vers a peut-être donné à La Fontaine la première idée de la fable charmante de *Bertrand et Raton*.

[2] Ce monologue est plus naturel que le précédent, parcequ'il est inspiré par la préoccupation que donne toujours une nouvelle imprévue. On y sent d'ailleurs le pinceau vigoureux du poëte comique; et les quatre derniers vers renferment un trait de caractère qui fait honneur à Mascarille.

[3] Lélie a rejeté ses étourderies sur Mascarille qui ne daignoit pas le mettre dans sa confidence; le voilà prévenu; il suit son caractère, et n'en va que plus grand

SCÈNE IX.

LÉLIE.

Mon drôle assurément leur jouera quelque trait;
Mais je veux de ma part seconder son projet.
Il ne sera pas dit qu'en un fait qui me touche
Je ne me sois non plus remué qu'une souche.
Voici l'heure, ils seront surpris à mon aspect.
Foin! Que n'ai-je avec moi pris mon porte-respect?
Mais vienne qui voudra contre notre personne,
J'ai deux bons pistolets, et mon épée est bonne.
Holà! quelqu'un, un mot.

SCÈNE X.

TRUFALDIN, *à sa fenêtre;* LÉLIE.

TRUFALDIN.
Qu'est-ce qui me vient voir?
LÉLIE.
Fermez soigneusement votre porte ce soir.
TRUFALDIN.
Pourquoi?
LÉLIE.
Certaines gens font une mascarade
Pour vous venir donner une fâcheuse aubade;
Ils veulent enlever votre Célie.
TRUFALDIN.
O dieux!
LÉLIE.
Et sans doute bientôt ils viennent en ces lieux.
Demeurez; vous pourrez voir tout de la fenêtre.
Hé bien! qu'avois-je dit? Les voyez-vous paroître?

---

train. Les difficultés du sujet croissent de scène en scène : c'étoit le seul moyen de soutenir l'intérêt.

Chut, je veux à vos yeux leur en faire l'affront.
Nous allons voir beau jeu, si la corde ne rompt.

SCÈNE XI.
LÉLIE, TRUFALDIN, MASCARILLE
et sa suite masqués.

TRUFALDIN.
Oh! les plaisants robins ¹, qui pensent me surprendre!
LÉLIE.
Masques, où courez-vous? Le pourroit-on apprendre?
Trufaldin, ouvrez-leur pour jouer un momon ².
(à Mascarille, déguisé en femme.)
Bon Dieu, qu'elle est jolie, et qu'elle a l'air mignon!
Eh quoi! vous murmurez? mais, sans vous faire outrage,
Peut-on lever le masque, et voir votre visage?
TRUFALDIN.
Allez, fourbes méchants, retirez-vous d'ici,
Canaille; et vous, seigneur, bonsoir et grand merci.

SCÈNE XII.
LÉLIE, MASCARILLE.

LÉLIE, *après avoir démasqué Mascarille.*
Mascarille, est-ce toi?
MASCARILLE.
Nenni dà, c'est quelque autre.
LÉLIE.
Hélas! quelle surprise! et quel sort est le nôtre!
L'aurois-je deviné, n'étant point averti

---

¹ Le mot *robin* signifioit autrefois un *bouffon*, un *sot*, un *facétieux*. (B.)—On a donné le nom de robin au mouton à cause de sa robe de laine. Or le mouton étant, au dire d'Aristote, cité par Rabelais, le plus sot des animaux, le nom de *robin* est devenu par extension celui des hommes sans esprit. (LE DUCHAT.)

² *Momon*, somme d'argent que des masques jouoient aux dés. (B.)—On donnoit aussi ce nom aux personnes masquées qui s'introduisoient dans les maisons pour jouer ou pour danser. Suivant Ménage, ce mot vient de *Momus*, dieu de la folie.

Des secrètes raisons qui l'avoient travesti?
Malheureux que je suis d'avoir, dessous ce masque,
Été, sans y penser, te faire cette frasque!
Il me prendroit envie, en ce juste courroux,
De me battre moi-même, et me donner cent coups.

MASCARILLE.

Adieu, sublime esprit, rare imaginative.

LÉLIE.

Las! si de ton secours ta colère me prive,
A quel saint me vouerai-je?

MASCARILLE.

Au grand diable d'enfer.

LÉLIE.

Ah! si ton cœur pour moi n'est de bronze ou de fer,
Qu'encore un coup du moins mon imprudence ait grâce!
S'il faut pour l'obtenir que tes genoux j'embrasse,
Vois-moi...

MASCARILLE.

Tarare! Allons, camarades, allons[1]:
J'entends venir des gens qui sont sur nos talons.

SCÈNE XIII.

LÉANDRE *et sa suite, masqués;* TRUFALDIN,
à sa fenêtre.

LÉANDRE.

Sans bruit; ne faisons rien que de la bonne sorte.

TRUFALDIN.

Quoi! masques toute nuit[2] assiégeront ma porte!
Messieurs, ne gagnez point de rhumes à plaisir;

---

[1] *Tarare*, expression burlesque imaginée, suivant Richelet, pour imiter le son de la trompette, et dont on se sert pour exprimer qu'on ne veut rien entendre, qu'on n'ajoute aucune foi à la chose qu'on nous dit.

[2] On disoit alors *toute nuit*, au lieu de *toute la nuit*; mais, comme on ne pouvoit pas dire *tout jour*, à cause de l'équivoque de *toujours*, on a dit *toute la nuit*, comme on disoit *tout le jour*. (V.)

Tout cerveau qui le fait est certes de loisir.
Il est un peu trop tard pour enlever Célie ;
Dispensez-l'en ce soir, elle vous en supplie ;
La belle est dans le lit, et ne peut vous parler ;
J'en suis fâché pour vous. Mais, pour vous régaler
Du souci qui pour elle ici vous inquiète,
Elle vous fait présent de cette cassolette [1].

LÉANDRE.

Fi ! cela sent mauvais, et je suis tout gâté.
Nous sommes découverts, tirons de ce côté.

ACTE QUATRIÈME.

SCÈNE I.

LÉLIE, *déguisé en Arménien*; MASCARILLE.

MASCARILLE.

Vous voilà fagoté d'une plaisante sorte.

LÉLIE.

Tu ranimes par-là mon espérance morte.

MASCARILLE.

Toujours de ma colère on me voit revenir ;
J'ai beau jurer, pester, je ne m'en puis tenir.

LÉLIE.

Aussi crois, si jamais je suis dans la puissance,
Que tu seras content de ma reconnoissance,
Et que, quand je n'aurois qu'un seul morceau de pain...

---

[1] Ce trait, digne des tréteaux de Tabarin, ne manque jamais d'exciter la gaieté du parterre, ce qui explique suffisamment pourquoi Molière l'a emprunté à la comédie italienne. Il cherchoit alors à gagner des juges que bientôt il devoit instruire. Tout le monde approuvera Cailhava, qui auroit désiré pouvoir supprimer les deux derniers vers de cet acte. Tous les incidents, depuis la scène VI, appartiennent à l'auteur de *l'Inavvertito*.

ACTE IV, SCÈNE I.

MASCARILLE.

Baste; songez à vous dans ce nouveau dessein.
Au moins, si l'on vous voit commettre une sottise,
Vous n'imputerez plus l'erreur à la surprise;
Votre rôle en ce jeu par cœur doit être su.

LÉLIE.

Mais comment Trufaldin chez lui t'a-t-il reçu?

MASCARILLE.

D'un zèle simulé j'ai bridé le bon sire¹;
Avec empressement je suis venu lui dire,
S'il ne songeoit à lui que l'on le surprendroit;
Que l'on couchoit en joue, et de plus d'un endroit,
Celle dont il a vu qu'une lettre en avance
Avoit si faussement divulgué la naissance;
Qu'on avoit bien voulu m'y mêler quelque peu;
Mais que j'avois tiré mon épingle du jeu,
Et que, touché d'ardeur pour ce qui le regarde,
Je venois l'avertir de se donner de garde.
De là, moralisant, j'ai fait de grands discours
Sur les fourbes qu'on voit ici-bas tous les jours;
Que, pour moi, las du monde et de sa vie infame,
Je voulois travailler au salut de mon ame,
A m'éloigner du trouble, et pouvoir longuement
Près de quelque honnête homme être paisiblement;
Que, s'il le trouvoit bon, je n'aurois d'autre envie
Que de passer chez lui le reste de ma vie;
Et que même à tel point il m'avoit su ravir,
Que, sans lui demander gages pour le servir,
Je mettrois en ses mains, que je tenois certaines,
Quelque bien de mon père, et le fruit de mes peines,
Dont, avenant que Dieu de ce monde m'ôtât,

---

¹ On dit proverbialement, *brider l'oison*, *brider la bécasse*, pour tromper quelqu'un, *le conduire à sa guise*. Molière a fait passer dans son vers toute l'énergie de ce proverbe. Ces expressions, *le bon sire*, y ajoutent même quelque chose en montrant avec quelle facilité Mascarille a su tromper Trufaldin.

J'entendois tout de bon que lui seul héritât.
C'étoit le vrai moyen d'acquérir sa tendresse.
Et comme, pour résoudre avec votre maîtresse
Des biais qu'on doit prendre à terminer vos vœux,
Je voulois en secret vous aboucher tous deux,
Lui-même a su m'ouvrir une voie assez belle,
De pouvoir hautement vous loger avec elle ;
Venant m'entretenir d'un fils privé du jour,
Dont cette nuit en songe il a vu le retour.
A ce propos voici l'histoire qu'il m'a dite,
Et sur qui j'ai tantôt notre fourbe construite.

LÉLIE.

C'est assez, je sais tout : tu me l'as dit deux fois.

MASCARILLE.

Oui, oui ; mais quand j'aurois passé jusques à trois,
Peut-être encor qu'avec toute sa suffisance,
Votre esprit manquera dans quelque circonstance.

LÉLIE.

Mais à tant différer je me fais de l'effort.

MASCARILLE.

Ah ! de peur de tomber, ne courons pas si fort !
Voyez-vous ? Vous avez la caboche un peu dure.
Rendez-vous affermi dessus cette aventure.
Autrefois Trufaldin de Naples est sorti,
Et s'appeloit alors Zanobio Ruberti ;
Un parti qui causa quelque émeute civile,
Dont il fut seulement soupçonné dans sa ville
(De fait il n'est pas homme à troubler un état),
L'obligea d'en sortir une nuit sans éclat.
Une fille fort jeune et sa femme laissées,
A quelque temps de là se trouvant trépassées,
Il en eut la nouvelle, et, dans ce grand ennui,
Voulant dans quelque ville emmener avec lui,
Outre ses biens, l'espoir qui restoit de sa race,
Un sien fils, écolier, qui se nommoit Horace,

ACTE IV, SCÈNE I.

Il écrit à Bologne, où, pour mieux être instruit,
Un certain maître Albert, jeune, l'avoit conduit ;
Mais pour se joindre tous, le rendez-vous qu'il donne
Durant deux ans entiers ne lui fit voir personne :
Si bien que, les jugeant morts après ce temps-là,
Il vint en cette ville, et prit le nom qu'il a,
Sans que de cet Albert, ni de ce fils Horace,
Douze ans aient découvert jamais la moindre trace.
Voilà l'histoire en gros, redite seulement
Afin de vous servir ici de fondement.
Maintenant vous serez un marchand d'Arménie,
Qui les aurez vus sains l'un et l'autre en Turquie.
Si j'ai, plus tôt qu'aucun, un tel moyen trouvé,
Pour les ressusciter sur ce qu'il a rêvé,
C'est qu'en fait d'aventure il est très ordinaire
De voir gens pris sur mer par quelque Turc corsaire,
Puis être à leur famille à point nommé rendus,
Après quinze ou vingt ans qu'on les a crus perdus.
Pour moi, j'ai vu déja cent contes de la sorte.
Sans nous alambiquer, servons-nous-en ; qu'importe ?
Vous leur aurez ouï leur disgrace conter,
Et leur aurez fourni de quoi se racheter ;
Mais que, parti plus tôt pour chose nécessaire,
Horace vous chargea de voir ici son père
Dont il a su le sort, et chez qui vous devez
Attendre quelques jours qu'ils seroient arrivés.
Je vous ai fait tantôt des leçons étendues [1].

---

[1] Cette histoire, placée ici comme un simple stratagème, renferme cependant tout le nœud de la pièce. L'auteur s'en est servi pour accroître l'intérêt, varier les situations, et développer le caractère de Lélie ; mais c'est peut-être le seul exemple qu'offre le théâtre d'une exposition placée au quatrième acte. On sait que Molé, qui jouoit ce rôle avec succès, au lieu d'écouter cette histoire, paroissoit uniquement occupé de son habit d'Arménien, s'amusoit avec les plis de sa robe, et faisoit des poupées avec sa ceinture. Cailhava a justement critiqué ce méchant jeu de théâtre, où l'acteur, sortant de son rôle, faisoit dégénérer une impatience amoureuse en un enfantillage ridicule. L'étourderie de Lélie doit être exprimée avec cette pétulance, cette légèreté charmante qui n'exclut pas le savoir-vivre,

LÉLIE.

Ces répétitions ne sont que superflues :
Dès l'abord mon esprit a compris tout le fait.

MASCARILLE.

Je m'en vais là-dedans donner le premier trait.

LÉLIE.

Écoute, Mascarille, un seul point me chagrine.
S'il alloit de son fils me demander la mine?

MASCARILLE.

Belle difficulté ! Devez-vous pas savoir
Qu'il étoit fort petit alors qu'il l'a pu voir?
Et puis, outre cela, le temps et l'esclavage
Pourroient-ils pas avoir changé tout son visage?

LÉLIE.

Il est vrai. Mais dis-moi, s'il connoît qu'il m'a vu,
Que faire?

MASCARILLE.

De mémoire êtes-vous dépourvu?
Nous avons dit tantôt qu'outre que votre image
N'avoit dans son esprit pu faire qu'un passage,
Pour ne vous avoir vu que durant un moment,
Et le poil et l'habit déguisoient grandement.

LÉLIE.

Fort bien. Mais à propos, cet endroit de Turquie...?

MASCARILLE.

Tout, vous dis-je, est égal, Turquie ou Barbarie.

LÉLIE.

Mais le nom de la ville où j'aurai pu les voir?

Molière, qui vouloit intéresser à l'amour de Lélie, n'a jamais pu avoir l'intention d'en faire un sot. Ainsi, lorsque Lélie se déguise en Arménien pour s'introduire auprès de sa maîtresse, il est naturel qu'il s'impatiente des longueurs d'un récit qui retarde son entreprise ; il peut même essayer d'interrompre Mascarille, ne prêter aucune attention à ses paroles, et paroître ne songer qu'au résultat du projet, sans s'inquiéter des détails. Voilà où s'arrête son étourderie, et c'est un véritable contresens que de le montrer jouant avec son habit, lorsqu'il ne doit songer qu'à sa maîtresse. Un pareil badinage peut servir à faire briller les graces d'un acteur comme Molé, mais non à faire connoître le génie de Molière.

MASCARILLE.

Tunis. Il me tiendra, je crois, jusques au soir.
La répétition, dit-il, est inutile,
Et j'ai déja nommé douze fois cette ville.

LÉLIE.

Va, va-t'en commencer; il ne me faut plus rien.

MASCARILLE.

Au moins soyez prudent, et vous conduisez bien;
Ne donnez point ici de l'imaginative.

LÉLIE.

Laisse-moi gouverner. Que ton ame est craintive!

MASCARILLE.

Horace dans Bologne écolier, Trufaldin
Zanobio Ruberti dans Naples citadin,
Le précepteur Albert...

LÉLIE.

          Ah! c'est me faire honte
Que de me tant prêcher! Suis-je un sot, à ton compte?

MASCARILLE.

Non, pas du tout; mais bien quelque chose approchant.

SCÈNE II.

LÉLIE.

Quand il m'est inutile, il fait le chien couchant;
Mais, parcequ'il sent bien le secours qu'il me donne,
Sa familiarité jusque-là s'abandonne.
Je vais être de près éclairé des beaux yeux
Dont la force m'impose un joug si précieux;
Je m'en vais sans obstacle, avec des traits de flamme,
Peindre à cette beauté les tourments de mon ame;
Je saurai quel arrêt je dois... Mais les voici.

SCÈNE III.

TRUFALDIN, LÉLIE, MASCARILLE.

TRUFALDIN.

Sois béni, juste ciel, de mon sort adouci!

MASCARILLE.

C'est à vous de rêver et de faire des songes,
Puisqu'en vous il est faux que songes sont mensonges.

TRUFALDIN, *à Lélie.*

Quelle grace, quels biens vous rendrai-je, seigneur,
Vous, que je dois nommer l'ange de mon bonheur?

LÉLIE.

Ce sont soins superflus, et je vous en dispense.

TRUFALDIN, *à Mascarille.*

J'ai, je ne sais pas où, vu quelque ressemblance
De cet Arménien.

MASCARILLE.

C'est ce que je disois;
Mais on voit des rapports admirables parfois.

TRUFALDIN.

Vous avez vu ce fils où mon espoir se fonde?

LÉLIE.

Oui, seigneur Trufaldin, le plus gaillard du monde.

TRUFALDIN.

Il vous a dit sa vie, et parlé fort de moi?

LÉLIE.

Plus de dix mille fois.

MASCARILLE.

Quelque peu moins, je croi.

LÉLIE.

Il vous a dépeint tel que je vous vois paroître,
Le visage, le port...

TRUFALDIN.

Cela pourroit-il être,

ACTE IV, SCÈNE III.

Si, lorsqu'il m'a pu voir, il n'avoit que sept ans,
Et si son précepteur même, depuis ce temps,
Auroit peine à pouvoir connoître mon visage?

MASCARILLE.

Le sang, bien autrement, conserve cette image;
Par des traits si profonds ce portrait est tracé,
Que mon père...

TRUFALDIN.

Suffit. Où l'avez-vous laissé?

LÉLIE.

En Turquie, à Turin.

TRUFALDIN.

Turin? Mais cette ville
Est, je pense, en Piémont.

MASCARILLE, *à part.*

O cerveau malhabile [1] !

(à Trufaldin.)

Vous ne l'entendez pas, il veut dire Tunis,
Et c'est en effet là qu'il laissa votre fils ;
Mais les Arméniens ont tous une habitude,
Certain vice de langue à nous autres fort rude ;
C'est que dans tous les mots ils changent *nis* en *rin*,
Et pour dire Tunis, ils prononcent Turin [2].

TRUFALDIN.

Il falloit, pour l'entendre, avoir cette lumière.
Quel moyen vous dit-il de rencontrer son père?

MASCARILLE.

(à part.)   (à Trufaldin, après s'être escrimé.)

Voyez s'il répondra. Je repassois un peu
Quelque leçon d'escrime : autrefois en ce jeu

---

[1] Molière a marqué en toutes lettres que Mascarille feindroit de repasser une leçon d'escrime, lorsque Trufaldin le surprendroit faisant des signes à Lélie; mais il n'a pas dit un mot de cet indigne coup de pied que Mascarille allonge à son maître pour lui apprendre que Turin n'est pas en Turquie. Il est même permis de douter que ce jeu de théâtre soit une tradition du rôle de Mascarille. Molière, qui jouoit ce rôle, n'avoit pas besoin de recourir à de pareils moyens pour obtenir les applaudissements. (C.)

[2] Ceci est un trait d'ignorance, et non un trait d'étourderie. Sans doute Molière

Il n'étoit point d'adresse à mon adresse égale,
Et j'ai battu le fer en mainte et mainte salle.
           TRUFALDIN, *à Mascarille.*
Ce n'est pas maintenant ce que je veux savoir.
    (à Lélie.)
Quel autre nom dit-il que je devois avoir?
           MASCARILLE.
Ah! seigneur Zanobio Ruberti, quelle joie
Est celle maintenant que le ciel vous envoie!
           LÉLIE.
C'est là votre vrai nom, et l'autre est emprunté.
           TRUFALDIN.
Mais où vous a-t-il dit qu'il reçut la clarté?
           MASCARILLE.
Naples est un séjour qui paroît agréable;
Mais pour vous ce doit être un lieu fort haïssable.
           TRUFALDIN.
Ne peux-tu, sans parler, souffrir notre discours?
           LÉLIE.
Dans Naples son destin a commencé son cours.
           TRUFALDIN.
Où l'envoyai-je jeune, et sous quelle conduite?
           MASCARILLE.
Ce pauvre maître Albert a beaucoup de mérite
D'avoir depuis Bologne accompagné ce fils,
Qu'à sa discrétion vos soins avoient commis!
           TRUFALDIN.
Ah!
           MASCARILLE, *à part.*
  Nous sommes perdus si cet entretien dure.
           TRUFALDIN.
Je voudrois bien savoir de vous leur aventure,
Sur quel vaisseau le sort qui m'a su travailler...

ne s'y est pas mépris; mais on conçoit qu'il ait fermé les yeux sur sa faute, lors
qu'on lit la plaisante explication de Mascarille.

ACTE IV, SCÈNE IV.

MASCARILLE.

Je ne sais ce que c'est, je ne fais que bâiller ;
Mais, seigneur Trufaldin, songez-vous que peut-être
Ce monsieur l'étranger a besoin de repaître,
Et qu'il est tard aussi ?

LÉLIE.

Pour moi, point de repas.

MASCARILLE.

Ah ! vous avez plus faim que vous ne pensez pas.

TRUFALDIN.

Entrez donc.

LÉLIE.

Après vous.

MASCARILLE, *à Trufaldin*.

Monsieur, en Arménie
Les maîtres du logis sont sans cérémonie.
(à Lélie, après que Trufaldin est entré dans sa maison.)
Pauvre esprit ! Pas deux mots [1] !

LÉLIE.

D'abord il m'a surpris ;
Mais n'appréhende plus, je reprends mes esprits,
Et m'en vais débiter avecque hardiesse...

MASCARILLE.

Voici notre rival, qui ne sait pas la pièce.
(Ils entrent dans la maison de Trufaldin.)

SCÈNE IV.

ANSELME, LÉANDRE.

ANSELME.

Arrêtez-vous, Léandre, et souffrez un discours

[1] Cette scène si plaisante n'est cependant qu'une répétition de la longue histoire racontée par Mascarille dans la scène précédente. Comment se fait-il que cette histoire nous paroisse si courte maintenant ? c'est qu'elle est mise en action, et cela, par le seul effet du caractère de Lélie. Ses étourderies et les efforts de Mascarille pour les réparer donnent tout l'attrait de la nouveauté aux détails que nous con-

Qui cherche le repos et l'honneur de vos jours.
Je ne vous parle point en père de ma fille,
En homme intéressé pour ma propre famille,
Mais comme votre père ému pour votre bien,
Sans vouloir vous flatter et vous déguiser rien;
Bref, comme je voudrois, d'une ame franche et pure,
Que l'on fit à mon sang en pareille aventure.
Savez-vous de quel œil chacun voit cet amour,
Qui dedans une nuit vient d'éclater au jour [1]?
A combien de discours et de traits de risée
Votre entreprise d'hier est partout exposée?
Quel jugement on fait du choix capricieux
Qui pour femme, dit-on, vous désigne en ces lieux
Un rebut de l'Égypte, une fille coureuse,
De qui le noble emploi n'est qu'un métier de gueuse?
J'en ai rougi pour vous encor plus que pour moi,
Qui me trouve compris dans l'éclat que je voi:
Moi, dis-je, dont la fille, à vos ardeurs promise,
Ne peut, sans quelque affront, souffrir qu'on la méprise.
Ah! Léandre, sortez de cet abaissement!
Ouvrez un peu les yeux sur votre aveuglement.
Si notre esprit n'est pas sage à toutes les heures,
Les plus courtes erreurs sont toujours les meilleures.
Quand on ne prend en dot que la seule beauté,
Le remords est bien près de la solennité [2],
Et la plus belle femme a très peu de défense

noissions déja. Ici le comique ressort du caractère de *l'Étourdi*, et cette scene suffiroit pour justifier le titre de la pièce.

[1] Ce vers est un exemple de ce mauvais goût que Molière contribua à corriger dans la suite. On ne trouve rien de pareil dans ses chefs-d'œuvre; mais alors il n'imitoit pas les Italiens.

[2] *Regret* est le mot propre. Le remords ne nait pas d'une action imprudente, mais d'une action coupable. Les vers qui terminent cette tirade sont pleins de vigueur. Anselme, si ridicule au premier acte, lorsqu'on lui fait croire qu'il est aimé de Nérine, est ici un homme plein de prévoyance et de raison. Les intérêts de sa fille l'éclairent autant que sa passion le trouble : voilà bien le cœur de l'homme.

Contre cette tiédeur qui suit la jouissance.
Je vous le dis encor, ces bouillants mouvements,
Ces ardeurs de jeunesse et ces emportements
Nous font trouver d'abord quelques nuits agréables;
Mais ces félicités ne sont guère durables,
Et notre passion, alentissant son cours,
Après ces bonnes nuits donne de mauvais jours :
De là viennent les soins, les soucis, les misères,
Les fils déshérités par le courroux des pères.

LÉANDRE.

Dans tout votre discours je n'ai rien écouté
Que mon esprit déja ne m'ait représenté.
Je sais combien je dois à cet honneur insigne
Que vous me voulez faire, et dont je suis indigne;
Et vois, malgré l'effort dont je suis combattu,
Ce que vaut votre fille et quelle est sa vertu :
Aussi veux-je tâcher...

ANSELME.

On ouvre cette porte :
Retirons-nous plus loin, de crainte qu'il n'en sorte
Quelque secret poison dont vous seriez surpris[1].

SCÈNE V.

LÉLIE, MASCARILLE.

MASCARILLE.

Bientôt de notre fourbe on verra le débris,
Si vous continuez des sottises si grandes.

---

[1] Bien que cette scène, où Anselme moralise longuement, nous prépare à voir Léandre renoncer de bonne grace à Célie et épouser Hippolyte, elle n'en paroit pas moins un vain remplissage placé là pour occuper le théâtre, et donner à Lélie le temps de faire toutes les extravagances dont nous allons voir le récit dans la scène suivante. Ce qui augmente ce défaut, c'est que l'entretien se passe sous les fenêtres de Célie, lieu fort mal choisi pour détourner Léandre de le voir. Anselme s'en aperçoit lui-même, puisqu'il emmène brusquement Léandre, dès qu'il entend la porte de Trufaldin s'ouvrir. (A.)

LÉLIE.

Dois-je éternellement ouïr tes réprimandes?
De quoi te peux-tu plaindre? Ai-je pas réussi
En tout ce que j'ai dit depuis?

MASCARILLE.

Couci-couci.
Témoin les Turcs par vous appelés hérétiques,
Et que vous assurez, par serments authentiques,
Adorer pour leurs dieux la lune et le soleil.
Passe. Ce qui me donne un dépit nonpareil,
C'est qu'ici votre amour étrangement s'oublie;
Près de Célie, il est ainsi que la bouillie,
Qui par un trop grand feu s'enfle, croit jusqu'aux bords,
Et de tous les côtés se répand au-dehors[1].

LÉLIE.

Pourroit-on se forcer à plus de retenue?
Je ne l'ai presque point encore entretenue.

MASCARILLE.

Oui, mais ce n'est pas tout que de ne parler pas;
Par vos gestes, durant un moment de repas,
Vous avez aux soupçons donné plus de matière
Que d'autres ne feroient dans une année entière.

LÉLIE.

Et comment donc?

MASCARILLE.

Comment? Chacun a pu le voir.
A table, où Trufaldin l'oblige de se seoir,
Vous n'avez toujours fait qu'avoir les yeux sur elle.

---

[1] Cette comparaison et une partie de la scène sont imitées d'une pièce italienne, l'*Angelica* de *Fabritio de Fornaris*. (C.) — L'auteur italien s'exprime ainsi : « Le sens de Fulvio est comme un pot qui bout ; Angélique est auprès qui attise le « feu, et l'écume ne tardera pas à se répandre par-dessus les bords. » Molière, en mettant cette comparaison dans la bouche d'un valet, et en la dégageant de plusieurs traits de mauvais goût, a laissé son modèle bien loin derrière lui ; et si, sous cette forme, notre délicatesse la repousse, c'est que nous avons une fausse délicatesse.

Rouge, tout interdit, jouant de la prunelle,
Sans prendre jamais garde à ce qu'on vous servoit,
Vous n'aviez point de soif qu'alors qu'elle buvoit;
Et dans ses propres mains vous saisissant du verre,
Sans le vouloir rincer, sans rien jeter à terre,
Vous buviez sur son reste, et montriez d'affecter
Le côté qu'à sa bouche elle avoit su porter.
Sur les morceaux touchés de sa main délicate,
Ou mordus de ses dents, vous étendiez la patte
Plus brusquement qu'un chat dessus une souris,
Et les avaliez tout ainsi que des pois gris [1].
Puis, outre tout cela, vous faisiez sous la table
Un bruit, un triquetrac de pieds insupportable,
Dont Trufaldin, heurté de deux coups trop pressants,
A puni par deux fois deux chiens très innocents,
Qui, s'ils eussent osé, vous eussent fait querelle.
Et puis après cela votre conduite est belle?
Pour moi, j'en ai souffert la gêne sur mon corps.
Malgré le froid, je sue encor de mes efforts.
Attaché dessus vous comme un joueur de boule
Après le mouvement de la sienne qui roule,
Je pensois retenir toutes vos actions,
En faisant de mon corps mille contorsions [2].

---

[1] On disoit autrefois, pour exprimer la voracité d'un homme : *C'est un avaleur de pois gris*. Il est probable que le proverbe tire son origine des charlatans qui étoient dans l'usage d'avaler, avec dextérité, devant le public, une grande quantité de ces pois. Cet usage ayant disparu, le vers cesse non seulement de présenter une image comique, mais encore d'être intelligible. On trouve un exemple de ce proverbe dans *la Prison* de M. d'Assoucy, p. 43.

[2] Tout ce morceau est charmant, et les reproches de Mascarille sont la meilleure excuse des extravagances de son maître. On voit Lélie transporté par sa passion, et on lui pardonne d'oublier son rôle. Au reste, les principaux traits sont imités de l'*Angelica*, avec cette supériorité de goût qui appartient à Molière; voici le passage traduit par M. Auger : « En quoi vous avez manqué? Il vous semble que vous
« n'avez manqué en rien, parceque vous êtes aveugle, et que vous ne voyez pas
« ce que voient les autres qui ont leurs yeux. Vous ne pouvez pas approcher d'An-
« gélique, que vous ne changiez de couleur; vous ne sauriez vous éloigner un
« moment d'elle. A table, vous êtes toujours à la contempler d'un air hébété;

LÉLIE.

Mon Dieu! qu'il t'est aisé de condamner des choses
Dont tu ne ressens point les agréables causes!
Je veux bien néanmoins, pour te plaire une fois,
Faire force à l'amour qui m'impose des lois.
Désormais...

SCÈNE VI.

TRUFALDIN, LÉLIE, MASCARILLE.

MASCARILLE.

Nous parlions des fortunes d'Horace.

TRUFALDIN.

(à Lélie.)

C'est bien fait. Cependant me ferez-vous la grace
Que je puisse lui dire un seul mot en secret?

LÉLIE.

Il faudroit autrement être fort indiscret.

(Lélie entre dans la maison de Trufaldin.)

SCÈNE VII.

TRUFALDIN, MASCARILLE.

TRUFALDIN.

Écoute: sais-tu bien ce que je viens de faire?

MASCARILLE.

Non; mais si vous voulez, je ne tarderai guère,
Sans doute, à le savoir.

TRUFALDIN.

D'un chêne grand et fort,
Dont près de deux cents ans ont fait déjà le sort,

« vous ne mangez que les morceaux qu'elle a mordus; vous ne buvez que dans
« son verre, et du côté où elle-même elle a bu; vous ne vous essuyez la bouche
« qu'avec sa serviette; ensuite vous lui parlez des pieds, sous la table, d'une telle
« force, que vous avez deux fois fait sortir ses pantoufles hors de ses pieds; et ce
« que vous lui disiez dans ce langage a dû être entendu même des chiens qui
« étoient là à ronger des os. »

Je viens de détacher une branche admirable,
Choisie expressément de grosseur raisonnable,
Dont j'ai fait sur-le-champ, avec beaucoup d'ardeur,
(Il montre son bras.)
Un bâton à peu près... oui, de cette grandeur,
Moins gros par l'un des bouts, mais, plus que trente gaules,
Propre, comme je pense, à rosser les épaules;
Car il est bien en main, vert, noueux, et massif.

MASCARILLE.

Mais pour qui, je vous prie, un tel préparatif?

TRUFALDIN.

Pour toi, premièrement; puis pour ce bon apôtre
Qui veut m'en donner d'une, et m'en jouer d'une autre,
Pour cet Arménien, ce marchand déguisé,
Introduit sous l'appât d'un conte supposé.

MASCARILLE.

Quoi! vous ne croyez pas...

TRUFALDIN.

Ne cherche point d'excuse :
Lui-même heureusement a découvert sa ruse;
Et disant à Célie, en lui serrant la main,
Que pour elle il venoit sous ce prétexte vain,
Il n'a pas aperçu Jeannette, ma filleule[1],
Laquelle a tout ouï, parole pour parole;
Et je ne doute point, quoiqu'il n'en ait rien dit,
Que tu ne sois de tout le complice maudit.

MASCARILLE.

Ah! vous me faites tort. S'il faut qu'on vous affronte,
Croyez qu'il m'a trompé le premier à ce conte.

TRUFALDIN.

Veux-tu me faire voir que tu dis vérité?
Qu'à le chasser mon bras soit du tien assisté :

---

[1] On prononce *fillol* à la ville, dit Vaugelas, et *filleul* à la cour; et il ajoute : L'usage de la cour doit prévaloir sur l'usage de la ville, sans y chercher d'autre raison. Cette décision de Vaugelas s'est accomplie, malgré l'autorité de Molière.

Donnons-en à ce fourbe et du long et du large,
Et de tout crime après mon esprit te décharge.

MASCARILLE.

Oui-dà, très volontiers, je l'épousterai bien,
Et par-là vous verrez que je n'y trempe en rien.
(à part.)
Ah! vous serez rossé, monsieur de l'Arménie,
Qui toujours gâtez tout!

SCÈNE VIII.

LÉLIE, TRUFALDIN, MASCARILLE.

TRUFALDIN, *à Lélie, après avoir heurté à sa porte.*
Un mot, je vous supplie.
Donc, monsieur l'imposteur, vous osez aujourd'hui
Duper un honnête homme, et vous jouer de lui?

MASCARILLE.

Feindre avoir vu son fils en une autre contrée,
Pour vous donner chez lui plus aisément entrée!

TRUFALDIN *bat Lélie.*

Vidons, vidons sur l'heure.

LÉLIE, *à Mascarille, qui le bat aussi.*
Ah, coquin!

MASCARILLE.
C'est ainsi
Que les fourbes...

LÉLIE.

Bourreau!

MASCARILLE.
Sont ajustés ici.
Gardez-moi bien cela.

LÉLIE.

Quoi donc! je serois homme...

ACTE IV, SCÈNE VIII.

MASCARILLE, *le battant toujours en le chassant.*

Tirez, tirez[1], vous dis-je, ou bien je vous assomme.

TRUFALDIN.

Voilà qui me plaît fort ; rentre, je suis content.

(Mascarille suit Trufaldin, qui rentre dans sa maison.)

LÉLIE, *revenant.*

A moi, par un valet, cet affront éclatant !
L'auroit-on pu prévoir l'action de ce traître,
Qui vient insolemment de maltraiter son maître ?

MASCARILLE, *à la fenêtre de Trufaldin.*

Peut-on vous demander comme va votre dos ?

LÉLIE.

Quoi ! tu m'oses encor tenir un tel propos ?

MASCARILLE.

Voilà, voilà que c'est de ne voir pas Jeannette,
Et d'avoir en tout temps une langue indiscrète.
Mais, pour cette fois-ci, je n'ai point de courroux.
Je cesse d'éclater, de pester contre vous ;
Quoique de l'action l'imprudence soit haute,
Ma main sur votre échine a lavé votre faute.

LÉLIE.

Ah ! je me vengerai de ce trait déloyal !

MASCARILLE.

Vous vous êtes causé vous-même tout le mal.

LÉLIE.

Moi ?

MASCARILLE.

Si vous n'étiez pas une cervelle folle,
Quand vous avez parlé naguère à votre idole,
Vous auriez aperçu Jeannette sur vos pas,
Dont l'oreille subtile a découvert le cas.

---

[1] *Tirez, tirez*, est ici pour *fuyez, éloignez-vous*. On dit proverbialement *il a tiré au large*, pour *il s'est enfui*. La Fontaine, dans la fable des *deux Pigeons*, et Racine, dans *les Plaideurs*, ont employé ce mot dans le même sens.

LÉLIE.

On auroit pu surprendre un mot dit à Célie?

MASCARILLE.

Et d'où doncques viendroit cette prompte sortie?
Oui, vous n'êtes dehors que par votre caquet.
Je ne sais si souvent vous jouez au piquet :
Mais au moins faites-vous des écarts admirables[1].

LÉLIE.

O le plus malheureux de tous les misérables!
Mais encore, pourquoi me voir chassé par toi?

MASCARILLE.

Je ne fis jamais mieux que d'en prendre l'emploi;
Par-là, j'empêche au moins que de cet artifice
Je ne sois soupçonné d'être auteur ou complice.

LÉLIE.

Tu devois donc, pour toi, frapper plus doucement.

MASCARILLE.

Quelque sot. Trufaldin lorgnoit exactement :
Et puis, je vous dirai, sous ce prétexte utile
Je n'étois point fâché d'évaporer ma bile.
Enfin la chose est faite; et, si j'ai votre foi
Qu'on ne vous verra point vouloir venger sur moi,
Soit ou directement, ou par quelque autre voie,
Les coups sur votre râble assénés avec joie,
Je vous promets, aidé par le poste où je suis,
De contenter vos vœux avant qu'il soit deux nuits.

LÉLIE.

Quoique ton traitement ait eu trop de rudesse,
Qu'est-ce que dessus moi ne peut cette promesse?

MASCARILLE.

Vous le promettez donc?

---

[1] On peut excuser ce jeu de mots, parcequ'il est dans la bouche de Mascarille. Il appartient à l'auteur italien, ainsi que presque toutes les pointes de ce genre qui se trouvent dans la pièce. (B.)

ACTE IV, SCÈNE VIII.

LÉLIE.
Oui, je te le promets¹.
MASCARILLE.
Ce n'est pas encor tout. Promettez que jamais
Vous ne vous mêlerez dans quoi que j'entreprenne.
LÉLIE.
Soit.
MASCARILLE.
Si vous y manquez, votre fièvre quartaine² !
LÉLIE.
Mais tiens-moi donc parole, et songe à mon repos.
MASCARILLE.
Allez quitter l'habit, et graisser votre dos.
LÉLIE, *seul.*
Faut-il que le malheur qui me suit à la trace
Me fasse voir toujours disgrace sur disgrace !
MASCARILLE, *sortant de chez Trufaldin.*
Quoi, vous n'êtes pas loin? Sortez vite d'ici;
Mais surtout gardez-vous de prendre aucun souci :
Puisque je fais pour vous, que cela vous suffise;
N'aidez point mon projet de la moindre entreprise;
Demeurez en repos.
LÉLIE, *en sortant.*
Oui, va, je m'y tiendrai.
MASCARILLE, *seul.*
Il faut voir maintenant quel biais je prendrai.

---

¹ Les spectateurs, impatientés des sottises de Lélie, ne peuvent s'empêcher de rire de sa punition, et de la naïve effronterie avec laquelle Mascarille lui persuade qu'il ne l'a battu que pour son bien. Ce trait est si comique, qu'il fait presque oublier l'inconvenance de la situation. Quant à Lélie, il faut qu'il pardonne cette injure, ou qu'il renonce à sa maîtresse.

² La fièvre quarte est la plus tenace de toutes les fièvres. C'est sans doute ce qui a donné lieu à cette sorte d'imprécation qui est fort ancienne, puisqu'on en trouve des exemples dans Rabelais, livre V, chapitre XII, et dans le livre des *quatre Dames* d'Alain Chartier. (B.)

SCÈNE IX.

ERGASTE, MASCARILLE[1].

ERGASTE.

Mascarille, je viens te dire une nouvelle
Qui donne à tes desseins une atteinte cruelle.
A l'heure que je parle, un jeune Égyptien,
Qui n'est pas noir pourtant et sent assez son bien,
Arrive, accompagné d'une vieille fort hâve,
Et vient chez Trufaldin racheter cette esclave
Que vous vouliez ; pour elle il paroît fort zélé.

MASCARILLE.

Sans doute c'est l'amant dont Célie a parlé[2].
Fut-il jamais destin plus brouillé que le nôtre!
Sortant d'un embarras, nous entrons dans un autre.
En vain nous apprenons que Léandre est au point
De quitter la partie, et ne nous troubler point;
Que son père, arrivé contre toute espérance,
Du côté d'Hippolyte emporte la balance,
Qu'il a tout fait changer par son autorité,
Et va dès aujourd'hui conclure le traité;
Lorsqu'un rival s'éloigne, un autre plus funeste
S'en vient nous enlever tout l'espoir qui nous reste.
Toutefois, par un trait merveilleux de mon art,
Je crois que je pourrai retarder leur départ,
Et me donner le temps qui sera nécessaire
Pour tâcher de finir cette fameuse affaire.
Il s'est fait un grand vol; par qui? l'on n'en sait rien.

---

[1] Voilà encore Ergaste qui vient donner un avis important à *son ami* Mascarille. Molière, ayant fait paroître une fois ce personnage étranger à l'intérêt de l'action, n'avoit rien de mieux à faire que de l'employer encore : c'étoit affoiblir la faute en l'étendant. (A.)

[2] L'auteur ne nous a point encore instruits de cette circonstance, qui d'ailleurs a peu d'intérêt, car elle n'influe nullement, dans la suite, sur l'action de la pièce.

Eux autres rarement passent pour gens de bien ;
Je veux adroitement, sur un soupçon frivole,
Faire pour quelques jours emprisonner ce drôle.
Je sais des officiers, de justice altérés,
Qui sont pour de tels coups de vrais délibérés ;
Dessus l'avide espoir de quelque paraguante[1],
Il n'est rien que leur art aveuglément ne tente ;
Et du plus innocent, toujours à leur profit
La bourse est criminelle, et paye son délit[2].

ACTE CINQUIÈME.

SCÈNE I.

MASCARILLE, ERGASTE.

MASCARILLE.

Ah ! chien ! ah ! double chien ! mâtine de cervelle !
Ta persécution sera-t-elle éternelle ?

ERGASTE.

Par les soins vigilants de l'exempt Balafré,

[1] Les Espagnols disent encore : *Dar para guantes*, c'est-à-dire *donner pour les gants*, dont nous avons fait le mot *paraguante*. (MÉN.) — On donne ce nom au présent qu'on fait à une personne dont on a reçu quelques bons offices.

[2] Cet acte renferme une des scènes les plus amusantes de la pièce. En général on peut observer que le valet fourbe ne fait pas seul l'intrigue de *l'Étourdi*, comme on le croit au premier abord. Il imagine toutes ses fourberies avec tant de jugement, qu'il n'auroit besoin que de la première pour arriver à ses fins ; mais Lélie détruisant, par son caractère, tout ce que fait son valet, et ce dernier se piquant au jeu, et voulant enfin l'emporter sur la fortune de son maître, ils composent ainsi tous deux une intrigue dont on peut dire que le caractère de *l'Étourdi* est le premier mobile. De même Isabelle, dans *l'École des maris*, et Agnès, dans *l'École des femmes*, forment l'intrigue de l'action, et donnent, par leur caractère, tout le mouvement aux autres personnages. (R.)

Ton affaire alloit bien, le drôle étoit coffré,
Si ton maître au moment ne fût venu lui-même,
En vrai désespéré, rompre ton stratagème :
Je ne saurois souffrir, a-t-il dit hautement,
Qu'un honnête homme soit traîné honteusement ;
J'en réponds sur sa mine, et je le cautionne.
Et, comme on résistoit à lâcher sa personne,
D'abord il a chargé si bien sur les recors,
Qui sont gens d'ordinaire à craindre pour leur corps,
Qu'à l'heure que je parle ils sont encore en fuite,
Et pensent tous avoir un Lélie à leur suite.

MASCARILLE.

Le traître ne sait pas que cet Égyptien
Est déja là-dedans pour lui ravir son bien.

ERGASTE.

Adieu. Certaine affaire à te quitter m'oblige.

SCÈNE II.

MASCARILLE.

Oui, je suis stupéfait de ce dernier prodige.
On diroit (et pour moi j'en suis persuadé)
Que ce démon brouillon dont il est possédé
Se plaise à me braver, et me l'aille conduire
Partout où sa présence est capable de nuire.
Pourtant je veux poursuivre, et, malgré tous ces coups,
Voir qui l'emportera de ce diable ou de nous.
Célie est quelque peu de notre intelligence,
Et ne voit son départ qu'avecque répugnance.
Je tâche à profiter de cette occasion.
Mais ils viennent ; songeons à l'exécution.
Cette maison meublée est en ma bienséance,
Je puis en disposer avec grande licence :
Si le sort nous en dit, tout sera bien réglé ;
Nul que moi ne s'y tient, et j'en garde la clé.

O Dieu! qu'en peu de temps on a vu d'aventures,
Et qu'un fourbe est contraint de prendre de figures!

SCÈNE III.

CÉLIE, ANDRÈS.

ANDRÈS.

Vous le savez, Célie, il n'est rien que mon cœur
N'ait fait pour vous prouver l'excès de son ardeur.
Chez les Vénitiens, dès un assez jeune âge,
La guerre en quelque estime avoit mis mon courage,
Et j'y pouvois un jour, sans trop croire de moi,
Prétendre, en les servant, un honorable emploi;
Lorsqu'on me vit pour vous oublier toute chose,
Et que le prompt effet d'une métamorphose,
Qui suivit de mon cœur le soudain changement,
Parmi vos compagnons sut ranger votre amant[1],
Sans que mille accidents, ni votre indifférence,
Aient pu me détacher de ma persévérance.
Depuis, par un hasard, d'avec vous séparé
Pour beaucoup plus de temps que je n'eusse auguré,
Je n'ai, pour vous rejoindre, épargné temps ni peine;
Enfin, ayant trouvé la vieille Égyptienne,
Et plein d'impatience apprenant votre sort,
Que pour certain argent qui leur importoit fort,

---

[1] Qui le croiroit! cet épisode d'Andrès, si obscur, si long, si diffus, est imité d'une des plus jolies nouvelles de Cervantes, *la Bohémienne*. Un jeune gentilhomme, dans le seul espoir d'épouser une Égyptienne qui lui inspire la plus vive passion, s'enrôle, sous le nom d'André, dans une bande de Bohémiens dont elle fait partie. La vertu de cette jeune fille dispose le lecteur à la croire d'une naissance égale à celle de son amant; ce qui ne manque pas de se vérifier à la fin de l'ouvrage; et l'amour du jeune homme est si violent, qu'on ne peut s'empêcher de lui pardonner toutes ses folies. On s'étonne que Molière n'ait tiré de ce charmant ouvrage qu'un récit invraisemblable. Mais souvent ce qui charme dans un conte produit un effet contraire au théâtre. Personne ne savoit mieux cela que Molière, qui, se débarrassant enfin de toutes ces intrigues d'esclaves empruntées aux anciens, nous donna la comédie de mœurs.

Et qui de tous vos gens détourna le naufrage,
Vous aviez en ces lieux été mise en otage,
J'accours vite y briser ces chaînes d'intérêt,
Et recevoir de vous les ordres qu'il vous plaît :
Cependant on vous voit une morne tristesse,
Alors que dans vos yeux doit briller l'allégresse.
Si pour vous la retraite avoit quelques appas,
Venise, du butin fait parmi les combats,
Me garde pour tous deux de quoi pouvoir y vivre;
Que si, comme devant, il vous faut encor suivre,
J'y consens, et mon cœur n'ambitionnera
Que d'être auprès de vous tout ce qu'il vous plaira.

CÉLIE.

Votre zèle pour moi visiblement éclate :
Pour en paroître triste, il faudroit être ingrate;
Et mon visage aussi, par son émotion,
N'explique point mon cœur en cette occasion.
Une douleur de tête y peint sa violence;
Et, si j'avois sur vous quelque peu de puissance,
Notre voyage, au moins pour trois ou quatre jours,
Attendroit que ce mal eût pris un autre cours.

ANDRÈS.

Autant que vous voudrez, faites qu'il se diffère.
Toutes mes volontés ne buttent qu'à vous plaire.
Cherchons une maison à vous mettre en repos.
L'écriteau que voici s'offre tout à propos.

SCÈNE IV.

CÉLIE, ANDRÈS; MASCARILLE, *déguisé en Suisse.*

ANDRÈS.

Seigneur Suisse, êtes-vous de ce logis le maître?

MASCARILLE.

Moi pour serfir à fous.

ACTE V, SCÈNE IV.

ANDRÈS.
Pourrons-nous y bien être?

MASCARILLE.

Oui; moi pour d'étrancher chafons champre carni.
Ma che non point locher te chans de méchant vi.

ANDRÈS.

Je crois votre maison franche de tout ombrage.

MASCARILLE.

Fous noufeau dans sti fil, moi foir à la fissage.

ANDRÈS.

Oui.

MASCARILLE.

La matame est-il mariage al monsieur?

ANDRÈS.

Quoi?

MASCARILLE.

S'il être son fame, ou s'il être son sœur?

ANDRÈS.

Non.

MASCARILLE.

Mon foi, pien choli; fenir pour marchantisse,
Ou pien pour temanter à la palais choustice?
La procès il faut rien; il coûter tant t'archant!
La procurair larron, l'afocat pien méchant.

ANDRÈS.

Ce n'est pas pour cela.

MASCARILLE.

Fous tonc mener sti file
Pour fenir pourmener et recarter la file?

ANDRÈS.

(à Célie.)

Il n'importe. Je suis à vous dans un moment.
Je vais faire venir la vieille promptement,
Contremander aussi notre voiture prête.

MASCARILLE.

Li ne porte pas pien.

ANDRÈS.

Elle a mal à la tête.

MASCARILLE.

Moi chafoir te bon vin, et te fromage pon.
Entre fous, entre fous tans mon petit maisson[1].

(Célie, Andrès et Mascarille entrent dans la maison.)

SCÈNE V.

LÉLIE.

Quel que soit le transport d'une ame impatiente,
Ma parole m'engage à rester en attente,
A laisser faire un autre, et voir, sans rien oser,
Comme de mes destins le ciel veut disposer.

SCÈNE VI.

ANDRÈS, LÉLIE.

LÉLIE, *à Andrès qui sort de la maison.*
Demandiez-vous quelqu'un dedans cette demeure?

ANDRÈS.

C'est un logis garni que j'ai pris tout-à-l'heure.

LÉLIE.

A mon père pourtant la maison appartient,
Et mon valet la nuit pour la garder s'y tient.

ANDRÈS.

Je ne sais; l'écriteau marque au moins qu'on la loue;
Lisez.

---

[1] Voici la quatrième ou la cinquième fois que le théâtre reste vide; mais, comme le remarque un commentateur, le genre de la pièce et le choix du lieu où se passe l'action, rendent ce défaut peu sensible. D'ailleurs, ce premier essai d'un grand homme n'étant point resté au théâtre comme un modèle, il est plus utile de rechercher ses beautés que ses défauts, car les défauts sont empruntés à la pièce italienne, tandis que les beautés sont notre bien; elles appartiennent à Molière.

ACTE V, SCÈNE VI.

LÉLIE.
Certes, ceci me surprend, je l'avoue.
Qui diantre l'auroit mis? et par quel intérêt...?
Ah! ma foi, je devine à peu près ce que c'est!
Cela ne peut venir que de ce que j'augure.

ANDRÈS.
Peut-on vous demander quelle est cette aventure?

LÉLIE.
Je voudrois à tout autre en faire un grand secret;
Mais pour vous il n'importe, et vous serez discret.
Sans doute l'écriteau que vous voyez paroître,
Comme je conjecture, au moins ne sauroit être
Que quelque invention du valet que je di,
Que quelque nœud subtil qu'il doit avoir ourdi
Pour mettre en mon pouvoir certaine Égyptienne,
Dont j'ai l'ame piquée, et qu'il faut que j'obtienne.
Je l'ai déja manquée, et même plusieurs coups.

ANDRÈS.
Vous l'appelez...?

LÉLIE.
Célie.

ANDRÈS.
Hé! que ne disiez-vous?
Vous n'aviez qu'à parler, je vous aurois sans doute
Épargné tous les soins que ce projet vous coûte.

LÉLIE.
Quoi! vous la connoissez?

ANDRÈS.
C'est moi qui maintenant
Viens de la racheter.

LÉLIE.
O discours surprenant!

ANDRÈS.
Sa santé de partir ne nous pouvant permettre,
Au logis que voilà je venois de la mettre;

Et je suis très ravi, dans cette occasion,
Que vous m'ayez instruit de votre intention.
LÉLIE.
Quoi! j'obtiendrois de vous le bonheur que j'espère?
Vous pourriez...?
ANDRÈS, *allant frapper à la porte.*
Tout-à-l'heure on va vous satisfaire.
LÉLIE.
Que pourrai-je vous dire? Et quel remerciment...?
ANDRÈS.
Non, ne m'en faites point, je n'en veux nullement.

SCÈNE VII.

LÉLIE, ANDRÈS, MASCARILLE.

MASCARILLE, *à part.*
Hé bien! ne voilà pas mon enragé de maître!
Il nous va faire encor quelque nouveau bissêtre [1].
LÉLIE.
Sous ce grotesque habit qui l'auroit reconnu?
Approche, Mascarille, et sois le bienvenu.
MASCARILLE.
Moi souis ein chant t'honneur, moi non point Maquerille;
Chai point fentre chamais le fame ni le fille.
LÉLIE.
Le plaisant baragouin! il est bon, sur ma foi!
MASCARILLE.
Allez fous pourmener, sans toi rire te moi.
LÉLIE.
Va, va, lève le masque, et reconnois ton maître.
MASCARILLE.
Partié, tiable, mon foi chamais toi chai connoître.

---

[1] Vieux mot qui signifioit *malheur*, par corruption du mot *bissexte*, parceque anciennement l'année bissextile étoit réputée malheureuse.

LÉLIE.

Tout est accommodé, ne te déguise point.

MASCARILLE.

Si toi point t'en aller, che paille ein coup te poing.

LÉLIE.

Ton jargon allemand est superflu, te dis-je ;
Car nous sommes d'accord, et sa bonté m'oblige.
J'ai tout ce que mes vœux lui pouvoient demander,
Et tu n'as pas sujet de rien appréhender.

MASCARILLE.

Si vous êtes d'accord par un bonheur extrême,
Je me dessuisse donc, et redeviens moi-même.

ANDRÈS.

Ce valet vous servoit avec beaucoup de feu :
Mais je reviens à vous, demeurez quelque peu.

SCÈNE VIII.

LÉLIE, MASCARILLE.

LÉLIE.

Hé bien ! que diras-tu ?

MASCARILLE.

Que j'ai l'ame ravie
De voir d'un beau succès notre peine suivie.

LÉLIE.

Tu feignois à sortir de ton déguisement,
Et ne pouvois me croire en cet événement.

MASCARILLE.

Comme je vous connois, j'étois dans l'épouvante,
Et trouve l'aventure aussi fort surprenante.

LÉLIE.

Mais confesse qu'enfin c'est avoir fait beaucoup.
Au moins j'ai réparé mes fautes à ce coup,
Et j'aurai cet honneur d'avoir fini l'ouvrage.

MASCARILLE.

Soit; vous aurez été bien plus heureux que sage.

SCÈNE IX.
CÉLIE, ANDRÈS, LÉLIE, MASCARILLE.

ANDRÈS.
N'est-ce pas là l'objet dont vous m'avez parlé?
LÉLIE.
Ah! quel bonheur au mien pourroit être égalé!
ANDRÈS.
Il est vrai, d'un bienfait je vous suis redevable;
Si je ne l'avouois, je serois condamnable :
Mais enfin ce bienfait auroit trop de rigueur,
S'il falloit le payer aux dépens de mon cœur.
Jugez, dans le transport où sa beauté me jette,
Si je dois, à ce prix, vous acquitter ma dette;
Vous êtes généreux, vous ne le voudriez pas :
Adieu. Pour quelques jours retournons sur nos pas.

SCÈNE X.
LÉLIE, MASCARILLE.

MASCARILLE, *après avoir chanté.*
Je ris, et toutefois je n'en ai guère envie,
Vous voilà bien d'accord, il vous donne Célie;
Hem, vous m'entendez bien.
LÉLIE.
C'est trop; je ne veux plus
Te demander pour moi de secours superflus.
Je suis un chien, un traître, un bourreau détestable,
Indigne d'aucun soin, de rien faire incapable.
Va, cesse tes efforts pour un malencontreux
Qui ne sauroit souffrir que l'on le rende heureux.

Après tant de malheurs, après mon imprudence,
Le trépas me doit seul prêter son assistance.

SCÈNE XI.

MASCARILLE.

Voilà le vrai moyen d'achever son destin ;
Il ne lui manque plus que de mourir enfin
Pour le couronnement de toutes ses sottises.
Mais en vain son dépit pour ses fautes commises
Lui fait licencier mes soins et mon appui,
Je veux, quoi qu'il en soit, le servir malgré lui,
Et dessus son lutin obtenir la victoire.
Plus l'obstacle est puissant, plus on reçoit de gloire ;
Et les difficultés dont on est combattu
Sont les dames d'atour qui parent la vertu.

SCÈNE XII.

CÉLIE, MASCARILLE.

CÉLIE, *à Mascarille qui lui a parlé bas*[1].
Quoi que tu veuilles dire, et que l'on se propose,
De ce retardement j'attends fort peu de chose.
Ce qu'on voit de succès peut bien persuader
Qu'ils ne sont pas encor fort près de s'accorder.
Et je t'ai déja dit qu'un cœur comme le nôtre
Ne voudroit pas pour l'un faire injustice à l'autre ;
Et que très fortement, par de différents nœuds,
Je me trouve attachée au parti de tous deux.
Si Lélie a pour lui l'amour et sa puissance,
Andrès pour son partage a la reconnoissance,

---

[1] C'est un défaut d'art que ces mots dits à l'oreille d'un personnage par un autre, quand celui-ci n'est pas gêné par la présence d'un tiers. (A.) — On ne conçoit pas d'ailleurs que Célie, emmenée par Andrès, qui doit craindre de la perdre de vue, se trouve ici seule avec Mascarille. (B.)

Qui ne souffrira point que mes pensers secrets
Consultent jamais rien contre ses intérêts.
Oui, s'il ne peut avoir plus de place en mon ame,
Si le don de mon cœur ne couronne sa flamme,
Au moins dois-je ce prix à ce qu'il fait pour moi,
De n'en choisir point d'autre, au mépris de sa foi,
Et de faire à mes vœux autant de violence
Que j'en fais aux desirs qu'il met en évidence.
Sur ces difficultés qu'oppose mon devoir,
Juge ce que tu peux te permettre d'espoir.

MASCARILLE.

Ce sont, à dire vrai, de très fâcheux obstacles;
Et je ne sais point l'art de faire des miracles;
Mais je vais employer mes efforts plus puissants,
Remuer terre et ciel, m'y prendre de tout sens
Pour tâcher de trouver un biais salutaire,
Et vous dirai bientôt ce qui se pourra faire.

SCÈNE XIII.

HIPPOLYTE, CÉLIE.

HIPPOLYTE.

Depuis votre séjour, les dames de ces lieux
Se plaignent justement des larcins de vos yeux,
Si vous leur dérobez leurs conquêtes plus belles,
Et de tous leurs amants faites des infidèles :
Il n'est guère de cœurs qui puissent échapper
Aux traits dont à l'abord vous savez les frapper;
Et mille libertés, à vos chaînes offertes,
Semblent vous enrichir chaque jour de nos pertes.
Quant à moi, toutefois je ne me plaindrois pas
Du pouvoir absolu de vos rares appas,
Si, lorsque mes amants sont devenus les vôtres,
Un seul m'eût consolé de la perte des autres :
Mais qu'inhumainement vous me les ôtiez tous,

C'est un dur procédé dont je me plains à vous.
CÉLIE.
Voilà d'un air galant faire une raillerie;
Mais épargnez un peu celle qui vous en prie.
Vos yeux, vos propres yeux se connoissent trop bien,
Pour pouvoir de ma part redouter jamais rien;
Ils sont fort assurés du pouvoir de leurs charmes,
Et ne prendront jamais de pareilles alarmes.
HIPPOLYTE.
Pourtant en ce discours je n'ai rien avancé
Qui dans tous les esprits ne soit déja passé;
Et, sans parler du reste, on sait bien que Célie
A causé des desirs à Léandre et Lélie.
CÉLIE.
Je crois qu'étant tombés dans cet aveuglement,
Vous vous consoleriez de leur perte aisément,
Et trouveriez pour vous l'amant peu souhaitable
Qui d'un si mauvais choix se trouveroit capable.
HIPPOLYTE.
Au contraire, j'agis d'un air tout différent,
Et trouve en vos beautés un mérite si grand;
J'y vois tant de raisons capables de défendre
L'inconstance de ceux qui s'en laissent surprendre,
Que je ne puis blâmer la nouveauté des feux
Dont envers moi Léandre a parjuré ses vœux,
Et le vais voir tantôt, sans haine et sans colère,
Ramené sous mes lois par le pouvoir d'un père [1],

---

[1] On retranche souvent, au théâtre, cette scène de compliments; il résulte de cette suppression que Mascarille n'a plus le temps d'apprendre *les grandes nouvelles, les succès surprenants* qu'il raconte dans la scène suivante. Un des motifs qui doit augmenter le respect pour les œuvres du génie, c'est qu'en voulant réparer leurs fautes, on risque presque toujours d'en commettre de plus grandes.

SCÈNE XIV.

CÉLIE, HIPPOLYTE, MASCARILLE.

MASCARILLE.

Grande, grande nouvelle, et succès surprenant,
Que ma bouche vous vient annoncer maintenant!

CÉLIE.

Qu'est-ce donc?

MASCARILLE.

Écoutez; voici sans flatterie...

CÉLIE.

Quoi?

MASCARILLE.

La fin d'une vraie et pure comédie [1].
La vieille Égyptienne à l'heure même...

CÉLIE.

Hé bien?

MASCARILLE.

Passoit dedans la place, et ne songeoit à rien,
Alors qu'une autre vieille, assez défigurée,
L'ayant de près au nez long-temps considérée,
Par un bruit enroué de mots injurieux,
A donné le signal d'un combat furieux,
Qui pour armes pourtant, mousquets, dagues ou flèches,
Ne faisoit voir en l'air que quatre griffes sèches,

---

[1] Voici le dénoûment de la pièce : la fortune seule achève l'aventure, qui auroit dû être terminée par des moyens tirés du fond du sujet. La faute commise par Molière est d'autant plus sensible, que les inventions du valet et l'étourderie du maître ne concourent en rien au dénoûment. On a remarqué avec justesse que l'auteur de la pièce italienne avoit évité ce défaut; car, au moment où le valet de l'Étourdi n'a plus besoin que de sa présence pour conclure le mariage, celui-ci prend la fuite, de peur d'être un nouvel obstacle à ce qui se concerte pour lui; et Scapin est obligé de le rapporter sur ses épaules pour le forcer d'être heureux. Ce risible incident est un coup de maître dans l'intrigue de cette comédie. (L. M.) — Nous reviendrons en détail, dans la dernière note, sur cette scène de l'*Inavvertito*.

Dont ces deux combattants s'efforçoient d'arracher
Ce peu que sur leurs os les ans laissent de chair.
On n'entend que ces mots, chienne, louve, bagasse.
D'abord leurs scoffions ont volé par la place¹,
Et, laissant voir à nu deux têtes sans cheveux,
Ont rendu le combat risiblement affreux.
Andrès et Trufaldin, à l'éclat du murmure,
Ainsi que force monde, accourus d'aventure,
Ont à les décharpir eu de la peine assez²,
Tant leurs esprits étoient par la fureur poussés !
Cependant que chacune, après cette tempête,
Songe à cacher aux yeux la honte de sa tête,
Et que l'on veut savoir qui causoit cette humeur,
Celle qui la première avoit fait la rumeur,
Malgré la passion dont elle étoit émue,
Ayant sur Trufaldin tenu long-temps la vue :
C'est vous, si quelque erreur n'abuse ici mes yeux,
Qu'on m'a dit qui viviez inconnu dans ces lieux,
A-t-elle dit tout haut; ô rencontre opportune !
Oui, seigneur Zanobio Ruberti, la fortune
Me fait vous reconnoître, et dans le même instant
Que pour votre intérêt je me tourmentois tant.
Lorsque Naples vous vit quitter votre famille,
J'avois, vous le savez, en mes mains votre fille,
Dont j'élevois l'enfance, et qui, par mille traits,
Faisoit voir dès quatre ans sa grace et ses attraits.

---

[1] *Escoffions*, nom ancien d'une coiffe de femme. On disoit également *escoffions*, ou *scoffions*. Ronsard s'est servi de cette dernière expression dans les vers suivants :

> Son chef étoit couvert folâtrement
> D'un scoffion attifé proprement.

Et Scarron, employant l'autre mot, a dit :

> Êtes-vous en cornette, ou bien en escoffions ?

Ce mot n'est plus d'usage.

[2] *Décharpir*, expression basse et populaire, mais énergique, et qui ne se trouve pas dans le *Dictionnaire de l'Académie*; elle signifie séparer avec effort des personnes acharnées l'une contre l'autre.

Celle que vous voyez, cette infame sorcière,
Dedans notre maison se rendant familière,
Me vola ce trésor. Hélas! de ce malheur
Votre femme, je crois, conçut tant de douleur
Que cela servit fort pour avancer sa vie.
Si bien qu'entre mes mains cette fille ravie
Me faisant redouter un reproche fâcheux,
Je vous fis annoncer la mort de toutes deux :
Mais il faut maintenant, puisque je l'ai connue,
Qu'elle fasse savoir ce qu'elle est devenue.
Au nom de Zanobio Ruberti, que sa voix,
Pendant tout ce récit, répétoit plusieurs fois,
Andrès, ayant changé quelque temps de visage,
A Trufaldin surpris a tenu ce langage :
Quoi donc! le ciel me fait trouver heureusement
Celui que jusqu'ici j'ai cherché vainement,
Et que j'avois pu voir, sans pourtant reconnoître
La source de mon sang et l'auteur de mon être!
Oui, mon père, je suis Horace votre fils.
D'Albert, qui me gardoit, les jours étant finis,
Me sentant naître au cœur d'autres inquiétudes,
Je sortis de Bologne, et, quittant mes études,
Portai durant six ans mes pas en divers lieux,
Selon que me poussoit un desir curieux :
Pourtant, après ce temps, une secrète envie
Me pressa de revoir les miens et ma patrie;
Mais dans Naples, hélas! je ne vous trouvai plus,
Et n'y sus votre sort que par des bruits confus :
Si bien qu'à votre quête ayant perdu mes peines,
Venise pour un temps borna mes courses vaines;
Et j'ai vécu depuis, sans que dans ma maison
J'eusse d'autres clartés que d'en savoir le nom.
Je vous laisse à juger si, pendant ces affaires,
Trufaldin ressentoit des transports ordinaires.
Enfin, pour retrancher ce que plus à loisir

ACTE V, SCÈNE XIV.

Vous aurez le moyen de vous faire éclaircir
Par la confession de votre Égyptienne,
Trufaldin maintenant vous reconnoît pour sienne ;
Andrès est votre frère ; et comme de sa sœur
Il ne peut plus songer à se voir possesseur,
Une obligation qu'il prétend reconnoître
A fait qu'il vous obtient pour épouse à mon maître,
Dont le père, témoin de tout l'événement,
Donne à cet hyménée un plein consentement,
Et, pour mettre une joie entière en sa famille,
Pour le nouvel Horace a proposé sa fille.
Voyez que d'incidents à la fois enfantés¹ !

CÉLIE.

Je demeure immobile à tant de nouveautés.

MASCARILLE.

Tous viennent sur mes pas, hors les deux championnes,
Qui du combat encor remettent leurs personnes.
Léandre est de la troupe, et votre père aussi.
Moi, je vais avertir mon maître de ceci,
Et que, lorsqu'à ses vœux on croit le plus d'obstacle,
Le ciel en sa faveur produit comme un miracle.

(Mascarille sort.)

HIPPOLYTE.

Un tel ravissement rend mes esprits confus,
Que pour mon propre sort je n'en aurois pas plus.
Mais les voici venir.

---

¹ Mascarille a raison, voilà beaucoup d'*incidents enfantés à la fois*. Trufaldin reconnoît pour ses enfants Andrès et Célie, qui le reconnoissent pour leur père, et par conséquent se reconnoissent entre eux pour frère et sœur. Toutes ces reconnoissances en action auroient occupé beaucoup de place et amusé médiocrement le spectateur. Le récit, qui les comprend toutes, est d'une extrême longueur ; mais il est rapide, varié, plein de feu, de vivacité et de mouvement ; il est propre à faire valoir le talent d'un acteur habile à diversifier son débit et son geste. (A.)

SCÈNE XV.

TRUFALDIN, ANSELME, PANDOLFE, CÉLIE, HIPPOLYTE, LÉANDRE, ANDRÈS.

TRUFALDIN.
Ah! ma fille!
CÉLIE.
Ah! mon père!
TRUFALDIN.
Sais-tu déja comment le ciel nous est prospère?
CÉLIE.
Je viens d'entendre ici ce succès merveilleux.
HIPPOLYTE, *à Léandre.*
En vain vous parleriez pour excuser vos feux,
Si j'ai devant les yeux ce que vous pouvez dire.
LÉANDRE.
Un généreux pardon est ce que je desire :
Mais j'atteste les cieux qu'en ce retour soudain
Mon père fait bien moins que mon propre dessein.
ANDRÈS, *à Célie.*
Qui l'auroit jamais cru, que cette ardeur si pure
Pût être condamnée un jour par la nature!
Toutefois tant d'honneur la sut toujours régir,
Qu'en y changeant fort peu je puis la retenir.
CÉLIE.
Pour moi, je me blâmois, et croyois faire faute,
Quand je n'avois pour vous qu'une estime très haute.
Je ne pouvois savoir quel obstacle puissant
M'arrêtoit sur un pas si doux et si glissant,
Et détournoit mon cœur de l'aveu d'une flamme
Que mes sens s'efforçoient d'introduire en mon ame.
TRUFALDIN, *à Célie.*
Mais en te recouvrant, que diras-tu de moi,
Si je songe aussitôt à me priver de toi,

Et t'engage à son fils sous les lois d'hyménée ?
CÉLIE.
Que de vous maintenant dépend ma destinée.

SCÈNE XVI.

TRUFALDIN, ANSELME, PANDOLFE, CÉLIE,
HIPPOLYTE, LÉLIE, LÉANDRE, ANDRÈS, MASCARILLE.

MASCARILLE, *à Lélie.*
Voyons si votre diable aura bien le pouvoir
De détruire à ce coup un si solide espoir ;
Et si, contre l'excès du bien qui nous arrive,
Vous armerez encor votre imaginative.
Par un coup imprévu des destins les plus doux,
Vos vœux sont couronnés, et Célie est à vous.
LÉLIE.
Croirai-je que du ciel la puissance absolue...
TRUFALDIN.
Oui, mon gendre, il est vrai.
PANDOLFE.
La chose est résolue.
ANDRÈS, *à Lélie.*
Je m'acquitte par-là de ce que je vous dois.
LÉLIE, *à Mascarille.*
Il faut que je t'embrasse et mille et mille fois,
Dans cette joie...
MASCARILLE.
Ahi ! ahi ! doucement, je vous prie.
Il m'a presque étouffé. Je crains fort pour Célie,
Si vous la caressez avec tant de transport.
De vos embrassements on se passeroit fort.
TRUFALDIN, *à Lélie.*
Vous savez le bonheur que le ciel me renvoie ;
Mais puisqu'un même jour nous met tous dans la joie,
Ne nous séparons point qu'il ne soit terminé ;

Et que son père aussi nous soit vite amené [1].

MASCARILLE.

Vous voilà tous pourvus. N'est-il point quelque fille
Qui pût accommoder le pauvre Mascarille?
A voir chacun se joindre à sa chacune ici,
J'ai des démangeaisons de mariage aussi.

ANSELME.

J'ai ton fait.

MASCARILLE.

Allons donc; et que les cieux prospères
Nous donnent des enfants dont nous soyons les pères [2].

[1] On ne comprend pas tout de suite qu'il s'agit du père de Léandre, arrivé à Messine vers la fin du quatrième acte. Il est le seul des personnages intéressés à ce denoûment qui n'y soit pas présent; et en effet il ne doit pas y assister, puisqu'il n'a pas concouru à l'action. (A.)

[2] Dans l'*Étourdi* et le *Dépit amoureux*, Molière suivit la route vulgaire avant d'en frayer une nouvelle. Les ressorts forcés et la multitude d'incidents, dénués de toute vraisemblance, excluent ces deux pièces du rang des bonnes comédies. Il y a même une inconséquence marquée dans le plan de l'*Étourdi* : c'est que son valet ne lui faisant point part des fourberies qu'il médite, il est tout simple que le maître les renverse sans être taxé d'étourderie. On voit trop que l'auteur vouloit à toute force amener des contre-temps : aussi a-t-il joint ce titre à celui de l'*Étourdi*, ce qui ne répare point le vice du sujet. Mais si les plans de Molière étoient encore aussi défectueux que ceux de ses contemporains, il avoit déjà sur eux un grand avantage, c'étoit un dialogue plus naturel et plus raisonnable, et un style de meilleur goût. Ce mérite et la gaieté du rôle de Mascarille ont soutenu cette pièce au théâtre. (L.) — On y sent d'ailleurs, à chaque scène, cette verve comique que jamais aucun poëte n'a possédée au même degré; et les stratagèmes qui forment l'action sont variés avec une fécondité dont il n'existe peut-être pas un second exemple. C'est l'Esprit et la Ruse aux prises avec la Maladresse et l'Étourderie ; mais la marche de la pièce n'est pas régulière, et on ne sauroit lui assigner un genre, car elle se compose de plusieurs petites intrigues indépendantes, et qui ne se réunissent que parcequ'elles tendent au même but. Quant au dénoûment, il y manque une scène. Elle est dans l'*Inavvertito*, et l'on ne conçoit pas comment Molière, qui lui a fait tant d'emprunts, a négligé de dessiner, à son tour, ce dernier trait du caractère de l'*Étourdi*; au reste, c'est la seule supériorité que l'auteur italien ait conservée sur l'auteur françois.

Nous venons de trouver dans l'*Emilia*, *comedia nova di Luigi Groto Cieco di Hadria*, l'origine de l'intrigue romanesque de l'*Étourdi*. Cette origine étant restée inconnue à tous les commentateurs, nous en ferons le sujet d'une dernière note, en regrettant que l'ouvrage de Groto ne nous soit pas tombé plus tôt entre les mains. Les principaux personnages sont les mêmes dans les deux pièces, excepté celui de l'Étourdi, qui appartient à l'*Inavvertito*, et qui est à peine indiqué dans l'*Émilie*. Un esclave intrigant, copié sur les Daves de l'ancienne comédie, est le véritable modèle de Mascarille; cet esclave, ainsi que le valet de Lélie, tient le fil de l'intrigue, et fait mouvoir toute la pièce; il escroque de l'argent au père pour servir les amours du fils (*Émilie*, acte I, sc. IX). La scène charmante où Mascarille persuade à Pandolfe qu'il doit acheter la belle esclave, est encore imitée de la pièce italienne. Les scènes I et II de l'acte II d'*Émilie* ont également fourni à Molière la scène 1re de son acte IV. Le valet de la pièce italienne endoctrine une jeune esclave, comme Mascarille endoctrine Lélie; celle-ci assure, comme Lélie, qu'elle trompera le bon homme, et qu'elle n'oubliera rien de ce qu'elle vient d'entendre; cependant elle s'embarrasse, et dit à chaque instant un mot pour un autre; et si elle ne place pas Turin en Turquie, elle place la Perse en Afrique. Le valet caché dans un coin pendant cette scène d'interrogation passe alternativement de la crainte à l'espérance, et ses aparté sont fort plaisants. En comparant ces deux scènes, on verra avec quel bonheur Molière a transformé un dialogue traînant et diffus en une action vive et comique. Il nous seroit facile d'indiquer plusieurs autres rapprochements entre la pièce italienne et la pièce françoise; mais ceux-ci doivent suffire pour engager le lecteur à comparer les deux ouvrages, et pour lui apprendre, par l'organe d'un grand maître, comment il faut choisir, et comment il est permis d'imiter. La comédie de Groto est une imitation des *Adelphes* de Térence, dans laquelle il a introduit l'intrigue romanesque dont Molière lui a emprunté quelques scènes.

FIN DE L'ÉTOURDI.

LE
DÉPIT AMOUREUX,

COMÉDIE EN CINQ ACTES,

REPRÉSENTÉE A BÉZIERS EN 1654, ET A PARIS EN 1658.

PERSONNAGES.

ÉRASTE, amant de Lucile [1].
ALBERT, père de Lucile et d'Ascagne [2].
GROS-RENÉ *, valet d'Éraste [3].
VALÈRE, fils de Polidore [4].
LUCILE, fille d'Albert [5].
MARINETTE, suivante de Lucile [6].
POLIDORE, père de Valère.
FROSINE, confidente d'Ascagne.
ASCAGNE, fille d'Albert, déguisée en homme.
MASCARILLE, valet de Valère.
MÉTAPHRASTE **, pédant [7].
LA RAPIÈRE, bretteur [8].

ACTEURS.

[1] Béjart aîné. — [2] Molière. — [3] Duparc. — [4] Béjart jeune. — [5] Mademoiselle de Brie. — [6] Madeleine Béjart. — [7] Du Choisy. — [8] De Brie.

* Gros-René, nom de théâtre de Duparc. Il paroît que Molière vouloit donner le nom de *Gros-René* aux rôles qu'il faisoit pour cet acteur, comme *Jodelet* avoit donné le sien aux rôles que Scarron avoit faits pour lui.

** Mot grec : il signifie, *qui traduit d'une langue dans une autre*. Ce nom exprime parfaitement la manie de *Métaphraste*.

LE DÉPIT AMOUREUX.

ACTE PREMIER.

SCÈNE I.

ÉRASTE, GROS-RENÉ [1].

ÉRASTE.

Veux-tu que je te die? une atteinte secrète
Ne laisse point mon ame en une bonne assiette.
Oui, quoi qu'à mon amour tu puisses repartir,
Il craint d'être la dupe, à ne te point mentir;
Qu'en faveur d'un rival ta foi ne se corrompe,
Ou du moins qu'avec moi toi même on ne te trompe.

---

[1] Le sujet du *Dépit amoureux* est emprunté à *l'Interesse* de Nicolo Secchi, comme celui de *l'Étourdi* l'avoit été à *l'Inavvertito* de Nicolo Barbieri [2]. L'ordre, l'arrangement et le dialogue, diffèrent essentiellement dans les deux pièces. L'auteur italien a fourni à Molière le fond du sujet, le roman invraisemblable de la naissance et de la supposition d'Ascagne, son mariage secret moins croyable encore, enfin tout ce qui rend cette comédie trop compliquée et trop contraire à nos usages. La scène charmante de dépit entre les deux amants, l'idée si comique de celle de Gros-René et de Marinette, appartiennent à Molière. Flaminio et Virginia, qui, dans la pièce italienne, jouent le même rôle que Lucile et Éraste dans la pièce françoise, n'ont pas même une scène ensemble. Molière est resté original en imitant. (B.) — Riccoboni et Cailhava prétendent que la scène des deux amants est prise dans un canevas italien intitulé *Gli Sdegni amorosi*, les *Dépits amoureux*. Cailhava cite cette scène dans son traité de *l'Art de la comédie*; mais la situation y est à peine indiquée, et ce n'est pas là que Molière a pu trouver des inspirations. Le véritable modèle de ce tableau charmant est, comme l'a remarqué Voltaire, l'ode d'Horace *Donec gratus eram tibi*, etc.

[2] Et à *l'Emilia* de Groto.

GROS-RENÉ.

Pour moi, me soupçonner de quelque mauvais tour,
Je dirai, n'en déplaise à monsieur votre amour,
Que c'est injustement blesser ma prud'homie,
Et se connoître mal en physionomie.
Les gens de mon minois ne sont point accusés
D'être, graces à Dieu, ni fourbes, ni rusés.
Cet honneur qu'on nous fait, je ne le démens guères,
Et suis homme fort rond de toutes les manières [1].
Pour que l'on me trompât, cela se pourroit bien,
Le doute est mieux fondé; pourtant je n'en crois rien.
Je ne vois point encore, ou je suis une bête,
Sur quoi vous avez pu prendre martel en tête [2].
Lucile, à mon avis, vous montre assez d'amour;
Elle vous voit, vous parle à toute heure du jour;
Et Valère, après tout, qui cause votre crainte,
Semble n'être à présent souffert que par contrainte.

ÉRASTE.

Souvent d'un faux espoir un amant est nourri :
Le mieux reçu toujours n'est pas le plus chéri;
Et tout ce que d'ardeur font paroître les femmes
Parfois n'est qu'un beau voile à couvrir d'autres flammes.
Valère enfin, pour être un amant rebuté,
Montre depuis un temps trop de tranquillité;
Et ce qu'à ces faveurs, dont tu crois l'apparence,
Il témoigne de joie ou bien d'indifférence,
M'empoisonne à tous coups leurs plus charmants appas,
Me donne ce chagrin que tu ne comprends pas,

---

[1] Ce vers fait allusion à l'embonpoint de Duparc et à la bonhomie de son caractère, si bien peinte dans cette scène. Molière ne dédaignoit pas ce moyen d'ajouter à la vérité de ses personnages. Non seulement il faisoit le portrait de ses acteurs, mais encore il leur donnoit des rôles toujours en harmonie avec leurs passions. C'est une remarque que nous aurons souvent occasion de rappeler dans le cours de ce commentaire.

[2] *Martel*, vieux mot qui signifie *marteau*. On dit figurément *avoir martel en tête*, pour se tourmenter, s'inquiéter, être frappé sans cesse d'une pensée chagrine.

ACTE I, SCENE I.

Tient mon bonheur en doute, et me rend difficile
Une entière croyance aux propos de Lucile.
Je voudrois, pour trouver un tel destin plus doux,
Y voir entrer un peu de son transport jaloux,
Et, sur ses déplaisirs et son impatience,
Mon ame prendroit lors une pleine assurance.
Toi même penses-tu qu'on puisse, comme il fait,
Voir chérir un rival d'un esprit satisfait?
Et, si tu n'en crois rien, dis-moi, je t'en conjure,
Si j'ai lieu de rêver dessus cette aventure [1]

GROS-RENÉ.

Peut-être que son cœur a changé de desirs,
Connoissant qu'il poussoit d'inutiles soupirs [2].

ÉRASTE.

Lorsque par les rebuts une ame est détachée,
Elle veut fuir l'objet dont elle fut touchée,
Et ne rompt point sa chaîne avec si peu d'éclat
Qu'elle puisse rester en un paisible état.
De ce qu'on a chéri la fatale présence
Ne nous laisse jamais dedans l'indifférence;
Et, si de cette vue on n'accroît son dédain,
Notre amour est bien près de nous rentrer au sein :
Enfin, crois-moi, si bien qu'on éteigne une flamme,
Un peu de jalousie occupe encore une ame;
Et l'on ne sauroit voir, sans en être piqué,

---

[1] La jalousie d'Éraste fait l'exposition de la pièce. Molière donne ici le premier exemple de cette manière franche et vive d'entrer dans son sujet; et quelle profonde vérité dans cette peinture des effets de la jalousie! Valère n'est point jaloux : c'est assez pour qu'Éraste le croie heureux. La tranquillité d'un rival suffit pour empoisonner le bonheur de celui qui a tant de raisons de se croire aimé. La lecture des pièces de Molière nous force toujours à rentrer en nous-mêmes, pour y reconnoître les mouvements les plus secrets dont il anime ses personnages.

[2] Cette observation si simple est la première qui se présente à un cœur indifférent ; mais elle ne sauroit naître dans l'esprit inquiet d'un homme bien amoureux : aussi n'est-elle pas entendue d'Éraste, qui veut qu'*un peu de jalousie occupe toujours l'ame de celui qui a perdu l'espérance*. Il faut avoir éprouvé tous les tourments de la jalousie pour la peindre ainsi.

Posséder par un autre un cœur qu'on a manqué.

GROS-RENÉ.

Pour moi, je ne sais point tant de philosophie :
Ce que voyent mes yeux, franchement je m'y fie;
Et ne suis point de moi si mortel ennemi,
Que je m'aille affliger sans sujet ni demi [1].
Pourquoi subtiliser, et faire le capable
A chercher des raisons pour être misérable?
Sur des soupçons en l'air je m'irois alarmer!
Laissons venir la fête avant que la chômer.
Le chagrin me paroît une incommode chose;
Je n'en prends point pour moi sans bonne et juste cause,
Et mêmes à mes yeux cent sujets d'en avoir
S'offrent le plus souvent que je ne veux pas voir.
Avec vous en amour je cours même fortune;
Celle que vous aurez me doit être commune;
La maîtresse ne peut abuser votre foi,
A moins que la suivante en fasse autant pour moi :
Mais j'en fuis la pensée avec un soin extrême.
Je veux croire les gens, quand on me dit : Je t'aime;
Et ne vais point chercher, pour m'estimer heureux,
Si Mascarille ou non s'arrache les cheveux [2].
Que tantôt Marinette endure qu'à son aise
Jodelet par plaisir la caresse et la baise,
Et que ce beau rival en rie ainsi qu'un fou;
A son exemple aussi j'en rirai tout mon soûl,
Et l'on verra qui rit avec meilleure grace.

ÉRASTE.

Voilà de tes discours.

---

[1] C'est-à-dire *sans sujet ni demi-sujet*; ancienne locution qui n'est plus en usage. (B.)

[2] Il falloit un art infini pour rendre si comique le simple langage du bon sens. Molière a presque toujours l'attention de mettre le bon sens dans la tête des valets, et l'esprit tout seul dans la tête de leurs maîtres : ce contraste a été pour lui la source des scènes les plus plaisantes; peut-être en doit-il l'idée à Térence; mais dans l'exécution il a surpassé son modèle.

GROS-RENÉ.
Mais je la vois qui passe [1].

SCÈNE II.

ÉRASTE, MARINETTE, GROS-RENÉ.

GROS-RENÉ.

St, Marinette!

MARINETTE.

Ho! ho! Que fais-tu là?

GROS-RENÉ.

Ma foi,
Demande; nous étions tout-à-l'heure sur toi.

MARINETTE.

Vous êtes aussi là, monsieur! Depuis une heure
Vous m'avez fait trotter comme un Basque, je meure.

ÉRASTE.

Comment?

MARINETTE.

Pour vous chercher je fais dix mille pas,
Et vous promets, ma foi...

ÉRASTE.

Quoi?

MARINETTE.

Que vous n'êtes pas
Au temple, au cours, chez vous, ni dans la grande place [2].

---

[1] Cette première scène, où l'auteur dessine légèrement le caractère de ses personnages, renferme l'exposition du sujet de la pièce; nous disons le sujet, car l'exposition du stratagème qui en forme l'intrigue ne sera faite qu'au second acte, ce qui est une faute. Le sujet est la brouillerie et le raccommodement d'Éraste et de Lucile; l'intrigue ou le nœud est la supposition d'un enfant et le mariage secret d'Ascagne. Cette double marche nuit à la clarté, et quelquefois à l'intérêt des situations. L'esprit des spectateurs s'embarrasse dans les détails romanesques du second et du troisième acte, et ce n'est qu'au quatrième qu'il se repose enfin de ses fatigues, et qu'il se trouve dans le sujet annoncé au premier.

[2] On se servoit alors indifféremment du mot *temple* ou *église*. On en trouve plusieurs exemples dans les pièces du temps, et entre autres dans la *Zélinde*, où un per-

GROS-RENÉ.

Il falloit en jurer.

ÉRASTE.

Apprends-moi donc, de grâce,
Qui te fait me chercher?

MARINETTE.

Quelqu'un, en vérité,
Qui pour vous n'a pas trop mauvaise volonté;
Ma maîtresse, en un mot.

ÉRASTE.

Ah! chère Marinette,
Ton discours de son cœur est-il bien l'interprète?
Ne me déguise point un mystère fatal;
Je ne t'en voudrois pas pour cela plus de mal:
Au nom des dieux, dis-moi si ta belle maîtresse
N'abuse point mes vœux d'une fausse tendresse.

MARINETTE.

Hé! hé! d'où vous vient donc ce plaisant mouvement?
Elle ne fait pas voir assez son sentiment?
Quel garant est-ce encor que votre amour demande?
Que lui faut-il?

GROS-RENÉ.

A moins que Valère se pende,
Bagatelle; son cœur ne s'assurera point.

MARINETTE.

Comment?

GROS-RENÉ.

Il est jaloux jusques en un tel point.

MARINETTE.

De Valère? Ah! vraiment la pensée est bien belle!
Elle peut seulement naître en votre cervelle.

---

sonnage dit: *Nous étions dans des lieux publics comme sont les temples et les jardins. Zélinde,* scène v, p. 44. Le *cours* existe encore : c'est la partie des champs Élysées qui porte le nom de Cours-la-Reine, en mémoire de Médicis, qui le fit planter. Enfin la *grande place* désignée ici est la *place Royale.*

Je vous croyois du sens, et jusqu'à ce moment
J'avois de votre esprit quelque bon sentiment;
Mais, à ce que je vois, je m'étois fort trompée.
Ta tête de ce mal est-elle aussi frappée?

GROS-RENÉ.

Moi, jaloux? Dieu m'en garde, et d'être assez badin [1]
Pour m'aller emmaigrir avec un tel chagrin!
Outre que de ton cœur ta foi me cautionne,
L'opinion que j'ai de moi-même est trop bonne
Pour croire auprès de moi que quelque autre te plût.
Où diantre pourrois-tu trouver qui me valût?

MARINETTE.

En effet, tu dis bien; voilà comme il faut être :
Jamais de ces soupçons qu'un jaloux fait paroître.
Tout le fruit qu'on en cueille est de se mettre mal,
Et d'avancer par-là les desseins d'un rival.
Au mérite souvent de qui l'éclat vous blesse
Vos chagrins font ouvrir les yeux d'une maîtresse;
Et j'en sais tel, qui doit son destin le plus doux
Aux soins trop inquiets de son rival jaloux.
Enfin, quoi qu'il en soit, témoigner de l'ombrage,
C'est jouer en amour un mauvais personnage,
Et se rendre, après tout, misérable à crédit.
Cela, seigneur Éraste, en passant vous soit dit [2].

ÉRASTE.

Hé bien! n'en parlons plus. Que venois-tu m'apprendre?

MARINETTE.

Vous mériteriez bien que l'on vous fît attendre,
Qu'afin de vous punir je vous tinsse caché
Le grand secret pourquoi je vous ai tant cherché.
Tenez, voyez ce mot, et sortez hors de doute;

---

[1] Le mot *badin* signifioit autrefois non seulement *folâtre*, qui aime à rire, mais encore *niais*, qui s'amuse à des niaiseries; cette dernière acception, qui est celle du vers de Molière, se trouve dans le *Dictionnaire de l'Académie* de 1694; elle a disparu des éditions suivantes. (A.)

[2] Cette excellente tirade est imitée de *l'Interesse*.

Lisez-le donc tout haut, personne ici n'écoute.

ÉRASTE *lit.*

« Vous m'avez dit que votre amour
« Étoit capable de tout faire ;
« Il se couronnera lui-même dans ce jour,
« S'il peut avoir l'aveu d'un père.
« Faites parler les droits qu'on a dessus mon cœur,
« Je vous en donne la licence ;
« Et, si c'est en votre faveur,
« Je vous réponds de mon obéissance. »

Ah ! quel bonheur ! O toi, qui me l'as apporté,
Je te dois regarder comme une déité !

GROS-RENÉ.

Je vous le disois bien : contre votre croyance,
Je ne me trompe guère aux choses que je pense.

ÉRASTE *relit.*

« Faites parler les droits qu'on a dessus mon cœur,
« Je vous en donne la licence ;
« Et, si c'est en votre faveur,
« Je vous réponds de mon obéissance. »

MARINETTE.

Si je lui rapportois vos foiblesses d'esprit,
Elle désavoueroit bientôt un tel écrit.

ÉRASTE.

Ah ! cache-lui, de grace, une peur passagère,
Où mon ame a cru voir quelque peu de lumière ;
Ou, si tu la lui dis, ajoute que ma mort
Est prête d'expier l'erreur de ce transport ;
Que je vais à ses pieds, si j'ai pu lui déplaire,
Sacrifier ma vie à sa juste colère.

MARINETTE.

Ne parlons point de mort, ce n'en est pas le temps.

ÉRASTE.

Au reste, je te dois beaucoup, et je prétends

Reconnoître dans peu, de la bonne manière,
Les soins d'une si noble et si belle courrière.

MARINETTE.

A propos, savez-vous où je vous ai cherché
Tantôt encore?

ÉRASTE.

Hé bien?

MARINETTE.

Tout proche du marché,
Où vous savez.

ÉRASTE.

Où donc?

MARINETTE.

Là... dans cette boutique
Où, dès le mois passé, votre cœur magnifique
Me promit, de sa grace, une bague [1].

ÉRASTE.

Ah! j'entends.

GROS-RENÉ.

La matoise!

ÉRASTE.

Il est vrai, j'ai tardé trop long-temps
A m'acquitter vers toi d'une telle promesse
Mais...

MARINETTE.

Ce que j'en ai dit, n'est pas que je vous presse.

GROS-RENÉ.

Ho! que non!

---

[1] Voilà le secret de cette longue énumération des lieux que Marinette dit avoir parcourus au commencement de cette scène; ainsi, en indiquant le cours, le temple, la grande place, Marinette ne vouloit qu'éveiller la générosité d'Éraste; mais on ne devine cette arrière-pensée que lorsqu'elle se rappelle tout-à-coup un dernier lieu où elle l'est allé chercher : *Cette boutique où dès le mois passé on lui promit une bague.* Ce sont de ces traits si naturels, qu'on ne les remarque pas toujours; ils échappent par ce naturel même, et cependant le génie seul sait peindre ainsi.

ÉRASTE *lui donne sa bague.*
Celle-ci peut-être aura de quoi
Te plaire; accepte-la pour celle que je doi.
MARINETTE.
Monsieur, vous vous moquez, j'aurois honte à la prendre.
GROS-RENÉ.
Pauvre honteuse, prends sans davantage attendre;
Refuser ce qu'on donne est bon à faire aux fous.
MARINETTE.
Ce sera pour garder quelque chose de vous.
ÉRASTE.
Quand puis-je rendre grace à cet ange adorable?
MARINETTE.
Travaillez à vous rendre un père favorable.
ÉRASTE.
Mais, s'il me rebutoit, dois-je...?
MARINETTE.
Alors comme alors;
Pour vous on emploiera toutes sortes d'efforts.
D'une façon ou d'autre il faut qu'elle soit vôtre :
Faites votre pouvoir, et nous ferons le nôtre.
ÉRASTE.
Adieu, nous en saurons le succès dans ce jour.
(Éraste relit la lettre tout bas.)
MARINETTE, *à Gros-René.*
Et nous, que dirons-nous aussi de notre amour?
Tu ne m'en parles point.
GROS-RENÉ.
Un hymen qu'on souhaite,
Entre gens comme nous, est chose bientôt faite.
Je te veux; me veux-tu de même?
MARINETTE.
Avec plaisir.
GROS-RENÉ.
Touche, il suffit.

MARINETTE.
Adieu, Gros-René, mon desir.
GROS-RENÉ.
Adieu, mon astre.
MARINETTE.
Adieu, beau tison de ma flamme.
GROS-RENÉ.
Adieu, chère comète, arc-en-ciel de mon ame.
(Marinette sort.)
Le bon Dieu soit loué, nos affaires vont bien ;
Albert n'est pas un homme à vous refuser rien.
ÉRASTE.
Valère vient à nous.
GROS-RENÉ.
Je plains le pauvre hère [1],
Sachant ce qui se passe.

SCÈNE III.

VALÈRE, ÉRASTE, GROS-RENÉ.

ÉRASTE.
Hé bien ! seigneur Valère?
VALÈRE.
Hé bien ! seigneur Éraste?
ÉRASTE.
En quel état l'amour ?
VALÈRE.
En quel état vos feux ?

---

[1] Ce mot vient de l'allemand *herr*, qui signifie *seigneur*. On dit, par moquerie, *un pauvre hère*, pour dire *un pauvre seigneur*. (MÉN.) — Avant Molière ce mot s'employoit seul, comme on en voit un exemple dans *la Gillette*, comédie facétieuse, imprimée à Rouen en 1620. Gillette dit :

> Voilà mon couvre-chef par terre ;
> Qu'au diable je donne le *hère !*

Aujourd'hui le mot *hère* n'a pas de sens lorsqu'il est seul. On ne l'emploie que précédé du mot *pauvre*, et alors il reçoit sa signification de son adjectif.

ÉRASTE.

Plus forts de jour en jour.

VALÈRE.

Et mon amour plus fort.

ÉRASTE.

Pour Lucile?

VALÈRE.

Pour elle.

ÉRASTE.

Certes, je l'avouerai, vous êtes le modèle
D'une rare constance.

VALÈRE.

Et votre fermeté
Doit être un rare exemple à la postérité.

ÉRASTE.

Pour moi, je suis peu fait à cet amour austère
Qui, dans les seuls regards, trouve à se satisfaire;
Et je ne forme point d'assez beaux sentiments
Pour souffrir constamment les mauvais traitements :
Enfin, quand j'aime bien, j'aime fort que l'on m'aime.

VALÈRE.

Il est très naturel, et j'en suis bien de même.
Le plus parfait objet dont je serois charmé
N'auroit pas mes tributs, n'en étant point aimé.

ÉRASTE.

Lucile cependant...

VALÈRE.

Lucile, dans son ame,
Rend tout ce que je veux qu'elle rende à ma flamme.

ÉRASTE.

Vous êtes donc facile à contenter?

VALÈRE.

Pas tant
Que vous pourriez penser.

ACTE I, SCÈNE III.

ÉRASTE.
Je puis croire pourtant,
Sans trop de vanité, que je suis en sa grace.
VALÈRE.
Moi, je sais que j'y tiens une assez bonne place.
ÉRASTE.
Ne vous abusez point, croyez-moi.
VALÈRE.
Croyez-moi,
Ne laissez point duper vos yeux à trop de foi.
ÉRASTE.
Si j'osois vous montrer une preuve assurée
Que son cœur... Non, votre ame en seroit altérée.
VALÈRE.
Si je vous osois, moi, découvrir en secret...
Mais je vous fâcherois, et veux être discret.
ÉRASTE.
Vraiment, vous me poussez, et, contre mon envie,
Votre présomption veut que je l'humilie.
Lisez.
VALÈRE, *après avoir lu.*
Ces mots sont doux.
ÉRASTE.
Vous connoissez la main?
VALÈRE.
Oui, de Lucile.
ÉRASTE.
Hé bien! cet espoir si certain...?
VALÈRE, *riant et s'en allant.*
Adieu, seigneur Éraste [1].

---

[1] Cette scène, que Molière ne doit point au Secchi, est le développement des quatre premiers vers du premier acte. La liaison entre les scènes est l'art de les préparer sans les faire prévoir. C'étoit alors pour nous un art nouveau que Molière avoit sans doute étudié dans Térence, et dont il avoit trouvé un modèle dans *le Menteur*.

GROS-RENÉ.

Il est fou, le bon sire.
Où vient-il donc pour lui de voir le mot pour rire?

ÉRASTE.

Certes il me surprend, et j'ignore, entre nous,
Quel diable de mystère est caché là-dessous.

GROS-RENÉ.

Son valet vient, je pense.

ÉRASTE.

Oui, je le vois paroître.
Feignons, pour le jeter sur l'amour de son maître.

SCÈNE IV.

ÉRASTE, MASCARILLE, GROS-RENÉ.

MASCARILLE, *à part.*

Non, je ne trouve point d'état plus malheureux
Que d'avoir un patron jeune et fort amoureux.

GROS-RENÉ.

Bonjour.

MASCARILLE.

Bonjour.

GROS-RENÉ.

Où tend Mascarille à cette heure [1]?
Que fait-il? revient-il? va-t-il? ou s'il demeure?

MASCARILLE.

Non, je ne reviens pas, car je n'ai pas été;
Je ne vais pas aussi, car je suis arrêté;
Et ne demeure point, car, tout de ce pas même,
Je prétends m'en aller [2].

---

[1] *Où tend Mascarille?* pour, *où va Mascarille?* est un latinisme : *quò tendit?* *Tendre*, dans le sens d'*aller*, s'emploie plus ordinairement au figuré : *Où tend ce discours? C'est à cela que tendent tous mes vœux.* (A.)

[2] Ces réponses de Mascarille ont quelque rapport avec celles que, dans *le Pedant joué*, de Cyrano de Bergerac, le paysan Gareau fait au capitan, nommé Châteaufort. « Où vas-tu? — Tout devant moi. — Je te demande où va le chemin

ÉRASTE.

La rigueur est extrême
Doucement, Mascarille.

MASCARILLE.

Ah! monsieur, serviteur.

ÉRASTE.

Vous nous fuyez bien vite! hé quoi! vous fais-je peur?

MASCARILLE.

Je ne crois pas cela de votre courtoisie.

ÉRASTE.

Touche; nous n'avons plus sujet de jalousie,
Nous devenons amis, et mes feux que j'éteins
Laissent la place libre à vos heureux desseins.

MASCARILLE.

Plût à Dieu!

ÉRASTE.

Gros-René sait qu'ailleurs je me jette.

GROS-RENÉ.

Sans doute; et je te cède aussi la Marinette.

MASCARILLE.

Passons sur ce point-là; notre rivalité [1]
N'est pas pour en venir à grande extrémité :
Mais est-ce un coup bien sûr que votre seigneurie
Soit désenamourée [2], ou si c'est raillerie?

ÉRASTE.

J'ai su qu'en ses amours ton maître étoit trop bien;
Et je serois un fou de prétendre plus rien
Aux étroites faveurs qu'il a de cette belle.

« que tu suis. — Il ne va pas, il ne bouge. — Je te demande si tu as encore bien du
« chemin à faire aujourd'hui. — Nanain dà, je le trouverai tout fait. » (A.)

[1] On prétend que le mot *rivalité* est de la création de Molière; encore n'osa-t-il le risquer que dans la bouche d'un valet : depuis il a passé dans celle des maîtres. C'est aujourd'hui un des mots les plus nobles de la langue. (B.)

[2] *Énamouré* vient de l'espagnol *enamorado*, dont Molière a composé le privatif *des-enamouré*. Ce mot *enamouré* se retrouve souvent dans nos vieux auteurs ; aujourd'hui on ne l'emploie plus, et sa perte se fait sentir, car aucun mot ne l'a remplacé. (B.)

MASCARILLE.

Certes, vous me plaisez avec cette nouvelle.
Outre qu'en nos projets je vous craignois un peu,
Vous tirez sagement votre épingle du jeu.
Oui, vous avez bien fait de quitter une place
Où l'on vous caressoit pour la seule grimace.
Et mille fois, sachant tout ce qui se passoit,
J'ai plaint le faux espoir dont on vous repaissoit :
On offense un brave homme alors que l'on l'abuse.
Mais d'où diantre, après tout, avez-vous su la ruse?
Car cet engagement mutuel de leur foi
N'eut pour témoins, la nuit, que deux autres, et moi ;
Et l'on croit jusqu'ici la chaîne fort secrète,
Qui rend de nos amants la flamme satisfaite.

ÉRASTE.

Hé! que dis-tu?

MASCARILLE.

Je dis que je suis interdit,
Et ne sais pas, monsieur, qui peut vous avoir dit
Que sous ce faux semblant, qui trompe tout le monde
En vous trompant aussi, leur ardeur sans seconde
D'un secret mariage a serré le lien.

ÉRASTE.

Vous en avez menti.

MASCARILLE.

Monsieur, je le veux bien.

ÉRASTE.

Vous êtes un coquin.

MASCARILLE.

D'accord.

ÉRASTE.

Et cette audace
Mériteroit cent coups de bâton sur la place.

MASCARILLE.

Vous avez tout pouvoir.

ACTE I, SCÈNE IV.

ÉRASTE.
Ah! Gros-René!
GROS-RENÉ.
Monsieur.
ÉRASTE.
Je démens un discours dont je n'ai que trop peur [1].
(à Mascarille.)
Tu penses fuir.
MASCARILLE.
Nenni.
ÉRASTE.
Quoi! Lucile est la femme...
MASCARILLE.
Non, monsieur, je raillois.
ÉRASTE.
Ah! vous railliez, infame!
MASCARILLE.
Non, je ne raillois point.
ÉRASTE.
Il est donc vrai?
MASCARILLE.
Non pas :
Je ne dis pas cela.
ÉRASTE.
Que dis-tu donc?
MASCARILLE.
Hélas!
Je ne dis rien, de peur de mal parler.
ÉRASTE.
Assure
Ou si c'est chose vraie, ou si c'est imposture.

---

[1] Mithridate s'écrie, dans la tragédie de Racine :

Tu ne le crois que trop, malheureux Mithridate!

Et Molière et Racine ont parfaitement rendu le même mouvement, sans sortir du genre dans lequel ils ont écrit.

MASCARILLE.

C'est ce qu'il vous plaira : je ne suis pas ici
Pour vous rien contester.

ÉRASTE, *tirant son épée.*

Veux-tu dire? Voici,
Sans marchander, de quoi te délier la langue.

MASCARILLE.

Elle ira faire encor quelque sotte harangue.
Hé! de grace, plutôt, si vous le trouvez bon,
Donnez-moi vitement quelques coups de bâton,
Et me laissez tirer mes chausses sans murmure.

ÉRASTE.

Tu mourras, ou je veux que la vérité pure
S'exprime par ta bouche.

MASCARILLE.

Hélas! je la dirai :
Mais peut-être, monsieur, que je vous fâcherai.

ÉRASTE.

Parle : mais prends bien garde à ce que tu vas faire.
A ma juste fureur rien ne te peut soustraire,
Si tu mens d'un seul mot en ce que tu diras.

MASCARILLE.

J'y consens, rompez-moi les jambes et les bras,
Faites-moi pis encor, tuez-moi, si j'impose,
En tout ce que j'ai dit ici, la moindre chose.

ÉRASTE.

Ce mariage est vrai?

MASCARILLE.

Ma langue, en cet endroit,
A fait un pas de clerc dont elle s'aperçoit.
Mais enfin cette affaire est comme vous la dites,
Et c'est après cinq jours de nocturnes visites,
Tandis que vous serviez à mieux couvrir leur jeu,
Que depuis avant-hier ils sont joints de ce nœud ;
Et Lucile depuis fait encor moins paroitre

La violente amour qu'elle porte à mon maître,
Et veut absolument que tout ce qu'il verra,
Et qu'en votre faveur son cœur témoignera,
Il l'impute à l'effet d'une haute prudence,
Qui veut de leurs secrets ôter la connoissance.
Si, malgré mes serments, vous doutez de ma foi,
Gros-René peut venir une nuit avec moi,
Et je lui ferai voir, étant en sentinelle,
Que nous avons dans l'ombre un libre accès chez elle.

ÉRASTE.

Ôte toi de mes yeux, maraud!

MASCARILLE.

Et de grand cœur.

C'est ce que je demande [1].

SCÈNE V.

ÉRASTE, GROS-RENÉ.

ÉRASTE.

Hé bien!

GROS-RENÉ.

Hé bien! monsieur,
Nous en tenons tous deux, si l'autre est véritable.

ÉRASTE.

Las, il ne l'est que trop, le bourreau détestable!
Je vois trop d'apparence à tout ce qu'il a dit;

---

[1] Voilà la véritable comédie! Ici Molière ne doit rien au Secchi; mais on sent l'effet de la lecture de Plaute et de Térence, dont il imite le ton, et dont il a la vivacité. La situation d'Éraste attristeroit les spectateurs, si celle de Mascarille n'étoit pas si comique. C'est leur contraste qui fait rire; et déjà Molière nous révèle ici ce talent que jamais personne n'a possédé au même degré, et qui consiste à nous égayer en peignant les passions les plus sérieuses. Voyez d'ailleurs comme tout concourt à exciter la jalousie d'Éraste, et comme ses sentiments sont naturels: il craint tout, et n'ose croire à rien; il est furieux de ce qu'il apprend, et ne veut pas écouter les preuves qu'on propose de lui donner; enfin, tourmenté de ses incertitudes, il ne les exprime que par sa violence. Certes il étoit impossible de mieux peindre les effets de la passion, et surtout de mettre plus de choses dans une scène aussi courte.

Et ce qu'a fait Valère, en voyant cet écrit,
Marque bien leur concert, et que c'est une baie ¹
Qui sert, sans doute, aux feux dont l'ingrate le paie.

SCÈNE VI.

ÉRASTE, MARINETTE, GROS-RENÉ.

MARINETTE.

Je viens vous avertir que tantôt, sur le soir,
Ma maîtresse au jardin vous permet de la voir.

ÉRASTE.

Oses-tu me parler? ame double et traîtresse!
Va, sors de ma présence; et dis à ta maîtresse
Qu'avecque ses écrits elle me laisse en paix,
Et que voilà l'état, infame! que j'en fais.

(Il déchire la lettre et sort.)

MARINETTE.

Gros-René, dis-moi donc quelle mouche le pique.

GROS-RENÉ.

M'oses-tu bien encor parler? femelle inique,
Crocodile trompeur, de qui le cœur félon
Est pire qu'un satrape, ou bien qu'un Lestrigon ² !
Va, va rendre réponse à ta bonne maîtresse;
Et dis-lui bien et beau que, malgré sa souplesse,
Nous ne sommes plus sots, ni mon maître ni moi,
Et désormais qu'elle aille au diable avecque toi.

MARINETTE, *seule*.

Ma pauvre Marinette, es-tu bien éveillée?
De quel démon est donc leur ame travaillée?

---

¹ *Baie*, de l'italien *dar la baia*, tromper, se moquer. (Voyez la note de *l'Étourdi*, acte II, scène XIII.)

² *Lestrigons*, peuple de la Campanie, dont les poëtes ont fait des anthropophages. (B.) — Dans *le Bourgeois gentilhomme*, acte III, scène VII, Nicole, chargée comme Marinette d'un doux message, est reçue de la même façon. Cette réception amène comme ici une scène d'explications et de raccommodement qui est la même aussi pour le fond dans les deux comédies. (A.)

Quoi ! faire un tel accueil à nos soins obligeants !
Oh ! que ceci chez nous va surprendre les gens [1] !

ACTE SECOND.

SCÈNE I.

ASGAGNE, FROSINE.

FROSINE.
Ascagne, je suis fille à secret, Dieu merci.
ASCAGNE.
Mais, pour un tel discours, sommes-nous bien ici ?
Prenons garde qu'aucun ne nous vienne surprendre,
Ou que de quelque endroit on ne nous puisse entendre.
FROSINE.
Nous serions au logis beaucoup moins sûrement :
Ici de tous côtés on découvre aisément ;
Et nous pouvons parler avec toute assurance.
ASCAGNE.
Hélas ! que j'ai de peine à rompre mon silence !
FROSINE.
Ouais ! ceci doit donc être un important secret ?
ASCAGNE.
Trop, puisque je le dis à vous-même à regret,

---

[1] Si toute la pièce étoit écrite comme ce premier acte, elle tiendroit une place parmi les chefs-d'œuvre de Molière. L'intérêt commence, il croit de scène en scène. Le dialogue est vif, naturel, semé de traits du meilleur comique. Éraste intéresse par un amour sincère et par une jalousie fondée. Le rôle de Gros-René est neuf, et la situation de Mascarille est fort plaisante. On pardonne à Valère un mouvement de vanité qui est provoqué par les inquiétudes de son rival. Enfin, on aperçoit dans les divers mouvements qui agitent les deux amants cette profondeur d'observation qui a jusqu'ici conservé à Molière le titre d'inimitable.

Et que, si je pouvois le cacher davantage,
Vous ne le sauriez point.

FROSINE.

Ah! c'est me faire outrage!
Feindre à s'ouvrir à moi, dont vous avez connu
Dans tous vos intérêts l'esprit si retenu!
Moi, nourrie avec vous, et qui tiens sous silence
Des choses qui vous sont de si grande importance!
Qui sais...

ASCAGNE.

Oui, vous savez la secrète raison
Qui cache aux yeux de tous mon sexe et ma maison;
Vous savez que dans celle où passa mon bas âge
Je suis pour y pouvoir retenir l'héritage
Que relâchoit ailleurs le jeune Ascagne mort,
Dont mon déguisement fait revivre le sort;
Et c'est aussi pourquoi ma bouche se dispense
A vous ouvrir mon cœur avec plus d'assurance.
Mais avant que passer, Frosine, à ce discours,
Éclaircissez un doute où je tombe toujours.
Se pourroit-il qu'Albert ne sût rien du mystère
Qui masque ainsi mon sexe, et l'a rendu mon père?

FROSINE.

En bonne foi, ce point sur quoi vous me pressez
Est une affaire aussi qui m'embarrasse assez:
Le fond de cette intrigue est pour moi lettre close [1];
Et ma mère ne put m'éclaircir mieux la chose.
Quand il mourut ce fils, l'objet de tant d'amour,
Au destin de qui, même avant qu'il vînt au jour,
Le testament d'un oncle abondant en richesses
D'un soin particulier avoit fait des largesses;

[1] *Lettres closes*, choses qu'on ne sait pas: les sciences sont lettres closes aux ignorants; littéralement ce sont les lettres qui s'expédient au nom du prince, et qu'on ne peut lire sans briser un cachet; on les distingue des lettres *patentes*, ainsi appelées du latin *patens*, ouvert, parcequ'en effet elles se délivrent sans être cachetées.

Et que sa mère fit un secret de sa mort,
De son époux absent redoutant le transport,
S'il voyoit chez un autre aller tout l'héritage
Dont sa maison tiroit un si grand avantage ;
Quand, dis-je, pour cacher un tel événement,
La supposition fut de son sentiment,
Et qu'on vous prit chez nous, où vous étiez nourrie
(Votre mère d'accord de cette tromperie
Qui remplaçoit ce fils à sa garde commis),
En faveur des présents le secret fut promis.
Albert ne l'a point su de nous ; et pour sa femme,
L'ayant plus de douze ans conservé dans son ame,
Comme le mal fut prompt dont on la vit mourir,
Son trépas imprévu ne put rien découvrir ;
Mais cependant je vois qu'il garde intelligence
Avec celle de qui vous tenez la naissance.
J'ai su qu'en secret même il lui faisoit du bien,
Et peut-être cela ne se fait pas pour rien.
D'autre part, il vous veut porter au mariage ;
Et, comme il le prétend, c'est un mauvais langage.
Je ne sais s'il sauroit la supposition
Sans le déguisement. Mais la digression
Tout insensiblement pourroit trop loin s'étendre ;
Revenons au secret que je brûle d'apprendre [1].

ASCAGNE.

Sachez donc que l'Amour ne sait point s'abuser,
Que mon sexe à ses yeux n'a pu se déguiser,
Et que ses traits subtils, sous l'habit que je porte,
Ont su trouver le cœur d'une fille peu forte.
J'aime enfin.

---

[1] Cette fable romanesque est si peu dans le génie de Molière, qu'il peut à peine en débrouiller les fils. Nous le verrons revenir plusieurs fois sur le fond de cette aventure ; et toujours son style sera pénible, entortillé, souvent inintelligible. La difficulté qu'il éprouvoit à rendre les idées de son modèle auroit dû l'avertir du vice du sujet. Le génie même ne sauroit trouver d'expressions justes pour tout ce qui n'est pas simple, vrai, naturel.

FROSINE.

Vous aimez!

ASCAGNE.

Frosine, doucement.
N'entrez pas tout-à-fait dedans l'étonnement;
Il n'est pas temps encore; et ce cœur qui soupire
A bien, pour vous surprendre, autre chose à vous dire.

FROSINE.

Et quoi?

ASCAGNE.

J'aime Valère.

FROSINE.

Ah! vous avez raison.
L'objet de votre amour, lui, dont à la maison
Votre imposture enlève un puissant héritage,
Et qui, de votre sexe ayant le moindre ombrage,
Verroit incontinent ce bien lui retourner!
C'est encore un plus grand sujet de s'étonner.

ASCAGNE.

J'ai de quoi toutefois surprendre plus votre ame :
Je suis sa femme.

FROSINE.

O dieux! sa femme!

ASCAGNE.

Oui, sa femme.

FROSINE.

Ah! certes celui-là l'emporte, et vient à bout
De toute ma raison!

ASCAGNE.

Ce n'est pas encor tout.

FROSINE.

Encore?

ASCAGNE.

Je la suis, dis-je, sans qu'il le pense,

Ni qu'il ait de mon sort la moindre connoissance.
FROSINE.
Ho! poussez; je le quitte, et ne raisonne plus,
Tant mes sens coup sur coup se trouvent confondus.
A ces énigmes-là je ne puis rien comprendre.
ASCAGNE.
Je vais vous l'expliquer, si vous voulez m'entendre.
Valère, dans les fers de ma sœur arrêté,
Me sembloit un amant digne d'être écouté,
Et je ne pouvois voir qu'on rebutât sa flamme,
Sans qu'un peu d'intérêt touchât pour lui mon ame;
Je voulois que Lucile aimât son entretien;
Je blâmois ses rigueurs, et les blâmai si bien,
Que moi-même j'entrai, sans pouvoir m'en défendre,
Dans tous les sentiments qu'elle ne pouvoit prendre.
C'étoit, en lui parlant, moi qu'il persuadoit;
Je me laissois gagner aux soupirs qu'il perdoit;
Et ses vœux, rejetés de l'objet qui l'enflamme,
Étoient, comme vainqueurs, reçus dedans mon ame.
Ainsi mon cœur, Frosine, un peu trop foible, hélas!
Se rendit à des soins qu'on ne lui rendoit pas,
Par un coup réfléchi reçut une blessure,
Et paya pour une autre avec beaucoup d'usure.
Enfin, ma chère, enfin, l'amour que j'eus pour lui
Se voulut expliquer, mais sous le nom d'autrui.
Dans ma bouche, une nuit, cet amant trop aimable
Crut rencontrer Lucile à ses vœux favorables;
Et je sus ménager si bien cet entretien,
Que du déguisement il ne reconnut rien.
Sous ce voile trompeur, qui flattoit sa pensée,
Je lui dis que pour lui mon ame étoit blessée,
Mais que, voyant mon père en d'autres sentiments,
Je devois une feinte à ses commandements;
Qu'ainsi de notre amour nous ferions un mystère
Dont la nuit seulement seroit dépositaire;

Et qu'entre nous, de jour, de peur de rien gâter,
Tout entretien secret se devoit éviter;
Qu'il me verroit alors la même indifférence
Qu'avant que nous eussions aucune intelligence;
Et que de son côté, de même que du mien,
Geste, parole, écrit, ne m'en dit jamais rien.
Enfin, sans m'arrêter sur toute l'industrie
Dont j'ai conduit le fil de cette tromperie,
J'ai poussé jusqu'au bout un projet si hardi,
Et me suis assuré l'époux que je vous di.

FROSINE.

Peste! les grands talents que votre esprit possède!
Diroit-on qu'elle y touche avec sa mine froide?
Cependant vous avez été bien vite ici;
Car je veux que la chose ait d'abord réussi,
Ne jugez-vous pas bien, à regarder l'issue,
Qu'elle ne peut long-temps éviter d'être sue?

ASCAGNE.

Quand l'amour est bien fort, rien ne peut l'arrêter;
Ses projets seulement vont à se contenter;
Et, pourvu qu'il arrive au but qu'il se propose,
Il croit que tout le reste après est peu de chose[1].
Mais enfin aujourd'hui je me découvre à vous,
Afin que vos conseils... Mais voici cet époux.

SCÈNE II.

VALÈRE, ASCAGNE, FROSINE.

VALÈRE.

Si vous êtes tous deux en quelque conférence

---

[1] La conduite d'Ascagne seroit révoltante dans une jeune fille qui auroit reçu une éducation ordinaire; mais celle-ci, cachée depuis sa naissance sous les habits d'un homme, n'a rien appris de ce que son sexe doit savoir. Son éducation est son excuse : aussi est-il remarquable qu'elle ne songe pas même à justifier son action, et qu'elle la raconte du même ton qu'Éraste auroit pu le faire. Cette nuance étoit digne de remarque, car Molière n'eût pas fait tenir un pareil langage à une jeune

Où je vous fasse tort de mêler ma présence,
Je me retirerai.

ASCAGNE.

Non, non, vous pouvez bien,
Puisque vous le faisiez, rompre notre entretien.

VALÈRE.

Moi?

ASCAGNE.

Vous-même.

VALÈRE.

Et comment?

ASCAGNE.

Je disois que Valère
Auroit, si j'étois fille, un peu trop su me plaire;
Et que, si je faisois tous les vœux de son cœur,
Je ne tarderois guère à faire son bonheur.

VALÈRE.

Ces protestations ne coûtent pas grand'chose,
Alors qu'à leur effet un pareil si s'oppose;
Mais vous seriez bien pris, si quelque événement
Alloit mettre à l'épreuve un si doux compliment.

ASCAGNE.

Point du tout; je vous dis que, régnant dans votre ame,
Je voudrois de bon cœur couronner votre flamme.

VALÈRE.

Et si c'étoit quelqu'une où, par votre secours,
Vous pussiez être utile au bonheur de mes jours?

ASCAGNE.

Je pourrois assez mal répondre à votre attente.

VALÈRE.

Cette confession n'est pas fort obligeante.

fille qui se fût trouvée dans toute autre situation. Au reste, si cette intrigue romanesque n'est pas très comique, elle a au moins un but moral, puisque toutes les ruses inventées par la cupidité se trouvent déjouées par l'amour, et que cet amour fera rentrer dans les mains du véritable propriétaire les richesses dont on l'avoit dépouillé.

ASCAGNE.

Hé quoi! vous voudriez, Valère, injustement,
Qu'étant fille, et mon cœur vous aimant tendrement,
Je m'allasse engager avec une promesse
De servir vos ardeurs pour quelque autre maîtresse?
Un si pénible effort, pour moi, m'est interdit.

VALÈRE.

Mais cela n'étant pas...?

ASCAGNE.

Ce que je vous ai dit,
Je l'ai dit comme fille, et vous le devez prendre
Tout de même.

VALÈRE.

Ainsi donc il ne faut rien prétendre,
Ascagne, à des bontés que vous auriez pour nous,
A moins que le ciel fasse un grand miracle en vous;
Bref, si vous n'êtes fille, adieu votre tendresse,
Il ne vous reste rien qui pour nous s'intéresse.

ASCAGNE.

J'ai l'esprit délicat plus qu'on ne peut penser,
Et le moindre scrupule a de quoi m'offenser
Quand il s'agit d'aimer. Enfin je suis sincère;
Je ne m'engage point à vous servir, Valère,
Si vous ne m'assurez, au moins absolument,
Que vous gardez pour moi le même sentiment;
Que pareille chaleur d'amitié vous transporte,
Et que, si j'étois fille, une flamme plus forte
N'outrageroit point celle où je vivrois pour vous.

VALÈRE.

Je n'avois jamais vu ce scrupule jaloux:
Mais, tout nouveau qu'il est, ce mouvement m'oblige,
Et je vous fais ici tout l'aveu qu'il exige.

ASCAGNE.

Mais sans fard?

VALÈRE.
Oui, sans fard.
ASCAGNE.
S'il est vrai, désormais
Vos intérêts seront les miens, je vous promets.
VALÈRE.
J'ai bientôt à vous dire un important mystère
Où l'effet de ces mots me sera nécessaire.
ASCAGNE.
Et j'ai quelque secret de même à vous ouvrir,
Où votre cœur pour moi se pourra découvrir.
VALÈRE.
Hé! de quelle façon cela pourroit-il être?
ASCAGNE.
C'est que j'ai de l'amour qui n'oseroit paroitre;
Et vous pourriez avoir sur l'objet de mes vœux
Un empire à pouvoir rendre mon sort heureux.
VALÈRE.
Expliquez-vous, Ascagne; et croyez, par avance,
Que votre heur est certain, s'il est en ma puissance.
ASCAGNE.
Vous promettez ici plus que vous ne croyez.
VALÈRE.
Non, non; dites l'objet pour qui vous m'employez.
ASCAGNE.
Il n'est pas encor temps; mais c'est une personne
Qui vous touche de près.
VALÈRE.
Votre discours m'étonne.
Plût à Dieu que ma sœur...!
ASCAGNE.
Ce n'est pas la saison
De m'expliquer, vous dis-je.
VALÈRE.
Et pourquoi?

ASCAGNE.

Pour raison.
Vous saurez mon secret quand je saurai le vôtre.
VALÈRE.
J'ai besoin pour cela de l'aveu de quelque autre.
ASCAGNE.
Ayez-le donc; et lors, nous expliquant nos vœux,
Nous verrons qui tiendra mieux parole des deux.
VALÈRE.
Adieu, j'en suis content.
ASCAGNE.
Et moi content, Valère.
(Valère sort.)
FROSINE.
Il croit trouver en vous l'assistance d'un frère[1].

SCÈNE III.

LUCILE, ASCAGNE, FROSINE, MARINETTE.

LUCILE, *à Marinette, les trois premiers vers.*
C'en est fait; c'est ainsi que je me puis venger;
Et si cette action a de quoi l'affliger,
C'est toute la douceur que mon cœur s'y propose.
Mon frère, vous voyez une métamorphose.
Je veux chérir Valère après tant de fierté,
Et mes vœux maintenant tournent de son côté.
ASCAGNE.
Que dites-vous, ma sœur? Comment! courir au change!
Cette inégalité me semble trop étrange.
LUCILE.
La vôtre me surprend avec plus de sujet.

---

[1] Les questions d'Ascagne à Valère, la supposition qu'elle essaie d'établir, l'inquiétude qui l'agite et qu'elle ne peut dissimuler, tout cela ressort naturellement de la situation. Malheureusement cette situation n'est ni intéressante ni comique, et il est tout simple que le style se ressente et de la recherche et du vice du sujet.

De vos soins autrefois Valère étoit l'objet ;
Je vous ai vu pour lui m'accuser de caprice,
D'aveugle cruauté, d'orgueil et d'injustice ;
Et, quand je veux l'aimer, mon dessein vous déplait !
Et je vous vois parler contre son intérêt !
ASCAGNE.
Je le quitte, ma sœur, pour embrasser le vôtre.
Je sais qu'il est rangé dessous les lois d'une autre ;
Et ce seroit un trait honteux à vos appas,
Si vous le rappeliez et qu'il ne revînt pas.
LUCILE.
Si ce n'est que cela, j'aurai soin de ma gloire,
Et je sais, pour son cœur, tout ce que j'en dois croire ;
Il s'explique à mes yeux intelligiblement ;
Ainsi découvrez-lui sans peur mon sentiment ;
Ou, si vous refusez de le faire, ma bouche
Lui va faire savoir que son ardeur me touche.
Quoi ! mon frère, à ces mots vous restez interdit ?
ASCAGNE.
Ah ! ma sœur ! si sur vous je puis avoir crédit,
Si vous êtes sensible aux prières d'un frère,
Quittez un tel dessein, et n'ôtez point Valère
Aux vœux d'un jeune objet dont l'intérêt m'est cher,
Et qui, sur ma parole, a droit de vous toucher.
La pauvre infortunée aime avec violence ;
A moi seul de ses feux elle fait confidence,
Et je vois dans son cœur de tendres mouvements
A dompter la fierté des plus durs sentiments.
Oui, vous auriez pitié de l'état de son ame,
Connoissant de quel coup vous menacez sa flamme ;
Et je ressens si bien la douleur qu'elle aura,
Que je suis assuré, ma sœur, qu'elle en mourra,
Si vous lui dérobez l'amant qui peut lui plaire.
Éraste est un parti qui doit vous satisfaire ;
Et des feux mutuels...

LUCILE.

Mon frère, c'est assez.
Je ne sais point pour qui vous vous intéressez ;
Mais, de grace, cessons ce discours, je vous prie,
Et me laissez un peu dans quelque rêverie.

ASCAGNE.

Allez, cruelle sœur, vous me désespérez,
Si vous effectuez vos desseins déclarés.

SCÈNE IV.

LUCILE, MARINETTE.

MARINETTE.

La résolution, madame, est assez prompte.

LUCILE.

Un cœur ne pèse rien alors que l'on l'affronte ;
Il court à sa vengeance, et saisit promptement
Tout ce qu'il croit servir à son ressentiment.
Le traître ! faire voir cette insolence extrême !

MARINETTE.

Vous m'en voyez encor toute hors de moi-même ;
Et quoique là-dessus je rumine sans fin,
L'aventure me passe, et j'y perds mon latin.
Car enfin, aux transports d'une bonne nouvelle
Jamais cœur ne s'ouvrit d'une façon plus belle ;
De l'écrit obligeant le sien tout transporté
Ne me donnoit pas moins que de la déité ;
Et cependant jamais, à cet autre message,
Fille ne fut traitée avecque tant d'outrage.
Je ne sais, pour causer de si grands changements,
Ce qui s'est pu passer entre ces courts moments.

LUCILE.

Rien ne s'est pu passer dont il faille être en peine,
Puisque rien ne le doit défendre de ma haine.
Quoi ! tu voudrois chercher hors de sa lâcheté

La secrète raison de cette indignité?
Cet écrit malheureux, dont mon ame s'accuse,
Peut-il à son transport souffrir la moindre excuse?
MARINETTE.
En effet, je comprends que vous avez raison,
Et que cette querelle est pure trahison.
Nous en tenons, madame : et puis, prêtons l'oreille
Aux bons chiens de pendards qui nous chantent merveille,
Qui, pour nous accrocher, feignent tant de langueur;
Laissons à leurs beaux mots fondre notre rigueur;
Rendons-nous à leurs vœux, trop foibles que nous sommes!
Foin de notre sottise, et peste soit des hommes!
LUCILE.
Hé bien! bien! qu'il s'en vante et rie à nos dépens,
Il n'aura pas sujet d'en triompher long-temps;
Et je lui ferai voir qu'en une ame bien faite
Le mépris suit de près la faveur qu'on rejette.
MARINETTE.
Au moins, en pareil cas, est-ce un bonheur bien doux,
Quand on sait qu'on n'a point d'avantage sur vous.
Marinette eut bon nez, quoi qu'on en puisse dire,
De ne permettre rien un soir qu'on vouloit rire.
Quelque autre, sous espoir du *matrimonion*,
Auroit ouvert l'oreille à la tentation;
Mais moi, *nescio vos*.
LUCILE.
Que tu dis de folies,
Et choisis mal ton temps pour de telles saillies!
Enfin je suis touchée au cœur sensiblement;
Et si jamais celui de ce perfide amant,
Par un coup de bonheur, dont j'aurois tort, je pense,
De vouloir à présent concevoir l'espérance
(Car le ciel a trop pris plaisir à m'affliger,
Pour me donner celui de me pouvoir venger);
Quand, dis-je, par un sort à mes desirs propice,

Il reviendroit m'offrir sa vie en sacrifice,
Détester à mes pieds l'action d'aujourd'hui,
Je te défends, surtout, de me parler pour lui.
Au contraire, je veux que ton zèle s'exprime
A me bien mettre aux yeux la grandeur de son crime;
Et même si mon cœur étoit pour lui tenté
De descendre jamais à quelque lâcheté,
Que ton affection me soit alors sévère,
Et tienne comme il faut la main à ma colère.

MARINETTE.

Vraiment n'ayez point peur, et laissez faire à nous;
J'ai pour le moins autant de colère que vous;
Et je serois plutôt fille toute ma vie,
Que mon gros traître aussi me redonnât envie [1].
S'il vient...

SCÈNE V.

ALBERT, LUCILE, MARINETTE.

ALBERT.

Rentrez, Lucile, et me faites venir
Le précepteur; je veux un peu l'entretenir,
Et m'informer de lui, qui me gouverne Ascagne,
S'il sait point quel ennui depuis peu l'accompagne.

SCÈNE VI.

ALBERT.

En quel gouffre de soins et de perplexité
Nous jette une action faite sans équité!

---

[1] Cette scène charmante nous ramène au véritable sujet de la pièce. Remarquez que le caractère de Marinette est entièrement calqué sur celui de Gros-René. Elle joue auprès de Lucile le même rôle que ce dernier joue auprès d'Éraste : même langage, même boutade, même courroux. C'est en établissant ce double contraste que l'auteur a su rendre comiques des scènes de plaintes, de reproches et de dépit, qui par leur nature même promettoient d'être sérieuses. On ne sauroit trop

ACTE II, SCÈNE VII.

D'un enfant supposé par mon trop d'avarice
Mon cœur depuis long-temps souffre bien le supplice ;
Et quand je vois les maux où je me suis plongé,
Je voudrois à ce bien n'avoir jamais songé.
Tantôt je crains de voir, par la fourbe éventée,
Ma famille en opprobre et misère jetée ;
Tantôt pour ce fils-là, qu'il me faut conserver,
Je crains cent accidents qui peuvent arriver.
S'il advient que dehors quelque affaire m'appelle,
J'appréhende au retour cette triste nouvelle :
Las ! vous ne savez pas ? Vous l'a-t-on annoncé ?
Votre fils a la fièvre, ou jambe, ou bras cassé [1] ;
Enfin, à tous moments, sur quoi que je m'arrête,
Cent sortes de chagrins me roulent par la tête [2].
Ah !...

SCÈNE VII.

ALBERT, MÉTAPHRASTE [3].

MÉTAPHRASTE.
Mandatum tuum curo diligenter [4].

s'arrêter sur ces premières combinaisons du génie. Ici tout appartient à Molière, et en rentrant dans la route du vrai son style devient aussitôt un modèle.

[1] Ces sentiments, si naturels à un père, sont imités de la première scène des *Adelphes* de Térence. Dans le poète latin, ils sont produits par la tendresse de Micion pour son neveu ; ici ils sont réveillés par l'avarice d'Albert.

[2] Nous ne chercherons pas à expliquer comment Albert, qui connoît la supposition d'Ascagne, a pu rester dans une ignorance complète de son sexe ; mais nous ne saurions trop faire remarquer combien il est difficile au génie lui-même de tirer parti d'un sujet que la raison réprouve. L'étude des fautes d'un grand écrivain est souvent aussi profitable que l'étude de ses beautés. Ces dernières nous enseignent la route qu'il faut suivre ; les premières, celle qu'il faut éviter.

[3] Cette scène est un modèle de dialogue. Les idées se suivent et se pressent avec une étonnante rapidité, et la situation d'Albert est si comique que plusieurs auteurs ont essayé de l'imiter. (P.) — Cette scène n'appartient ni à Molière ni à l'auteur italien. Elle est imitée du *Déniaisé* de La Tessonnière, et ne lui est pas toujours supérieure.

[4] Je me hâte d'obéir à votre commandement.

ALBERT.

Maître, j'ai voulu...

MÉTAPHRASTE.

Maître est dit *a magis ter* :
C'est comme qui diroit trois fois plus grand [1].

ALBERT.

Je meure,
Si je savois cela. Mais, soit, à la bonne heure.
Maître, donc...

MÉTAPHRASTE.

Poursuivez.

ALBERT.

Je peux poursuivre aussi :
Mais ne poursuivez point, vous, d'interrompre ainsi.
Donc, encore une fois, maître, c'est la troisième,
Mon fils me rend chagrin : vous savez que je l'aime,
Et que soigneusement je l'ai toujours nourri.

MÉTAPHRASTE.

Il est vrai : *Filio non potest præferri*
Nisi filius [2].

ALBERT.

Maître, en discourant ensemble,
Ce jargon n'est pas fort nécessaire, me semble ;
Je vous crois grand latin, et grand docteur juré ;
Je m'en rapporte à ceux qui m'en ont assuré :

[1] Molière a emprunté cette plaisante étymologie à une comédie italienne de Bruno Nolano. Dans cette comédie, le Pédant, qui se nomme Mamphurius, est traité, par le peintre Bernard, de *Domine magister* ; à quoi Mamphurius répond avec dignité : *Hoc est magis ter*, trois fois plus grand. Bernard, qui veut se moquer de lui, le prie alors de vouloir bien expliquer le sens du mot *pédante* ; ce que celui-ci fait aussitôt en ces termes : « *Pédante* est comme qui diroit *pied devant*, parceque'il a un marché prosécutif avec lequel il fait aller devant les jeunes « disciples qu'il enseigne. » Molière ne s'est point emparé de cette seconde étymologie, qui est fort comique. Quant à la première étymologie du mot *magister*, le grammairien Rouband, oubliant la leçon de Molière, se l'est appropriée dans son livre des *Synonymes*. (Voyez Boniface, et *le Pédant*, comédie en prose de Bruno Nolano, acte III, scène VII, un vol. in-12 ; Paris, Pierre Ménard, 1633.)

[2] A un fils on ne sauroit préférer qu'un fils.

Mais, dans un entretien qu'avec vous je destine,
N'allez point déployer toute votre doctrine,
Faire le pédagogue, et cent mots me cracher,
Comme si vous étiez en chaire pour prêcher.
Mon père, quoiqu'il eût la tête des meilleures,
Ne m'a jamais rien fait apprendre que mes Heures,
Qui, depuis cinquante ans, dites journellement,
Ne sont encor pour moi que du haut allemand.
Laissez donc en repos votre science auguste,
Et que votre langage à mon foible s'ajuste.

MÉTAPHRASTE.

Soit.

ALBERT.

 A mon fils, l'hymen semble lui faire peur;
Et sur quelque parti que je sonde son cœur,
Pour un pareil lien il est froid, et recule.

MÉTAPHRASTE.

Peut-être a-t-il l'humeur du frère de Marc-Tulle,
Dont avec Atticus le même fait sermon;
Et comme aussi les Grecs disent, *Atanaton*[1]...

ALBERT.

Mon Dieu! maître éternel, laissez là, je vous prie,
Les Grecs, les Albanois, avec l'Esclavonie,
Et tous ces autres gens dont vous voulez parler;
Eux et mon fils n'ont rien ensemble à démêler.

MÉTAPHRASTE.

Hé bien donc, votre fils...?

ALBERT.

    Je ne sais si dans l'âme
Il ne sentiroit point une secrète flamme:
Quelque chose le trouble, ou je suis fort déçu;
Et je l'aperçus hier, sans en être aperçu,

---

[1] *Atanaton*: ce mot ne présente aucun sens. Quelques éditeurs ont écrit *athanaton*, mot grec qui signifie *immortel*. La phrase n'étant pas terminée, il est impossible de rien décider à cet égard.

Dans un recoin du bois où nul ne se retire.
　　　　　　　　MÉTAPHRASTE.
Dans un lieu reculé du bois, voulez-vous dire,
Un endroit écarté, *latinè, secessus;*
Virgile l'a dit : *Est in secessu... locus*[1]...
　　　　　　　　ALBERT.
Comment auroit-il pu l'avoir dit, ce Virgile,
Puisque je suis certain que, dans ce lieu tranquille,
Ame du monde enfin n'étoit lors que nous deux?
　　　　　　　　MÉTAPHRASTE.
Virgile est nommé là comme un auteur fameux
D'un terme plus choisi que le mot que vous dites,
Et non comme témoin de ce qu'hier vous vîtes.
　　　　　　　　ALBERT.
Et moi, je vous dis, moi, que je n'ai pas besoin
De terme plus choisi, d'auteur ni de témoin,
Et qu'il suffit ici de mon seul témoignage.
　　　　　　　　MÉTAPHRASTE.
Il faut choisir pourtant les mots mis en usage
Par les meilleurs auteurs. *Tu vivendo bonos,*
Comme on dit, *scribendo sequare peritos*[2].
　　　　　　　　ALBERT.
Homme ou démon, veux-tu m'entendre sans conteste?
　　　　　　　　MÉTAPHRASTE.
Quintilien en fait le précepte.
　　　　　　　　ALBERT.
　　　　　　La peste

---

[1] La citation appartient au premier livre de l'*Énéide* :

　　« Est in secessu longo locus : insula portum
　　« Efficit objectu laterum, etc. »

Dans un golfe enfoncé, sur de sauvages bords,
S'ouvre un port naturel, défendu par une île,
Dont les bras étendus, brisant l'onde indocile, etc.
　　　　　　　　　　　DELILLE.

[2] 　　« Tu vivendo bonos, scribendo sequare peritos. »

Vers de Despautère : Règle tes mœurs sur les gens de bien, et les écrits sur les bons auteurs. »

Soit du causeur!

MÉTAPHRASTE.

Et dit là-dessus doctement
Un mot que vous serez bien aise assurément
D'entendre.

ALBERT.

Je serai le diable qui t'emporte,
Chien d'homme! Oh! que je suis tenté d'étrange sorte
De faire sur ce mufle une application!

MÉTAPHRASTE.

Mais qui cause, seigneur, votre inflammation?
Que voulez-vous de moi?

ALBERT.

Je veux que l'on m'écoute,
Vous ai-je dit vingt fois, quand je parle.

MÉTAPHRASTE.

Ah! sans doute;
Vous serez satisfait s'il ne tient qu'à cela;
Je me tais.

ALBERT.

Vous ferez sagement.

MÉTAPHRASTE.

Me voilà
Tout prêt de vous ouïr.

ALBERT.

Tant mieux.

MÉTAPHRASTE.

Que je trépasse,
Si je dis plus mot.

ALBERT.

Dieu vous en fasse la grace!

MÉTAPHRASTE.

Vous n'accuserez point mon caquet désormais.

ALBERT.

Ainsi soit-il!

MÉTAPHRASTE.

Parlez quand vous voudrez.

ALBERT.

J'y vais.

MÉTAPHRASTE.

Et n'appréhendez plus l'interruption nôtre.

ALBERT.

C'est assez dit.

MÉTAPHRASTE.

Je suis exact plus qu'aucun autre.

ALBERT.

Je le crois.

MÉTAPHRASTE.

J'ai promis que je ne dirois rien.

ALBERT.

Suffit.

MÉTAPHRASTE.

Dès à présent je suis muet.

ALBERT.

Fort bien.

MÉTAPHRASTE.

Parlez; courage; au moins je vous donne audience.
Vous ne vous plaindrez pas de mon peu de silence :
Je ne desserre pas la bouche seulement.

ALBERT, *à part*.

Le traître !

MÉTAPHRASTE.

Mais, de grace, achevez vitement :
Depuis long-temps j'écoute; il est bien raisonnable
Que je parle à mon tour.

ALBERT.

Donc, bourreau détestable...

MÉTAPHRASTE.

Hé! bon Dieu! voulez-vous que j'écoute à jamais?
Partageons le parler au moins, ou je m'en vais.

ALBERT.

Ma patience est bien...

MÉTAPHRASTE.

Quoi! voulez-vous poursuivre?
Ce n'est pas encor fait? *Per Jovem!* je suis ivre!

ALBERT.

Je n'ai pas dit...

MÉTAPHRASTE.

Encor? Bon Dieu! que de discours!
Rien n'est-il suffisant d'en arrêter le cours?

ALBERT.

J'enrage.

MÉTAPHRASTE.

Derechef! O l'étrange torture!
Hé! laissez-moi parler un peu, je vous conjure.
Un sot qui ne dit mot ne se distingue pas
D'un savant qui se tait.

ALBERT.

Parbleu! tu te tairas.

SCÈNE VIII.

MÉTAPHRASTE.

D'où vient fort à propos cette sentence expresse [1]
D'un philosophe : Parle, afin qu'on te connoisse?
Doncques, si de parler le pouvoir m'est ôté,

---

[1] Molière, entraîné par sa passion pour le théâtre, résolut, très jeune encore, d'aller jouer la comédie en province. Son père, l'ayant fait solliciter inutilement de renoncer à ce projet, imagina de lui envoyer un maître de pension chez lequel il avoit fait ses premières études. Molière le reçut fort bien; et, après avoir écouté ses conseils et ses remontrances, il lui fit à son tour un tableau si ravissant de la vie des comédiens, que celui-ci, se laissant persuader, entra aussitôt dans la troupe de celui qu'il étoit venu convertir. Il est probable que c'est pour lui que fut composé le rôle de Métaphraste; et ce qui donne quelque vraisemblance à cette supposition, c'est que la scène et le personnage ne tiennent pas du tout au sujet. On sait d'ailleurs que Molière ne manquoit jamais d'ajuster ses rôles aux habitudes et aux caractères de ses acteurs.

Pour moi, j'aime autant perdre aussi l'humanité,
Et changer mon essence en celle d'une bête.
Me voilà pour huit jours avec un mal de tête.
Oh! que les grands parleurs sont par moi détestés!
Mais quoi! si les savants ne sont point écoutés,
Si l'on veut que toujours ils aient la bouche close,
Il faut donc renverser l'ordre de chaque chose,
Que les poules dans peu dévorent les renards;
Que les jeunes enfants remontrent aux vieillards;
Qu'à poursuivre les loups les agnelets s'ébattent;
Qu'un fou fasse les lois; que les femmes combattent;
Que par les criminels les juges soient jugés,
Et par les écoliers les maîtres fustigés;
Que le malade au sain présente le remède;
Que le lièvre craintif...[1]

SCÈNE IX.

ALBERT, MÉTAPHRASTE.

(Albert sonne, aux oreilles de Métaphraste, une cloche de mulet[2] qui le fait fuir.)

MÉTAPHRASTE, *fuyant.*
Miséricorde! à l'aide!

[1] Cette tirade paroit être une parodie des vers si connus de Virgile, dans sa première églogue :

« Ante leves ergo pascentur in æthere cervi,
« Et freta destituent nudos in littore pisces;
« Ante, pererratis amborum finibus, exsul
« Aut Ararim Parthus bibet, aut Germania Tigrim,
« Quam nostro illius labatur pectore vultus. »

[2] Cette cloche qu'Albert vient sonner aux oreilles de Métaphraste est de la farce, et non de la comédie. « On ne souffriroit pas aujourd'hui, dit quelque part Dide-
« rot, qu'un père vînt, avec une cloche de mulet, mettre en fuite un pédant. »
Diderot a raison; mais il ne devoit pas ajouter : « ni qu'un mari se cachât sous une
« table pour s'assurer des discours qu'on tient à sa femme. » (B.)

ACTE TROISIÈME.

SCÈNE I.

MASCARILLE.

Le ciel parfois seconde un dessein téméraire[1],
Et l'on sort comme on peut d'une méchante affaire.
Pour moi, qu'une imprudence a trop fait discourir,
Le remède plus prompt où j'ai su recourir,
C'est de pousser ma pointe, et dire en diligence
A notre vieux patron toute la manigance.
Son fils, qui m'embarrasse, est un évaporé :
L'autre, diable ! disant ce que j'ai déclaré,
Gare une irruption sur notre friperie !
Au moins, avant qu'on puisse échauffer sa furie,
Quelque chose de bon nous pourra succéder,
Et les vieillards entre eux se pourront accorder.
C'est ce qu'on va tenter ; et, de la part du nôtre,
Sans perdre un seul moment, je m'en vais trouver l'autre.
(Il frappe à la porte d'Albert.)

SCÈNE II.

ALBERT, MASCARILLE.

ALBERT.

Qui frappe ?

---

[1] Ce monologue étoit indispensable. Il motive l'entrevue des deux vieillards, et prépare le dénoûment. Dans la pièce italienne la même confidence amène une scène pareille entre les deux pères.

MASCARILLE.

Amis[1].

ALBERT.

Oh! oh! qui te peut amener, Mascarille?

MASCARILLE.

Je viens, monsieur, pour vous donner Le bonjour.

ALBERT.

Ah! vraiment, tu prends beaucoup de peine : De tout mon cœur, bonjour.

(Il s'en va.)

MASCARILLE.

La réplique est soudaine. Quel homme brusque!

(Il heurte.)

ALBERT.

Encor?

MASCARILLE.

Vous n'avez pas ouï, Monsieur.

ALBERT.

Ne m'as-tu pas donné le bonjour?

MASCARILLE.

Oui.

ALBERT.

Hé bien! bonjour, te dis-je.

(Il s'en va, Mascarille l'arrête.)

MASCARILLE.

Oui; mais je viens encore Vous saluer au nom du seigneur Polidore.

ALBERT.

Ah! c'est un autre fait. Ton maître t'a chargé

---

[1] Dans la scène italienne, un valet, seul comme Mascarille, répond à *chi è là*, *amici*, et non *amico*. En pareil cas, le pluriel pour le singulier est un usage constant des Italiens, et Molière a cru pouvoir imiter cet usage.

ACTE III, SCÈNE II.

De me saluer?

MASCARILLE.

Oui.

ALBERT.

Je lui suis obligé.
Va, que je lui souhaite une joie infinie[1].

(Il s'en va.)

MASCARILLE.

Cet homme est ennemi de la cérémonie.

(Il heurte.)

Je n'ai pas achevé, monsieur, son compliment :
Il voudroit vous prier d'une chose instamment.

ALBERT.

Hé bien! quand il voudra, je suis à son service.

MASCARILLE, *l'arrêtant.*

Attendez, et souffrez qu'en deux mots je finisse.
Il souhaite un moment, pour vous entretenir
D'une affaire importante, et doit ici venir.

ALBERT.

Eh! quelle est-elle encor l'affaire qui l'oblige
A me vouloir parler?

MASCARILLE.

Un grand secret, vous dis-je,
Qu'il vient de découvrir en ce même moment,
Et qui, sans doute, importe à tous deux grandement.
Voilà mon ambassade[2].

---

[1] Cette phrase est obscure, et il faut nécessairement sous-entendre *va, dis-lui que*, etc. Molière a peut-être voulu imiter ici la précision de la langue latine ; car en latin on diroit : *Vade, quam plurimum illi gaudium opto.* Le génie de la langue françoise se refuse à toute construction de ce genre.

[2] Le mouvement de cette scène est imité de *l'Inavvertito ;* mais les réponses laconiques du vieillard italien sont un effet naturel de son caractère, tandis que la brusquerie d'Albert est un effet de ses craintes et de ses remords. Tout ce qui lui rappelle son injustice le trouble ; la vue d'un valet appartenant à la maison de Polidore le fait trembler ; enfin il veut éviter toute espèce d'entretien, parcequ'il craint toujours de s'entendre accuser. Ainsi c'est dans la conscience du personnage qu'il faut chercher la cause de sa méchante humeur. La scène de Molière n'est

SCÈNE III.

ALBERT.

O juste ciel ! je tremble :
Car enfin nous avons peu de commerce ensemble.
Quelque tempête va renverser mes desseins,
Et ce secret, sans doute, est celui que je crains.
L'espoir de l'intérêt m'a fait quelque infidèle [1],
Et voilà sur ma vie une tache éternelle.
Ma fourbe est découverte. Oh ! que la vérité
Se peut cacher long-temps avec difficulté !
Et qu'il eût mieux valu pour moi, pour mon estime [2],
Suivre les mouvements d'une peur légitime,
Par qui je me suis vu tenté plus de vingt fois
De rendre à Polidore un bien que je lui dois,
De prévenir l'éclat où ce coup-ci m'expose,
Et faire qu'en douceur passât toute la chose !
Mais, hélas ! c'en est fait, il n'est plus de saison ;
Et ce bien, par la fraude entré dans ma maison,
N'en sera point tiré, que dans cette sortie
Il n'entraîne du mien la meilleure partie.

SCÈNE IV.

ALBERT, POLIDORE.

POLIDORE, *les quatre premiers vers sans voir Albert.*
S'être ainsi marié sans qu'on en ait su rien !
Puisse cette action se terminer à bien !
Je ne sais qu'en attendre ; et je crains fort du père

---

pas seulement comique et morale, elle est encore une peinture fidèle du cœur humain.

[1] L'auteur veut dire : L'espoir d'une *récompense* m'a fait quelque infidèle.

[2] *Estime* se disoit autrefois pour *réputation*. Aujourd'hui il ne se dit plus que de l'*estime* qu'on fait de soi ou des autres.

Et la grande richesse, et la juste colère.
Mais je l'aperçois seul.

ALBERT.

Dieu! Polidore vient!

POLIDORE.

Je tremble à l'aborder.

ALBERT.

La crainte me retient.

POLIDORE.

Par où lui débuter?

ALBERT.

Quel sera mon langage?

POLIDORE.

Son ame est tout émue.

ALBERT.

Il change de visage.

POLIDORE.

Je vois, seigneur Albert, au trouble de vos yeux,
Que vous savez déja qui m'amène en ces lieux.

ALBERT.

Hélas! oui.

POLIDORE.

La nouvelle a droit de vous surprendre,
Et je n'eusse pas cru ce que je viens d'apprendre.

ALBERT.

J'en dois rougir de honte et de confusion.

POLIDORE.

Je trouve condamnable une telle action,
Et je ne prétends point excuser le coupable.

ALBERT.

Dieu fait miséricorde au pécheur misérable.

POLIDORE.

C'est ce qui doit par vous être considéré.

ALBERT.

Il faut être chrétien.

POLIDORE.
Il est très assuré.
ALBERT.
Grace, au nom de Dieu! grace, ô seigneur Polidore!
POLIDORE.
Hé! c'est moi qui de vous présentement l'implore.
ALBERT.
Afin de l'obtenir je me jette à genoux.
POLIDORE.
Je dois en cet état être plutôt que vous.
ALBERT.
Prenez quelque pitié de ma triste aventure.
POLIDORE.
Je suis le suppliant dans une telle injure.
ALBERT.
Vous me fendez le cœur avec cette bonté.
POLIDORE.
Vous me rendez confus de tant d'humilité.
ALBERT.
Pardon, encore un coup!
POLIDORE.
Hélas! pardon vous-même!
ALBERT.
J'ai de cette action une douleur extrême.
POLIDORE.
Et moi, j'en suis touché de même au dernier point.
ALBERT.
J'ose vous convier qu'elle n'éclate point.
POLIDORE.
Hélas! seigneur Albert, je ne veux autre chose.
ALBERT.
Conservons mon honneur.
POLIDORE.
Hé! oui, je m'y dispose.

ALBERT.

Quant au bien qu'il faudra, vous-même en résoudrez.

POLIDORE.

Je ne veux de vos biens que ce que vous voudrez :
De tous ces intérêts je vous ferai le maître;
Et je suis trop content si vous le pouvez être.

ALBERT.

Ah! quel homme de Dieu! Quel excès de douceur!

POLIDORE.

Quelle douceur, vous-même, après un tel malheur!

ALBERT.

Que puissiez-vous avoir toutes choses prospères!

POLIDORE.

Le bon Dieu vous maintienne!

ALBERT.

Embrassons-nous en frères.

POLIDORE.

J'y consens de grand cœur, et me réjouis fort
Que tout soit terminé par un heureux accord.

ALBERT.

J'en rends graces au ciel.

POLIDORE.

Il ne vous faut rien feindre,
Votre ressentiment me donnoit lieu de craindre;
Et Lucile tombée en faute avec mon fils,
Comme on vous voit puissant et de biens et d'amis...

ALBERT.

Hé! que parlez-vous là de faute et de Lucile!

POLIDORE.

Soit, ne commençons point un discours inutile.
Je veux bien que mon fils y trempe grandement :
Même, si cela fait à votre allégement,
J'avouerai qu'à lui seul en est toute la faute;
Que votre fille avoit une vertu trop haute
Pour avoir jamais fait ce pas contre l'honneur,

Sans l'incitation d'un méchant suborneur ;
Que le traître a séduit sa pudeur innocente,
Et de votre conduite ainsi détruit l'attente.
Puisque la chose est faite, et que, selon mes vœux,
Un esprit de douceur nous met d'accord tous deux,
Ne ramentevons rien[1], et réparons l'offense
Par la solennité d'une heureuse alliance.

ALBERT, *à part.*

O Dieu! quelle méprise! et qu'est-ce qu'il m'apprend?
Je rentre ici d'un trouble en un autre aussi grand.
Dans ces divers transports je ne sais que répondre ;
Et, si je dis un mot, j'ai peur de me confondre.

POLIDORE.

A quoi pensez-vous là, seigneur Albert?

ALBERT.

A rien.

Remettons, je vous prie, à tantôt l'entretien.
Un mal subit me prend, qui veut que je vous laisse[2].

SCÈNE V.

POLIDORE.

Je lis dedans son ame, et vois ce qui le presse.

---

[1] Polidore garde son erreur, et se résume d'une manière admirable dans ce vers :
Ne ramentevons rien, et réparons l'offense.
Sentence pleine de sagesse, qu'il faudroit appliquer à toutes les divisions de famille. Le vieux mot *ramentevons* porte la double empreinte de l'âge et de l'expérience de celui qui le prononce. Pour démontrer combien son emploi est heureux, il suffit de lui substituer les expressions qui l'ont remplacé.

[2] Le fond de cette scène appartient à *l'Interesse ;* mais l'idée si comique de faire faire des excuses aux deux vieillards, et de les mettre aux genoux l'un de l'autre, est de l'invention de Molière. Dans la pièce italienne le dialogue est long, diffus, sans vérité et sans verve. Ici, au contraire, le style est plein, vigoureux, rapide ; chaque personnage répond à la pensée qui le préoccupe, et le langage de tous deux est si naturel qu'on oublie que la situation est une combinaison de l'art. C'est en étudiant Molière qu'un poëte a pu dire que la bonne imitation étoit une continuelle invention.

A quoi que sa raison l'eût déja disposé,
Son déplaisir n'est pas encor tout apaisé.
L'image de l'affront lui revient, et sa fuite
Tâche à me déguiser le trouble qui l'agite.
Je prends part à sa honte, et son deuil m'attendrit.
Il faut qu'un peu de temps remette son esprit :
La douleur trop contrainte aisément se redouble.
Voici mon jeune fou d'où nous vient tout ce trouble.

SCÈNE VI.

POLIDORE, VALÈRE.

POLIDORE.

Enfin, le beau mignon, vos bons déportements
Troubleront les vieux jours d'un père à tous moments ;
Tous les jours vous ferez de nouvelles merveilles,
Et nous n'aurons jamais autre chose aux oreilles.

VALÈRE.

Que fais-je tous les jours qui soit si criminel ?
En quoi mériter tant le courroux paternel ?

POLIDORE.

Je suis un étrange homme, et d'une humeur terrible,
D'accuser un enfant si sage et si paisible !
Las ! il vit comme un saint ; et dedans la maison
Du matin jusqu'au soir il est en oraison !
Dire qu'il pervertit l'ordre de la nature,
Et fait du jour la nuit : ô la grande imposture !
Qu'il n'a considéré père, ni parenté,
En vingt occasions : horrible fausseté !
Que de fraîche mémoire un furtif hyménée
A la fille d'Albert a joint sa destinée,
Sans craindre de la suite un désordre puissant :
On le prend pour un autre ; et le pauvre innocent
Ne sait pas seulement ce que je lui veux dire.
Ah ! chien, que j'ai reçu du ciel pour mon martyre !

Te croiras-tu toujours? et ne pourrai-je pas
Te voir être une fois sage avant mon trépas?
VALÈRE, *seul, et rêvant.*
D'où peut venir ce coup? Mon ame embarrassée
Ne voit que Mascarille où jeter sa pensée.
Il ne sera pas homme à m'en faire un aveu.
Il faut user d'adresse et me contraindre un peu
Dans ce juste courroux.

SCÈNE VII.
VALÈRE, MASCARILLE.
VALÈRE.
Mascarille, mon père,
Que je viens de trouver, sait toute notre affaire.
MASCARILLE.
Il la sait?
VALÈRE.
Oui.
MASCARILLE.
D'où diantre a-t-il pu la savoir?
VALÈRE.
Je ne sais point sur qui ma conjecture asseoir;
Mais enfin d'un succès cette affaire est suivie,
Dont j'ai tous les sujets d'avoir l'ame ravie.
Il ne m'en a pas dit un mot qui fût fâcheux;
Il excuse ma faute, il approuve mes feux :
Et je voudrois savoir qui peut être capable
D'avoir pu rendre ainsi son esprit si traitable.
Je ne puis t'exprimer l'aise que j'en reçoi.
MASCARILLE.
Et que me diriez-vous, monsieur, si c'étoit moi
Qui vous eût procuré cette heureuse fortune?
VALÈRE.
Bon! bon! tu voudrois bien ici m'en donner d'une.

MASCARILLE.

C'est moi, vous dis-je, moi, dont le patron le sait,
Et qui vous ai produit ce favorable effet.

VALÈRE.

Mais, là, sans te railler?

MASCARILLE.

Que le diable m'emporte
Si je fais raillerie, et s'il n'est de la sorte!

VALÈRE, *mettant l'épée à la main.*

Et qu'il m'entraîne, moi, si tout présentement
Tu n'en vas recevoir le juste payement!

MASCARILLE.

Ah! monsieur, qu'est-ce ci? Je défends la surprise.

VALÈRE.

C'est la fidélité que tu m'avois promise?
Sans ma feinte, jamais tu n'eusses avoué
Le trait que j'ai bien cru que tu m'avois joué.
Traître, de qui la langue à causer trop habile
D'un père contre moi vient d'échauffer la bile,
Qui me perds tout-à-fait, il faut, sans discourir,
Que tu meures.

MASCARILLE.

Tout beau. Mon ame, pour mourir,
N'est pas en bon état. Daignez, je vous conjure,
Attendre le succès qu'aura cette aventure.
J'ai de fortes raisons qui m'ont fait révéler
Un hymen que vous-même aviez peine à celer :
C'étoit un coup d'état, et vous verrez l'issue
Condamner la fureur que vous avez conçue.
De quoi vous fâchez-vous, pourvu que vos souhaits
Se trouvent par mes soins pleinement satisfaits,
Et voyent mettre à fin la contrainte où vous êtes?

VALÈRE.

Et si tous ces discours ne sont que des sornettes?

MASCARILLE.

Toujours serez-vous lors à temps pour me tuer.
Mais enfin mes projets pourront s'effectuer.
Dieu fera pour les siens, et, content dans la suite,
Vous me remercierez de ma rare conduite.

VALÈRE.

Nous verrons. Mais Lucile...

MASCARILLE.

Alte; son père sort.

SCÈNE VIII.

ALBERT, VALÈRE, MASCARILLE.

ALBERT, *les cinq premiers vers sans voir Valère.*
Plus je reviens du trouble où j'ai donné d'abord,
Plus je me sens piqué de ce discours étrange,
Sur qui ma peur prenoit un si dangereux change :
Car Lucile soutient que c'est une chanson,
Et m'a parlé d'un air à m'ôter tout soupçon.
Ah! monsieur, est-ce vous de qui l'audace insigne
Met en jeu mon honneur, et fait ce conte indigne?

MASCARILLE.

Seigneur Albert, prenez un ton un peu plus doux,
Et contre votre gendre ayez moins de courroux.

ALBERT.

Comment, gendre? coquin! tu portes bien la mine
De pousser les ressorts d'une telle machine,
Et d'en avoir été le premier inventeur.

MASCARILLE.

Je ne vois ici rien à vous mettre en fureur.

ALBERT.

Trouves-tu beau, dis-moi, de diffamer ma fille,
Et faire un tel scandale à toute une famille?

MASCARILLE.

Le voilà prêt de faire en tout vos volontés.

ALBERT.
Que voudrois-je, sinon qu'il dît des vérités?
Si quelque intention le pressoit pour Lucile,
La recherche en pouvoit être honnête et civile;
Il falloit l'attaquer du côté du devoir,
Il falloit de son père implorer le pouvoir,
Et non pas recourir à cette lâche feinte,
Qui porte à la pudeur une sensible atteinte.

MASCARILLE.
Quoi! Lucile n'est pas, sous des liens secrets,
A mon maître?

ALBERT.
Non, traître, et n'y sera jamais.

MASCARILLE.
Tout doux : et s'il est vrai que ce soit chose faite,
Voulez-vous l'approuver cette chaîne secrète?

ALBERT.
Et s'il est constant, toi, que cela ne soit pas,
Veux-tu te voir casser les jambes et les bras?

VALÈRE.
Monsieur, il est aisé de vous faire paroître
Qu'il dit vrai.

ALBERT.
Bon! voilà l'autre encor, digne maître
D'un semblable valet! O les menteurs hardis!

MASCARILLE.
D'homme d'honneur, il est ainsi que je le dis.

VALÈRE.
Quel seroit notre but de vous en faire accroire?

ALBERT, *à part.*
Ils s'entendent tous deux comme larrons en foire.

MASCARILLE.
Mais venons à la preuve; et, sans nous quereller,
Faites sortir Lucile, et la laissez parler.

ALBERT.

Et si le démenti par elle vous en reste?

MASCARILLE.

Elle n'en fera rien, monsieur, je vous proteste.
Promettez à leurs vœux votre consentement,
Et je veux m'exposer au plus dur châtiment,
Si de sa propre bouche elle ne vous confesse
Et la foi qui l'engage, et l'ardeur qui la presse.

ALBERT.

Il faut voir cette affaire.

(Il va frapper à sa porte)

MASCARILLE, *à Valère.*

Allez, tout ira bien.

ALBERT.

Holà! Lucile, un mot.

VALÈRE, *à Mascarille.*

Je crains...

MASCARILLE.

Ne craignez rien.

SCÈNE IX.

LUCILE, ALBERT, VALÈRE, MASCARILLE.

MASCARILLE.

Seigneur Albert, au moins silence. Enfin, madame,
Toute chose conspire au bonheur de votre ame;
Et monsieur votre père, averti de vos feux,
Vous laisse votre époux, et confirme vos vœux,
Pourvu que, bannissant toutes craintes frivoles,
Deux mots de votre aveu confirment nos paroles.

LUCILE.

Que me vient donc conter ce coquin assuré?

MASCARILLE.

Bon! me voilà déjà d'un beau titre honoré.

LUCILE.

Sachons un peu, monsieur, quelle belle saillie
Fait ce conte galant qu'aujourd'hui l'on publie?

VALÈRE.

Pardon, charmant objet : un valet a parlé,
Et j'ai vu, malgré moi, notre hymen révélé.

LUCILE.

Notre hymen?

VALÈRE.

On sait tout, adorable Lucile;
Et vouloir déguiser est un soin inutile.

LUCILE.

Quoi! l'ardeur de mes feux vous a fait mon époux?

VALÈRE.

C'est un bien qui me doit faire mille jaloux :
Mais j'impute bien moins ce bonheur de ma flamme
A l'ardeur de vos feux qu'aux bontés de votre ame.
Je sais que vous avez sujet de vous fâcher,
Que c'étoit un secret que vous vouliez cacher;
Et j'ai de mes transports forcé la violence
A ne point violer votre expresse défense :
Mais...

MASCARILLE.

Hé bien! oui, c'est moi; le grand mal que voilà!

LUCILE.

Est-il une imposture égale à celle-là?
Vous l'osez soutenir en ma présence même,
Et pensez m'obtenir par ce beau stratagème?
O le plaisant amant, dont la galante ardeur
Veut blesser mon honneur au défaut de mon cœur,
Et que mon père, ému de l'éclat d'un sot conte,
Paye avec mon hymen qui me couvre de honte !
Quand tout contribueroit à votre passion,
Mon père, les destins, mon inclination,
On me verroit combattre, en ma juste colère,

Mon inclination, les destins, et mon père,
Perdre même le jour, avant que de m'unir
A qui par ce moyen auroit cru m'obtenir.
Allez; et si mon sexe avecque bienséance
Se pouvoit emporter à quelque violence,
Je vous apprendrois bien à me traiter ainsi.
VALÈRE, *à Mascarille.*
C'en est fait, son courroux ne peut être adouci.
MASCARILLE.
Laissez-moi lui parler. Eh! madame, de grace,
A quoi bon maintenant toute cette grimace?
Quelle est votre pensée, et quel bourru transport
Contre vos propres vœux vous fait roidir si fort?
Si monsieur votre père étoit homme farouche,
Passe; mais il permet que la raison le touche;
Et lui-même m'a dit qu'une confession
Vous va tout obtenir de son affection.
Vous sentez, je crois bien, quelque petite honte
A faire un libre aveu de l'amour qui vous dompte;
Mais, s'il vous a fait prendre un peu de liberté,
Par un bon mariage on voit tout rajusté;
Et, quoi que l'on reproche au feu qui vous consomme [1],
Le mal n'est pas si grand que de tuer un homme.
On sait que la chair est fragile quelquefois,
Et qu'une fille, enfin, n'est ni caillou, ni bois.
Vous n'avez pas été sans doute la première,
Et vous ne serez pas, que je crois, la dernière.
LUCILE.
Quoi! vous pouvez ouïr ces discours effrontés,

---

[1] Du temps de Molière on se servoit indifféremment des verbes *consommer* et *consumer*. Ce qui a pu donner lieu à cette confusion, dit Vaugelas, c'est que ces deux mots emportent la signification d'*achever*; mais *consommer*, *achève*, en mettant dans la dernière perfection; et *consumer*, *achève*, en détruisant. Vaugelas est le premier qui ait établi cette distinction; et Thomas Corneille a combattu Ménage, qui soutenoit qu'on pouvoit employer les deux mots dans le même sens.

Et vous ne dites mot à ces indignités?

ALBERT.

Que veux-tu que je die? Une telle aventure
Me met tout hors de moi.

MASCARILLE.

Madame, je vous jure
Que déja vous devriez avoir tout confessé.

LUCILE.

Et quoi donc confesser?

MASCARILLE.

Quoi? ce qui s'est passé
Entre mon maître et vous. La belle raillerie!

LUCILE.

Et que s'est-il passé, monstre d'effronterie,
Entre ton maître et moi?

MASCARILLE.

Vous devez, que je croi,
En savoir un peu plus de nouvelles que moi;
Et pour vous cette nuit fut trop douce pour croire
Que vous puissiez si vite en perdre la mémoire.

LUCILE.

C'est trop souffrir, mon père, un impudent valet [1].

(Elle lui donne un soufflet.)

SCÈNE X.

ALBERT, VALÈRE, MASCARILLE.

MASCARILLE.

Je crois qu'elle me vient de donner un soufflet.

---

[1] Quelques commentateurs s'étonnent de la réserve de Valère pendant cette scène, sans s'apercevoir que cette réserve lui est, pour ainsi dire, commandée par les circonstances. Il est vrai que tous les obstacles qui entravoient son bonheur doivent lui paroitre levés; mais il ignore les raisons qui engagent Lucile à garder encore le secret. D'un autre côté, Mascarille essaie d'amener un éclaircissement favorable : le peu de succès de ses efforts et le courroux de Lucile achèvent le tableau, et doivent nécessairement fermer la bouche de Valère. Il y a donc ici

ALBERT.

Va, coquin, scélérat, sa main vient sur ta joue
De faire une action dont son père la loue.

MASCARILLE.

Et nonobstant cela, qu'un diable en cet instant
M'emporte, si j'ai dit rien que de très constant!

ALBERT.

Et nonobstant cela, qu'on me coupe une oreille,
Si tu portes fort loin une audace pareille!

MASCARILLE.

Voulez-vous deux témoins qui me justifieront?

ALBERT.

Veux-tu deux de mes gens qui te bâtonneront?

MASCARILLE.

Leur rapport doit au mien donner toute créance.

ALBERT.

Leurs bras peuvent du mien réparer l'impuissance.

MASCARILLE.

Je vous dis que Lucile agit par honte ainsi.

ALBERT.

Je te dis que j'aurai raison de tout ceci.

MASCARILLE.

Connoissez-vous Ormin, ce gros notaire habile?

ALBERT.

Connois-tu bien Grimpant, le bourreau de la ville?

MASCARILLE.

Et Simon le tailleur, jadis si recherché?

ALBERT.

Et la potence mise au milieu du marché?

MASCARILLE.

Vous verrez confirmer par eux cet hyménée.

ALBERT.

Tu verras achever par eux ta destinée.

convenance, et non invraisemblance. Au reste, cette situation est empruntée à la pièce italienne; et Molière est encore ici supérieur à son modèle.

ACTE III, SCÈNE XI.

MASCARILLE.

Ce sont eux qu'ils ont pris pour témoins de leur foi.

ALBERT.

Ce sont eux qui dans peu me vengeront de toi.

MASCARILLE.

Et ces yeux les ont vus s'entre-donner parole.

ALBERT.

Et ces yeux te verront faire la capriole [1].

MASCARILLE.

Et, pour signe, Lucile avoit un voile noir.

ALBERT.

Et, pour signe, ton front nous le fait assez voir.

MASCARILLE.

O l'obstiné vieillard!

ALBERT.

O le fourbe damnable!
Va, rends grace à mes ans, qui me font incapable
De punir sur-le-champ l'affront que tu me fais;
Tu n'en perds que l'attente, et je te le promets [2].

SCÈNE XI.

VALÈRE, MASCARILLE.

VALÈRE.

Hé bien! ce beau succès que tu devois produire...

---

[1] Mot qui vient de l'italien *capriola*, lequel est pris lui-même du latin *capra*, *chèvre*. On disoit autrefois *caprioler*; mais déja, du temps de Richelet, le mot *cabrioler* étoit plus usité.

[2] Cette scène est remarquable par la précision et la vivacité du dialogue; et, ce qui ajoute au mérite comme à l'effet des promptes reparties d'Albert, c'est qu'elles sont toutes exactement calquées sur les phrases de Mascarille, et que cette imitation semble être moins un jeu de l'esprit qu'un mouvement naturel de la passion. Il est juste de dire que tout ce dialogue existe dans la pièce italienne, et qu'ici l'imitation a presque le caractère d'une traduction fidèle. (A.)—Le contraste de la scène précédente avec celle-ci est également digne de remarque. Molière a presque toujours soin de faire succéder aux dialogues un peu longs de discussion et de raisonnement un dialogue serré, rapide, comique, qui réchauffe l'action et ranime le spectateur.

MASCARILLE.

J'entends à demi-mot ce que vous voulez dire :
Tout s'arme contre moi; pour moi de tous côtés
Je vois coups de bâton et gibets apprêtés.
Aussi, pour être en paix dans ce désordre extrême,
Je me vais d'un rocher précipiter moi-même,
Si, dans le désespoir dont mon cœur est outré,
Je puis en rencontrer d'assez haut à mon gré.
Adieu, monsieur.

VALÈRE.

Non, non, ta fuite est superflue;
Si tu meurs, je prétends que ce soit à ma vue.

MASCARILLE.

Je ne saurois mourir quand je suis regardé,
Et mon trépas ainsi se verroit retardé.

VALÈRE.

Suis-moi, traître, suis-moi; mon amour en furie
Te fera voir si c'est matière à raillerie.

MASCARILLE, *seul*.

Malheureux Mascarille, à quels maux aujourd'hui
Te vois-tu condamner pour le péché d'autrui [1]!

ACTE QUATRIÈME.

SCÈNE I.

ASCAGNE, FROSINE.

FROSINE.

L'aventure est fâcheuse.

ASCAGNE.

Ah! ma chère Frosine,

[1] Cet acte renferme plusieurs scènes excellentes : telles sont celles de Mascarille

Le sort absolument a conclu ma ruine.
Cette affaire, venue au point où la voilà,
N'est pas assurément pour en demeurer là ;
Il faut qu'elle passe outre : et Lucile et Valère,
Surpris des nouveautés d'un semblable mystère,
Voudront chercher un jour dans ces obscurités
Par qui tous mes projets se verront avortés.
Car enfin, soit qu'Albert ait part au stratagème,
Ou qu'avec tout le monde on l'ait trompé lui-même,
S'il arrive une fois que mon sort éclairci
Mette ailleurs tout le bien dont le sien a grossi,
Jugez s'il aura lieu de souffrir ma présence :
Son intérêt détruit me laisse à ma naissance ;
C'est fait de sa tendresse. Et quelque sentiment,
Où pour ma fourbe alors pût être mon amant,
Voudra-t-il avouer pour épouse une fille
Qu'il verra sans appui de biens et de famille [1] ?

FROSINE.

Je trouve que c'est là raisonner comme il faut ;
Mais ces réflexions devoient venir plus tôt.
Qui vous a jusqu'ici caché cette lumière ?
Il ne falloit pas être une grande sorcière
Pour voir, dès le moment de vos desseins pour lui,
Tout ce que votre esprit ne voit que d'aujourd'hui :
L'action le disoit ; et, dès que je l'ai sue,
Je n'en ai prévu guère une meilleure issue.

ASCAGNE.

Que dois-je faire enfin ? Mon trouble est sans pareil :
Mettez-vous en ma place, et me donnez conseil.

---

et de Lucile, et d'Albert et de Polidore. Mais comme ces scènes se rattachent à une série d'aventures fort difficiles à débrouiller, l'acte en lui-même a peu d'intérêt. Les spectateurs demandent des plaisirs sans fatigue. Ce n'étoit pas le goût de la comédie italienne, et malheureusement c'est dans le théâtre italien que Molière a choisi ses premiers modèles.

[1] Cette tirade seroit inintelligible sans les explications données par Ascagne et Frosine au second acte ; mais ces explications sont elles-mêmes fort embrouillées, ce qui jette nécessairement de l'obscurité sur toute la pièce.

FROSINE.

Ce doit être à vous-même, en prenant votre place,
A me donner conseil dessus cette disgrace :
Car je suis maintenant vous, et vous êtes moi :
Conseillez-moi, Frosine; au point où je me voi,
Quel remède trouver? Dites, je vous en prie.

ASCAGNE.

Hélas! ne traitez point ceci de raillerie ;
C'est prendre peu de part à mes cuisants ennuis
Que de rire, et de voir les termes où j'en suis.

FROSINE.

Non, vraiment, tout de bon votre ennui m'est sensible,
Et pour vous en tirer je ferois mon possible.
Mais que puis-je, après tout? Je vois fort peu de jour
A tourner cette affaire au gré de votre amour.

ASCAGNE.

Si rien ne peut m'aider, il faut donc que je meure.

FROSINE.

Ah! pour cela toujours il est assez bonne heure :
La mort est un remède à trouver quand on veut;
Et l'on s'en doit servir le plus tard que l'on peut.

ASCAGNE.

Non, non, Frosine, non; si vos conseils propices
Ne conduisent mon sort parmi ces précipices,
Je m'abandonne toute aux traits du désespoir.

FROSINE.

Savez-vous ma pensée? Il faut que j'aille voir
La [1]... Mais Éraste vient, qui pourroit nous distraire.
Nous pourrons, en marchant, parler de cette affaire.
Allons, retirons-nous.

[1] Le but de l'auteur est de préparer les révélations du cinquième acte. On comprendra seulement alors que ce *la* désigne une pauvre femme qui est censée avoir cédé sa fille, pour la substituer au véritable Ascagne ; mais cette phrase suspendue a l'inconvénient de n'en point dire assez pour être comprise. (A.)

SCÈNE II.

ÉRASTE, GROS-RENÉ.

ÉRASTE.

Encore rebuté?

GROS-RENÉ.

Jamais ambassadeur ne fut moins écouté.
A peine ai-je voulu lui porter la nouvelle
Du moment d'entretien que vous souhaitiez d'elle,
Qu'elle m'a répondu, tenant son quant-à-moi :
Va, va, je fais état de lui comme de toi;
Dis-lui qu'il se promène; et, sur ce beau langage,
Pour suivre son chemin, m'a tourné le visage.
Et Marinette aussi, d'un dédaigneux museau
Lâchant un , Laisse-nous, beau valet de carreau,
M'a planté là comme elle; et mon sort et le vôtre
N'ont rien à se pouvoir reprocher l'un à l'autre.

ÉRASTE.

L'ingrate! recevoir avec tant de fierté
Le prompt retour d'un cœur justement emporté!
Quoi! le premier transport d'un amour qu'on abuse
Sous tant de vraisemblance est indigne d'excuse?
Et ma plus vive ardeur, en ce moment fatal,
Devoit être insensible au bonheur d'un rival?
Tout autre n'eût pas fait même chose en ma place,
Et se fût moins laissé surprendre à tant d'audace.
De mes justes soupçons suis-je sorti trop tard?
Je n'ai point attendu de serments de sa part;
Et, lorsque tout le monde encor ne sait qu'en croire,
Ce cœur impatient lui rend toute sa gloire,
Il cherche à s'excuser; et le sien voit si peu
Dans ce profond respect la grandeur de mon feu¹!

---

¹ Personne n'a peint l'amour avec autant de naïveté que Molière. C'est la nature même que ce mélange bizarre de dépit, d'orgueil, de transports, qui accompagne

Loin d'assurer une ame, et lui fournir des armes
Contre ce qu'un rival lui veut donner d'alarmes,
L'ingrate m'abandonne à mon jaloux transport,
Et rejette de moi message, écrit, abord !
Ah ! sans doute un amour a peu de violence,
Qu'est capable d'éteindre une si foible offense ;
Et ce dépit si prompt à s'armer de rigueur
Découvre assez pour moi tout le fond de son cœur,
Et de quel prix doit être à présent à mon ame
Tout ce dont son caprice a pu flatter ma flamme.
Non, je ne prétends plus demeurer engagé
Pour un cœur où je vois le peu de part que j'ai ;
Et, puisque l'on témoigne une froideur extrême
A conserver les gens, je veux faire de même.

GROS-RENÉ.

Et moi de même aussi. Soyons tous deux fâchés,
Et mettons notre amour au rang des vieux péchés.
Il faut apprendre à vivre à ce sexe volage,
Et lui faire sentir que l'on a du courage.
Qui souffre ses mépris les veut bien recevoir.
Si nous avions l'esprit de nous faire valoir,
Les femmes n'auroient pas la parole si haute.
Oh ! qu'elles nous sont bien fières par notre faute !
Je veux être pendu, si nous ne les verrions
Sauter à notre cou plus que nous ne voudrions,
Sans tous ces vils devoirs dont la plupart des hommes
Les gâtent tous les jours dans le siècle où nous sommes.

ÉRASTE.

Pour moi, sur toute chose, un mépris me surprend ;
Et, pour punir le sien par un autre si grand,

les retours involontaires d'une véritable passion. Tout amant jaloux veut non seulement qu'on lui pardonne ses boutades, mais qu'on lui en sache gré. Est-il coupable, la moindre rigueur lui paroît une preuve d'indifférence. Refuse-t-on de lui pardonner, c'est un vain prétexte pour rompre une chaîne importune. Voilà le cœur humain tel qu'il est, et tel que Molière a su le peindre.

Je veux mettre en mon cœur une nouvelle flamme.

GROS-RENÉ.

Et moi, je ne veux plus m'embarrasser de femme;
A toutes je renonce, et crois, en bonne foi,
Que vous feriez fort bien de faire comme moi.
Car, voyez-vous, la femme est, comme on dit, mon maître,
Un certain animal difficile à connoître,
Et de qui la nature est fort encline au mal :
Et comme un animal est toujours animal,
Et ne sera jamais qu'animal, quand sa vie
Dureroit cent mille ans; aussi, sans repartie,
La femme est toujours femme, et jamais ne sera
Que femme, tant qu'entier le monde durera:
D'où vient qu'un certain Grec dit que sa tête passe
Pour un sable mouvant. Car, goûtez bien, de grace,
Ce raisonnement-ci, lequel est des plus forts :
Ainsi que la tête est comme le chef du corps,
Et que le corps sans chef est pire qu'une bête;
Si le chef n'est pas bien d'accord avec la tête,
Que tout ne soit pas bien réglé par le compas,
Nous voyons arriver de certains embarras;
La partie brutale alors veut prendre empire [1]
Dessus la sensitive, et l'on voit que l'un tire
A dia, l'autre à hurhaut; l'un demande du mou,
L'autre du dur; enfin tout va sans savoir où :
Pour montrer qu'ici-bas, ainsi qu'on l'interprète,
La tête d'une femme est comme la girouette
Au haut d'une maison, qui tourne au premier vent:
C'est pourquoi le cousin Aristote souvent
La compare à la mer; d'où vient qu'on dit qu'au monde
On ne peut rien trouver de si stable que l'onde.
Or, par comparaison (car la comparaison
Nous fait distinctement comprendre une raison,

[1] Il étoit si facile d'élider ce vers en écrivant la *partie animale*, qu'on est tenté de croire qu'il y a ici une faute d'impression. (B.)

Et nous aimons bien mieux, nous autres gens d'étude,
Une comparaison qu'une similitude),
Par comparaison donc, mon maître, s'il vous plaît,
Comme on voit que la mer, quand l'orage s'accroît,
Vient à se courroucer, le vent souffle et ravage,
Les flots contre les flots font un remû-ménage
Horrible; et le vaisseau, malgré le nautonier,
Va tantôt à la cave et tantôt au grenier :
Ainsi, quand une femme a sa tête fantasque,
On voit une tempête en forme de bourrasque,
Qui veut compétiter par de certains... propos;
Et lors un... certain vent, qui par... de certains flots,
De... certaine façon, ainsi qu'un banc de sable...
Quand... Les femmes enfin ne valent pas le diable [1].

ÉRASTE.

C'est fort bien raisonner.

GROS-RENÉ.

Assez bien, Dieu merci.
Mais je les vois, monsieur, qui passent par ici.
Tenez-vous ferme, au moins.

ÉRASTE.

Ne te mets pas en peine.

GROS-RENÉ.

J'ai bien peur que ses yeux resserrent votre chaîne.

SCÈNE III.

LUCILE, ÉRASTE, MARINETTE, GROS-RENÉ.

MARINETTE.

Je l'aperçois encor; mais ne vous rendez point.

---

[1] Cette tirade est bouffonne et risible; les comédiens aiment à la réciter, et les spectateurs à l'entendre. Regnard l'a imitée dans la plupart de ses rôles de valets, et il n'y a presque pas un seul Crispin au théâtre qui n'en ait une de ce genre à débiter. (A.) — Ce qui caractérise ces tirades amphigouriques dont Molière offre ici le premier modèle, c'est que leur chute doit présenter, de la manière la plus commune, la pensée qui est restée ensevelie dans un pompeux galimatias.

LUCILE.
Ne me soupçonne pas d'être foible à ce point.
MARINETTE.
Il vient à nous.
ÉRASTE.
Non, non, ne croyez pas, madame,
Que je revienne encor vous parler de ma flamme.
C'en est fait; je me veux guérir, et connois bien
Ce que de votre cœur a possédé le mien.
Un courroux si constant pour l'ombre d'une offense
M'a trop bien éclairé de votre indifférence,
Et je dois vous montrer que les traits du mépris
Sont sensibles surtout aux généreux esprits.
Je l'avouerai, mes yeux observoient dans les vôtres
Des charmes qu'ils n'ont point trouvés dans tous les autres;
Et le ravissement où j'étois de mes fers
Les auroit préférés à des sceptres offerts.
Oui, mon amour pour vous, sans doute, étoit extrême;
Je vivois tout en vous; et, je l'avouerai même,
Peut-être qu'après tout j'aurai, quoique outragé,
Assez de peine encore à m'en voir dégagé :
Possible que, malgré la cure qu'elle essaie,
Mon ame saignera long-temps de cette plaie,
Et qu'affranchi d'un joug qui faisoit tout mon bien,
Il faudra se résoudre à n'aimer jamais rien.
Mais enfin il n'importe; et puisque votre haine
Chasse un cœur tant de fois que l'amour vous ramène,
C'est la dernière ici des importunités
Que vous aurez jamais de mes vœux rebutés.
LUCILE.
Vous pouvez faire aux miens la grace tout entière,
Monsieur, et m'épargner encor cette dernière.
ÉRASTE.
Hé bien! madame, hé bien! ils seront satisfaits.
Je romps avecque vous, et j'y romps pour jamais,

Puisque vous le voulez. Que je perde la vie
Lorsque de vous parler je reprendrai l'envie !

LUCILE.

Tant mieux : c'est m'obliger.

ÉRASTE.

Non, non, n'ayez pas peur
Que je fausse parole; eussé-je un foible cœur
Jusques à n'en pouvoir effacer votre image,
Croyez que vous n'aurez jamais cet avantage
De me voir revenir.

LUCILE.

Ce seroit bien en vain.

ÉRASTE.

Moi-même de cent coups je percerois mon sein,
Si j'avois jamais fait cette bassesse insigne
De vous revoir après ce traitement indigne.

LUCILE.

Soit; n'en parlons donc plus.

ÉRASTE.

Oui, oui, n'en parlons plus;
Et, pour trancher ici tous propos superflus,
Et vous donner, ingrate, une preuve certaine
Que je veux, sans retour, sortir de votre chaîne,
Je ne veux rien garder qui puisse retracer
Ce que de mon esprit il me faut effacer.
Voici votre portrait : il présente à la vue
Cent charmes merveilleux dont vous êtes pourvue;
Mais il cache sous eux cent défauts aussi grands,
Et c'est un imposteur enfin que je vous rends.

GROS-RENÉ.

Bon.

LUCILE.

Et moi, pour vous suivre au dessein de tout rendre,
Voilà le diamant que vous m'avez fait prendre.

ACTE IV, SCÈNE III.

MARINETTE.

Fort bien.

ÉRASTE.

Il est à vous encor, ce bracelet.

LUCILE.

Et cette agate à vous, qu'on fit mettre en cachet.

ÉRASTE *lit*.

« Vous m'aimez d'une amour extrême,
« Éraste, et de mon cœur voulez être éclairci :
« Si je n'aime Éraste de même,
« Au moins aimé-je fort qu'Éraste m'aime ainsi.
                              « LUCILE. »

Vous m'assuriez par-là d'agréer mon service ;
C'est une fausseté digne de ce supplice.
                        (Il déchire la lettre.)

LUCILE *lit*.

« J'ignore le destin de mon amour ardente,
    « Et jusqu'à quand je souffrirai ;
    « Mais je sais, ô beauté charmante !
    « Que toujours je vous aimerai.
                              « ERASTE. »

Voilà qui m'assuroit à jamais de vos feux ;
Et la main et la lettre ont menti toutes deux.
                        (Elle déchire la lettre.)

GROS-RENÉ.

Poussez.

ÉRASTE.

Elle est de vous. Suffit, même fortune.

MARINETTE, *à Lucile*.

Ferme.

LUCILE.

J'aurois regret d'en épargner aucune.

GROS-RENÉ, *à Éraste*.

N'ayez pas le dernier.

MARINETTE, *à Lucile.*
Tenez bon jusqu'au bout.
LUCILE.
Enfin voilà le reste.
ÉRASTE.
Et, grace au ciel, c'est tout.
Que sois-je exterminé, si je ne tiens parole!
LUCILE.
Me confonde le ciel, si la mienne est frivole!
ÉRASTE.
Adieu donc.
LUCILE.
Adieu donc.
MARINETTE, *à Lucile.*
Voilà qui va des mieux.
GROS-RENÉ, *à Éraste.*
Vous triomphez.
MARINETTE, *à Lucile.*
Allons, ôtez-vous de ses yeux.
GROS-RENÉ, *à Éraste.*
Retirez-vous après cet effort de courage.
MARINETTE, *à Lucile.*
Qu'attendez-vous encor?
GROS-RENÉ, *à Éraste.*
Que faut-il davantage?
ÉRASTE.
Ah! Lucile, Lucile, un cœur comme le mien
Se fera regretter; et je le sais fort bien.
LUCILE.
Éraste, Éraste, un cœur fait comme est fait le vôtre
Se peut facilement réparer par un autre.
ÉRASTE.
Non, non; cherchez partout, vous n'en aurez jamais
De si passionné pour vous, je vous promets.
Je ne dis pas cela pour vous rendre attendrie;

J'aurois tort d'en former encore quelque envie.
Mes plus ardents respects n'ont pu vous obliger ;
Vous avez voulu rompre ; il n'y faut plus songer :
Mais personne, après moi, quoi qu'on vous fasse entendre,
N'aura jamais pour vous de passion si tendre.
LUCILE.
Quand on aime les gens, on les traite autrement ;
On fait de leur personne un meilleur jugement.
ÉRASTE.
Quand on aime les gens, on peut, de jalousie,
Sur beaucoup d'apparence, avoir l'ame saisie ;
Mais alors qu'on les aime, on ne peut en effet
Se résoudre à les perdre ; et vous, vous l'avez fait.
LUCILE.
La pure jalousie est plus respectueuse.
ÉRASTE.
On voit d'un œil plus doux une offense amoureuse.
LUCILE.
Non ; votre cœur, Éraste, étoit mal enflammé.
ÉRASTE.
Non, Lucile, jamais vous ne m'avez aimé.
LUCILE.
Hé ! je crois que cela foiblement vous soucie [1].
Peut-être en seroit-il beaucoup mieux pour ma vie,
Si je... Mais laissons là ces discours superflus :
Je ne dis point quels sont mes pensers là-dessus.
ÉRASTE.
Pourquoi ?
LUCILE.
    Par la raison que nous rompons ensemble,
Et que cela n'est plus de saison, ce me semble.

---

[1] On ne se sert plus de *soucier* dans le sens de *mettre en souci*, *chagriner*, *inquiéter*, parceque *soucier* n'est point un verbe actif, mais un verbe réfléchi ; on ne dit plus que *se soucier*.

ÉRASTE.

Nous rompons?

LUCILE.

Oui, vraiment: quoi! n'en est-ce pas fait?

ÉRASTE.

Et vous voyez cela d'un esprit satisfait?

LUCILE.

Comme vous.

ÉRASTE.

Comme moi?

LUCILE.

Sans doute. C'est foiblesse
De faire voir aux gens que leur perte nous blesse.

ÉRASTE.

Mais, cruelle, c'est vous qui l'avez bien voulu.

LUCILE.

Moi? point du tout. C'est vous qui l'avez résolu.

ÉRASTE.

Moi? je vous ai cru là faire un plaisir extrême.

LUCILE.

Point; vous avez voulu vous contenter vous-même.

ÉRASTE.

Mais si mon cœur encor revouloit sa prison;
Si, tout fâché qu'il est, il demandoit pardon [1]...?

LUCILE.

Non, non, n'en faites rien; ma foiblesse est trop grande;
J'aurois peur d'accorder trop tôt votre demande [2].

---

[1] *Revouloit*. Pourquoi ce mot n'est-il pas dans notre dictionnaire? Peut-on offrir un exemple plus frappant de son utilité? Lorsqu'une expression a été employée, avec tant de bonheur, par un grand écrivain, lorsqu'il est impossible de la remplacer sans affoiblir la pensée, il faut s'empresser de l'adopter, malgré les raisonnements des grammairiens, qui sont souvent les plus grands ennemis de notre langue.

[2] Cette scène, où le même sentiment se montre sous tant de formes différentes, où chaque vers échappe à la passion, où tout est vrai, simple, naturel, est le premier chef-d'œuvre de Molière. Quelle rapidité de dialogue! quelle justesse d'expression! que de chaleur dans le ressentiment de Lucile! et cependant quelle char-

ÉRASTE.

Ah! vous ne pouvez pas trop tôt me l'accorder,
Ni moi sur cette peur trop tôt le demander :
Consentez-y, madame; une flamme si belle
Doit, pour votre intérêt, demeurer immortelle.
Je le demande enfin, me l'accorderez-vous,
Ce pardon obligeant?

LUCILE.

Remenez-moi chez nous ¹.

SCÈNE IV.

MARINETTE, GROS-RENÉ.

MARINETTE.

O la lâche personne!

GROS-RENÉ.

Ah! le foible courage!

MARINETTE.

J'en rougis de dépit.

GROS-RENÉ.

J'en suis gonflé de rage.
Ne t'imagine pas que je me rende ainsi.

---

mante mollesse dans ce dépit si prompt à s'éteindre! Quel est l'amant qui n'a pas ainsi tour-à-tour flatté et outragé sa maîtresse? Quelle est la femme qui n'a pas pardonné de semblables offenses, en faisant mille efforts pour montrer du courroux? Oui, tant que l'amour existera sur la terre, cette scène sera admirée comme un tableau naïf de tout ce que le sentiment a de plus vif, de plus piquant, et de plus passionné.

¹ Quelle délicatesse et quel charme dans cette manière de dire : *je vous pardonne!* Les femmes possèdent exclusivement cet art (si toutefois c'est un art chez elles) de voiler leur pensée, d'en adoucir l'éclat, pour en augmenter l'attrait; de placer un aveu dans un mot indifférent, d'attacher un sentiment à l'expression des plus froides choses; enfin de prendre, pour aller à leur but et nous y conduire, de ces détours heureux qui ne le laissent apercevoir qu'aux yeux intéressés. Il faut, comme Molière, avoir beaucoup aimé et beaucoup étudié les femmes, pour leur dérober ainsi ces secrets de leur langage, qui renferment et découvrent ceux de leur cœur. (A.)

MARINETTE.

Et ne pense pas, toi, trouver ta dupe aussi.

GROS-RENÉ.

Viens, viens frotter ton nez auprès de ma colère.

MARINETTE.

Tu nous prends pour une autre, et tu n'as pas affaire
A ma sotte maîtresse. Ardez le beau museau [1],
Pour nous donner envie encore de sa peau!
Moi, j'aurois de l'amour pour ta chienne de face?
Moi, je te chercherois? Ma foi! l'on t'en fricasse
Des filles comme nous.

GROS-RENÉ.

Oui! tu le prends par-là?
Tiens, tiens, sans y chercher tant de façon, voilà
Ton beau galand de neige, avec ta nonpareille [2];
Il n'aura plus l'honneur d'être sur mon oreille.

MARINETTE.

Et toi, pour te montrer que tu m'es à mépris,
Voilà ton demi-cent d'épingles de Paris,
Que tu me donnas hier avec tant de fanfare.

GROS-RENÉ.

Tiens encor ton couteau. La pièce est riche et rare;
Il te coûta six blancs lorsque tu m'en fis don.

MARINETTE.

Tiens tes ciseaux avec ta chaîne de laiton.

---

[1] *Ardez*, abréviation de *regarder*. Cette expression populaire a vieilli, et aujourd'hui elle est tellement inusitée, qu'elle ne seroit plus comprise même par le peuple. (V.) — Corneille l'a employée dans *la Galerie du Palais*, acte IV, scène XIII.

[2] Suivant Guyet, cité par Ménage, *galand* dérive de *gala* « ornamento che « portar le Donne sul petto, alquanto fuor del busto; et è una striscia di panno lino « bianco, lavorato e trapunto con ago. » Cette mode passa avec le mot de l'Italie en France, et du temps de Molière on disoit *un galand*, pour *un nœud de ruban*. Dans une pièce de Corneille on voit un valet promettre *un galand* à une suivante, et un marchand mercier, témoin de cette promesse, lui offrir aussitôt une boîte de rubans, auxquels le valet, peu pressé de tenir sa promesse, ne trouve pas d'assez vives couleurs. (Voyez *la Galerie du Palais*, acte IV, scène XV.)

GROS-RENÉ.
J'oubliois d'avant-hier ton morceau de fromage,
Tiens. Je voudrois pouvoir rejeter le potage
Que tu me fis manger, pour n'avoir rien à toi.
MARINETTE.
Je n'ai point maintenant de tes lettres sur moi;
Mais j'en ferai du feu jusques à la dernière.
GROS-RENÉ.
Et des tiennes tu sais ce que j'en saurai faire.
MARINETTE.
Prends garde à ne venir jamais me reprier.
GROS-RENÉ.
Pour couper tout chemin à nous rapatrier,
Il faut rompre la paille. Une paille rompue
Rend, entre gens d'honneur, une affaire conclue[1].
Ne fais point les doux yeux; je veux être fâché.
MARINETTE.
Ne me lorgne point, toi; j'ai l'esprit trop touché.
GROS-RENÉ.
Romps : voilà le moyen de ne s'en plus dédire;
Romps. Tu ris, bonne bête!

---

[1] L'usage de briser une paille, pour exprimer que tous les serments sont rompus, remonte aux premiers temps de la monarchie. On voit, dès 922, les seigneurs françois, convoqués au champ de Mai par Charles le Simple, lui reprocher les concessions faites à Raoul, chef des Normands; puis s'avancer au pied du trône, et, brisant des pailles qu'ils tenoient dans leurs mains, déclarer par cette seule action que Charles avoit cessé d'être leur roi.

Il y a loin de cette scène terrible à la scène comique du *Dépit amoureux*. L'action qui pouvoit jadis détrôner un souverain n'excite plus aujourd'hui que la gaieté du parterre. Cependant elle laissa des traces dans le langage. Sully raconte, dans ses Mémoires, que le comte de Soissons lui ayant demandé une grace, le menaça, s'il ne l'obtenoit, *de rompre la paille avec lui*. Ainsi, cette expression *rompre la paille*, avant de passer dans la bouche du peuple, étoit d'un usage habituel à la cour.

Bellingen a trouvé l'origine de cet usage dans le droit civil romain. Un homme qui faisoit l'abandon de son bien à ses créanciers étoit obligé de rompre un fétu de paille sur le seuil de sa maison, ce qui vouloit dire qu'il faisoit faux bond aux marchands, affront à ses amis, honte à ses parents, et *rompoit avec tous*.

MARINETTE.
Oui, car tu me fais rire.

GROS-RENÉ.
La peste soit ton ris! Voilà tout mon courroux
Déja dulcifié. Qu'en dis-tu? romprons-nous,
Ou ne romprons-nous pas?

MARINETTE.
Vois.

GROS-RENÉ.
Vois, toi.

MARINETTE.
Vois, toi-même.

GROS-RENÉ.
Est-ce que tu consens que jamais je ne t'aime?

MARINETTE.
Moi? Ce que tu voudras.

GROS-RENÉ.
Ce que tu voudras, toi.
Dis.

MARINETTE.
Je ne dirai rien.

GROS-RENÉ.
Ni moi non plus.

MARINETTE.
Ni moi.

GROS-RENÉ.
Ma foi, nous ferons mieux de quitter la grimace.
Touche, je te pardonne.

MARINETTE.
Et moi, je te fais grace.

GROS-RENÉ.
Mon Dieu, qu'à tes appas je suis accoquiné!

MARINETTE.
Que Marinette est sotte après son Gros-René[1]!

---

[1] On peut voir par cette scène que le comique bas, ainsi nommé parcequ'il

ACTE CINQUIÈME.

SCÈNE I.

MASCARILLE.

« Dès que l'obscurité régnera dans la ville,
« Je me veux introduire au logis de Lucile;
« Va vite de ce pas préparer pour tantôt,
« Et la lanterne sourde, et les armes qu'il faut. »
Quand il m'a dit ces mots, il m'a semblé d'entendre :
Va vitement chercher un licou pour te pendre [1].
Venez çà, mon patron; car, dans l'étonnement
Où m'a jeté d'abord un tel commandement,
Je n'ai pas eu le temps de vous pouvoir répondre;
Mais je vous veux ici parler, et vous confondre :
Défendez-vous donc bien, et raisonnons sans bruit.
Vous voulez, dites-vous, aller voir cette nuit

---

imite les mœurs du bas peuple, peut avoir, comme les tableaux flamands, le mérite du coloris, de la vérité, et de la gaieté. Il a aussi sa finesse et ses graces; et il ne faut pas le confondre avec le comique grossier, qui est toujours un défaut. Le comique bas, au contraire, est susceptible de délicatesse et d'honnêteté. La brouillerie et la réconciliation de Mascarille et de Gros-René offrent, avec la simplicité populaire, les mêmes mouvements de dépit et les mêmes retours de tendresse qui viennent de se passer dans la scène des deux amants. Molière, à la vérité, mêle quelquefois le comique grossier avec le bas comique; par exemple, voilà *ton demi-cent d'épingles de Paris*, est du comique bas : *je voudrois bien aussi te rendre ton potage*, est du comique grossier. La paille rompue est un trait de génie. Ces sortes de scènes sont comme des miroirs où la nature se répète dans toute sa simplicité. (M.)

[1] Imitation du passage suivant de la scène v^e de l'acte Ier de *l'Andrienne* de Térence :

« Mihi apud forum : Uxor tibi ducenda est, Pamphile, hodie, inquit : para;
« Abi domum. Id mihi visus est dicere, Abi cito, et suspende te. »

Lucile? « Oui, Mascarille. » Et que pensez-vous faire?
« Une action d'amant qui se veut satisfaire. »
Une action d'un homme à fort petit cerveau,
Que d'aller sans besoin risquer ainsi sa peau.
« Mais tu sais quel motif à ce dessein m'appelle;
« Lucile est irritée. » Eh bien! tant pis pour elle.
« Mais l'amour veut que j'aille apaiser son esprit. »
Mais l'amour est un sot qui ne sait ce qu'il dit.
Nous garantira-t-il, cet amour, je vous prie,
D'un rival, ou d'un père, ou d'un frère en furie?
« Penses-tu qu'aucun d'eux songe à nous faire mal? »
Oui, vraiment, je le pense; et surtout ce rival.
« Mascarille, en tout cas, l'espoir où je me fonde,
« Nous irons bien armés; et si quelqu'un nous gronde,
« Nous nous chamaillerons. » Oui? voilà justement
Ce que votre valet ne prétend nullement.
Moi, chamailler, bon Dieu! Suis-je un Roland, mon maître [1],
Ou quelque Ferragus? C'est fort mal me connoître.
Quand je viens à songer, moi, qui me suis si cher,
Qu'il ne faut que deux doigts d'un misérable fer
Dans le corps, pour vous mettre un humain dans la bière,
Je suis scandalisé d'une étrange manière.
« Mais tu seras armé de pied en cap. » Tant pis,
J'en serai moins léger à gagner le taillis [2];
Et de plus, il n'est point d'armure si bien jointe
Où ne puisse glisser une vilaine pointe.
« Oh! tu seras ainsi tenu pour un poltron! »
Soit, pourvu que toujours je branle le menton.
A table comptez-moi, si vous voulez, pour quatre;

---

[1] *Chamailler*, c'est frapper à coups d'épée ou de hache sur une armure de fer. Il semble que le mot soit ainsi dit, parceque anciennement les hommes d'armes étoient armés de hauberts, qui étoient faits de *mailles de fer*. Les combattants tâchoient de les *démailler* et ouvrir. (NIC.) — Il ne se dit plus guère aujourd'hui qu'en parlant d'une dispute bruyante.

[2] *Prendre la fuite, gagner un bois pour échapper à un danger*, le sens de cette expression proverbiale en explique assez l'origine.

Mais comptez-moi pour rien s'il s'agit de se battre.
Enfin, si l'autre monde a des charmes pour vous,
Pour moi, je trouve l'air de celui-ci fort doux.
Je n'ai pas grande faim de mort ni de blessure,
Et vous ferez le sot tout seul, je vous assure [1].

SCÈNE II.

VALÈRE, MASCARILLE.

VALÈRE.

Je n'ai jamais trouvé de jour plus ennuyeux.
Le soleil semble s'être oublié dans les cieux;
Et jusqu'au lit qui doit recevoir sa lumière
Je vois rester encore une telle carrière,
Que je crois que jamais il ne l'achèvera,
Et que de sa lenteur mon ame enragera.

MASCARILLE.

Et cet empressement pour s'en aller dans l'ombre
Pêcher vite à tâtons quelque sinistre encombre...
Vous voyez que Lucile, entière en ses rebuts...

VALÈRE.

Ne me fais point ici de contes superflus.
Quand j'y devrois trouver cent embûches mortelles,
Je sens de son courroux des gènes trop cruelles;
Et je veux l'adoucir, ou terminer mon sort.
C'est un point résolu.

MASCARILLE.

J'approuve ce transport :
Mais le mal est, monsieur, qu'il faudra s'introduire
En cachette.

---

[1] Ce monologue est encore une imitation de l'*Interesse*. On peut le comparer à celui du *Cocu imaginaire*, où les mêmes idées sont reproduites avec une grande supériorité de style. Le dialogue supposé de Mascarille avec son maître est comme une esquisse de la scène de Sosie avec sa lanterne; et ces trois morceaux, si souvent imités, sont encore aujourd'hui les modèles du genre.

VALÈRE.

Fort bien.

MASCARILLE.

Et j'ai peur de vous nuire.

VALÈRE.

Et comment?

MASCARILLE.

Une toux me tourmente à mourir,
Dont le bruit importun vous fera découvrir :
(Il tousse.)
De moment en moment... Vous voyez le supplice.

VALÈRE.

Ce mal te passera, prends du jus de réglisse [1].

MASCARILLE.

Je ne crois pas, monsieur, qu'il se veuille passer.
Je serois ravi, moi, de ne vous point laisser ;
Mais j'aurois un regret mortel, si j'étois cause
Qu'il fût à mon cher maître arrivé quelque chose.

SCÈNE III.

VALÈRE, LA RAPIÈRE, MASCARILLE.

LA RAPIÈRE.

Monsieur, de bonne part, je viens d'être informé
Qu'Éraste est contre vous fortement animé,
Et qu'Albert parle aussi de faire pour sa fille
Rouer jambes et bras à votre Mascarille.

---

[1] Ces mots peuvent servir à expliquer quelques vers du quatrième acte du *Tartufe*, interprétés par des acteurs corrompus d'une manière offensante pour le génie de Molière. A cette époque, il étoit d'usage d'offrir du jus de réglisse aux personnes enrhumées, comme il l'est aujourd'hui de leur offrir des bonbons. C'est au moins ce que prouve le rapprochement des deux passages. Il est utile d'observer que nous jugeons souvent mal Molière, parceque nous connoissons mal les mœurs de son siècle. D'ailleurs nos aïeux ne voyoient que de la naïveté dans des idées qui nous paroissent trop libres aujourd'hui. Alors les oreilles étoient moins chatouilleuses, parceque les cœurs étoient moins corrompus.

MASCARILLE.

Moi? je ne suis pour rien dans tout cet embarras.
Qu'ai-je fait pour me voir rouer jambes et bras?
Suis-je donc gardien, pour employer ce style,
De la virginité des filles de la ville?
Sur la tentation ai-je quelque crédit?
Et puis-je mais, chétif, si le cœur leur en dit?

VALÈRE.

Oh! qu'ils ne seront pas si méchants qu'ils le disent!
Et, quelque belle ardeur que ses feux lui produisent,
Éraste n'aura pas si bon marché de nous.

LA RAPIÈRE.

S'il vous faisoit besoin, mon bras est tout à vous.
Vous savez de tout temps que je suis un bon frère.

VALÈRE.

Je vous suis obligé, monsieur de La Rapière.

LA RAPIÈRE.

J'ai deux amis aussi que je vous puis donner,
Qui contre tous venants sont gens à dégainer,
Et sur qui vous pourrez prendre toute assurance.

MASCARILLE.

Acceptez-les, monsieur.

VALÈRE.

C'est trop de complaisance.

LA RAPIÈRE.

Le petit Gille encore eût pu nous assister,
Sans le triste accident qui vient de nous l'ôter.
Monsieur, le grand dommage! et l'homme de service!
Vous avez su le tour que lui fit la justice;
Il mourut en César [1], et, lui cassant les os,

[1] A cette époque, un jeune homme qui avoit obtenu un rendez-vous de sa maîtresse n'y alloit qu'accompagné de gens armés, espèce de spadassins qu'il payoit pour sa défense. Les mémoires du temps, et principalement ceux du cardinal de Retz et de Bussy, font mention de cet usage. (P.) — Pour faire justice de ces spadassins, il a suffi à Molière de mettre l'oraison funèbre d'un des héros de la troupe dans la bouche de La Rapière : et quelle profonde connoissance du cœur humain

Le bourreau ne lui put faire lâcher deux mots.

VALÈRE.

Monsieur de La Rapière, un homme de la sorte
Doit être regretté : mais, quant à votre escorte,
Je vous rends graces [1].

LA RAPIÈRE.

Soit ; mais soyez averti
Qu'il vous cherche, et vous peut faire un mauvais parti.

VALÈRE.

Et moi, pour vous montrer combien je l'appréhende,
Je lui veux, s'il me cherche, offrir ce qu'il demande,
Et par toute la ville aller présentement,
Sans être accompagné que de lui seulement.

SCÈNE IV.

VALÈRE, MASCARILLE.

MASCARILLE.

Quoi ! monsieur, vous voulez tenter Dieu ? Quelle audace !
Las ! vous voyez tous deux comme l'on nous menace ;
Combien de tous côtés...

VALÈRE.

Que regardes-tu là ?

MASCARILLE.

C'est qu'il sent le bâton du côté que voilà.
Enfin, si maintenant ma prudence en est crue,

dans ce court éloge du crime ! Comme on sent que le dernier degré de la bassesse a aussi son orgueil ! C'est ainsi que les plus lâches criminels prennent de très bonne foi le mépris brutal de la mort et de la potence pour l'effort d'un généreux courage. Je ne sais si ce trait d'observation suffit pour racheter quelques images que le goût ne peut s'empêcher de repousser ; mais en se reportant au siècle, on sent que la leçon n'étoit pas trop forte pour attaquer un abus aussi monstrueux, qui force un honnête homme à s'associer avec les êtres les plus vils et les plus criminels.

[1] Le refus que fait ici Valère d'employer cette troupe d'assassins prouve assez que Molière, en les introduisant sur la scène, n'a voulu que donner une leçon à son siècle.

Ne nous obstinons point à rester dans la rue;
Allons nous renfermer.

VALÈRE.

Nous renfermer, faquin!
Tu m'oses proposer un acte de coquin?
Sus, sans plus de discours, résous-toi de me suivre.

MASCARILLE.

Hé! monsieur mon cher maître, il est si doux de vivre!
On ne meurt qu'une fois, et c'est pour si long-temps!...

VALÈRE.

Je m'en vais t'assommer de coups, si je t'entends.
Ascagne vient ici, laissons-le; il faut attendre
Quel parti de lui-même il résoudra de prendre.
Cependant avec moi viens prendre à la maison
Pour nous frotter...

MASCARILLE.

Je n'ai nulle démangeaison.
Que maudit soit l'amour, et les filles maudites
Qui veulent en tâter, puis font les chattemites [1]!

SCÈNE V.

ASCAGNE, FROSINE.

ASCAGNE.

Est-il bien vrai, Frosine, et ne rêvé-je point?
De grace, contez-moi bien tout de point en point.

FROSINE.

Vous en saurez assez le détail, laissez faire.
Ces sortes d'incidents ne sont, pour l'ordinaire,
Que redits trop de fois de moment en moment.
Suffit que vous sachiez qu'après ce testament

---

[1] Ce mot signifie l'affectation d'une contenance humble, douce et flatteuse, pour tromper quelqu'un, ou pour attraper quelque chose. C'est un composé de *cata*, chatte, et de *mitis*, doux. Rien ne pouvoit mieux exprimer une mine douce et flatteuse que ces deux mots joints ensemble. (MÉN.)

Qui vouloit un garçon pour tenir sa promesse,
De la femme d'Albert la dernière grossesse
N'accoucha que de vous, et que lui, dessous main ¹,
Ayant depuis long-temps concerté son dessein,
Fit son fils de celui d'Ignès la bouquetière,
Qui vous donna pour sienne à nourrir à ma mère.
La mort ayant ravi ce petit innocent
Quelque dix mois après, Albert étant absent,
La crainte d'un époux et l'amour maternelle
Firent l'événement d'une ruse nouvelle.
Sa femme en secret lors se rendit son vrai sang;
Vous devintes celui qui tenoit votre rang;
Et la mort de ce fils, mis dans votre famille,
Se couvrit pour Albert de celle de sa fille.
Voilà de votre sort un mystère éclairci,
Que votre feinte mère a caché jusqu'ici;
Elle en dit des raisons, et peut en avoir d'autres,
Par qui ses intérêts n'étoient pas tous les vôtres.
Enfin cette visite, où j'espérois si peu,
Plus qu'on ne pouvoit croire a servi votre feu.
Cette Ignès vous relâche, et, par votre autre affaire,
L'éclat de son secret devenu nécessaire,
Nous en avons nous deux votre père informé.
Un billet de sa femme a le tout confirmé;
Et, poussant plus avant encore notre pointe,
Quelque peu de fortune à notre adresse jointe,
Aux intérêts d'Albert, de Polidore, après,
Nous avons ajusté si bien les intérêts,
Si doucement à lui déplié ces mystères,
Pour n'effaroucher pas d'abord trop les affaires;
Enfin, pour dire tout, mené si prudemment
Son esprit pas à pas à l'accommodement,

¹ Cette phrase est un latinisme. En françois on ne peut pas dire qu'*une grossesse accoucha*, mais en latin on diroit très bien : *Alberti conjugis ultimus de te partus fuit.*

Qu'autant que votre père il montre de tendresse
A confirmer les nœuds qui font votre allégresse ¹.
ASCAGNE.
Ah! Frosine, la joie où vous m'acheminez...
Eh! que ne dois-je point à vos soins fortunés!
FROSINE.
Au reste, le bon homme est en humeur de rire,
Et pour son fils encor nous défend de rien dire.

SCÈNE VI.

POLIDORE, ASCAGNE, FROSINE.

POLIDORE.
Approchez-vous, ma fille, un tel nom m'est permis,
Et j'ai su le secret que cachoient ces habits.
Vous avez fait un trait qui, dans sa hardiesse,
Fait briller tant d'esprit et tant de gentillesse,
Que je vous en excuse, et tiens mon fils heureux
Quand il saura l'objet de ses soins amoureux.
Vous valez tout un monde, et c'est moi qui l'assure.
Mais le voici; prenons plaisir de l'aventure ².

---

¹ Ce récit est d'un embarras, d'une obscurité, et d'une incorrection à ne pas laisser concevoir qu'il soit de Molière, qui depuis a dit naturellement les choses les plus difficiles. (B.)

² Nous avons vu, à la quatrième scène du troisième acte, Polidore fort irrité contre son fils à l'occasion de son prétendu mariage avec Lucile. Qu'est-ce donc qui le rend à cette heure si accommodant pour une faute toute pareille? Préfère-t-il la hardiesse d'Ascagne à la vertueuse réserve de sa sœur? Non; mais l'amour d'Ascagne est favorable à tous ses intérêts, tandis que le mariage de Valère avec Lucile ne lui laissoit entrevoir que des humiliations, suite ordinaire du ressentiment d'un homme riche et puissant. Maintenant, au contraire, c'est lui qui peut faire grace, c'est lui qui a souffert l'injustice; ces richesses dont il redoutoit le pouvoir, elles sont à lui, Ascagne les remet entre ses mains. Aussi, à ses yeux, cette fille *vaut tout un monde*; et il ajoute, avec une effusion de cœur charmante, *et c'est moi qui l'assure*. C'est ainsi que Molière sait sonder d'une main légère, et sans avoir l'air d'y songer, les plus secrets détours du cœur humain. Pour le bien comprendre, il le faut pénétrer; et pour le pénétrer, il faut étudier l'homme.

Allez faire venir tous vos gens promptement.
ASCAGNE.
Vous obéir sera mon premier compliment.

SCÈNE VII.
POLIDORE, VALÈRE, MASCARILLE.

MASCARILLE, *à Valère.*
Les disgraces souvent sont du ciel révélées.
J'ai songé cette nuit de perles défilées,
Et d'œufs cassés; monsieur, un tel songe m'abat.
VALÈRE.
Chien de poltron!
POLIDORE.
Valère, il s'apprête un combat
Où toute ta valeur te sera nécessaire.
Tu vas avoir en tête un puissant adversaire.
MASCARILLE.
Et personne, monsieur, qui se veuille bouger
Pour retenir des gens qui se vont égorger!
Pour moi, je le veux bien; mais au moins s'il arrive
Qu'un funeste accident de votre fils vous prive,
Ne m'en accusez point.
POLIDORE.
Non, non; en cet endroit,
Je le pousse moi-même à faire ce qu'il doit.
MASCARILLE.
Père dénaturé!
VALÈRE.
Ce sentiment, mon père,
Est d'un homme de cœur, et je vous en révère.
J'ai dû vous offenser, et je suis criminel
D'avoir fait tout ceci sans l'aveu paternel;
Mais, à quelque dépit que ma faute vous porte,
La nature toujours se montra la plus forte;

Et votre honneur fait bien, quand il ne veut pas voir
Que le transport d'Éraste ait de quoi m'émouvoir.
POLIDORE.
On me faisoit tantôt redouter sa menace;
Mais les choses depuis ont bien changé de face;
Et, sans le pouvoir fuir, d'un ennemi plus fort
Tu vas être attaqué.
MASCARILLE.
Point de moyen d'accord?
VALÈRE.
Moi, le fuir! Dieu m'en garde! Et qui donc pourroit-ce être?
POLIDORE.
Ascagne.
VALÈRE.
Ascagne?
POLIDORE.
Oui, tu le vas voir paroître.
VALÈRE.
Lui, qui de me servir m'avoit donné sa foi!
POLIDORE.
Oui, c'est lui qui prétend avoir affaire à toi;
Et qui veut, dans le champ où l'honneur vous appelle,
Qu'un combat seul à seul vide votre querelle.
MASCARILLE.
C'est un brave homme; il sait que les cœurs généreux
Ne mettent point les gens en compromis pour eux.
POLIDORE.
Enfin, d'une imposture ils te rendent coupable,
Dont le ressentiment m'a paru raisonnable;
Si bien qu'Albert et moi sommes tombés d'accord
Que tu satisferois Ascagne sur ce tort;
Mais aux yeux d'un chacun, et sans nulles remises,
Dans les formalités en pareil cas requises.
VALÈRE.
Et Lucile, mon père, a, d'un cœur endurci...

POLIDORE.

Lucile épouse Éraste, et te condamne aussi ;
Et, pour convaincre mieux tes discours d'injustice,
Veut qu'à tes propres yeux cet hymen s'accomplisse.

VALÈRE.

Ah! c'est une impudence à me mettre en fureur.
Elle a donc perdu sens, foi, conscience, honneur!

SCÈNE VIII.

ALBERT, POLIDORE, LUCILE, ÉRASTE, VALÈRE, MASCARILLE.

ALBERT.

Hé bien! les combattants! On amène le nôtre.
Avez-vous disposé le courage du vôtre?

VALÈRE.

Oui, oui, me voilà prêt, puisqu'on m'y veut forcer;
Et, si j'ai pu trouver sujet de balancer,
Un reste de respect en pouvoit être cause,
Et non pas la valeur du bras que l'on m'oppose.
Mais c'est trop me pousser, ce respect est à bout,
A toute extrémité mon esprit se résout,
Et l'on fait voir un trait de perfidie étrange,
Dont il faut hautement que mon amour se venge.

(à Lucile.)

Non pas que cet amour prétende encore à vous :
Tout son feu se résout en ardeur de courroux;
Et, quand j'aurai rendu votre honte publique,
Votre coupable hymen n'aura rien qui me pique.
Allez, ce procédé, Lucile, est odieux :
A peine en puis-je croire au rapport de mes yeux;
C'est de toute pudeur se montrer ennemie,
Et vous devriez mourir d'une telle infamie.

LUCILE.

Un semblable discours me pourroit affliger,

Si je n'avois en main qui m'en saura venger.
Voici venir Ascagne : il aura l'avantage
De vous faire changer bien vite de langage,
Et sans beaucoup d'effort.

SCÈNE IX.

ALBERT, POLIDORE, ASCAGNE, LUCILE, ÉRASTE, VALÈRE, FROSINE, MARINETTE, GROS-RENÉ, MASCARILLE.

VALÈRE.

Il ne le fera pas,
Quand il joindroit au sien encor vingt autres bras.
Je le plains de défendre une sœur criminelle ;
Mais, puisque son erreur me veut faire querelle,
Nous le satisferons, et vous, mon brave, aussi.

ÉRASTE.

Je prenois intérêt tantôt à tout ceci ;
Mais enfin, comme Ascagne a pris sur lui l'affaire,
Je ne veux plus en prendre, et je le laisse faire.

VALÈRE.

C'est bien fait ; la prudence est toujours de saison.
Mais...

ÉRASTE.

Il saura pour tous vous mettre à la raison.

VALÈRE.

Lui?

POLIDORE.

Ne t'y trompe pas, tu ne sais pas encore
Quel étrange garçon est Ascagne.

ALBERT.

Il l'ignore ;
Mais il pourra dans peu le lui faire savoir.

VALÈRE.

Sus donc, que maintenant il me le fasse voir.

MARINETTE.

Aux yeux de tous?

GROS-RENÉ.

Cela ne seroit pas honnête.

VALÈRE.

Se moque-t-on de moi? Je casserai la tête
A quelqu'un des rieurs. Enfin, voyons l'effet.

ASCAGNE.

Non, non, je ne suis pas si méchant qu'on me fait :
Et, dans cette aventure où chacun m'intéresse,
Vous allez voir plutôt éclater ma foiblesse,
Connoître que le ciel, qui dispose de nous,
Ne me fit pas un cœur pour tenir contre vous,
Et qu'il vous réservoit, pour victoire facile,
De finir le destin du frère de Lucile.
Oui, bien loin de vanter le pouvoir de mon bras,
Ascagne va pour vous recevoir le trépas :
Mais il veut bien mourir, si sa mort nécessaire
Peut avoir maintenant de quoi vous satisfaire,
En vous donnant pour femme, en présence de tous,
Celle qui justement ne peut être qu'à vous.

VALÈRE.

Non, quand toute la terre, après sa perfidie
Et les traits effrontés...

ASCAGNE.

Ah! souffrez que je die,
Valère, que le cœur qui vous est engagé
D'aucun crime envers vous ne peut être chargé
Sa flamme est toujours pure et sa constance extrême,
Et j'en prends à témoin votre père lui-même.

POLIDORE.

Oui, mon fils, c'est assez rire de ta fureur,
Et je vois qu'il est temps de te tirer d'erreur.
Celle à qui par serment ton ame est attachée
Sous l'habit que tu vois à tes yeux est cachée;

Un intérêt de bien, dès ses plus jeunes ans,
Fit ce déguisement qui trompe tant de gens;
Et, depuis peu, l'amour en a su faire un autre,
Qui t'abusa, joignant leur famille à la nôtre.
Ne va point regarder à tout le monde aux yeux.
Je te fais maintenant un discours sérieux.
Oui, c'est elle, en un mot, dont l'adresse subtile,
La nuit, reçut ta foi sous le nom de Lucile,
Et qui, par ce ressort qu'on ne comprenoit pas,
A semé parmi vous un si grand embarras.
Mais, puisque Ascagne ici fait place à Dorothée,
Il faut voir de vos feux toute imposture ôtée,
Et qu'un nœud plus sacré donne force au premier.

ALBERT.

Et c'est là justement ce combat singulier
Qui devoit envers nous réparer votre offense,
Et pour qui les édits n'ont point fait de défense.

POLIDORE.

Un tel événement rend tes esprits confus :
Mais en vain tu voudrois balancer là-dessus.

VALÈRE.

Non, non, je ne veux pas songer à m'en défendre;
Et si cette aventure a lieu de me surprendre,
La surprise me flatte, et je me sens saisir
De merveille à la fois, d'amour et de plaisir [1] :
Se peut-il que ces yeux...?

ALBERT.

Cet habit, cher Valère,
Souffre mal les discours que vous lui pourriez faire.
Allons lui faire en prendre un autre, et cependant

---

[1] Anciennement *merveille* signifioit *admiration*, *étonnement*, comme le témoignent ces deux vers de Boisrobert :

> Non sans *merveille*, on vous voit estimé
> De l'appelant comme de l'intimé.

Merveille ne se dit plus de l'admiration elle-même, mais seulement de ce qui la produit. (A.)

Vous saurez le détail de tout cet incident.
VALÈRE.
Vous, Lucile, pardon, si mon ame abusée...
LUCILE.
L'oubli de cette injure est une chose aisée.
ALBERT.
Allons, ce compliment se fera bien chez nous,
Et nous aurons loisir de nous en faire tous.
ÉRASTE.
Mais vous ne songez pas, en tenant ce langage,
Qu'il reste encore ici des sujets de carnage.
Voilà bien à tous deux notre amour couronné ;
Mais de son Mascarille et de mon Gros-René,
Par qui doit Marinette être ici possédée?
Il faut que par le sang l'affaire soit vidée.
MASCARILLE.
Nenni, nenni, mon sang dans mon corps sied trop bien :
Qu'il l'épouse en repos, cela ne me fait rien.
De l'humeur que je sais la chère Marinette,
L'hymen ne ferme pas la porte à la fleurette.
MARINETTE.
Et tu crois que de toi je ferois mon galant?
Un mari, passe encor; tel qu'il est, on le prend ;
On n'y va pas chercher tant de cérémonie :
Mais il faut qu'un galant soit fait à faire envie.
GROS-RENÉ.
Écoute : quand l'hymen aura joint nos deux peaux,
Je prétends qu'on soit sourde à tous les damoiseaux.
MASCARILLE.
Tu crois te marier pour toi tout seul, compère?
GROS-RENÉ.
Bien entendu: je veux une femme sévère,
Ou je ferai beau bruit.
MASCARILLE.
Hé! mon Dieu! tu feras

Comme les autres font, et tu t'adouciras.
Ces gens, avant l'hymen, si fâcheux et critiques,
Dégénèrent souvent en maris pacifiques.

MARINETTE.

Va, va, petit mari, ne crains rien de ma foi;
Les douceurs ne feront que blanchir contre moi;
Et je te dirai tout.

MASCARILLE.

O la fine pratique !

Un mari confident !

MARINETTE.

Taisez-vous, as de pique.

ALBERT.

Pour la troisième fois, allons-nous-en chez nous
Poursuivre en liberté des entretiens si doux [1].

---

[1] Les différents auteurs qui ont parlé du *Dépit amoureux* ne mettent pas cette comédie au rang des bonnes pièces de Molière; et il faut convenir avec eux qu'elle n'annonçoit point encore le peintre de nos mœurs, et qu'elle est aussi négligemment écrite que *l'Étourdi*. Cependant il y a peu d'années où nous ne voyions quelques représentations de cet ouvrage, parcequ'il offre en plus d'un endroit, et cette gaieté dont Plaute avoit donné des leçons à Molière, et cet examen heureux du cœur humain, qui lui étoit si naturel, et ce comique brillant et facile qui mettra toujours son dialogue au-dessus de tous nos écrivains de théâtre. (B.) — *Le Dépit amoureux* a tous les défauts de *l'Étourdi*; souvent même la pièce manque de clarté. On trouve jusque dans le cinquième acte des récits qui n'ont d'autre but que d'expliquer le sujet; ce qui ne prouve que trop combien il a été mal exposé. Cependant, s'il y a dans cette pièce des scènes foibles, il y en a de très comiques, telles que celle des deux vieillards; de vives et brillantes, telles que celle de Lucile accusée en présence de son père. Ajoutons qu'on n'avoit encore rien vu au théâtre de comparable à cette scène où Éraste et Lucile dévoilent les secrets de leurs cœurs, à l'adresse avec laquelle l'auteur a su graduer la peinture de leur mécontentement et de leur dépit, et au naturel d'une situation dans laquelle les deux amants sont ramenés l'un à l'autre au moment même où leur séparation semble inévitable. Le spectateur prend toujours intérêt aux deux amants, parcequ'il ne peut s'empêcher d'entrevoir qu'à travers les reproches les plus violents d'Éraste et de Lucile, la querelle n'est prolongée que par la crainte qu'ils ont tous deux de paroître revenir les premiers. Cette scène dut apprendre à Molière quel parti un auteur peut tirer de l'étude du cœur humain. C'étoit une route nouvelle qu'il venoit d'entrevoir; et, avant d'y rentrer en maître, il alloit en ouvrir une autre, peindre la société, et corriger ses ridicules.

FIN DU DÉPIT AMOUREUX.

LES PRÉCIEUSES RIDICULES

JODELET *(Découvrant sa poitrine.)*
Voici un autre coup qui me perça de part en part
à l'attaque de Gravelines.

Scène XII.

Publié par Furne, Paris.

LES PRÉCIEUSES
RIDICULES.
COMÉDIE EN UN ACTE.

1659.

PERSONNAGES.

LA GRANGE[1],
DU CROISY[2], } amants rebutés.

GORGIBUS, bon bourgeois[3].

MADELON, fille de Gorgibus[4],
CATHOS, nièce de Gorgibus[5], } précieuses ridicules.

MAROTTE, servante des précieuses ridicules[6].

ALMANZOR, laquais des précieuses ridicules[7].

LE MARQUIS DE MASCARILLE, valet de La Grange[8].

LE VICOMTE DE JODELET, valet de du Croisy[9].

DEUX PORTEURS DE CHAISE.

VOISINES.

VIOLONS.

ACTEURS.

[1] LA GRANGE. — [2] DU CROISY. — [3] L'ESPY. — [4] Mademoiselle DE BRIE. — [5] Mademoiselle DUPARC. — [6] MADELEINE BÉJART. — [7] DE BRIE. — [8] MOLIÈRE. — [9] BRÉCOURT.

PRÉFACE.

C'est une chose étrange qu'on imprime les gens malgré eux. Je ne vois rien de si injuste, et je pardonnerois toute autre violence plutôt que celle-là.

Ce n'est pas que je veuille faire ici l'auteur modeste, et mépriser, par honneur, ma comédie. J'offenserois mal-à-propos tout Paris, si je l'accusois d'avoir pu applaudir à une sottise : comme le public est le juge absolu de ces sortes d'ouvrages, il y auroit de l'impertinence à moi de le démentir ; et, quand j'aurois eu la plus mauvaise opinion du monde de mes *Précieuses ridicules* avant leur représentation, je dois croire maintenant qu'elles valent quelque chose, puisque tant de gens ensemble en ont dit du bien. Mais, comme une grande partie des graces qu'on y a trouvées dépendent de l'action et du ton de voix, il m'importoit qu'on ne les dépouillât pas de ces ornements ; et je trouvois que le succès qu'elles avoient eu dans la représentation étoit assez beau pour en demeurer là. J'avois résolu, dis-je, de ne les faire voir qu'à la chandelle, pour ne point donner lieu à quelqu'un de dire le proverbe[1] ; et je ne voulois pas qu'elles sautassent du théâtre Bourbon dans la galerie du Palais. Cependant je n'ai pu l'éviter, et je suis tombé dans la disgrace de voir une copie dérobée de ma pièce entre les mains des libraires, accompagnée d'un privilége obtenu par surprise. J'ai eu beau crier : O temps ! ô mœurs ! on m'a fait voir une nécessité pour moi d'être imprimé, ou d'avoir un procès ; et le dernier mal est encore pire que le premier. Il faut donc se laisser aller à la destinée, et consentir à une chose qu'on ne laisseroit pas de faire sans moi.

Mon Dieu ! l'étrange embarras qu'un livre à mettre au jour, et qu'un auteur est neuf la première fois qu'on l'imprime ! Encore si l'on m'avoit donné du temps, j'aurois pu mieux songer à moi, et j'aurois pris toutes les précautions que messieurs les auteurs, à présent mes confrères, ont coutume de prendre en semblables occasions. Outre quelque grand seigneur que j'aurois été prendre malgré

[1] Molière fait allusion à ce proverbe : « Elle est belle à la chandelle ; mais le grand jour gâte tout. »

PRÉFACE.

lui pour protecteur de mon ouvrage, et dont j'aurois tenté la libéralité par une épître dédicatoire bien fleurie, j'aurois tâché de faire une belle et docte préface; et je ne manque point de livres qui m'auroient fourni tout ce qu'on peut dire de savant sur la tragédie et la comédie, l'étymologie de toutes deux, leur origine, leur définition, et le reste.

J'aurois parlé aussi à mes amis, qui, pour la recommandation de ma pièce, ne m'auroient pas refusé, ou des vers françois, ou des vers latins. J'en ai même qui m'auroient loué en grec; et l'on n'ignore pas qu'une louange en grec est d'une merveilleuse efficace à la tête d'un livre. Mais on me met au jour sans me donner le loisir de me reconnoître; et je ne puis même obtenir la liberté de dire deux mots pour justifier mes intentions sur le sujet de cette comédie. J'aurois voulu faire voir qu'elle se tient partout dans les bornes de la satire honnête et permise; que les plus excellentes choses sont sujettes à être copiées par de mauvais singes qui méritent d'être bernés[1]; que ces vicieuses imitations de ce qu'il y a de plus parfait ont été de tout temps la matière de la comédie; et que, par la même raison, les véritables savants et les vrais braves ne se sont point encore avisés de s'offenser du Docteur de la comédie, et du Capitan; non plus que les juges, les princes, et les rois, de voir Trivelin[2], ou quelque autre, sur le théâtre, faire ridiculement le juge, le prince ou le roi : aussi les véritables précieuses auroient tort de se piquer, lorsqu'on joue les ridicules qui les imitent mal. Mais enfin, comme j'ai dit, on ne me laisse pas le temps de respirer, et M. de Luynes[3] veut m'aller relier de ce pas : à la bonne heure, puisque Dieu l'a voulu.

[1] Ce passage est d'autant plus adroit que Molière attaquoit une coterie fort puissante. Les deux provinciales *méritent d'être bernées*, mais elles ont copié d'*excellentes choses*. Il est clair cependant que ces excellentes choses sont précisément celles que Molière va couvrir de ridicule.

[2] Le *Docteur*, le *Capitan*, et *Trivelin*, étoient trois personnages ou caractères appartenants à la farce italienne.

[3] Ce de Luynes étoit un libraire qui avoit sa boutique dans la galerie du Palais.

LES PRÉCIEUSES
RIDICULES[1].

SCÈNE I.

LA GRANGE, DU CROISY.

DU CROISY.

Seigneur La Grange.

LA GRANGE.

Quoi?

DU CROISY.

Regardez-moi un peu sans rire.

---

[1] Dès ce troisième ouvrage, Molière sortit entièrement de la route tracée, et en ouvrit une où personne n'osa le suivre. *Les Précieuses ridicules*, quoique ce ne fût qu'un acte sans intrigue, firent une véritable révolution ; l'on vit pour la première fois sur la scène le tableau d'un ridicule réel, et la critique de la société. (L.) — En effet, tous les auteurs, et Molière lui-même, avoient jusqu'alors emprunté le sujet de leurs pièces aux Italiens et aux Espagnols. Le but unique de ces sortes de pièces étoit d'amuser les spectateurs par le développement d'une intrigue romanesque ; on ne voyoit au théâtre que déguisements, quiproquo, enlèvements, erreurs de noms, aventures nocturnes ; la véritable comédie celle qui corrige les mœurs, étoit inconnue. Molière ouvrit cette carrière nouvelle, et le succès des *Précieuses ridicules* lui fit connoître ses forces. « Je n'ai plus que faire, dit-il, « d'étudier Plaute, Térence, ni d'éplucher les fragments de Ménandre : je n'ai qu'à « étudier le monde. » Mais quel étoit le pouvoir, quels étoient les effets du ridicule dont il fit une si éclatante justice ? La Bruyère va nous le dire : « L'on a vu, dit-il, « il n'y a pas long-temps, un cercle de personnes des deux sexes liées ensemble par « la conversation et par un commerce d'esprit ; ils laissoient au vulgaire l'art de parler « d'une manière intelligible ; une chose dite entre eux peu clairement en entraînoit « une autre encore plus obscure, sur laquelle on enchérissoit par de vraies énig-« mes, toujours suivies de longs applaudissements. Par tout ce qu'ils appeloient « délicatesse, sentiments, et finesse d'expression, ils étoient enfin parvenus à « n'être plus entendus, et à ne s'entendre pas eux-mêmes. Il ne falloit, pour servir

LA GRANGE.

Hé bien?

DU CROISY.

Que dites-vous de notre visite? En êtes-vous fort satisfait?

LA GRANGE.

A votre avis, avons-nous sujet de l'être tous deux?

DU CROISY.

Pas tout-à-fait, à dire vrai.

LA GRANGE.

Pour moi, je vous avoue que j'en suis tout scandalisé. A-t-on jamais vu, dites-moi, deux pecques [1] provinciales faire plus les

« à ces entretiens, ni bon sens, ni mémoire, ni la moindre capacité ; il falloit de
« l'esprit, non pas du meilleur, mais de celui qui est faux, et où l'imagination a
« trop de part. » Tel étoit ce cercle fameux de l'hôtel de Rambouillet, où Voiture, Chapelain, Balzac, Segrais, Cotin, donnoient le ton ; où Pascal, La Rochefoucauld, le chevalier de Méré, avoient des entretiens pleins d'intérêt, dont ce dernier nous a conservé, dans des lettres, quelques fragments ; où le grand Condé, le grand Corneille et le vieux Malherbe, étoient adorés ; enfin où Bossuet, jeune encore, fit l'essai de cette éloquence sublime qui devoit plus tard étonner le monde. Mais comment un cercle composé de ce qu'il y avoit de plus illustre à la cour et de plus aimable à la ville se laissa-t-il séduire par cette affectation dans les discours, par cette recherche de sentiment qu'on imitoit à Versailles, qu'on imitoit à Paris, et qu'on outra bientôt dans les provinces? Cette question est facile à résoudre : c'est que ni Corneille, ni Pascal, ni La Rochefoucauld, ne donnoient le ton *aux précieuses*, et que Chapelain, Balzac, Ménage, Cotin, Benserade, Voiture, étoient à la fois leurs modèles et leurs oracles ; en un mot, ce cercle offroit un spectacle assez commun dans le monde, celui du triomphe de la médiocrité sur le génie. Molière conçut la pensée de montrer le ridicule de tout ce qu'on admiroit ; nous connoissons les difficultés d'une entreprise si hasardeuse ; Ménage lui-même va nous apprendre quel en fut le succès. « J'étois, dit-il, à la première
« représentation des *Précieuses ridicules* au Petit-Bourbon. Mademoiselle de
« Rambouillet y étoit ; madame de Grignan (tout l'hôtel de Rambouillet), M. Cha-
« pelain, et plusieurs autres de ma connoissance. La pièce fut jouée avec un
« applaudissement général ; et j'en fus si satisfait, en mon particulier, que je vis
« dès-lors l'effet qu'elle alloit produire. Au sortir de la comédie, prenant M. Chape-
« lain par la main : Monsieur, lui dis-je, nous approuvions, vous et moi, toutes
« les sottises qui viennent d'être critiquées si finement, et avec tant de bon sens ;
« mais, croyez-moi, pour me servir de ce que saint Remi dit à Clovis, il nous
« faudra brûler ce que nous avons adoré, et adorer ce que nous avons brûlé.
« Cela arriva comme je l'avois prédit, et, dès cette première représentation, l'on
« revint du galimatias et du style forcé. » (*Menagiana*, tom. II, page 65.)

[1] Le Duchat donne à ce mot la même signification qu'au mot *pécore*. Ne vien-

renchéries que celles-là, et deux hommes traités avec plus de mépris que nous? A peine ont-elles pu se résoudre à nous faire donner des siéges. Je n'ai jamais vu tant parler à l'oreille qu'elles ont fait entre elles, tant bâiller, tant se frotter les yeux, et demander tant de fois : Quelle heure est-il? Ont-elles répondu que oui et non à tout ce que nous avons pu leur dire? et ne m'avouerez-vous pas enfin que, quand nous aurions été les dernières personnes du monde, on ne pouvoit nous faire pis qu'elles ont fait?

DU CROISY.

Il me semble que vous prenez la chose fort à cœur.

LA GRANGE.

Sans doute, je l'y prends, et de telle façon que je me veux venger de cette impertinence. Je connois ce qui nous a fait mépriser. L'air précieux n'a pas seulement infecté Paris, il s'est aussi répandu dans les provinces, et nos donzelles ridicules en ont humé leur bonne part. En un mot, c'est un ambigu [1] de précieuse et de coquette que leur personne. Je vois ce qu'il faut être pour en être bien reçu; et, si vous m'en croyez, nous leur jouerons tous deux une pièce qui leur fera voir leur sottise, et pourra leur apprendre à connoître un peu mieux leur monde.

DU CROISY.

Et comment, encore?

LA GRANGE.

J'ai un certain valet, nommé Mascarille, qui passe, au sentiment de beaucoup de gens, pour une manière de bel esprit: car il n'y a rien à meilleur marché que le bel esprit maintenant.

droit-il pas du mot italien *pecca*, vice, défaut, ou du mot latin *pecus*, dont on a fait *pécore?* (B.)

[1] On voit par la préface de Molière qu'on distinguoit deux ordres de *précieuses*, et que cette appellation ne fut pas toujours prise en mauvaise part. Le *Grand Dictionnaire historique des Précieuses*, imprimé chez Ribou, en 1661, osa nommer ce que la France avoit de plus grand, de plus poli, de plus aimable. Les Longueville, La Fayette, Sévigné, Deshoulières, le grand Corneille, Ninon de Lenclos, sont à la tête de cette liste nombreuse où figurent le roi, la reine, toute la cour. (B.)

C'est un extravagant qui s'est mis dans la tête de vouloir faire l'homme de condition. Il se pique ordinairement de galanterie et de vers, et dédaigne les autres valets, jusqu'à les appeler brutaux.

DU CROISY.

Hé bien! qu'en prétendez-vous faire?

LA GRANGE.

Ce que j'en prétends faire? Il faut... Mais sortons d'ici auparavant.

SCÈNE II.

GORGIBUS[1], DU CROISY, LA GRANGE.

GORGIBUS.

Hé bien! vous avez vu ma nièce et ma fille? Les affaires iront-elles bien? Quel est le résultat de cette visite?

LA GRANGE.

C'est une chose que vous pourriez mieux apprendre d'elles que de nous. Tout ce que nous pouvons vous dire, c'est que nous vous rendons grace de la faveur que vous nous avez faite, et demeurons vos très humbles serviteurs.

DU CROISY.

Vos très humbles serviteurs.

GORGIBUS, *seul*.

Ouais! il semble qu'ils sortent mal satisfaits d'ici. D'où pourroit venir leur mécontentement? Il faut savoir un peu ce que c'est. Holà!

---

[1] Palaprat, contemporain et ami de Molière, nous apprend que *Gorgibus* étoit le nom d'un *emploi* de l'ancienne comédie, comme les Pasquins, les Turlupins, les Jodelets, etc. En effet, on trouve souvent le nom de Gorgibus dans les canevas italiens. Voyez la *préface* des *OEuvres* de Palaprat.

SCÈNE III.

GORGIBUS, MAROTTE.

MAROTTE.

Que desirez-vous, monsieur?

GORGIBUS.

Où sont vos maîtresses?

MAROTTE.

Dans leur cabinet.

GORGIBUS.

Que font-elles?

MAROTTE.

De la pommade pour les lèvres.

GORGIBUS.

C'est trop pommadé : dites-leur qu'elles descendent.

SCÈNE IV.

GORGIBUS.

Ces pendardes-là, avec leur pommade, ont, je pense, envie de me ruiner. Je ne vois partout que blancs d'œufs, lait virginal, et mille autres brimborions que je ne connois point. Elles ont usé, depuis que nous sommes ici, le lard d'une douzaine de cochons, pour le moins; et quatre valets vivroient tous les jours des pieds de moutons qu'elles emploient [1].

---

[1] Notre délicatesse actuelle s'offenseroit de l'expression *du lard et des cochons*: mais notre délicatesse ne seroit-elle pas outrée? et ne faut-il pas, en copiant la nature, que Gorgibus dise ce qu'un bourgeois de son espèce et de son ignorance auroit dit sûrement en pareil cas? Ce seroit rendre l'art de peindre impossible, que de proscrire l'usage de certaines couleurs. (B.) — Scarron a fait la même énumération dans sa comédie de *l'Héritier ridicule* :

> Blanc, perles, coques d'œufs, lard, et pieds de moutons,
> Baume, lait virginal, et cent mille autres drogues.

SCÈNE V.

MADELON, CATHOS, GORGIBUS.

GORGIBUS.

Il est bien nécessaire vraiment de faire tant de dépense pour vous graisser le museau! Dites-moi un peu ce que vous avez fait à ces messieurs, que je les vois sortir avec tant de froideur? Vous avois-je pas commandé de les recevoir comme des personnes que je voulois vous donner pour maris?

MADELON.

Et quelle estime, mon père, voulez-vous que nous fassions du procédé irrégulier de ces gens-là?

CATHOS.

Le moyen, mon oncle, qu'une fille un peu raisonnable se pût accommoder de leur personne?

GORGIBUS.

Et qu'y trouvez-vous à redire?

MADELON.

La belle galanterie que la leur! Quoi! débuter d'abord par le mariage?

GORGIBUS.

Et par où veux-tu donc qu'ils débutent? par le concubinage[1]? N'est-ce pas un procédé dont vous avez sujet de vous louer toutes deux aussi bien que moi? Est-il rien de plus obligeant que cela? Et ce lien sacré où ils aspirent n'est-il pas un témoignage de l'honnêteté de leurs intentions?

MADELON.

Ah! mon père, ce que vous dites là est du dernier bourgeois. Cela me fait honte de vous ouïr parler de la sorte, et vous devriez un peu vous faire apprendre le bel air des choses.

---

[1] Cette question naïve est d'un effet très comique, parcequ'elle est la satire la plus sanglante des fausses délicatesses, qui sont toujours dans les jeunes personnes l'expression d'une imagination trop exercée.

SCÈNE V.

GORGIBUS.

Je n'ai que faire ni d'air ni de chanson. Je te dis que le mariage est une chose sainte et sacrée, et que c'est faire en honnêtes gens que de débuter par-là.

MADELON.

Mon Dieu! que si tout le monde vous ressembloit, un roman seroit bientôt fini! La belle chose que ce seroit, si d'abord Cyrus épousoit Mandane, et qu'Aronce de plain-pied fût marié à Clélie[1]!

GORGIBUS.

Que me vient conter celle-ci?

MADELON.

Mon père, voilà ma cousine qui vous dira aussi bien que moi que le mariage ne doit jamais arriver qu'après les autres aventures. Il faut qu'un amant, pour être agréable, sache débiter les beaux sentiments, pousser le doux, le tendre et le passionné[2], et que sa recherche soit dans les formes. Premièrement, il doit voir au temple, ou à la promenade, ou dans quelque cérémonie publique, la personne dont il devient amoureux; ou bien être conduit fatalement chez elle par un parent ou un ami, et sortir de là tout rêveur et mélancolique. Il cache

---

[1] Cyrus et Mandane, Clélie et Aronce, sont les principaux personnages d'*Artamène* et de *Clélie*, romans alors très à la mode. Mademoiselle de Scudéry, auteur de ces volumineux ouvrages, les publia sous le nom de son frère, sans doute pour ne point manquer aux bienséances du siècle. Madame de La Fayette eut la même délicatesse, et fit paroitre *Zaïde* et *la Princesse de Clèves* sous le nom de Segrais. Ainsi le désir de paroitre bel esprit n'avoit pu éteindre dans les *précieuses* cette modestie qui est une des graces que l'éducation donne aux femmes. Elles vouloient bien laisser deviner qu'elles étoient auteurs de leurs ouvrages, mais elles ne l'avouoient pas publiquement; comme la Galatée de Virgile, elles se cachoient pour être mieux vues. Il est impossible de ne pas remarquer que ce respect des bienséances est en contradiction avec le caractère des *précieuses*, telles que Molière les peignit une seconde fois dans *les Femmes savantes*. Déja le siècle avoit changé.

[2] *Pousser le doux, le tendre, et le passionné*, expressions du temps, dont les auteurs contemporains offrent plusieurs exemples. Molière a dit encore dans *l'École des maris*:

> Héroïnes du temps, mesdames les savantes,
> Pousseuses de tendresse et de beaux sentiments.

un temps sa passion à l'objet aimé, et cependant lui rend plusieurs visites, où l'on ne manque jamais de mettre sur le tapis une question galante qui exerce les esprits de l'assemblée. Le jour de la déclaration arrive, qui se doit faire ordinairement dans une allée de quelque jardin, tandis que la compagnie s'est un peu éloignée : et cette déclaration est suivie d'un prompt courroux, qui paroît à notre rougeur, et qui, pour un temps, bannit l'amant de notre présence. Ensuite il trouve moyen de nous apaiser, de nous accoutumer insensiblement au discours de sa passion, et de tirer de nous cet aveu qui fait tant de peine. Après cela viennent les aventures, les rivaux qui se jettent à la traverse d'une inclination établie, les persécutions des pères, les jalousies conçues sur de fausses apparences, les plaintes, les désespoirs, les enlèvements, et ce qui s'ensuit. Voilà comme les choses se traitent dans les belles manières; et ce sont des règles dont, en bonne galanterie, on ne sauroit se dispenser [1]. Mais en venir de but en blanc à l'union conjugale, ne faire l'amour qu'en faisant le contrat du mariage, et prendre justement le roman par la queue; encore un coup, mon père, il ne se peut rien de plus marchand que ce procédé; et j'ai mal au cœur de la seule vision que cela me fait.

GORGIBUS.

Quel diable de jargon entends-je ici? Voici bien du haut style.

CATHOS.

En effet, mon oncle, ma cousine donne dans le vrai de la chose. Le moyen de bien recevoir des gens qui sont tout-à-fait incongrus en galanterie! Je m'en vais gager qu'ils n'ont jamais

[1] Les romans dont Molière se moque ici avec tant de finesse étoient non seulement le code de la galanterie pour les conversations, mais on les regardoit (et c'étoient les femmes les plus distinguées qui avoient cette folie) comme renfermant d'excellentes règles de conduite. La célèbre Julie d'Angennes eut les mêmes répugnances que Cathos pour un mariage précipité, quoiqu'il lui convînt parfaitement, puisque c'étoit Montausier qui la recherchoit; elle éprouva pendant quinze ans la fidélité de cet amant, lui fit souffrir tous les tourments de l'espoir et de l'incertitude, et ne l'épousa qu'au moment où elle commençoit à n'être plus jeune. (P.)

vu la carte de Tendre, et que Billets-doux, Petits-soins, Billets-galants, et Jolis-vers, sont des terres inconnues pour eux [1]. Ne voyez-vous pas que toute leur personne marque cela, et qu'ils n'ont point cet air qui donne d'abord bonne opinion des gens? Venir en visite amoureuse avec une jambe tout unie, un chapeau désarmé de plumes, une tête irrégulière en cheveux, et un habit qui souffre une indigence de rubans; mon Dieu! quels amants sont-ce là! Quelle frugalité d'ajustement, et quelle sécheresse de conversation! On n'y dure point, on n'y tient pas. J'ai remarqué encore que leurs rabats [2] ne sont pas de la bonne faiseuse, et qu'il s'en faut plus d'un grand demi-pied que leurs hauts-de-chausses ne soient assez larges.

[1] La carte de *Tendre* est une fiction allégorique du roman de Clélie. On voit sur cette carte un fleuve d'*Inclination*, une mer d'*Inimitié*, un lac d'*Indifférence*, et une multitude d'autres inventions de ce genre. Pour parvenir à la ville de *Tendre*, il falloit assiéger le village de *Billets-galants*, forcer le hameau de *Billets-doux*, et s'emparer ensuite du château de *Petits-soins*. (Voy. *Clélie*, tome I.) L'idée de cette carte parut si ingénieuse, que tous les auteurs s'empressèrent de l'imiter. On vit alors paroître la *Carte du royaume d'Amour*, attribuée à Tristan ; *la Description du royaume de coquetterie*, peinture naïve des mœurs de l'époque ; et la description de *la grande île de Portraiture*, satire contre les sociétés les plus à la mode, où chacun est occupé à faire son propre portrait et celui de son voisin. Enfin la manie de ces pièces allégoriques fut poussée si loin que les théologiens s'en mêlèrent, et qu'on eut une *Carte du jansénisme*, faite sur le modèle de la carte de Tendre, et où l'on se railloit des opinions de Jansénius. Molière attaquoit donc une manie générale ; aussi sa critique porta coup. L'abbé de Longuerue dit en propres termes qu'elle ruina le pauvre Joly, qui venoit de traiter avec Courbé pour son fonds romanesque, dont l'impression de *Pharamond* déjà fort avancée, et qui parut l'année suivante, faisoit une partie considérable. Ce Pharamond vint au monde sous cette mauvaise étoile, et fut un enfant mort-né. (Longuernuana, page 105, et la bibliothèque de Sorel, page 52.)

[2] Anciennement le *rabat* n'étoit autre chose que le col de la chemise, *rabattu* en dehors sur le vêtement ; et c'est de là qu'il a pris son nom. Plus tard on eut des rabats postiches, d'une toile fine et empesée, qui étoient quelquefois garnis de dentelle, et que l'on nouoit par devant avec deux cordons à glands. Tous les hommes, dans la jeunesse de Louis XIV, portoient le rabat. Les laïques l'ayant quitté pour la cravate, les gens d'église et ceux de robe en ont seuls conservé l'usage, en lui donnant la forme que nous lui voyons maintenant. Il en est de même de la calotte, qui, jusqu'au milieu du dix-septième siècle, étoit portée par des hommes du monde, et qui depuis a été affectée exclusivement aux ecclésiastiques. (A.) — Saint-Évremond et le grand Corneille portoient la calotte.

GORGIBUS.

Je pense qu'elles sont folles toutes deux, et je ne puis rien comprendre à ce baragouin. Cathos, et vous, Madelon...

MADELON.

Hé! de grace, mon père, défaites-vous de ces noms étranges, et nous appelez autrement.

GORGIBUS.

Comment, ces noms étranges? Ne sont-ce pas vos noms de baptême?

MADELON.

Mon Dieu! que vous êtes vulgaire! Pour moi, un de mes étonnements, c'est que vous ayez pu faire une fille si spirituelle que moi. A-t-on jamais parlé dans le beau style de Cathos ni de Madelon, et ne m'avouerez-vous pas que ce seroit assez d'un de ces noms pour décrier le plus beau roman du monde?

CATHOS.

Il est vrai, mon oncle, qu'une oreille un peu délicate pâtit furieusement à entendre prononcer ces mots-là; et le nom de Polixène que ma cousine a choisi, et celui d'Aminte que je me suis donné, ont une grace dont il faut que vous demeuriez d'accord [1].

GORGIBUS.

Écoutez : il n'y a qu'un mot qui serve. Je n'entends point que vous ayez d'autres noms que ceux qui vous ont été donnés par vos parrains et marraines; et pour ces messieurs dont il est question, je connois leurs familles et leurs biens, et je veux résolument que vous vous disposiez à les recevoir pour maris. Je me lasse de vous avoir sur les bras, et la garde de deux filles est une chose un peu trop pesante pour un homme de mon âge.

[1] C'est ainsi que Catherine de Vivonne, marquise de Rambouillet, ne trouvant pas son nom assez noble, avoit balancé long-temps entre Carinthée, Éracinthe, et Arthénice, anagrammes de Catherine, et qu'elle prit enfin le dernier, qui fut prononcé en chaire par Fléchier dans l'oraison funèbre de l'abbesse d'Hyères, l'année même où l'on joua *les Femmes savantes*. (P.)

CATHOS.

Pour moi, mon oncle, tout ce que je puis vous dire, c'est que je trouve le mariage une chose tout-à-fait choquante. Comment est-ce qu'on peut souffrir la pensée de coucher contre un homme vraiment nu?

MADELON.

Souffrez que nous prenions un peu haleine parmi le beau monde de Paris, où nous ne faisons que d'arriver. Laissez-nous faire à loisir le tissu de notre roman, et n'en pressez point tant la conclusion.

GORGIBUS, *à part*.

Il n'en faut point douter, elles sont achevées [1]. (*Haut.*) Encore un coup, je n'entends rien à toutes ces balivernes : je veux être maître absolu; et, pour trancher toutes sortes de discours, ou vous serez mariées toutes deux avant qu'il soit peu, ou, ma foi, vous serez religieuses; j'en fais un bon serment [2].

SCÈNE VI.

CATHOS, MADELON.

CATHOS.

Mon Dieu! ma chère, que ton père a la forme enfoncée dans

---

[1] La simplicité de Gorgibus forme un contraste plaisant avec l'affectation de Cathos et de Madelon. C'est une chose très comique, que ce bon bourgeois, doué d'un gros bon sens, et qui ne comprend rien au style, au ton, et aux manières des deux *précieuses*. (G.) — Il faut d'ailleurs remarquer que le rôle de Cathos est plus prononcé que celui de Madelon: non-seulement elle porte plus loin que sa cousine les sentiments romanesques qui lui font voir des amants dans tous les hommes de sa connoissance, mais elle affecte une répugnance extrême pour le dénoûment de toute intrigue d'amour. (P.) — C'est par cette légère nuance entre ces deux caractères que l'auteur a rompu l'uniformité qui devoit naître de la répétition du même ridicule. Nous verrons qu'il a usé une seconde fois de cet artifice en traçant le caractère des *Femmes savantes*.

[2] Il est impossible de ne pas reconnoître dans cette scène l'idée première de la fameuse scène des *Femmes savantes*. Cathos et Madelon rappellent Philaminte et Bélise; et Marotte et Martine, par la grossièreté de leur langage, font dans les deux pièces un contraste avec l'affectation et la recherche de leurs maîtresses. Tous les commentateurs ont fait ces rapprochements, tous ont indiqué ces deux scènes comme l'étude la plus propre à nous faire apprécier le génie de Molière.

la matière! que son intelligence est épaisse, et qu'il fait sombre dans son ame!

MADELON.

Que veux-tu, ma chère? j'en suis en confusion pour lui. J'ai peine à me persuader que je puisse être véritablement sa fille, et je crois que quelque aventure un jour me viendra développer une naissance plus illustre.

CATHOS.

Je le croirois bien; oui, il y a toutes les apparences du monde; et, pour moi, quand je me regarde aussi...

SCÈNE VII.
CATHOS, MADELON, MAROTTE.

MAROTTE.

Voilà un laquais qui demande si vous êtes au logis, et dit que son maître vous veut venir voir.

MADELON.

Apprenez, sotte, à vous énoncer moins vulgairement. Dites : Voilà un nécessaire qui demande si vous êtes en commodité d'être visibles [1].

MAROTTE.

Dame! je n'entends point le latin; et je n'ai pas appris, comme vous, la filophie dans le grand Cyre.

[1] Molière n'exagère point ici le langage des *précieuses*. Somaise, dans son grand dictionnaire, reconnoît que toutes ces expressions étoient *du bon ton et du bel usage*, et il s'étonne qu'on ait pu les trouver ridicules. Mais s'il étoit nécessaire de prouver que Molière n'est point allé au-delà de la vérité, il suffiroit de citer quelques passages du vocabulaire des *précieuses*. On y voit que des filous sont *des braves incommodes*, et que des figures de marbre sont *des muets illustres*. L'homme y est appelé l'*aîné de nature*, et un nouvel amant, *un novice en chaleur*. On disoit alors que danser *c'étoit tracer des chiffres d'amour*, qu'un sourir dédaigneux *étoit un bouillon d'orgueil*, et que l'action de tuer plusieurs personnes *étoit un meurtre épais*. Enfin la toilette même eut son langage; on nommoit la jupe de dessus *la modeste*, la seconde jupe *la friponne*, et la jupe de dessous *la secrète*. La critique de Molière vint donc à temps; elle fut aux *précieuses* ce que les satires de Boileau furent aux mauvais poëtes; et ces deux grands hommes, se partageant la société, devinrent en même temps, par la force de leur génie, les législateurs des mœurs et du Parnasse.

SCÈNE VIII.

MADELON.

L'impertinente! le moyen de souffrir cela! Et qui est-il le maître de ce laquais?

MAROTTE.

Il me l'a nommé le marquis de Mascarille.

MADELON.

Ah! ma chère, un marquis! Oui, allez dire qu'on nous peut voir. C'est sans doute un bel esprit qui aura ouï parler de nous.

CATHOS.

Assurément, ma chère.

MADELON.

Il faut le recevoir dans cette salle basse, plutôt qu'en notre chambre. Ajustons un peu nos cheveux au moins, et soutenons notre réputation. Vite, venez nous tendre ici dedans le conseiller des graces.

MAROTTE.

Par ma foi, je ne sais point quelle bête c'est là; il faut parler chrétien [1], si vous voulez que je vous entende.

CATHOS.

Apportez-nous le miroir, ignorante que vous êtes, et gardez-vous bien d'en salir la glace par la communication de votre image [2].

(Elles sortent.)

SCÈNE VIII.

MASCARILLE [3], DEUX PORTEURS.

MASCARILLE.

Holà! porteurs, holà! Là, là, là, là, là, là. Je pense que ces

---

[1] *Parler chrétien*, c'est parler un langage intelligible. Cette expression est venue des Vénitiens, qui disent que, comme il n'y a de vraie religion que celle des *chrétiens*, il n'y a aussi que leur langage qui doive être entendu. (LE DUCH.)

[2] La scène reste vide en cet endroit; tout ce qui regarde l'action dans cette petite pièce est peu soigné; mais avec quel talent la peinture des mœurs y est-elle traitée! (A.)

[3] Molière joua d'abord le rôle de Mascarille avec un masque. C'est ce que nous apprend le comédien de Villiers dans sa pièce de la *Vengeance des marquis*, lors-

marauds-là ont dessein de me briser à force de heurter contre les murailles et les pavés ¹.

PREMIER PORTEUR.

Dame! c'est que la porte est étroite. Vous avez voulu aussi que nous soyons entrés jusqu'ici.

MASCARILLE.

Je le crois bien. Voudriez-vous, faquins, que j'exposasse l'embonpoint de mes plumes aux inclémences de la saison pluvieuse, et que j'allasse imprimer mes souliers en boue? Allez, ôtez votre chaise d'ici.

DEUXIÈME PORTEUR.

Payez donc, s'il vous plaît, monsieur.

MASCARILLE.

Hein?

DEUXIÈME PORTEUR.

Je dis, monsieur, que vous nous donniez de l'argent, s'il vous plaît.

qu'il fait dire à un de ses acteurs que Molière « n'osa d'abord le jouer autrement ; « mais qu'à la fin il a fait voir qu'il avoit un visage assez plaisant pour représenter « sans masque une personne ridicule. » (B.)

¹ On lit dans une relation du temps la description suivante de l'entrée et du costume de Mascarille : « Le marquis entra dans un équipage si plaisant, que j'ai « cru ne vous pas déplaire en vous en faisant la description. Imaginez-vous donc « que sa perruque étoit si grande qu'elle balayoit la place à chaque fois qu'il faisoit « la révérence, et son chapeau si petit qu'il étoit aisé de juger que le marquis le « portoit bien plus souvent dans la main que sur la tête; son rabat se pouvoit « appeler un honnête peignoir, et ses canons sembloient n'être faits que pour « servir de caches aux enfants qui jouent à la cligne-musette. Un brandon de « glands lui sortoit de sa poche comme d'une corne d'abondance, et ses souliers « étoient si couverts de rubans, qu'il ne m'est pas possible de vous dire s'ils « étoient de roussi de vache d'Angleterre, ou de maroquin. Du moins sais-je bien « qu'ils avoient un demi-pied de haut, et que j'étois fort en peine de savoir com- « ment des talons si hauts et si délicats pouvoient porter le corps du marquis, ses « rubans, ses canons et sa poudre. Jugez de l'importance du personnage sur cette « figure. » Cette description est d'autant plus précieuse qu'elle nous donne le véritable costume du rôle, aujourd'hui absolument oublié. Elle est tirée d'un petit ouvrage intitulé *Récit en prose et en vers de la farce des Précieuses*, Paris, 1660, et fut sans doute imprimée avant *les Précieuses*, dont la première édition est de la même année.

SCÈNE IX.

MASCARILLE, *lui donnant un soufflet.*

Comment, coquin! demander de l'argent à une personne de ma qualité!

DEUXIÈME PORTEUR.

Est-ce ainsi qu'on paie les pauvres gens? et votre qualité nous donne-t-elle à dîner?

MASCARILLE.

Ah! ah! je vous apprendrai à vous connoître! Ces canailles-là s'osent jouer à moi!

PREMIER PORTEUR, *prenant un des bâtons de sa chaise.*

Çà, payez-nous vitement.

MASCARILLE.

Quoi?

PREMIER PORTEUR.

Je dis que je veux avoir de l'argent tout-à-l'heure.

MASCARILLE.

Il est raisonnable.

PREMIER PORTEUR.

Vite donc!

MASCARILLE.

Oui-dà! tu parles comme il faut, toi; mais l'autre est un coquin qui ne sait ce qu'il dit. Tiens, es-tu content?

PREMIER PORTEUR.

Non, je ne suis pas content; vous avez donné un soufflet à mon camarade, et... (*levant son bâton.*)

MASCARILLE.

Doucement; tiens, voilà pour le soufflet. On obtient tout de moi quand on s'y prend de la bonne façon. Allez, venez me reprendre tantôt pour aller au Louvre, au petit coucher.

SCÈNE IX.

MAROTTE, MASCARILLE.

MAROTTE.

Monsieur, voilà mes maîtresses qui vont venir tout-à-l'heure.

MASCARILLE.

Qu'elles ne se pressent point; je suis ici posté commodément pour attendre.

MAROTTE.

Les voici.

SCÈNE X.

MADELON, CATHOS, MASCARILLE, ALMANZOR.

MASCARILLE; *après avoir salué.*

Mesdames, vous serez surprises sans doute de l'audace de ma visite; mais votre réputation vous attire cette méchante affaire, et le mérite a pour moi des charmes si puissants, que je cours partout après lui.

MADELON.

Si vous poursuivez le mérite, ce n'est pas sur nos terres que vous devez chasser.

CATHOS.

Pour voir chez nous le mérite, il a fallu que vous l'y ayez amené.

MASCARILLE.

Ah! je m'inscris en faux contre vos paroles. La renommée accuse juste en contant ce que vous valez; et vous allez faire pic, repic et capot tout ce qu'il y a de galant dans Paris.

MADELON.

Votre complaisance pousse un peu trop avant la libéralité de ses louanges; et nous n'avons garde, ma cousine et moi, de donner de notre sérieux dans le doux de votre flatterie.

CATHOS.

Ma chère, il faudroit faire donner des siéges.

MADELON.

Holà! Almanzor [1].

---

[1] Ce beau nom d'Almanzor est sûrement de l'invention des *précieuses*, dont la délicatesse ne pouvoit s'accommoder des noms vulgaires. Si elles n'ont point donné à Marotte de nom romanesque, c'est que cette bonne fille, qui veut qu'on *lui parle chrétien*, n'aura pas voulu être débaptisée.

SCÈNE X.

ALMANZOR.

Madame.

MADELON.

Vite, voiturez-nous ici les commodités de la conversation.

MASCARILLE.

Mais, au moins, y a-t-il sûreté ici pour moi?

(Almanzor sort.)

CATHOS.

Que craignez-vous?

MASCARILLE.

Quelque vol de mon cœur, quelque assassinat de ma franchise[1]. Je vois ici des yeux qui ont la mine d'être de fort mauvais garçons, de faire insulte aux libertés, et de traiter une ame de Turc à More[2]. Comment, diable! D'abord qu'on les approche, ils se mettent sur leur garde meurtrière. Ah! par ma foi, je m'en défie! et je m'en vais gagner au pied, ou je veux caution bourgeoise[3] qu'ils ne me feront point de mal.

MADELON.

Ma chère, c'est le caractère enjoué.

CATHOS.

Je vois bien que c'est un Amilcar[4].

---

[1] Ce mot vient de *franc*, libre, et, du temps de Molière, avoit encore la signification de *liberté*. Voiture a dit perdre ma *franchise*, pour perdre ma *liberté*. On disoit dans ce sens la franchise d'une nation, d'une ville, d'un corps; plus tard on a appliqué cette qualification aux discours et au caractère, pour exprimer la sincérité et la candeur.

[2] Ce proverbe, *traiter de Turc à More*, qui signifie *traiter avec la dernière rigueur*, est sans doute fondé sur ce que les Turcs et les Mores, dans leurs anciennes guerres, ne se faisoient point de quartier. (A.)

[3] *Caution bourgeoise* signifie *caution solvable, caution valable*. Molière a employé une seconde fois cette expression dans la *Critique de l'École des Femmes*: « La caution n'est pas bourgeoise. » (A.)

[4] Personnage du roman de Clélie, à qui l'auteur a voulu donner un caractère enjoué et plaisant. Mais il a plus de prétention que de gaieté, et on ne trouve pas de lui une seule bonne plaisanterie dans tout le roman. (B.)—Dans le langage des précieuses, on disoit: *être un Amilcar*, pour *être enjoué*. (Voyez le *Grand Dictionnaire des Précieuses, ou la clef de la langue des ruelles*. Paris, 1660, p. 21.)

MADELON.

Ne craignez rien : nos yeux n'ont point de mauvais desseins, et votre cœur peut dormir en assurance sur leur prud'homie.

CATHOS.

Mais, de grace, monsieur, ne soyez pas inexorable à ce fauteuil qui vous tend les bras il y a un quart d'heure; contentez un peu l'envie qu'il a de vous embrasser.

MASCARILLE, *après s'être peigné et avoir ajusté ses canons.*

Hé bien! mesdames, que dites-vous de Paris?

MADELON.

Hélas! qu'en pourrions-nous dire? Il faudroit être l'antipode de la raison, pour ne pas confesser que Paris est le grand bureau des merveilles, le centre du bon goût, du bel esprit, et de la galanterie.

MASCARILLE.

Pour moi, je tiens que hors de Paris il n'y a point de salut pour les honnêtes gens.

CATHOS.

C'est une vérité incontestable.

MASCARILLE.

Il y fait un peu crotté; mais nous avons la chaise.

MADELON.

Il est vrai que la chaise est un retranchement merveilleux contre les insultes de la boue et du mauvais temps [1].

MASCARILLE.

Vous recevez beaucoup de visites? Quel bel esprit est des vôtres?

MADELON.

Hélas! nous ne sommes pas encore connues; mais nous

---

[1] Les chaises à porteurs étoient alors du meilleur ton. La mode en avoit été apportée d'Angleterre sous le règne de Louis XIII, par le marquis de Montbrun, fils légitimé du duc de Bellegarde, et dont nous avons des mémoires. Il ne faut pas confondre les chaises à porteurs avec *les chaises à bras, découvertes*, dont

sommes en passe de l'être; et nous avons une amie particulière qui nous a promis d'amener ici tous ces messieurs du Recueil des pièces choisies.

CATHOS.

Et certains autres qu'on nous a nommés aussi pour être les arbitres souverains des belles choses.

MASCARILLE.

C'est moi qui ferai votre affaire mieux que personne; ils me rendent tous visite; et je puis dire que je ne me lève jamais sans une demi-douzaine de beaux-esprits.

MADELON.

Hé! mon Dieu! nous vous serons obligées de la dernière obligation, si vous nous faites cette amitié; car enfin il faut avoir la connoissance de tous ces messieurs-là, si l'on veut être du beau monde. Ce sont eux qui donnent le branle à la réputation dans Paris; et vous savez qu'il y en a tel dont il ne faut que la seule fréquentation pour vous donner bruit de connoisseuse, quand il n'y auroit rien autre que cela. Mais, pour moi, ce que je considère particulièrement, c'est que, par le moyen de ces visites spirituelles, on est instruite de cent choses qu'il faut savoir de nécessité, et qui sont de l'essence d'un bel esprit. On apprend par-là chaque jour les petites nouvelles galantes, les jolis commerces de prose et de vers. On sait à point nommé : un tel a composé la plus jolie pièce du monde sur un tel sujet : une telle a fait des paroles sur un tel air : celui-ci a fait un madrigal sur une jouissance; celui-là a composé des stances sur une infidélité : monsieur un tel écrivit hier au soir un sixain à mademoiselle une telle, dont elle lui a envoyé la réponse ce matin sur les huit heures; un tel auteur a fait un tel dessein; celui-là en est à la troisième partie de son roman ; cet autre met ses ouvrages sous la presse. C'est là ce qui vous fait valoir dans les compagnies;

la reine Marguerite fit usage la première, et qui ne devinrent publiques que sous Louis XIII, qui en accorda le privilége à *Pierre-le-Petit*, capitaine de ses gardes. (Voyez Sauval, *Histoire de Paris*, tom. I, page 192.)

et si l'on ignore ces choses, je ne donnerois pas un clou de tout l'esprit qu'on peut avoir [1].

CATHOS.

En effet, je trouve que c'est renchérir sur le ridicule, qu'une personne se pique d'esprit, et ne sache pas jusqu'au moindre petit quatrain qui se fait chaque jour; et, pour moi, j'aurois toutes les hontes du monde s'il falloit qu'on vînt à me demander si j'aurois vu quelque chose de nouveau que je n'aurois pas vu.

MASCARILLE.

Il est vrai qu'il est honteux de n'avoir pas des premiers tout ce qui se fait; mais ne vous mettez pas en peine; je veux établir chez vous une académie de beaux esprits, et je vous promets qu'il ne se fera pas un bout de vers dans Paris, que vous ne sachiez par cœur avant tous les autres. Pour moi, tel que vous me voyez, je m'en escrime un peu quand je veux; et vous verrez courir de ma façon, dans les belles ruelles de Paris[2], deux cents chansons, autant de sonnets, quatre cents épigrammes et plus de mille madrigaux, sans compter les énigmes et les portraits.

[1] Tout ce que dit ici Madelon est parfaitement d'accord avec le portrait des véritables précieuses tracé par un de leurs apologistes, peu de temps après la représentation de la pièce de Molière. Nous citerons ce portrait, pour montrer combien celui tracé par Molière étoit fidèle. « Il est une espèce de précieuses qui, ayant
« un peu plus de bien ou de beauté que les autres, tâchent de se tirer hors du
« commun. Pour cet effet, elles lisent tous les romans et tous les ouvrages de ga-
« lanterie qui se font. Elles reçoivent des vers de tous ceux qui leur en envoient,
« et elles se mêlent souvent d'en juger, quoiqu'elles n'en fassent pas, s'imaginant
« qu'elles les connoissent parfaitement parcequ'elles en lisent beaucoup. Leur
« étude est un rien galant, un je ne sais quoi de fin, et le beau tour des choses.
« Elles ont reçu du ciel une ame dont l'harmonie s'accorde si bien avec celle de
« leur corps, qu'elles forment ensemble un concert charmant de belles qualités.
« Elles ne sauroient souffrir ceux qui ne savent ce que c'est que galanterie ;
« et comme elles tâchent de bien parler, elles disent quelquefois des mots nou-
« veaux sans s'en apercevoir, qui, étant prononcés avec un air dégagé, et avec
« toute la délicatesse imaginable, paroissent souvent aussi bons qu'ils sont extra-
« ordinaires. Ce sont *ces aimables personnes* que *Mascarille* a traitées de ridi-
« cules dans ses *Précieuses*, et qui le sont en effet sur son théâtre, par le caractère
« qu'il leur a donné. » (Somaise, *Grand Dictionnaire des Précieuses*.)

[2] On donnoit le nom de *ruelles* aux assemblées de ce temps-là. L'alcôve servoit

SCÈNE X.

MADELON.

Je vous avoue que je suis furieusement pour les portraits[1] : je ne vois rien de si galant que cela.

MASCARILLE.

Les portraits sont difficiles, et demandent un esprit profond : vous en verrez de ma manière qui ne vous déplairont pas.

CATHOS.

Pour moi, j'aime terriblement les énigmes[2].

---

de salon, et la société s'y réunissoit autour du lit de la précieuse, qui se couchoit pour recevoir ses visites. La *ruelle* étoit parée avec beaucoup d'élégance et de goût, et les hommes qui en faisoient les honneurs prenoient le nom bizarre d'*alcovistes*. (P.) Parmi ces alcovistes il y en avoit de plus ou moins à la mode. Le *Dictionnaire des Précieuses* donne aux abbés Bellebat et Dubuisson le titre de *grands introducteurs des ruelles*. Ces abbés étoient à la fois les modèles du bon goût, du beau langage, et de la fine galanterie.

[1] Molière se moque ici de la manie de faire des portraits, et surtout de se peindre soi-même, qui de son temps avoit saisi tous ceux qui prétendoient au bel esprit. Dans ces sortes de petits panégyriques, loin d'affecter une fausse modestie, on disoit force bien de soi ; et si on avouoit un vice de cœur, on s'en dédommageoit aussitôt en louant son teint, sa barbe, ou ses cheveux. La Rochefoucauld veut bien qu'on sache qu'*il est peu sensible à la pitié* : mais il ne laisse pas ignorer qu'il a les cheveux noirs, naturellement frisés, et *avec cela assez épais et assez longs pour pouvoir prétendre en belle tête*. Mademoiselle de Montpensier avoue sans façon qu'elle est *colère, emportée, méchante ennemie;* mais, malgré son titre de princesse, et sa fierté naturelle, elle veut bien qu'on sache qu'elle a *la gorge belle, la peau blanche, la jambe droite, et le pied bien fait*. On trouve à la suite des Mémoires de mademoiselle de Montpensier une soixantaine de portraits du même genre, dont plusieurs sont son ouvrage. Peut-être devons-nous à cette manière singulière un des livres les plus originaux de notre langue. Frappé de ce qu'il y avoit de piquant dans cette manière de peindre le ridicule, un homme de génie, La Bruyère, se saisit du pinceau, et traça cette superbe galerie où nous voyons comparoître son siècle.

[2] Les précieuses, dit l'abbé Cotin, s'envoyoient visiter par un rondeau, ou une énigme ; et c'est par-là que commençoient toutes les conversations ; en faveur de cet usage, le bon abbé avoit publié, en 1648, un recueil d'énigmes. (B.) — Dans sa préface, il définit ce genre de poëme : un discours obscur de choses claires et connues. Il répond gravement à ceux qui l'ont prié de déclarer s'il avoit fait l'énigme mâle ou femelle, qu'il n'appartient qu'à *Dieu de changer la nature des choses*, et que, par la nature des choses, l'énigme est du genre masculin. Enfin il se glorifie d'avoir *été appelé le père de l'énigme pour ce qu'il a commencé à la*

MASCARILLE.

Cela exerce l'esprit, et j'en ai fait quatre encore ce matin, que je vous donnerai à deviner.

MADELON.

Les madrigaux sont agréables, quand ils sont bien tournés.

MASCARILLE.

C'est mon talent particulier; et je travaille à mettre en madrigaux toute l'Histoire romaine [1].

MADELON.

Ah! certes, cela sera du dernier beau; j'en retiens un exemplaire au moins, si vous le faites imprimer.

MASCARILLE.

Je vous en promets à chacune un, et des mieux reliés. Cela est au-dessous de ma condition; mais je le fais seulement pour donner à gagner aux libraires, qui me persécutent.

MADELON.

Je m'imagine que le plaisir est grand de se voir imprimé.

MASCARILLE.

Sans doute. Mais, à propos, il faut que je vous die un impromptu que je fis hier chez une duchesse de mes amies que je fus visiter; car je suis diablement fort sur les impromptus.

CATHOS.

L'impromptu est justement la pierre de touche de l'esprit.

MASCARILLE.

Écoutez donc.

MADELON.

Nous y sommes de toutes nos oreilles.

faire revivre en France. De pareilles sottises méritoient bien les plaisanteries de Molière.

[1] On sait que mademoiselle Scudéry et Quinault avoient en quelque sorte avili les héros les plus célèbres de l'antiquité, en les présentant dans les romans et les tragédies comme des amants doucereux. C'est ce travers que Molière attaque lorsqu'il fait dire à Mascarille : Je travaille à mettre en madrigaux toute l'Histoire romaine. (P.) — Quelques commentateurs ont cru voir dans ce passage une allusion aux Métamorphoses d'Ovide, mises en rondeaux par le poëte Benserade. Ils se sont trompés : Benserade ne publia son ouvrage qu'en 1676, c'est-à-dire environ dix-sept ans après la première représentation des Précieuses. Il avoit oublié la leçon de Molière.

SCÈNE X.

MASCARILLE.

Oh! oh! je n'y prenois pas garde :
Tandis que, sans songer à mal, je vous regarde,
Votre œil en tapinois me dérobe mon cœur.
Au voleur! au voleur! au voleur! au voleur!

CATHOS.

Ah! mon Dieu! voilà qui est poussé dans le dernier galant.

MASCARILLE.

Tout ce que je fais a l'air cavalier; cela ne sent point le pédant.

MADELON.

Il en est éloigné de plus de deux mille lieues.

MASCARILLE.

Avez-vous remarqué ce commencement, *Oh! oh!* voilà qui est extraordinaire, *oh! oh!* comme un homme qui s'avise tout d'un coup, *oh! oh!* La surprise, *oh! oh*[1]*!*

MADELON.

Oui, je trouve ce *oh! oh!* admirable.

MASCARILLE.

Il semble que cela ne soit rien.

CATHOS.

Ah! mon Dieu! que dites-vous? Ce sont là de ces sortes de choses qui ne se peuvent payer.

MADELON.

Sans doute; et j'aimerois mieux avoir fait ce *oh! oh!* qu'un poëme épique.

MASCARILLE.

Tudieu! vous avez le goût bon.

MADELON.

Hé! je ne l'ai pas tout-à-fait mauvais.

MASCARILLE.

Mais n'admirez-vous pas aussi *je n'y prenois pas garde?* je

---

[1] Molière se moque ici des faiseurs de commentaires qui s'efforcent de trouver une pensée sublime ou profonde dans les moindres traits de leur auteur favori. Cette scène est comme le premier germe de l'ingénieuse critique que Saint-Hyacinthe fit paroître sous le nom du docteur Matanasius.

n'y prenois pas garde, je ne m'apercevois pas de cela ; façon de parler naturelle, *je n'y prenois pas garde. Tandis que, sans songer à mal,* tandis qu'innocemment, sans malice, comme un pauvre mouton, *je vous regarde,* c'est-à-dire je m'amuse à vous considérer, je vous observe, je vous contemple ; *votre œil en tapinois...* Que vous semble de ce mot *tapinois?* n'est-il pas bien choisi ?

CATHOS.

Tout-à-fait bien.

MASCARILLE.

Tapinois, en cachette ; il semble que ce soit un chat qui vienne de prendre une souris, *tapinois.*

MADELON.

Il ne se peut rien de mieux.

MASCARILLE.

Me dérobe mon cœur, me l'emporte, me le ravit ; *au voleur! au voleur! au voleur! au voleur!* Ne diriez-vous pas que c'est un homme qui crie et court après un voleur pour le faire arrêter ? *Au voleur! au voleur! au voleur! au voleur!*

MADELON.

Il faut avouer que cela a un tour spirituel et galant [1].

MASCARILLE.

Je veux vous dire l'air que j'ai fait dessus.

CATHOS.

Vous avez appris la musique ?

MASCARILLE.

Moi ? Point du tout.

CATHOS.

Comment donc cela se peut-il ?

---

[1] Mascarille, lisant son impromptu pour une duchesse, fait penser à Trissotin, lisant son sonnet pour la princesse Uranie. Molière, qui crée lors même qu'il se répète, a marqué chacune des deux scènes d'un trait particulier. Mascarille commente et développe lui-même les beautés de son impromptu, avec l'intrépide vanité d'un homme de cour qui dédaigne les timides artifices de la fausse modestie. Trissotin, bel esprit de profession, jouit en silence, avec un orgueil sournois et hypocrite, des ridicules témoignages d'admiration qu'excite son génie. (A.)

SCÈNE X.

MASCARILLE.

Les gens de qualité savent tout sans avoir jamais rien appris[1].

MADELON.

Assurément, ma chère.

MASCARILLE.

Écoutez si vous trouverez l'air à votre goût : *hem, hem, la, la, la, la, la.* La brutalité de la saison a furieusement outragé la délicatesse de ma voix ; mais il n'importe, c'est à la cavalière. (*Il chante*).

Oh! oh! je n'y prenois pas garde, etc.

CATHOS.

Ah! que voilà un air qui est passionné! Est-ce qu'on n'en meurt point?

MADELON.

Il y a de la chromatique là-dedans[2].

MASCARILLE.

Ne trouvez-vous pas la pensée bien exprimée dans le chant? *Au voleur...!* Et puis, comme si l'on crioit bien fort, *au, au, au, au, au, voleur!* Et tout d'un coup, comme une personne essoufflée, *au voleur!*

MADELON.

C'est là savoir le fin des choses, le grand fin, le fin du fin. Tout est merveilleux, je vous assure ; je suis enthousiasmée de l'air et des paroles.

CATHOS.

Je n'ai encore rien vu de cette force-là.

MASCARILLE.

Tout ce que je fais me vient naturellement, c'est sans étude.

---

[1] J.-B. Rousseau a imité cette pensée dans sa comédie des *Adieux chimériques* :

    Un grand seigneur sait tout sans avoir rien appris.

Le vers et la maxime en prose sont également devenus proverbes.

[2] Nous dirions : *Il y a du chromatique ;* à l'époque où écrivoit Molière, ce mot étoit féminin. (Voyez le *Dictionnaire de l'Académie*, 1694.)

MADELON.

La nature vous a traité en vraie mère passionnée, et vous en êtes l'enfant gâté.

MASCARILLE.

A quoi donc passez-vous le temps?

CATHOS.

A rien du tout.

MADELON.

Nous avons été jusqu'ici dans un jeûne effroyable de divertissements.

MASCARILLE.

Je m'offre à vous mener l'un de ces jours à la comédie, si vous voulez; aussi bien on en doit jouer une nouvelle que je serai bien aise que nous voyions ensemble.

MADELON.

Cela n'est pas de refus.

MASCARILLE.

Mais je vous demande d'applaudir comme il faut, quand nous serons là; car je me suis engagé de faire valoir la pièce, et l'auteur m'en est venu prier encore ce matin. C'est la coutume ici, qu'à nous autres gens de condition, les auteurs viennent lire leurs pièces nouvelles, pour nous engager à les trouver belles, et leur donner de la réputation : et je vous laisse à penser si, quand nous disons quelque chose, le parterre ose nous contredire! Pour moi, j'y suis fort exact; et quand j'ai promis à quelque poëte, je crie toujours : Voilà qui est beau! devant que les chandelles soient allumées.

MADELON.

Ne m'en parlez point : c'est un admirable lieu que Paris; il s'y passe cent choses tous les jours, qu'on ignore dans les provinces, quelque spirituelle qu'on puisse être.

CATHOS.

C'est assez : puisque nous sommes instruites, nous ferons notre devoir de nous écrier comme il faut sur tout ce qu'on dira.

SCÈNE X.

MASCARILLE.

Je ne sais si je me trompe; mais vous avez toute la mine d'avoir fait quelque comédie.

MADELON.

Hé! il pourroit être quelque chose de ce que vous dites.

MASCARILLE.

Ah! ma foi, il faudra que nous la voyions. Entre nous, j'en ai composé une que je veux faire représenter.

CATHOS.

Hé! à quels comédiens la donnerez-vous?

MASCARILLE.

Belle demande! Aux grands comédiens: il n'y a qu'eux qui soient capables de faire valoir les choses; les autres sont des ignorants qui récitent comme l'on parle; ils ne savent pas faire ronfler les vers, et s'arrêter au bel endroit : eh! le moyen de connoître où est le beau vers, si le comédien ne s'y arrête, et ne vous avertit par-là qu'il faut faire le brouhaha[1]?

CATHOS.

En effet, il y a manière de faire sentir aux auditeurs les beautés d'un ouvrage; et les choses ne valent que ce qu'on les fait valoir.

MASCARILLE.

Que vous semble de ma petite oie[2]? La trouvez-vous congruente à l'habit?

CATHOS.

Tout-à-fait.

MASCARILLE.

Le ruban est bien choisi.

---

[1] Les perfides louanges de Mascarille sont dirigées contre les comédiens de l'hôtel de Bourgogne, qui voyoient avec peine les succès de la nouvelle troupe. Cette rivalité des deux théâtres, et la nécessité de répondre à des attaques directes, inspirèrent à Molière *l'Impromptu de Versailles*, où il eut l'art d'amuser la cour et le roi aux dépens de ses propres ennemis.

[2] *La petite oie* se disoit alors des rubans, des plumes, et des différentes garnitures qui ornoient l'habit, le chapeau, le nœud de l'épée, les gants, les bas, et les souliers. (B.)

MADELON.

Furieusement bien. C'est Perdrigeon tout pur[1].

MASCARILLE.

Que dites-vous de mes canons[2]?

MADELON.

Ils ont tout-à-fait bon air.

MASCARILLE.

Je puis me vanter au moins qu'ils ont un grand quartier plus que tous ceux qu'on fait.

MADELON.

Il faut avouer que je n'ai jamais vu porter si haut l'élégance de l'ajustement.

MASCARILLE.

Attachez un peu sur ces gants la réflexion de votre odorat.

MADELON.

Ils sentent terriblement bon.

CATHOS.

Je n'ai jamais respiré une odeur mieux conditionnée.

MASCARILLE.

Et celle-là?

(Il donne à sentir les cheveux poudrés de sa perruque.)

MADELON.

Elle est tout-à-fait de qualité; le sublime en est touché délicieusement.

MASCARILLE.

Vous ne me dites rien de mes plumes! Comment les trouvez-vous?

---

[1] *C'est Perdrigeon tout pur.* Perdrigeon étoit le marchand en vogue qui fournissoit les gens du bel air. Il ne faut pas confondre ce mot avec le nom de la belle couleur violette qui est emprunté d'une prune nommée *perdrigon*.

[2] Les canons étoient un cercle d'étoffe large, et souvent orné de dentelles, qu'on attachoit au-dessus du genou, et qui couvroit la moitié de la jambe. Les *importants* se rendoient ridicules par l'ampleur démesurée de leurs canons. Voilà pourquoi ceux de Mascarille *ont un grand quartier* de plus que ceux qu'on fait. Le cardinal de Retz disoit de M. de Candale : qu'il *n'avoit rien de grand que ses canons*. (B.)

SCÈNE X.

CATHOS.

Effroyablement belles [1].

MASCARILLE.

Savez-vous que le brin me coûte un louis d'or? Pour moi, j'ai cette manie de vouloir donner généralement sur tout ce qu'il y a de plus beau.

MADELON.

Je vous assure que nous sympathisons, vous et moi. J'ai une délicatesse furieuse pour tout ce que je porte; et jusqu'à mes chaussettes, je ne puis rien souffrir qui ne soit de la bonne ouvrière.

MASCARILLE, *s'écriant brusquement.*

Ahi! ahi! ahi! doucement. Dieu me damne, mesdames, c'est fort mal en user; j'ai à me plaindre de votre procédé; cela n'est pas honnête.

CATHOS.

Qu'est-ce donc? qu'avez-vous?

MASCARILLE.

Quoi! toutes deux contre mon cœur, en même temps! M'attaquer à droite et à gauche! ah! c'est contre le droit des gens : la partie n'est pas égale, et je m'en vais crier au meurtre.

CATHOS.

Il faut avouer qu'il dit les choses d'une manière particulière.

---

[1] L'*effroyablement belles* de Molière ne corrigea pas les précieuses. Elles cherchèrent au contraire à le justifier, et, ce qu'on aura peine à croire, elles pensèrent avoir trouvé cette justification dans ces deux vers de Corneille :

> Et par toute la Grèce animer trop d'horreur
> Contre une ombre *chérie avec tant de fureur*.

Pourquoi, disoient les précieuses, voulez-vous que nous ne disions pas *terriblement beau*, pour dire extraordinairement, puisque Corneille met bien *une ombre chérie avec fureur*, pour dire avec tendresse, ou si vous voulez avec emportement? Sans doute il n'y a aucun rapport entre l'expression poétique de Corneille et le ridicule rapprochement du mot *terrible* et du mot *beau*. Mais il est assez curieux de voir comment les précieuses cherchoient à opposer Corneille à Molière, et se défendoient encore près de deux ans après leur défaite. Cette justification singulière fut confiée à la plume d'un sieur de Somaise, auteur de deux dictionnaires des Précieuses. On la trouve dans le second, publié en 1661, en deux volumes. (Voyez le tom. I, pag. 159.)

MADELON.

Il a un tour admirable dans l'esprit.

CATHOS.

Vous avez plus de peur que de mal, et votre cœur crie avant qu'on l'écorche.

MASCARILLE.

Comment, diable! il est écorché depuis la tête jusqu'aux pieds [1].

SCÈNE XI.

CATHOS, MADELON, MASCARILLE, MAROTTE.

MAROTTE.

Madame, on demande à vous voir.

MADELON.

Qui?

MAROTTE.

Le vicomte de Jodelet.

MASCARILLE.

Le vicomte de Jodelet?

---

[1] Long-temps après Molière, Marivaux faisoit dire à un de ses personnages, qu'il ne vouloit cependant pas rendre ridicule : *Frappez fort, mon cœur a bon dos.* (B.) — On retrouve encore le style des précieuses dans plusieurs auteurs modernes. L'un (Toureil), en traitant sérieusement de nos lois, appelle un exploit un *compliment timbré*. L'autre (Fontenelle), écrivant à une maîtresse en l'air, lui dit : « Votre nom est écrit en grosses lettres sur mon cœur... je veux vous faire « peindre en Iroquoise, mangeant une demi-douzaine de cœurs, par amuse- « ment. » Un troisième (La Motte) appelle un cadran au soleil un *greffier solaire*; une grosse rave, un *phénomène potager*. Ce style a reparu sur le théâtre même où Molière l'avoit si bien tourné en ridicule. (V.) — Une chose peut être plus remarquable que le mauvais goût de certains ouvrages modernes ; c'est que le jargon précieux s'est conservé dans plusieurs sociétés de province, malgré les révolutions qui ont bouleversé la France. J'en ai vu un exemple singulier, il y a quelques mois, dans une ville située à moins de quatre-vingts lieues de Paris. *Jamais je ne trouble le cristal des fontaines*, disoit une dame qui ne vouloit boire que de l'eau ; *enlevez la superficie de cette ardente*, disoit une autre dame en montrant une chandelle dont la mèche étoit un peu allongée. Bref, je ne doute pas qu'une représentation des *Précieuses ridicules* ne fît aujourd'hui dans cette ville une révolution semblable à celle que Molière opéra à Paris il y a plus de cent soixante ans.

MAROTTE.

Oui, monsieur.

CATHOS.

Le connoissez-vous ?

MASCARILLE.

C'est mon meilleur ami.

MADELON.

Faites entrer vitement.

MASCARILLE.

Il y a quelque temps que nous ne nous sommes vus, et je suis ravi de cette aventure.

CATHOS.

Le voici.

SCÈNE XII.

CATHOS, MADELON, JODELET, MASCARILLE, MAROTTE, ALMANZOR.

MASCARILLE.

Ah ! vicomte !

JODELET, *s'embrassant l'un l'autre.*

Ah ! marquis !

MASCARILLE.

Que je suis aise de te rencontrer !

JODELET.

Que j'ai de joie de te voir ici !

MASCARILLE.

Baise-moi donc encore un peu, je te prie [1].

MADELON, *à Cathos.*

Ma toute bonne, nous commençons d'être connues ; voilà le beau monde qui prend le chemin de nous venir voir.

---

[1] Dans ce temps-là, les hommes de la cour, surtout les jeunes gens, avoient la ridicule habitude, lorsqu'ils se rencontroient, de s'embrasser à plusieurs reprises, avec de grands gestes et des paroles fort bruyantes. C'est ce que Molière appeloit avec tant de vérité *la fureur de leurs embrassements.* (A.)

MASCARILLE.

Mesdames, agréez que je vous présente ce gentilhomme-ci : sur ma parole, il est digne d'être connu de vous.

JODELET.

Il est juste de venir vous rendre ce qu'on vous doit; et vos attraits exigent leurs droits seigneuriaux sur toutes sortes de personnes.

MADELON.

C'est pousser vos civilités jusqu'aux derniers confins de la flatterie.

CATHOS.

Cette journée doit être marquée dans notre almanach comme une journée bienheureuse.

MADELON, à *Almanzor*.

Allons, petit garçon, faut-il toujours vous répéter les choses? Voyez-vous pas qu'il faut le surcroît d'un fauteuil?

MASCARILLE.

Ne vous étonnez pas de voir le vicomte de la sorte; il ne fait que sortir d'une maladie qui lui a rendu le visage pâle comme vous le voyez [1].

---

[1] L'acteur à qui Molière avoit confié ce rôle étoit d'une extrême pâleur; il se nommoit Brécourt, et réussissoit également dans la tragédie et dans la comédie; il excelloit surtout dans les Jodelets. Ainsi Molière, en lui donnant ce nom, fait allusion à son talent, comme il fait ici allusion à la pâleur de son visage, et un peu plus loin à sa bravoure, qui étoit très grande. On sait qu'un jour, étant à la chasse du roi à Fontainebleau, Brécourt enfonça son épée jusqu'à la garde dans le corps d'un sanglier, et le tua roide après une lutte aussi longue que périlleuse. Louis XIV, témoin de cette action, lui en fit compliment, et assura qu'il n'avoit jamais vu donner un aussi vigoureux coup d'épée. Nous remarquerons dans la suite les nombreuses allusions que Molière fait soit au caractère, soit aux aventures, soit au talent de ses acteurs. Elles avoient le double but d'intéresser le public en réveillant ses souvenirs, et d'animer le jeu des comédiens en les plaçant dans des situations propres à les émouvoir, et à donner de la vie à leur rôle. C'est ainsi que, dans la pièce que nous examinons, il commence à mettre en scène une partie de sa troupe: Brécourt, sous le nom de Jodelet, La Grange, et du Croisy, sous leurs véritables noms, et lui-même, sous le nom de *Mascarille*, qui rappeloit au public le succès de *l'Étourdi*. Il est peu de ses pièces où l'on ne retrouve quelque souvenir de sa vie; mais c'est surtout dans *le Misanthrope* qu'il s'est laissé voir tout entier. On a dit qu'il avoit voulu peindre le duc de Montausier : c'est une erreur.

SCÈNE XII.

JODELET.

Ce sont fruits des veilles de la cour, et des fatigues de la guerre.

MASCARILLE.

Savez-vous, mesdames, que vous voyez dans le vicomte un des vaillants hommes du siècle? C'est un brave à trois poils [1].

JODELET.

Vous ne m'en devez rien, marquis; et nous savons ce que vous savez faire aussi.

MASCARILLE.

Il est vrai que nous nous sommes vus tous deux dans l'occasion.

JODELET.

Et dans des lieux où il faisoit fort chaud.

MASCARILLE, *regardant Cathos et Madelon.*

Oui; mais non pas si chaud qu'ici. Hai, hai, hai.

JODELET.

Notre connoissance s'est faite à l'armée; et la première fois que nous nous vîmes, il commandoit un régiment de cavalerie sur les galères de Malte.

MASCARILLE.

Il est vrai : mais vous étiez pourtant dans l'emploi avant que

---

Molière n'eut d'autre modèle que lui-même : il se peint dans la personne d'Alceste avec tout son feu, son génie, tourmenté de ses passions, et tour à tour entraîné par la foiblesse de son amour et par les fureurs de sa jalousie. Il laisse entrevoir jusqu'à sa froideur pour une femme dont il étoit tendrement aimé, en même temps qu'il dévoile l'ingratitude et la coquetterie de celle qui fit le malheur de sa vie. C'est en animant ainsi chacun de ses rôles des passions de ceux qui devoient les représenter, qu'il étoit parvenu à porter l'illusion au comble. Aussi Segrais a-t-il dit que la perfection de la troupe de Molière *étoit une des particularités remarquables du siècle*. « On a vu par son moyen, dit-il, ce qui ne s'étoit pas encore
« vu, et ce qui ne se verra jamais; c'est une troupe accomplie de comédiens, for-
« mée de sa main, dont il étoit l'âme, et qui ne peut avoir de pareille. » (*Mémoires de Segrais*, page 175.)

[1] Locution proverbiale qui rappelle l'ancien usage où étoient les militaires de terminer chaque côté de la moustache par quelques poils très effilés, et de tailler en pointe le bouquet de barbe qu'on laissoit croître au milieu du menton. Cette mode venoit d'Espagne. On la retrouve dans quelques portraits du règne de Louis XIII.

j'y fusse; et je me souviens que je n'étois que petit officier encore, que vous commandiez deux mille chevaux [1].

JODELET.

La guerre est une belle chose; mais, ma foi, la cour récompense bien mal aujourd'hui les gens de service comme nous.

MASCARILLE.

C'est ce qui fait que je veux pendre l'épée au croc.

CATHOS.

Pour moi, j'ai un furieux tendre pour les hommes d'épée.

MADELON.

Je les aime aussi; mais je veux que l'esprit assaisonne la bravoure.

MASCARILLE.

Te souvient-il, vicomte, de cette demi-lune que nous emportâmes sur les ennemis au siége d'Arras?

JODELET.

Que veux-tu dire avec ta demi-lune? C'étoit bien une lune tout entière.

MASCARILLE.

Je pense que tu as raison.

JODELET.

Il m'en doit bien souvenir, ma foi! j'y fus blessé à la jambe d'un coup de grenade, dont je porte encore les marques. Tâtez un peu, de grace : vous sentirez quel coup c'étoit là.

CATHOS, *après avoir touché l'endroit.*

Il est vrai que la cicatrice est grande.

MASCARILLE.

Donnez-moi un peu votre main, et tâtez celui-ci; là, justement au derrière de la tête. Y êtes-vous?

MADELON.

Oui : je sens quelque chose.

---

[1] Brécourt, qui jouoit ce rôle, avoit effectivement précédé Molière dans l'emploi de comédien. Cette scène est encore une esquisse de la scène de Trissotin et de Vadius dans *les Femmes savantes*.

SCÈNE XII.

MASCARILLE.

C'est un coup de mousquet que je reçus, la dernière campagne que j'ai faite.

JODELET, *découvrant sa poitrine.*

Voici un autre coup qui me perça de part en part à l'attaque de Gravelines [1].

MASCARILLE, *mettant la main sur le bouton de son haut-de-chausse.*

Je vais vous montrer une furieuse plaie [2].

MADELON.

Il n'est pas nécessaire : nous le croyons sans y regarder.

MASCARILLE.

Ce sont des marques honorables qui font voir ce qu'on est.

CATHOS.

Nous ne doutons pas de ce que vous êtes.

MASCARILLE.

Vicomte, as-tu là ton carrosse ?

JODELET.

Pourquoi ?

MASCARILLE.

Nous mènerions promener ces dames hors des portes, et leur donnerions un cadeau [3].

---

[1] *L'attaque de Gravelines* étoit un événement récent à l'époque où fut jouée la pièce, c'est-à-dire en 1659. L'année précédente, le maréchal de La Ferté avoit pris cette ville sur les Espagnols. *Le siége d'Arras*, dont Mascarille parle plus haut, remontoit à 1654. Turenne avoit fait lever ce siége au prince de Condé, qui servoit alors dans l'armée espagnole. (A.)

[2] Il est étonnant que ces *précieuses*, si vaines, si délicates, ne s'offensent point de la familiarité d'un homme qui leur fait tâter son mollet et le derrière de sa tête, qui leur montre sa poitrine couverte de cicatrices, et met la main sur le bouton de son haut-de-chausse, dans l'intention de leur faire voir une plaie plus furieuse encore ; mais c'est un marquis et un vicomte qui prennent cette liberté avec de sottes bourgeoises, lesquelles admirent toutes ces gentillesses, et s'en tiennent même fort honorées. (G.)

[3] On disoit alors *se promener hors des portes*, parceque Paris, encore entouré de remparts et de fossés, avoit des portes auxquelles aboutissoient les principales rues qui vont du centre à la circonférence. C'est sur l'emplacement de ces remparts et de ces fossés que Louis XIV fit ensuite planter la promenade que nous nommons *boulevards*. *Donner un cadeau*, signifioit autrefois donner une fête.

MADELON.

Nous ne saurions sortir aujourd'hui.

MASCARILLE.

Ayons donc les violons pour danser.

JODELET.

Ma foi! c'est bien avisé.

MADELON.

Pour cela, nous y consentons : mais il faut donc quelque surcroît de compagnie.

MASCARILLE.

Holà! Champagne, Picard, Bourguignon, Cascaret, Basque, la Verdure, Lorrain, Provençal, la Violette! Au diable soient tous les laquais! Je ne pense pas qu'il y ait gentilhomme en France plus mal servi que moi. Ces canailles me laissent toujours seul.

MADELON.

Almanzor, dites aux gens de monsieur qu'ils aillent querir des violons, et nous faites venir ces messieurs et ces dames d'ici près, pour peupler la solitude de notre bal.

(Almanzor sort.)

MASCARILLE.

Vicomte, que dis-tu de ces yeux?

JODELET.

Mais, toi-même, marquis, que t'en semble?

MASCARILLE.

Moi, je dis que nos libertés auront peine à sortir d'ici les braies nettes. Au moins, pour moi, je reçois d'étranges secousses, et mon cœur ne tient plus qu'à un filet [1].

---

donner un repas. Le père Bouhours fait venir ce mot de *cadendo*, parceque, dit-il, les buveurs chancèlent et tombent, et que c'est assez ordinairement comme finissent les cadeaux. (Voyez les notes du *Mariage forcé*, scène IV, et de *l'École des Femmes*, acte III, scène II.)

[1] Le mot *braie* a vieilli, et ne se trouve plus dans nos dictionnaires que comme terme d'imprimerie et de marine. Du temps de Molière il signifioit le linge de corps. (B.) — Il est remarquable que c'est lorsque Mascarille s'exprime d'une manière si impertinente, que les précieuses s'écrient : « Que tout ce qu'il dit est « naturel! il tourne les choses le plus agréablement du monde. » Le coup de pin-

SCÈNE XII.

MADELON.

Que tout ce qu'il dit est naturel! Il tourne les choses le plus agréablement du monde.

CATHOS.

Il est vrai qu'il fait une furieuse dépense en esprit.

MASCARILLE.

Pour vous montrer que je suis véritable, je veux faire un impromptu là-dessus.

(Il médite.)

CATHOS.

Hé! je vous en conjure de toute la dévotion de mon cœur, que nous oyions quelque chose qu'on ait fait pour nous.

JODELET.

J'aurois envie d'en faire autant; mais je me trouve un peu incommodé de la veine poétique, pour la quantité des saignées que j'y ai faites ces jours passés [1].

MASCARILLE.

Que diable est-ce là! Je fais toujours bien le premier vers; mais j'ai peine à faire les autres. Ma foi, ceci est un peu trop pressé; je vous ferai un impromptu à loisir, que vous trouverez le plus beau du monde.

JODELET.

Il a de l'esprit comme un démon.

MADELON.

Et du galant, et du bien tourné.

MASCARILLE.

Vicomte, dis-moi un peu, y a-t-il long-temps que tu n'as vu la comtesse?

---

ceau est vigoureux. Plus les précieuses admirent ce langage, plus elles sont ridicules. C'est justement le point où Molière vouloit arriver.

[1] Ceci est encore une allusion au comédien Brécourt, qui étoit assez mauvais poëte, et qui plus tard essaya même de composer quelques comédies. Molière, voulant un jour éprouver le tact de sa vieille servante, lui lut quelques scènes de *la Noce de village*, comédie de Brécourt, comme s'il venoit de les composer; mais la bonne femme ne s'y laissa pas tromper, et elle soutint que la pièce n'étoit pas de son maître.

JODELET.

Il y a plus de trois semaines que je ne lui ai rendu visite.

MASCARILLE.

Sais-tu bien que le duc m'est venu voir ce matin, et m'a voulu mener à la campagne courir un cerf avec lui?

MADELON.

Voici nos amies qui viennent.

SCÈNE XIII.

LUCILE, CÉLIMÈNE, CATHOS, MADELON, MASCARILLE, JODELET, MAROTTE, ALMANZOR, VIOLONS.

MADELON.

Mon Dieu! mes chères [1], nous vous demandons pardon. Ces messieurs ont eu fantaisie de nous donner les ames des pieds; et nous vous avons envoyé querir pour remplir les vides de notre assemblée.

LUCILE.

Vous nous avez obligées, sans doute.

MASCARILLE.

Ce n'est ici qu'un bal à la hâte; mais l'un de ces jours, nous vous en donnerons un dans les formes. Les violons sont-ils venus?

ALMANZOR.

Oui, monsieur; ils sont ici.

CATHOS.

Allons donc, mes chères, prenez place.

MASCARILLE, *dansant lui seul comme par prélude.*

La, la, la, la, la, la, la, la.

MADELON.

Il a tout-à-fait la taille élégante.

---

[1] On disoit alors une *chère* comme on auroit dit une *précieuse*. Ces deux mots avoient le même sens, et étoient également à la mode; mais *chère* exprimoit surtout l'intimité. Ce mot est resté.

CATHOS.

Et a la mine de danser proprement [1].

MASCARILLE, *ayant pris Madelon pour danser.*

Ma franchise va danser la courante aussi bien que mes pieds. En cadence, violons; en cadence. Oh! quels ignorants! Il n'y a pas moyen de danser avec eux. Le diable vous emporte! ne sauriez-vous jouer en mesure? La, la, la, la, la, la, la, la. Ferme. O violons de village!

JODELET, *dansant ensuite.*

Holà! ne pressez pas si fort la cadence : je ne fais que sortir de maladie.

SCÈNE XIV.

DU CROISY, LA GRANGE, CATHOS, MADELON, LUCILE, CÉLIMÈNE, JODELET, MASCARILLE, MAROTTE, VIOLONS.

LA GRANGE, *un bâton à la main.*

Ah! ah! coquins! que faites-vous ici? Il y a trois heures que nous vous cherchons.

---

[1] *Danser proprement*, pour bien danser. Expression recherchée, qui est restée dans notre langue, où même elle est devenue d'un usage vulgaire. C'est ainsi que dans cette multitude de locutions bizarres ou ridicules dont Molière s'est moqué avec tant de gaîté, il en est un assez grand nombre que nous employons tous les jours, sans nous douter qu'elles sont un présent des *Précieuses*. Qui croiroit, par exemple, que nous leur devons les phrases suivantes : *Tenir bureau d'esprit; Avoir les cheveux d'un blond hardi; Craindre de s'encanailler; Avoir l'humeur communicative; Être pénétré des sentiments d'une personne; Avoir la compréhension dure; Revêtir ses pensées d'expressions vigoureuses; Avoir le front chargé d'un sombre nuage; N'avoir que le masque de la générosité;* etc.? Toutes ces expressions, qui n'ont rien d'extraordinaire aujourd'hui, sont citées par Somaise comme faisant partie du nouveau *Dictionnaire des Précieuses;* et l'on peut en conclure que cette affectation de langage, dont Molière a fait justice, n'a cependant pas été tout-à-fait inutile à la langue. Il se pourroit même que nos obligations s'étendissent plus loin ; car Somaise raconte que plusieurs précieuses, s'étant réunies chez Claristène (M. Le Clerc), résolurent de réformer l'orthographe, afin que « *les femmes pussent écrire aussi correctement que les hommes*. Pour « exécuter cette entreprise, Roxalie (madame Le Roi) dit qu'il falloit faire en « sorte que l'on pût écrire de même que l'on parloit. Il fut donc décidé qu'on di-

MASCARILLE, *se sentant battre.*

Ahi! ahi! ahi! vous ne m'aviez pas dit que les coups en seroient aussi.

JODELET.

Ahi! ahi! ahi!

LA GRANGE.

C'est bien à vous, infame que vous êtes, à vouloir faire l'homme d'importance!

DU CROISY.

Voilà qui vous apprendra à vous connoître [1].

SCÈNE XV.

CATHOS, MADELON, LUCILE, CÉLIMÈNE, MASCARILLE, JODELET, MAROTTE, VIOLONS.

MADELON.

Que veut donc dire ceci?

JODELET.

C'est une gageure.

CATHOS.

Quoi! vous laisser battre de la sorte [2]!

MASCARILLE.

Mon Dieu! je n'ai pas voulu faire semblant de rien; car je suis violent, et je me serois emporté.

« minueroit tous les mots, et qu'on en ôteroit toutes les lettres superflues. » Somaise donne ensuite plusieurs exemples de la nouvelle orthographe, où les mots sont pour la plupart écrits tels qu'on les écrit aujourd'hui, d'après le système de Voltaire. (Voyez le *Dictionnaire des Précieuses*, tome I, page 60.)

[1] Il y a quelquefois un grand art à charger les portraits : la méprise des deux provinciales, leur empressement pour deux valets travestis, les coups de bâton, qui font le dénoûment, exagèrent sans doute le mépris attaché aux airs et au ton précieux; mais Molière, pour arrêter la contagion, a usé du plus violent remède. (M.)

[2] Les femmes aiment le courage; personne ne le sait mieux que Jodelet, qui tout-à-l'heure prenoit plaisir à vanter ses prouesses. Le contraste de cette scène de fanfaronnades avec celle où il reçoit des coups de bâton doit étrangement augmenter la confusion des précieuses, qui voient tout-à-coup se dissiper toutes les

SCÈNE XVI.

MADELON.

Endurer un affront comme celui-là, en notre présence!

MASCARILLE.

Ce n'est rien : ne laissons pas d'achever. Nous nous connoissons il y a long-temps; et, entre amis, on ne va pas se piquer pour si peu de chose.

SCÈNE XVI.

DU CROISY, LA GRANGE, MADELON, CATHOS, CÉLIMÈNE, LUCILE, MASCARILLE, JODELET, MAROTTE, VIOLONS.

LA GRANGE.

Ma foi, marauds, vous ne vous rirez pas de nous, je vous promets. Entrez, vous autres.

(Trois ou quatre spadassins entrent.)

MADELON.

Quelle est donc cette audace, de venir nous troubler de la sorte dans notre maison!

DU CROISY.

Comment! mesdames, nous endurerons que nos laquais soient mieux reçus que nous; qu'ils viennent vous faire l'amour à nos dépens, et vous donnent le bal?

MADELON.

Vos laquais!

LA GRANGE.

Oui, nos laquais : et cela n'est ni beau ni honnête de nous les débaucher comme vous faites.

MADELON.

O ciel! quelle insolence!

LA GRANGE.

Mais ils n'auront pas l'avantage de se servir de nos habits pour vous donner dans la vue; et si vous les voulez aimer, ce

---

illusions que leur avoient faites les titres, la galanterie, et le bel esprit de leurs prétendus admirateurs.

sera, ma foi, pour leurs beaux yeux. Vite, qu'on les dépouille sur-le-champ.

JODELET.

Adieu notre braverie ¹.

MASCARILLE.

Voilà le marquisat et la vicomté à bas.

DU CROISY.

Ah! ah! coquins, vous avez l'audace d'aller sur nos brisées! vous irez chercher autre part de quoi vous rendre agréables aux yeux de vos belles, je vous en assure.

LA GRANGE.

C'est trop que de nous supplanter, et de nous supplanter avec nos propres habits.

MASCARILLE.

O fortune! quelle est ton inconstance!

DU CROISY.

Vite, qu'on leur ôte jusqu'à la moindre chose.

LA GRANGE.

Qu'on emporte toutes ces hardes, dépêchez ². Maintenant, mesdames, en l'état qu'ils sont, vous pouvez continuer vos amours avec eux tant qu'il vous plaira; nous vous laissons toute sorte de liberté pour cela, et nous vous protestons, monsieur et moi, que nous n'en serons aucunement jaloux.

SCÈNE XVII.

MADELON, CATHOS, JODELET, MASCARILLE, VIOLONS.

CATHOS.

Ah! quelle confusion!

---

[1] Ce mot, qui étoit bas et populaire du temps de Molière, replace de suite le vicomte et le marquis dans la classe des valets. Les paysans de quelques contrées l'emploient encore aujourd'hui, comme Mascarille, dans le sens de *parure* : ils disent *vous voilà bien brave*, pour *vous voilà bien paré*.

[2] On voit que Molière, voulant punir sévèrement ses héroïnes, fait dépouiller en leur présence les valets dont elles sont charmées. Eh bien! nos comédiens enlèvent à Molière le mérite de son dénoûment, en faisant disparoître Cathos et Madelon,

MADELON.

Je crève de dépit.

UN DES VIOLONS, *à Mascarille.*

Qu'est-ce donc que ceci? Qui nous paiera, nous autres?

MASCARILLE.

Demandez à monsieur le vicomte.

UN DES VIOLONS, *à Jodelet.*

Qui est-ce qui nous donnera de l'argent?

JODELET.

Demandez à monsieur le marquis.

SCÈNE XVIII.

GORGIBUS, MADELON, CATHOS, JODELET, MASCARILLE, VIOLONS.

GORGIBUS.

Ah! coquines que vous êtes, vous nous mettez dans de beaux draps blancs, à ce que je vois; et je viens d'apprendre de belles affaires, vraiment, de ces messieurs qui sortent!

MADELON.

Ah! mon père, c'est une pièce sanglante qu'ils nous ont faite.

GORGIBUS.

Oui, c'est une pièce sanglante, mais qui est un effet de votre impertinence, infames! Ils se sont ressentis du traitement que vous leur avez fait, et cependant, malheureux que je suis, il faut que je boive l'affront.

MADELON.

Ah! je jure que nous en serons vengées, ou que je mourrai en la peine. Et vous, marauds, osez-vous vous tenir ici après votre insolence?

---

lorsque leur châtiment va commencer. Ce n'est pas tout : la fuite des Précieuses ne laisse certainement plus le moindre prétexte à La Grange et à du Croisy pour faire dépouiller et pour bâtonner des valets qui sont d'accord avec eux. (C.)

MASCARILLE.

Traiter comme cela un marquis! Voilà ce que c'est que du monde, la moindre disgrace nous fait mépriser de ceux qui nous chérissoient. Allons, camarade, allons chercher fortune autre part ; je vois bien qu'on n'aime ici que la vaine apparence, et qu'on n'y considère point la vertu toute nue.

SCÈNE XIX.

GORGIBUS, MADELON, CATHOS, VIOLONS.

UN DES VIOLONS.

Monsieur, nous entendons que vous nous contentiez, à leur défaut, pour ce que nous avons joué ici.

GORGIBUS, *les battant.*

Oui, oui, je vous vais contenter ; et voici la monnoie dont je vous veux payer. Et vous, pendardes, je ne sais qui me tient que je ne vous en fasse autant ; nous allons servir de fable et de risée à tout le monde, et voilà ce que vous vous êtes attiré par vos extravagances. Allez vous cacher, vilaines ; allez vous cacher pour jamais. (*Seul.*) Et vous, qui êtes cause de leur folie, sottes billevesées [1], pernicieux amusements des esprits oisifs, romans, vers, chansons, sonnets, et sonnettes, puissiez-vous être à tous les diables [2] !

---

[1] *Billevesées*, ou plutôt *billevezées*, ainsi que l'écrit Rabelais. Balle remplie de vent, et. par allusion, discours vains, trompeurs. Mot composé de *bille*, balle, et de *vezer*, souffler, ou de *veze*, musette. De là billevesée, comme l'explique fort bien Furetière, pour *balle soufflée*, pleine de vent. C'est précisément le *nugæ canoræ* des Latins.

[2] A peine un an s'étoit écoulé depuis l'établissement de Molière à Paris, et déjà il y opéroit une révolution qui devoit nous rendre les arbitres du goût en Europe. C'étoit alors une double nouveauté qu'une comédie en un acte et en prose ; mais une idée plus nouvelle encore, c'étoit de faire de la comédie une école de mœurs et de bon goût. Molière fit tout cela, et son début dans la véritable comédie commença à former le public, qu'il devoit ensuite charmer par tant de chefs-d'œuvre. Ce n'étoit pas encore la perfection du genre, mais c'étoit l'ébauche du genre le plus parfait. Corneille, suivant l'observation de Gaillard, avoit oublié de punir son *Menteur*, et par-là il avoit privé sa fable de moralité ; Molière, en punissant ses Précieuses, mérita d'être regardé comme l'inventeur du comique moral, et le

succès qu'il obtint dut lui apprendre tout le prix de cette découverte. On sait que l'affluence fut si considérable, que, dès la seconde représentation des *Précieuses*, les comédiens crurent devoir tiercer le prix des places; ce qui n'empêcha pas la pièce d'être jouée quatre mois de suite sans interruption. Dans le même moment l'ouvrage fut envoyé au pied des Pyrénées, où la cour étoit alors occupée des plus grands objets; et il y réussit comme à Paris. Un succès aussi général éveilla l'envie des esprits médiocres; non-seulement on critiqua *les Précieuses*, mais on calomnia leur auteur, en l'accusant d'avoir copié un canevas de l'abbé de Pure, joué sous le même titre peu de temps auparavant aux Italiens. Le véritable crime de Molière n'étoit pas d'avoir copié l'abbé de Pure, dont la pièce n'a aucun rapport avec la sienne, mais d'avoir fait le tableau de la société, et de s'être montré avec un génie supérieur. Cette calomnie étant trop facile à dévoiler, on en imagina une autre : ce fut d'accuser Molière de tirer toutes ses pièces des Mémoires de Guillot Gorju, mémoires qu'on vouloit qu'il eût achetés de la veuve de ce farceur. Enfin la comédie des *Précieuses* eut tous les genres de succès, puisqu'elle excita l'envie des sots, les calomnies des envieux, et l'admiration de tout ce que la France avoit de plus éclairé; mais son plus grand succès fut de corriger les ridicules qu'elle avoit attaqués.

Le Cercle des Femmes, ou *le Secret du lit nuptial*, entretien comique, par Chappuzeau, imprimé en 1656, a peut-être donné à Molière l'idée de la vengeance de La Grange et de du Croisy; mais c'est le seul rapport qui existe entre ces deux ouvrages. Chappuzeau lui-même fut tellement frappé de la conception des *Précieuses*, qu'en 1661 il refit sa pièce d'après celle de Molière, sous le titre d'*Académie des femmes* ; mais cet essai ne fut pas plus heureux que le premier ; il n'étoit donné qu'à Molière de pouvoir se copier lui-même avec succès. C'est ce qu'il fit dans *les Femmes savantes*, où les mêmes ridicules, et presque les mêmes caractères, sont tracés d'une main plus ferme, et où le poëte s'essayoit encore à faire du théâtre une école de bienséance, après en avoir fait une école de vertu dans *le Misanthrope* et dans *le Tartufe*.

FIN DES PRÉCIEUSES RIDICULES.

SGANARELLE,

OU

LE COCU IMAGINAIRE,

COMÉDIE EN UN ACTE.

1660.

PERSONNAGES.

GORGIBUS, bourgeois de Paris [1].
CÉLIE, sa fille [2].
LÉLIE, amant de Célie [3].
GROS-RENÉ, valet de Lélie [4].
SGANARELLE*, bourgeois de Paris, et cocu imaginaire [5].
LA FEMME de Sganarelle [6].
VILEBREQUIN, père de Valère [7].
LA SUIVANTE de Célie [8].

ACTEURS.

[1] L'Espy. — [2] Mademoiselle Duparc. — [3] La Grange. — [4] Duparc. — [5] Molière. — [6] Mademoiselle de Brie. — [7] De Brie. — [8] Magdeleine Béjart.

*Ce personnage comique est une création de Molière, et le nom de SGANARELLE est resté au caractère qu'il représente; on disoit les *Sganarelles* comme on avoit dit les *Jodelets*, les *Gros-Renés*, etc.

A M. DE MOLIÈRE,

CHEF DE LA TROUPE DES COMÉDIENS DE MONSIEUR, FRÈRE UNIQUE DU ROI [1].

Monsieur,

Ayant été voir votre charmante comédie du *Cocu imaginaire*, la première fois qu'elle fit paroître ses beautés au public, elle me parut si admirable que je crus que ce n'étoit pas rendre justice à un si merveilleux ouvrage que de ne le voir qu'une fois, ce qui m'y fit rencontrer cinq ou six autres; et, comme on retient assez facilement les choses qui frappent vivement l'imagination, j'eus le bonheur de la retenir entière, sans aucun dessein prémédité, et je m'en aperçus d'une manière assez extraordinaire. Un jour, m'étant trouvé dans une assez célèbre compagnie, où l'on s'entretenoit et de votre esprit, et du génie particulier que vous avez pour les pièces de théâtre, je coulai mon sentiment parmi celui des autres; et,

---

[1] Un nommé Neufvillenaine, qui, en cinq ou six représentations, avoit retenu toute cette comédie, la fit imprimer, et la dédia à Molière: c'est cette dédicace que nous reproduisons ici.

Neufvillenaine a cru devoir faire précéder les principales scènes d'arguments qui en expliquoient le sujet. Ces arguments offrent des détails précieux sur le jeu comique de Molière qui représentoit Sganarelle, et sur l'effet que chaque scène et presque chaque vers produisoit sur le public. Nous en citerons quelques passages, et nous remarquerons que ces arguments ne déplurent pas à Molière, que même il sembla les adopter, puisque, dans l'unique édition qu'il ait publiée de ses œuvres, il n'a rien changé ni au texte de la pièce, ni aux arguments de son éditeur. Cette édition curieuse, et inconnue des bibliophiles, est imprimée chez Guillaume de Luynes, en 1666, *avec privilége du Roi*, sous le titre d'*OEuvres de M. Molière*. Elle se compose de deux volumes, ornés chacun d'une vignette fort singulière, représentant Mascarille et Agnès dans leur costume. La pagination ne recommence pas à chaque pièce, ce qui prouve que l'édition est entièrement nouvelle, c'est-à-dire qu'elle n'est pas formée du recueil des éditions originales, comme cela se faisoit alors. Le premier volume, de 591 pages, renferme quatre pièces : *les Précieuses*, *le Cocu imaginaire*, *l'Étourdi*, et *le Dépit amoureux*. Le second volume, de 480 pages, renferme cinq pièces : *les Fâcheux*, *l'École des Maris*, *l'École des Femmes*, *la Critique de l'École des Femmes*, et *la Princesse d'Élide*. Dans la suite on a ajouté quatre volumes à cette édition, mais ces quatre volumes se composent de pièces séparées, réunies sous le titre général d'*OEuvres de M. Molière*.

pour enchérir par-dessus ce qu'on disoit à votre avantage, je voulus faire le récit de votre *Cocu imaginaire* : mais je fus bien surpris quand je vis qu'à cent vers près je savois la pièce par cœur, et qu'au lieu du sujet je les avois tous récités : cela m'y fit retourner encore une fois, pour achever de retenir ce que je n'en savois pas. Aussitôt un gentilhomme de la campagne, de mes amis, extraordinairement curieux de ces sortes d'ouvrages, m'écrivit, et me pria de lui mander ce que c'étoit que *le Cocu imaginaire*; parceque, disoit-il, il n'avoit point vu de pièce dont le titre promît rien de si spirituel, si elle étoit traitée par un habile homme. Je lui envoyai aussitôt la pièce que j'avois retenue, pour lui montrer qu'il ne s'étoit pas trompé; et, comme il ne l'avoit point vu représenter, je crus à propos de lui envoyer les arguments de chaque scène, pour lui montrer que, quoique cette pièce fût admirable, l'auteur, en la représentant lui-même, y savoit encore faire découvrir de nouvelles beautés. Je n'oubliai pas de lui mander expressément, et même de le conjurer, de n'en laisser rien sortir de ses mains; cependant, sans savoir comment cela s'est fait, j'en ai vu courir huit ou dix copies en cette ville, et j'ai su que quantité de gens étoient près de la faire mettre sous la presse; ce qui m'a mis dans une colère d'autant plus grande que la plupart de ceux qui ont décrit cet ouvrage l'ont tellement défiguré, soit en y ajoutant, soit en y diminuant, que je ne l'ai pas trouvé reconnoissable : et, comme il y alloit de votre gloire et de la mienne que l'on ne l'imprimât pas de la sorte, à cause des vers que vous avez faits, et de la prose que j'y ai ajoutée, j'ai cru qu'il falloit aller au-devant de ces messieurs, qui impriment les gens malgré qu'ils en aient, et donner une copie qui fût correcte (je puis parler ainsi, puisque je crois que vous trouverez votre pièce dans les formes); j'ai pourtant combattu long-temps avant que de la donner, mais enfin j'ai vu que c'étoit une nécessité que nous fussions imprimés, et je m'y suis résolu d'autant plus volontiers que j'ai vu que cela ne vous pouvoit apporter aucun dommage, non plus qu'à votre troupe, puisque votre pièce a été jouée près de cinquante fois.

Je suis, monsieur, votre, etc.

SGANARELLE,

OU

LE COCU IMAGINAIRE[1].

SCÈNE I.

GORGIBUS, CÉLIE, LA SUIVANTE DE CÉLIE.

CÉLIE, *sortant tout éplorée, et son père la suivant.*
Ah! n'espérez jamais que mon cœur y consente.
GORGIBUS.
Que marmottez-vous là, petite impertinente?
Vous prétendez choquer ce que j'ai résolu?
Je n'aurai pas sur vous un pouvoir absolu?
Et par sottes raisons, votre jeune cervelle
Voudroit régler ici la raison paternelle?

---

[1] *Le Cocu imaginaire* parut pour la première fois, à Paris, sur le théâtre du Petit-Bourbon, le 28 mai 1660, sept mois après *les Précieuses ridicules*; il fut joué quarante fois de suite, quoique dans l'été, et pendant que le mariage du roi retenoit toute la cour hors de Paris. (V.) — Cette pièce est imitée d'un canevas italien en prose, et en trois actes, non imprimé : ce canevas a pour titre : *Arlichino cornuto per opinione*, Arlequin, cocu imaginaire; les deux pièces ont le même fond, le même plan, et presque la même disposition. (C.) — Mais ce qu'on ne trouve que dans la pièce françoise, c'est une inspiration soutenue, une verve, une vigueur, un naturel, dont on n'avoit aucune idée avant Molière, et que lui-même n'a jamais surpassés. Deux scènes du *Dépit amoureux*, et *les Précieuses*, avoient fait entrevoir le génie comique qui se montre ici tout entier. Enfin il y a tant de naturel dans le dialogue de cette pièce, et Molière jouoit le rôle de Sganarelle avec une si grande vérité, qu'un bon bourgeois de Paris crut se reconnoître dans le *Cocu imaginaire* : « Comment, disoit-il, un comédien aura l'audace de « mettre sur le théâtre un homme de ma sorte! En bonne police, on devroit ré- « primer l'insolence de ces gens-là. — De quoi vous plaignez-vous? lui dit un plai- « sant : l'auteur vous a pris du beau côté; vous seriez bienheureux d'en être quitte « pour l'imagination. »

Qui de nous deux à l'autre a droit de faire loi?
A votre avis, qui mieux, ou de vous, ou de moi,
O sotte! peut juger ce qui vous est utile?
Par la corbleu! gardez d'échauffer trop ma bile;
Vous pourriez éprouver, sans beaucoup de longueur,
Si mon bras peut encor montrer quelque vigueur.
Votre plus court sera, madame la mutine,
D'accepter sans façon l'époux qu'on vous destine.
J'ignore, dites-vous, de quelle humeur il est,
Et dois auparavant consulter s'il vous plaît :
Informé du grand bien qui lui tombe en partage,
Dois-je prendre le soin d'en savoir davantage?
Et cet époux, ayant vingt mille bons ducats [1],
Pour être aimé de vous, doit-il manquer d'appas?
Allez, tel qu'il puisse être [2], avecque cette somme
Je vous suis caution qu'il est très honnête homme.

CÉLIE.

Hélas!

GORGIBUS.

Hé bien, hélas! Que veut dire ceci?

---

[1] Les ducats étant d'or ou d'argent, et leur valeur étant différente suivant le pays, il n'est pas possible d'évaluer au juste cette fortune, à laquelle le père de Célie attache tant de prix. Au reste, le calcul de Gorgibus est précisément celui du lieutenant civil Tardieu, lorsque *la soif de l'or qui le brûloit dans l'ame*, lui fit, dit la satire, *chercher un monstre affreux sous l'habit d'une fille;*

  Et, sans trop s'enquérir d'où la laide venoit,
  Il sut (ce fut assez) l'argent qu'on lui donnoit.
         BOILEAU, sat. x.

[2] Quel style franc et vigoureux! quelle manière vive et neuve d'entrer en scène! Nous venons d'entendre une vingtaine de vers, et déjà deux personnages nous sont connus. Qu'on relise avec attention la fin de cette tirade, et l'on verra que l'auteur a su y renfermer la peinture complète d'un caractère. Gorgibus s'imagine de bonne foi que l'or suffit pour être heureux. Molière a dit ailleurs : *c'est le cœur qui fait tout*, mot touchant que La Fontaine lui a emprunté, et que Gorgibus n'auroit pas compris. Ce bon bourgeois appartient à cette classe d'hommes qui disent, *C'est la fortune qui fait tout*, parceque, ayant placé leur félicité dans les jouissances qu'on achète avec de l'argent, ils ne se sont jamais élevés au-dessus de cette pensée.

Voyez le bel hélas qu'elle nous donne ici!
Hé! que si la colère une fois me transporte,
Je vous ferai chanter hélas de bonne sorte!
Voilà, voilà le fruit de ces empressements
Qu'on vous voit nuit et jour à lire vos romans;
De quolibets d'amour votre tête est remplie,
Et vous parlez de Dieu bien moins que de Clélie [1].
Jetez-moi dans le feu tous ces méchants écrits
Qui gâtent tous les jours tant de jeunes esprits;
Lisez-moi, comme il faut, au lieu de ces sornettes,
Les Quatrains de Pibrac, et les doctes Tablettes
Du conseiller Matthieu [2]; l'ouvrage est de valeur,
Et plein de beaux dictons à réciter par cœur.
La Guide des pécheurs est encore un bon livre [3];
C'est là qu'en peu de temps on apprend à bien vivre;
Et si vous n'aviez lu que ces moralités,
Vous sauriez un peu mieux suivre mes volontés.

CÉLIE.

Quoi! vous prétendez donc, mon père, que j'oublie
La constante amitié que je dois à Lélie?
J'aurois tort, si, sans vous, je disposois de moi;

---

[1] *Clélie*, roman de mademoiselle de Scudéry.

[2] Ces deux ouvrages tenoient autrefois dans l'éducation de la jeunesse la même place que les fables de La Fontaine y tiennent aujourd'hui. Sans doute le style simple et grave de ces moralités plaisoit moins à l'enfance que les apologues dramatiques de notre divin fabuliste; cependant elles se gravoient facilement dans la mémoire. Le grand Condé savoit les quatrains de Pibrac par cœur. Madame de Maintenon rapporte que madame de Neuillant l'envoyoit garder les troupeaux dans la campagne, avec un gros morceau de pain dans sa panetière, le visage couvert d'un masque pour préserver son teint, et les quatrains de Pibrac, dont l'étude la rebutoit souvent. Ces quatrains ont été traduits en grec, en latin, en turc, en arabe, en persan; leur auteur avoit coutume de dire que tout le bon sens étoit renfermé dans les proverbes; aussi en a-t-il fait entrer plusieurs dans son ouvrage. Molière nomme encore Pierre Matthieu, historiographe de France, et auteur des *Tablettes de la vie et de la mort*, qui mourut à Paris, en 1621.

[3] Livre de dévotion, par Louis de Grenade, dominicain espagnol, mort en 1588. (B.) — Saint François de Sales faisoit grand cas de cet ouvrage, et Arnauld d'Andilly et Le Maistre de Sacy n'ont pas dédaigné de le traduire en françois.

Mais vous-même à ses vœux engageâtes ma foi [1].

GORGIBUS.

Lui fût-elle engagée encore davantage,
Un autre est survenu, dont le bien l'en dégage.
Lélie est fort bien fait; mais apprends qu'il n'est rien
Qui ne doive céder au soin d'avoir du bien;
Que l'or donne aux plus laids certain charme pour plaire,
Et que sans lui le reste est une triste affaire.
Valère, je crois bien, n'est pas de toi chéri;
Mais, s'il ne l'est amant, il le sera mari.
Plus que l'on ne le croit, ce nom d'époux engage;
Et l'amour est souvent un fruit du mariage.
Mais suis-je pas bien fat de vouloir raisonner
Où de droit absolu j'ai pouvoir d'ordonner?
Trêve donc, je vous prie, à vos impertinences :
Que je n'entende plus vos sottes doléances.
Ce gendre doit venir vous visiter ce soir;
Manquez un peu, manquez à le bien recevoir;
Si je ne vous lui vois faire un fort bon visage,
Je vous... Je ne veux pas en dire davantage [2].

[1] Dans la pièce italienne, Magnifico veut marier Eleonora, sa fille, avec un docteur qu'elle n'aime pas; et la fille feint de consentir à ce mariage. Ici la résistance de Célie, dont l'inclination étoit d'ailleurs autorisée par le consentement de son père, donne à la scène une action et une vie qui manquent à la pièce italienne. (C.)

[2] Gorgibus essaie d'abord de donner des raisons, car il voudroit bien persuader à sa fille qu'elle a tort d'épouser celui qu'elle aime; mais, sentant bientôt que ses raisonnements produisent peu d'effet, il ordonne, il menace; enfin il veut être obéi, parcequ'il veut l'être. Molière n'a jamais établi avec plus de vérité la gradation et l'impatience d'une volonté injuste. Toute cette scène est excellente; elle peint la classe bourgeoise à l'époque où la pièce fut écrite. Aujourd'hui il faudroit descendre plus bas pour trouver la même franchise, le même ton, et le même langage.

SCÈNE II.

CÉLIE, LA SUIVANTE DE CÉLIE.

LA SUIVANTE [1].

Quoi ! refuser, madame, avec cette rigueur,
Ce que tant d'autres gens voudroient de tout leur cœur !
A des offres d'hymen répondre par des larmes,
Et tarder tant à dire un oui si plein de charmes !
Hélas ! que ne veut-on aussi me marier !
Ce ne seroit pas moi qui se feroit prier ;
Et, loin qu'un pareil oui me donnât de la peine,
Croyez que j'en dirois bien vite une douzaine.
Le précepteur qui fait répéter la leçon
A votre jeune frère a fort bonne raison
Lorsque, nous discourant des choses de la terre,
Il dit que la femelle est ainsi que le lierre,
Qui croît beau, tant qu'à l'arbre il se tient bien serré,
Et ne profite point s'il en est séparé.
Il n'est rien de plus vrai, ma très chère maîtresse,
Et je l'éprouve en moi, chétive pécheresse !
Le bon Dieu fasse paix à mon pauvre Martin !
Mais j'avois, lui vivant, le teint d'un chérubin,
L'embonpoint merveilleux, l'œil gai, l'ame contente ;
Et je suis maintenant ma commère dolente.
Pendant cet heureux temps, passé comme un éclair,
Je me couchois sans feu dans le fort de l'hiver ;

---

[1] Cette suivante est comme le premier essai des servantes que Molière va bientôt introduire sur la scène. Elle ne donne point de conseils à son maître, mais elle en donne à sa maîtresse ; elle n'est pas le soutien du foible, l'ame de la famille, l'organe du bon sens ; mais par son langage, par la tournure originale de ses idées, elle a plus d'un rapport avec la Martine des *Femmes savantes*. C'est une bonne commère qui parle rondement du mariage, et tout ce qu'elle dit est empreint d'une force comique qui fait regretter que Molière n'ait pas eu l'idée de développer davantage son caractère. En effet, elle ne tient pas à l'action, elle n'entre pas dans les intérêts et dans les passions du père ou de la fille, et elle ne reparoît que pour dénouer la pièce.

Sécher même les draps me sembloit ridicule,
Et je tremble à présent dedans la canicule.
Enfin il n'est rien tel, madame, croyez-moi,
Que d'avoir un mari la nuit auprès de soi;
Ne fût-ce que pour l'heur d'avoir qui vous salue
D'un, Dieu vous soit en aide! alors qu'on éternue [1].

CÉLIE.

Peux-tu me conseiller de commettre un forfait,
D'abandonner Lélie, et prendre ce mal fait?

LA SUIVANTE.

Votre Lélie aussi n'est, ma foi, qu'une bête,
Puisque si hors de temps son voyage l'arrête;
Et la grande longueur de son éloignement
Me le fait soupçonner de quelque changement.

CÉLIE, *lui montrant le portrait de Lélie.*

Ah! ne m'accable point par ce triste présage.
Vois attentivement les traits de ce visage;
Ils jurent à mon cœur d'éternelles ardeurs :
Je veux croire, après tout, qu'ils ne sont pas menteurs,
Et que, comme c'est lui que l'art y représente,
Il conserve à mes feux une amitié constante.

---

[1] On reconnoît ces idées, on croit avoir entendu ce langage. Tel est l'effet que produit toujours le vrai, tel est l'effet que produit toujours Molière. Personne, mieux que lui, n'a prouvé qu'il suffit de regarder autour de soi pour dire ensuite les choses les plus comiques. Cette excellente tirade, qui semble étrangère à la pièce, s'y rattache cependant de manière à accroître l'intérêt. Plus la suivante loue, à sa manière, les charmes du mariage, plus la maîtresse éprouve de chagrin de se voir séparée de Lélie. Ainsi les discours de cette *commère dolente*, loin de décider Célie à obéir à son père, ne font que redoubler sa résolution d'être la femme de celui qu'elle aime : ils se lient à la pièce, en produisant un effet contraire à celui que la suivante en attendoit. Suivant Bret, les deux derniers vers de cette tirade sont une imitation de Sabadino, contemporain de Boccace, et, comme lui, auteur de Nouvelles. Voici le passage : « Sapi, se prendi moglie, « che l'invernata te tenerà le rene calde, e la state fresco il stomaco. E poi, quando « ancora stranuti, haverai almeno chi te dirà : Dio te aiuti! » « Sache que si tu prends femme, l'hiver elle te tiendra les reins chauds, et l'été, l'estomac frais. De plus, quand tu éternueras, tu auras au moins quelqu'un pour te dire : Dieu vous assiste! »

SCÈNE III.

LA SUIVANTE.

Il est vrai que ces traits marquent un digne amant,
Et que vous avez lieu de l'aimer tendrement.

CÉLIE.

Et cependant il faut... Ah! soutiens-moi [1].

(Laissant tomber le portrait de Lélie.)

LA SUIVANTE.

Madame,
D'où vous pourroit venir... Ah! bons dieux! elle pâme!
Hé! vite, holà! quelqu'un.

SCÈNE III.

CÉLIE, SGANARELLE, LA SUIVANTE DE CÉLIE.

SGANARELLE.

Qu'est-ce donc? me voilà.

LA SUIVANTE.

Ma maîtresse se meurt.

SGANARELLE.

Quoi! ce n'est que cela [2]?
Je croyois tout perdu, de crier de la sorte.
Mais approchons pourtant. Madame, êtes-vous morte?
Hays! Elle ne dit mot.

---

[1] L'évanouissement et la perte du portrait sont imités de la pièce italienne. Dans cette pièce, Éleonora, seule sur la scène, se plaint de l'absence de Celio, prend son portrait, s'attendrit, le laisse tomber, et se trouve mal. (C.) — Mais la vue du portrait d'un amant qu'on craint de perdre n'est pas un motif suffisant pour tomber en syncope. D'ailleurs cet accident sent trop l'auteur qui n'a pas su de quelle manière nouer son intrigue; enfin il est le fondement de toute la pièce, qui n'existeroit pas sans la pâmoison de Célie. (A.)

[2] Mauvaise plaisanterie qui fait assez sentir que Sganarelle est un homme du peuple : au reste, cet orgueil brutal qui compte pour rien les douleurs d'un être foible n'est plus dans nos mœurs. Si la politesse des hautes classes est moins exquise, une éducation plus générale semble avoir adouci la rudesse de toutes les autres. Aujourd'hui, dans les villes, un bourgeois auroit honte de battre sa femme et de corriger ses enfants : les hommes y sont moins jaloux, moins grossiers, et les femmes plus douces, et peut-être moins soumises.

LA SUIVANTE.

Je vais faire venir
Quelqu'un pour l'emporter; veuillez la soutenir [1].

SCÈNE IV.

CÉLIE, SGANARELLE, LA FEMME DE SGANARELLE.

SGANARELLE, *en passant la main sur le sein de Célie* [2].
Elle est froide partout, et je ne sais qu'en dire.
Approchons-nous, pour voir si sa bouche respire.
Ma foi, je ne sais pas; mais j'y trouve encor, moi,
Quelque signe de vie.

LA FEMME DE SGANARELLE, *regardant par la fenêtre.*

Ah! qu'est-ce que je voi?
Mon mari dans ses bras... Mais je m'en vais descendre;
Il me trahit sans doute, et je veux le surprendre.

SGANARELLE.

Il faut se dépêcher de l'aller secourir;
Certes, elle auroit tort de se laisser mourir.
Aller en l'autre monde est très grande sottise,
Tant que dans celui-ci l'on peut être de mise.

(Il la porte chez elle avec un homme que la suivante amène.)

---

[1] Dans la pièce italienne, Eleonora n'a pas de suivante; Arlequin vient à son secours, et l'emporte chez elle. Ici la suivante sort pour aller chercher quelqu'un qui aide à emporter sa maîtresse; ce qui est peu naturel. Molière est au-dessus de l'auteur italien, lorsqu'il prépare la jalousie de la femme en faisant passer la main de Sganarelle sur le sein de Célie; il est au-dessous, par la sortie forcée d'une suivante qui ne doit reparoître qu'au dénoûment. (C.)

[2] Quelques commentateurs ont, par un excès de délicatesse, blâmé le geste que fait ici Sganarelle. Cependant il est tout simple qu'effrayé de l'état de Célie, il cherche à s'assurer si elle respire encore. Non-seulement cette action tient à la circonstance, et ne peut choquer les spectateurs, mais elle justifie fort bien la jalousie de la femme de Sganarelle, qui voit ce geste comme les commentateurs l'ont vu. En général, les méprises qui font le nœud de cette pièce donnent un grand mouvement à chaque caractère, et s'expliquent ensuite de la manière la plus facile et la plus naturelle. Dans *l'Étourdi*, et *le Dépit amoureux*, Molière imite jusqu'aux défauts de ses modèles; ici il les évite, il les corrige, et se montre bien supérieur dans ce que nous avons nommé l'entente du théâtre, c'est-à-dire l'art de faire mou-

SCÈNE V.

LA FEMME DE SGANARELLE.

Il s'est subitement éloigné de ces lieux [1],
Et sa fuite a trompé mon desir curieux :
Mais de sa trahison je ne fais plus de doute,
Et le peu que j'ai vu me la découvre toute.
Je ne m'étonne plus de l'étrange froideur
Dont je le vois répondre à ma pudique ardeur ;
Il réserve, l'ingrat, ses caresses à d'autres,
Et nourrit leurs plaisirs par le jeûne des nôtres.
Voilà de nos maris le procédé commun ;
Ce qui leur est permis leur devient importun.
Dans les commencements ce sont toutes merveilles,
Ils témoignent pour nous des ardeurs nonpareilles ;
Mais les traîtres bientôt se lassent de nos feux,
Et portent autre part ce qu'ils doivent chez eux.
Ah ! que j'ai de dépit que la loi n'autorise
A changer de mari comme on fait de chemise !
Cela seroit commode ; et j'en sais telle ici
Qui, comme moi, ma foi, le voudroit bien aussi.

(En ramassant le portrait que Célie avoit laissé tomber.)

Mais quel est ce bijou que le sort me présente ?
L'émail en est fort beau, la gravure charmante.
Ouvrons.

SCÈNE VI.

SGANARELLE, LA FEMME DE SGANARELLE.

SGANARELLE, *se croyant seul.*
On la croyoit morte, et ce n'étoit rien.

---

voir les figures, et de conduire heureusement vers un même but toutes les parties d'un sujet.

[1] En lisant ce monologue, il ne faut pas oublier à quelle classe de la société appartient la femme de Sganarelle. Cette femme s'exprime-t-elle comme elle devoit s'exprimer ? ses pensées sont-elles vraies, naturelles, communes, assorties à son état et

Il n'en faut plus qu'autant, elle se porte bien [1].
Mais j'aperçois ma femme.

LA FEMME DE SGANARELLE, *se croyant seule.*

O ciel! c'est miniature!
Et voilà d'un bel homme une vive peinture!

SGANARELLE, *à part, et regardant par-dessus l'épaule de sa femme.*

Que considère-t-elle avec attention?
Ce portrait, mon honneur, ne vous dit rien de bon.
D'un fort vilain soupçon je me sens l'ame émue.

LA FEMME DE SGANARELLE, *sans apercevoir son mari.*

Jamais rien de plus beau ne s'offrit à ma vue;
Le travail plus que l'or s'en doit encor priser.
Oh! que cela sent bon [2]!

SGANARELLE, *à part.*

Quoi! peste, le baiser!
Ah! j'en tiens!

LA FEMME DE SGANARELLE *poursuit.*

Avouons qu'on doit être ravie
Quand d'un homme ainsi fait on se peut voir servie,
Et que, s'il en contoit avec attention,
Le penchant seroit grand à la tentation.
Ah! que n'ai-je un mari d'une aussi bonne mine!
Au lieu de mon pelé, de mon rustre...

SGANARELLE, *lui arrachant le portrait.*

Ah! mâtine [3]!

à son caractère? Ceux qui ont un peu observé le peuple rendront cette justice à Molière qu'il ne s'écarte pas un moment de la vérité et du naturel, qui sont la source du vrai comique. Mais devoit-elle parler ainsi sur la scène? Ceci est une autre question, qu'il ne nous appartient pas de traiter.

[1] Dans plusieurs provinces, on dit encore d'une personne parfaitement remise d'une maladie ou d'un accident: *Il ne lui en faut plus qu'autant.* C'est comme si l'on disoit: *Elle est absolument dans le même état qu'auparavant; elle n'a plus qu'à recommencer.* (A.)

[2] Comme la boîte du portrait que vient de ramasser la femme de Sganarelle est parfumée, elle l'approche pour la sentir. Par cette action toute simple, elle confirme la jalousie de son mari, qui s'imagine qu'elle baise le portrait. (C.)

[3] Voilà des mots terribles pour nos oreilles délicates. Ce sont des gentillesses

SCÈNE VI.

Nous vous y surprenons en faute contre nous,
En diffamant l'honneur de votre cher époux.
Donc, à votre calcul, ô ma trop digne femme,
Monsieur, tout bien compté, ne vaut pas bien madame?
Et, de par Belzébut, qui vous puisse emporter!
Quel plus rare parti pourriez-vous souhaiter?
Peut-on trouver en moi quelque chose à redire?
Cette taille, ce port que tout le monde admire,
Ce visage, si propre à donner de l'amour,
Pour qui mille beautés soupirent nuit et jour;
Bref, en tout et partout, ma personne charmante
N'est donc pas un morceau dont vous soyez contente [1]?
Et, pour rassasier votre appétit gourmand,
Il faut joindre au mari le ragoût d'un galant?

LA FEMME DE SGANARELLE.

J'entends à demi-mot où va la raillerie.
Tu crois par ce moyen...

SGANARELLE.

A d'autres, je vous prie :
La chose est avérée, et je tiens dans mes mains
Un bon certificat du mal dont je me plains.

LA FEMME DE SGANARELLE.

Mon courroux n'a déja que trop de violence,

---

empruntées au dialogue dramatique des Italiens. (B.) — Malgré ces *gentillesses*, le style du *Cocu imaginaire* est un modèle dont on ne pourroit trouver un second exemple que dans Molière lui-même. Ce sont des taches légères sur un tableau de la touche la plus vigoureuse, et du coloris le plus brillant.

[1] Un malotru qui se pavane en vantant les perfections et les graces de sa personne est un tableau comique qu'on a mis vingt fois au théâtre depuis Molière, et qui a toujours excité le rire. (A.) — Oui ; mais il faut remarquer combien les éloges qu'il s'adresse sont heureusement liés au sujet. Sganarelle, absorbé par sa jalousie, veut persuader à sa femme qu'elle est d'autant plus coupable qu'elle a un mari parfait, et que toutes les femmes lui envient. Celle-là, au contraire, pense qu'il ne se vante ainsi que parcequ'une nouvelle conquête excite sa vanité; dans cette position chaque parole qu'elle entend est une preuve de la perfidie de celui qui parle; plus il se loue, plus elle est certaine qu'il est coupable. Enfin les deux jaloux répondent à leur propre pensée, ce qui accroit sans cesse leur illusion, et ce qui resserre le nœud de la pièce de la manière la plus naturelle et la plus comique.

Sans le charger encor d'une nouvelle offense ¹.
Écoute, ne crois pas retenir mon bijou;
Et songe un peu...

SGANARELLE.

Je songe à te rompre le cou.
Que ne puis-je, aussi bien que je tiens la copie,
Tenir l'original!

LA FEMME DE SGANARELLE.

Pourquoi?

SGANARELLE.

Pour rien, ma mie.
Deux objet de mes vœux, j'ai grand tort de crier,
Et mon front de vos dons vous doit remercier.

(Regardant le portrait de Lélie.)

Le voilà, le beau fils, le mignon de couchette,
Le malheureux tison de ta flamme secrète,
Le drôle avec lequel...

LA FEMME DE SGANARELLE.

Avec lequel... Poursui.

SGANARELLE.

Avec lequel, te dis-je... et j'en crève d'ennui.

LA FEMME DE SGANARELLE.

Que me veut donc conter par-là ce maître ivrogne?

SGANARELLE.

Tu ne m'entends que trop, madame la carogne.
Sganarelle est un nom qu'on ne me dira plus,
Et l'on va m'appeler seigneur Cornelius ².

---

¹ *Charger un courroux d'une nouvelle offense*, pour dire l'augmenter par une nouvelle offense, est une de ces expressions hardiment et énergiquement figurées que Molière a créées en grand nombre avec plus ou moins de bonheur. Il a dit dans *le Misanthrope* :

De protestations, d'offres, et de serments,
Vous *chargez* la fureur de vos embrassements.   (A.)

² Molière n'est pas le premier qui ait joué sur ce mot de *Cornelius*. Camus, évêque de Belley, disoit à un mari qui se plaignoit tout haut d'une mésaventure que l'on tait d'ordinaire : *J'aimerois mieux être Cornelius Tacitus que Publius Cornelius.* (A.)

J'en suis pour mon honneur; mais à toi, qui me l'ôtes,
Je t'en ferai du moins pour un bras ou deux côtes.

LA FEMME DE SGANARELLE.

Et tu m'oses tenir de semblables discours?

SGANARELLE.

Et tu m'oses jouer de ces diables de tours?

LA FEMME DE SGANARELLE.

Et quels diables de tours? Parle donc sans rien feindre.

SGANARELLE.

Ah! cela ne vaut pas la peine de se plaindre!
D'un panache de cerf sur le front me pourvoir :
Hélas! voilà vraiment un beau venez-y voir [1].

LA FEMME DE SGANARELLE.

Donc, après m'avoir fait la plus sensible offense,
Qui puisse d'une femme exciter la vengeance,
Tu prends d'un feint courroux le vain amusement
Pour prévenir l'effet de mon ressentiment?
D'un pareil procédé l'insolence est nouvelle!
Celui qui fait l'offense est celui qui querelle.

SGANARELLE.

Hé! la bonne effrontée! A voir ce fier maintien,
Ne la croiroit-on pas une femme de bien?

LA FEMME DE SGANARELLE.

Va, poursuis ton chemin, cajole tes maîtresses,
Adresse-leur tes vœux, et fais-leur des caresses :
Mais rends-moi mon portrait sans te jouer de moi.

(Elle lui arrache le portrait, et s'enfuit.)

SGANARELLE, *courant après elle.*

Oui, tu crois m'échapper; je l'aurai malgré toi [2].

---

[1] *Voilà un beau venez-y voir*, expression proverbiale et populaire qui signifie *peu de chose*; on voit assez que le discours de Sganarelle est ironique, et que ce *peu de chose* est beaucoup pour lui.

[2] Ici la scène reste vide. Cette faute, qui se renouvelle encore deux fois dans la pièce, a engagé plusieurs éditeurs à la diviser en trois actes. Mais les mémoires du temps nous apprennent que la scène du monologue, appelée la belle scène, étoit la dix-septième de la pièce; ce qui ne pourroit pas être si le *Cocu imaginaire* étoit divisé en trois actes. L'édition de 1682, faite par La Grange, camarade de

SCÈNE VII.

LÉLIE, GROS-RENÉ.

GROS-RENÉ.

Enfin nous y voici. Mais, monsieur, si je l'ose,
Je voudrois vous prier de me dire une chose.

LÉLIE.

Hé bien ! parle.

GROS-RENÉ.

    Avez-vous le diable dans le corps,
Pour ne pas succomber à de pareils efforts?
Depuis huit jours entiers, avec vos longues traites,
Nous sommes à piquer de chiennes de mazettes,
De qui le train maudit nous a tant secoüés,
Que je m'en sens pour moi tous les membres roués;
Sans préjudice encor d'un accident bien pire,
Qui m'afflige un endroit que je ne veux pas dire :
Cependant, arrivé, vous sortez bien et beau,
Sans prendre de repos, ni manger un morceau.

LÉLIE.

Ce grand empressement n'est point digne de blâme;
De l'hymen de Célie on alarme mon ame;
Tu sais que je l'adore ; et je veux être instruit,
Avant tout autre soin, de ce funeste bruit [1].

Molière, ne donne qu'un acte à cette pièce. (B.) Molière jouoit cette scène avec une verve comique qui arrachoit des cris d'admiration à ses auditeurs : « Certai-
« nement, dit Neufvillenaine dans ses arguments, il ne fut jamais rien vu de si
« agréable que les postures de Sganarelle quand il est derrière sa femme; son
« visage et ses gestes expriment si bien sa jalousie, qu'il ne seroit pas nécessaire
« qu'il parlât pour paroître le plus jaloux de tous les hommes. »

[1] Il en est instruit, puisqu'il en parle. Ce qu'il ignore, et ce qu'il veut savoir, c'est si ce bruit est fondé, Il n'exprime pas sa pensée. (A.) — Le rôle de Gros-René ne tient pas plus à l'action que celui de la suivante de Célie; mais l'auteur rachète cette faute par une multitude de beautés. Gros-René ne nous parle que de son appétit, de ses privations, de ses fatigues; et c'est ainsi qu'il nous apprend tout ce qu'a dû souffrir son maître, qui ne se plaint pas parcequ'il est amoureux. Il étoit

SCÈNE VIII.

GROS-RENÉ.

Oui, mais un bon repas vous seroit nécessaire
Pour s'aller éclaircir, monsieur, de cette affaire;
Et votre cœur, sans doute, en deviendroit plus fort
Pour pouvoir résister aux attaques du sort :
J'en juge par moi-même, et la moindre disgrace,
Lorsque je suis à jeun, me saisit, me terrasse;
Mais, quand j'ai bien mangé, mon ame est ferme à tout,
Et les plus grands revers n'en viendroient pas à bout.
Croyez-moi, bourrez-vous, et, sans réserve aucune,
Contre les coups que peut vous porter la fortune;
Et, pour fermer chez vous l'entrée à la douleur,
De vingt verres de vin entourez votre cœur.

LÉLIE.

Je ne saurois manger.

GROS-RENÉ, *bas, à part.*

Si ferai bien, je meure[1].

(haut.)
Votre dîné pourtant seroit prêt tout à-l'heure.

LÉLIE.

Tais-toi, je te l'ordonne.

GROS-RENÉ.

Ah! quel ordre inhumain!

LÉLIE.

J'ai de l'inquiétude, et non pas de la faim.

GROS-RENÉ.

Et moi, j'ai de la faim, et de l'inquiétude

---

impossible d'intéresser d'une manière plus naturelle en faveur d'un amant qu'on ne connoît point encore. D'ailleurs la scène est charmante, et les plaintes de Gros-René servent à préparer l'évanouissement de Lélie, et à lui donner quelque vraisemblance.

[1] S*i ferai bien, je meure.* Ce qui veut dire *oui! assurément je le ferai bien.* S*i* est un vieux mot que Molière emploie assez souvent, et qu'on trouve même dans *le Tartufe.* Il remplace au besoin les mots *oui, assurément, il, vous, pourtant.* Nicot, dans son *Thrésor de la langue françoise,* dit qu'il sert à renforcer le verbe qui le suit. Ce mot étant abandonné, la phrase de Molière a perdu une partie de son énergie, elle a cessé d'être comique.

De voir qu'un sot amour fait toute votre étude.
LÉLIE.
Laisse-moi m'informer de l'objet de mes vœux,
Et, sans m'importuner, va manger si tu veux.
GROS-RENÉ.
Je ne réplique point à ce qu'un maître ordonne.

SCÈNE VIII.

LÉLIE.

Non, non, à trop de peur mon ame s'abandonne;
Le père m'a promis, et la fille a fait voir
Des preuves d'un amour qui soutient mon espoir.

SCÈNE IX.

SGANARELLE, LÉLIE.

SGANARELLE, *sans voir Lélie, et tenant dans ses mains le portrait.*

Nous l'avons, et je puis voir à l'aise la trogne
Du malheureux pendard qui cause ma vergogne;
Il ne m'est point connu.

LÉLIE, *à part.*
      Dieux! qu'aperçois-je ici?
Et, si c'est mon portrait, que dois-je croire aussi[1]?

SGANARELLE, *sans voir Lélie.*

Ah! pauvre Sganarelle! à quelle destinée
Ta réputation est-elle condamnée!
Faut..

(Apercevant Lélie qui le regarde, il se tourne d'un autre côté.)

---

[1] Le malentendu qui s'établit dans cette scène, et qui subsiste pendant tout le reste de la pièce entre les quatre principaux personnages, est fort divertissant. L'esprit une fois rempli de leurs folles préventions, il est naturel que tous les personnages agissent ridiculement les uns envers les autres, et que les hasards les plus innocents se changent à leurs yeux en certitudes de plus en plus offensantes. (LEM.)—Neufvillenaine a constaté dans ses arguments le jeu admirable de Molière : Jamais, dit-il, on ne vit rien de si bien joué que cette scène.

SCÈNE IX.

LÉLIE, *à part*.

Ce gage ne peut, sans alarmer ma foi,
Être sorti des mains qui le tenoient de moi.

SGANARELLE, *à part*.

Faut-il que désormais à deux doigts l'on te montre,
Qu'on te mette en chansons, et qu'en toute rencontre
On te rejette au nez le scandaleux affront
Qu'une femme mal née imprime sur ton front?

LÉLIE, *à part*.

Me trompé-je?

SGANARELLE, *à part*.

Ah, truande[1]! as-tu bien le courage
De m'avoir fait cocu dans la fleur de mon âge?
Et, femme d'un mari qui peut passer pour beau,
Faut-il qu'un marmouset, un maudit étourneau...

LÉLIE, *à part, et regardant encore le portrait que tient
Sganarelle.*

Je ne m'abuse point; c'est mon portrait lui-même.

SGANARELLE *lui tourne le dos*.

Cet homme est curieux.

LÉLIE, *à part*.

Ma surprise est extrême!

SGANARELLE, *à part*.

A qui donc en a-t-il?

LÉLIE, *à part*.

Je le veux accoster.
(haut.) (Sganarelle veut s'éloigner.)
Puis-je...? Hé! de grace, un mot.

SGANARELLE, *à part, s'éloignant encore*.

Que me veut-il conter?

LÉLIE.

Puis-je obtenir de vous de savoir l'aventure

---

[1] Nicot fait venir ce mot de l'espagnol *truhand*, un *basteleur*, un *plaisanteur*, un vagabond, et par induction *canaille*, *belistre*, *méchanceté*, *malice*; mais ce n'est ici qu'un mot injurieux, auquel il ne faut point attacher de signification particulière.

Qui fait dedans vos mains trouver cette peinture?
SGANARELLE, *à part*.
D'où lui vient ce desir? Mais je m'avise ici...
(Il examine Lélie et le portrait qu'il tient.)
Ah! ma foi, me voilà de son trouble éclairci!
Sa surprise à présent n'étonne plus mon ame;
C'est mon homme; ou plutôt, c'est celui de ma femme[1].
LÉLIE.
Retirez-moi de peine, et dites d'où vous vient...
SGANARELLE.
Nous savons, Dieu merci, le souci qui vous tient.
Ce portrait qui vous fâche est votre ressemblance;
Il étoit en des mains de votre connoissance;
Et ce n'est pas un fait qui soit secret pour nous
Que les douces ardeurs de la dame et de vous.
Je ne sais pas si j'ai, dans sa galanterie,
L'honneur d'être connu de votre seigneurie;
Mais faites-moi celui de cesser désormais
Un amour qu'un mari peut trouver fort mauvais;
Et songez que les nœuds du sacré mariage...
LÉLIE.
Quoi! celle, dites-vous, dont vous tenez ce gage...
SGANARELLE.
Est ma femme, et je suis son mari.
LÉLIE.
Son mari?

SGANARELLE.
Oui, son mari, vous dis-je, et mari très marri[2];
Vous en savez la cause, et je m'en vais l'apprendre
Sur l'heure à ses parents.

---

[1] Voilà le vrai comique d'expression, comique sans recherche et sans effort, qui résulte moins de l'énergie du style que de la force de la situation, qui est une saillie d'humeur plutôt qu'un trait d'esprit, et qui fait rire du personnage avant de faire admirer l'auteur. (A.)

[2] *Marri* est un vieux mot; il signifie fâché, chagrin. Le piquant jeu de mots auquel il donne lieu ici est devenu proverbe parmi tous les confrères de Sgana-

SCÈNE X.

LÉLIE.

Ah! que viens-je d'entendre!
On me l'avoit bien dit, et que c'étoit de tous
L'homme le plus mal fait qu'elle avoit pour époux.
Ah! quand mille serments de ta bouche infidèle
Ne m'auroient point promis une flamme éternelle,
Le seul mépris d'un choix si bas et si honteux
Devoit bien soutenir l'intérêt de mes feux.
Ingrate! et quelque bien... Mais ce sensible outrage,
Se mêlant aux travaux d'un assez long voyage,
Me donne tout-à-coup un choc si violent,
Que mon cœur devient foible, et mon corps chancelant [1].

SCÈNE XI.

LÉLIE, LA FEMME DE SGANARELLE.

LA FEMME DE SGANARELLE, *se croyant seule.*
(apercevant Lélie.)
Malgré moi, mon perfide... Hélas! quel mal vous presse [2]?

---

relle. (LEM.) — Ce mot vient du latin barbare *marritio*, que Vossius interprète *douleur, ressentiment d'un affront reçu.*

[1] Lélie tombe ici en foiblesse dans les bras de la femme de Sganarelle, comme Célie est tombée dans ceux de Sganarelle lui-même. Ce double évanouissement est le nœud de toute la pièce. (B.) — Quoique Molière ait préparé avec beaucoup d'art ce second évanouissement par les récits et les plaintes de Gros-René, il faut convenir que cette répétition de scène a peu d'intérêt; et, pour me servir de l'expression de Geoffroy, elle annonce une pauvreté de moyens bien extraordinaire dans un homme dont la fécondité prodigieuse semble avoir créé tous les ressorts comiques.

[2] *Hélas! quel mal vous presse?* s'écrie la femme de Sganarelle. *Quoi, n'est-ce que cela?* s'écrie le mari dans une circonstance semblable. Ces deux exclamations, si opposées dans deux personnages de la même classe, sont bien dignes de remarque. Sensibilité d'un côté, brutalité de l'autre, et cependant vérité partout; car le même événement ne devoit pas produire la même impression sur deux êtres de sexe différent. Molière charge quelquefois les détails; mais il est sans exemple qu'il manque le premier trait.

Je vous vois prêt, monsieur, à tomber en foiblesse.
LÉLIE.
C'est un mal qui m'a pris assez subitement.
LA FEMME DE SGANARELLE.
Je crains ici pour vous l'évanouissement ;
Entrez dans cette salle, en attendant qu'il passe.
LÉLIE.
Pour un moment ou deux j'accepte cette grace.

SCÈNE XII.

SGANARELLE, UN PARENT [1] DE LA FEMME DE SGANARELLE.

LE PARENT.
D'un mari sur ce point j'approuve le souci ;
Mais c'est prendre la chèvre un peu bien vite aussi [2] :
Et tout ce que de vous je viens d'ouïr contre elle
Ne conclut point, parent, qu'elle soit criminelle :
C'est un point délicat ; et de pareils forfaits,
Sans les bien avérer, ne s'imputent jamais.
SGANARELLE.
C'est-à-dire qu'il faut toucher au doigt la chose.
LE PARENT.
Le trop de promptitude à l'erreur nous expose.
Qui sait comme en ses mains ce portrait est venu,
Et si l'homme, après tout, lui peut être connu ?

---

[1] On voit dans l'argument de Neufvillenaine que ce parent de Sganarelle doit être représenté par un homme âgé. Cette scène, aujourd'hui presque insignifiante, faisoit un effet prodigieux du temps de Molière, dont le jeu étoit si comique, qu'il a fait dire à Neufvillenaine qu'on ne doit pas moins admirer l'auteur pour avoir fait cette pièce, que pour la manière dont il la représente. Il faudroit, dit-il, avoir le pinceau de Poussin, Le Brun et Mignard, pour vous représenter avec quelle posture Sganarelle se fait admirer dans cette scène... Jamais personne ne sut si bien démonter son visage ; et l'on peut dire que dans cette pièce il en change plus de vingt fois.

[2] *Prendre la chèvre*, pour *imiter la chèvre*, animal vif, impatient ; se fâcher de rien, prendre tout au pied de la lettre. C'est le propre des esprits bourrus. Nous disons aujourd'hui *prendre la mouche* à peu près dans le même sens.

Informez-vous-en donc; et, si c'est ce qu'on pense,
Nous serons les premiers à punir son offense.

SCÈNE XIII.

SGANARELLE.

On ne peut pas mieux dire; en effet, il est bon
D'aller tout doucement. Peut-être, sans raison,
Me suis-je en tête mis ces visions cornues [1];
Et les sueurs au front m'en sont trop tôt venues.
Par ce portrait enfin, dont je suis alarmé,
Mon déshonneur n'est pas tout-à-fait confirmé.
Tâchons donc par nos soins...

SCÈNE XIV.

SGANARELLE, LA FEMME DE SGANARELLE *sur la porte de sa maison, reconduisant Lélie;* LÉLIE.

SGANARELLE, *à part, les voyant.*

Ah! que vois-je? Je meure!
Il n'est plus question de portrait à cette heure;
Voici, ma foi, la chose en propre original.

LA FEMME DE SGANARELLE.

C'est par trop vous hâter, monsieur; et votre mal,
Si vous sortez si tôt, pourra bien vous reprendre.

LÉLIE.

Non, non, je vous rends grace, autant qu'on puisse rendre,
De l'obligeant secours que vous m'avez prêté.

SGANARELLE, *à part.*

La masque [2] encore après lui fait civilité!

(La femme de Sganarelle rentre dans sa maison.)

---

[1] Avoir des visions *cornues,* c'est-à-dire avoir des idées *chimériques, folles, ridicules.* Molière donne ici, avec un rare bonheur, une signification nouvelle à cette manière proverbiale de s'exprimer; et ces deux mots sont d'autant plus comiques dans la bouche de Sganarelle, qu'ils désignent fort bien l'espèce de vision qui le tourmente.

[2] Mot injurieux qu'on ne dit qu'aux femmes; il signifie *trompeuse, friponne,*

SCÈNE XV.

SGANARELLE, LÉLIE.

SGANARELLE, *à part.*

Il m'aperçoit; voyons ce qu'il me pourra dire.

LÉLIE, *à part.*

Ah! mon ame s'émeut, et cet objet m'inspire...
Mais je dois condamner cet injuste transport,
Et n'imputer mes maux qu'aux rigueurs de mon sort.
Envions seulement le bonheur de sa flamme.
    (En s'approchant de Sganarelle.)
Oh! trop heureux d'avoir une si belle femme [1]!

SCÈNE XVI.

SGANARELLE; CÉLIE, *à sa fenêtre, voyant Lélie qui s'en va.*

SGANARELLE, *seul.*

Ce n'est point s'expliquer en termes ambigus.
Cet étrange propos me rend aussi confus
Que s'il m'étoit venu des cornes à la tête [2]!

---

hypocrite. Si Sganarelle eût été de sang-froid, *la civilité* de sa femme eût dissipé ses soupçons. Une femme qui reconduit un amant heureux peut être tendre, inquiète, tremblante, jamais *civile*. Mais le propre de la passion est de tout dénaturer : une simple civilité devient pour un jaloux la preuve de ce qu'il craint. Le vers que prononce Sganarelle est très comique, et celui qui commence la scène suivante renferme un trait plein de naturel : c'est la curiosité d'un jaloux qui cherche une funeste joie dans l'embarras et la confusion d'un coupable.

[1] Jamais pièce entière n'a fait tant d'éclat que ce vers seul, s'écrie Neufvillenaine. En effet, l'art de l'auteur est d'autant plus admirable qu'il est plus caché. D'un côté ce vers semble arraché au désespoir de Lélie; de l'autre il jette Sganarelle dans une surprise d'autant plus grande, qu'il s'attendoit moins à entendre envier son bonheur. Enfin la pièce marche, et l'intrigue se noue sans efforts, sans invraisemblances, et de manière à produire les scènes les plus comiques.

[2] Cette expression proverbiale est encore détournée fort heureusement de son véritable sens. Elle veut dire qu'on est *surpris, confondu;* mais elle est fort piquante dans la situation de Sganarelle. (Voyez la note de la scène XIII.)

SCÈNE XVI.

(Regardant le côté par où Lélie est sorti.)
Allez, ce procédé n'est point du tout honnête.
CÉLIE, *à part, en rentrant.*
Quoi! Lélie a paru tout-à-l'heure à mes yeux!
Qui pourroit me cacher son retour en ces lieux?
SGANARELLE, *sans voir Célie.*
Oh! trop heureux d'avoir une si belle femme!
Malheureux bien plutôt de l'avoir, cette infame,
Dont le coupable feu, trop bien vérifié,
Sans respect ni demi nous a cocufié [1]!
Mais je le laisse aller après un tel indice,
Et demeure les bras croisés comme un jocrisse [2]!
Ah! je devois du moins lui jeter son chapeau,
Lui ruer quelque pierre, ou crotter son manteau [3],
Et sur lui hautement, pour contenter ma rage,
Faire, au larron d'honneur, crier le voisinage [4].
(Pendant le discours de Sganarelle, Célie s'approche peu-à-peu, et attend, pour lui parler, que son transport soit fini.)

[1] *Sans respect ni demi;* c'est-à-dire sans respect ni demi-respect. Cette locution n'est plus en usage. (B.)

[2] *Jocrisse*, mot populaire qui renferme toute la peinture d'un individu. Un jocrisse est en même temps sot, avare, laid, et poltron. C'est un homme qui ferme les yeux sur les désordres de sa femme, et s'abaisse aux plus petits détails du ménage. Nos étymologistes, dit le savant Court de Gébelin, n'ont pu découvrir l'origine de ce mot; il est vrai qu'elle n'étoit pas aisée à trouver. C'est un dérivé ou diminutif de l'italien *zugo*, prononcé *jog*, et qui a exactement la même signification que jocrisse. (*Monde primitif*. tome V, page 576.) Le poëte Coquillard, qui vivoit sous le règne de Charles VIII, donne le nom de *joquesus* à un niais qui se laisse conduire par sa femme:

Coquin, niais, sot joquesus,
Trop tost marié en substance.
Monologue des Perruques.

Peut-être *jocrisse* vient-il de *joquesus;* quoi qu'il en soit, ce mot n'est pas ancien dans notre langue. Le premier dictionnaire où nous l'ayons trouvé porte la date de 1640, et le titre de *Curiosités françoises*, par Antoine Oudin. Parmi nos auteurs classiques Molière est aussi le premier qui l'ait employé, ici et dans les *Femmes savantes*, acte V, scène III.

[3] Les amoureux ne paroissent plus sur le théâtre en manteau. Cependant, comme Lélie arrive d'un long voyage, il pourroit pour un instant adopter ce costume, afin de rendre à ce vers tout son à-propos.

[4] Cette idée si comique est empruntée au roman de Francion. Voici le passage;

CÉLIE, *à Sganarelle.*

Celui qui maintenant devers vous est venu,
Et qui vous a parlé, d'où vous est-il connu?

SGANARELLE.

Hélas! ce n'est pas moi qui le connois, madame :
C'est ma femme.

CÉLIE.

Quel trouble agite ainsi votre ame?

SGANARELLE.

Ne me condamnez point d'un deuil hors de saison,
Et laissez-moi pousser des soupirs à foison.

CÉLIE.

D'où vous peuvent venir ces douleurs non communes?

SGANARELLE.

Si je suis affligé, ce n'est pas pour des prunes [1],
Et je le donnerois à bien d'autres qu'à moi,
De se voir sans chagrin au point où je me voi.
Des maris malheureux vous voyez le modèle :
On dérobe l'honneur au pauvre Sganarelle ;

c'est un mari qui parle : « Un jour, dit-il, que je trouvai le galant auprès de ma « femme, je me contentai de lui dire des injures, et le laissai encore aller sain et « sauf. Oh! que j'en ai eu de regret, quand j'y ai songé! Je lui devois jeter son « chapeau par la fenêtre, ou lui déchirer ses souliers; mais, quoi! je n'étois pas « à moi en cet accident, etc. » Non seulement Molière a imité ce passage, mais encore il a calqué le caractère de Sganarelle sur celui de ce mari outragé. Le roman de Francion, peu connu aujourd'hui, est écrit d'un style simple et naturel; il offre la peinture la plus vive des mœurs du temps, et une critique ingénieuse et fine des différents états de la société. Molière, plus que tout autre, devoit goûter ces différents genres de mérite, et il est évident que ce livre faisoit partie de sa bibliothèque. Plus tard Francion fut apprécié par Le Sage, qui l'imita dans Gil Blas, comme Scarron l'avoit imité dans le Roman comique.

[1] *Ce n'est pas pour des prunes.* Proverbialement, ce n'est pas pour peu de chose. On rapporte, à propos de cette expression, le conte suivant : On avoit fait présent à Martin Grandin, doyen de Sorbonne, de quelques boîtes d'excellentes prunes de Gênes, qu'il enferma dans son cabinet; ses écoliers, ayant trouvé sa clef, firent main-basse sur les boîtes. Le docteur, à son retour, fit grand bruit, et alloit chasser tous ses pensionnaires, si l'un d'eux, tombant à ses genoux, ne lui eût dit : Eh! monsieur, on dira que vous nous avez chassés pour des prunes! A ces mots, le bon doyen ne put s'empêcher de rire, et tout fut pardonné. Le sel de ce conte prouve qu'il faut aller chercher plus loin l'origine de ce proverbe. (B.)

SCÈNE XVI.

Mais c'est peu que l'honneur dans mon affliction,
L'on me dérobe encor la réputation.

CÉLIE.

Comment?

SGANARELLE.

Ce damoiseau, parlant par révérence,
Me fait cocu, madame, avec toute licence;
Et j'ai su par mes yeux avérer aujourd'hui
Le commerce secret de ma femme et de lui.

CÉLIE.

Celui qui maintenant...

SGANARELLE.

Oui, oui, me déshonore;
Il adore ma femme, et ma femme l'adore.

CÉLIE.

Ah! j'avois bien jugé que ce secret retour
Ne pouvoit me couvrir que quelque lâche tour;
Et j'ai tremblé d'abord, en le voyant paroître,
Par un pressentiment de ce qui devoit être.

SGANARELLE.

Vous prenez ma défense avec trop de bonté :
Tout le monde n'a pas la même charité;
Et plusieurs qui tantôt ont appris mon martyre,
Bien loin d'y prendre part, n'en ont rien fait que rire[1].

CÉLIE.

Est-il rien de plus noir que ta lâche action?
Et peut-on lui trouver une punition?
Dois-tu ne te pas croire indigne de la vie,
Après t'être souillé de cette perfidie?
O ciel! est-il possible?

---

[1] L'indignation de Célie est si bien en harmonie avec la colère du pauvre Sganarelle, que, tout en s'étonnant de la chaleur qu'elle met à le plaindre, il ne lui vient pas dans l'idée qu'elle puisse s'occuper d'un autre que de lui. Les spectateurs eux-mêmes ne font aucune objection, parce que le quiproquo est fondé sur un sentiment si vif dans les deux interlocuteurs, qu'on sent bien qu'il ne peut amener aucune explication. (Voyez la note à la fin de la scène.)

SGANARELLE.

Il est trop vrai pour moi.

CÉLIE.

Ah, traître! scélérat! ame double et sans foi!

SGANARELLE.

La bonne ame!

CÉLIE.

Non, non, l'enfer n'a point de gêne
Qui ne soit pour ton crime une trop douce peine.

SGANARELLE.

Que voilà bien parler!

CÉLIE.

Avoir ainsi traité
Et la même innocence et la même bonté [1]!

SGANARELLE *soupire haut*.

Hai!

CÉLIE.

Un cœur qui jamais n'a fait la moindre chose
A mériter l'affront où ton mépris l'expose!

SGANARELLE.

Il est vrai.

CÉLIE.

Qui bien loin... Mais c'est trop, et ce cœur
Ne sauroit y songer sans mourir de douleur.

SGANARELLE.

Ne vous fâchez pas tant, ma très chère madame;
Mon mal vous touche trop, et vous me percez l'ame [2].

---

[1] *La même innocence et la même bonté*, pour *l'innocence et la bonté même*; c'est un italianisme : *l'istessa innocenza e l'istessa bontà*. On en trouve mille exemples dans les poëtes de la première moitié du dix-septième siècle. Tout le monde connoît le vers du *Cid* :

Sais-tu que ce vieillard fut la même vertu... (A.)

[2] Lorsque le cœur est frappé d'une forte passion, il semble que tout le monde doive la partager. Cette préoccupation est si vraie, qu'on voit souvent des personnes profondément affligées s'indigner de la froideur même de gens qu'elles ne connoissent pas. C'est sur ce sentiment, dont on ne se rend point assez compte, que Molière a eu l'idée singulière de fonder une des scènes les plus comiques qui

CÉLIE.

Mais ne t'abuse pas jusqu'à te figurer
Qu'à des plaintes sans fruit j'en veuille demeurer :
Mon cœur, pour se venger, sait ce qu'il te faut faire,
Et j'y cours de ce pas; rien ne m'en peut distraire.

SCÈNE XVII.

SGANARELLE.

Que le ciel la préserve à jamais de danger!
Voyez quelle bonté de vouloir me venger!
En effet, son courroux, qu'excite ma disgrace,
M'enseigne hautement ce qu'il faut que je fasse;
Et l'on ne doit jamais souffrir sans dire mot
De semblables affronts, à moins qu'être un vrai sot.
Courons donc le chercher, ce pendard qui m'affronte;
Montrons notre courage à venger notre honte.
Vous apprendrez, maroufle, à rire à nos dépens,
Et, sans aucun respect, faire cocus les gens.
                 (Il revient après avoir fait quelques pas.)
Doucement, s'il vous plait! cet homme a bien la mine
D'avoir le sang bouillant et l'ame un peu mutine;
Il pourroit bien, mettant affront dessus affront,
Charger de bois mon dos, comme il a fait mon front.
Je hais de tout mon cœur les esprits colériques,
Et porte un grand amour aux hommes pacifiques;
Je ne suis point battant, de peur d'être battu [1],
Et l'humeur débonnaire est ma grande vertu.
Mais mon honneur me dit que d'une telle offense
Il faut absolument que je prenne vengeance :

soient au théâtre. Ce grand peintre de nos foiblesses n'est toujours vrai que parce-qu'il sait toujours lire dans le cœur humain; mais il falloit tout son génie pour voir dans un sentiment si sérieux le motif d'une scène si plaisante.

[1] Ce vers est devenu proverbe; Voltaire en a fait un précepte dans une pièce de vers de sa première jeunesse, où il dit :

    Et ne sois point battant, de peur d'être battu.   (A.)

Ma foi, laissons-le dire autant qu'il lui plaira :
Au diantre qui pourtant rien du tout en fera!
Quand j'aurai fait le brave, et qu'un fer, pour ma peine,
M'aura d'un vilain coup transpercé la bedaine,
Que par la ville ira le bruit de mon trépas,
Dites-moi, mon honneur, en serez-vous plus gras?
La bière est un séjour par trop mélancolique,
Et trop malsain pour ceux qui craignent la colique [1].
Et quant à moi, je trouve, ayant tout compassé,
Qu'il vaut mieux être encor cocu que trépassé.
Quel mal cela fait-il? La jambe en devient-elle
Plus tortue, après tout, et la taille moins belle [2]?
Peste soit qui premier trouva l'invention
De s'affliger l'esprit de cette vision,
Et d'attacher l'honneur de l'homme le plus sage
Aux choses que peut faire une femme volage!
Puisqu'on tient, à bon droit, tout crime personnel,
Que fait là notre honneur pour être criminel?
Des actions d'autrui l'on nous donne le blâme :
Si nos femmes sans nous ont un commerce infame,
Il faut que tout le mal tombe sur notre dos :
Elles font la sottise, et nous sommes les sots.
C'est un vilain abus, et les gens de police
Nous devroient bien régler une telle injustice.
N'avons-nous pas assez des autres accidents
Qui nous viennent happer en dépit de nos dents?
Les querelles, procès, faim, soif, et maladie,
Troublent-ils pas assez le repos de la vie,
Sans s'aller, de surcroît, aviser sottement
De se faire un chagrin qui n'a nul fondement?
Moquons-nous de cela, méprisons les alarmes,

[1] Ces deux vers sont une imitation malheureuse d'un passage de *Jodelet duelliste*, par Scarron. On est d'autant plus fâché de les trouver ici, qu'ils déparent un morceau remarquable par la simplicité et le naturel.
[2] Toutes ces idées sont très comiques. La Fontaine les a imitées dans sa comédie de *la Coupe enchantée*, représentée vingt-huit ans après *le Cocu imaginaire*.

Et mettons sous nos pieds les soupirs et les larmes.
Si ma femme a failli, qu'elle pleure bien fort;
Mais pourquoi, moi, pleurer, puisque je n'ai point tort?
En tout cas, ce qui peut m'ôter ma fâcherie,
C'est que je ne suis pas seul de ma confrérie.
Voir cajoler sa femme, et n'en témoigner rien,
Se pratique aujourd'hui par force gens de bien.
N'allons donc point chercher à faire une querelle,
Pour un affront qui n'est que pure bagatelle.
L'on m'appellera sot de ne me venger pas;
Mais je le serois fort, de courir au trépas.

(Mettant la main sur sa poitrine.)

Je me sens là pourtant remuer une bile
Qui veut me conseiller quelque action virile :
Oui, le courroux me prend; c'est trop être poltron :
Je veux résolument me venger du larron.
Déja pour commencer, dans l'ardeur qui m'enflamme,
Je vais dire partout qu'il couche avec ma femme [1].

---

[1] Quelques tournures de ce monologue semblent aujourd'hui grossières et communes; telle est la différence des mœurs, que dans le siècle du goût et de la délicatesse, il étoit attendu avec impatience, et applaudi avec enthousiasme. On l'appeloit la belle scène; et Molière, qui jouoit d'original le rôle de Sganarelle, avec une rare perfection, pouvoit à peine dire quelques vers de suite sans être interrompu par des applaudissements. (P.) — Ce morceau est plein de verve. Molière a fort habilement dissimulé sa longueur, en lui donnant un intérêt dramatique. Ce combat entre l'honneur et la peur, entre le bon sens et un préjugé, offre non seulement une peinture fort comique des agitations de Sganarelle, mais encore il fixe l'attention, il captive la curiosité, et il satisfait le goût par la naïveté des sentiments et le naturel du langage. Le dernier vers est un trait de maître, et le morceau entier en renferme un grand nombre devenus proverbes. Les lecteurs, curieux de voir comment Molière sait varier la même pensée sans jamais se répéter, peuvent comparer le monologue de Sganarelle à celui de Mascarille dans *le Dépit amoureux*, acte V, scène 1re. Il seroit difficile de prononcer entre ces deux morceaux, qui sont également parfaits sous le rapport du style et du vrai comique. Le monologue de Mascarille est évidemment le type de celui de Sganarelle, et cependant tous deux sont originaux, parceque l'auteur a su faire ressortir les principaux traits qui les distinguent de la situation et du caractère des personnages.

SCÈNE XVIII.

GORGIBUS, CÉLIE, LA SUIVANTE DE CÉLIE.

CÉLIE.

Oui, je veux bien subir une si juste loi :
Mon père, disposez de mes vœux et de moi;
Faites, quand vous voudrez, signer cet hyménée :
A suivre mon devoir je suis déterminée;
Je prétends gourmander mes propres sentiments,
Et me soumettre en tout à vos commandements.

GORGIBUS.

Ah! voilà qui me plaît, de parler de la sorte.
Parbleu! si grande joie à l'heure me transporte,
Que mes jambes sur l'heure en caprioleroient [1],
Si nous n'étions point vus de gens qui s'en riroient !
Approche-toi de moi; viens çà, que je t'embrasse.
Une telle action n'a pas mauvaise grace :
Un père, quand il veut, peut sa fille baiser,
Sans que l'on ait sujet de s'en scandaliser.
Va, le contentement de te voir si bien née
Me fera rajeunir de dix fois une année.

SCÈNE XIX.

CÉLIE, LA SUIVANTE DE CÉLIE.

LA SUIVANTE.

Ce changement m'étonne.

CÉLIE.

Et lorsque tu sauras
Par quel motif j'agis, tu m'en estimeras.

LA SUIVANTE.

Cela pourroit bien être.

---

[1] Mot qui vient de l'italien *capriola*. On disoit autrefois *caprioler*; mais déjà du temps de Richelet, le mot *cabrioler* étoit plus usité.

CÉLIE.
Apprends donc que Lélie
A pu blesser mon cœur par une perfidie;
Qu'il étoit en ces lieux sans....
LA SUIVANTE.
Mais il vient à nous.

SCÈNE XX.

LÉLIE, CÉLIE, LA SUIVANTE DE CÉLIE.

LÉLIE.
Avant que pour jamais je m'éloigne de vous,
Je veux vous reprocher au moins en cette place...
CÉLIE.
Quoi! me parler encore? Avez-vous cette audace?
LÉLIE.
Il est vrai qu'elle est grande; et votre choix est tel
Qu'à vous rien reprocher je serois criminel.
Vivez, vivez contente, et bravez ma mémoire
Avec le digne époux qui vous comble de gloire.
CÉLIE.
Oui, traître, j'y veux vivre; et mon plus grand desir
Ce seroit que ton cœur en eût du déplaisir [1].
LÉLIE.
Qui rend donc contre moi ce courroux légitime?
CÉLIE.
Quoi! tu fais le surpris, et demandes ton crime [2]?

[1] Avec quel art Molière a su renfermer dans une si courte scène l'indignation qu'éprouve naturellement un honnête homme qui se voit abandonné pour un indigne rival, et l'expression du funeste dépit qui porte si souvent les femmes à se venger en se sacrifiant elles-mêmes!

[2] L'usage général étoit alors de faire tutoyer les amants. Molière se conforma aux bienséances en réformant cet usage. Dans aucune des pièces suivantes on ne retrouve un exemple semblable à celui-ci. (B.)

SCÈNE XXI.

CÉLIE, LÉLIE, SGANARELLE, *armé de pied en cap;* LA SUIVANTE DE CÉLIE.

SGANARELLE.

Guerre, guerre mortelle à ce larron d'honneur
Qui, sans miséricorde, a souillé notre honneur!

CÉLIE, *à Lélie, lui montrant Sganarelle.*

Tourne, tourne les yeux sans me faire répondre.

LÉLIE.

Ah! je vois...

CÉLIE.

Cet objet suffit pour te confondre.

LÉLIE.

Mais pour vous obliger bien plutôt à rougir.

SGANARELLE, *à part.*

Ma colère à présent est en état d'agir;
Dessus ses grands chevaux est monté mon courage [1];
Et si je le rencontre, on verra du carnage.
Oui, j'ai juré sa mort; rien ne peut l'empêcher :
Où je le trouverai, je veux le dépêcher.

(Tirant son épée à demi, il approche de Lélie.)

Au beau milieu du cœur il faut que je lui donne...

---

[1] Il faut chercher l'origine de ce proverbe dans les usages de l'ancienne chevalerie. Les chevaliers avoient deux espèces de chevaux : ceux qu'ils montoient habituellement étoient connus sous le nom de coursiers de palefroi; c'étoient des chevaux d'une allure aisée et d'une force ordinaire. Mais, les jours de bataille, on leur amenoit des chevaux d'une vigueur et d'une taille remarquables, que des écuyers conduisoient à leur droite, d'où leur est venu le nom de destriers. Ces destriers étoient présentés aux chevaliers à l'heure même du combat : c'étoit ce que l'on appeloit alors *monter sur ses grands chevaux*. Depuis, par allusion à cet usage, on a dit : monter sur ses grands chevaux, pour, se mettre en colère, s'emporter, prendre un parti vigoureux; montrer de la fierté, de l'arrogance, du courage.

SCÈNE XXI.

LÉLIE, *se retournant.*

A qui donc en veut-on?

SGANARELLE.

Je n'en veux à personne.

LÉLIE.

Pourquoi ces armes-là?

SGANARELLE.

C'est un habillement
(à part.)
Que j'ai pris pour la pluie. Ah! quel contentement
J'aurois à le tuer! Prenons-en le courage.

LÉLIE, *se retournant encore.*

Haï?

SGANARELLE.

Je ne parle pas.
(à part, après s'être donné des soufflets pour s'exciter.)
Ah! poltron! dont j'enrage,
Lâche! vrai cœur de poule!

CÉLIE, *à Lélie.*

Il t'en doit dire assez,
Cet objet dont tes yeux nous paroissent blessés.

LÉLIE.

Oui, je connois par-là que vous êtes coupable
De l'infidélité la plus inexcusable
Qui jamais d'un amant puisse outrager la foi.

SGANARELLE, *à part.*

Que n'ai-je un peu de cœur!

CÉLIE.

Ah! cesse devant moi,
Traître, de ce discours l'insolence cruelle!

SGANARELLE, *à part.*

Sganarelle, tu vois qu'elle prend ta querelle :
Courage, mon enfant, sois un peu vigoureux.
Là, hardi! tâche à faire un effort généreux,
En le tuant tandis qu'il tourne le derrière.

LÉLIE, *faisant deux ou trois pas sans dessein, fait retourner Sganarelle, qui s'approchoit pour le tuer* [1].

Puisqu'un pareil discours émeut votre colère,
Je dois de votre cœur me montrer satisfait,
Et l'applaudir ici du beau choix qu'il a fait.

CÉLIE.

Oui, oui, mon choix est tel qu'on n'y peut rien reprendre.

LÉLIE.

Allez, vous faites bien de le vouloir défendre.

SGANARELLE.

Sans doute, elle fait bien de défendre mes droits.
Cette action, monsieur, n'est point selon les lois :
J'ai raison de m'en plaindre; et, si je n'étois sage,
On verroit arriver un étrange carnage.

LÉLIE.

D'où vous naît cette plainte, et quel chagrin brutal...?

SGANARELLE.

Suffit. Vous savez bien où le bât me fait mal;
Mais votre conscience et le soin de votre ame
Vous devroient mettre aux yeux que ma femme est ma femme ;
Et vouloir, à ma barbe, en faire votre bien,
Que ce n'est pas du tout agir en bon chrétien.

LÉLIE.

Un semblable soupçon est bas et ridicule.
Allez, dessus ce point n'ayez aucun scrupule :
Je sais qu'elle est à vous ; et, bien loin de brûler...

CÉLIE.

Ah ! qu'ici tu sais bien, traître, dissimuler !

---

[1] La triple méprise des trois personnages rend cette scène fort comique. Les différents essais de Sganarelle pour frapper Lélie par derrière font un jeu de théâtre d'autant plus plaisant que la poltronnerie du jaloux ne peut lui permettre d'achever une pareille action. Cette action tient d'ailleurs aux mœurs des Italiens ; et les commentateurs qui l'ont blâmée ne se sont point assez souvenus de l'origine de la pièce, du caractère de Sganarelle, et enfin du genre même de cette comédie, qui par son sujet se rapproche quelquefois de la farce.

LÉLIE.

Quoi ! me soupçonnez-vous d'avoir une pensée
De qui son ame ait lieu de se croire offensée?
De cette lâcheté voulez-vous me noircir?

CÉLIE.

Parle, parle à lui-même, il pourra t'éclaircir.

SGANARELLE, *à Célie.*

Vous me défendez mieux que je ne saurois faire;
Et du biais qu'il faut vous prenez cette affaire.

SCÈNE XXII.

CÉLIE, LÉLIE, SGANARELLE, LA FEMME DE SGANARELLE, LA SUIVANTE DE CÉLIE.

LA FEMME DE SGANARELLE.

Je ne suis point d'humeur à vouloir contre vous
Faire éclater, madame, un esprit trop jaloux ;
Mais je ne suis point dupe, et vois ce qui se passe :
Il est de certains feux de fort mauvaise grace ;
Et votre ame devroit prendre un meilleur emploi,
Que de séduire un cœur qui doit n'être qu'à moi.

LÉLIE.

La déclaration est assez ingénue.

SGANARELLE, *à sa femme.*

L'on ne demandoit pas, carogne, ta venue :
Tu la viens quereller lorsqu'elle me défend,
Et tu trembles de peur qu'on t'ôte ton galant.

CÉLIE.

Allez, ne croyez pas que l'on en ait envie.
(Se tournant vers Lélie.)
Tu vois si c'est mensonge; et j'en suis fort ravie.

LÉLIE.

Que me veut-on conter?

LA SUIVANTE.

Ma foi, je ne sais pas

Quand on verra finir ce galimatias;
Déja depuis long-temps je tâche à le comprendre,
Et si, plus je l'écoute, et moins je puis l'entendre [1].
Je vois bien à la fin que je m'en dois mêler.
   (Elle se met entre Lélie et sa maîtresse.
Répondez-moi par ordre, et me laissez parler.
  (à Lélie.)
Vous, qu'est-ce qu'à son cœur peut reprocher le vôtre?

LÉLIE.

Que l'infidèle a pu me quitter pour un autre;
Que lorsque, sur le bruit de son hymen fatal,
J'accours tout transporté d'un amour sans égal,
Dont l'ardeur résistoit à se croire oubliée,
Mon abord en ces lieux la trouve mariée.

LA SUIVANTE.

Mariée! à qui donc?

LÉLIE, *montrant Sganarelle.*

  A lui.

LA SUIVANTE.

  Comment, à lui?

LÉLIE.

Oui-dà!

LA SUIVANTE.

 Qui vous l'a dit?

LÉLIE.

  C'est lui-même, aujourd'hui.

LA SUIVANTE, *à Sganarelle.*

Est-il vrai?

SGANARELLE.

 Moi? J'ai dit que c'étoit à ma femme
Que j'étois marié.

LÉLIE.

  Dans un grand trouble d'ame,

---

[1] *Et si, plus je l'écoute.* Nous avons déja donné une explication de ce vieux mot, qui est employé ici pour *néanmoins, pourtant.* (Voyez la note scène VII.)

SCÈNE XXII.

Tantôt de mon portrait je vous ai vu saisi.

SGANARELLE.

Il est vrai : le voilà.

LÉLIE, *à Sganarelle.*

Vous m'avez dit aussi
Que celle aux mains de qui vous avez pris ce gage
Étoit liée à vous des nœuds du mariage.

SGANARELLE.

(montrant sa femme.)

Sans doute. Et je l'avois de ses mains arraché;
Et n'eusse pas sans lui découvert son péché.

LA FEMME DE SGANARELLE.

Que me viens-tu conter par ta plainte importune?
Je l'avois sous mes pieds rencontré par fortune;
Et même, quand, après ton injuste courroux,

(montrant Lélie.)

J'ai fait dans sa foiblesse entrer monsieur chez nous,
Je n'ai pas reconnu les traits de sa peinture.

CÉLIE.

C'est moi qui du portrait ai causé l'aventure;
Et je l'ai laissé choir en cette pâmoison

(à Sganarelle.)

Qui m'a fait par vos soins remettre à la maison.

LA SUIVANTE.

Vous voyez que sans moi vous y seriez encore;
Et vous aviez besoin de mon peu d'ellébore[1].

---

[1] Cette suivante, qui vient tout éclaircir, est le germe de la scène charmante du *Tartufe*, où Dorine, par un éclaircissement du même genre, réconcilie Valère avec Marianne. Nous aurons souvent l'occasion de remarquer que Molière essayoit dans ses petites pièces des conceptions qu'il se proposoit de développer dans ses chefs-d'œuvre. (P.) — L'idée de Molière est d'autant plus heureuse qu'elle débrouille en quelques lignes une multitude de quiproquo qui sembloient devoir entraîner d'assez longues explications. D'ailleurs cette intrigue, uniquement fondée sur l'aveugle prévention de personnes passionnées, et qui se trouve tout-à-coup dénouée par une personne de sang-froid, renferme une excellente leçon. Elle nous apprend que la vérité est une lumière que les passions obscurcissent sans cesse, et qui ne peut luire que pour la raison. Enfin c'est ici le véritable dénoûment de l'intrigue; car le sujet de la pièce n'est pas le mariage de Lélie, mais la quadruple méprise des quatre principaux personnages. Cela est si vrai, qu'on

SGANARELLE, *à part.*

Prendrons-nous tout ceci pour de l'argent comptant?
Mon front l'a, sur mon ame, eu bien chaude pourtant¹.

LA FEMME DE SGANARELLE.

Ma crainte toutefois n'est pas trop dissipée,
Et, doux que soit le mal, je crains d'être trompée.

SGANARELLE, *à sa femme.*

Hé! mutuellement, croyons-nous gens de bien;
Je risque plus du mien que tu ne fais du tien;
Accepte sans façon le marché qu'on propose.

LA FEMME DE SGANARELLE.

Soit. Mais gare le bois, si j'apprends quelque chose!

CÉLIE, *à Lélie, après avoir parlé bas ensemble.*

Ah! dieux! s'il est ainsi, qu'est-ce donc que j'ai fait?
Je dois de mon courroux appréhender l'effet.
Oui, vous croyant sans foi, j'ai pris, pour ma vengeance,
Le malheureux secours de mon obéissance;
Et, depuis un moment, mon cœur vient d'accepter
Un hymen que toujours j'eus lieu de rebuter.
J'ai promis à mon père; et ce qui me désole...
Mais je le vois venir.

LÉLIE.

Il me tiendra parole.

SCÈNE XXIII.

GORGIBUS, CÉLIE, LÉLIE, SGANARELLE, LA FEMME
DE SGANARELLE, LA SUIVANTE DE CÉLIE.

LÉLIE.

Monsieur, vous me voyez en ces lieux de retour,

ne desire pas même le mariage des deux amants. C'est le moyen employé pour faire ce mariage qui a été blâmé avec raison par Voltaire. Au reste, ce moyen, quel qu'il fût, ne pourroit amener qu'une scène froide et languissante; c'est un défaut qu'on retrouve dans toutes les pièces dont l'intérêt ne porte pas sur les personnages, mais sur les événements.

¹ Il y a un reste de défiance dans cet aparté de Sganarelle; c'est un trait de ca-

Brûlant des mêmes feux ; et mon ardent amour
Verra, comme je crois, la promesse accomplie
Qui me donna l'espoir de l'hymen de Célie.

GORGIBUS.

Monsieur, que je revois en ces lieux de retour,
Brûlant des mêmes feux, et dont l'ardent amour
Verra, que vous croyez, la promesse accomplie
Qui vous donna l'espoir de l'hymen de Célie,
Très humble serviteur à votre seigneurie[1].

LÉLIE.

Quoi! monsieur, est-ce ainsi qu'on trahit mon espoir?

GORGIBUS.

Oui, monsieur, c'est ainsi que je fais mon devoir :
Ma fille en suit les lois.

CÉLIE.

Mon devoir m'intéresse,
Mon père, à dégager vers lui votre promesse.

GORGIBUS.

Est-ce répondre en fille à mes commandements?
Tu te démens bientôt de tes bons sentiments.
Pour Valère, tantôt... Mais j'aperçois son père :
Il vient assurément pour conclure l'affaire.

SCÈNE XXIV.

VILLEBREQUIN, GORGIBUS, CÉLIE, LÉLIE, SGANARELLE, LA FEMME DE SGANARELLE, LA SUIVANTE DE CÉLIE.

GORGIBUS.

Qui vous amène ici, seigneur Villebrequin?

---

ractère. Molière savoit mieux qu'un autre que la jalousie la plus mal fondée laisse toujours quelques nuages après elle. Le proverbe qui exprime ce doute est ici très bien appliqué : *Prendre pour argent comptant*, c'est-à-dire *croire sur parole et sans examen*.

[1] Voilà le seul exemple, chez Molière, de trois rimes féminines de suite. Le premier de ces trois vers est d'un style embarrassé et diffus. (B.)

VILLEBREQUIN.

Un secret important que j'ai su ce matin,
Qui rompt absolument ma parole donnée.
Mon fils, dont votre fille acceptoit l'hyménée,
Sous des liens cachés trompant les yeux de tous,
Vit depuis quatre mois avec Lise en époux;
Et, comme des parents le bien et la naissance
M'ôtent tout le pouvoir d'en casser l'alliance,
Je vous viens...

GORGIBUS.

Brisons là. Si, sans votre congé,
Valère votre fils ailleurs s'est engagé,
Je ne vous puis celer que ma fille Célie
Dès long-temps par moi-même est promise à Lélie;
Et que, riche en vertu, son retour aujourd'hui
M'empêche d'agréer un autre époux que lui.

VILLEBREQUIN.

Un tel choix me plaît fort.

LÉLIE.

Et cette juste envie
D'un bonheur éternel va couronner ma vie...

GORGIBUS.

Allons choisir le jour pour se donner la foi.

SGANARELLE, *seul*.

A-t-on mieux cru jamais être cocu que moi!
Vous voyez qu'en ce fait la plus forte apparence
Peut jeter dans l'esprit une fausse créance.
De cet exemple-ci ressouvenez-vous bien;
Et, quand vous verriez tout, ne croyez jamais rien[1].

---

[1] *Le Cocu imaginaire* ne doit pas être compté parmi les chefs-d'œuvre de Molière. Ce n'est point une pièce de caractère; la jalousie de Sganarelle n'est qu'accidentelle et momentanée. Ce n'est pas non plus une pièce d'intrigue; les ressorts de l'action ne sont ni nombreux ni compliqués. C'est donc simplement un badinage, mais c'est celui d'un homme supérieur. (A.)—Cette comédie est une suite de méprises enchaînées les unes aux autres avec tant de vraisemblance, que tout y paroît le résultat non des combinaisons de l'art, mais du mouvement naturel

des choses. On a dit qu'elle manquoit le but moral, c'est une erreur. Sganarelle et sa femme ont beaucoup d'affection l'un pour l'autre ; ils seroient heureux, s'ils ne se laissoient troubler par la jalousie : le but de Molière a donc été de corriger ce travers, fort commun dans cette classe de la société à laquelle appartient Sganarelle. Ce grand peintre de nos passions avoit passé les premières années de sa vie dans le quartier le plus populeux de Paris, et il y avoit été témoin d'une multitude de scènes, dont on ne peut douter qu'il n'ait reproduit ici les principaux traits. Il y a trop de vérité dans son tableau pour qu'il ne l'ait pas dessiné d'après nature.

FIN DU COCU IMAGINAIRE.

DON GARCIE

DE NAVARRE,

OU

LE PRINCE JALOUX,

COMÉDIE HÉROIQUE
EN CINQ ACTES.

1661.

PERSONNAGES.

DON GARCIE, prince de Navarre, amant de done Elvire[1].
DONE ELVIRE, princesse de Léon[2].
DON ALPHONSE, prince de Léon, cru prince de Castille, sous le nom de don Sylve[3].
DONE IGNÈS, comtesse, amante de don Sylve, aimée par Mauregat, usurpateur de l'état de Léon.
ÉLISE, confidente de done Elvire[4].
DON ALVAR, confident de don Garcie, amant d'Élise.
DON LOPE, autre confident de don Garcie, amant d'Élise.
DON PÈDRE, écuyer d'Ignès.
UN PAGE de done Elvire.

ACTEURS.

[1] Molière. — [2] Mademoiselle Duparc. — [3] La Grange. — [4] Mademoiselle Béjart.

La scène est dans Astorgue, ville d'Espagne, dans le royaume de Léon.

DON GARCIE
DE NAVARRE,
OU
LE PRINCE JALOUX[1].

ACTE PREMIER.

SCÈNE I.
DONE ELVIRE, ÉLISE.

DONE ELVIRE.

Non, ce n'est point un choix qui, pour ces deux amants,
Sut régler de mon cœur les secrets sentiments;
Et le prince n'a point, dans tout ce qu'il peut être,
Ce qui fit préférer l'amour qu'il fait paroître.

---

[1] *Don Garcie de Navarre* est imité d'une comédie italienne (*Il Principe geloso*), *le Prince jaloux*, de Cicognini, imprimée sept ans avant la première représentation de la pièce de Molière. L'auteur françois a modifié quelques scènes de son modèle, mais le fond de l'intrigue est le même. (C.) — Molière joua le rôle de don Garcie, et la pièce et le jeu de Molière furent très mal reçus. *Le Prince jaloux* n'a jamais été rejoué depuis sa chute. La réputation naissante de l'auteur souffrit beaucoup de cette disgrace, et ses ennemis triomphèrent quelque temps. (V.) — Après avoir peint d'une manière si plaisante la jalousie dans *le Cocu imaginaire*, Molière voulut montrer tout ce que cette passion avoit de pathétique dans *don Garcie de Navarre*. Il se trompa; son génie ne le portoit pas au genre sérieux; mais il est probable que le succès même de *Sganarelle* fut cause de son erreur, en lui inspirant l'idée d'exprimer les effets de la même passion chez le peuple et chez les grands. Quoi qu'il en soit, Molière n'appela point de l'arrêt sévère qui le

Don Sylve, comme lui, fit briller à mes yeux
Toutes les qualités d'un héros glorieux :
Même éclat de vertus, joint à même naissance,
Me parloit en tous deux pour cette préférence ;
Et je serois encore à nommer le vainqueur,
Si le mérite seul prenoit droit sur un cœur ;
Mais ces chaînes du ciel qui tombent sur nos ames
Décidèrent en moi le destin de leurs flammes ;
Et toute mon estime, égale entre les deux,
Laissa vers don Garcie entraîner tous mes vœux.

ÉLISE.

Cet amour que pour lui votre astre vous inspire
N'a sur vos actions pris que bien peu d'empire,
Puisque nos yeux, madame, ont pu long-temps douter
Qui de ces deux amants vous vouliez mieux traiter.

DONE ELVIRE.

De ces nobles rivaux l'amoureuse poursuite
A de fâcheux combats, Élise, m'a réduite.
Quand je regardois l'un, rien ne me reprochoit
Le tendre mouvement où mon ame penchoit ;
Mais je me l'imputois à beaucoup d'injustice,
Quand de l'autre à mes yeux s'offroit le sacrifice :
Et don Sylve, après tout, dans ses soins amoureux,
Me sembloit mériter un destin plus heureux.
Je m'opposois encor ce qu'au sang de Castille
Du feu roi de Léon semble devoir la fille ;
Et la longue amitié qui, d'un étroit lien,
Joignit les intérêts de son père et du mien.
Ainsi, plus dans mon ame un autre prenoit place,

condamnoit ; il retira sa pièce, qui ne fut imprimée qu'après sa mort. Cette comédie héroïque offre cependant quelques passages pleins de verve et de talent que Molière ne voulut pas laisser perdre. C'est ainsi qu'il força le public à applaudir dans *le Misanthrope*, *Amphitryon*, et *les Femmes savantes*, des tirades entières qui n'avoient pu être appréciées dans *don Garcie*. Nous aurons soin de rappeler ces différents passages ; mais nous ferons peu de remarques sur la pièce, puisqu'elle est perdue pour le théâtre.

Plus de tous ses respects je plaignois la disgrace :
Ma pitié, complaisante à ses brûlants soupirs,
D'un dehors favorable amusoit ses desirs,
Et vouloit réparer, par ce foible avantage,
Ce qu'au fond de mon cœur je lui faisois d'outrage.

ÉLISE.

Mais son premier amour, que vous avez appris,
Doit de cette contrainte affranchir vos esprits ;
Et, puisqu'avant ces soins, où pour vous il s'engage,
Done Ignès de son cœur avoit reçu l'hommage,
Et que, par des liens aussi fermes que doux,
L'amitié vous unit, cette comtesse et vous,
Son secret révélé vous est une matière
A donner à vos vœux liberté tout entière ;
Et vous pouvez sans crainte, à cet amant confus,
D'un devoir d'amitié couvrir tous vos refus.

DONE ELVIRE.

Il est vrai que j'ai lieu de chérir la nouvelle
Qui m'apprit que don Sylve étoit un infidèle,
Puisque par ses ardeurs mon cœur tyrannisé
Contre elles à présent se voit autorisé ;
Qu'il en peut justement combattre les hommages,
Et, sans scrupule, ailleurs donner tous ses suffrages.
Mais enfin quelle joie en peut prendre ce cœur,
Si d'une autre contrainte il souffre la rigueur ;
Si d'un prince jaloux l'éternelle foiblesse
Reçoit indignement les soins de ma tendresse,
Et semble préparer, dans mon juste courroux,
Un éclat à briser tout commerce entre nous?

ÉLISE.

Mais si de votre bouche il n'a point su sa gloire,
Est-ce un crime pour lui que de n'oser la croire?
Et ce qui d'un rival a pu flatter les feux
L'autorise-t-il pas à douter de vos vœux[1]?

---

[1] Elise a raison : il y a dans la conduite, et surtout dans les discours d'Elvire,

DONE ELVIRE.

Non, non, de cette sombre et lâche jalousie
Rien ne peut excuser l'étrange frénésie;
Et, par mes actions, je l'ai trop informé
Qu'il peut bien se flatter du bonheur d'être aimé.
Sans employer la langue, il est des interprètes
Qui parlent clairement des atteintes secrètes.
Un soupir, un regard, une simple rougeur,
Un silence est assez pour expliquer un cœur.
Tout parle dans l'amour; et, sur cette matière,
Le moindre jour doit être une grande lumière,
Puisque chez notre sexe, où l'honneur est puissant,
On ne montre jamais tout ce que l'on ressent.
J'ai voulu, je l'avoue, ajuster ma conduite,
Et voir d'un œil égal l'un et l'autre mérite :
Mais que contre ses vœux on combat vainement,
Et que la différence est connue aisément
De toutes ces faveurs qu'on fait avec étude,
A celles où du cœur fait pencher l'habitude !
Dans les unes toujours on paroît se forcer;
Mais les autres, hélas! se font sans y penser :
Semblables à ces eaux si pures et si belles,
Qui coulent sans effort des sources naturelles.
Ma pitié pour don Sylve avoit beau l'émouvoir,
J'en trahissois les soins sans m'en apercevoir;
Et mes regards au prince, en un pareil martyre,
En disoient toujours plus que je n'en voulois dire.

plus de coquetterie que de passion véritable. Ce défaut tenoit au genre de la tragi-comédie, qui elle-même tenoit aux mœurs. Une femme alors pouvoit aimer, mais sans abandon et avec dignité; c'étoient *les Précieuses* considérées héroïquement. Tous les efforts de Molière pour dissimuler cette influence furent inutiles. Il donna au caractère d'Elvire un mélange de douceur, de fermeté, et de raison, qui a beaucoup de charmes; mais, forcé de rester dans les limites du genre, il ne put lui donner de l'abandon, et ce fut sans doute une des causes du peu de succès de la pièce.

ACTE I, SCÈNE I.

ÉLISE.

Enfin, si les soupçons de cet illustre amant,
Puisque vous le voulez, n'ont point de fondement,
Pour le moins font-ils foi d'une ame bien atteinte,
Et d'autres chériroient ce qui fait votre plainte.
De jaloux mouvements doivent être odieux,
S'ils partent d'un amour qui déplaît à nos yeux :
Mais tout ce qu'un amant nous peut montrer d'alarmes
Doit, lorsque nous l'aimons, avoir pour nous des charmes;
C'est par là que son feu se peut mieux exprimer ;
Et, plus il est jaloux, plus nous devons l'aimer.
Ainsi, puisqu'en votre ame un prince magnanime...

DONE ELVIRE.

Ah! ne m'avancez point cette étrange maxime !
Partout la jalousie est un monstre odieux :
Rien n'en peut adoucir les traits injurieux;
Et, plus l'amour est cher qui lui donne naissance,
Plus on doit ressentir les coups de cette offense.
Voir un prince emporté, qui perd à tous moments
Le respect que l'amour inspire aux vrais amants;
Qui, dans les soins jaloux où son ame se noie,
Querelle également mon chagrin et ma joie,
Et dans tous mes regards ne peut rien remarquer
Qu'en faveur d'un rival il ne veuille expliquer [1] !
Non, non, par ces soupçons je suis trop offensée,
Et sans déguisement je te dis ma pensée.
Le prince don Garcie est cher à mes desirs;
Il peut d'un cœur illustre échauffer les soupirs ;
Au milieu de Léon on a vu son courage
Me donner de sa flamme un noble témoignage,
Braver en ma faveur des périls les plus grands,
M'enlever aux desseins de nos lâches tyrans,
Et, dans ces murs forcés, mettre ma destinée

---

[1] Molière a exprimé la même pensée, mais d'une manière toute nouvelle, dans *les Fâcheux*, acte II, scène IV.

A couvert des horreurs d'un indigne hyménée;
Et je ne cèle point que j'aurois de l'ennui
Que la gloire en fût due à quelque autre qu'à lui;
Car un cœur amoureux prend un plaisir extrême
A se voir redevable, Élise, à ce qu'il aime;
Et sa flamme timide ose mieux éclater
Lorsqu'en favorisant elle croit s'acquitter.
Oui, j'aime qu'un secours qui hasarde sa tête
Semble à sa passion donner droit de conquête;
J'aime que mon péril m'ait jetée en ses mains [1];
Et, si les bruits communs ne sont pas des bruits vains,
Si la bonté du ciel nous ramène mon frère,
Les vœux les plus ardents que mon cœur puisse faire,
C'est que son bras encor sur un perfide sang
Puisse aider à ce frère à reprendre son rang,
Et, par d'heureux succès d'une haute vaillance,
Mériter tous les soins de sa reconnoissance :
Mais, avec tout cela, s'il pousse mon courroux,
S'il ne purge ses feux de leurs transports jaloux,
Et ne les range aux lois que je lui veux prescrire,
C'est inutilement qu'il prétend done Elvire :
L'hymen ne peut nous joindre, et j'abhorre des nœuds
Qui deviendroient sans doute un enfer pour tous deux.

ÉLISE.

Bien que l'on pût avoir des sentiments tout autres,
C'est au prince, madame, à se régler aux vôtres;
Et dans votre billet ils sont si bien marqués,
Que quand il les verra de la sorte expliqués...

DONE ELVIRE.

Je n'y veux point, Élise, employer cette lettre;
C'est un soin qu'à ma bouche il me vaut mieux commettre.

---

[1] Il y a de la vérité dans ce petit mouvement de coquetterie féminine. On retrouve toujours Molière, même dans ses écarts. Nous ne disons rien de cette espèce de thèse soutenue de part et d'autre pour et contre la jalousie; elle rappelle trop les discussions de l'hôtel de Rambouillet.

La faveur d'un écrit laisse aux mains d'un amant
Des témoins trop constants de notre attachement :
Ainsi donc empêchez qu'au prince on ne la livre.

ÉLISE.

Toutes vos volontés sont des lois qu'on doit suivre.
J'admire cependant que le ciel ait jeté
Dans le goût des esprits tant de diversité,
Et que ce que les uns regardent comme outrage
Soit vu par d'autres yeux sous un autre visage.
Pour moi, je trouverois mon sort tout-à-fait doux,
Si j'avois un amant qui pût être jaloux ;
Je saurois m'applaudir de son inquiétude ;
Et ce qui pour mon ame est souvent un peu rude,
C'est de voir don Alvar ne prendre aucun souci.

DONE ELVIRE.

Nous ne le croyions pas si proche ; le voici[1].

SCÈNE II.

DONE ELVIRE, DON ALVAR, ELISE.

DONE ELVIRE.

Votre retour surprend ; qu'avez-vous à m'apprendre ?
Don Alphonse vient-il ? A-t-on lieu de l'attendre ?

DON ALVAR.

Oui, madame ; et ce frère en Castille élevé
De rentrer dans ses droits voit le temps arrivé.
Jusqu'ici don Louis, qui vit à sa prudence
Par le feu roi mourant commettre son enfance,
A caché ses destins aux yeux de tout l'état,

---

[1] Dans cette première scène de la pièce on reconnoît le profond observateur du cœur humain ; la jalousie y est peinte avec autant de force que de vérité, et envisagée sous les deux aspects qu'elle présente, c'est-à-dire comme une frénésie outrageante pour la personne qui en est l'objet, et comme une preuve d'amour la plus forte et la plus flatteuse qu'on puisse donner. Cette différente manière de considérer la jalousie a été, pour Molière, le sujet d'une autre scène dans une autre comédie (voyez les Fâcheux, acte II, sc. IV). (A.)

Pour l'ôter aux fureurs du traître Mauregat ;
Et, bien que le tyran, depuis sa lâche audace,
L'ait souvent demandé pour lui rendre sa place,
Jamais son zèle ardent n'a pris de sûreté
A l'appât dangereux de sa fausse équité :
Mais les peuples émus par cette violence
Que vous a voulu faire une injuste puissance,
Ce généreux vieillard a cru qu'il étoit temps
D'éprouver le succès d'un espoir de vingt ans :
Il a tenté Léon, et ses fidèles trames
Des grands, comme du peuple, ont pratiqué les ames,
Tandis que la Castille armoit dix mille bras
Pour redonner ce prince aux vœux de ses états ;
Il fait auparavant semer sa renommée,
Et ne veut le montrer qu'en tête d'une armée,
Que tout prêt à lancer le foudre punisseur[1],
Sous qui doit succomber un lâche ravisseur.
On investit Léon, et don Sylve en personne
Commande le secours que son père vous donne.

DONE ELVIRE.

Un secours si puissant doit flatter notre espoir ;
Mais je crains que mon frère y puisse trop devoir.

DON ALVAR.

Mais, madame, admirez que, malgré la tempête
Que votre usurpateur oit gronder sur sa tête[2],

---

[1] *Punisseur*, mot utile, indispensable, que nous avons laissé perdre, malgré l'exemple de Molière, de Corneille, et de J.-J. Rousseau. Il appartient au siècle de Montaigne ; mais le plus ancien auteur où nous l'ayons trouvé est Du Vair, qui écrivoit sous le règne de Henri III et de Henri IV. Il dit, en parlant de Dieu et des maux qu'il nous envoie : « Suivons gaiement un si sage *punisseur* ; s'il nous « mène à la peine, il nous mène à la gloire, etc. » Cet exemple montre assez combien ce mot est nécessaire, puisqu'on ne sauroit le remplacer que par une périphrase.

[2] Molière est, je crois, le dernier des grands écrivains du siècle de Louis XIV qui ait employé le verbe *ouïr* au présent de l'indicatif. Il n'est plus d'usage ni à ce temps, ni à l'imparfait, ni au futur : on l'a banni de la langue à cause de sa dureté, et il auroit toujours dû l'être de la poésie.

ACTE I, SCÈNE III.

Tous les bruits de Léon annoncent pour certain
Qu'à la comtesse Ignès il va donner la main.

DONE ELVIRE.

Il cherche dans l'hymen de cette illustre fille
L'appui du grand crédit où se voit sa famille;
Je ne reçois rien d'elle, et j'en suis en souci.
Mais son cœur au tyran fut toujours endurci.

ÉLISE.

De trop puissants motifs d'honneur et de tendresse
Opposent ses refus aux nœuds dont on la presse,
Pour...

DON ALVAR.

Le prince entre ici.

SCÈNE III.

DON GARCIE, DONE ELVIRE, DON ALVAR, ÉLISE.

DON GARCIE.

Je viens m'intéresser,
Madame, au doux espoir qu'il vous vient d'annoncer.
Ce frère, qui menace un tyran plein de crimes,
Flatte de mon amour les transports légitimes :
Son sort offre à mon bras des périls glorieux
Dont je puis faire hommage à l'éclat de vos yeux,
Et par eux m'acquérir, si le ciel m'est propice,
La gloire d'un revers que vous doit sa justice,
Qui va faire à vos pieds choir l'infidélité,
Et rendre à votre sang toute sa dignité.
Mais ce qui plus me plaît d'une attente si chère,
C'est que, pour être roi, le ciel vous rend ce frère;
Et qu'ainsi mon amour peut éclater au moins
Sans qu'à d'autres motifs on impute ses soins,
Et qu'il soit soupçonné que dans votre personne
Il cherche à me gagner les droits d'une couronne.

Oui, tout mon cœur voudroit montrer aux yeux de tous
Qu'il ne regarde en vous autre chose que vous;
Et cent fois, si je puis le dire sans offense,
Ses vœux se sont armés contre votre naissance;
Leur chaleur indiscrète a d'un destin plus bas
Souhaité le partage à vos divins appas;
Afin que de ce cœur le noble sacrifice
Pût du ciel envers vous réparer l'injustice,
Et votre sort tenir des mains de mon amour
Tout ce qu'il doit au sang dont vous tenez le jour [1].
Mais puisqu'enfin les cieux, de tout ce juste hommage,
A mes feux prévenus dérobent l'avantage,
Trouvez bon que ces feux prennent un peu d'espoir
Sur la mort que mon bras s'apprête à faire voir,
Et qu'ils osent briguer, par d'illustres services,
D'un frère et d'un état les suffrages propices.

DONE ELVIRE.

Je sais que vous pouvez, prince, en vengeant nos droits,
Faire pour votre amour parler cent beaux exploits :
Mais ce n'est pas assez, pour le prix qu'il espère,
Que l'aveu d'un état et la faveur d'un frère.
Done Elvire n'est pas au bout de cet effort,
Et je vous vois à vaincre un obstacle plus fort.

DON GARCIE.

Oui, madame, j'entends ce que vous voulez dire.
Je sais bien que pour vous mon cœur en vain soupire;
Et l'obstacle puissant qui s'oppose à mes feux,
Sans que vous le nommiez, n'est pas secret pour eux.

DONE ELVIRE.

Souvent on entend mal ce qu'on croit bien entendre;

---

[1] Molière a exprimé les mêmes sentiments, avec quelques modifications de style, dans *le Misanthrope*, acte IV, scène III. Combien le génie de Molière est admirable, et que de ressources toujours nouvelles il sait y puiser! Cette scène, à peine aperçue dans *don Garcie*, devient un chef-d'œuvre de passion dans *le Misanthrope*.

ACTE I, SCÈNE III.

Et par trop de chaleur, prince, on se peut méprendre.
Mais, puisqu'il faut parler, desirez-vous savoir
Quand vous pourrez me plaire, et prendre quelque espoir?

DON GARCIE.

Ce me sera, madame, une faveur extrême.

DONE ELVIRE.

Quand vous saurez m'aimer comme il faut que l'on aime[1].

DON GARCIE.

Eh! que peut-on, hélas! observer sous les cieux
Qui ne cède à l'ardeur que m'inspirent vos yeux?

DONE ELVIRE.

Quand votre passion ne fera rien paroître
Dont se puisse indigner celle qui l'a fait naître.

DON GARCIE.

C'est là son plus grand soin.

DONE ELVIRE.

Quand tous ses mouvements
Ne prendront point de moi de trop bas sentiments.

DON GARCIE.

Ils vous révèrent trop.

DONE ELVIRE.

Quand d'un injuste ombrage
Votre raison saura me réparer l'outrage,
Et que vous bannirez enfin ce monstre affreux
Qui de son noir venin empoisonne vos feux,
Cette jalouse humeur dont l'importun caprice
Aux vœux que vous m'offrez rend un mauvais office,
S'oppose à leur attente, et contre eux, à tous coups,
Arme les mouvements de mon juste courroux.

DON GARCIE.

Ah! madame; il est vrai, quelque effort que je fasse,
Qu'un peu de jalousie en mon cœur trouve place,
Et qu'un rival, absent de vos divins appas,

---

[1] Célimène dit à Alceste (*Misanthrope*, acte IV, scène III):
Non, vous ne m'aimez pas comme il faut que l'on aime.

Au repos de ce cœur vient livrer des combats.
Soit caprice ou raison, j'ai toujours la croyance
Que votre ame en ces lieux souffre de son absence,
Et que, malgré mes soins, vos soupirs amoureux
Vont trouver à tous coups ce rival trop heureux.
Mais si de tels soupçons ont de quoi vous déplaire,
Il vous est bien facile, hélas! de m'y soustraire;
Et leur bannissement, dont j'accepte la loi,
Dépend bien plus de vous qu'il ne dépend de moi.
Oui, c'est vous qui pouvez, par deux mots pleins de flamme,
Contre la jalousie armer toute mon ame,
Et, des pleines clartés d'un glorieux espoir,
Dissiper les horreurs que ce monstre y fait choir.
Daignez donc étouffer le doute qui m'accable,
Et faites qu'un aveu d'une bouche adorable
Me donne l'assurance, au fort de tant d'assauts,
Que je ne puis trouver dans le peu que je vaux.

DONE ELVIRE.

Prince, de vos soupçons la tyrannie est grande :
Au moindre mot qu'il dit, un cœur veut qu'on l'entende,
Et n'aime pas ces feux dont l'importunité
Demande qu'on s'explique avec plus de clarté.
Le premier mouvement qui découvre notre ame
Doit d'un amant discret satisfaire la flamme;
Et c'est à s'en dédire autoriser nos vœux,
Que vouloir plus avant pousser de tels aveux.
Je ne dis point quel choix, s'il m'étoit volontaire,
Entre don Sylve et vous mon ame pourroit faire;
Mais vouloir vous contraindre à n'être point jaloux
Auroit dit quelque chose à tout autre que vous;
Et je croyois cet ordre un assez doux langage,
Pour n'avoir pas besoin d'en dire davantage.
Cependant votre amour n'est pas encor content;
Il demande un aveu qui soit plus éclatant;
Pour l'ôter de scrupule, il me faut à vous-même,

ACTE I, SCÈNE III.

En des termes exprès, dire que je vous aime;
Et peut-être qu'encor, pour vous en assurer,
Vous vous obstineriez à m'en faire jurer.

DON GARCIE.

Hé bien! madame, hé bien! je suis trop téméraire :
De tout ce qui vous plaît je dois me satisfaire.
Je ne demande point de plus grande clarté;
Je crois que vous avez pour moi quelque bonté,
Que d'un peu de pitié mon feu vous sollicite,
Et je me vois heureux plus que je ne mérite.
C'en est fait, je renonce à mes soupçons jaloux;
L'arrêt qui les condamne est un arrêt bien doux,
Et je reçois la loi qu'il daigne me prescrire,
Pour affranchir mon cœur de leur injuste empire.

DONE ELVIRE.

Vous promettez beaucoup, prince; et je doute fort
Si vous pourrez sur vous faire ce grand effort.

DON GARCIE.

Ah! madame, il suffit, pour me rendre croyable,
Que ce qu'on vous promet doit être inviolable;
Et que l'heur d'obéir à sa divinité
Ouvre aux plus grands efforts trop de facilité.
Que le ciel me déclare une éternelle guerre,
Que je tombe à vos pieds d'un éclat de tonnerre;
Ou, pour périr encor par de plus rudes coups,
Puissé-je voir sur moi fondre votre courroux,
Si jamais mon amour descend à la foiblesse
De manquer au devoir d'une telle promesse;
Si jamais dans mon ame aucun jaloux transport
Fait [1]...

---

[1] Le caractère de don Garcie a servi de modèle à tous les écrivains qui depuis Molière ont mis des jaloux sur la scène. La jalousie ne peut être ni mieux peinte, ni suivie avec plus de vérité qu'elle ne l'est ici et dans les actes suivants. (B.) —Cette scène annonce le sujet de toute la pièce. C'est une excellente exposition qui nous fait connoître le caractère du héros, et pressentir les effets de la passion qui le tourmente. On sent, au moment même où il demande pardon de sa foiblesse,

SCÈNE IV.

DONE ELVIRE, DON GARCIE, DON ALVAR, ÉLISE;
UN PAGE, *présentant un billet à done Elvire.*

DONE ELVIRE.

J'en étois en peine, et tu m'obliges fort.
Que le courrier attende.

SCÈNE V.

DONE ELVIRE, DON GARCIE, DON ALVAR, ÉLISE.

DONE ELVIRE, *bas, à part.*

A ces regards qu'il jette,
Vois-je pas que déjà cet écrit l'inquiète?
Prodigieux effet de son tempérament!
(haut.)
Qui vous arrête, prince, au milieu du serment?

DON GARCIE.

J'ai cru que vous aviez quelque secret ensemble,
Et je ne voulois pas l'interrompre.

DONE ELVIRE.

Il me semble
Que vous me répondez d'un ton fort altéré.
Je vous vois tout-à-coup le visage égaré.
Ce changement soudain a lieu de me surprendre :
D'où peut-il provenir? le pourroit-on apprendre?

DON GARCIE.

D'un mal qui tout-à-coup vient d'attaquer mon cœur.

qu'il ne peut manquer d'y retomber à la première occasion ; et cette occasion naîtra dès la scène suivante, avant qu'il ait eu le temps d'achever son serment. Qu'on étudie bien ses discours ; il n'a pas seulement excusé sa jalousie, il l'a justifiée : comment cesseroit-il donc d'être jaloux? Molière avoit éprouvé tous les tourments de cette passion, voilà pourquoi il la peint si bien ; voilà sans doute aussi pourquoi il l'a peinte si souvent, et jusque dans *le Misanthrope*, où il montra enfin comment le caractère du jaloux peut être présenté dans la haute comédie, sans tomber dans le drame.

DONE ELVIRE.

Souvent plus qu'on ne croit ces maux ont de rigueur,
Et quelque prompt secours vous seroit nécessaire.
Mais encor, dites-moi, vous prend-il d'ordinaire?

DON GARCIE.

Parfois.

DONE ELVIRE.

Ah! prince foible! Hé bien! par cet écrit,
Guérissez-le, ce mal; il n'est que dans l'esprit.

DON GARCIE.

Par cet écrit, madame? Ah! ma main le refuse!
Je vois votre pensée, et de quoi l'on m'accuse.
Si...

DONE ELVIRE.

Lisez-le, vous dis-je, et satisfaites-vous.

DON GARCIE.

Pour me traiter après de foible, de jaloux?
Non, non. Je dois ici vous rendre témoignage
Qu'à mon cœur cet écrit n'a point donné d'ombrage;
Et, bien que vos bontés m'en laissent le pouvoir,
Pour me justifier je ne veux point le voir.

DONE ELVIRE.

Si vous vous obstinez à cette résistance,
J'aurois tort de vouloir vous faire violence;
Et c'est assez enfin de vous avoir pressé
De voir de quelle main ce billet m'est tracé.

DON GARCIE.

Ma volonté toujours vous doit être soumise:
Si c'est votre plaisir que pour vous je le lise,
Je consens volontiers à prendre cet emploi.

DONE ELVIRE.

Oui, oui, prince, tenez, vous le lirez pour moi.

DON GARCIE.

C'est pour vous obéir, au moins; et je puis dire...

DONE ELVIRE.

C'est ce que vous voudrez : dépêchez-vous de lire.

DON GARCIE.

Il est de done Ignès, à ce que je connoi.

DONE ELVIRE.

Oui. Je m'en réjouis et pour vous et pour moi.

DON GARCIE *lit*.

« Malgré l'effort d'un long mépris,
« Le tyran toujours m'aime; et, depuis votre absence,
« Vers moi, pour me porter au dessein qu'il a pris,
« Il semble avoir tourné toute sa violence,
    « Dont il poursuivoit l'alliance
        « De vous et de son fils.
« Ceux qui sur moi peuvent avoir empire,
« Par de lâches motifs qu'un faux honneur inspire,
    « Approuvent tous cet indigne lien.
« J'ignore encor par où finira mon martyre;
« Mais je mourrai plutôt que de consentir rien.
    « Puissiez-vous jouir, belle Elvire,
        « D'un destin plus doux que le mien!

« DONE IGNÈS. »

Dans la haute vertu son ame est affermie.

DONE ELVIRE.

Je vais faire réponse à cette illustre amie.
Cependant apprenez, prince, à vous mieux armer
Contre ce qui prend droit de vous trop alarmer.
J'ai calmé votre trouble avec cette lumière,
Et la chose a passé d'une douce manière;
Mais, à n'en point mentir, il seroit des moments
Où je pourrois entrer dans d'autres sentiments.

DON GARCIE.

Hé quoi! vous croyez donc...?

DONE ELVIRE.

Je crois ce qu'il faut croire.
Adieu. De mes avis conservez la mémoire;

Et s'il est vrai pour moi que votre amour soit grand,
Donnez-en à mon cœur les preuves qu'il prétend.
DON GARCIE.
Croyez que désormais c'est toute mon envie,
Et qu'avant qu'y manquer je veux perdre la vie.

ACTE SECOND.

SCÈNE I.
ÉLISE, DON LOPE.

ÉLISE.
Tout ce que fait le prince, à parler franchement,
N'est pas ce qui me donne un grand étonnement;
Car que d'un noble amour une ame bien saisie
En pousse les transports jusqu'à la jalousie,
Que de doutes fréquents ses vœux soient traversés,
Il est fort naturel, et je l'approuve assez :
Mais ce qui me surprend, don Lope, c'est d'entendre
Que vous lui préparez les soupçons qu'il doit prendre,
Que votre ame les forme, et qu'il n'est en ces lieux
Fâcheux que par vos soins, jaloux que par vos yeux.
Encore un coup, don Lope, une ame bien éprise,
Des soupçons qu'elle prend ne me rend point surprise;
Mais qu'on ait sans amour tous les soins d'un jaloux,
C'est une nouveauté qui n'appartient qu'à vous.
DON LOPE.
Que sur cette conduite à son aise l'on glose,
Chacun règle la sienne au but qu'il se propose,
Et, rebuté par vous des soins de mon amour,

Je songe auprès du prince à bien faire ma cour.
ÉLISE.
Mais savez-vous qu'enfin il fera mal la sienne,
S'il faut qu'en cette humeur votre esprit l'entretienne?
DON LOPE.
Et quand, charmante Élise, a-t-on vu, s'il vous plaît,
Qu'on cherche auprès des grands que son propre intérêt?
Qu'un parfait courtisan veuille charger leur suite
D'un censeur des défauts qu'on trouve en leur conduite,
Et s'aille inquiéter si son discours leur nuit,
Pourvu que sa fortune en tire quelque fruit?
Tout ce qu'on fait ne va qu'à se mettre en leur grace;
Par la plus courte voie on y cherche une place;
Et les plus prompts moyens de gagner leur faveur,
C'est de flatter toujours le foible de leur cœur,
D'applaudir en aveugle à ce qu'ils veulent faire,
Et n'appuyer jamais ce qui peut leur déplaire :
C'est là le vrai secret d'être bien auprès d'eux.
Les utiles conseils font passer pour fâcheux,
Et vous laissent toujours hors de la confidence,
Où vous jette d'abord l'adroite complaisance.
Enfin, on voit partout que l'art des courtisans
Ne tend qu'à profiter des foiblesses des grands,
A nourrir leurs erreurs, et jamais dans leur ame
Ne porter les avis des choses qu'on y blâme [1].
ÉLISE.
Ces maximes un temps leur peuvent succéder;

---

[1] Cette tirade remarquable n'est pas à sa place; elle rabaisse le confident du prince, et ne sert qu'à le rendre odieux; changez les noms des personnages, que ce soit un valet qui parle, et vous aurez une scène comique dont chaque vers sera une excellente leçon pour les spectateurs. C'est ainsi que le génie de Molière le ramène malgré lui à son véritable genre. Il trace un caractère comique, lorsqu'il pense développer le caractère sérieux d'un courtisan. Cet exemple de l'ascendant irrésistible d'un talent qui se trompe est un des plus remarquables que je connoisse, et l'on doit regretter que Molière n'ait pas introduit cette scène dans une autre de ses pièces.

Mais il est des revers qu'on doit appréhender ;
Et dans l'esprit des grands, qu'on tâche de surprendre,
Un rayon de lumière à la fin peut descendre,
Qui sur tous ces flatteurs venge équitablement
Ce qu'a fait à leur gloire un long aveuglement.
Cependant je dirai que votre ame s'explique
Un peu bien librement sur votre politique ;
Et ces nobles motifs, au prince rapportés,
Serviroient assez mal vos assiduités.

DON LOPE.

Outre que je pourrois désavouer sans blâme
Ces libres vérités sur quoi s'ouvre mon ame,
Je sais fort bien qu'Élise a l'esprit trop discret
Pour aller divulguer cet entretien secret.
Qu'ai-je dit, après tout, que sans moi l'on ne sache ?
Et dans mon procédé que faut-il que je cache ?
On peut craindre une chute avec quelque raison,
Quand on met en usage ou ruse ou trahison.
Mais qu'ai-je à redouter, moi qui partout n'avance
Que les soins approuvés d'un peu de complaisance,
Et qui suis seulement par d'utiles leçons
La pente qu'a le prince à de jaloux soupçons ?
Son ame semble en vivre, et je mets mon étude
A trouver des raisons à son inquiétude,
A voir de tous côtés s'il ne se passe rien
A fournir le sujet d'un secret entretien ;
Et quand je puis venir, enflé d'une nouvelle,
Donner à son repos une atteinte mortelle,
C'est lors que plus il m'aime, et je vois sa raison
D'une audience avide avaler ce poison,
Et m'en remercier comme d'une victoire
Qui combleroit ses jours de bonheur et de gloire [1].

---

[1] Voilà encore d'excellents vers comiques dont l'auteur italien a fourni les principales idées : « Ma charge, dit Cortadiglio, ne consiste qu'à épier les démarches « de Delmire, et à les rapporter au roi, qui, au plus mince sujet de jalousie que

Mais mon rival paroît, je vous laisse tous deux ;
Et bien que je renonce à l'espoir de vos vœux,
J'aurois un peu de peine à voir qu'en ma présence
Il reçût des effets de quelque préférence ;
Et je veux, si je puis, m'épargner ce souci [1].

ÉLISE.

Tout amant de bon sens en doit user ainsi.

SCÈNE II.

DON ALVAR, ÉLISE.

DON ALVAR.

Enfin nous apprenons que le roi de Navarre
Pour les desirs du prince aujourd'hui se déclare,
Et qu'un nouveau renfort de troupes nous attend
Pour le fameux service où son amour prétend.
Je suis surpris, pour moi, qu'avec tant de vitesse
On ait fait avancer... Mais...

SCÈNE III.

DON GARCIE, ÉLISE, DON ALVAR.

DON GARCIE.

Que fait la princesse ?

« je lui mets en tête, m'accable de caresses et de récompenses ; il m'affectionne
« d'autant plus que je lui fournis plus d'occasions de se désespérer. »

[1] Comment don Lope ose-t-il faire de pareils aveux à la confidente de doña Elvire ? Aucun intérêt ne l'unit à Élise (il avoue lui-même qu'elle a méprisé son hommage), et dans la suite cette confidence ne produit rien. C'est une faute et une invraisemblance qui disparoîtroient si la scène se passoit entre un valet et une soubrette, toujours disposés à tromper leurs maîtres. La faute est d'autant plus grave, qu'il ne faut plus qu'un mot pour terminer la pièce. Qu'Élise fasse son devoir d'amie ou de confidente, elle révélera tout à doña Elvire : « Ne vous ef-
« frayez plus de la jalousie du prince, lui dira-t-elle ; j'en connois la cause. Don
« Lope a fondé l'espoir de sa fortune sur cette triste passion, et il ne cesse de la
« flatter et de l'irriter pour plaire à son maître ; faites chasser ce monstre, et don
« Garcie est sauvé ! » Élise, en parlant ainsi, épargneroit bien des tourments à

ÉLISE.
Quelques lettres, seigneur; je le présume ainsi.
Mais elle va savoir que vous êtes ici.
DON GARCIE.
J'attendrai qu'elle ait fait [1].

SCÈNE IV.
DON GARCIE.

                      Près de souffrir sa vue,
D'un trouble tout nouveau je me sens l'ame émue;
Et la crainte, mêlée à mon ressentiment,
Jette par tout mon corps un soudain tremblement.
Prince, prends garde au moins qu'un aveugle caprice
Ne te conduise ici dans quelque précipice,
Et que de ton esprit les désordres puissants
Ne donnent un peu trop au rapport de tes sens :
Consulte ta raison, prends sa clarté pour guide;
Vois si de tes soupçons l'apparence est solide :
Ne démens pas leur voix; mais aussi garde bien
Que, pour les croire trop, ils ne t'imposent rien,
Qu'à tes premiers transports ils n'osent trop permettre,
Et relis posément cette moitié de lettre.
Ah! qu'est-ce que mon cœur, trop digne de pitié,
Ne voudroit pas donner pour son autre moitié!
Mais, après tout, que dis-je? Il suffit bien de l'une,
Et n'en voilà que trop pour voir mon infortune.

    « Quoique votre rival...
    « Vous devez toutefois vous...

une princesse qu'elle aime; et son silence est aussi extraordinaire que les discours de don Lope sont invraisemblables.

[1] Dans une comédie, quel jaloux, croyant tenir en main une preuve de l'infidélité de sa maîtresse, attendroit, dans son antichambre, qu'elle eût achevé sa correspondance, pour entrer chez elle? Ici encore l'étiquette enchaîne et refroidit les mouvements de la passion. (A.)

« Et vous avez en vous à...
« L'obstacle le plus grand...
« Je chéris tendrement ce...
« Pour me tirer des mains de...
« Son amour, ses devoirs...
« Mais il m'est odieux avec...
« Otez donc à vos feux ce...
« Méritez les regards que l'on...
« Et lorsqu'on vous oblige...
« Ne vous obstinez point à ¹...

Oui, mon sort par ces mots est assez éclairci;
Son cœur, comme sa main, se fait connoître ici;
Et les sens imparfaits de cet écrit funeste,
Pour s'expliquer à moi, n'ont pas besoin du reste.
Toutefois, dans l'abord, agissons doucement,
Couvrons à l'infidèle un vif ressentiment;
Et, de ce que je tiens ne donnant point d'indice,
Confondons son esprit par son propre artifice.
La voici. Ma raison, renferme mes transports,
Et rends-toi pour un temps maîtresse du dehors.

SCÈNE V.

DONE ELVIRE, DON GARCIE.

DONE ELVIRE.

Vous avez bien voulu que je vous fisse attendre?

DON GARCIE, *bas, à part.*

Ah! qu'elle cache bien...

DONE ELVIRE.

On vient de nous apprendre
Que le roi votre père approuve vos projets,
Et veut bien que son fils nous rende nos sujets;

¹ La méprise, fondée sur cette moitié de lettre, a été employée d'une manière très heureuse par Voltaire dans le conte de *Zadig*. (P.)

ACTE II, SCÈNE V.

Et mon ame en a pris une allégresse extrême.
DON GARCIE.
Oui, madame, et mon cœur s'en réjouit de même;
Mais...
DONE ELVIRE.
  Le tyran sans doute aura peine à parer
Les foudres que partout il entend murmurer;
Et j'ose me flatter que le même courage
Qui put bien me soustraire à sa brutale rage,
Et, dans les murs d'Astorgue arraché de ses mains,
Me faire un sûr asile à braver ses desseins,
Pourra, de tout Léon achevant la conquête,
Sous ses nobles efforts faire choir cette tête.
DON GARCIE.
Le succès en pourra parler dans quelques jours.
Mais, de grace, passons à quelque autre discours.
Puis-je, sans trop oser, vous prier de me dire
A qui vous avez pris, madame, soin d'écrire,
Depuis que le destin nous a conduits ici?
DONE ELVIRE.
Pourquoi cette demande, et d'où vient ce souci?
DON GARCIE.
D'un desir curieux de pure fantaisie.
DONE ELVIRE.
La curiosité naît de la jalousie.
DON GARCIE.
Non, ce n'est rien du tout de ce que vous pensez;
Vos ordres de ce mal me défendent assez.
DONE ELVIRE.
Sans chercher plus avant quel intérêt vous presse,
J'ai deux fois à Léon écrit à la comtesse,
Et deux fois au marquis don Louis à Burgos.
Avec cette réponse êtes-vous en repos?
DON GARCIE.
Vous n'avez point écrit à quelque autre personne,

Madame?
DONE ELVIRE.
Non, sans doute; et ce discours m'étonne.
DON GARCIE.
De grace, songez bien, avant que d'assurer.
En manquant de mémoire, on peut se parjurer.
DON ELVIRE.
Ma bouche, sur ce point, ne peut être parjure.
DON GARCIE.
Elle a dit toutefois une haute imposture.
DONE ELVIRE.
Prince!
DON GARCIE.
Madame!
DONE ELVIRE.
O ciel! quel est ce mouvement?
Avez-vous, dites-moi, perdu le jugement?
DON GARCIE.
Oui, oui, je l'ai perdu, lorsque dans votre vue
J'ai pris, pour mon malheur, le poison qui me tue,
Et que j'ai cru trouver quelque sincérité
Dans les traîtres appas dont je fus enchanté.
DONE ELVIRE.
De quelle trahison pouvez-vous donc vous plaindre?
DON GARCIE.
Ah! que ce cœur est double, et sait bien l'art de feindre!
Mais tous moyens de fuir lui vont être soustraits.
Jetez ici les yeux, et connoissez vos traits :
Sans avoir vu le reste, il m'est assez facile
De découvrir pour qui vous employez ce style.
DONE ELVIRE.
Voilà donc le sujet qui vous trouble l'esprit?
DON GARCIE.
Vous ne rougissez pas en voyant cet écrit?

DONE ELVIRE.
L'innocence à rougir n'est point accoutumée.
DON GARCIE.
Il est vrai qu'en ces lieux on la voit opprimée.
Ce billet démenti pour n'avoir point de seing...
DONE ELVIRE.
Pourquoi le démentir, puisqu'il est de ma main [1]?
DON GARCIE.
Encore est-ce beaucoup que, de franchise pure,
Vous demeuriez d'accord que c'est votre écriture;
Mais ce sera sans doute, et j'en serois garant,
Un billet qu'on envoie à quelque indifférent;
Ou du moins, ce qu'il a de tendresse évidente
Sera pour une amie, ou pour quelque parente.
DONE ELVIRE.
Non, c'est pour un amant que ma main l'a formé;
Et, j'ajoute de plus, pour un amant aimé [2].
DON GARCIE.
Et je puis, ô perfide!...
DONE ELVIRE.
Arrêtez, prince indigne,
De ce lâche transport l'égarement insigne.
Bien que de vous mon cœur ne prenne point de loi,
Et ne doive en ces lieux aucun compte qu'à soi,
Je veux bien me purger, pour votre seul supplice,
Du crime que m'impose un insolent caprice.
Vous serez éclairci, n'en doutez nullement.

[1] Les dix-sept vers précédents ont été transportés par Molière dans *le Misanthrope* (acte II, scène V), avec de très légers changements. Pourquoi cette scène, toujours applaudie dans *le Misanthrope*, ne produisit-elle pas le même effet dans *le Prince jaloux*? C'est que don Garcie est jaloux d'une femme vertueuse, dont il cause injustement le malheur, tandis qu'Alceste aime une coquette qui se moque de lui; qui, d'un coup d'œil, le désarme, et qui ne s'effraie pas de ses emportements. La scène du *Prince jaloux* tient du drame, celle du *Misanthrope* est de l'excellente comédie. (P.)

[2] Célimène, poussée à bout par Alceste, lui répond de même:

Non, il est pour Oronte; et je veux qu'on le croie.

J'ai ma défense prête en ce même moment.
Vous allez recevoir une pleine lumière.
Mon innocence ici paroîtra tout entière;
Et je veux, vous mettant juge en votre intérêt,
Vous faire prononcer vous-même votre arrêt.
DON GARCIE.
Ce sont propos obscurs qu'on ne sauroit comprendre.
DONE ELVIRE.
Bientôt à vos dépens vous me pourrez entendre.
Élise, holà!

SCÈNE VI.

DON GARCIE, DONE ELVIRE, ÉLISE.

ÉLISE.
Madame?
DONE ELVIRE, *à don Garcie.*
    Observez bien au moins
Si j'ose à vous tromper employer quelques soins;
Si, par un seul coup d'œil ou geste qui l'instruise,
Je cherche de ce coup à parer la surprise.
(à Élise.)
Le billet que tantôt ma main avoit tracé,
Répondez promptement, où l'avez-vous laissé?
ÉLISE.
Madame, j'ai sujet de m'avouer coupable.
Je ne sais comme il est demeuré sur ma table;
Mais on vient de m'apprendre en ce même moment
Que don Lope, venant dans mon appartement,
Par une liberté qu'on lui voit se permettre,
A fureté partout, et trouvé cette lettre.
Comme il la déplioit, Léonor a voulu
S'en saisir promptement, avant qu'il eût rien lu;
Et, se jetant sur lui, la lettre contestée
En deux justes moitiés dans leurs mains est restée;

ACTE II, SCÈNE VI.

Et don Lope, aussitôt prenant un prompt essor,
A dérobé la sienne aux soins de Léonor.

DONE ELVIRE.

Avez-vous ici l'autre?

ÉLISE.

Oui, la voilà, madame.

DONE ELVIRE.

(à don Garcie.)

Donnez. Nous allons voir qui mérite le blâme.
Avec votre moitié rassemblez celle-ci,
Lisez, et hautement; je veux l'entendre aussi.

DON GARCIE.

Au prince don Garcie. Ah!

DONE ELVIRE.

Achevez de lire;
Votre ame pour ce mot ne doit pas s'interdire.

DON GARCIE *lit*.

« Quoique votre rival, prince, alarme votre ame,
« Vous devez toutefois vous craindre plus que lui ;
« Et vous avez en vous à détruire aujourd'hui
« L'obstacle le plus grand que trouve votre flamme.

« Je chéris tendrement ce qu'a fait don Garcie,
« Pour me tirer des mains de nos fiers ravisseurs.
« Son amour, ses devoirs, ont pour moi des douceurs;
« Mais il m'est odieux avec sa jalousie.

« Otez donc à vos feux ce qu'ils en font paroître,
« Méritez les regards que l'on jette sur eux;
« Et, lorsqu'on vous oblige à vous tenir heureux,
« Ne vous obstinez point à ne pas vouloir l'être. »

DONE ELVIRE.

Hé bien! que dites-vous?

DON GARCIE.

Ah! madame! je dis
Qu'à cet objet mes sens demeurent interdits;

Que je vois dans ma plainte une horrible injustice,
Et qu'il n'est point pour moi d'assez cruel supplice.
DONE ELVIRE.
Il suffit. Apprenez que si j'ai souhaité
Qu'à vos yeux cet écrit pût être présenté,
C'est pour le démentir, et cent fois me dédire
De tout ce que pour vous vous y venez de lire.
Adieu, prince.
DON GARCIE.
Madame, hélas! où fuyez-vous?
DONE ELVIRE.
Où vous ne serez point, trop odieux jaloux.
DON GARCIE.
Ah! madame, excusez un amant misérable,
Qu'un sort prodigieux a fait vers vous coupable,
Et qui, bien qu'il vous cause un courroux si puissant,
Eût été plus blâmable à rester innocent.
Car enfin, peut-il être une ame bien atteinte
Dont l'espoir le plus doux ne soit mêlé de crainte?
Et pourriez-vous penser que mon cœur eût aimé,
Si ce billet fatal ne l'eût point alarmé;
S'il n'avoit point frémi des coups de cette foudre,
Dont je me figurois tout mon bonheur en poudre?
Vous-même, dites-moi si cet événement
N'eût pas dans mon erreur jeté tout autre amant;
Si d'une preuve, hélas! qui me sembloit si claire,
Je pouvois démentir...
DONE ELVIRE.
Oui, vous le pouviez faire;
Et dans mes sentiments, assez bien déclarés,
Vos doutes rencontroient des garants assurés :
Vous n'aviez rien à craindre; et d'autres, sur ce gage,
Auroient du monde entier bravé le témoignage.
DON GARCIE.
Moins on mérite un bien qu'on nous fait espérer,

Plus notre ame a de peine à pouvoir s'assurer.
Un sort trop plein de gloire à nos yeux est fragile,
Et nous laisse aux soupçons une pente facile.
Pour moi, qui crois si peu mériter vos bontés,
J'ai douté du bonheur de mes témérités[1];
J'ai cru que, dans ces lieux rangés sous ma puissance,
Votre ame se forçoit à quelque complaisance;
Que, déguisant pour moi votre sévérité...

DONE ELVIRE.

Et je pourrois descendre à cette lâcheté!
Moi, prendre le parti d'une honteuse feinte!
Agir par les motifs d'une servile crainte,
Trahir mes sentiments, et, pour être en vos mains,
D'un masque de faveur vous couvrir mes dédains!
La gloire sur mon cœur auroit si peu d'empire!
Vous pouvez le penser, et vous me l'osez dire!
Apprenez que ce cœur ne sait point s'abaisser;
Qu'il n'est rien sous les cieux qui puisse l'y forcer;
Et, s'il vous a fait voir, par une erreur insigne,
Des marques de bonté dont vous n'étiez pas digne,
Qu'il saura bien montrer, malgré votre pouvoir,
La haine que pour vous il se résout d'avoir,
Braver votre furie, et vous faire connoître
Qu'il n'a point été lâche, et ne veut jamais l'être[2].

---

[1] Molière a transporté ces six derniers vers dans *le Tartufe* (acte IV, scène v), en y faisant quelques changements.

[2] On retrouve Molière dans cette tirade d'Elvire. De pareils vers ne peuvent échapper que d'un cœur vivement offensé :

> D'un masque de faveur vous couvrir mes dédains!
> La gloire sur mon cœur auroit si peu d'empire!
> Vous pouvez le penser, et vous me l'osez dire?

Quelle énergie de style! quelle vigueur de pensée! Tout le monde doit croire que le sort de don Garcie est décidé; donc Elvire le croit peut-être elle-même, mais elle ne le croira pas long-temps : voyez six vers plus bas, lorsqu'elle ajoute :

> La haine que pour vous il *se résout* d'avoir.

Ce mot, *il se résout*, réveille soudain une dernière espérance. Une femme qui s'exprime ainsi n'a pas cessé d'aimer, son amour paroît encore dans sa colère. Don

DON GARCIE.

Hé bien ! je suis coupable, et ne m'en défends pas :
Mais je demande grace à vos divins appas ;
Je la demande au nom de la plus vive flamme
Dont jamais deux beaux yeux aient fait brûler une ame.
Que si votre courroux ne peut être apaisé,
Si mon crime est trop grand pour se voir excusé,
Si vous ne regardez ni l'amour qui le cause,
Ni le vif repentir que mon cœur vous expose,
Il faut qu'un coup heureux, en me faisant mourir,
M'arrache à des tourments que je ne puis souffrir.
Non, ne présumez pas qu'ayant su vous déplaire,
Je puisse vivre une heure avec votre colère.
Déja de ce moment la barbare longueur
Sous ses cuisants remords fait succomber mon cœur,
Et de mille vautours les blessures cruelles
N'ont rien de comparable à ses douleurs mortelles.
Madame, vous n'avez qu'à me le déclarer,
S'il n'est point de pardon que je doive espérer,
Cette épée aussitôt, par un coup favorable,
Va percer, à vos yeux, le cœur d'un misérable ;
Ce cœur, ce traître cœur, dont les perplexités
Ont si fort outragé vos extrêmes bontés :
Trop heureux, en mourant, si ce coup légitime
Efface en votre esprit l'image de mon crime,
Et ne laisse aucuns traits de votre aversion
Au foible souvenir de mon affection !
C'est l'unique faveur que demande ma flamme.

DONE ELVIRE.

Ah ! prince trop cruel !

Garcie peut faire l'aveu de sa faute, il va être pardonné. On ne sauroit trop admirer cette délicatesse, cette profondeur, et surtout cette connoissance des mouvements les plus secrets du cœur des femmes. Le reste de la scène est plein de traits délicieux, qui heureusement ne sont pas perdus pour nous, parceque Molière les a transportés dans la scène vi de l'acte II d'*Amphitryon*.

DON GARCIE.
Dites, parlez, madame.
DONE ELVIRE.
Faut-il encor pour vous conserver des bontés,
Et vous voir m'outrager par tant d'indignités?
DON GARCIE.
Un cœur ne peut jamais outrager quand il aime;
Et ce que fait l'amour, il l'excuse lui-même.
DONE ELVIRE.
L'amour n'excuse point de tels emportements.
DON GARCIE.
Tout ce qu'il a d'ardeur passe en ses mouvements;
Et plus il devient fort, plus il trouve de peine...
DONE ELVIRE.
Non, ne m'en parlez point, vous méritez ma haine.
DON GARCIE.
Vous me haïssez donc?
DONE ELVIRE.
J'y veux tâcher, au moins.
Mais, hélas! je crains bien que j'y perde mes soins
Et que tout le courroux qu'excite votre offense
Ne puisse jusque-là faire aller ma vengeance.
DON GARCIE.
D'un supplice si grand ne tentez point l'effort,
Puisque pour vous venger je vous offre ma mort;
Prononcez-en l'arrêt, et j'obéis sur l'heure.
DONE ELVIRE.
Qui ne sauroit haïr ne peut vouloir qu'on meure.
DON GARCIE.
Et moi je ne puis vivre, à moins que vos bontés
Accordent un pardon à mes témérités.
Résolvez l'un des deux, de punir ou d'absoudre.
DONE ELVIRE.
Hélas! j'ai trop fait voir ce que je puis résoudre.
Par l'aveu d'un pardon n'est-ce pas se trahir,

Que dire au criminel qu'on ne le peut haïr?
DON GARCIE.
Ah! c'en est trop; souffrez, adorable princesse...
DONE ELVIRE.
Laissez : je me veux mal d'une telle foiblesse.
DON GARCIE, *seul*.
Enfin je suis...

SCÈNE VII.

DON GARCIE, DON LOPE.

DON LOPE.
Seigneur, je viens vous informer[1]
D'un secret dont vos feux ont droit de s'alarmer.
DON GARCIE.
Ne me viens point parler de secret ni d'alarme,
Dans les doux mouvements du transport qui me charme.
Après ce qu'à mes yeux on vient de présenter,
Il n'est point de soupçons que je doive écouter;
Et d'un divin objet la bonté sans pareille
A tous ces vains rapports doit fermer mon oreille;
Ne m'en fais plus.
DON LOPE.
Seigneur, je veux ce qu'il vous plaît;
Mes soins en tout ceci n'ont que votre intérêt.
J'ai cru que le secret que je viens de surprendre
Méritoit bien qu'en hâte on vous le vînt apprendre;
Mais puisque vous voulez que je n'en touche rien,
Je vous dirai, seigneur, pour changer d'entretien,
Que déja dans Léon on voit chaque famille

---

[1] Cette scène est un vrai coup de théâtre. Don Garcie n'a pas encore eu le temps de se livrer aux charmes de sa nouvelle situation, et déja le fatal ennemi de son repos vient jeter dans son ame le germe de nouveaux soupçons. C'est la situation d'Orosmane (*Zaïre*, acte IV, scène III), à qui on vient de remettre la lettre fatale, au moment même où il déteste ses transports jaloux, et cherche à se persuader qu'il est aimé de Zaïre.

Lever le masque au bruit des troupes de Castille,
Et que surtout le peuple y fait pour son vrai roi
Un éclat à donner au tyran de l'effroi.

DON GARCIE.

La Castille du moins n'aura pas la victoire,
Sans que nous essayions d'en partager la gloire ;
Et nos troupes aussi peuvent être en état
D'imprimer quelque crainte au cœur de Mauregat.
Mais quel est ce secret dont tu voulois m'instruire ?
Voyons un peu.

DON LOPE.

Seigneur, je n'ai rien à vous dire.

DON GARCIE.

Va, va, parle ; mon cœur t'en donne le pouvoir.

DON LOPE.

Vos paroles, seigneur, m'en ont trop fait savoir ;
Et, puisque mes avis ont de quoi vous déplaire,
Je saurai désormais trouver l'art de me taire.

DON GARCIE.

Enfin, je veux savoir la chose absolument.

DON LOPE.

Je ne réplique point à ce commandement.
Mais, seigneur, en ce lieu le devoir de mon zèle
Trahiroit le secret d'une telle nouvelle.
Sortons pour vous l'apprendre ; et, sans rien embrasser,
Vous-même vous verrez ce qu'on en doit penser.

ACTE TROISIÈME.

SCÈNE I.
DONE ELVIRE, ÉLISE.

DONE ELVIRE.

Élise, que dis-tu de l'étrange foiblesse
Que vient de témoigner le cœur d'une princesse?
Que dis-tu de me voir tomber si promptement
De toute la chaleur de mon ressentiment?
Et, malgré tant d'éclat, relâcher mon courage
Au pardon trop honteux d'un si cruel outrage?

ÉLISE.

Moi, je dis que d'un cœur que nous pouvons chérir
Une injure sans doute est bien dure à souffrir;
Mais que, s'il n'en est point qui davantage irrite,
Il n'en est point aussi qu'on pardonne si vite,
Et qu'un coupable aimé triomphe à nos genoux
De tous les prompts transports du plus bouillant corroux,
D'autant plus aisément, madame, quand l'offense
Dans un excès d'amour peut trouver sa naissance.
Ainsi, quelque dépit que l'on vous ait causé,
Je ne m'étonne point de le voir apaisé;
Et je sais quel pouvoir, malgré votre menace,
A de pareils forfaits donnera toujours grace.

DONE ELVIRE.

Ah! sache, quelque ardeur qui m'impose des lois,
Que mon front a rougi pour la dernière fois;
Et que, si désormais on pousse ma colère,

Il n'est point de retour qu'il faille qu'on espère.
Quand je pourrois reprendre un tendre sentiment,
C'est assez contre lui que l'éclat d'un serment :
Car enfin, un esprit qu'un peu d'orgueil inspire
Trouve beaucoup de honte à se pouvoir dédire ;
Et souvent, aux dépens d'un pénible combat,
Fait sur ses propres vœux un illustre attentat,
S'obstine par honneur, et n'a rien qu'il n'immole
A la noble fierté de tenir sa parole.
Ainsi, dans le pardon que l'on vient d'obtenir,
Ne prends point de clartés pour régler l'avenir ;
Et, quoi qu'à mes destins la fortune prépare,
Crois que je ne puis être au prince de Navarre,
Que de ces noirs accès qui troublent sa raison
Il n'ait fait éclater l'entière guérison,
Et réduit tout mon cœur, que ce mal persécute,
A n'en plus redouter l'affront d'une rechute.

ÉLISE.

Mais quel affront nous fait le transport d'un jaloux ?

DONE ELVIRE.

En est-il un qui soit plus digne de courroux ?
Et, puisque notre cœur fait un effort extrême [1]
Lorsqu'il se peut résoudre à confesser qu'il aime,
Puisque l'honneur du sexe, en tout temps rigoureux,
Oppose un fort obstacle à de pareils aveux,
L'amant qui voit pour lui franchir un tel obstacle
Doit-il impunément douter de cet oracle ?
Et n'est-il pas coupable, alors qu'il ne croit pas
Ce qu'on ne dit jamais qu'après de grands combats ?

ÉLISE.

Moi, je tiens que toujours un peu de défiance
En ces occasions n'a rien qui nous offense ;
Et qu'il est dangereux qu'un cœur qu'on a charmé

---

[1] La fin du couplet, à partir de ce vers, est dans le *Misanthrope* (acte IV, sc. III).
Il n'y a que de fort légers changements d'expressions.

Soit trop persuadé, madame, d'être aimé,
Si...

DONE ELVIRE.

N'en disputons plus. Chacun a sa pensée.
C'est un scrupule enfin dont mon ame est blessée ;
Et, contre mes desirs, je sens je ne sais quoi
Me prédire un éclat entre le prince et moi,
Qui, malgré ce qu'on doit aux vertus dont il brille...
Mais, ô ciel! en ces lieux don Sylve de Castille!

SCÈNE II.

DONE ELVIRE, DON ALPHONSE, *cru don Sylve;* ÉLISE.

DONE ELVIRE.

Ah! seigneur, par quel sort vous vois-je maintenant?

DON ALPHONSE.

Je sais que mon abord, madame, est surprenant,
Et qu'être sans éclat entré dans cette ville,
Dont l'ordre d'un rival rend l'accès difficile ;
Qu'avoir pu me soustraire aux yeux de ses soldats,
C'est un événement que vous n'attendiez pas.
Mais si j'ai dans ces lieux franchi quelques obstacles,
L'ardeur de vous revoir peut bien d'autres miracles ;
Tout mon cœur a senti par de trop rudes coups
Le rigoureux destin d'être éloigné de vous,
Et je n'ai pu nier au tourment qui le tue
Quelques moments secrets d'une si chère vue.
Je viens vous dire donc que je rends grace aux cieux
De vous voir hors des mains d'un tyran odieux :
Mais, parmi les douceurs d'une telle aventure,
Ce qui m'est un sujet d'éternelle torture,
C'est de voir qu'à mon bras les rigueurs de mon sort
Ont envié l'honneur de cet illustre effort,
Et fait à mon rival, avec trop d'injustice,

Offrir les doux périls d'un si fameux service.
Oui, madame, j'avois, pour rompre vos liens,
Des sentiments, sans doute, aussi beaux que les siens;
Et je pouvois pour vous gagner cette victoire,
Si le ciel n'eût voulu m'en dérober la gloire.

DONE ELVIRE.

Je sais, seigneur, je sais que vous avez un cœur
Qui des plus grands périls vous peut rendre vainqueur;
Et je ne doute point que ce généreux zèle,
Dont la chaleur vous pousse à venger ma querelle,
N'eût, contre les efforts d'un indigne projet,
Pu faire en ma faveur tout ce qu'un autre a fait.
Mais, sans cette action dont vous étiez capable,
Mon sort à la Castille est assez redevable.
On sait ce qu'en ami plein d'ardeur et de foi,
Le comte votre père a fait pour le feu roi :
Après l'avoir aidé jusqu'à l'heure dernière,
Il donne en ses états un asile à mon frère;
Quatre lustres entiers il y cache son sort
Aux barbares fureurs de quelque lâche effort,
Et, pour rendre à son front l'éclat d'une couronne,
Contre nos ravisseurs vous marchez en personne.
N'êtes-vous pas content? et ces soins généreux
Ne m'attachent-ils point par d'assez puissants nœuds?
Quoi! votre ame, seigneur, seroit-elle obstinée
A vouloir asservir toute ma destinée?
Et faut-il que jamais il ne tombe sur nous
L'ombre d'un seul bienfait, qu'il ne vienne de vous?
Ah! souffrez, dans les maux où mon destin m'expose,
Qu'au soin d'un autre aussi je doive quelque chose;
Et ne vous plaignez point de voir un autre bras
Acquérir de la gloire où le vôtre n'est pas.

DON ALPHONSE.

Oui, madame, mon cœur doit cesser de s'en plaindre;
Avec trop de raison vous voulez m'y contraindre;

Et c'est injustement qu'on se plaint d'un malheur,
Quand un autre plus grand s'offre à notre douleur.
Ce secours d'un rival m'est un cruel martyre;
Mais, hélas! de mes maux ce n'est pas là le pire :
Le coup, le rude coup dont je suis atterré,
C'est de me voir par vous ce rival préféré.
Oui, je ne vois que trop que ses feux pleins de gloire
Sur les miens dans votre ame emportent la victoire;
Et cette occasion de servir vos appas,
Cet avantage offert de signaler son bras,
Cet éclatant exploit qui vous fut salutaire,
N'est que le pur effet du bonheur de vous plaire,
Que le secret pouvoir d'un astre merveilleux,
Qui fait tomber la gloire où s'attachent vos vœux.
Ainsi, tous mes efforts ne seront que fumée.
Contre vos fiers tyrans je conduis une armée;
Mais je marche en tremblant à cet illustre emploi,
Assuré que vos vœux ne seront pas pour moi;
Et que, s'ils sont suivis, la fortune prépare
L'heur des plus beaux succès aux soins de la Navarre.
Ah! madame, faut-il me voir précipité
De l'espoir glorieux dont je m'étois flatté!
Et ne puis-je savoir quels crimes on m'impute,
Pour avoir mérité cette effroyable chute?

DONE ELVIRE.

Ne me demandez rien avant que regarder
Ce qu'à mes sentiments vous devez demander;
Et, sur cette froideur qui semble vous confondre,
Répondez-vous, seigneur, ce que je puis répondre :
Car enfin tous vos soins ne sauroient ignorer
Quels secrets de votre ame on m'a su déclarer;
Et je la crois, cette ame, et trop noble et trop haute,
Pour vouloir m'obliger à commettre une faute.
Vous-même, dites-vous s'il est de l'équité
De me voir couronner une infidélité;

ACTE III, SCÈNE II.

Si vous pouviez m'offrir, sans beaucoup d'injustice,
Un cœur à d'autres yeux offert en sacrifice ;
Vous plaindre avec raison, et blâmer mes refus,
Lorsqu'ils veulent d'un crime affranchir vos vertus.
Oui, seigneur, c'est un crime ; et les premières flammes
Ont des droits si sacrés sur les illustres ames,
Qu'il faut perdre grandeurs, et renoncer au jour,
Plutôt que de pencher vers un second amour [1].
J'ai pour vous cette ardeur que peut prendre l'estime
Pour un courage haut, pour un cœur magnanime :
Mais n'exigez de moi que ce que je vous dois,
Et soutenez l'honneur de votre premier choix.
Malgré vos feux nouveaux, voyez quelle tendresse
Vous conserve le cœur de l'aimable comtesse ;
Ce que pour un ingrat (car vous l'êtes, seigneur)
Elle a d'un choix constant refusé de bonheur !
Quel mépris généreux, dans son ardeur extrême,
Elle a fait de l'éclat que donne un diadème !
Voyez combien d'efforts pour vous elle a bravés !
Et rendez à son cœur ce que vous lui devez.

DON ALPHONSE.

Ah ! madame, à mes yeux n'offrez point son mérite :
Il n'est que trop présent à l'ingrat qui la quitte ;
Et si mon cœur vous dit ce que pour elle il sent,
J'ai peur qu'il ne soit pas envers vous innocent.
Oui, ce cœur l'ose plaindre, et ne suit pas sans peine
L'impérieux effort de l'amour qui l'entraîne :
Aucun espoir pour vous n'a flatté mes désirs,
Qui ne m'ait arraché pour elle des soupirs ;
Qui n'ait dans ses douceurs fait jeter à mon ame
Quelques tristes regards vers sa première flamme ;
Se reprocher l'effet de vos divins attraits,
Et mêler des remords à mes plus chers souhaits.

[1] Ces quatre derniers vers se retrouvent, avec quelques légers changements, dans *les Femmes savantes* (acte IV, scène II). (A.)

J'ai fait plus que cela, puisqu'il vous faut tout dire;
Oui, j'ai voulu sur moi vous ôter votre empire,
Sortir de votre chaîne, et rejeter mon cœur
Sous le joug innocent de son premier vainqueur.
Mais, après mes efforts, ma constance abattue
Voit un cours nécessaire à ce mal qui me tue;
Et, dût être mon sort à jamais malheureux,
Je ne puis renoncer à l'espoir de mes vœux.
Je ne saurois souffrir l'épouvantable idée
De vous voir par un autre à mes yeux possédée;
Et le flambeau du jour, qui m'offre vos appas,
Doit avant cet hymen éclairer mon trépas.
Je sais que je trahis une princesse aimable;
Mais, madame, après tout, mon cœur est-il coupable?
Et le fort ascendant que prend votre beauté
Laisse-t-il aux esprits aucune liberté?
Hélas! je suis ici bien plus à plaindre qu'elle :
Son cœur, en me perdant, ne perd qu'un infidèle;
D'un pareil déplaisir on se peut consoler :
Mais moi, par un malheur qui ne peut s'égaler,
J'ai celui de quitter une aimable personne,
Et tous les maux encor que mon amour me donne.

DONE ELVIRE.

Vous n'avez que les maux que vous voulez avoir,
Et toujours notre cœur est en notre pouvoir.
Il peut bien quelquefois montrer quelque foiblesse;
Mais enfin sur nos sens la raison, la maîtresse...

SCÈNE III.

DON GARCIE, DONE ELVIRE, DON ALPHONSE,
cru don Sylve.

DON GARCIE.

Madame, mon abord, comme je connois bien,
Assez mal-à-propos trouble votre entretien;

Et mes pas en ce lieu, s'il faut que je le die,
Ne croyoient pas trouver si bonne compagnie.

DONE ELVIRE.

Cette vue, en effet, surprend au dernier point ;
Et, de même que vous, je ne l'attendois point.

DON GARCIE.

Oui, madame, je crois que de cette visite,
Comme vous l'assurez, vous n'étiez point instruite.
(à don Sylve.)
Mais, seigneur, vous deviez nous faire au moins l'honneur
De nous donner avis de ce rare bonheur,
Et nous mettre en état, sans nous vouloir surprendre,
De vous rendre en ces lieux ce qu'on voudroit vous rendre.

DON ALPHONSE.

Les héroïques soins vous occupent si fort,
Que de vous en tirer, seigneur, j'aurois eu tort ;
Et des grands conquérants les sublimes pensées
Sont aux civilités avec peine abaissées.

DON GARCIE.

Mais les grands conquérants, dont on vante les soins,
Loin d'aimer le secret, affectent les témoins :
Leur ame, dès l'enfance à la gloire élevée,
Les fait dans leurs projets aller tête levée ;
Et, s'appuyant toujours sur des hauts sentiments,
Ne s'abaisse jamais à des déguisements.
Ne commettez-vous point vos vertus héroïques,
En passant dans ces lieux par des sourdes pratiques [1] ;
Et ne craignez-vous point qu'on puisse, aux yeux de tous,
Trouver cette action trop indigne de vous ?

DON ALPHONSE.

Je ne sais si quelqu'un blâmera ma conduite,

---

[1] *Pratiques.* Ce mot, au pluriel, se disoit alors des intelligences secrètes, ou des complots ténébreux. Bossuet en offre des exemples ; et Racine a dit dans *Esther*, jouée vingt-huit ans après *Don Garcie* :

J'ai découvert au roi les sanglantes *pratiques*
Que formoient contre lui deux ingrats domestiques.

Au secret que j'ai fait d'une telle visite ;
Mais je sais qu'aux projets qui veulent la clarté,
Prince, je n'ai jamais cherché l'obscurité ;
Et, quand j'aurai sur vous à faire une entreprise,
Vous n'aurez pas sujet de blâmer la surprise :
Il ne tiendra qu'à vous de vous en garantir,
Et l'on prendra le soin de vous en avertir.
Cependant demeurons aux termes ordinaires,
Remettons nos débats après d'autres affaires ;
Et, d'un sang un peu chaud réprimant les bouillons,
N'oublions pas tous deux devant qui nous parlons.

DONE ELVIRE, *à don Garcie.*

Prince, vous avez tort ; et sa visite est telle
Que vous...

DON GARCIE.

Ah ! c'en est trop que prendre sa querelle,
Madame ; et votre esprit devroit feindre un peu mieux,
Lorsqu'il veut ignorer sa venue en ces lieux.
Cette chaleur si prompte à vouloir la défendre
Persuade assez mal qu'elle ait pu vous surprendre.

DONE ELVIRE.

Quoi que vous soupçonniez, il m'importe si peu,
Que j'aurois du regret d'en faire un désaveu.

DON GARCIE.

Poussez donc jusqu'au bout cet orgueil héroïque,
Et que, sans hésiter, tout votre cœur s'explique :
C'est au déguisement donner trop de crédit.
Ne désavouez rien, puisque vous l'avez dit.
Tranchez, tranchez le mot, forcez toute contrainte ;
Dites que de ses feux vous ressentez l'atteinte ;
Que pour vous sa présence a des charmes si doux...

DONE ELVIRE.

Et si je veux l'aimer, m'en empêcherez-vous ?
Avez-vous sur mon cœur quelque empire à prétendre ?
Et, pour régler mes vœux, ai-je votre ordre à prendre ?

ACTE III, SCÈNE III.

Sachez que trop d'orgueil a pu vous décevoir,
Si votre cœur sur moi s'est cru quelque pouvoir ;
Et que mes sentiments sont d'une ame trop grande
Pour vouloir les cacher, lorsqu'on me les demande.
Je ne vous dirai point si le comte est aimé ;
Mais apprenez de moi qu'il est fort estimé ;
Que ses hautes vertus, pour qui je m'intéresse,
Méritent mieux que vous les vœux d'une princesse ;
Que je garde aux ardeurs, aux soins qu'il me fait voir,
Tout le ressentiment qu'une ame puisse avoir [1] ;
Et que, si des destins la fatale puissance
M'ôte la liberté d'être sa récompense,
Au moins est-il en moi de promettre à ses vœux
Qu'on ne me verra point le butin de vos feux.
Et, sans vous amuser d'une atteinte frivole,
C'est à quoi je m'engage ; et je tiendrai parole.
Voilà mon cœur ouvert, puisque vous le voulez,
Et mes vrais sentiments à vos yeux étalés.
Êtes-vous satisfait ? et mon ame attaquée
S'est-elle, à votre avis, assez bien expliquée ?
Voyez, pour vous ôter tout lieu de soupçonner,
S'il reste quelque jour encore à vous donner.
        (à don Sylve.)
Cependant, si vos soins s'attachent à me plaire,
Songez que votre bras, comte, m'est nécessaire ;
Et, d'un capricieux quels que soient les transports,
Qu'à punir nos tyrans il doit tous ses efforts.
Fermez l'oreille enfin à toute sa furie ;
Et, pour vous y porter, c'est moi qui vous en prie.

---

[1] *Ressentiment.* Ce mot exprimoit autrefois le souvenir d'un bienfait comme celui d'une injure. Il conserva long-temps cette double acception, puisque, cinquante ans plus tard (en 1698), Racine écrivoit à son fils : « Vous savez comme ma femme « est reconnaissante ; il n'y a chose au monde qu'elle ne fît pour marquer à M. de « Bonrepaux *le ressentiment des bontés* qu'il a pour vous. » (Voyez la lettre XLI de Racine à son fils, tome VI, p. 404 de l'édition de Lefèvre.)

SCÈNE IV.

DON GARCIE, DON ALPHONSE, *cru don Sylve.*

DON GARCIE.

Tout vous rit, et votre ame en cette occasion
Jouit superbement de ma confusion.
Il vous est doux de voir un aveu plein de gloire
Sur les feux d'un rival marquer votre victoire :
Mais c'est à votre joie un surcroît sans égal,
D'en avoir pour témoins les yeux de ce rival ;
Et mes prétentions, hautement étouffées,
A vos vœux triomphants sont d'illustres trophées.
Goûtez à pleins transports ce bonheur éclatant ;
Mais sachez qu'on n'est pas encore où l'on prétend.
La fureur qui m'anime a de trop justes causes,
Et l'on verra peut-être arriver bien des choses.
Un désespoir va loin quand il est échappé,
Et tout est pardonnable à qui se voit trompé.
Si l'ingrate à mes yeux, pour flatter votre flamme,
A jamais n'être à moi vient d'engager son ame,
Je saurai bien trouver, dans mon juste courroux,
Les moyens d'empêcher qu'elle ne soit à vous.

DON ALPHONSE.

Cet obstacle n'est pas ce qui me met en peine.
Nous verrons quelle attente en tout cas sera vaine ;
Et chacun, de ses feux, pourra, par sa valeur,
Ou défendre la gloire, ou venger le malheur.
Mais comme, entre rivaux, l'ame la plus posée
A des termes d'aigreur trouve une pente aisée,
Et que je ne veux point qu'un pareil entretien
Puisse trop échauffer votre esprit et le mien,
Prince, affranchissez-moi d'une gêne secrète,
Et me donnez moyen de faire ma retraite.

DON GARCIE.

Non, non, ne craignez point qu'on pousse votre esprit
A violer ici l'ordre qu'on vous prescrit.
Quelque juste fureur qui me presse et vous flatte,
Je sais, comte, je sais quand il faut qu'elle éclate.
Ces lieux vous sont ouverts : oui, sortez-en, sortez
Glorieux des douceurs que vous en remportez ;
Mais, encore une fois, apprenez que ma tête
Peut seule dans vos mains mettre votre conquête.

DON ALPHONSE.

Quand nous en serons là, le sort en notre bras
De tous nos intérêts videra les débats.

ACTE QUATRIÈME.

SCÈNE I.

DONE ELVIRE, DON ALVAR.

DONE ELVIRE.

Retournez, don Alvar, et perdez l'espérance
De me persuader l'oubli de cette offense.
Cette plaie en mon cœur ne sauroit se guérir,
Et les soins qu'on en prend ne font rien que l'aigrir.
A quelques faux respects croit-il que je défère ?
Non, non : il a poussé trop avant ma colère ;
Et son vain repentir, qui porte ici vos pas,
Sollicite un pardon que vous n'obtiendrez pas.

DON ALVAR.

Madame, il fait pitié. Jamais cœur, que je pense,

Par un plus vif remords n'expia son offense;
Et, si dans sa douleur vous le considériez,
Il toucheroit votre ame, et vous l'excuseriez.
On sait bien que le prince est dans un âge à suivre
Les premiers mouvements où son ame se livre,
Et qu'en un sang bouillant, toutes les passions
Ne laissent guère place à des réflexions.
Don Lope, prévenu d'une fausse lumière,
De l'erreur de son maître a fourni la matière.
Un bruit assez confus, dont le zèle indiscret
A de l'abord du comte éventé le secret,
Vous avoit mise aussi de cette intelligence
Qui, dans ces lieux gardés, a donné sa présence.
Le prince a cru l'avis, et son amour séduit
Sur une fausse alarme a fait tout ce grand bruit;
Mais d'une telle erreur son ame est revenue :
Votre innocence enfin lui vient d'être connue,
Et don Lope, qu'il chasse, est un visible effet
Du vif remords qu'il sent de l'éclat qu'il a fait.

DONE ELVIRE.

Ah! c'est trop promptement qu'il croit mon innocence;
Il n'en a pas encore une entière assurance :
Dites-lui, dites-lui qu'il doit bien tout peser,
Et ne se hâter point, de peur de s'abuser.

DON ALVAR.

Madame, il sait trop bien...

DONE ELVIRE.

Mais, don Alvar, de grace,
N'étendons pas plus loin un discours qui me lasse :
Il réveille un chagrin qui vient, à contre-temps,
En troubler dans mon cœur d'autres plus importants.
Oui, d'un trop grand malheur la surprise me presse;
Et le bruit du trépas de l'illustre comtesse
Doit s'emparer si bien de tout mon déplaisir,
Qu'aucun autre souci n'a droit de me saisir.

DON ALVAR.

Madame, ce peut être une fausse nouvelle ;
Mais mon retour au prince en porte une cruelle.

DONE ELVIRE.

De quelque grand ennui qu'il puisse être agité,
Il en aura toujours moins qu'il n'a mérité.

SCÈNE II.
DONE ELVIRE, ÉLISE.

ÉLISE.

J'attendois qu'il sortit, madame, pour vous dire
Ce qui veut maintenant que votre ame respire,
Puisque votre chagrin, dans un moment d'ici,
Du sort de done Ignès peut se voir éclairci.
Un inconnu, qui vient pour cette confidence,
Vous fait, par un des siens, demander audience.

DONE ELVIRE.

Élise, il faut le voir; qu'il vienne promptement.

ÉLISE.

Mais il veut n'être vu que de vous seulement ;
Et par cet envoyé, madame, il sollicite
Qu'il puisse sans témoins vous rendre sa visite.

DONE ELVIRE.

Hé bien ! nous serons seuls ; et je vais l'ordonner,
Tandis que tu prendras le soin de l'amener.
Que mon impatience en ce moment est forte !
O destin ! est-ce joie ou douleur qu'on m'apporte ?

SCÈNE III.
DON PÈDRE, ÉLISE.

ÉLISE.

Où... ?

DON PÈDRE.

Si vous me cherchez, madame, me voici.

ÉLISE.

En quel lieu votre maître?

DON PÈDRE.

Il est proche d'ici.

Le ferai-je venir?

ÉLISE.

Dites-lui qu'il s'avance,
Assuré qu'on l'attend avec impatience,
Et qu'il ne se verra d'aucuns yeux éclairé.
(Seule.)
Je ne sais quel secret en doit être auguré.
Tant de précautions qu'il affecte de prendre...
Mais le voici déjà.

SCÈNE IV.

DONE IGNÈS, *déguisée en homme;* ÉLISE.

ÉLISE.

Seigneur, pour vous attendre
On a fait... Mais que vois-je? Ah! madame! mes yeux...

DONE IGNÈS.

Ne me découvrez point, Élise, dans ces lieux,
Et laissez respirer ma triste destinée
Sous une feinte mort que je me suis donnée.
C'est elle qui m'arrache à tous mes fiers tyrans,
Car je puis sous ce nom comprendre mes parents.
J'ai par elle évité cet hymen redoutable
Pour qui j'aurois souffert une mort véritable;
Et, sous cet équipage, et le bruit de ma mort,
Il faut cacher à tous le secret de mon sort,
Pour me voir à l'abri de l'injuste poursuite
Qui pourroit dans ces lieux persécuter ma fuite.

ÉLISE.

Ma surprise en public eût trahi vos desirs.
Mais allez là-dedans étouffer des soupirs,

Et des charmants transports d'une pleine allégresse
Saisir à votre aspect le cœur de la princesse ;
Vous la trouverez seule : elle-même a pris soin
Que votre abord fût libre, et n'eût aucun témoin.

SCÈNE V.

DON ALVAR, ÉLISE.

ÉLISE.

Vois-je pas don Alvar ?

DON ALVAR.

Le prince me renvoie
Vous prier que pour lui votre crédit s'emploie.
De ses jours, belle Élise, on doit n'espérer rien,
S'il n'obtient par vos soins un moment d'entretien ;
Son ame a des transports... Mais le voici lui-même.

SCÈNE VI.

DON GARCIE, DON ALVAR, ÉLISE.

DON GARCIE.

Ah ! sois un peu sensible à ma disgrace extrême,
Élise, et prends pitié d'un cœur infortuné,
Qu'aux plus vives douleurs tu vois abandonné.

ÉLISE.

C'est avec d'autres yeux que ne fait la princesse,
Seigneur, que je verrois le tourment qui vous presse ;
Mais nous avons du ciel, ou du tempérament,
Que nous jugeons de tout chacun diversement :
Et, puisqu'elle vous blâme, et que sa fantaisie
Lui fait un monstre affreux de votre jalousie,
Je serois complaisant, et voudrois m'efforcer
De cacher à ses yeux ce qui peut les blesser.
Un amant suit sans doute une utile méthode,

S'il fait qu'à notre humeur la sienne s'accommode ;
Et cent devoirs font moins que ces ajustements,
Qui font croire en deux cœurs les mêmes sentiments.
L'art de ces deux rapports fortement les assemble,
Et nous n'aimons rien tant que ce qui nous ressemble

DON GARCIE.

Je le sais ; mais, hélas ! les destins inhumains
S'opposent à l'effet de ces justes desseins,
Et, malgré tous mes soins, viennent toujours me tendre
Un piége dont mon cœur ne sauroit se défendre.
Ce n'est pas que l'ingrate, aux yeux de mon rival,
N'ait fait contre mes feux un aveu trop fatal,
Et témoigné pour lui des excès de tendresse
Dont le cruel objet me reviendra sans cesse :
Mais, comme trop d'ardeur enfin m'avoit séduit,
Quand j'ai cru qu'en ces lieux elle l'ait introduit,
D'un trop cuisant ennui je sentirois l'atteinte,
A lui laisser sur moi quelque sujet de plainte.
Oui, je veux faire au moins, si je m'en vois quitté,
Que ce soit de son cœur pure infidélité ;
Et, venant m'excuser d'un trait de promptitude,
Dérober tout prétexte à son ingratitude.

ÉLISE.

Laissez un peu de temps à son ressentiment,
Et ne la voyez point, seigneur, si promptement.

DON GARCIE.

Ah! si tu me chéris, obtiens que je la voie ;
C'est une liberté qu'il faut qu'elle m'octroie ;
Je ne pars point d'ici qu'au moins son fier dédain...

ÉLISE.

De grace, différez l'effet de ce dessein.

DON GARCIE.

Non, ne m'oppose point une excuse frivole.

ÉLISE, *à part.*

Il faut que ce soit elle, avec une parole,

Qui trouve les moyens de le faire en aller.
(à don Garcie.)
Demeurez donc, seigneur, je m'en vais lui parler.
DON GARCIE.
Dis-lui que j'ai d'abord banni de ma présence
Celui dont les avis ont causé mon offense;
Que don Lope jamais...

SCÈNE VII.

DON GARCIE, DON ALVAR.

DON GARCIE, *regardant par la porte, qu'Élise a laissée entr'ouverte.*
Que vois-je? ô justes cieux!
Faut-il que je m'assure au rapport de mes yeux?
Ah! sans doute ils me sont des témoins trop fidèles!
Voilà le comble affreux de mes peines mortelles!
Voici le coup fatal qui devoit m'accabler!
Et quand par des soupçons je me sentois troubler,
C'étoit, c'étoit le ciel, dont la sourde menace
Présageoit à mon cœur cette horrible disgrace.
DON ALVAR.
Qu'avez-vous vu, seigneur, qui vous puisse émouvoir [1]?
DON GARCIE.
J'ai vu ce que mon ame a peine à concevoir;
Et le renversement de toute la nature
Ne m'étonneroit pas comme cette aventure.
C'en est fait... le destin... Je ne saurois parler.
DON ALVAR.
Seigneur, que votre esprit tâche à se rappeler.
DON GARCIE.
J'ai vu... Vengeance...! O ciel!
DON ALVAR.
Quelle atteinte soudaine...

[1] Ce vers et les cinq qui suivent sont dans *le Misanthrope* (acte IV, scène III).

DON GARCIE.
J'en mourrai, don Alvar; la chose est bien certaine.
DON ALVAR.
Mais, seigneur, qui pourroit...
DON GARCIE.
Ah! tout est ruiné;
Je suis, je suis trahi, je suis assassiné[1] :
Un homme (sans mourir te le puis-je bien dire?),
Un homme dans les bras de l'infidèle Elvire!
DON ALVAR.
Ah! seigneur, la princesse est vertueuse au point...
DON GARCIE.
Ah! sur ce que j'ai vu ne me contestez point,
Don Alvar : c'en est trop que soutenir sa gloire,
Lorsque mes yeux font foi d'une action si noire.
DON ALVAR.
Seigneur, nos passions nous font prendre souvent
Pour chose véritable un objet décevant;
Et de croire qu'une ame à la vertu nourrie
Se puisse...
DON GARCIE.
Don Alvar, laissez-moi, je vous prie;
Un conseiller me choque en cette occasion,
Et je ne prends avis que de ma passion.
DON ALVAR, à part.
Il ne faut rien répondre à cet esprit farouche.
DON GARCIE.
Ah! que sensiblement cette atteinte me touche!
Mais il faut voir qui c'est, et de ma main punir...
La voici. Ma fureur, te peux-tu retenir[2]?

---

[1] Ce vers et le précédent sont encore dans *le Misanthrope* (acte IV, scène III). Les conseils que don Alvar donne ici à don Garcie ont même quelques rapports avec les discours de Philinte dans la même scène. Enfin, la situation où se trouve le prince, et que Molière a cherché vainement à rendre dramatique, pouvoit, avec de légers changements, fournir une excellente scène de comédie.

[2] Don Garcie, entrant en fureur à la vue de sa maîtresse qui embrasse ten-

SCÈNE VIII.

DONE ELVIRE, DON GARCIE, DON ALVAR.

DONE ELVIRE.

Hé bien! que voulez-vous? et quel espoir de grace,
Après vos procédés, peut flatter votre audace?
Osez-vous à mes yeux encor vous présenter?
Et que me direz-vous que je doive écouter?

DON GARCIE.

Que toutes les horreurs dont une ame est capable
A vos déloyautés n'ont rien de comparable;
Que le sort, les démons, et le ciel en courroux,
N'ont jamais rien produit de si méchant que vous [1].

DONE ELVIRE.

Ah! vraiment, j'attendois l'excuse d'un outrage;
Mais, à ce que je vois, c'est un autre langage.

DON GARCIE.

Oui, oui, c'en est un autre, et vous n'attendiez pas
Que j'eusse découvert le traître dans vos bras [2];
Qu'un funeste hasard, par la porte entr'ouverte,
Eût offert à mes yeux votre honte et ma perte.
Est-ce l'heureux amant sur ses pas revenu,
Ou quelque autre rival qui m'étoit inconnu?
O ciel! donne à mon cœur des forces suffisantes
Pour pouvoir supporter des douleurs si cuisantes!
Rougissez maintenant, vous en avez raison,

---

drement un homme, n'est pas ce qu'on appelle un jaloux, mais un amant justement irrité de l'outrage fait à sa tendresse. Quoi qu'il en soit, depuis Molière, nombre d'auteurs ont employé ce même moyen d'une femme déguisée en homme, pour exciter les transports furieux d'un jaloux, et le couvrir ensuite de confusion. Ce ressort a fait le succès de quelques petites pièces fort agréables. (A.)

[1] Ces quatre derniers vers se retrouvent dans le *Misanthrope* (acte IV, sc. III).

[2] On ne dit pas *attendre* dans le sens de compter sur une chose, de croire qu'une chose a été, est, ou sera; on dit *s'attendre: vous ne vous attendiez pas que j'eusse découvert*, etc.

Et le masque est levé de votre trahison.
Voilà ce que marquoient les troubles de mon ame;
Ce n'étoit pas en vain que s'alarmoit ma flamme;
Par ces fréquents soupçons qu'on trouvoit odieux,
Je cherchois le malheur qu'ont rencontré mes yeux;
Et, malgré tous vos soins et votre adresse à feindre,
Mon astre me disoit ce que j'avois à craindre.
Mais ne présumez pas que, sans être vengé,
Je souffre le dépit de me voir outragé.
Je sais que sur les vœux on n'a point de puissance;
Que l'amour veut partout naître sans dépendance;
Que jamais par la force on n'entra dans un cœur;
Et que toute ame est libre à nommer son vainqueur :
Aussi ne trouverois-je aucun sujet de plainte,
Si pour moi votre bouche avoit parlé sans feinte;
Et, son arrêt livrant mon espoir à la mort,
Mon cœur n'auroit eu droit de s'en prendre qu'au sort.
Mais d'un aveu trompeur voir ma flamme applaudie,
C'est une trahison, c'est une perfidie
Qui ne sauroit trouver de trop grands châtiments;
Et je puis tout permettre à mes ressentiments.
Non, non, n'espérez rien après un tel outrage;
Je ne suis plus à moi, je suis tout à la rage [1].
Trahi de tous côtés, mis dans un triste état,
Il faut que mon amour se venge avec éclat;
Qu'ici j'immole tout à ma fureur extrême,
Et que mon désespoir achève par moi-même.

DONE ELVIRE.

Assez paisiblement vous a-t-on écouté?
Et pourrai-je à mon tour parler en liberté?

DON GARCIE.

Et par quels beaux discours, que l'artifice inspire...

---

[1] Ce vers et les vingt-trois précédents ont été employés dans a IIIe scene du IVe acte du *Misanthrope*.

DONE ELVIRE.

Si vous avez encor quelque chose à me dire,
Vous pouvez l'ajouter, je suis prête à l'ouïr;
Sinon, faites au moins que je puisse jouir
De deux ou trois moments de paisible audience.

DON GARCIE.

Hé bien! j'écoute. O ciel! quelle est ma patience!

DONE ELVIRE.

Je force ma colère, et veux, sans nulle aigreur,
Répondre à ce discours si rempli de fureur.

DON GARCIE.

C'est que vous voyez bien...

DONE ELVIRE.

Ah! j'ai prêté l'oreille
Autant qu'il vous a plu; rendez-moi la pareille.
J'admire mon destin, et jamais sous les cieux
Il ne fut rien, je crois, de si prodigieux,
Rien dont la nouveauté soit plus inconcevable,
Et rien que la raison rende moins supportable.
Je me vois un amant qui, sans se rebuter,
Applique tous ses soins à me persécuter;
Qui, dans tout cet amour que sa bouche m'exprime,
Ne conserve pour moi nul sentiment d'estime;
Rien, au fond de ce cœur qu'ont pu blesser mes yeux,
Qui fasse droit au sang que j'ai reçu des cieux,
Et de mes actions défende l'innocence
Contre le moindre effort d'une fausse apparence.
Oui, je vois...

(Don Garcie montre de l'impatience pour parler.)

Ah! surtout ne m'interrompez point.
Je vois, dis-je, mon sort malheureux à ce point,
Qu'un cœur qui dit qu'il m'aime, et qui doit faire croire
Que, quand tout l'univers douteroit de ma gloire,
Il voudroit contre tous en être le garant,

Est celui qui s'en fait l'ennemi le plus grand [1].
On ne voit échapper aux soins que prend sa flamme
Aucune occasion de soupçonner mon ame;
Mais c'est peu des soupçons, il en fait des éclats
Que, sans être blessé, l'amour ne souffre pas.
Loin d'agir en amant qui, plus que la mort même,
Appréhende toujours d'offenser ce qu'il aime,
Qui se plaint doucement, et cherche avec respect
A pouvoir s'éclaircir de ce qu'il croit suspect,
A toute extrémité dans ses doutes il passe;
Et ce n'est que fureur, qu'injure et que menace.
Cependant aujourd'hui je veux fermer les yeux
Sur tout ce qui devroit me le rendre odieux,
Et lui donner moyen, par une bonté pure,
De tirer son salut d'une nouvelle injure.
Ce grand emportement qu'il m'a fallu souffrir
Part de ce qu'à vos yeux le hasard vient d'offrir.
J'aurois tort de vouloir démentir votre vue,
Et votre ame sans doute a dû paroître émue.

DON GARCIE.

Et n'est-ce pas...

DONE ELVIRE.

Encore un peu d'attention,
Et vous allez savoir ma résolution.
Il faut que de nous deux le destin s'accomplisse;
Vous êtes maintenant sur un grand précipice,
Et ce que votre cœur pourra délibérer
Va vous y faire choir, ou bien vous en tirer.
Si, malgré cet objet qui vous a pu surprendre,
Prince, vous me rendez ce que vous devez rendre,
Et ne demandez point d'autre preuve que moi,
Pour condamner l'erreur du trouble où je vous vois;

---

[1] Aménaïde, comme done Elvire, dit que son amant doit,
   Quand l'univers entier l'accuseroit d'un crime,
   A l'univers séduit opposer son estime.   (*Tancrède.*)

Si de vos sentiments la prompte déférence
Veut sur ma seule foi croire mon innocence,
Et de tous vos soupçons démentir le crédit,
Pour croire aveuglément ce que mon cœur vous dit,
Cette soumission, cette marque d'estime,
Du passé dans ce cœur efface tout le crime;
Je rétracte, à l'instant, ce qu'un juste courroux
M'a fait, dans la chaleur, prononcer contre vous;
Et, si je puis un jour choisir ma destinée,
Sans choquer les devoirs du rang où je suis née,
Mon honneur, satisfait par ce respect soudain,
Promet à votre amour, et mes vœux, et ma main.
Mais prêtez bien l'oreille à ce que je vais dire :
Si cette offre sur vous obtient si peu d'empire,
Que vous me refusiez de me faire entre nous
Un sacrifice entier de vos soupçons jaloux ;
S'il ne vous suffit pas de toute l'assurance
Que vous peuvent donner mon cœur et ma naissance,
Et que de votre esprit les ombrages puissants
Forcent mon innocence à convaincre vos sens,
Et porter à vos yeux l'éclatant témoignage
D'une vertu sincère à qui l'on fait outrage ;
Je suis prête à le faire, et vous serez content :
Mais il vous faut de moi détacher à l'instant,
A mes vœux pour jamais renoncer de vous-même ;
Et j'atteste du ciel la puissance suprême
Que, quoi que le destin puisse ordonner de nous [1],
Je choisirai plutôt d'être à la mort qu'à vous.

[1] L'alternative est cruelle : quelle surprise elle doit causer à don Garcie! On lui offre sa grace, lorsqu'il vient pour accuser ; on convient de tout, et il faut qu'il ne croie à rien. Il est difficile d'imaginer une situation plus forte et mieux combinée et l'épreuve à laquelle donc Elvire soumet ici son amant devroit le guérir à jamais, si l'on guérissoit de la jalousie. C'est pour cette scène que la pièce a été faite, et c'est elle sans doute qui inspira à Molière le désir de traiter ce sujet ; car elle appartient à l'auteur italien. Nous disons que cette scène a dû séduire Molière; en effet, elle étoit selon son génie ; car si la situation est forte, le fond de l'idée est

Voilà dans ces deux choix de quoi vous satisfaire :
Avisez maintenant celui qui peut vous plaire ¹.

DON GARCIE.

Juste ciel ! jamais rien peut-il être inventé
Avec plus d'artifice et de déloyauté?
Tout ce que des enfers la malice étudie
A-t-il rien de si noir que cette perfidie?
Et peut-elle trouver dans toute sa rigueur
Un plus cruel moyen d'embarrasser un cœur?
Ah! que vous savez bien ici contre moi-même ²,
Ingrate, vous servir de ma foiblesse extrême,
Et ménager pour vous l'effort prodigieux
De ce fatal amour né de vos traîtres yeux !
Parcequ'on est surprise, et qu'on manque d'excuse,
D'une offre de pardon on emprunte la ruse :
Votre feinte douceur forge un amusement,
Pour divertir l'effet de mon ressentiment ;
Et, par le nœud subtil du choix qu'elle embarrasse,
Veut soustraire un perfide au coup qui le menace.
Oui, vos dextérités veulent me détourner
D'un éclaircissement qui vous doit condamner ;
Et votre ame, feignant une innocence entière,
Ne s'offre à m'en donner une pleine lumière
Qu'à des conditions qu'après d'ardents souhaits
Vous pensez que mon cœur n'acceptera jamais;
Mais vous serez trompée en me croyant surprendre.
Oui, oui, je prétends voir ce qui doit vous défendre,
Et quel fameux prodige, accusant ma fureur,
Peut de ce que j'ai vu justifier l'horreur.

---

comique, à cause du caractère du jaloux. Cette combinaison savante établit la véritable limite entre le drame et la haute comédie, telle que Molière l'a traitée depuis dans le *Misanthrope*.

¹ *Aviser*, vieux mot qui signifioit *chercher;* dans ce sens il n'est plus d'usage, mais on s'en sert encore dans le sens de *songer, penser*. *On ne s'avise jamais de tout*. Il est probable que c'est le proverbe qui nous a conservé le mot.

² Ce vers et les trois suivants sont dans la même scène du *Misanthrope*.

DONE ELVIRE.
Songez que par ce choix vous allez vous prescrire
De ne plus rien prétendre au cœur de done Elvire.
DON GARCIE.
Soit. Je souscris à tout; et mes vœux, aussi bien,
En l'état où je suis, ne prétendent plus rien.
DONE ELVIRE.
Vous vous repentirez de l'éclat que vous faites.
DON GARCIE.
Non, non, tous ces discours sont de vaines défaites;
Et c'est moi bien plutôt qui dois vous avertir
Que quelque autre dans peu se pourra repentir :
Le traître, quel qu'il soit, n'aura pas l'avantage
De dérober sa vie à l'effort de ma rage.
DONE ELVIRE.
Ah! c'est trop en souffrir, et mon cœur irrité
Ne doit plus conserver une sotte bonté;
Abandonnons l'ingrat à son propre caprice;
Et, puisqu'il veut périr, consentons qu'il périsse.
(à don Garcie.)
Élise... A cet éclat vous voulez me forcer;
Mais je vous apprendrai que c'est trop m'offenser.

SCÈNE IX.

DONE ELVIRE, DON GARCIE, ÉLISE, DON ALVAR.

DONE ELVIRE, *à Élise.*
Faites un peu sortir la personne chérie...
Allez, vous m'entendez, dites que je l'en prie.
DON GARCIE.
Et je puis...
DONE ELVIRE.
Attendez, vous serez satisfait.
ÉLISE, *à part, en sortant.*
Voici de son jaloux, sans doute, un nouveau trait.

DONE ELVIRE.

Prenez garde qu'au moins cette noble colère
Dans la même fierté jusqu'au bout persévère ;
Et surtout désormais songez bien à quel prix
Vous avez voulu voir vos soupçons éclaircis¹.

SCÈNE X.

DONE ELVIRE, DON GARCIE, DONE IGNÈS, *déguisée en homme;* ÉLISE, DON ALVAR.

DONE ELVIRE, *à don Garcie, en lui montrant done Ignès.*
Voici, graces au ciel, ce qui les a fait naître
Ces soupçons obligeants que l'on me fait paroître ;
Voyez bien ce visage, et si de done Ignès
Vos yeux au même instant n'y connoissent les traits.

DON GARCIE.

O ciel !

DONE ELVIRE.
  Si la fureur dont votre ame est émue
Vous trouble jusque-là l'usage de la vue,
Vous avez d'autres yeux à pouvoir consulter,
Qui ne vous laisseront aucun lieu de douter.
Sa mort est une adresse au besoin inventée
Pour fuir l'autorité qui l'a persécutée ;
Et sous un tel habit elle cachoit son sort,
Pour mieux jouir du fruit de cette feinte mort.
  (à done Ignès.)
Madame, pardonnez s'il faut que je consente
A trahir vos secrets et tromper votre attente ;
je me vois exposée à sa témérité;
Toutes mes actions n'ont plus de liberté ;
Et mon bonheur, en butte aux soupçons qu'il peut prendre,

¹ Ces quatre vers ajoutent à l'intérêt de la situation, accroissent l'impatience du spectateur, et commencent à jeter l'inquiétude dans l'ame de don Garcie. Molière excelle dans l'art si difficile de préparer les scènes, c'est-à-dire qu'il n'oublie rien de ce qui peut en augmenter l'effet.

Est réduit à toute heure aux soins de se défendre.
Nos doux embrassements, qu'a surpris ce jaloux,
De cent indignités m'ont fait souffrir les coups.
Oui, voilà le sujet d'une fureur si prompte,
Et l'assuré témoin qu'on produit de ma honte.
    (à don Garcie.)
Jouissez à cette heure, en tyran absolu,
De l'éclaircissement que vous avez voulu;
Mais sachez que j'aurai sans cesse la mémoire
De l'outrage sanglant qu'on a fait à ma gloire;
Et, si je puis jamais oublier mes serments,
Tombent sur moi du ciel les plus grands châtiments,
Qu'un tonnerre éclatant mette ma tête en poudre,
Lorsqu'à souffrir vos feux je pourrai me résoudre!
Allons, madame, allons, ôtons-nous de ces lieux
Qu'infectent les regards d'un monstre furieux;
Fuyons-en promptement l'atteinte envenimée,
Évitons les effets de sa rage animée,
Et ne faisons des vœux, dans nos justes desseins,
Que pour nous voir bientôt affranchir de ses mains.
    DONE IGNÈS, *à don Garcie.*
Seigneur, de vos soupçons l'injuste violence
A la même vertu vient de faire une offense.

SCÈNE XI.

DON GARCIE, DON ALVAR.

DON GARCIE.

Quelles tristes clartés, dissipant mon erreur,
Enveloppent mes sens d'une profonde horreur,
Et ne laissent plus voir à mon ame abattue
Que l'effroyable objet d'un remords qui me tue!
Ah! don Alvar, je vois que vous avez raison;
Mais l'enfer dans mon cœur a soufflé son poison;

Et, par un trait fatal d'une rigueur extrême,
Mon plus grand ennemi se rencontre en moi-même.
Que me sert-il d'aimer du plus ardent amour
Qu'une ame consumée ait jamais mis au jour,
Si, par ces mouvements qui font toute ma peine,
Cet amour à tout coup se rend digne de haine?
Il faut, il faut venger par mon juste trépas
L'outrage que j'ai fait à ses divins appas;
Aussi bien quels conseils aujourd'hui puis-je suivre?
Ah! j'ai perdu l'objet pour qui j'aimois à vivre.
Si j'ai pu renoncer à l'espoir de ses vœux,
Renoncer à la vie est beaucoup moins fâcheux.

DON ALVAR.

Seigneur...

DON GARCIE.

Non, don Alvar, ma mort est nécessaire,
Il n'est soins ni raisons qui m'en puissent distraire;
Mais il faut que mon sort, en se précipitant,
Rende à cette princesse un service éclatant;
Et je veux me chercher, dans cette illustre envie,
Les moyens glorieux de sortir de la vie;
Faire, par un grand coup qui signale ma foi,
Qu'en expirant pour elle elle ait regret à moi,
Et qu'elle puisse dire, en se voyant vengée:
« C'est par son trop d'amour qu'il m'avoit outragée. »
Il faut que de ma main un illustre attentat
Porte une mort trop due au sein de Mauregat;
Que j'aille prévenir, par une belle audace,
Le coup dont la Castille avec bruit le menace;
Et j'aurai des douceurs, dans mon instant fatal,
De ravir cette gloire à l'espoir d'un rival.

DON ALVAR.

Un service, seigneur, de cette conséquence
Auroit bien le pouvoir d'effacer votre offense;
Mais hasarder...

DON GARCIE.
Allons, par un juste devoir,
Faire à ce noble effort servir mon désespoir [1].

ACTE CINQUIÈME.

SCÈNE I.

DON ALVAR, ÉLISE.

DON ALVAR.
Oui, jamais il ne fut de si rude surprise.
Il venoit de former cette haute entreprise :
A l'avide desir d'immoler Mauregat,
De son prompt désespoir il tournoit tout l'éclat ;
Ses soins précipités vouloient à son courage
De cette juste mort assurer l'avantage,
Y chercher son pardon, et prévenir l'ennui
Qu'un rival partageât cette gloire avec lui.
Il sortoit de ces murs, quand un bruit trop fidèle
Est venu lui porter la fâcheuse nouvelle
Que ce même rival, qu'il vouloit prévenir,
A remporté l'honneur qu'il pensoit obtenir,
L'a prévenu lui-même en immolant le traître,
Et poussé dans ce jour don Alphonse à paroître,

[1] Le courroux d'Elvire terminoit la pièce, le beau mouvement de don Garcie renoue l'action. Il peut réparer son offense par un service éclatant ; il peut au moins se la faire pardonner. L'intérêt ne s'affoiblit pas, et le dénoûment se prépare. Dans la pièce italienne Rodrigue veut se tuer, et Delmire, touchée de son désespoir, lui pardonne. L'action de don Garcie qui veut chercher, les armes à la main, un *trépas* plus digne de lui, est une heureuse invention de Molière, à qui le cinquième acte appartient tout entier.

Qui d'un si prompt succès va goûter la douceur,
Et vient prendre en ces lieux la princesse sa sœur.
Et, ce qui n'a pas peine à gagner la croyance,
On entend publier que c'est la récompense
Dont il prétend payer le service éclatant
Du bras qui lui fait jour au trône qui l'attend.

ÉLISE.

Oui, done Elvire a su ces nouvelles semées,
Et du vieux don Louis les trouve confirmées,
Qui vient de lui mander que Léon, dans ce jour,
De don Alphonse et d'elle attend l'heureux retour;
Et que c'est là qu'on doit, par un revers prospère,
Lui voir prendre un époux de la main de ce frère.
Dans ce peu qu'il en dit, il donne assez à voir
Que don Sylve est l'époux qu'elle doit recevoir.

DON ALVAR.

Ce coup au cœur du prince...

ÉLISE.

Est sans doute bien rude,
Et je le trouve à plaindre en son inquiétude.
Son intérêt pourtant, si j'en ai bien jugé,
Est encor cher au cœur qu'il a tant outragé;
Et je n'ai point connu qu'à ce succès qu'on vante
La princesse ait fait voir une ame fort contente
De ce frère qui vient, et de la lettre aussi;
Mais...

SCÈNE II.

DONE ELVIRE, DONE IGNÈS, *déguisée en homme;* ÉLISE,
DON ALVAR.

DONE ELVIRE.

Faites, don Alvar, venir le prince ici.

(*don Alvar sort.*)

Souffrez que devant vous je lui parle, madame,

Sur cet événement dont on surprend mon ame ;
Et ne m'accusez point d'un trop prompt changement,
Si je perds contre lui tout mon ressentiment.
Sa disgrace imprévue a pris droit de l'éteindre ;
Sans lui laisser ma haine, il est assez à plaindre,
Et le ciel, qui l'expose à ce trait de rigueur,
N'a que trop bien servi les serments de mon cœur.
Un éclatant arrêt de ma gloire outragée
A jamais n'être à lui me tenoit engagée ;
Mais quand par les destins il est exécuté,
J'y vois pour son amour trop de sévérité ;
Et le triste succès de tout ce qu'il m'adresse
M'efface son offense, et lui rend ma tendresse :
Oui, mon cœur, trop vengé par de si rudes coups,
Laisse à leur cruauté désarmer son courroux,
Et cherche maintenant, par un soin pitoyable,
A consoler le sort d'un amant misérable ;
Et je crois que sa flamme a bien pu mériter
Cette compassion que je lui veux prêter.

DONE IGNÈS.

Madame, on auroit tort de trouver à redire
Aux tendres sentiments qu'on voit qu'il vous inspire ;
Ce qu'il a fait pour vous... Il vient, et sa pâleur
De ce coup surprenant marque assez la douleur.

SCÈNE III.

DON GARCIE, DONE ELVIRE, DONE IGNÈS, *déguisée en homme* ; ÉLISE.

DON GARCIE.

Madame, avec quel front faut-il que je m'avance,
Quand je viens vous offrir l'odieuse présence...

DONE ELVIRE.

Prince, ne parlons plus de mon ressentiment.

Votre sort dans mon ame a fait du changement;
Et, par le triste état où sa rigueur vous jette,
Ma colère est éteinte, et notre paix est faite.
Oui, bien que votre amour ait mérité les coups
Que fait sur lui du ciel éclater le courroux;
Bien que ces noirs soupçons aient offensé ma gloire
Par des indignités qu'on auroit peine à croire,
J'avouerai toutefois que je plains son malheur
Jusqu'à voir nos succès avec quelque douleur;
Que je hais les faveurs de ce fameux service,
Lorsqu'on veut de mon cœur lui faire un sacrifice,
Et voudrois bien pouvoir racheter les moments
Où le sort contre vous n'armoit que mes serments:
Mais enfin vous savez comme nos destinées
Aux intérêts publics sont toujours enchaînées,
Et que l'ordre des cieux, pour disposer de moi,
Dans mon frère qui vient me va montrer mon roi.
Cédez comme moi, prince, à cette violence
Où la grandeur soumet celles de ma naissance;
Et, si de votre amour les déplaisirs sont grands,
Qu'il se fasse un secours de la part que j'y prends,
Et ne se serve point, contre un coup qui l'étonne,
Du pouvoir qu'en ces lieux votre valeur vous donne :
Ce vous seroit, sans doute, un indigne transport
De vouloir dans vos maux lutter contre le sort;
Et, lorsque c'est en vain qu'on s'oppose à sa rage,
La soumission prompte est grandeur de courage.
Ne résistez donc point à ses coups éclatants,
Ouvrez les murs d'Astorgue au frère que j'attends,
Laissez-moi rendre aux droits qu'il peut sur moi prétendre
Ce que mon triste cœur a résolu de rendre;
Et ce fatal hommage, où mes vœux sont forcés,
Peut-être n'ira pas si loin que vous pensez.

DON GARCIE.

C'est faire voir, madame, une bonté trop rare,

Que vouloir adoucir le coup qu'on me prépare :
Sur moi sans de tels soins vous pouvez laisser choir
Le foudre rigoureux de tout votre devoir.
En l'état où je suis je n'ai rien à vous dire.
J'ai mérité du sort tout ce qu'il a de pire ;
Et je sais, quelques maux qu'il me faille endurer,
Que je me suis ôté le droit d'en murmurer.
Par où pourrai-je, hélas! dans ma vaste disgrace,
Vers vous de quelque plainte autoriser l'audace?
Mon amour s'est rendu mille fois odieux,
Il n'a fait qu'outrager vos attraits glorieux ;
Et, lorsque par un juste et fameux sacrifice
Mon bras à votre sang cherche à rendre un service,
Mon astre m'abandonne au déplaisir fatal
De me voir prévenu par le bras d'un rival.
Madame, après cela je n'ai rien à prétendre,
Je suis digne du coup que l'on me fait attendre ;
Et je le vois venir, sans oser contre lui
Tenter de votre cœur le favorable appui.
Ce qui peut me rester dans mon malheur extrême,
C'est de chercher alors mon remède en moi-même,
Et faire que ma mort, propice à mes desirs,
Affranchisse mon cœur de tous ses déplaisirs.
Oui, bientôt dans ces lieux don Alphonse doit être,
Et déja mon rival commence de paroître ;
De Léon vers ces murs il semble avoir volé
Pour recevoir le prix du tyran immolé.
Ne craignez point du tout qu'aucune résistance
Fasse valoir ici ce que j'ai de puissance :
Il n'est effort humain que, pour vous conserver,
Si vous y consentiez, je ne pusse braver ;
Mais ce n'est pas à moi, dont on hait la mémoire,
A pouvoir espérer cet aveu plein de gloire,
Et je ne voudrois pas, par des efforts trop vains,
Jeter le moindre obstacle à vos justes desseins.

Non, je ne contrains point vos sentiments, madame;
Je vais en liberté laisser toute votre ame,
Ouvrir les murs d'Astorgue à cet heureux vainqueur,
Et subir de mon sort la dernière rigueur.

SCÈNE IV.

DONE ELVIRE, DONE IGNÈS, *déguisée en homme;*
ÉLISE.

DONE ELVIRE.

Madame, au désespoir où son destin l'expose
De tous mes déplaisirs n'imputez pas la cause.
Vous me rendrez justice, en croyant que mon cœur
Fait de vos intérêts sa plus vive douleur;
Que bien plus que l'amour l'amitié m'est sensible,
Et que, si je me plains d'une disgrace horrible,
C'est de voir que du ciel le funeste courroux
Ait pris chez moi les traits qu'il lance contre vous,
Et rendu mes regards coupables d'une flamme
Qui traite indignement les bontés de votre ame.

DONE IGNÈS.

C'est un événement dont, sans doute, vos yeux
N'ont point pour moi, madame, à quereller les cieux.
Si les foibles attraits qu'étale mon visage
M'exposoient au destin de souffrir un volage,
Le ciel ne pouvoit mieux m'adoucir de tels coups,
Quand, pour m'ôter ce cœur, il s'est servi de vous;
Et mon front ne doit point rougir d'une inconstance
Qui de vos traits aux miens marque la différence.
Si pour ce changement je pousse des soupirs,
Ils viennent de le voir fatal à vos desirs;
Et, dans cette douleur que l'amitié m'excite,
Je m'accuse pour vous de mon peu de mérite,
Qui n'a pu retenir un cœur dont les tributs
Causent un si grand trouble à vos vœux combattus.

DONE ELVIRE.

Accusez-vous plutôt de l'injuste silence
Qui m'a de vos deux cœurs caché l'intelligence.
Ce secret, plus tôt su, peut-être à toutes deux
Nous auroit épargné des troubles si fâcheux ;
Et mes justes froideurs, des desirs d'un volage
Au point de leur naissance ayant banni l'hommage,
Eussent pu renvoyer...

DONE IGNÈS.

Madame, le voici.

DONE ELVIRE.

Sans rencontrer ses yeux vous pouvez être ici ;
Ne sortez point, madame, et, dans un tel martyre,
Veuillez être témoin de ce que je vais dire.

DONE IGNÈS.

Madame, j'y consens, quoique je sache bien
Qu'on fuiroit en ma place un pareil entretien.

DONE ELVIRE.

Son succès, si le ciel seconde ma pensée,
Madame, n'aura rien dont vous soyez blessée.

SCÈNE V.

DON ALPHONSE, *cru don Sylve*, DONE ELVIRE, DONE IGNÈS, *déguisée en homme* ; ÉLISE.

DONE ELVIRE.

Avant que vous parliez, je demande instamment
Que vous daigniez, seigneur, m'écouter un moment.
Déja la renommée a jusqu'à nos oreilles
Porté de votre bras les soudaines merveilles,
Et j'admire avec tous comme en si peu de temps
Il donne à nos destins ces succès éclatants.
Je sais bien qu'un bienfait de cette conséquence
Ne sauroit demander trop de reconnoissance,
Et qu'on doit toute chose à l'exploit immortel

Qui replace mon frère au trône paternel.
Mais, quoi que de son cœur vous offrent les hommages,
Usez en généreux de tous vos avantages,
Et ne permettez pas que ce coup glorieux
Jette sur moi, seigneur, un joug impérieux ;
Que votre amour, qui sait quel intérêt m'anime,
S'obstine à triompher d'un refus légitime,
Et veuille que ce frère, où l'on va m'exposer,
Commence d'être roi pour me tyranniser.
Léon a d'autres prix dont, en cette occurrence,
Il peut mieux honorer votre haute vaillance ;
Et c'est à vos vertus faire un présent trop bas,
Que vous donner un cœur qui ne se donne pas.
Peut-on être jamais satisfait en soi-même,
Lorsque par la contrainte on obtient ce qu'on aime ?
C'est un triste avantage, et l'amant généreux
A ces conditions refuse d'être heureux ;
Il ne veut rien devoir à cette violence
Qu'exercent sur nos cœurs les droits de la naissance,
Et pour l'objet qu'il aime est toujours trop zélé
Pour souffrir qu'en victime il lui soit immolé [1].
Ce n'est pas que ce cœur, au mérite d'un autre,
Prétende réserver ce qu'il refuse au vôtre ;
Non, seigneur, j'en réponds, et vous donne ma foi
Que personne jamais n'aura pouvoir sur moi ;
Qu'une sainte retraite à toute autre poursuite...

DON ALPHONSE.

J'ai de votre discours assez souffert la suite,
Madame ; et par deux mots je vous l'eusse épargné,
Si votre fausse alarme eût sur vous moins gagné.
Je sais qu'un bruit commun, qui partout se fait croire,
De la mort du tyran me veut donner la gloire ;

---

[1] Dans *les Femmes savantes*, Henriette, comme ici Elvire, veut détourner Trissotin d'abuser du pouvoir que lui donne sur elle la volonté d'une mère. (Voyez acte V, scène 1ʳᵉ.)

ACTE V, SCÈNE V.

Mais le seul peuple enfin, comme on nous fait savoir,
Laissant par don Louis échauffer son devoir,
A remporté l'honneur de cet acte héroïque
Dont mon nom est chargé par la rumeur publique ;
Et ce qui d'un tel bruit a fourni le sujet,
C'est que, pour appuyer son illustre projet,
Don Louis fit semer, par une feinte utile,
Que, secondé des miens, j'avois saisi la ville ;
Et, par cette nouvelle, il a poussé les bras
Qui d'un usurpateur ont hâté le trépas.
Par son zèle prudent il a su tout conduire,
Et c'est par un des siens qu'il vient de m'en instruire ;
Mais dans le même instant un secret m'est appris,
Qui va vous étonner autant qu'il m'a surpris.
Vous attendez un frère, et Léon, son vrai maître ;
A vos yeux maintenant le ciel le fait paroître :
Oui, je suis don Alphonse ; et mon sort conservé,
Et sous le nom du sang de Castille élevé,
Est un fameux effet de l'amitié sincère
Qui fut entre son prince et le roi notre père.
Don Louis du secret a toutes les clartés,
Et doit aux yeux de tous prouver ces vérités.
D'autres soins maintenant occupent ma pensée :
Non qu'à votre sujet elle soit traversée,
Que ma flamme querelle un tel événement,
Et qu'en mon cœur le frère importune l'amant.
Mes feux par ce secret ont reçu sans murmure
Le changement qu'en eux a prescrit la nature ;
Et le sang qui nous joint m'a si bien détaché
De l'amour dont pour vous mon cœur étoit touché,
Qu'il ne respire plus, pour faveur souveraine,
Que les chères douceurs de sa première chaîne,
Et le moyen de rendre à l'adorable Ignès
Ce que de ses bontés a mérité l'excès :
Mais son sort incertain rend le mien misérable ;

Et, si ce qu'on en dit se trouvoit véritable,
En vain Léon m'appelle et le trône m'attend;
La couronne n'a rien à me rendre content,
Et je n'en veux l'éclat que pour goûter la joie
D'en couronner l'objet où le ciel me renvoie,
Et pouvoir réparer, par ces justes tributs,
L'outrage que j'ai fait à ses rares vertus.
Madame, c'est de vous que j'ai raison d'attendre
Ce que de son destin mon ame peut apprendre;
Instruisez-m'en, de grace; et, par votre discours,
Hâtez mon désespoir, ou le bien de mes jours.

DONE ELVIRE.

Ne vous étonnez pas si je tarde à répondre,
Seigneur; ces nouveautés ont droit de me confondre.
Je n'entreprendrai point de dire à votre amour
Si done Ignès est morte, ou respire le jour;
Mais par ce cavalier, l'un de ses plus fidèles,
Vous en pourrez sans doute apprendre des nouvelles.

DON ALPHONSE, *reconnoissant done Ignès.*

Ah! madame, il m'est doux en ces perplexités
De voir ici briller vos célestes beautés.
Mais vous, avec quels yeux verrez-vous un volage
Dont le crime...

DONE IGNÈS.

Ah! gardez de me faire un outrage,
Et de vous hasarder de dire que vers moi
Un cœur dont je fais cas ait pu manquer de foi.
J'en refuse l'idée, et l'excuse me blesse;
Rien n'a pu m'offenser auprès de la princesse;
Et tout ce que d'ardeur elle vous a causé
Par un si haut mérite est assez excusé.
Cette flamme vers moi ne vous rend point coupable;
Et, dans le noble orgueil dont je me sens capable,
Sachez, si vous l'étiez, que ce seroit en vain
Que vous présumeriez de fléchir mon dédain,

ACTE V, SCÈNE VI.

Et qu'il n'est repentir, ni suprême puissance,
Qui gagnât sur mon cœur d'oublier cette offense.
DONE ELVIRE.
Mon frère (d'un tel nom souffrez-moi la douceur),
De quel ravissement comblez-vous une sœur !
Que j'aime votre choix, et bénis l'aventure
Qui vous fait couronner une amitié si pure !
Et de deux nobles cœurs que j'aime tendrement...

SCÈNE VI.

DON GARCIE, DONE ELVIRE, DONE IGNÈS, *déguisée en homme*; DON ALPHONSE, *cru don Sylve*; ÉLISE.

DON GARCIE.
De grace, cachez-moi votre contentement,
Madame, et me laissez mourir dans la croyance
Que le devoir vous fait un peu de violence.
Je sais que de vos vœux vous pouvez disposer,
Et mon dessein n'est pas de leur rien opposer;
Vous le voyez assez, et quelle obéissance
De vos commandements m'arrache la puissance;
Mais je vous avouerai que cette gaieté
Surprend au dépourvu toute ma fermeté,
Et qu'un pareil objet dans mon ame fait naître
Un transport dont j'ai peur que je ne sois pas maître;
Et je me punirois, s'il m'avoit pu tirer
De ce respect soumis où je veux demeurer.
Oui, vos commandements ont prescrit à mon ame
De souffrir sans éclat le malheur de ma flamme :
Cet ordre sur mon cœur doit être tout puissant,
Et je prétends mourir en vous obéissant;
Mais, encore une fois, la joie où je vous treuve
M'expose à la rigueur d'une trop rude épreuve;
Et l'ame la plus sage, en ces occasions,
Répond malaisément de ses émotions.

Madame, épargnez-moi cette cruelle atteinte ;
Donnez-moi, par pitié, deux moments de contrainte ;
Et, quoi que d'un rival vous inspirent les soins,
N'en rendez pas mes yeux les malheureux témoins :
C'est la moindre faveur qu'on peut, je crois, prétendre,
Lorsque dans ma disgrace un amant peut descendre.
Je ne l'exige pas, madame, pour long-temps,
Et bientôt mon départ rendra vos vœux contents :
Je vais où de ses feux mon ame consumée
N'apprendra votre hymen que par la renommée.
Ce n'est pas un spectacle où je doive courir :
Madame, sans le voir, j'en saurai bien mourir.

DONE IGNÈS.

Seigneur, permettez-moi de blâmer votre plainte.
De vos maux la princesse a su paroître atteinte ;
Et cette joie encor, de quoi vous murmurez,
Ne lui vient que des biens qui vous sont préparés.
Elle goûte un succès à vos desirs prospère,
Et dans votre rival elle trouve son frère ;
C'est don Alphonse, enfin, dont on a tant parlé,
Et ce fameux secret vient d'être dévoilé.

DON ALPHONSE.

Mon cœur, graces au ciel, après un long martyre,
Seigneur, sans vous rien prendre, a tout ce qu'il desire,
Et goûte d'autant mieux son bonheur en ce jour,
Qu'il se voit en état de servir votre amour.

DON GARCIE.

Hélas ! cette bonté, seigneur, doit me confondre.
A mes plus chers desirs elle daigne répondre ;
Le coup que je craignois, le ciel l'a détourné,
Et tout autre que moi se verroit fortuné ;
Mais ces douces clartés d'un secret favorable
Vers l'objet adoré me découvrent coupable,
Et, tombé de nouveau dans ces traîtres soupçons,
Sur quoi l'on m'a tant fait d'inutiles leçons,

ACTE V, SCÈNE VI.

Et par qui mon ardeur, si souvent odieuse,
Doit perdre tout espoir d'être jamais heureuse;
Oui, l'on doit me haïr avec trop de raison;
Moi-même je me trouve indigne de pardon ;
Et, quelque heureux succès que le sort me présente,
La mort, la seule mort est toute mon attente.

DONE ELVIRE.

Non, non; de ce transport le soumis mouvement,
Prince, jette en mon ame un plus doux sentiment.
Par lui de mes serments je me sens détachée;
Vos plaintes, vos respects, vos douleurs, m'ont touchée;
J'y vois partout briller un excès d'amitié,
Et votre maladie est digne de pitié.
Je vois, prince, je vois qu'on doit quelque indulgence
Aux défauts où du ciel fait pencher l'influence;
Et, pour tout dire enfin, jaloux ou non jaloux,
Mon roi, sans me gêner, peut me donner à vous.

DON GARCIE.

Ciel! dans l'excès des biens que cet aveu m'octroie,
Rends capable mon cœur de supporter sa joie!

DON ALPHONSE.

Je veux que cet hymen, après nos vains débats,
Seigneur, joigne à jamais nos cœurs et nos états.
Mais ici le temps presse, et Léon nous appelle;
Allons dans nos plaisirs satisfaire son zèle,
Et, par notre présence et nos soins différents,
Donner le dernier coup au parti des tyrans [1].

---

[1] Le dénoûment devoit être froid et languissant, parceque la pièce entière est froide et romanesque. Cependant Molière a su répandre beaucoup de charmes sur le caractère d'Elvire, et celui de don Garcie est tracé avec autant de force que de vérité. Ces deux rôles, transportés dans un cadre moins sérieux, auroient excité un vif intérêt. Molière en fit l'essai, mais pour quelques morceaux seulement qu'on retrouve dans *le Misanthrope*, et dans *Amphitryon*. S'il eût traité le sujet du *Prince jaloux* sous le point de vue comique, comme il traita depuis *le Misanthrope*, nous aurions un chef-d'œuvre de plus. Quoi qu'il en soit, au moment même où le public condamnoit don Garcie de Navarre, Molière préparoit en secret

a seule vengeance digne de lui. *L'École des Maris*, représentée quatre mois après la chute du *Prince jaloux*, obtint le succès le plus éclatant ; et si l'envie ne fut pas désarmée, du moins fut-elle forcée de se taire.

FIN DE DON GARCIE DE NAVARRE.

ÉCOLE DES MARIS.

ISABELLE *(en sortant.)*
O ciel! dans mes desseins ne m'abandonnez pas!

Acte 3, sc. 2

Publié par Furne, Paris.

L'ÉCOLE
DES MARIS,
COMÉDIE EN TROIS ACTES.

1661.

PERSONNAGES.

SGANARELLE[1], \} frères[*].
ARISTE[2],
ISABELLE[3], \} sœurs.
LÉONOR[4],
LISETTE, suivante de Léonor[5].
VALÈRE, amant d'Isabelle[6].
ERGASTE, valet de Valère[7].
UN COMMISSAIRE[8].
UN NOTAIRE.

ACTEURS.

[1] Molière. — [2] L'Espy. — [3] Mademoiselle de Brie. — [4] Armande Béjart[**].
— [5] Magdeleine Béjart. — [6] La Grange. — [7] Duparc. — [8] De Brie.

[*] Deux caractères des comédies de Molière sont restés comme *emplois* au théâtre, les Sganarelles et les Aristes. Le nom de Sganarelle désigne toujours un homme trompé, ridicule, brusque, jaloux; celui d'Ariste, au contraire, désigne toujours un homme sage, plein de politesse et de jugement. *Ariste* vient du grec; il signifie *très bon*. Nous n'avons pu découvrir l'origine du nom de *Sganarelle*.
[**] Depuis femme de Molière.

La scène est à Paris.

A MONSEIGNEUR

LE DUC D'ORLÉANS,

FRÈRE UNIQUE DU ROI.

Monseigneur,

Je fais voir ici à la France des choses bien peu proportionnées. Il n'est rien de si grand et de si superbe que le nom que je mets à la tête de ce livre, et rien de plus bas que ce qu'il contient. Tout le monde trouvera cet assemblage étrange ; et quelques uns pourront bien dire, pour en exprimer l'inégalité, que c'est poser une couronne de perles et de diamants sur une statue de terre, et faire entrer par des portiques magnifiques et des arcs triomphaux superbes dans une méchante cabane. Mais, Monseigneur, ce qui doit me servir d'excuse, c'est qu'en cette aventure je n'ai eu aucun choix à faire, et que l'honneur que j'ai d'être à Votre Altesse Royale [1] m'a imposé une nécessité absolue de lui dédier le premier ouvrage que je mets de moi-même au jour [2]. Ce n'est pas un présent que je lui fais, c'est un devoir dont je m'acquitte ; et les hommages ne sont jamais regardés par les choses qu'ils portent. J'ai donc osé, Monseigneur, dédier une bagatelle à Votre Altesse Royale, parceque je n'ai pu m'en dispenser ; et si je me dispense ici de m'étendre sur les belles et glorieuses vérités qu'on pourroit dire d'Elle, c'est par la juste appréhension que ces grandes idées

---

[1] Molière étoit chef de la troupe de Monsieur.
[2] Molière ne fit imprimer *les Précieuses* que parcequ'on lui avoit dérobé une copie de cet ouvrage. *Le Cocu imaginaire* avoit été publié par Neufvillenaine, et ses autres pièces n'étoient point encore imprimées.

Que j'ai pour tout conseil ma fantaisie à suivre,
Et me trouve fort bien de ma façon de vivre.
ARISTE.
Mais chacun la condamne.
SGANARELLE.
Oui, des fous comme vous,
Mon frère.
ARISTE.
Grand merci, le compliment est doux!
SGANARELLE.
Je voudrois bien savoir, puisqu'il faut tout entendre,
Ce que ces beaux censeurs sur moi peuvent reprendre?
ARISTE.
Cette farouche humeur, dont la sévérité
Fuit toutes les douceurs de la société,
A tous vos procédés inspire un air bizarre,
Et, jusques à l'habit, rend tout chez vous barbare [1].
SGANARELLE.
Il est vrai qu'à la mode il faut m'assujettir,
Et ce n'est pas pour moi que je me dois vêtir.
Ne voudriez-vous point, par vos belles sornettes [2],
Monsieur mon frère aîné, car, Dieu merci, vous l'êtes
D'une vingtaine d'ans, à ne vous rien celer,
Et cela ne vaut point la peine d'en parler [3] ;

---

[1] Baron, qui succéda à Molière dans le rôle de Sganarelle, portoit un habit de velours noir, plus négligé que celui d'Ariste, et fait de manière à marquer la bizarrerie, et non l'extravagance. (C.)

[2] Sornettes, *discours frivoles, bagatelles* : originairement contes faits le soir pendant la veillée; du vieux mot *sorne*, soir.

[3] A peine les spectateurs ont-ils entendu les premiers vers que prononce Sganarelle, que déjà ils' connoissent l'homme tout entier ; ils savent qu'il est entêté, bizarre, désobligeant, et ridicule; entêté, il ne veut rien entendre; bizarre, il ne prend conseil que de ses fantaisies; désobligeant, il ne cesse de dire à son frère qu'il est vieux ; ridicule, sa façon de vivre est en opposition avec tous les usages reçus. Molière a su renfermer en quelques lignes l'exposition entière d'un caractère : c'est un art qui appartient à lui seul, et qui mérite d'être étudié. Qu'on suive donc avec attention, dans le cours de la pièce, les nuances diverses du caractère de Sganarelle, et l'on verra avec surprise que ce singulier personnage n'a pas une

ACTE I, SCÈNE I.

Ne voudriez-vous point, dis-je, sur ces matières,
De vos jeunes muguets m'inspirer les manières [1] ?
M'obliger à porter de ces petits chapeaux
Qui laissent éventer leurs débiles cerveaux ;
Et de ces blonds cheveux, de qui la vaste enflure
Des visages humains offusque la figure?
De ces petits pourpoints sous les bras se perdants,
Et de ces grands collets jusqu'au nombril pendants?
De ces manches qu'à table on voit tâter les sauces,
Et de ces cotillons appelés hauts-de-chausses?
De ces souliers mignons, de rubans revêtus,
Qui vous font ressembler à des pigeons pattus [2] ?
Et de ces grands canons où, comme en des entraves,
On met, tous les matins, ses deux jambes esclaves,
Et par qui nous voyons ces messieurs les galants
Marcher écarquillés ainsi que des volants?
Je vous plairois, sans doute, équipé de la sorte;
Et je vous vois porter les sottises qu'on porte [3].

pensée, ne dit pas un mot, qui ne soient le développement ou la suite nécessaire des huit premiers vers qu'il prononce en ouvrant la scène.

[1] *Muguet*, gentil amoureux, *amator venustulus*. (Nic.) C'est le nom de la fleur même métaphoriquement transporté à ceux qui s'en parfumoient. Dans ce sens, le mot est vieux, ainsi que celui de *mugueter*, faire le galant, chercher à plaire.

[2] Toutes ces modes, décrites d'une manière si pittoresque, datent du règne de Henri IV. D'Aubigné en donne ainsi la description dans son *Baron de Fœneste*. Le baron raille les gens de province, qui ne savent pas se vêtir comme à la cour. « Por-« ter cheveux et perruque jusque sur les épaules, les manchettes jusqu'au coude, « les chausses sur les talons, et la gorge, le chapeau et les oreilles tout bigarrés « de rubans incarnadins. » Puis il ajoute avec beaucoup de finesse que si les hommes s'affublent de si grandes perruques, c'est pour paroître retirés en eux-mêmes, *ne rien voir et ne rien ouïr*, et que rien ne dérange leur méditation. Depuis on a donné à ces perruques le nom de *perruques à la Louis XIV*.

[3] Cette critique juste de tout ce que la mode avoit alors d'exagéré, d'incommode et de ridicule, n'est pas placée sans dessein dans la bouche de Sganarelle. Elle donne un air sensé à sa rudesse, et fait ressortir le savoir-vivre, la politesse et la raison d'Ariste. Si Ariste n'avoit eu à combattre que des extravagances, son bon sens ne seroit pas si bien établi. Ses discours frappent d'autant plus, que les spectateurs ont été sur le point de croire à la sagesse de Sganarelle ; mais on ne tarde pas à s'apercevoir que ce dernier n'attaque les exagérations de la mode que parce-qu'il est tombé lui-même dans des exagérations non moins ridicules. En un mot,

ARISTE.

Toujours au plus grand nombre on doit s'accommoder,
Et jamais il ne faut se faire regarder.
L'un et l'autre excès choque, et tout homme bien sage
Doit faire des habits ainsi que du langage,
N'y rien trop affecter, et, sans empressement,
Suivre ce que l'usage y fait de changement.
Mon sentiment n'est pas qu'on prenne la méthode
De ceux qu'on voit toujours renchérir sur la mode,
Et qui, dans cet excès dont ils sont amoureux,
Seroient fâchés qu'un autre eût été plus loin qu'eux :
Mais je tiens qu'il est mal, sur quoi que l'on se fonde,
De fuir obstinément ce que suit tout le monde,
Et qu'il vaut mieux souffrir d'être au nombre des fous
Que du sage parti se voir seul contre tous [1].

SGANARELLE.

Cela sent son vieillard, qui, pour en faire accroire,
Cache ses cheveux blancs d'une perruque noire.

ARISTE.

C'est un étrange fait du soin que vous prenez
A me venir toujours jeter mon âge au nez [2] ;

l'apparente raison de Sganarelle sert à faire ressortir la raison véritable d'Ariste. C'est un des secrets du génie de Molière ; c'est une de ces nuances que lui seul a l'art d'établir pour développer le caractère de ses personnages. Il lui eût été facile de faire une caricature de Sganarelle, mais il eût manqué le but ; et c'est en peignant la nature qu'il y arrive.

[1] Le discours de Sganarelle n'avoit que l'apparence de la raison : celui d'Ariste est la raison même, et les plus sévères moralistes n'ont fait que répéter ses maximes. Suivant La Bruyère, « Un philosophe doit se laisser habiller par son tailleur ; il y « a autant de foiblesse à fuir la mode qu'à l'affecter. » Fénelon veut qu'une femme raisonnable se conforme à l'usage dans son extérieur, et qu'elle satisfasse à la mode comme à une servitude fâcheuse. Il n'est ici question que des lois de la bienséance ; mais c'est une chose honorable pour Molière que de les avoir établies le premier.

[2] *Jeter l'âge au nez*, locution vulgaire qui tire ici toute sa force comique de la situation d'Ariste. S'il eût dit simplement *vous me parlez sans cesse de mon âge*, son expression eût été foible, c'est-à-dire qu'elle eût été au-dessous du sentiment qui l'agite. On ne lui parle pas seulement de son âge, on le *lui jette au nez*. Mais, dira-t-on, un sage prend-il de l'humeur pour si peu de chose ? Oui, quand ce sage est amoureux : et Sganarelle a trouvé le seul moyen de pousser son frère à

Et qu'il faille qu'en moi sans cesse je vous voie
Blâmer l'ajustement, aussi bien que la joie :
Comme si, condamnée à ne plus rien chérir,
La vieillesse devoit ne songer qu'à mourir,
Et d'assez de laideur n'est pas accompagnée,
Sans se tenir encor malpropre et rechignée.

SGANARELLE.

Quoi qu'il en soit, je suis attaché fortement
A ne démordre point de mon habillement [1].
Je veux une coiffure, en dépit de la mode,
Sous qui toute ma tête ait un abri commode ;
Un bon pourpoint bien long, et fermé comme il faut,
Qui, pour bien digérer, tienne l'estomac chaud ;
Un haut-de-chausse [2] fait justement pour ma cuisse ;
Des souliers où mes pieds ne soient point au supplice,
Ainsi qu'en ont usé sagement nos aïeux :
Et qui me trouve mal n'a qu'à fermer les yeux [3].

bout. Voilà comment une expression presque triviale peut devenir à la fois naturelle et comique, lorsqu'elle est prise dans la passion de celui qui parle.

[1] *Ne point démordre d'une chose*, encore une locution vulgaire employée avec un rare bonheur. Nul autre mot dans la langue ne feroit aussi parfaitement sentir l'opiniâtreté d'un esprit infatué de son opinion. Il est à lui seul comme une image du caractère de Sganarelle. Ces expressions communes, employées à propos, sont un des secrets du style si franc, si naturel, si comique, de Molière.

[2] Le pourpoint prenoit depuis le cou jusqu'à la ceinture. On en faisoit de tailladés dont la mode venoit d'Espagne. Les petits-maîtres en avoient de peau de senteur, et très étroits. Ménage fait venir ce mot du latin *perpunctum*, habit militaire de laine, de coton, ou de soie piquée entre deux étoffes. (B.) — Cette mode et celle des hauts-de-chausses, semblables *à des cotillons*, remontoit au temps de Henri IV. « Pour être vêtu à la mode, dit le baron de Fœneste, il faut un pour-
« point de quatre ou cinq taffetas l'un sur l'autre, et des chausses dans lesquelles je
« vous puis assurer de huit aunes d'étoffe pour le moins. » (Liv. I, chap. II.)

[3] En empruntant à Térence le contraste du caractère des *Deux Frères*, Molière s'est fait un plan tout nouveau. Le Micion des *Adelphes* est plutôt foible qu'indulgent ; il pardonne tout, il accorde tout, il se laisse conduire comme un enfant. Ariste, au contraire, a de la bonté sans foiblesse, et de la raison sans rigorisme ; c'est le modèle d'un homme excellent. D'un autre côté, Déméa, dont la colère est toujours très bien fondée chez le poëte latin, y paroit plus à plaindre qu'à blâmer ; aussi n'est-il guère comique : mais il le devient extrêmement sous les traits de Sganarelle, toujours dupe de sa fausse sagesse, qu'il oppose obstinément à la sagesse

SCÈNE II.

LÉONOR, ISABELLE, LISETTE ; ARISTE ET SGANARELLE
parlant bas ensemble sur le devant du théâtre sans être aperçus.

LÉONOR, *à Isabelle.*
Je me charge de tout, en cas que l'on vous gronde.
LISETTE, *à Isabelle.*
Toujours dans une chambre à ne point voir le monde ?
ISABELLE.
Il est ainsi bâti.
LÉONOR.
Je vous en plains, ma sœur.
LISETTE, *à Léonor.*
Bien vous prend que son frère ait toute une autre humeur,
Madame ; et le destin vous fut bien favorable
En vous faisant tomber aux mains du raisonnable.
ISABELLE.
C'est un miracle encor qu'il ne m'ait aujourd'hui
Enfermée à la clef, ou menée avec lui.
LISETTE.
Ma foi, je l'envoierois au diable avec sa fraise [1],
Et...

---

véritable d'Ariste. Jamais Molière n'a mieux rempli que dans ce bel ouvrage ce précepte de Boileau : « Il ne suffit pas de combattre contre celui qu'on imite, il le faut vaincre. » Le lecteur aura sans doute remarqué que cette première scène renferme l'exposition de deux caractères, et non celle du sujet. La scène suivante, comme celle-ci, ne servira qu'à nous faire connoître les personnages. En voyant le sort d'Isabelle et de Léonor, on pressent la destinée de Sganarelle et d'Ariste ; mais on ne prévoit ni l'action ni l'intrigue, qui ne se développent qu'au second acte, et que l'auteur a empruntées à Boccace.

[1] Les Espagnols passent pour être les inventeurs de la fraise, dont ils se sont servis pour cacher une incommodité à laquelle ils étoient la plupart sujets. L'empire des modes avoit appartenu à ce peuple avant de passer à nous. (B.) — Catherine et Marie de Médicis avoient apporté cette mode parmi nous. La fraise fut remplacée, sous Louis XIII, par le collet ou rabat de chemise ; mais quelques vieillards la portoient encore à l'époque où *l'École des Maris* fut jouée. (A.)

ACTE I, SCÈNE II.

SGANARELLE, *heurté par Lisette.*
Où donc allez-vous, qu'il ne vous en déplaise?
LÉONOR.
Nous ne savons encore, et je pressois ma sœur
De venir du beau temps respirer la douceur :
Mais...
SGANARELLE, *à Léonor.*
Pour vous, vous pouvez aller où bon vous semble,
(montrant Lisette.)
Vous n'avez qu'à courir, vous voilà deux ensemble.
(à Isabelle.)
Mais vous, je vous défends, s'il vous plaît, de sortir.
ARISTE.
Hé! laissez-les, mon frère, aller se divertir.
SGANARELLE.
Je suis votre valet, mon frère.
ARISTE.
La jeunesse
Veut...
SGANARELLE.
La jeunesse est sotte, et parfois la vieillesse.
ARISTE.
Croyez-vous qu'elle est mal d'être avec Léonor?
SGANARELLE.
Non pas; mais avec moi je la crois mieux encor.
ARISTE.
Mais...
SGANARELLE.
Mais ses actions de moi doivent dépendre,
Et je sais l'intérêt enfin que j'y dois prendre.
ARISTE.
A celles de sa sœur ai-je un moindre intérêt?
SGANARELLE.
Mon Dieu! chacun raisonne et fait comme il lui plaît.
Elles sont sans parents, et notre ami leur père

Nous commit leur conduite à son heure dernière ;
Et nous chargeant tous deux, ou de les épouser,
Ou, sur notre refus, un jour d'en disposer,
Sur elles, par contrat, nous sut, dès leur enfance,
Et de père et d'époux donner pleine puissance :
D'élever celle-là vous prîtes le souci,
Et moi je me chargeai du soin de celle-ci ;
Selon vos volontés vous gouvernez la vôtre ;
Laissez-moi, je vous prie, à mon gré régir l'autre [1].

ARISTE.

Il me semble...

SGANARELLE.

Il me semble, et je le dis tout haut,
Que sur un tel sujet c'est parler comme il faut.
Vous souffrez que la vôtre aille leste et pimpante,
Je le veux bien : qu'elle ait et laquais et suivante,
J'y consens : qu'elle coure, aime l'oisiveté,
Et soit des damoiseaux fleurée en liberté [2],
J'en suis fort satisfait : mais j'entends que la mienne
Vive à ma fantaisie, et non pas à la sienne [3] ;

---

[1] Remarquez que ce récit naît de la situation. Sganarelle ne peut souffrir les remontrances ; il veut couper court, et il rappelle brusquement l'origine de ses droits, pensant tout terminer. Ainsi c'est par un mouvement fort naturel de caractère que Molière a trouvé le moyen d'instruire les spectateurs d'une circonstance importante, puisqu'elle donne de la vraisemblance à l'action. Remarquez en outre combien le différend qui s'élève entre les deux frères amène d'une manière naturelle le tableau de leur situation respective vis-à-vis de leurs pupilles : voilà ce qui s'appelle mettre avec habileté son sujet en scène ; voilà comment les personnages peuvent se répéter des choses dont ils se sont occupés cent fois. Alors le public se trouve instruit par l'effet même des passions qui forment le nœud de la pièce.

[2] *Damoiseau*, jeune efféminé, dont l'unique occupation étoit de chercher à plaire aux dames. Anciennement ce mot avoit une autre signification : « Étoit damoisel ou « damoiseau tout jeune gentilhomme qui n'étoit pas encore armé chevalier. » (*Amadis*, liv. III, chap. III.)

[3] L'égoïsme, voilà le vice de Sganarelle. J'entends, dit-il, que la mienne

Vive à ma fantaisie, et non pas à la sienne!

Et dans son aveuglement il ne voit pas que si Isabelle entend bien cette maxime, elle ne peut plus le traiter que comme un ennemi.

ACTE I, SCÈNE II.

Que d'une serge honnête elle ait son vêtement,
Et ne porte le noir qu'aux bons jours seulement;
Qu'enfermée au logis, en personne bien sage,
Elle s'applique toute aux choses du ménage,
A recoudre mon linge aux heures de loisir,
Ou bien à tricoter quelques bas par plaisir [1];
Qu'aux discours des muguets elle ferme l'oreille,
Et ne sorte jamais sans avoir qui la veille.
Enfin la chair est foible, et j'entends tous les bruits.
Je ne veux point porter de cornes, si je puis [2];
Et comme à m'épouser sa fortune l'appelle,

---

[1] Si Sganarelle étoit un homme raisonnable, ces six derniers vers paroîtroient fort sensés. Cela est si vrai qu'on trouve les mêmes choses très bonnes dans la bouche du Chrysalde des *Femmes Savantes*.

> Faire aller son ménage, avoir l'œil sur ses gens,
> Et régler la dépense avec économie,
> Doit être son étude et sa philosophie.
> Nos pères, sur ce point, étoient gens bien sensés,
> Qui disoient qu'une femme en sait toujours assez
> Quand la capacité de son esprit se hausse
> A connoître un pourpoint d'avec un haut-de-chausse.
> Les leurs ne lisoient point, mais elles vivoient bien.
> Leurs ménages étoient tout leur docte entretien,
> Et leurs livres un dé, du fil, et des aiguilles,
> Dont elles travailloient au trousseau de leurs filles.

Après avoir lu ces vers, on se demande par quel effet singulier de l'art les raisonnements qui paroissent si ridicules dans la bouche de Sganarelle deviennent tout-à-coup l'expression suprême du bon sens dans celle de Chrysalde. La réponse est facile : c'est que Sganarelle n'ajuste point sa conduite au bon sens, mais le bon sens à ses caprices. Ses principes ne lui servent qu'à tyranniser une jeune fille dont il est amoureux, tandis que Chrysalde n'a d'autre but que de rétablir l'ordre chez lui, et de mettre un frein à l'extravagance de sa famille. Ainsi tout le comique du personnage de Sganarelle est dans la situation où le place son caractère. Il est ridicule par ce qu'il fait bien plus que par ce qu'il dit; et c'est un trait remarquable du génie de Molière; il pétille toujours, si j'ose m'exprimer ainsi, de l'esprit des choses, presque jamais de l'esprit des mots. Il observe, il pénètre l'homme; son talent ne vient pas de l'art, il est une suite de ses *contemplations*, il est un don de la nature.

[2] Voilà donc cet homme si difficile, si délicat sur l'éducation des filles. Il ne s'aperçoit pas qu'un tel langage suffiroit seul pour corrompre l'innocence d'Isabelle. Malheureusement ce trait de caractère est d'une effrayante vérité. Au Théâtre-François, l'acteur qui joue le rôle de Sganarelle prononce ce vers à l'oreille d'Ariste : j'ignore si cette tradition remonte jusqu'à Molière.

Je prétends, corps pour corps, pouvoir répondre d'elle.
ISABELLE.
Vous n'avez pas sujet, que je crois...
SGANARELLE.
Taisez-vous.
Je vous apprendrai bien s'il faut sortir sans nous.
LÉONOR.
Quoi donc, monsieur...
SGANARELLE.
Mon Dieu! madame, sans langage,
Je ne vous parle pas, car vous êtes trop sage.
LÉONOR.
Voyez-vous Isabelle avec nous à regret?
SGANARELLE.
Oui, vous me la gâtez, puisqu'il faut parler net.
Vos visites ici ne font que me déplaire,
Et vous m'obligerez de ne nous en plus faire.
LÉONOR.
Voulez-vous que mon cœur vous parle net aussi?
J'ignore de quel œil elle voit tout ceci :
Mais je sais ce qu'en moi feroit la défiance;
Et, quoiqu'un même sang nous ait donné naissance,
Nous sommes bien peu sœurs, s'il faut que chaque jour
Vos manières d'agir lui donnent de l'amour.
LISETTE.
En effet, tous ces soins sont des choses infames.
Sommes-nous chez les Turcs, pour renfermer les femmes?
Car on dit qu'on les tient esclaves en ce lieu,
Et que c'est pour cela qu'ils sont maudits de Dieu [1].

---

[1] Lisette fait rire; mais, tout en riant, elle dit une chose très sensée, et ne fait que confirmer en style de soubrette ce qu'Ariste a dit en homme sage. En effet, du moment où les femmes sont libres parmi nous, sur la foi de leur éducation et de leur honnêteté, il est sûr que des précautions tyranniques sont une marque de mépris pour elles; et, sans parler de l'injustice et de l'offense, quelle contradiction plus choquante que de commencer par les avilir pour leur donner des sentiments de vertu? Point de milieu : il faut ou les enfermer, comme font les Turcs,

Notre honneur est, monsieur, bien sujet à foiblesse,
S'il faut qu'il ait besoin qu'on le garde sans cesse.
Pensez-vous, après tout, que ces précautions
Servent de quelque obstacle à nos intentions?
Et, quand nous nous mettons quelque chose à la tête,
Que l'homme le plus fin ne soit pas une bête?
Toutes ces gardes-là sont visions de fous;
Le plus sûr est, ma foi, de se fier en nous;
Qui nous gêne se met en un péril extrême,
Et toujours notre honneur veut se garder lui-même.
C'est nous inspirer presque un desir de pécher,
Que montrer tant de soins de nous en empêcher;
Et, si par un mari je me voyois contrainte,
J'aurois fort grande pente à confirmer sa crainte.

SGANARELLE, à *Ariste*.

Voilà, beau précepteur, votre éducation.
Et vous souffrez cela sans nulle émotion?

ARISTE.

Mon frère, son discours ne doit que faire rire:
Elle a quelque raison en ce qu'elle veut dire.
Leur sexe aime à jouir d'un peu de liberté;
On le retient fort mal par tant d'austérité;
Et les soins défiants, les verrous et les grilles
Ne font pas la vertu des femmes ni des filles :
C'est l'honneur qui les doit tenir dans le devoir,
Non la sévérité que nous leur faisons voir.
C'est une étrange chose, à vous parler sans feinte,
Qu'une femme qui n'est sage que par contrainte.
En vain sur tous ses pas nous prétendons régner,
Je trouve que le cœur est ce qu'il faut gagner;
Et je ne tiendrois, moi, quelque soin qu'on se donne,
Mon honneur guère sûr aux mains d'une personne
A qui, dans les desirs qui pourroient l'assaillir,

ou s'y fier, comme font les François. C'est ce que signifie cette saillie de Lisette,
et il faut être Molière pour donner tant de raison à une soubrette. (L.)

Il ne manqueroit rien qu'un moyen de faillir [1].

SGANARELLE.

Chansons que tout cela.

ARISTE.

Soit; mais je tiens sans cesse
Qu'il nous faut en riant instruire la jeunesse,
Reprendre ses défauts avec grande douceur,
Et du nom de vertu ne lui point faire peur.
Mes soins pour Léonor ont suivi ces maximes;
Des moindres libertés je n'ai point fait des crimes,
A ses jeunes désirs j'ai toujours consenti,
Et je ne m'en suis point, grace au ciel, repenti.
J'ai souffert qu'elle ait vu les belles compagnies,
Les divertissements, les bals, les comédies;
Ce sont choses, pour moi, que je tiens de tout temps
Fort propres à former l'esprit des jeunes gens;
Et l'école du monde, en l'air dont il faut vivre,
Instruit mieux, à mon gré, que ne fait aucun livre.
Elle aime à dépenser en habits, linge et nœuds;
Que voulez-vous? Je tâche à contenter ses vœux;
Et ce sont des plaisirs qu'on peut, dans nos familles,
Lorsque l'on a du bien, permettre aux jeunes filles.
Un ordre paternel l'oblige à m'épouser;
Mais mon dessein n'est pas de la tyranniser.
Je sais bien que nos ans ne se rapportent guère,
Et je laisse à son choix liberté tout entière.
Si quatre mille écus de rente bien venants,

---

[1] Comme l'a fort bien remarqué La Harpe, Ariste ne fait que répéter ici en homme sensé ce que Lisette vient de dire par instinct. Il est très vrai que de bons principes et le goût de la vertu peuvent seuls assurer l'honneur des femmes et le repos des familles. Molière a fait de cette vérité le but moral de sa pièce; et c'est faute d'avoir pénétré ce but que Riccoboni, dans son livre de *la Réformation du Théâtre*, repousse cet admirable ouvrage *comme de mauvais exemple, et pernicieux pour les mœurs*. Quand on étudie Molière, il faut toujours en revenir à ces paroles de La Harpe : « Plus on le connoît, plus on l'aime; plus on l'étudie, « plus on l'admire. Après l'avoir blâmé sur quelques articles, on finit par être de « son avis : c'est qu'alors on en sait davantage. »

Une grande tendresse et des soins complaisants,
Peuvent, à son avis, pour un tel mariage,
Réparer entre nous l'inégalité d'âge,
Elle peut m'épouser ; sinon, choisir ailleurs.
Je consens que sans moi ses destins soient meilleurs ;
Et j'aime mieux la voir sous un autre hyménée,
Que si contre son gré sa main m'étoit donnée [1].

SGANARELLE.

Hé ! qu'il est doucereux, c'est tout sucre et tout miel !

ARISTE.

Enfin, c'est mon humeur, et j'en rends grace au ciel.
Je ne suivrois jamais ces maximes sévères
Qui font que les enfants comptent les jours des pères.

SGANARELLE.

Mais ce qu'en la jeunesse on prend de liberté
Ne se retranche pas avec facilité ;
Et tous ses sentiments suivront mal votre envie,
Quand il faudra changer sa manière de vie.

ARISTE.

Et pourquoi la changer ?

SGANARELLE.

Pourquoi ?

ARISTE.

Oui.

---

[1] Tout ce passage est imité des *Adelphes*. Mais l'indulgence et la générosité de Micion prennent ici une expression plus délicate, et deviennent comme le langage de la plus douce bienveillance et de l'attachement le plus tendre. Ariste donnera, s'il le faut, l'exemple d'un entier dévoûment ; il sacrifiera son bonheur à celui de sa pupille : en parlant ainsi, il exprime assez sa passion pour en montrer toute la force, sans sortir cependant de la mesure qui convient à un homme de son âge. Sa tendresse n'a rien de ridicule, parceque son langage n'est pas seulement celui de l'amour, il est encore celui de la vertu. Il est impossible de n'être pas touché de ses sentiments pleins d'élévation et de délicatesse, lorsqu'on se souvient que Molière en avoit conçu de semblables pour Armande Béjart, qu'il épousa l'année suivante, et qui fit le malheur de sa vie. Cette jeune fille jouoit le rôle de Léonor, et Molière se plaisoit à lui exprimer ainsi d'une manière détournée, et par la bouche d'un sage, un amour généreux, qui devoit naturellement captiver un cœur.

SGANARELLE.

Je ne sai.

ARISTE.

Y voit-on quelque chose où l'honneur soit blessé?

SGANARELLE.

Quoi! si vous l'épousez, elle pourra prétendre [1]
Les mêmes libertés que fille on lui voit prendre?

ARISTE.

Pourquoi non?

SGANARELLE.

Vos desirs lui seront complaisants,
Jusques à lui laisser et mouches et rubans?

ARISTE.

Sans doute.

SGANARELLE.

A lui souffrir, en cervelle troublée,
De courir tous les bals et les lieux d'assemblée?

ARISTE.

Oui, vraiment.

---

[1] Depuis ce vers jusqu'à la fin de la scène, le mouvement du dialogue est imité des *Adelphes*; mais les sentiments en sont tellement propres à Molière, qu'en lisant ce combat d'une prévoyance jalouse et d'un amour confiant, on croit voir l'auteur lui-même agité, tourmenté de ces deux passions, qui consumèrent sa vie. En effet, nous venons de remarquer qu'à l'époque où il composoit *l'École des Maris* sa situation étoit précisément celle de Sganarelle et d'Ariste, c'est-à-dire qu'âgé d'environ quarante ans, il devoit bientôt épouser une jeune coquette qui n'en avoit que seize. Jaloux, inquiet comme Sganarelle, il étoit indulgent et tendre comme Ariste. Il s'étudioit, comme lui, à former le cœur de celle qu'il aimoit, à développer son esprit, à satisfaire ses goûts; comme lui encore il s'étoit mis en tête qu'il pourroit lui inspirer, par l'habitude et la reconnoissance, les sentiments d'un amour pur et durable. Il se trompa, et c'est dans son malheur même qu'il faut chercher la source de ses plus belles inspirations. Ses divers ouvrages offrent un tableau complet de toutes les agitations de cette passion malheureuse. Dans *l'École des Maris*, il se montre sous les traits d'Ariste, et cherche à gagner le cœur de sa maîtresse; dans *les Fâcheux*, il excuse fort adroitement les emportements d'un jaloux; dans *l'École des Femmes*, il exprime, avec une effrayante vérité, la douleur de n'être pas aimé; dans *le Tartufe*, il apprend à sa femme, qui étoit chargée du rôle d'Elmire, à repousser avec dignité les entreprises téméraires; enfin, dans *le Misanthrope*, l'amour, la jalousie, les soupçons, éclatent à chaque vers, et communiquent à toute la pièce cette ame, ce feu, cette énergie dont tous ses rivaux ensemble n'ont point approché.

SGANARELLE.
Et chez vous iront les damoiseaux ?

ARISTE.
Et quoi donc ?

SGANARELLE.
Qui joueront et donneront cadeaux [1] ?

ARISTE.
D'accord.

SGANARELLE.
Et votre femme entendra les fleurettes [2] ?

ARISTE.
Fort bien.

SGANARELLE.
Et vous verrez ces visites muguettes
D'un œil à témoigner de n'être point soûl ?

ARISTE.
Cela s'entend.

SGANARELLE.
Allez, vous êtes un vieux fou.
(à Isabelle.)
Rentrez, pour n'ouïr point cette pratique infame [3].

SCÈNE III.

ARISTE, SGANARELLE, LÉONOR, LISETTE.

ARISTE.
Je veux m'abandonner à la foi de ma femme,

---

[1] *Donner un cadeau*, signifioit, du temps de Molière, *donner un repas*. (Voyez les notes de la scène XII des *Précieuses*.)

[2] Il semble que les tendres discours des amants aient été nommés *fleurettes*, comme si c'étoient de petites fleurs de rhétorique qu'ils emploient pour mieux persuader. Mais, selon Le Noble, le mot *fleurette* a une autre étymologie. Il y avoit en France, sous Charles VI, une espèce de monnoie sur laquelle on avoit gravé une multitude de petites fleurs ; ces pièces de monnoie s'appeloient des *fleurettes* : de sorte que *compter fleurette*, c'étoit compter de la monnoie ; ce qui, dans tous les temps, a été le moyen le plus persuasif. (MÉNAGE.)

[3] Il est un peu tard pour renvoyer Isabelle ; tout ce qu'elle vient de voir et d'entendre a dû furieusement éveiller ses idées ; et du moment où elle a pu comparer le sort de sa sœur au sien, Sganarelle est perdu.

Et prétends toujours vivre ainsi que j'ai vécu.
SGANARELLE.
Que j'aurai de plaisir si l'on le fait cocu !
ARISTE.
J'ignore pour quel sort mon astre m'a fait naître ;
Mais je sais que pour vous, si vous manquez de l'être,
On ne vous en doit point imputer le défaut,
Car vos soins pour cela font bien tout ce qu'il faut.
SGANARELLE.
Riez donc, beau rieur ! Oh ! que cela doit plaire
De voir un goguenard presque sexagénaire [1] !
LÉONOR.
Du sort dont vous parlez je le garantis, moi,
S'il faut que par l'hymen il reçoive ma foi ;
Il s'y peut assurer : mais sachez que mon ame
Ne répondroit de rien, si j'étois votre femme [2].
LISETTE.
C'est conscience à ceux qui s'assurent en nous ;
Mais c'est pain bénit, certe, à des gens comme vous.
SGANARELLE.
Allez, langue maudite, et des plus mal apprises.
ARISTE.
Vous vous êtes, mon frère, attiré ces sottises.
Adieu. Changez d'humeur, et soyez averti
Que renfermer sa femme est le mauvais parti.
Je suis votre valet.
SGANARELLE.
Je ne suis pas le vôtre.

---

[1] *Goguenard*, du vieux mot *gogue*, plaisanterie, ou, comme on disoit autrefois, *joyeuseté*. *Goguettes* est le diminutif de *gogue*. Ces trois mots viennent du bas-breton *gog*, qui signifie *satire*.

[2] Cette façon un peu vive de se venger des boutades de Sganarelle seroit mieux placée dans la bouche de Lisette que dans celle de Léonor. Voilà ce que c'est que l'exemple ! Si Sganarelle n'avoit pas dit plus haut, devant deux jeunes filles,

Je ne veux point porter de cornes, si je puis,

il est probable que Léonor n'auroit jamais osé prononcer ces quatre vers, qui répondent au sien.

SCÈNE IV.

SGANARELLE.

Oh! que les voilà bien tous formés l'un pour l'autre [1]!
Quelle belle famille! Un vieillard insensé
Qui fait le dameret dans un corps tout cassé [2];
Une fille maîtresse et coquette suprême;
Des valets impudents: non, la Sagesse même
N'en viendroit pas à bout, perdroit sens et raison
A vouloir corriger une telle maison.
Isabelle pourroit perdre dans ces hantises
Les semences d'honneur qu'avec nous elle a prises;
Et, pour l'en empêcher, dans peu nous prétendons
Lui faire aller revoir nos choux et nos dindons.

SCÈNE V.

VALÈRE, SGANARELLE, ERGASTE.

VALÈRE, *dans le fond du théâtre.*
Ergaste, le voilà cet Argus que j'abhorre,
Le sévère tuteur de celle que j'adore.

SGANARELLE, *se croyant seul.*
N'est-ce pas quelque chose enfin de surprenant
Que la corruption des mœurs de maintenant?

---

[1] Ce petit monologue est imité de Térence. Les idées sont un peu différentes, mais la forme et le tour sont absolument les mêmes. Voici le passage:

« Grands dieux! quelle vie! quelles mœurs! quel excès d'extravagance! une « femme sans fortune qu'il va donner à son fils! une chanteuse chez lui! une mai- « son de dépense et de bruit! un jeune homme perdu de débauche! un vieillard « qui radote! Non, la Sagesse elle-même ne viendroit pas à bout de sauver une « telle famille. »

La copie vaut mieux que l'original; une pareille imitation fait honneur au goût de Molière: imiter ainsi, c'est presque créer. (G.)

[2] *Dameret* pour *damoiseau*, jeune efféminé qui cherche à plaire aux dames. (Voyez la *note* de la scène II.)

VALÈRE.

Je voudrois l'accoster, s'il est en ma puissance,
Et tâcher de lier avec lui connoissance.

SGANARELLE, *se croyant seul.*

Au lieu de voir régner cette sévérité
Qui composoit si bien l'ancienne honnêteté,
La jeunesse en ces lieux, libertine, absolue,
Ne prend...

(*Valère salue Sganarelle de loin.*)

VALÈRE.

Il ne voit pas que c'est lui qu'on salue.

ERGASTE.

Son mauvais œil peut-être est de ce côté-ci [1].
Passons du côté droit.

SGANARELLE, *se croyant seul.*

Il faut sortir d'ici.
Le séjour de la ville en moi ne peut produire
Que des...

VALÈRE, *en s'approchant peu à peu.*

Il faut chez lui tâcher de m'introduire.

SGANARELLE, *entendant quelque bruit.*

Hé! j'ai cru qu'on parloit.

(*se croyant seul.*)

Aux champs, graces aux cieux,
Les sottises du temps ne blessent point mes yeux.

ERGASTE, *à Valère.*

Abordez-le.

SGANARELLE, *entendant encore du bruit.*

Plaît-il?

(*n'entendant plus rien.*)

Les oreilles me cornent.

(*se croyant seul.*)

Là, tous les passe-temps de nos filles se bornent...

---

[1] Ce vers, qui ne paroît que plaisant à beaucoup de personnes, n'est point inutile; on se souviendra de ce mauvais œil, lorsqu'au second acte Isabelle donne sa main à baiser à Valère, en présence même de Sganarelle. (C.)

(Il aperçoit Valère, qui le salue.)

Est-ce à nous?

ERGASTE, *à Valère*.

Approchez.

SGANARELLE, *sans prendre garde à Valère*.

Là, nul godelureau [1]

(Valère le salue encore.)

Ne vient... Que diable!...

(Il se retourne, et voit Ergaste qui le salue de l'autre côté.)

Encor? Que de coups de chapeau!

VALÈRE.

Monsieur, un tel abord vous interrompt peut-être [2]?

SGANARELLE.

Cela se peut.

VALÈRE.

Mais quoi! l'honneur de vous connoitre
Est un si grand bonheur, est un si doux plaisir,
Que de vous saluer j'avois un grand desir.

SGANARELLE.

Soit.

VALÈRE.

Et de vous venir, mais sans nul artifice,
Assurer que je suis tout à votre service.

SGANARELLE.

Je le crois.

VALÈRE.

J'ai le bien d'être de vos voisins,
Et j'en dois rendre grace à mes heureux destins.

---

[1] *Godelureau*, un jeune galant. Ce mot est du style familier; suivant Ménage, il vient du mot latin *gaudere*, se réjouir.

[2] Ce jeu de théâtre, déjà mis en scène dans *l'Étourdi*, paroît imité des Italiens; du reste il sert ici à montrer la préoccupation de Sganarelle, et à marquer d'une manière vraie et frappante l'humeur bourrue de ce personnage. Ces mouvements de scènes produisent beaucoup d'effet au théâtre; et Molière trouve toujours moyen de leur donner un peu de vraisemblance, en y mêlant quelques traits de caractère.

SGANARELLE.

C'est bien fait.

VALÈRE.

Mais, monsieur, savez-vous les nouvelles
Que l'on dit à la cour, et qu'on tient pour fidèles?

SGANARELLE.

Que m'importe?

VALÈRE.

Il est vrai; mais pour les nouveautés
On peut avoir parfois des curiosités.
Vous irez voir, monsieur, cette magnificence
Que de notre Dauphin prépare la naissance[1]?

SGANARELLE.

Si je veux.

VALÈRE.

Avouons que Paris nous fait part
De cent plaisirs charmants qu'on n'a point autre part
Les provinces auprès sont des lieux solitaires.
A quoi donc passez-vous le temps?

SGANARELLE.

A mes affaires.

VALÈRE.

L'esprit veut du relâche, et succombe parfois
Par trop d'attachement aux sérieux emplois.
Que faites-vous les soirs avant qu'on se retire?

SGANARELLE.

Ce qui me plaît.

VALÈRE.

Sans doute : on ne peut pas mieux dire ;
Cette réponse est juste, et le bon sens paroit
A ne vouloir jamais faire que ce qui plaît.

---

[1] Il s'agit ici du Dauphin, fils de Louis XIV, appelé Monseigneur, qui naquit à Fontainebleau le 1er novembre 1661, et mourut à Meudon le 14 avril 1711. Le Dauphin étant né cinq mois après la première représentation de *l'École des Maris*, qui eut lieu au commencement de juin 1661, ces vers, où il est question des fêtes de sa naissance, furent adoptés après coup par Molière. (A.)

Si je ne vous croyois l'ame trop occupée,
J'irois parfois chez vous passer l'après-soupée.
SGANARELLE.

Serviteur[1].

SCÈNE VI.

VALÈRE, ERGASTE.

VALÈRE.

Que dis-tu de ce bizarre fou?
ERGASTE.

Il a le repart brusque, et l'accueil loup-garou[2].
VALÈRE.

Ah! j'enrage!
ERGASTE.

   Et de quoi?
VALÈRE.

             De quoi? C'est que j'enrage
De voir celle que j'aime au pouvoir d'un sauvage,
D'un dragon surveillant, dont la sévérité
Ne lui laisse jouir d'aucune liberté.
ERGASTE.

C'est ce qui fait pour vous; et sur ces conséquences
Votre amour doit fonder de grandes espérances.
Apprenez, pour avoir votre esprit raffermi,
Qu'une femme qu'on garde est gagnée à demi,
Et que les noirs chagrins des maris ou des pères
Ont toujours du galant avancé les affaires.
Je coquette fort peu, c'est mon moindre talent,

---

[1] Cette scène est d'un art admirable ; elle prépare Sganarelle à tout ce qu'Isabelle doit dire un moment après sur le compte de Valère ; elle affermit Valère dans tout ce qu'il a pensé, et lui donne le moyen de se conduire dans tout ce qu'il doit faire à l'avenir. (R.)

[2] On ne dit plus *repart*, mais *repartie*. Dans un autre mot de la même famille, le changement a été inverse : on disoit anciennement *départie* ; on dit aujourd'hui *départ*. (A.) — On voit un exemple du mot *départie* pour *départ* dans la chanson de Henri IV à la belle Gabrielle.

Et de profession je ne suis point galant :
Mais j'en ai servi vingt de ces chercheurs de proie,
Qui disoient fort souvent que leur plus grande joie
Étoit de rencontrer de ces maris fâcheux,
Qui jamais sans gronder ne reviennent chez eux ;
De ces brutaux fieffés, qui, sans raison ni suite,
De leurs femmes en tout contrôlent la conduite,
Et, du nom de mari fièrement se parants,
Leur rompent en visière aux yeux des soupirants[1].
On en sait, disent-ils, prendre ses avantages ;
Et l'aigreur de la dame à ces sortes d'outrages,
Dont la plaint doucement le complaisant témoin,
Est un champ à pousser les choses assez loin ;
En un mot, ce vous est une attente assez belle
Que la sévérité du tuteur d'Isabelle[2].

VALÈRE.

Mais, depuis quatre mois que je l'aime ardemment,
Je n'ai pour lui parler pu trouver un moment.

ERGASTE.

L'amour rend inventif ; mais vous ne l'êtes guère :
Et si j'avois été...

VALÈRE.

Mais qu'aurois-tu pu faire,
Puisque sans ce brutal on ne la voit jamais ;
Et qu'il n'est là-dedans servantes ni valets
Dont, par l'appât flatteur de quelque récompense,
Je puisse pour mes feux ménager l'assistance ?

---

[1] *Rompre en visière*, contredire avec violence. Voyez la note des *Fâcheux*, acte I, scène x.

[2] Tout ce que dit Ergaste a déjà été dit par Lisette, et répété par Ariste (scène II). La raison est une, mais elle varie son langage suivant les caractères. Ainsi Ariste voit ce qui est juste, parcequ'il s'est élevé par la raison au-dessus du vulgaire ; Lisette est guidée par son instinct ; et l'on trouve dans le discours d'Ergaste l'expérience d'un homme qui a plutôt observé que senti. Molière dessine si fortement ses caractères, qu'en se répétant il semble toujours avoir une idée nouvelle ; lui seul a porté à un si haut degré l'art d'approprier le style à la physionomie de ses personnages.

ERGASTE.

Elle ne sait donc pas encor que vous l'aimez?

VALÈRE.

C'est un point dont mes vœux ne sont pas informés.
Partout où ce farouche a conduit cette belle,
Elle m'a toujours vu comme une ombre après elle,
Et mes regards aux siens ont tâché chaque jour
De pouvoir expliquer l'excès de mon amour.
Mes yeux ont fort parlé; mais qui me peut apprendre
Si leur langage enfin a pu se faire entendre?

ERGASTE.

Ce langage, il est vrai, peut être obscur parfois,
S'il n'a pour truchement l'écriture ou la voix.

VALÈRE.

Que faire pour sortir de cette peine extrême,
Et savoir si la belle a connu que je l'aime?
Dis-m'en quelque moyen.

ERGASTE.

    C'est ce qu'il faut trouver :
Entrons un peu chez vous, afin d'y mieux rêver[1].

---

[1] Ainsi Valère en est encore à *rêver* au moyen de *sortir de peine;* il ne sait pas même si ses assiduités ont été remarquées d'Isabelle ; et il n'y a là ni valet ni servante qui puisse s'intéresser en sa faveur. Cependant que de chemin il aura fait à la fin de l'acte suivant, grace au génie inventif de l'amour, et au système d'éducation de Sganarelle! On desire le second acte, mais rien n'en fait prévoir les événements. C'est par la peinture des caractères que Molière est parvenu à nous intéresser jusqu'à ce moment ; et ce qu'il faut surtout remarquer, c'est que l'intrigue, qui va se nouer sans préambule et d'une manière si vive dès l'entrée du second acte, ne pouvoit avoir de meilleure exposition que la connoissance de ces mêmes caractères, puisqu'elle n'en est que le développement.

ACTE SECOND.

SCÈNE I.

ISABELLE, SGANARELLE.

SGANARELLE.
Va, je sais la maison, et connois la personne
Aux marques seulement que ta bouche me donne.
ISABELLE, *à part*.
O ciel! sois-moi propice, et seconde en ce jour
Le stratagème adroit d'une innocente amour.
SGANARELLE.
Dis-tu pas qu'on t'a dit qu'il s'appelle Valère?
ISABELLE.
Oui.
SGANARELLE.
Va, sois en repos, rentre, et me laisse faire;
Je vais parler sur l'heure à ce jeune étourdi.
ISABELLE, *en s'en allant*.
Je fais, pour une fille, un projet bien hardi;
Mais l'injuste rigueur dont envers moi l'on use
Dans tout esprit bien fait me servira d'excuse[1].

---

[1] Riccoboni a déjà remarqué, mais on ne sauroit trop le redire, que cette scène est un chef-d'œuvre d'économie théâtrale. Si Isabelle faisoit part aux spectateurs des faux sujets de plainte qu'elle invente contre Valère, pour tromper Sganarelle et le faire servir lui-même d'interprète à sa passion, les scènes suivantes n'auroient été que des répétitions de cette confidence, et l'on auroit perdu tout le plaisir que donne la surprise. Enfin, lorsque cette jeune personne dit à part ce vers :

Je fais pour une fille un projet bien hardi,

le public éprouve la plus vive curiosité, et son impatience de connoître le projet

SCÈNE II.

SGANARELLE.

(Il va frapper à la porte de Valère.)

Ne perdons point de temps; c'est ici. Qui va là ?
Bon, je rêve. Holà ! dis-je, holà, quelqu'un ! holà[1] !
Je ne m'étonne pas, après cette lumière,
S'il y venoit tantôt de si douce manière :
Mais je me veux hâter, et de son fol espoir..

SCÈNE III.

VALÈRE, SGANARELLE, ERGASTE.

SGANARELLE, *à Ergaste, qui est sorti brusquement.*

Peste soit du gros bœuf, qui, pour me faire choir,
Se vient devant mes pas planter comme une perche !

VALÈRE.

Monsieur, j'ai du regret...

SGANARELLE.

Ah ! c'est vous que je cherche.

VALÈRE.

Moi, monsieur ?

SGANARELLE.

Vous. Valère est-il pas votre nom ?

VALÈRE.

Oui.

SGANARELLE.

Je viens vous parler, si vous le trouvez bon.

---

d'Isabelle se prolonge, par un effet de l'art, jusqu'au milieu de la troisième scène. Prévenir cette impatience eût été la route commune, mais n'eût pas été celle d'un homme de génie. (B.)

[1] Ce trait de caractère est fort plaisant. Jaloux, méfiant, inquiet, Sganarelle veille toujours dans sa maison ; et *Qui va là ?* est sa question habituelle, en entendant le bruit du marteau. Sa préoccupation et l'habitude lui font répéter ce mot à la porte de Valère. C'est un trait semblable à celui de l'Avare, qui, après avoir vu les deux mains de La Flèche, demande à voir *les autres*.

VALÈRE.

Puis-je être assez heureux pour vous rendre service?

SGANARELLE.

Non. Mais je prétends, moi, vous rendre un bon office;
Et c'est ce qui chez vous prend droit de m'amener.

VALÈRE.

Chez moi, monsieur?

SGANARELLE.

Chez vous. Faut-il tant s'étonner?

VALÈRE.

J'en ai bien du sujet; et mon ame, ravie
De l'honneur...

SGANARELLE.

Laissons là cet honneur, je vous prie.

VALÈRE.

Voulez-vous pas entrer?

SGANARELLE.

Il n'en est pas besoin.

VALÈRE.

Monsieur, de grace.

SGANARELLE.

Non, je n'irai pas plus loin.

VALÈRE.

Tant que vous serez là, je ne puis vous entendre.

SGANARELLE.

Moi, je n'en veux bouger.

VALÈRE.

Hé bien! il faut se rendre :
Vite, puisque monsieur à cela se résout,
Donnez un siége ici.

SGANARELLE.

Je veux parler debout.

VALÈRE.

Vous souffrir de la sorte!...

ACTE II, SCÈNE III.

SGANARELLE.
Ah! contrainte effroyable!
VALÈRE.
Cette incivilité seroit trop condamnable.
SGANARELLE.
C'en est une que rien ne sauroit égaler,
De n'ouïr pas les gens qui veulent nous parler.
VALÈRE.
Je vous obéis donc.
SGANARELLE.
Vous ne sauriez mieux faire.
(Ils font de grandes cérémonies pour se couvrir.)
Tant de cérémonie est fort peu nécessaire.
Voulez-vous m'écouter?
VALÈRE.
Sans doute, et de grand cœur[1].
SGANARELLE.
Savez-vous, dites-moi, que je suis le tuteur
D'une fille assez jeune, et passablement belle,
Qui loge en ce quartier, et qu'on nomme Isabelle?
VALÈRE.
Oui.
SGANARELLE.
Si vous le savez, je ne vous l'apprends pas.
Mais savez-vous aussi, lui trouvant des appas,
Qu'autrement qu'en tuteur sa personne me touche,
Et qu'elle est destinée à l'honneur de ma couche?
VALÈRE.
Non.

[1] Cette scène, imaginée pour accroître l'impatience du spectateur, n'est point une combinaison forcée de l'art; elle naît de la situation des personnages et de leur caractère. Rien, en effet, de plus naturel que les empressements de Valère, qui pense avoir trouvé une occasion d'adoucir le terrible tuteur, et qui se confond en politesses intéressées; rien également de plus naturel que la brusquerie de Sganarelle; elle est motivée par son caractère, par sa mauvaise humeur contre l'amant d'Isabelle, et par son impatience de s'acquitter de sa commission. C'est ainsi que dans les plus petites choses Molière est toujours vrai.

SGANARELLE.

Je vous l'apprends donc; et qu'il est à propos
Que vos feux, s'il vous plaît, la laissent en repos.

VALÈRE.

Qui? moi, monsieur?

SGANARELLE.

Oui, vous. Mettons bas toute feinte.

VALÈRE.

Qui vous a dit que j'ai pour elle l'ame atteinte?

SGANARELLE.

Des gens à qui l'on peut donner quelque crédit.

VALÈRE.

Mais encore?

SGANARELLE.

Elle-même.

VALÈRE.

Elle?

SGANARELLE.

Elle. Est-ce assez dit?
Comme une fille honnête, et qui m'aime d'enfance,
Elle vient de m'en faire entière confidence[1];
Et, de plus, m'a chargé de vous donner avis
Que, depuis que par vous tous ses pas sont suivis,
Son cœur, qu'avec excès votre poursuite outrage,

---

[1] Une dame de Florence devient amoureuse d'un jeune homme qu'elle voit souvent avec un moine; elle va se confesser à ce moine, et le prie d'engager son ami à ne plus la fatiguer de sa poursuite. Par ce moyen elle instruit le jeune homme de son amour. Tel est le sujet de la troisième journée du *Décameron* de Boccace, sujet immoral, et qui, au premier coup d'œil, paroît peu propre à la scène. Aussi ne peut-on assez étudier l'art admirable avec lequel Molière a su le mettre au théâtre sans jamais choquer les bienséances. Cette imitation est, dans toutes ses parties, un chef-d'œuvre de délicatesse et de goût. Le moine de Boccace est remplacé par un tuteur égoïste et bourru qui se croit aimé par cela seul qu'il veut qu'on l'aime; au lieu d'une femme mariée qui se joue de ses devoirs et de la religion, c'est une jeune fille qui gémit dans l'esclavage, et qui ne veut échapper à son tyran que pour épouser son amant. Par ces heureuses modifications, le sujet cesse d'être immoral, et toutes les ruses d'Isabelle deviennent autant de coups de théâtre qui tendent à sa délivrance, c'est-à-dire au dénoûment.

ACTE II, SCÈNE III.

N'a que trop de vos yeux entendu le langage ;
Que vos secrets desirs lui sont assez connus,
Et que c'est vous donner des soucis superflus
De vouloir davantage expliquer une flamme
Qui choque l'amitié que me garde son ame [1].

VALÈRE.

C'est elle, dites-vous, qui de sa part vous fait...

SGANARELLE.

Oui, vous venir donner cet avis franc et net ;
Et qu'ayant vu l'ardeur dont votre ame est blessée,
Elle vous eût plus tôt fait savoir sa pensée,
Si son cœur avoit eu, dans son émotion,
A qui pouvoir donner cette commission ;
Mais qu'enfin les douleurs d'une contrainte extrême
L'ont réduite à vouloir se servir de moi-même,
Pour vous rendre averti, comme je vous ai dit,
Qu'à tout autre que moi son cœur est interdit,
Que vous avez assez joué de la prunelle,
Et que, si vous avez tant soit peu de cervelle,
Vous prendrez d'autres soins. Adieu, jusqu'au revoir.
Voilà ce que j'avois à vous faire savoir.

VALÈRE, *bas*.

Ergaste, que dis-tu d'une telle aventure ?

SGANARELLE, *bas, à part*.

Le voilà bien surpris !

ERGASTE, *bas à Valère*.

Selon ma conjecture [2],

[1] Comment se fait-il que la confiance rende ici Sganarelle aussi ridicule que sa méfiance l'avoit rendu haïssable dans le premier acte ? c'est que, chez lui, ces deux sentiments ont une source commune, l'égoïsme et l'orgueil. Si, au lieu d'être aveuglé par sa vanité, Sganarelle étoit dupe un seul instant de son amour et de sa confiance, on auroit pitié de sa bonne foi, et on blâmeroit la conduite d'Isabelle. Le caractère du tuteur fait l'innocence de la pupille.

[2] Un véritable amant se laisse facilement troubler par la crainte de tout ce qui peut nuire à son amour. Aussi est-ce Ergaste et non Valère qui soupçonne la ruse d'Isabelle. Aucune délicatesse n'échappe au pinceau de Molière ; personne n'a mieux saisi les convenances du cœur, ni mieux indiqué celles de la société.

Je tiens qu'elle n'a rien de déplaisant pour vous,
Qu'un mystère assez fin est caché là-dessous,
Et qu'enfin cet avis n'est pas d'une personne
Qui veuille voir cesser l'amour qu'elle vous donne.

SGANARELLE, *à part.*

Il en tient comme il faut.

VALÈRE, *bas, à Ergaste.*

Tu crois mystérieux...

ERGASTE, *bas.*

Oui... Mais il nous observe, ôtons-nous de ses yeux [1].

SCÈNE IV.

SGANARELLE.

Que sa confusion paroît sur son visage !
Il ne s'attendoit pas, sans doute, à ce message [2].
Appelons Isabelle : elle montre le fruit
Que l'éducation dans une ame produit.
La vertu fait ses soins, et son cœur s'y consomme
Jusques à s'offenser des seuls regards d'un homme.

---

[1] Cette scène est charmante ; nous allons la voir, variée et graduée avec l'art le plus heureux, remplir à elle seule tout ce second acte. (A.) — Si la situation est toujours la même, les événements qu'elle produit sont toujours nouveaux, et piquent d'autant plus la curiosité, que chacun veut voir jusqu'où une jeune fille sans expérience peut pousser la ruse, et jusqu'où un homme plein d'orgueil et de méfiance peut pousser la crédulité.

[2] Le confesseur de Boccace avoit déjà été changé, par Lopez de Vega, en un vieillard amoureux de la jeune personne, qui le trompe. C'est à ce vieillard lui-même que la *discreta enamorada* s'adresse pour instruire son fils de l'amour qu'elle a pour lui, en feignant que c'est ce fils qui en a mal-à-propos pour elle. Le père fait les reproches les plus vifs au jeune homme, qui soupçonne la ruse, et qui consent à aller demander pardon de sa témérité. C'est en présence de son père qu'il se jette aux genoux de sa belle-mère future, et qu'il lui baise la main, en implorant sa grace. Le jeune homme ose plus encore ; il demande, sans être entendu de son père, un baiser dont on lui facilite la faveur en se laissant tomber. (B.)

SCÈNE V.

ISABELLE, SGANARELLE.

ISABELLE, *bas, en entrant.*

J'ai peur que cet amant, plein de sa passion,
N'ait pas de mon avis compris l'intention ;
Et j'en veux, dans les fers où je suis prisonnière,
Hasarder un qui parle avec plus de lumière [1].

SGANARELLE.

Me voilà de retour.

ISABELLE.

Hé bien ?

SGANARELLE.

Un plein effet
A suivi tes discours, et ton homme a son fait.
Il me vouloit nier que son cœur fût malade ;
Mais, lorsque de ta part j'ai marqué l'ambassade,
Il est resté d'abord et muet et confus,
Et je ne pense pas qu'il y revienne plus.

ISABELLE.

Ah ! que me dites-vous ? J'ai bien peur du contraire,
Et qu'il ne nous prépare encor plus d'une affaire.

SGANARELLE.

Et sur quoi fondes-tu cette peur que tu dis ?

ISABELLE.

Vous n'avez pas été plutôt hors du logis,
Qu'ayant, pour prendre l'air, la tête à ma fenêtre,
J'ai vu dans ce détour un jeune homme paroître,
Qui d'abord, de la part de cet impertinent,
Est venu me donner un bonjour surprenant,

---

[1] L'esclavage où languit Isabelle est une idée sur laquelle il est bon qu'elle insiste et revienne plusieurs fois, pour justifier d'autant les ruses auxquelles elle a recours. (A.)

Et m'a, droit dans ma chambre, une boîte jetée [1]
Qui renferme une lettre en poulet cachetée.
J'ai voulu sans tarder lui rejeter le tout;
Mais ses pas de la rue avoient gagné le bout,
Et je m'en sens le cœur tout gros de fâcherie.
SGANARELLE.
Voyez un peu la ruse et la friponnerie!
ISABELLE.
Il est de mon devoir de faire promptement
Reporter boîte et lettre à ce maudit amant;
Et j'aurois pour cela besoin d'une personne...
Car d'oser à vous-même...
SGANARELLE.
     Au contraire, mignonne,
C'est me faire mieux voir ton amour et ta foi,
Et mon cœur avec joie accepte cet emploi;
Tu m'obliges par-là plus que je ne puis dire [2].
ISABELLE.
Tenez donc.
SGANARELLE.
   Bon. Voyons ce qu'il a pu t'écrire.
ISABELLE.
Ah, ciel! gardez-vous bien de l'ouvrir.
SGANARELLE.
        Et pourquoi?
ISABELLE.
Lui voulez-vous donner à croire que c'est moi?
Une fille d'honneur doit toujours se défendre

---

[1] La ceinture qu'envoie l'héroïne de Boccace pouvoit séduire un imitateur, à cause de cette devise. « Je vous aime, et n'ose vous le dire. » Molière y substitue une boîte d'or; et le billet que la boîte renferme, aussi flatteur que la devise, est bien plus utile à l'intrigue, puisqu'il en fait le principal ressort. (C.)

[2] Comme le ton de ce bourru s'est adouci! comme il est heureux! comme sa vanité triomphe! Quel empressement d'humilier son rival! La flatterie a pénétré son ame, et le voilà devenu le jouet d'un enfant. Admirable Molière, tu déploies sans efforts les plus secrets replis du cœur humain, et, comme Socrate, tu fais jaillir le ridicule du vice, parceque le vice en est la véritable source!

De lire les billets qu'un homme lui fait rendre.
La curiosité qu'on fait lors éclater
Marque un secret plaisir de s'en ouïr conter :
Et je trouve à propos que, toute cachetée,
Cette lettre lui soit promptement reportée,
Afin que d'autant mieux il connoisse aujourd'hui
Le mépris éclatant que mon cœur fait de lui;
Que ses feux désormais perdent toute espérance,
Et n'entreprennent plus pareille extravagance.

SGANARELLE.

Certes, elle a raison lorsqu'elle parle ainsi.
Va, ta vertu me charme, et ta prudence aussi :
Je vois que mes leçons ont germé dans ton ame,
Et tu te montres digne enfin d'être ma femme.

ISABELLE.

Je ne veux pas pourtant gêner votre desir.
La lettre est en vos mains, et vous pouvez l'ouvrir.

SGANARELLE.

Non, je n'ai garde; hélas! tes raisons sont trop bonnes [1],
Et je vais m'acquitter du soin que tu me donnes;
A quatre pas de là dire ensuite deux mots,
Et revenir ici te remettre en repos.

SCÈNE VI.

SGANARELLE.

Dans quel ravissement est-ce que mon cœur nage,
Lorsque je vois en elle une fille si sage!
C'est un trésor d'honneur que j'ai dans ma maison.
Prendre un regard d'amour pour une trahison!
Recevoir un poulet comme une injure extrême [2],

---

[1] Ces raisons sont en effet si bonnes, qu'elles font éprouver à Sganarelle la joie la plus vive. Tout lui sourit; il triomphe de son rival et de son propre frère, et ce dernier triomphe n'est pas ce qui le flatte le moins, comme il va nous l'avouer lui-même dans la scène suivante.

[2] *Poulet*, billet amoureux, ainsi nommé parcequ'en le pliant on y faisoit deux

Et le faire au galant reporter par moi-même!
Je voudrois bien savoir, en voyant tout ceci,
Si celle de mon frère en useroit ainsi.
Ma foi, les filles sont ce que l'on les fait être [1].
Holà!

(Il frappe à la porte de Valère.)

SCÈNE VII.

SGANARELLE, ERGASTE.

ERGASTE.

Qu'est-ce?

SGANARELLE.

Tenez, dites à votre maître
Qu'il ne s'ingère pas d'oser écrire encor
Des lettres qu'il envoie avec des boîtes d'or,
Et qu'Isabelle en est puissamment irritée.
Voyez, on ne l'a pas au moins décachetée;
Il connoîtra l'état que l'on fait de ses feux,
Et quel heureux succès il doit espérer d'eux.

SCÈNE VIII.

VALÈRE, ERGASTE.

VALÈRE.

Que vient de te donner cette farouche bête?

---

pointes qui représentoient les ailes d'un poulet. Ce mot étoit déjà en usage du temps de Henri IV, puisque Catherine, sœur de ce roi, disoit à La Varenne, qui avoit été son cuisinier avant d'être gouverneur de l'Anjou : «Tu as bien plus gagné « à porter les poulets de mon frère qu'à piquer les miens. »

[1] Jamais Sganarelle n'adresse un éloge à Isabelle qu'il ne le rapporte aussitôt à lui-même; c'est l'orgueil et l'égoïsme qui le rendent tout à la fois dupe, haïssable, et ridicule; on croit avoir vécu avec cet homme, tant on rencontre de gens qui lui ressemblent, et tant ce qu'il dit est naturel et dans son caractère. C'est une idée bien profonde que d'avoir fait ressortir sa punition des vices mêmes dont il espère son bonheur, la vanité et l'égoïsme.

ERGASTE.

Cette lettre, monsieur, qu'avecque cette boîte
On prétend qu'ait reçue Isabelle de vous,
Et dont elle est, dit-il, en un fort grand courroux.
C'est sans vouloir l'ouvrir qu'elle vous la fait rendre.
Lisez vite, et voyons si je me puis méprendre.

VALÈRE *lit.*

« Cette lettre vous surprendra sans doute, et l'on peut trouver
« bien hardi pour moi, et le dessein de vous l'écrire, et la ma-
« nière de vous la faire tenir; mais je me vois dans un état à
« ne plus garder de mesure. La juste horreur d'un mariage
« dont je suis menacée dans six jours, me fait hasarder toutes
« choses; et, dans la résolution de m'en affranchir par quelque
« voie que ce soit, j'ai cru que je devois plutôt vous choisir que
« le désespoir. Ne croyez pas pourtant que vous soyez redevable
« de tout à ma mauvaise destinée : ce n'est pas la contrainte où
« je me trouve qui a fait naître les sentiments que j'ai pour vous;
« mais c'est elle qui en précipite le témoignage, et qui me fait
« passer sur des formalités où la bienséance du sexe oblige. Il
« ne tiendra qu'à vous que je sois à vous bientôt, et j'attends
« seulement que vous m'ayez marqué les intentions de votre
« amour, pour vous faire savoir la résolution que j'ai prise;
« mais, surtout, songez que le temps presse, et que deux cœurs
« qui s'aiment doivent s'entendre à demi-mot [1]. »

[1] Cette lettre est une apologie complète de la conduite d'Isabelle. Il y règne un ton de simplicité et de confiance bien fait pour rassurer et tout à la fois pour flatter un amant délicat; et il étoit impossible de mieux peindre ce mélange de hardiesse, de crainte et de pudeur qui agite le cœur d'Isabelle. Elle ne laisse échapper cette expression un peu dure, *J'ai cru que je devois plutôt vous choisir que le désespoir*, que pour se donner les moyens de l'adoucir par un aveu devenu nécessaire. Aussi ajoute-t-elle aussitôt : *Ne croyez pas que vous soyez redevable de tout à ma mauvaise destinée!* etc., réticence pleine de délicatesse, et qui semble l'expression même de la nature. Au reste, Riccoboni a eu tort de condamner aussi sévèrement la hardiesse et les ruses d'Isabelle. Isabelle n'est ni une Agnès, ni une femme passionnée : c'est une victime qui veut échapper à l'horreur de son sort, c'est un prisonnier qui tente de tromper son tyran; et si elle s'écarte un moment des bienséances de son sexe, elle n'en perd jamais le sentiment. Sa démarche est hardie, mais sa conduite n'est point immorale; car elle n'est inspirée ni par une

ERGASTE.

Hé bien! monsieur, le tour est-il d'original?
Pour une jeune fille elle n'en sait pas mal!
De ces ruses d'amour la croiroit-on capable ¹?

VALÈRE.

Ah! je la trouve là tout-à-fait adorable.
Ce trait de son esprit et de son amitié
Accroît pour elle encor mon amour de moitié,
Et joint aux sentiments que sa beauté m'inspire...

ERGASTE.

La dupe vient; songez à ce qu'il vous faut dire.

SCÈNE IX.

SGANARELLE, VALÈRE, ERGASTE.

SGANARELLE, *se croyant seul.*

Oh! trois et quatre fois béni soit cet édit
Par qui des vêtements le luxe est interdit ²!
Les peines des maris ne seront plus si grandes,
Et les femmes auront un frein à leurs demandes.
Oh! que je sais au roi bon gré de ces décris ³!
Et que, pour le repos de ces mêmes maris,

passion folle, ni par un vice; il ne s'agit que d'*échapper à la juste horreur d'un mariage dont elle est menacée dans six jours.* Si Isabelle se conduisoit comme Léonor, l'égoïsme de Sganarelle seroit impuni, et Molière auroit manqué son but.

¹ La réflexion d'Ergaste est juste; mais elle ne peut troubler Valère. Un homme bien amoureux méprise sa maîtresse pour la plus légère faveur qu'elle accorde à un autre; il l'estime pour toutes celles qu'il en reçoit. Aussi la pensée d'Ergaste, qui auroit donné de l'inquiétude à tout autre qu'à Valère, ne lui inspire à lui qu'un redoublement d'amour : c'est justement *là* qu'il trouve Isabelle tout-à-fait adorable. C'est une chose digne de remarque, que Louis XIV, qui introduisit la magnificence dans les habits et dans les équipages, ait fait seize édits contre le luxe. Celui dont parle Sganarelle est du 27 novembre 1660. Il avoit pour objet de défendre les *broderies, cannetilles, paillettes*, etc.

⁵ On appeloit les *décris*, les ordonnances faites pour défendre de fabriquer, vendre ou porter certaines étoffes.

Je voudrois bien qu'on fît de la coquetterie
Comme de la guipure et de la broderie ¹ !
J'ai voulu l'acheter, l'édit, expressément,
Afin que d'Isabelle il soit lu hautement ;
Et ce sera tantôt, n'étant plus occupée,
Le divertissement de notre après-soupée.
(apercevant Valère.)
Envoierez-vous encor, monsieur aux blonds cheveux,
Avec des boîtes d'or des billets amoureux ?
Vous pensiez bien trouver quelque jeune coquette,
Friande de l'intrigue, et tendre à la fleurette ?
Vous voyez de quel air on reçoit vos joyaux ?
Croyez-moi, c'est tirer votre poudre aux moineaux.
Elle est sage, elle m'aime, et votre amour l'outrage ;
Prenez visée ailleurs, et troussez-moi bagage.
VALÈRE.
Oui, oui, votre mérite, à qui chacun se rend,
Est à mes yeux, monsieur, un obstacle trop grand ;
Et c'est folie à moi, dans mon ardeur fidèle,
De prétendre avec vous à l'amour d'Isabelle.
SGANARELLE.
Il est vrai, c'est folie.
VALÈRE.
Aussi n'aurois-je pas
Abandonné mon cœur à suivre ses appas,
Si j'avois pu savoir que ce cœur misérable
Dût trouver un rival comme vous redoutable.
SGANARELLE.
Je le crois.
VALÈRE.
Je n'ai garde à présent d'espérer ;
Je vous cède, monsieur, et c'est sans murmurer.
SGANARELLE.
Vous faites bien.

¹ *Guipure*, broderie en relief, recouverte en fil d'or ou en clinquant.

VALÈRE.

Le droit de la sorte l'ordonne;
Et de tant de vertus brille votre personne,
Que j'aurois tort de voir d'un regard de courroux
Les tendres sentiments qu'Isabelle a pour vous.

SGANARELLE.

Cela s'entend [1].

VALÈRE.

Oui, oui, je vous quitte la place :
Mais je vous prie au moins (et c'est la seule grace,
Monsieur, que vous demande un misérable amant
Dont vous seul aujourd'hui causez tout le tourment),
Je vous conjure donc d'assurer Isabelle
Que, si depuis trois mois mon cœur brûle pour elle,
Cette amour est sans tache, et n'a jamais pensé
A rien dont son honneur ait lieu d'être offensé.

SGANARELLE.

Oui.

VALÈRE.

Que, ne dépendant que du choix de mon ame,
Tous mes desseins étoient de l'obtenir pour femme,
Si les destins, en vous qui captivez son cœur,
N'opposoient un obstacle à cette juste ardeur.

SGANARELLE.

Fort bien.

VALÈRE.

Que, quoi qu'on fasse, il ne lui faut pas croire
Que jamais ses appas sortent de ma mémoire;
Que, quelque arrêt des cieux qu'il me faille subir,

---

[1] Sganarelle met ici en action cette maxime de La Rochefoucauld : « Quelque bien « qu'on nous dise de nous, on ne nous apprend rien de nouveau. » Voilà justement pourquoi il sera dupe. L'amour-propre et l'égoïsme ont jeté sur ses yeux un voile si épais, qu'il n'a plus même de méfiance. Qu'on étudie attentivement les nuances et le progrès de ces deux passions dans Sganarelle, et l'on sera surpris de tout le chemin que l'auteur a parcouru depuis le premier acte. Le développement de ce caractère est peut-être un des traits les plus merveilleux du génie de Molière.

Mon sort est de l'aimer jusqu'au dernier soupir ;
Et que, si quelque chose étouffe mes poursuites,
C'est le juste respect que j'ai pour vos mérites.
SGANARELLE.
C'est parler sagement ; et je vais de ce pas
Lui faire ce discours qui ne la choque pas :
Mais, si vous me croyez, tâchez de faire en sorte
Que de votre cerveau cette passion sorte.
Adieu.
ERGASTE, *à Valère.*
La dupe est bonne !

SCÈNE X.

SGANARELLE.

Il me fait grand' pitié [1],
Ce pauvre malheureux trop rempli d'amitié ;
Mais c'est un mal pour lui de s'être mis en tête
De vouloir prendre un fort qui se voit ma conquête [2].

(Sganarelle heurte à sa porte.)

---

[1] La Rochefoucauld dit encore : « Nous aimons toujours ceux qui nous admi-
« rent. » C'est le cas de Sganarelle : son impertinente compassion ressort si immé-
diatement de sa sotte vanité, qu'elle ne nous laisse pour lui aucune pitié.

[2] « Je ne comprends pas, dit La Bruyère, comment un homme qui s'abandonne
« à son humeur et à sa complexion, qui ne cache aucun de ses défauts, et se mon-
« tre au contraire par ses mauvais endroits ; qui est avare, qui est trop négligé
« dans son ajustement, brusque dans ses réponses, incivil, froid, et taciturne,
« peut espérer de défendre le cœur d'une jeune femme contre les entreprises de
« son galant, qui emploie la parure et la magnificence, la complaisance, les soins,
« l'empressement, les dons, la flatterie, etc. » Le Sganarelle de Molière avoit répondu d'avance au moraliste : il suffit à un tel homme de joindre l'amour-propre
à ses autres défauts, pour se persuader tout cela. En effet, Isabelle et Valère n'ont
eu besoin que de caresser un moment la vanité de Sganarelle, pour adoucir sa rudesse, et le rendre soudain le visible instrument de leur ruse, et l'interprète fidèle
de leur sentiment. Voilà ce que le conte de Boccace n'indiquoit pas et ne pouvoit indiquer. Il falloit un trait de génie pour donner à un homme défiant, jaloux,
bourru, et aussi intéressé que Sganarelle à veiller sur sa pupille, le même mouvement que Boccace a donné à un confesseur assez peu intéressé à tout ce qui se
passe. Molière a changé le mobile en changeant le personnage, et c'est là surtout

SCÈNE XI.

SGANARELLE, ISABELLE.

SGANARELLE.

Jamais amant n'a fait tant de trouble éclater,
Au poulet renvoyé sans le décacheter :
Il perd toute espérance enfin, et se retire;
Mais il m'a tendrement conjuré de te dire :
« Que du moins en t'aimant il n'a jamais pensé
« A rien dont ton honneur ait lieu d'être offensé,
« Et que, ne dépendant que du choix de son ame,
« Tous ses desirs étoient de t'obtenir pour femme,
« Si les destins, en moi qui captive ton cœur,
« N'opposoient un obstacle à cette juste ardeur;
« Que, quoi qu'on puisse faire, il ne te faut pas croire
« Que jamais tes appas sortent de sa mémoire;
« Que, quelque arrêt des cieux qu'il lui faille subir,
« Son sort est de t'aimer jusqu'au dernier soupir;
« Et que, si quelque chose étouffe sa poursuite,
« C'est le juste respect qu'il a pour mon mérite [1]. »
Ce sont ces propres mots; et, loin de le blâmer,
Je le trouve honnête homme, et le plains de t'aimer.

ISABELLE, *bas.*

Ses feux ne trompent point ma secrète croyance,

que son habileté se fait sentir. Si on savoit bien lire les comédies, elles suppléeroient à l'expérience.

[1] L'amour de Valère exerce sur Sganarelle cette double influence, qu'il augmente le prix d'Isabelle à ses yeux, et l'affermit lui-même dans la confiance de son mérite. Aussi ne craint-il pas de répéter les tendres protestations d'un amant qu'il croit malheureux : protestations d'autant plus agréables pour lui qu'elles se terminent par un trait qui ajoute aux plaisirs de son triomphe tous les plaisirs de la vanité satisfaite. Sganarelle n'a si bien retenu les expressions de Valère que pour se donner la joie d'étaler aux yeux d'Isabelle cette dernière preuve d'une supériorité bien reconnue. Malgré toutes ces convenances, les commentateurs ont blâmé la répétition des mêmes vers, comme peu naturelle; mais elle produit un très bon effet au théâtre, parcequ'elle est prise dans la passion du personnage.

ACTE II, SCÈNE XI.

Et toujours ses regards m'en ont dit l'innocence.
SGANARELLE.
Que dis-tu?
ISABELLE.
Qu'il m'est dur que vous plaigniez si fort
Un homme que je hais à l'égal de la mort;
Et que, si vous m'aimiez autant que vous le dites,
Vous sentiriez l'affront que me font ses poursuites.
SGANARELLE.
Mais il ne savoit pas tes inclinations;
Et, par l'honnêteté de ses intentions,
Son amour ne mérite...
ISABELLE.
Est-ce les avoir bonnes,
Dites-moi, de vouloir enlever les personnes?
Est-ce être homme d'honneur de former des desseins
Pour m'épouser de force en m'ôtant de vos mains?
Comme si j'étois fille à supporter la vie
Après qu'on m'auroit fait une telle infamie!
SGANARELLE.
Comment?
ISABELLE.
Oui, oui; j'ai su que ce traître d'amant
Parle de m'obtenir par un enlèvement;
Et j'ignore, pour moi, les pratiques secrètes
Qui l'ont instruit si tôt du dessein que vous faites
De me donner la main dans huit jours au plus tard,
Puisque ce n'est que d'hier que vous m'en fîtes part [1];
Mais il veut prévenir, dit-on, cette journée
Qui doit à votre sort unir ma destinée.

[1] Voilà le motif de la nouvelle ruse d'Isabelle. Le péril est pressant, et l'intérêt croît avec lui. Remarquez que dans toute cette scène, qui est un chef-d'œuvre de finesse, le dialogue est simple, et n'offre pas un seul mot spirituel. Il faut avoir bien du génie, bien de la profondeur, pour pénétrer si avant dans le cœur humain, et pour être aussi comique en se passant d'esprit.

SGANARELLE.

Voilà qui ne vaut rien.

ISABELLE.

Oh ! que pardonnez-moi !
C'est un fort honnête homme, et qui ne sent pour moi...

SGANARELLE.

Il a tort; et ceci passe la raillerie.

ISABELLE.

Allez, votre douceur entretient sa folie;
S'il vous eût vu tantôt lui parler vertement,
Il craindroit vos transports et mon ressentiment :
Car c'est encor depuis sa lettre méprisée,
Qu'il a dit ce dessein qui m'a scandalisée;
Et son amour conserve, ainsi que je l'ai su,
La croyance qu'il est dans mon cœur bien reçu,
Que je fuis votre hymen, quoi que le monde en croie,
Et me verrois tirer de vos mains avec joie.

SGANARELLE.

Il est fou.

ISABELLE.

Devant vous il sait se déguiser,
Et son intention est de vous amuser.
Croyez par ces beaux mots que le traître vous joue.
Je suis bien malheureuse, il faut que je l'avoue,
Qu'avecque tous mes soins pour vivre dans l'honneur
Et rebuter les vœux d'un lâche suborneur,
Il faille être exposée aux fâcheuses surprises
De voir faire sur moi d'infames entreprises !

SGANARELLE.

Va, ne redoute rien.

ISABELLE.

Pour moi, je vous le di,
Si vous n'éclatez fort contre un trait si hardi,
Et ne trouvez bientôt moyen de me défaire
Des persécutions d'un pareil téméraire,

J'abandonnerai tout, et renonce à l'ennui
De souffrir les affronts que je reçois de lui.
SGANARELLE.
Ne t'afflige point tant ; va, ma petite femme,
Je m'en vais le trouver, et lui chanter sa gamme.
ISABELLE.
Dites-lui bien au moins qu'il le nieroit en vain,
Que c'est de bonne part qu'on m'a dit son dessein ;
Et qu'après cet avis, quoi qu'il puisse entreprendre,
J'ose le défier de me pouvoir surprendre ;
Enfin, que, sans plus perdre et soupirs et moments,
Il doit savoir pour vous quels sont mes sentiments ;
Et que, si d'un malheur il ne veut être cause,
Il ne se fasse pas deux fois dire une chose.
SGANARELLE.
Je dirai ce qu'il faut.
ISABELLE.
Mais tout cela d'un ton
Qui marque que mon cœur lui parle tout de bon.
SGANARELLE.
Va, je n'oublierai rien, je t'en donne assurance.
ISABELLE.
J'attends votre retour avec impatience ;
Hâtez-le, s'il vous plaît, de tout votre pouvoir.
Je languis quand je suis un moment sans vous voir.
SGANARELLE.
Va, pouponne, mon cœur, je reviens tout-à-l'heure.

SCÈNE XII.

SGANARELLE.

Est-il une personne et plus sage et meilleure ?
Ah ! que je suis heureux ! et que j'ai de plaisir
De trouver une femme au gré de mon desir !
Oui, voilà comme il faut que les femmes soient faites ;

Et non, comme j'en sais, de ces franches coquettes
Qui s'en laissent conter, et font dans tout Paris
Montrer au bout du doigt leurs honnêtes maris.
(Il frappe à la porte de Valère.)
Holà! notre galant aux belles entreprises!

SCÈNE XIII.

VALÈRE, SGANARELLE, ERGASTE.

VALÈRE.

Monsieur, qui vous ramène en ces lieux?

SGANARELLE.

Vos sottises.

VALÈRE.

Comment?

SGANARELLE.

Vous savez bien de quoi je veux parler.
Je vous croyois plus sage, à ne vous rien celer.
Vous venez m'amuser de vos belles paroles,
Et conservez sous main des espérances folles.
Voyez-vous? j'ai voulu doucement vous traiter;
Mais vous m'obligerez à la fin d'éclater.
N'avez-vous point de honte, étant ce que vous êtes,
De faire en votre esprit les projets que vous faites?
De prétendre enlever une fille d'honneur,
Et troubler un hymen qui fait tout son bonheur?

VALÈRE.

Qui vous a dit, monsieur, cette étrange nouvelle?

SGANARELLE.

Ne dissimulons point, je la tiens d'Isabelle,
Qui vous mande par moi, pour la dernière fois,
Qu'elle vous a fait voir assez quel est son choix;
Que son cœur, tout à moi, d'un tel projet s'offense;
Qu'elle mourroit plutôt qu'en souffrir l'insolence;
Et que vous causerez de terribles éclats,

ACTE II, SCÈNE XIV.

Si vous ne mettez fin à tout cet embarras.
VALÈRE.
S'il est vrai qu'elle ait dit ce que je viens d'entendre,
J'avouerai que mes feux n'ont plus rien à prétendre ;
Par ces mots assez clairs je vois tout terminé,
Et je dois révérer l'arrêt qu'elle a donné.
SGANARELLE.
Si... Vous en doutez donc, et prenez pour des feintes
Tout ce que de sa part je vous ai fait de plaintes ?
Voulez-vous qu'elle-même elle explique son cœur?
J'y consens volontiers, pour vous tirer d'erreur.
Suivez-moi, vous verrez s'il est rien que j'avance,
Et si son jeune cœur entre nous deux balance.

(Il va frapper à sa porte.)

SCÈNE XIV.

ISABELLE, SGANARELLE, VALÈRE, ERGASTE.

ISABELLE.
Quoi! vous me l'amenez! Quel est votre dessein [1] ?
Prenez-vous contre moi ses intérêts en main?
Et voulez-vous, charmé de ses rares mérites,
M'obliger à l'aimer, et souffrir ses visites?
SGANARELLE.
Non, ma mie, et ton cœur pour cela m'est trop cher :
Mais il prend mes avis pour des contes en l'air,
Croit que c'est moi qui parle, et te fais, par adresse,
Pleine pour lui de haine, et pour moi de tendresse ;

---

[1] Voilà un vrai coup de théâtre. En effet, qui se seroit jamais attendu à trouver ici, au milieu de l'action, une scène entre Valère et Isabelle? et qui auroit jamais imaginé de faire amener Valère à Isabelle par Sganarelle même? Voilà cependant en quoi consiste l'art du poëte, et voilà ce qu'on peut appeler une scène admirable. (R.)—On souhaiteroit peut-être qu'un peu plus de timidité se mêlât à la surprise d'Isabelle. Un léger embarras causé par la présence de Valère l'auroit rendue plus intéressante. Au reste, cette scène, qui naît si naturellement de la vanité de Sganarelle, et du desir qu'il a d'humilier son rival, est un chef-d'œuvre de dialogue et de comique.

Et par toi-même enfin j'ai voulu, sans retour,
Le tirer d'une erreur qui nourrit son amour.

ISABELLE, *à Valère.*

Quoi ! mon ame à vos yeux ne se montre pas toute,
Et de mes vœux encor vous pouvez être en doute ?

VALÈRE.

Oui, tout ce que monsieur de votre part m'a dit,
Madame, a bien pouvoir de surprendre un esprit.
J'ai douté, je l'avoue; et cet arrêt suprême,
Qui décide du sort de mon amour extrême,
Doit m'être assez touchant, pour ne pas s'offenser
Que mon cœur par deux fois le fasse prononcer.

ISABELLE.

Non, non, un tel arrêt ne doit pas vous surprendre :
Ce sont mes sentiments qu'il vous a fait entendre;
Et je les tiens fondés sur assez d'équité,
Pour en faire éclater toute la vérité.
Oui, je veux bien qu'on sache, et j'en dois être crue,
Que le sort offre ici deux objets à ma vue,
Qui, m'inspirant pour eux différents sentiments,
De mon cœur agité font tous les mouvements.
L'un, par un juste choix où l'honneur m'intéresse,
A toute mon estime et toute ma tendresse;
Et l'autre, pour le prix de son affection,
A toute ma colère et mon aversion.
La présence de l'un m'est agréable et chère,
J'en reçois dans mon ame une allégresse entière;
Et l'autre, par sa vue, inspire dans mon cœur
De secrets mouvements et de haine et d'horreur.
Me voir femme de l'un est toute mon envie;
Et plutôt qu'être à l'autre on m'ôteroit la vie.
Mais c'est assez montrer mes justes sentiments,
Et trop long-temps languir dans ces rudes tourments;
Il faut que ce que j'aime, usant de diligence,
Fasse à ce que je hais perdre toute espérance,

ACTE II, SCÈNE XIV.

Et qu'un heureux hymen affranchisse mon sort
D'un supplice pour moi plus affreux que la mort[1].

SGANARELLE.
Oui, mignonne, je songe à remplir ton attente.

ISABELLE.
C'est l'unique moyen de me rendre contente.

SGANARELLE.
Tu la seras dans peu.

ISABELLE.
Je sais qu'il est honteux
Aux filles d'expliquer si librement leurs vœux.

SGANARELLE.
Point, point.

ISABELLE.
Mais, en l'état où sont mes destinées,
De telles libertés doivent m'être données;
Et je puis, sans rougir, faire un aveu si doux
A celui que déja je regarde en époux[2].

[1] Chaque vers de cette tirade est frappé au coin de l'adresse et du bon sens. Isabelle n'a pas recours au mensonge; elle laisse à Sganarelle le soin de s'abuser lui-même. Elle déclare sans détour à Valère le desir qu'elle a d'être bientôt sa femme. Il y auroit sans doute peu de délicatesse dans cette déclaration, si la position d'Isabelle n'étoit pas aussi critique; mais elle ne peut plus délibérer, il faut qu'avant six jours elle soit l'épouse de son amant ou de son tuteur. Dans cette extrémité, la déclaration bien articulée qu'elle fait à Valère, loin d'être indécente, est au contraire le seul moyen qu'elle ait d'excuser sa conduite. Isabelle le sent si bien, qu'elle y revient à plusieurs reprises, afin que Valère ait à se retirer, ou à se regarder déja comme son mari. Quant à Sganarelle, il est tellement épris de l'amour de lui-même, qu'il ne s'étonne pas un moment de la préférence qu'on lui accorde sur un jeune homme : un égoïste peut-il voir autre chose que lui? Plus on étudie cet admirable ouvrage, plus on sent combien Molière est profondément entré dans la morale de son sujet. Effectivement, de tous les vices, l'égoïsme est le plus contraire au bonheur domestique. Le mariage est un malheur de tous les instants, s'il n'y a pas abandon et dévoûment réciproques. Voilà ce que nous apprend la pièce de Molière. Homme admirable! philosophe profond! il sait tout; son cœur lui a tout appris! mais il faut avoir un cœur pour le comprendre.

[2] C'est cette idée de mariage sur laquelle, comme je l'ai déja remarqué, Isabelle revient sans cesse, qui mêle je ne sais quelle bienséance au tour cruel qu'elle joue à son tuteur. Pressée d'instruire Valère, elle se hâte dans la tirade précédente;

SGANARELLE.

Oui, ma pauvre fanfan, pouponne de mon ame!
ISABELLE.

Qu'il songe donc, de grace, à me prouver sa flamme!
SGANARELLE.

Oui, tiens, baise ma main¹.
ISABELLE.

Que sans plus de soupirs
Il conclue un hymen qui fait tous mes desirs,
Et reçoive en ce lieu la foi que je lui donne
De n'écouter jamais les vœux d'autre personne.

(Elle fait semblant d'embrasser Sganarelle, et donne sa main à baiser à Valère.)

SGANARELLE.

Hai! hai! mon petit nez, pauvre petit bouchon,
Tu ne languiras pas long-temps, je t'en répond.
(à Valère.)
Va, chut. Vous le voyez, je ne lui fais pas dire,
Ce n'est qu'après moi seul que son ame respire.

mais bientôt, comme effrayée du pas immense qu'elle vient de faire, elle reconnoît sa faute........

Je sais qu'il est honteux
Aux filles d'expliquer si librement leurs feux.

Puis elle revient encore sur cette idée, qu'on peut faire cet aveu à celui que l'on regarde déjà comme un époux. On ne peut mieux démêler les plus secrètes pensées d'une jeune fille.

¹ Je ne répondrai qu'une chose à ceux qui ont critiqué ce trait; c'est que j'en ai vu un tout semblable dans la société. Lorsqu'un homme d'un certain âge a le malheur d'être amoureux d'une très jeune personne, la supériorité que lui donnent les années, et la gravité même dont il ne doit pas sortir, augmentent le ridicule de sa position. Entraîné par son amour, et n'osant point solliciter les faveurs d'une enfant, il lui en accorde, et se croit heureux. Cette nuance délicate, et presque inaperçue, est exprimée ici avec beaucoup d'adresse.

Isabelle embrasse Sganarelle au lieu d'embrasser sa main; et au même moment elle abandonne sa propre main à Valère, en faisant serment de lui donner sa foi. Ce jeu de théâtre est indiqué dans l'édition de La Grange, camarade et ami de Molière, et qui sans doute n'a fait que consacrer les indications de Molière lui-même; d'ailleurs il me paroît encore marqué dans le dialogue. Sans le baiser qu'Isabelle donne à son tuteur, que voudroient dire ces vers, où se peignent si bien la surprise et le transport d'un homme hors de lui:

Hai! hai! mon petit nez, pauvre petit bouchon,
Tu ne languiras pas long-temps, je t'en répond?

ACTE II, SCÈNE XIV.

VALÈRE.

Hé bien ! madame, hé bien ! c'est s'expliquer assez ;
Je vois, par ce discours, de quoi vous me pressez,
Et je saurai dans peu vous ôter la présence
De celui qui vous fait si grande violence.

ISABELLE.

Vous ne me sauriez faire un plus charmant plaisir ;
Car enfin cette vue est fâcheuse à souffrir,
Elle m'est odieuse ; et l'horreur est si forte...

SGANARELLE.

Hé ! hé !

ISABELLE.

Vous offensé-je en parlant de la sorte ?
Fais-je...

SGANARELLE.

Mon dieu ! nenni, je ne dis pas cela ;
Mais je plains, sans mentir, l'état où le voilà,
Et c'est trop hautement que ta haine se montre.

ISABELLE.

Je n'en puis trop montrer en pareille rencontre.

VALÈRE.

Oui, vous serez contente ; et, dans trois jours, vos yeux
Ne verront plus l'objet qui vous est odieux.

ISABELLE.

A la bonne heure. Adieu.

SGANARELLE, *à Valère.*

Je plains votre infortune ;
Mais...

VALÈRE.

Non, vous n'entendrez de mon cœur plainte aucune ;
Madame, assurément, rend justice à tous deux,
Et je vais travailler à contenter ses vœux.
Adieu.

SGANARELLE.

Pauvre garçon ! sa douleur est extrême.

Tenez, embrassez-moi : c'est un autre elle-même[1].
(Il embrasse Valère.)

SCÈNE XV.

ISABELLE, SGANARELLE.

SGANARELLE.

Je le tiens fort à plaindre.

ISABELLE.

Allez, il ne l'est point.

SGANARELLE.

Au reste, ton amour me touche au dernier point,
Mignonnette, et je veux qu'il ait sa récompense.
C'est trop que de huit jours pour ton impatience ;
Dès demain je t'épouse, et n'y veux appeler...[2]

ISABELLE.

Dès demain ?

SGANARELLE.

Par pudeur tu feins d'y reculer :
Mais je sais bien la joie où ce discours te jette,
Et tu voudrois déjà que la chose fût faite.

ISABELLE.

Mais...

---

[1] Sganarelle embrasse son rival pour le consoler, et la scène finit assez plaisamment, ce me semble : l'auteur l'avoit pensé de même ; il se trompoit : un acteur qui s'est cru plus ingénieux que Molière a finement imaginé que Valère, après avoir reçu l'embrassade de Sganarelle, devoit se jeter dans les bras d'Ergaste ; que celui-ci devoit à son tour embrasser Sganarelle, et le retenir fort long-temps, pour donner le loisir à son maître de baiser une seconde fois la main d'Isabelle. (C.)

[2] C'est ici qu'il faut admirer l'art de Molière pour resserrer le nœud d'une intrigue, renforcer la situation des personnages, et faire sortir de la perplexité nouvelle où il les jette la nécessité du dénoûment qu'il a imaginé. (A.) — Et quelle admirable gradation dans le caractère de Sganarelle ! Il va jusqu'à prendre les secrets mouvements de son égoïsme et de son amour-propre pour de la générosité. En pressant son mariage, ce n'est pas son impatience, c'est celle d'Isabelle qu'il veut satisfaire ; c'est une récompense qu'il lui accorde. Je ne crois pas que le caractère de Sganarelle puisse fournir un trait plus profond.

SGANARELLE.
Pour ce mariage allons tout préparer.
ISABELLE, *à part.*
O ciel! inspire-moi ce qui peut le parer[1].

ACTE TROISIÈME.

SCÈNE I.

ISABELLE.

Oui, le trépas cent fois me semble moins à craindre
Que cet hymen fatal où l'on veut me contraindre;
Et tout ce que je fais pour en fuir les rigueurs
Doit trouver quelque grace auprès de mes censeurs.
Le temps presse, il fait nuit; allons, sans crainte aucune,
A la foi d'un amant commettre ma fortune.

SCÈNE II.

SGANARELLE, ISABELLE.

SGANARELLE, *parlant à ceux qui sont dans sa maison.*
Je reviens, et l'on va pour demain de ma part...
ISABELLE.
O ciel!
SGANARELLE.
C'est toi, mignonne! Où vas-tu donc si tard?
Tu disois qu'en ta chambre, étant un peu lassée,
Tu t'allois renfermer, lorsque je t'ai laissée;

---

[1] Toute la pièce est dans ce second acte, qui est un des plus forts en comique de situation, que l'on connoisse au théâtre. (A.)

Et tu m'avois prié même que mon retour
T'y souffrît en repos jusques à demain jour.

ISABELLE.

Il est vrai ; mais...

SGANARELLE.

Hé quoi?

ISABELLE.

Vous me voyez confuse,
Et je ne sais comment vous en dire l'excuse.

SGANARELLE.

Quoi donc? Que pourroit-ce être?

ISABELLE.

Un secret surprenant ;
C'est ma sœur qui m'oblige à sortir maintenant,
Et qui, pour un dessein dont je l'ai fort blâmée,
M'a demandé ma chambre, où je l'ai renfermée.

SGANARELLE.

Comment?

ISABELLE.

L'eût-on pu croire? Elle aime cet amant
Que nous avons banni.

SGANARELLE.

Valère?

ISABELLE.

Éperdument.
C'est un transport si grand, qu'il n'en est point de même ;
Et vous pouvez juger de sa puissance extrême,
Puisque seule, à cette heure, elle est venue ici
Me découvrir à moi son amoureux souci,
Me dire absolument qu'elle perdra la vie
Si son ame n'obtient l'effet de son envie ;
Que, depuis plus d'un an, d'assez vives ardeurs
Dans un secret commerce entretenoient leurs cœurs ;
Et que même ils s'étoient, leur flamme étant nouvelle,
Donné de s'épouser une foi mutuelle...

ACTE III, SCÈNE II.

SGANARELLE.

La vilaine !

ISABELLE.

Qu'ayant appris le désespoir
Où j'ai précipité celui qu'elle aime à voir,
Elle vient me prier de souffrir que sa flamme
Puisse rompre un départ qui lui perceroit l'ame ;
Entretenir ce soir cet amant sous mon nom
Par la petite rue où ma chambre répond ;
Lui peindre, d'une voix qui contrefait la mienne,
Quelques doux sentiments dont l'appât le retienne,
Et ménager enfin pour elle adroitement
Ce que pour moi l'on sait qu'il a d'attachement.

SGANARELLE.

Et tu trouves cela...

ISABELLE.

Moi? J'en suis courroucée.
Quoi! ma sœur, ai-je dit, êtes-vous insensée?
Ne rougissez-vous point d'avoir pris tant d'amour
Pour ces sortes de gens qui changent chaque jour,
D'oublier votre sexe, et tromper l'espérance
D'un homme dont le ciel vous donnoit l'alliance?

SGANARELLE.

Il le mérite bien ; et j'en suis fort ravi.

ISABELLE.

Enfin de cent raisons mon dépit s'est servi
Pour lui bien reprocher des bassesses si grandes,
Et pouvoir cette nuit rejeter ses demandes ;
Mais elle m'a fait voir de si pressants désirs,
A tant versé de pleurs, tant poussé de soupirs,
Tant dit qu'au désespoir je porterois son ame
Si je lui refusois ce qu'exige sa flamme,
Qu'à céder malgré moi mon cœur s'est vu réduit :
Et, pour justifier cette intrigue de nuit,
Où me faisoit du sang relâcher la tendresse,

J'allois faire avec moi venir coucher Lucrèce,
Dont vous me vantez tant les vertus chaque jour :
Mais vous m'avez surprise avec ce prompt retour¹.

SGANARELLE.

Non, non, je ne veux point chez moi tout ce mystère.
J'y pourrois consentir à l'égard de mon frère ;
Mais on peut être vu de quelqu'un du dehors ;
Et celle que je dois honorer de mon corps
Non seulement doit être et pudique et bien née,
Il ne faut pas que même elle soit soupçonnée.
Allons chasser l'infame ; et de sa passion...

ISABELLE.

Ah ! vous lui donneriez trop de confusion ;
Et c'est avec raison qu'elle pourroit se plaindre
Du peu de retenue où j'ai su me contraindre :
Puisque de son dessein je dois me départir,
Attendez que du moins je la fasse sortir.

SGANARELLE.

Hé bien ! fais.

ISABELLE.

Mais surtout cachez-vous, je vous prie,
Et, sans lui dire rien, daignez voir sa sortie.

SGANARELLE.

Oui, pour l'amour de toi je retiens mes transports ;

---

¹ L'histoire imaginée sur-le-champ par Isabelle, prise au dépourvu, a le degré de vraisemblance nécessaire pour tromper un homme aussi prévenu que l'est Sganarelle en faveur de sa pupille et contre celle de son frère. On peut dire que si cette histoire étoit plus vraisemblable, ce seroit une espèce de faute contre la vraisemblance même. (A.) — Il n'y a que les filles élevées dans une continuelle contrainte qui sachent ainsi trouver subitement une excuse pour se tirer d'un mauvais pas : l'esclavage ne les exerce qu'à la ruse et au mensonge. La fable tissue par Isabelle montre non seulement une grande présence d'esprit, mais encore une parfaite connoissance du caractère de son tuteur. Elle oppose fort adroitement la prétendue conduite d'Éléonor à la sienne, et par conséquent l'imprudence d'Ariste à la prudence de Sganarelle. Tout dans ce récit flatte les passions de ce dernier, et il ne voit qu'un sujet de triomphe dans le malheur de son frère. Lorsqu'on peut émouvoir de pareilles passions, la vraisemblance devient presque inutile.

ACTE III, SCÈNE III.

Mais, dès le même instant qu'elle sera dehors,
Je veux, sans différer, aller trouver mon frère :
J'aurai joie à courir lui dire cette affaire.

ISABELLE.

Je vous conjure donc de ne me point nommer.
Bonsoir; car tout d'un temps je vais me renfermer.

SGANARELLE, *seul*.

Jusqu'à demain, ma mie... En quelle impatience
Suis-je de voir mon frère, et lui conter sa chance!
Il en tient le bon homme, avec tout son phébus,
Et je n'en voudrois pas tenir vingt bons écus.

ISABELLE, *dans la maison*.

Oui, de vos déplaisirs l'atteinte m'est sensible;
Mais ce que vous voulez, ma sœur, m'est impossible ;
Mon honneur, qui m'est cher, y court trop de hasard.
Adieu. Retirez-vous avant qu'il soit plus tard.

SGANARELLE.

La voilà qui, je crois, peste de belle sorte :
De peur qu'elle revînt, fermons à clef la porte.

ISABELLE, *en sortant*.

O ciel! dans mes desseins ne m'abandonnez pas!

SGANARELLE.

Où pourra-t-elle aller? Suivons un peu ses pas.

ISABELLE, *à part*.

Dans mon trouble, du moins, la nuit me favorise.

SGANARELLE, *à part*.

Au logis du galant! Quelle est son entreprise?

SCÈNE III.

VALÈRE, ISABELLE, SGANARELLE.

VALÈRE, *sortant brusquement*.

Oui, oui, je veux tenter quelque effort cette nuit
Pour parler... Qui va là?

ISABELLE, *à Valère.*
Ne faites point de bruit,
Valère ; on vous prévient, et je suis Isabelle [1].
SGANARELLE.
Vous en avez menti, chienne ; ce n'est pas elle.
De l'honneur que tu fuis elle suit trop les lois ;
Et tu prends faussement et son nom et sa voix.
ISABELLE, *à Valère.*
Mais à moins de vous voir par un saint hyménée...
VALÈRE.
Oui, c'est l'unique but où tend ma destinée ;
Et je vous donne ici ma foi que dès demain
Je vais où vous voudrez recevoir votre main [2].
SGANARELLE, *à part.*
Pauvre sot qui s'abuse !
VALÈRE.
Entrez en assurance :
De votre Argus dupé je brave la puissance ;

[1] D'après le récit de Grimarest, la jeune Béjard, qui avoit inspiré une vive passion à Molière, se lassant un jour de vivre sous la dépendance d'une sœur aînée (Magdeleine Béjard), impérieuse, égoïste et jalouse, se retira dans la chambre de son amant, et n'en voulut sortir que lorsqu'elle eut reçu la promesse d'être bientôt sa femme. Après un pareil éclat, la résistance de la sœur aînée devenoit inutile ; cependant il fallut du temps pour la vaincre. Le mariage ne fut célébré que le 20 février 1662. Il est probable que cette aventure donna à Molière l'idée de son dénoûment : elle arriva sans doute dix à onze mois avant la célébration du mariage ; et c'est justement à cette époque que Molière terminoit *l'École des Maris.*

[2] Quel sentiment précieux des convenances ! Isabelle n'entre point dans la maison de Valère avant d'avoir reçu sa foi. Molière est plein de ces petites circonstances qui nous échappent presque toujours, tant elles paroissent naturelles. La manière dont il a pris soin de justifier, dès le commencement de la pièce, l'action d'Isabelle, n'est pas moins remarquable. Il ne suffit pas à cette jeune fille de fuir la maison de son tuteur pour échapper au mariage qui la menace : Sganarelle a sur elle, par testament,
Et de père et d'époux une pleine puissance!
Il faut donc qu'elle se fasse un appui que rien n'intimide ; et voilà justement ce qui la justifie : si elle sortoit de chez son tuteur pour aller ailleurs que chez un mari, cette démarche ne feroit qu'empirer sa destinée ; elle retomberoit bientôt dans l'esclavage qu'elle veut fuir, et cette fois son malheur seroit sans remède.

Et, devant qu'il vous pût ôter à mon ardeur,
Mon bras de mille coups lui perceroit le cœur.

SCÈNE IV.

SGANARELLE.

Ah! je te promets bien que je n'ai pas envie
De te l'ôter, l'infame à ses feux asservie [1],
Que du don de sa foi je ne suis point jaloux,
Et que, si j'en suis cru, tu seras son époux.
Oui, faisons-le surprendre avec cette effrontée :
La mémoire du père à bon droit respectée,
Jointe au grand intérêt que je prends à la sœur,
Veut que du moins on tâche à lui rendre l'honneur.
Holà!

(Il frappe à la porte d'un commissaire.)

SCÈNE V.

SGANARELLE, UN COMMISSAIRE, UN NOTAIRE; UN LAQUAIS *avec un flambeau.*

LE COMMISSAIRE.

Qu'est-ce?

SGANARELLE.

Salut, monsieur le commissaire.

---

[1] Un commentateur accuse d'invraisemblance les deux scènes précédentes ; mais si on se rappelle la situation d'esprit dans laquelle se trouve Sganarelle, on ne sera plus surpris de lui voir autant de confiance. Comment soupçonneroit-il Isabelle, après toutes les preuves de tendresse qu'il s'imagine en avoir reçues ? Non seulement on lui a sacrifié son rival, mais encore on lui a donné le plaisir d'en triompher. Tout conspire donc à entretenir ses illusions, et rien ne peut servir à les dissiper. Il est trompé, parcequ'il croit son rival malheureux ; il est trompé, parcequ'il croit sa pupille trop heureuse de l'épouser ; enfin il est trompé, parcequ'il ne connoît d'Isabelle que la timidité, son obéissance et son innocence. Avant de soupçonner l'action hardie qu'elle tente pour lui échapper, ne faudroit-il pas qu'il eût deviné l'horreur qu'il lui inspire? Molière a mis dans la vanité de Sganarelle la réponse à toutes les objections de ce genre. On ne l'accuse d'invraisemblance que lorsqu'on ne se met pas assez à la place de ses personnages.

Votre présence en robe est ici nécessaire ;
Suivez-moi, s'il vous plaît, avec votre clarté.

LE COMMISSAIRE.

Nous sortions...

SGANARELLE.

Il s'agit d'un fait assez hâté.

LE COMMISSAIRE.

Quoi ?

SGANARELLE.

D'aller là-dedans, et d'y surprendre ensemble
Deux personnes qu'il faut qu'un bon hymen assemble :
C'est une fille à nous, que, sous un don de foi,
Un Valère a séduite et fait entrer chez soi.
Elle sort de famille et noble et vertueuse,
Mais...

LE COMMISSAIRE.

Si c'est pour cela, la rencontre est heureuse,
Puisque ici nous avons un notaire.

SGANARELLE.

Monsieur ?

LE NOTAIRE.

Oui, notaire royal.

LE COMMISSAIRE.

De plus, homme d'honneur.

SGANARELLE.

Cela s'en va sans dire. Entrez dans cette porte,
Et, sans bruit, ayez l'œil que personne n'en sorte :
Vous serez pleinement contentés de vos soins ;
Mais ne vous laissez point graisser la patte, au moins.

LE COMMISSAIRE.

Comment ! vous croyez donc qu'un homme de justice...

SGANARELLE.

Ce que j'en dis n'est pas pour taxer votre office.
Je vais faire venir mon frère promptement :
Faites que le flambeau m'éclaire seulement.

(à part.)
Je vais le réjouir cet homme sans colère.
Holà!

(Il frappe à la porte d'Ariste.)

SCÈNE VI.

ARISTE, SGANARELLE.

ARISTE.
Qui frappe? Ah! ah! que voulez-vous, mon frère?
SGANARELLE.
Venez, beau directeur, suranné damoiseau,
On veut vous faire voir quelque chose de beau.
ARISTE.
Comment?
SGANARELLE.
Je vous apporte une bonne nouvelle [1].
ARISTE.
Quoi?
SGANARELLE.
Votre Léonor, où, je vous prie, est elle?
ARISTE.
Pourquoi cette demande? Elle est, comme je croi,
Au bal chez son amie.
SGANARELLE.
Eh! oui, oui; suivez-moi,
Vous verrez à quel bal la donzelle est allée.
ARISTE.
Que voulez-vous conter?

[1] Comment plaindroit-on Sganarelle? il ne songe qu'à jouir de la honte de son frère! La vanité le pénètre au point que l'amour d'Isabelle lui donne moins de joie que la faute dont il croit Léonor coupable. Le voilà précisément ce qu'il étoit au premier acte; on verra bientôt qu'Ariste n'est pas moins fidèle à son caractère de bonté et de raison. Térence est loin de cette perfection, lorsque pour amener son dénoûment il nous montre un vieillard qui a été soixante ans chagrin, sévère, avare, devenant tout-à-coup gai, complaisant et libéral. Pour se convaincre de la supériorité de Molière, il suffit de lire les deux pièces.

SGANARELLE.

Vous l'avez bien stylée :
Il n'est pas bon de vivre en sévère censeur;
On gagne les esprits par beaucoup de douceur;
Et les soins défiants, les verrous, et les grilles,
Ne font pas la vertu des femmes ni des filles;
Nous les portons au mal par tant d'austérité,
Et leur sexe demande un peu de liberté.
Vraiment! elle en a pris tout son soûl, la rusée;
Et la vertu chez elle est fort humanisée.

ARISTE.

Où veut donc aboutir un pareil entretien?

SGANARELLE.

Allez, mon frère aîné, cela vous sied fort bien;
Et je ne voudrois pas pour vingt bonnes pistoles
Que vous n'eussiez ce fruit de vos maximes folles :
On voit ce qu'en deux sœurs nos leçons ont produit;
L'une fuit le galant, et l'autre le poursuit.

ARISTE.

Si vous ne me rendez cette énigme plus claire...

SGANARELLE.

L'énigme est que son bal est chez monsieur Valère;
Que, de nuit, je l'ai vue y conduire ses pas,
Et qu'à l'heure présente elle est entre ses bras.

ARISTE.

Qui?

SGANARELLE.

Léonor.

ARISTE.

Cessons de railler, je vous prie.

SGANARELLE.

Je raille... Il est fort bon avec sa raillerie!
Pauvre esprit! Je vous dis, et vous redis encor
Que Valère chez lui tient votre Léonor,
Et qu'ils s'étoient promis une foi mutuelle

ACTE III, SCÈNE VI.

Avant qu'il eût songé de poursuivre Isabelle.

ARISTE.

Ce discours d'apparence est si fort dépourvu...

SGANARELLE.

Il ne le croira pas encore en l'ayant vu :
J'enrage. Par ma foi, l'âge ne sert de guère
Quand on n'a pas cela.

(Il met le doigt sur son front.)

ARISTE.

Quoi! voulez-vous, mon frère...?

SGANARELLE.

Mon Dieu! je ne veux rien. Suivez-moi seulement;
Votre esprit tout-à-l'heure aura contentement;
Vous verrez si j'impose, et si leur foi donnée
N'avoit pas joint leurs cœurs depuis plus d'une année.

ARISTE.

L'apparence qu'ainsi, sans m'en faire avertir,
A cet engagement elle eût pu consentir?
Moi, qui dans toute chose ai, depuis son enfance,
Montré toujours pour elle entière complaisance,
Et qui cent fois ai fait des protestations
De ne jamais gêner ses inclinations!

SGANARELLE.

Enfin vos propres yeux jugeront de l'affaire.
J'ai fait venir déja commissaire et notaire :
Nous avons intérêt que l'hymen prétendu
Répare sur-le-champ l'honneur qu'elle a perdu ;
Car je ne pense pas que vous soyez si lâche
De vouloir l'épouser avecque cette tache,
Si vous n'avez encor quelques raisonnements
Pour vous mettre au-dessus de tous les bernements.

ARISTE.

Moi? Je n'aurai jamais cette foiblesse extrême
De vouloir posséder un cœur malgré lui-même.
Mais je ne saurois croire enfin...

SGANARELLE.

Que de discours!
Allons, ce procès-là continueroit toujours.

SCÈNE VII.

SGANARELLE, ARISTE, UN COMMISSAIRE,
UN NOTAIRE.

LE COMMISSAIRE.

Il ne faut mettre ici nulle force en usage,
Messieurs; et, si vos vœux ne vont qu'au mariage,
Vos transports en ce lieu se peuvent apaiser.
Tous deux également tendent à s'épouser;
Et Valère déja, sur ce qui vous regarde,
A signé que pour femme il tient celle qu'il garde.

ARISTE.

La fille...?

LE COMMISSAIRE.

Est renfermée, et ne veut point sortir
Que vos desirs aux leurs ne veuillent consentir.

SCÈNE VIII.

VALÈRE, UN COMMISSAIRE, UN NOTAIRE,
SGANARELLE, ARISTE.

VALÈRE, *à la fenêtre de sa maison.*

Non, messieurs; et personne ici n'aura l'entrée
Que cette volonté ne m'ait été montrée.
Vous savez qui je suis, et j'ai fait mon devoir
En vous signant l'aveu qu'on peut vous faire voir.
Si c'est votre dessein d'approuver l'alliance,
Votre main peut aussi m'en signer l'assurance;
Sinon, faites état de m'arracher le jour,
Plutôt que de m'ôter l'objet de mon amour.

ACTE III, SCÈNE VIII.

SGANARELLE.

Non, nous ne songeons pas à vous séparer d'elle.
(bas, à part.)
Il ne s'est point encor détrompé d'Isabelle [1];
Profitons de l'erreur.

ARISTE, *à Valère*.

Mais est-ce Léonor?

SGANARELLE, *à Ariste*.

Taisez-vous.

ARISTE.

Mais...

SGANARELLE.

Paix donc.

ARISTE.

Je veux savoir...

SGANARELLE.

Encor?
Vous tairez-vous? vous dis-je.

VALÈRE.

Enfin, quoi qu'il avienne,
Isabelle a ma foi; j'ai de même la sienne,
Et ne suis point un choix, à tout examiner,
Que vous soyez reçus à faire condamner.

ARISTE, *à Sganarelle*.

Ce qu'il dit là n'est pas...

SGANARELLE.

Taisez-vous, et pour cause;
(à Valère.)
Vous saurez le secret. Oui, sans dire autre chose,
Nous consentons tous deux que vous soyez l'époux
De celle qu'à présent on trouvera chez vous.

LE COMMISSAIRE.

C'est dans ces termes-là que la chose est conçue,

---

[1] Isabelle est entrée voilée chez Valère; il est tout simple que Sganarelle s'imagine que celle qu'il croit être Léonor a conservé son voile pour éloigner le moment d'une reconnoissance qui peut lui ravir son amant.

Et le nom est en blanc pour ne l'avoir point vue.
Signez. La fille après vous mettra tous d'accord.

VALÈRE.

J'y consens de la sorte.

SGANARELLE.

Et moi, je le veux fort.
(à part.) (haut.)
Nous rirons bien tantôt. Là, signez donc, mon frère,
L'honneur vous appartient.

ARISTE.

Mais quoi! tout ce mystère...

SGANARELLE.

Diantre! que de façons! Signez, pauvre butor.

ARISTE.

Il parle d'Isabelle, et vous de Léonor.

SGANARELLE.

N'êtes-vous pas d'accord, mon frère, si c'est elle,
De les laisser tous deux à leur foi mutuelle?

ARISTE.

Sans doute.

SGANARELLE.

Signez donc; j'en fais de même aussi.

ARISTE.

Soit. Je n'y comprends rien.

SGANARELLE.

Vous serez éclairci.

LE COMMISSAIRE.

Nous allons revenir.

SGANARELLE, *à Ariste.*

Or çà, je vais vous dire
La fin de cette intrigue.

(Ils se retirent dans le fond du théâtre.)

SCÈNE IX.

LÉONOR, SGANARELLE, ARISTE, LISETTE.

LÉONOR.
O l'étrange martyre !
Que tous ces jeunes fous me paroissent fâcheux !
Je me suis dérobée au bal pour l'amour d'eux.
LISETTE.
Chacun d'eux près de vous veut se rendre agréable.
LÉONOR.
Et moi je n'ai rien vu de plus insupportable ;
Et je préférerois le plus simple entretien
A tous les contes bleus de ces diseurs de rien.
Ils croyent que tout cède à leur perruque blonde,
Et pensent avoir dit le meilleur mot du monde,
Lorsqu'ils viennent, d'un ton de mauvais goguenard,
Vous railler sottement sur l'amour d'un vieillard ;
Et moi, d'un tel vieillard je prise plus le zèle
Que tous les beaux transports d'une jeune cervelle.
Mais n'aperçois-je pas... ?
SGANARELLE, *à Ariste*.
Oui, l'affaire est ainsi.
(apercevant Léonor.)
Ah ! je la vois paroître, et sa suivante aussi.
ARISTE.
Léonor, sans courroux, j'ai sujet de me plaindre.
Vous savez si jamais j'ai voulu vous contraindre,
Et si plus de cent fois je n'ai pas protesté
De laisser à vos vœux leur pleine liberté :
Cependant votre cœur, méprisant mon suffrage,
De foi comme d'amour à mon insu s'engage.
Je ne me repens pas de mon doux traitement ;
Mais votre procédé me touche assurément ;
Et c'est une action que n'a pas méritée

Cette tendre amitié que je vous ai portée.
LÉONOR.
Je ne sais pas sur quoi vous tenez ce discours ;
Mais croyez que je suis de même que toujours,
Que rien ne peut pour vous altérer mon estime,
Que toute autre amitié me paroîtroit un crime,
Et que, si vous voulez satisfaire mes vœux,
Un saint nœud dès demain nous unira tous deux.
ARISTE.
Dessus quel fondement venez-vous donc, mon frère...?
SGANARELLE.
Quoi ! vous ne sortez pas du logis de Valère ?
Vous n'avez point conté vos amours aujourd'hui ?
Et vous ne brûlez pas depuis un an pour lui ?
LÉONOR.
Qui vous a fait de moi de si belles peintures,
Et prend soin de forger de telles impostures ?

SCÈNE X.

ISABELLE, VALÈRE, LÉONOR, ARISTE, SGANARELLE, UN COMMISSAIRE, UN NOTAIRE, LISETTE, ERGASTE.

ISABELLE.
Ma sœur, je vous demande un généreux pardon,
Si de mes libertés j'ai taché votre nom.
Le pressant embarras d'une surprise extrême
M'a tantôt inspiré ce honteux stratagème :
Votre exemple condamne un tel emportement ;
Mais le sort nous traita tous deux diversement.
(à Sganarelle.)
Pour vous, je ne veux point, monsieur, vous faire excuse ;
Je vous sers beaucoup plus que je ne vous abuse.
Le ciel pour être joints ne nous fit pas tous deux :
Je me suis reconnue indigne de vos vœux ;
Et j'ai bien mieux aimé me voir aux mains d'un autre,

ACTE III, SCÈNE X.

Que ne pas mériter un cœur comme le vôtre [1].

VALÈRE, *à Sganarelle.*

Pour moi, je mets ma gloire et mon bien souverain
A la pouvoir, monsieur, tenir de votre main.

ARISTE.

Mon frère, doucement il faut boire la chose :
D'une telle action vos procédés sont cause ;
Et je vois votre sort malheureux à ce point,
Que, vous sachant dupé, l'on ne vous plaindra point.

LISETTE.

Par ma foi, je lui sais bon gré de cette affaire ;
Et ce prix de ses soins est un trait exemplaire.

LÉONOR.

Je ne sais si ce trait se doit faire estimer ;
Mais je sais bien qu'au moins je ne le puis blâmer [2].

ERGASTE.

Au sort d'être cocu son ascendant l'expose ;
Et ne l'être qu'en herbe est pour lui douce chose.

SGANARELLE, *sortant de l'accablement dans lequel il étoit plongé.*

Non, je ne puis sortir de mon étonnement.
Cette déloyauté confond mon jugement ;
Et je ne pense pas que Satan en personne

---

[1] Le dénoûment achève la leçon. La pupille d'Ariste, qu'il a soin de ne point gêner sur les goûts innocents de son âge, tient une conduite irréprochable, et finit par épouser son tuteur ; l'autre, qu'on a traitée en esclave, risque des démarches aussi hardies que dangereuses, que sa situation excuse, et que la probité de son amant justifie : elle l'épouse aussi ; mais on voit tout ce qu'elle avoit à craindre s'il n'eût pas été honnête homme, et que ce surveillant intraitable, qui se croyoit le modèle des instituteurs, n'alloit rien moins qu'à causer la perte entière d'une jeune personne confiée à ses soins, et qu'il vouloit épouser. De tels ouvrages sont l'école du monde, et leur utilité se perpétue avec eux ; mais si la bonne comédie peut se glorifier de ce beau titre, c'est à Molière qu'elle le doit. (L.)

[2] Toute l'apologie de la pièce est renfermée dans ces deux vers que dit Léonor. Il appartenoit à une suivante comme Lisette de trouver le trait d'Isabelle *exemplaire* ; Léonor, mieux instruite des devoirs et des bienséances de son sexe, ne peut convenir que ce trait soit estimable ; mais elle ne se sent pas le courage de le blâmer. (A.)

Puisse être si méchant qu'une telle friponne.
J'aurois pour elle au feu mis la main que voilà.
Malheureux qui se fie à femme après cela !
La meilleure est toujours en malice féconde ;
C'est un sexe engendré pour damner tout le monde.
J'y renonce à jamais à ce sexe trompeur,
Et je le donne tout au diable de bon cœur.

ERGASTE.

Bon.

ARISTE.

Allons tous chez moi. Venez, seigneur Valère ;
Nous tâcherons demain d'apaiser sa colère.

LISETTE, *au parterre.*

Vous, si vous connoissez des maris loups-garous,
Envoyez-les au moins à l'école chez nous [1].

---

[1] On a dit que *l'École des Maris* étoit une copie des *Adelphes* de Térence : si cela étoit, Molière eût plus mérité l'éloge d'avoir fait passer en France le bon goût de l'ancienne Rome, que le reproche d'avoir dérobé sa pièce. Mais les *Adelphes* ont fourni tout au plus l'idée de *l'École des Maris*. Il y a dans *les Adelphes* deux vieillards de différente humeur, qui donnent chacun une éducation différente aux enfants qu'ils élèvent ; il y a de même dans *l'École des Maris* deux tuteurs, dont l'un est sévère et l'autre indulgent : voilà toute la ressemblance. Il n'y a presque point d'intrigue dans *les Adelphes*; celle de *l'École des Maris* est fine, intéressante et comique. Une des femmes de la pièce de Térence, qui devoit faire le personnage le plus intéressant, ne paroît sur le théâtre que pour accoucher ; l'Isabelle de Molière occupe presque toujours la scène avec esprit et avec grace, et mêle quelquefois de la bienséance même dans les tours qu'elle joue à son tuteur. Le dénoûment des *Adelphes* n'a nulle vraisemblance ; il n'est point dans la nature qu'un vieillard qui a été soixante ans chagrin, sévère et avare, devienne tout-à-coup gai, complaisant et libéral. Le dénoûment de *l'École des Maris* est le meilleur de toutes les pièces de Molière ; il est vraisemblable, naturel, tiré du fond de l'intrigue, et, ce qui vaut bien autant, il est extrèmement comique. Le style de Térence est pur, sententieux, mais un peu froid ; comme César, qui excelloit en tout, le lui a reproché. Celui de Molière, dans cette pièce, est plus châtié que dans les autres. L'auteur françois égale presque la pureté de la diction de Térence, et le passe de bien loin dans l'intrigue, dans le caractère, dans le dénoûment, dans la plaisanterie. (V,) — Comme le remarque Voltaire, Molière, en empruntant à Térence le contraste des deux frères et celui des deux éducations, a singulièrement embelli son modèle. Sa supériorité vient en partie de ce qu'il a donné un but moral à sa pièce. Térence n'a pas voulu établir les principes d'une bonne éducation, mais seulement faire sentir le vice de deux systèmes opposés et également

dangereux. Il punit de la même façon l'indulgence et la rigueur, et il prive ainsi sa pièce de moralité. Molière, en substituant deux jeunes filles aux deux jeunes gens des *Adelphes*, et l'intérêt vif et piquant des deux tuteurs amoureux à celui d'un père et d'un oncle, a rendu sa composition plus comique, en même temps qu'il a renfermé son dénoûment et sa moralité dans le fruit que chacun des frères recueille de sa façon d'agir. Quant à l'imitation du conte de Boccace au second acte, nous avons déjà remarqué avec quel art Molière avoit écarté tout ce que la situation empruntée avoit de contraire aux bienséances. Que la bonhomie du *Confesseur* de Boccace soit fort plaisante, je le crois; mais combien Sganarelle, aveuglé par le plaisir d'humilier son rival, n'est-il pas plus comique! que de difficultés il falloit vaincre pour faire mouvoir un pareil personnage sans jamais blesser la vraisemblance, et pour conduire Isabelle à son but sans jamais choquer les spectateurs! Le génie de Molière, comme celui de Virgile, sait tirer de l'or du fumier d'Ennius.

FIN DE L'ÉCOLE DES MARIS.

LES FACHEUX,

COMÉDIE-BALLET.

1661.

PERSONNAGES.

DAMIS, tuteur d'Orphise[1].
ORPHISE[2].
ÉRASTE, amoureux d'Orphise[3].
ALCIDOR,
LISANDRE[4],
ALCANDRE,
ALCIPPE,
ORANTE[5], } fâcheux.
CLIMÈNE[6],
DORANTE,
CARITIDÈS,
ORMIN,
FILINTE,
LA MONTAGNE, valet d'Éraste[7].
L'ÉPINE, valet de Damis.
LA RIVIÈRE, et deux camarades.

ACTEURS.

[1] L'Épy. — [2] Mademoiselle Molière. — [3] Molière. — [4] La Grange. — [5] Mademoiselle Duparc. — [6] Mademoiselle de Brie. — [7] Duparc.

La scène est à Paris.

AU ROI.

SIRE,

J'ajoute une scène à la comédie; et c'est une espèce de fâcheux assez insupportable qu'un homme qui dédie un livre. Votre Majesté en sait des nouvelles plus que personne de son royaume, et ce n'est pas d'aujourd'hui qu'Elle se voit en butte à la furie des épîtres dédicatoires. Mais bien que je suive l'exemple des autres, et me mette moi-même au rang de ceux que j'ai joués, j'ose dire toutefois à Votre Majesté que ce que j'en ai fait n'est pas tant pour lui présenter un livre, que pour avoir lieu de lui rendre graces du succès de cette comédie. Je le dois, SIRE, ce succès qui a passé mon attente, non seulement à cette glorieuse approbation dont Votre Majesté honora d'abord la pièce, et qui a entraîné si hautement celle de tout le monde, mais encore à l'ordre qu'Elle me donna d'y ajouter un caractère de fâcheux, dont elle eut la bonté de m'ouvrir les idées Elle-même, et qui a été trouvé partout le plus beau morceau de l'ouvrage[1]. Il faut avouer, SIRE, que je n'ai jamais rien fait avec tant de facilité, ni si promptement que cet endroit où Votre Majesté me commanda de travailler. J'avois une joie à lui obéir qui me valoit bien mieux qu'Apollon et toutes les Muses; et je conçois par-là ce que je serois capable d'exécuter pour une comédie entière, si j'étois inspiré par de pareils commandements. Ceux qui sont nés en un rang élevé peuvent se proposer l'honneur de servir Votre Majesté

---

[1] Le caractère de fâcheux que le roi donna ordre à Molière d'ajouter à sa pièce est celui du chasseur, acte II, scène VII.

dans les grands emplois; mais, pour moi, toute la gloire où je puis aspirer, c'est de la réjouir. Je borne là l'ambition de mes souhaits; et je crois qu'en quelque façon ce n'est pas être inutile à la France que de contribuer¹ quelque chose au divertissement de son roi. Quand je n'y réussirai pas, ce ne sera jamais par un défaut de zèle ni d'étude, mais seulement par un mauvais destin qui suit assez souvent les meilleures intentions, et qui sans doute affligeroit sensiblement,

SIRE,

DE VOTRE MAJESTÉ

Le très humble, très obéissant,
et très fidèle serviteur et sujet,

J.-B. P. MOLIÈRE.

---

¹ Dans toutes les éditions publiées du vivant de Molière, le verbe est ainsi employé activement. Les éditeurs de 1682 sont les premiers qui aient altéré le texte en corrigeant cette faute, qui n'en étoit point une à l'époque où Molière écrivoit.

PRÉFACE.

Jamais entreprise au théâtre ne fut si précipitée que celle-ci : et c'est une chose, je crois, toute nouvelle, qu'une comédie ait été conçue, faite, apprise et représentée en quinze jours. Je ne dis pas cela pour me piquer de l'*impromptu*, et en prétendre de la gloire; mais seulement pour prévenir certaines gens qui pourroient trouver à redire que je n'aie pas mis ici toutes les espèces de fâcheux qui se trouvent. Je sais que le nombre en est grand, et à la cour et dans la ville; et que, sans épisodes, j'eusse bien pu en composer une comédie de cinq actes bien fournis, et avoir encore de la matière de reste. Mais, dans le peu de temps qui me fut donné, il m'étoit impossible de faire un grand dessein, et de rêver beaucoup sur le choix de mes personnages, et sur la disposition de mon sujet. Je me réduisis donc à ne toucher qu'un petit nombre d'importuns; et je pris ceux qui s'offrirent d'abord à mon esprit, et que je crus les plus propres à réjouir les augustes personnes devant qui j'avois à paroître; et, pour lier promptement toutes ces choses ensemble, je me servis du premier nœud que je pus trouver. Ce n'est pas mon dessein d'examiner maintenant si tout cela pouvoit être mieux, et si tous ceux qui s'y sont divertis ont ri selon les règles. Le temps viendra de faire imprimer mes remarques sur les pièces que j'aurai faites, et je ne désespère pas de faire voir un jour, en grand auteur, que je puis citer Aristote et Horace[1]. En attendant cet examen, qui peut-être ne viendra point, je m'en remets assez aux décisions de la multitude, et je tiens aussi difficile de combattre un ouvrage que le public approuve que d'en défendre un qu'il condamne.

Il n'y a personne qui ne sache pour quelle réjouissance la pièce fut composée; et cette fête a fait un tel éclat qu'il n'est pas néces-

[1] Quel chagrin n'éprouve-t-on pas, en apprenant que Molière n'a pu exécuter ce projet d'examiner un jour toutes ses pièces, et d'y faire les remarques nécessaires! Quelle excellente poétique ses successeurs auroient eue sur un genre dont il a possédé seul le secret! Et plût au ciel qu'il eût eu le temps de rendre notre commentaire inutile! (B.)

saire d'en parler; mais il ne sera pas hors de propos de dire deux paroles des ornements qu'on a mêlés avec la comédie.

Le dessein étoit de donner un ballet aussi; et, comme il n'y avoit qu'un petit nombre choisi de danseurs excellents, on fut contraint de séparer les entrées de ce ballet, et l'avis fut de les jeter dans les entr'actes de la comédie, afin que ces intervalles donnassent temps aux mêmes baladins de revenir sous d'autres habits; de sorte que, pour ne point rompre aussi le fil de la pièce par ces manières d'intermèdes, on s'avisa de les coudre au sujet du mieux que l'on put, et de ne faire qu'une seule chose du ballet et de la comédie: mais comme le temps étoit fort précipité, et que tout cela ne fut pas réglé entièrement par une même tête, on trouvera peut-être quelques endroits du ballet qui n'entrent pas dans la comédie aussi naturellement que d'autres. Quoi qu'il en soit, c'est un mélange qui est nouveau pour nos théâtres, et dont on pourroit chercher quelques autorités dans l'antiquité; et, comme tout le monde l'a trouvé agréable, il peut servir d'idée à d'autres choses qui pourroient être méditées avec plus de loisir[1].

D'abord que la toile fut levée, un des acteurs, comme vous pourriez dire moi, parut sur le théâtre en habit de ville, et s'adressant au roi avec le visage d'un homme surpris, fit des excuses en désordre sur ce qu'il se trouvoit là seul, et manquoit de temps et d'acteurs pour donner à Sa Majesté le divertissement qu'elle sembloit attendre. En même temps, au milieu de vingt jets d'eau naturels, s'ouvrit cette coquille que tout le monde a vue; et l'agréable Naïade qui parut dedans[2] s'avança au bord du théâtre, et d'un air héroïque prononça les vers que M. Pellisson avoit faits, et qui servent de prologue.

[1] On voit, par ce passage, que Molière est l'inventeur de la comédie-ballet, et que *les Fâcheux* en sont le premier exemple. (A.)

[2] Cette agréable Naïade étoit la Béjart, que Molière épousa peu de temps après.

PROLOGUE[1].

Le théâtre représente un jardin orné de termes et de plusieurs jets d'eau.

UNE NAÏADE, *sortant des eaux dans une coquille.*

Pour voir en ces beaux lieux le plus grand roi du monde,
Mortels, je viens à vous de ma grotte profonde.
Faut-il, en sa faveur, que la terre ou que l'eau
Produisent à vos yeux un spectacle nouveau ?
Qu'il parle ou qu'il souhaite, il n'est rien d'impossible ;
Lui-même n'est-il pas un miracle visible ?
Son règne, si fertile en miracles divers,
N'en demande-t-il pas à tout cet univers ?
Jeune, victorieux, sage, vaillant, auguste,
Aussi doux que sévère, aussi puissant que juste :
Régler et ses états et ses propres desirs ;
Joindre aux nobles travaux les plus nobles plaisirs ;
En ses justes projets jamais ne se méprendre ;
Agir incessamment, tout voir et tout entendre,
Qui peut cela peut tout : il n'a qu'à tout oser,
Et le ciel à ses vœux ne peut rien refuser.
Ces termes marcheront, et, si Louis l'ordonne,
Ces arbres parleront mieux que ceux de Dodone.
Hôtesses de leurs troncs, moindres divinités,

---

[1] Paul Pellisson, homme célèbre dans les lettres, composa le prologue à la louange du roi. Ce prologue fut très applaudi de toute la cour, et plut beaucoup à Louis XIV. Mais celui qui donna la fête (Fouquet) et l'auteur du prologue furent tous deux mis en prison peu de temps après. On les vouloit même arrêter au milieu de la fête. Triste exemple de l'instabilité des fortunes de cour ! (V.) — On sait que rien ne put corrompre ni lasser la fidélité de Pellisson. Il resta quatre ans à la Bastille, et y composa d'éloquentes apologies de Fouquet, apologies sur lesquelles Voltaire n'a pu porter un jugement sans se rappeler le nom de Cicéron.

C'est Louis qui le veut, sortez, Nymphes, sortez,
Je vous montre l'exemple, il s'agit de lui plaire.
Quittez pour quelque temps votre forme ordinaire,
Et paroissons ensemble aux yeux des spectateurs,
Pour ce nouveau théâtre, autant de vrais acteurs.

(Plusieurs Dryades, accompagnées de Faunes et de Satyres, sortent des arbres et des termes.)

Vous, soin de ses sujets, sa plus charmante étude,
Héroïque souci, royale inquiétude,
Laissez-le respirer, et souffrez qu'un moment
Son grand cœur s'abandonne au divertissement :
Vous le verrez demain, d'une force nouvelle,
Sous le fardeau pénible où votre voix l'appelle,
Faire obéir les lois, partager les bienfaits,
Par ses propres conseils prévenir nos souhaits,
Maintenir l'univers dans une paix profonde,
Et s'ôter le repos pour le donner au monde.
Qu'aujourd'hui tout lui plaise, et semble consentir
A l'unique dessein de le bien divertir!
Fâcheux, retirez-vous, ou s'il faut qu'il vous voie,
Que ce soit seulement pour exciter sa joie!

(La Naïade emmène avec elle, pour la comédie, une partie des gens qu'elle a fait paroître, pendant que le reste se met à danser au son des hautbois, qui se joignent aux violons.)

LES FÂCHEUX.

ACTE PREMIER.

SCÈNE I[1].

ÉRASTE, LA MONTAGNE.

ÉRASTE.

Sous quel astre, bon Dieu ! faut-il que je sois né,
Pour être de fâcheux toujours assassiné !
Il semble que partout le sort me les adresse,
Et j'en vois chaque jour quelque nouvelle espèce ;
Mais il n'est rien d'égal au fâcheux d'aujourd'hui ;
J'ai cru n'être jamais débarrassé de lui,

---

[1] Nicolas Fouquet, dernier surintendant des finances, engagea Molière à composer cette comédie pour la fameuse fête qu'il donna au roi et à la reine-mère dans sa maison de Vaux. Molière n'eut que quinze jours pour se préparer. Il avoit déjà quelques scènes détachées toutes prêtes ; il y en ajouta de nouvelles, et en composa cette comédie, qui fut, comme il le dit dans la préface, faite, apprise, et représentée, en moins de quinze jours. (V.) — Cette comédie est d'un genre dont il n'existoit pas encore de modèle. Voltaire a commis une erreur que d'autres ont répétée, en disant que *Desmarest*, avant Molière, avoit fait paroître sur notre théâtre *un ouvrage en scènes absolument* détachées. Les scènes de la comédie des *Visionnaires* ne sont point détachées ; elles ont entre elles une espèce de liaison et d'enchaînement ; de leur ensemble résulte une intrigue à laquelle concourt chaque scène ; enfin les divers originaux mis en jeu dans l'ouvrage participent tous au dénoûment. Molière est donc le premier parmi nous qui ait fait une pièce à scènes détachées. Ce n'est point un titre de gloire que nous avons voulu revendiquer pour lui, c'est un point d'histoire littéraire que nous avons cru devoir établir. (A.) — La première conception des *Fâcheux* est puisée dans la neuvième satire d'Horace et dans la huitième de Regnier, qui n'est qu'une imitation de la pièce latine avec des développements nouveaux. Un épisode de Regnier paroît avoir fourni à Molière le nœud de sa pièce. Il suppose qu'un fâcheux le suit jusque chez sa maîtresse, étale toute sa fatuité dans cette maison, et ne lui laisse pas un moment pour parler de son amour. (P.)

Et cent fois j'ai maudit cette innocente envie
Qui m'a pris à dîner de voir la comédie,
Où, pensant m'égayer, j'ai misérablement
Trouvé de mes péchés le rude châtiment.
Il faut que je te fasse un récit de l'affaire,
Car je m'en sens encor tout ému de colère.
J'étois sur le théâtre en humeur d'écouter
La pièce, qu'à plusieurs j'avois ouï vanter;
Les acteurs commençoient, chacun prêtoit silence;
Lorsque, d'un air bruyant et plein d'extravagance,
Un homme à grands canons est entré brusquement
En criant : Holà! ho! un siége promptement!
Et, de son grand fracas surprenant l'assemblée,
Dans le plus bel endroit a la pièce troublée.
Hé! mon Dieu! nos François, si souvent redressés,
Ne prendront-ils jamais un air de gens sensés,
Ai-je dit; et faut-il sur nos défauts extrêmes
Qu'en théâtre public nous nous jouions nous-mêmes,
Et confirmions ainsi, par des éclats de fous,
Ce que chez nos voisins on dit partout de nous!
Tandis que là-dessus je haussois les épaules,
Les acteurs ont voulu continuer leurs rôles;
Mais l'homme pour s'asseoir a fait nouveau fracas;
Et traversant encor le théâtre à grands pas,
Bien que dans les côtés il pût être à son aise,
Au milieu du devant il a planté sa chaise;
Et de son large dos morguant les spectateurs,
Aux trois quarts du parterre a caché les acteurs [1].
Un bruit s'est élevé, dont un autre eût eu honte;
Mais lui, ferme et constant, n'en a fait aucun compte,

[1] Il y avoit autrefois des bancs sur l'avant-scène; les jeunes gens s'y donnoient eux-mêmes en spectacle, parlant plus haut que les acteurs, se levant avant la fin de la pièce, étalant enfin tous les ridicules si bien peints dans cette scène, (B.) — Ce n'est qu'en 1759 que M. le comte de Lauraguais fit cesser ce scandale, en donnant aux comédiens une somme assez considérable pour les dédommager de la suppression des places d'avant-scène.

Et se seroit tenu comme il s'étoit posé,
Si, pour mon infortune, il ne m'eût avisé.
Ah! marquis, m'a-t-il dit, prenant près de moi place,
Comment te portes-tu? Souffre que je t'embrasse.
Au visage, sur l'heure, un rouge m'est monté,
Que l'on me vît connu d'un pareil éventé.
Je l'étois peu pourtant; mais on en voit paroître,
De ces gens qui de rien veulent fort vous connoître,
Dont il faut au salut les baisers essuyer,
Et qui sont familiers jusqu'à vous tutoyer.
Il m'a fait à l'abord cent questions frivoles,
Plus haut que les acteurs élevant ses paroles.
Chacun le maudissoit; et moi, pour l'arrêter,
Je serois, ai-je dit, bien aise d'écouter.
— Tu n'as point vu ceci, marquis? Ah! Dieu me damne!
Je le trouve assez drôle, et je n'y suis pas ane;
Je sais par quelles lois un ouvrage est parfait,
Et Corneille me vient lire tout ce qu'il fait [1].
Là-dessus, de la pièce il m'a fait un sommaire,
Scène à scène averti de ce qui s'alloit faire,
Et jusques à des vers qu'il en savoit par cœur,
Il me les récitoit tout haut avant l'acteur.
J'avois beau m'en défendre, il a poussé sa chance,
Et s'est devers la fin levé long-temps d'avance;
Car les gens du bel air, pour agir galamment,
Se gardent bien surtout d'ouïr le dénoûment.
Je rendois grace au ciel, et croyois de justice
Qu'avec la comédie eût fini mon supplice;
Mais, comme si c'en eût été trop bon marché,
Sur nouveaux frais mon homme à moi s'est attaché,
M'a conté ses exploits, ses vertus non communes,

[1] Corneille étoit vivant : son nom, placé dans cette scène et prononcé devant le roi, étoit une sorte d'hommage public rendu au génie du père de notre théâtre. Rotrou en avoit déja donné l'exemple dans sa tragédie du *Véritable saint Genest*, en mettant dans la bouche de son héros des vers qui désignoient Corneille et ses plus belles tragédies. (A.)

Parlé de ses chevaux, de ses bonnes fortunes,
Et de ce qu'à la cour il avoit de faveur,
Disant qu'à m'y servir il s'offroit de grand cœur.
Je le remerciois doucement de la tête,
Minutant à tous coups quelque retraite honnête ;
Mais lui, pour le quitter, me voyant ébranlé :
Sortons, ce m'a-t-il dit, le monde est écoulé :
Et, sortis de ce lieu, me la donnant plus sèche [1],
Marquis, allons au Cours faire voir ma calèche [2] :
Elle est bien entendue, et plus d'un duc et pair
En fait à mon faiseur faire une du même air.
Moi, de lui rendre grace, et, pour mieux m'en défendre,
De dire que j'avois certain repas à rendre.
— Ah ! parbleu, j'en veux être, étant de tes amis,
Et manque au maréchal, à qui j'avois promis.
De la chère, ai-je fait, la dose est trop peu forte
Pour oser y prier des gens de votre sorte.
Non, m'a-t-il répondu, je suis sans compliment,
Et j'y vais pour causer avec toi seulement ;
Je suis des grands repas fatigué, je te jure.
Mais si l'on vous attend, ai-je dit, c'est injure.
— Tu te moques, marquis ! nous nous connoissons tous ;
Et je trouve avec toi des passe-temps plus doux.
Je pestois contre moi, l'ame triste et confuse
Du funeste succès qu'avoit eu mon excuse,
Et ne savois à quoi je devois recourir,

---

[1] On dit d'un homme dont les réponses sont dures et brèves, qu'il répond sèchement. La phrase de Molière a un autre sens : la *donner sèche*, suivant l'Académie, c'est annoncer quelque nouvelle fâcheuse. Cette locution n'est plus d'usage ; mais on dit encore aujourd'hui *la donner belle*, pour reprocher à quelqu'un de vouloir abuser de notre crédulité.

[2] *Le Cours* est cette partie des champs Élysées qui porte le nom de *Cours-la-Reine*, à cause des plantations qu'y fit faire Marie de Médicis. Boursault, dans la préface de son petit roman d'*Artémise et Poliante*, nous apprend que la comédie se terminoit alors à sept heures du soir. Cette circonstance explique suffisamment comment en sortant du spectacle le fâcheux *peut aller au Cours faire voir sa calèche*.

Pour sortir d'une peine à me faire mourir;
Lorsqu'un carrosse fait de superbe manière,
Et comblé de laquais et devant et derrière,
S'est, avec un grand bruit, devant nous arrêté,
D'où sautant un jeune homme amplement ajusté,
Mon importun et lui courant à l'embrassade,
Ont surpris les passants de leur brusque incartade;
Et tandis que tous deux étoient précipités
Dans les convulsions de leurs civilités,
Je me suis doucement esquivé sans rien dire;
Non sans avoir long-temps gémi d'un tel martyre,
Et maudit le fâcheux, dont le zèle obstiné
M'ôtoit au rendez-vous qui m'est ici donné [1].

LA MONTAGNE.

Ce sont chagrins mêlés aux plaisirs de la vie.
Tout ne va pas, monsieur, au gré de notre envie :
Le ciel veut qu'ici-bas chacun ait ses fâcheux,
Et les hommes seroient sans cela trop heureux.

ÉRASTE.

Mais de tous mes fâcheux, le plus fâcheux encore,
C'est Damis, le tuteur de celle que j'adore,
Qui rompt ce qu'à mes vœux elle donne d'espoir,
Et fait qu'en sa présence elle n'ose me voir.
Je crains d'avoir déjà passé l'heure promise,
Et c'est dans cette allée où devoit être Orphise.

LA MONTAGNE.

L'heure d'un rendez-vous d'ordinaire s'étend,
Et n'est pas resserrée aux bornes d'un instant.

ÉRASTE.

Il est vrai; mais je tremble, et mon amour extrême

[1] Ce récit paroît long, quoique varié; il appartient plus à la satire qu'à la comédie; aussi est-il imité d'Horace et de Regnier. Le satirique raconte, le poëte comique doit mettre en action : c'est ce que Molière fera très habilement dans les scènes suivantes. Au reste, si le récit est du genre de la satire, le style est du genre de la comédie. Il existe en effet entre le style de l'une et de l'autre une différence que la lecture de Molière et de Boileau fait assez sentir.

D'un rien se fait un crime envers celle que j'aime.

LA MONTAGNE.

Si ce parfait amour, que vous prouvez si bien,
Se fait vers votre objet un grand crime de rien,
Ce que son cœur pour vous sent de feux légitimes,
En revanche, lui fait un rien de tous vos crimes.

ÉRASTE.

Mais, tout de bon, crois-tu que je sois d'elle aimé?

LA MONTAGNE.

Quoi! vous doutez encor d'un amour confirmé?

ÉRASTE.

Ah! c'est malaisément qu'en pareille matière
Un cœur bien enflammé prend assurance entière;
Il craint de se flatter; et, dans ses divers soins,
Ce que plus il souhaite est ce qu'il croit le moins.
Mais songeons à trouver une beauté si rare.

LA MONTAGNE.

Monsieur, votre rabat par-devant se sépare.

ÉRASTE.

N'importe.

LA MONTAGNE.

Laissez-moi l'ajuster, s'il vous plaît.

ÉRASTE.

Ouf! tu m'étrangles; fat, laisse-le comme il est.

LA MONTAGNE.

Souffrez qu'on peigne un peu...

ÉRASTE.

Sottise sans pareille!
Tu m'as d'un coup de dent presque emporté l'oreille[1].

---

[1] Non seulement les valets portoient sur eux un peigne pour rajuster la perruque de leurs maîtres, mais les maîtres eux-mêmes en avoient toujours un en poche, et s'en servoient fréquemment : cela étoit du bon air. (A.) — Cette mode datoit des règnes précédents. On voit dans le Baron de Fœneste, liv. Ier, chap. II, que les seigneurs de la cour de Henri IV avoient l'habitude de se peigner même en faisant la conversation. Voici le passage, qui est fort curieux. L'auteur représente un jeune seigneur du bon ton entrant au Louvre : « Vous commencez à rire, dit-il,

LA MONTAGNE.

Vos canons...

ÉRASTE.

Laisse-les; tu prends trop de souci.

LA MONTAGNE.

Ils sont tout chiffonnés.

ÉRASTE.

Je veux qu'ils soient ainsi.

LA MONTAGNE.

Accordez-moi du moins, pour grace singulière,
De frotter ce chapeau, qu'on voit plein de poussière.

ÉRASTE.

Frotte donc, puisqu'il faut que j'en passe par-là.

LA MONTAGNE.

Le voulez-vous porter fait comme le voilà?

ÉRASTE.

Mon Dieu! dépêche-toi!

LA MONTAGNE.

Ce seroit conscience.

ÉRASTE, *après avoir attendu.*

C'est assez.

LA MONTAGNE.

Donnez-vous un peu de patience.

ÉRASTE.

Il me tue.

LA MONTAGNE.

En quel lieu vous êtes-vous fourré?

« au premier que vous rencontrez; vous saluez l'un, vous dites le mot à l'autre :
« Frère, que tu es brave! épanoui comme une rose, tu es bien traité de ta maî-
« tresse! cette cruelle, cette rebelle, rend-elle point les armes à ce beau front, à
« cette moustache bien troussée? et puis cette belle grève (jambe), c'est pour en
« mourir! Il faut dire cela en démenant les bras, branlant la tête, changeant de
« pied, peignant d'une main la moustache, et de l'autre les cheveux. Avez-vous
« gagné l'antichambre, vous accostez quelque galant homme, et discourez de la
« vertu. »

ÉRASTE.

T'es-tu de ce chapeau pour toujours emparé?

LA MONTAGNE.

C'est fait.

ÉRASTE.

Donne-moi donc.

LA MONTAGNE, *laissant tomber le chapeau.*

Hai!

ÉRASTE.

Le voilà par terre!
Je suis fort avancé. Que la fièvre te serre!

LA MONTAGNE.

Permettez qu'en deux coups j'ôte...

ÉRASTE.

Il ne me plaît pas.
Au diantre tout valet qui vous est sur les bras,
Qui fatigue son maître, et ne fait que déplaire,
A force de vouloir trancher du nécessaire[1]!

SCÈNE II.

ORPHISE, ALCIDOR, ÉRASTE, LA MONTAGNE.

(Orphise traverse le fond du théâtre, Alcidor lui donne la main.)

ÉRASTE.

Mais vois-je pas Orphise? Oui, c'est elle qui vient.
Où va-t-elle si vite, et quel homme la tient?

(Il la salue comme elle passe, et elle en passant détourne la tête.)

---

[1] Molière, dès cette première scène, jette habilement les fils de la petite intrigue à laquelle il a l'art de lier tous les caractères qu'il doit faire paroitre. Un rendez-vous avec Orphise, qu'Éraste ne peut plus voir chez elle, rend la rencontre de tous les fâcheux extrêmement piquante. (B.) — C'est une idée tout-à-fait comique, que d'avoir donné au valet d'Éraste un zèle poussé jusqu'à l'importunité, qui fait de lui un des fâcheux les plus à charge à son maître. (A.) — Dans la scène suivante, La Montagne n'est pas moins plaisant, lorsque, piqué des impatiences de son maître, et lui répétant ses propres expressions, il s'obstine à se taire, *de peur d'être fâcheux!*

SCÈNE III.

ÉRASTE, LA MONTAGNE.

ÉRASTE.

Quoi ! me voir en ces lieux devant elle paroître,
Et passer en feignant de ne me pas connoître !
Que croire ? Qu'en dis-tu ? Parle donc, si tu veux.

LA MONTAGNE.

Monsieur, je ne dis rien, de peur d'être fâcheux.

ÉRASTE.

Et c'est l'être en effet que de ne me rien dire
Dans les extrémités d'un si cruel martyre.
Fais donc quelque réponse à mon cœur abattu.
Que dois-je présumer ? Parle, qu'en penses-tu ?
Dis-moi ton sentiment.

LA MONTAGNE.

    Monsieur, je veux me taire,
Et ne desire point trancher du nécessaire.

ÉRASTE.

Peste l'impertinent ! Va-t'en suivre leurs pas,
Vois ce qu'ils deviendront, et ne les quitte pas.

LA MONTAGNE, *revenant sur ses pas.*

Il faut suivre de loin ?

ÉRASTE.

  Oui.

LA MONTAGNE, *revenant sur ses pas.*

    Sans que l'on me voie,
Ou faire aucun semblant qu'après eux on m'envoie ?

ÉRASTE.

Non, tu feras bien mieux de leur donner avis
Que par mon ordre exprès ils sont de toi suivis.

LA MONTAGNE, *revenant sur ses pas.*

Vous trouverai-je ici ?

ÉRASTE.

Que le ciel te confonde,
Homme, à mon sentiment, le plus fâcheux du monde!

SCÈNE IV.

ÉRASTE.

Ah! que je sens de trouble, et qu'il m'eût été doux
Qu'on me l'eût fait manquer, ce fatal rendez-vous!
Je pensois y trouver toutes choses propices,
Et mes yeux pour mon cœur y trouvent des supplices.

SCÈNE V.

LISANDRE, ÉRASTE.

LISANDRE.

Sous ces arbres de loin mes yeux t'ont reconnu,
Cher marquis, et d'abord je suis à toi venu.
Comme à de mes amis, il faut que je te chante
Certain air que j'ai fait de petite courante [1],
Qui de toute la cour contente les experts,
Et sur qui plus de vingt ont déjà fait des vers.
J'ai le bien, la naissance, et quelque emploi passable,
Et fais figure en France assez considérable;
Mais je ne voudrois pas, pour tout ce que je suis,
N'avoir point fait cet air qu'ici je te produis.
    (Il prélude.)
La, la, hem, hem, écoute avec soin, je te prie.
    (Il chante sa courante.)
N'est-elle pas belle?

ÉRASTE.

Ah!

---

[1] Courante, *ancienne danse* dont l'air est lent. Ce mot signifie aussi le chant sur lequel on mesure les pas d'une courante.

ACTE I, SCÈNE V.

LISANDRE.
Cette fin est jolie.
(Il rechante la fin quatre ou cinq fois de suite.)
Comment la trouves-tu?

ÉRASTE.
Fort belle, assurément.

LISANDRE.
Les pas que j'en ai faits n'ont pas moins d'agrément,
Et surtout la figure a merveilleuse grace.
(Il chante, parle et danse tout ensemble, et fait faire à Eraste
les figures de la femme.)
Tiens, l'homme passe ainsi; puis la femme repasse :
Ensemble; puis on quitte, et la femme vient là.
Vois-tu ce petit trait de feinte que voilà?
Ce fleuret? ces coupés courant après la belle?
Dos à dos, face à face, en se pressant sur elle.
Que t'en semble, marquis?

ÉRASTE.
Tous ces pas-là sont fins.

LISANDRE.
Je me moque, pour moi, des maîtres baladins[1].

ÉRASTE.
On le voit.

LISANDRE.
Les pas donc?

ÉRASTE.
N'ont rien qui ne surprenne.

LISANDRE.
Veux-tu, par amitié, que je te les apprenne?

ÉRASTE.
Ma foi, pour le présent, j'ai certain embarras...

LISANDRE.
Hé bien donc, ce sera lorsque tu le voudras.
Si j'avois dessus moi ces paroles nouvelles,

---

[1] Comme *baladin* signifioit alors danseur de théâtre, il est présumable que *maître baladin* répondoit à ce que nous nommons *maître des ballets*. (A.)

Nous les lirions ensemble, et verrions les plus belles.

ÉRASTE.

Une autre fois.

LISANDRE.

Adieu. Baptiste le très cher
N'a point vu ma courante, et je le vais chercher¹ :
Nous avons pour les airs de grandes sympathies,
Et je veux le prier d'y faire des parties².

(Il s'en va toujours en chantant.)

SCÈNE VI.

ÉRASTE.

Ciel! faut-il que le rang dont on veut tout couvrir
De cent sots tous les jours nous oblige à souffrir,
Et nous fasse abaisser jusques aux complaisances
D'applaudir bien souvent à leurs impertinences!

SCÈNE VII.

ÉRASTE, LA MONTAGNE.

LA MONTAGNE.

Monsieur, Orphise est seule, et vient de ce côté.

---

¹ Jean-Baptiste Lulli. Sa réputation étoit déjà établie, puisque c'est à lui que va s'adresser l'amateur pour faire des parties à sa courante. (B.) — Les premières années de la vie de Lulli ont beaucoup de singularité : mademoiselle de Montpensier avoit chargé un de ses valets de chambre nommé *la Guérinière*, qui alloit en Italie, de lui amener de ce pays un jeune homme qui sût jouer du violon. *La Guérinière*, en traversant une place publique de Florence, aperçut sur le théâtre d'un vendeur d'orviétan, un petit garçon habillé en arlequin, qui divertissoit le peuple et jouoit fort bien du violon ; il l'amena en France, et le donna à Mademoiselle. Ce jeune arlequin devint surintendant de la musique de Louis XIV : c'étoit Lulli.

² Molière peint gaiement dans cette scène les prétentions de ces amateurs qui, se croyant par état fort au-dessus des artistes, se piquent cependant d'égaler leurs talents ; ridicule qui appartient trop à la légèreté et à la présomption du caractère national, pour que la comédie en ait pu triompher entièrement. Nous avons encore nos Lisandres. (B.)

ÉRASTE.

Ah! d'un trouble bien grand je me sens agité!
J'ai de l'amour encor pour la belle inhumaine,
Et ma raison voudroit que j'eusse de la haine.

LA MONTAGNE.

Monsieur, votre raison ne sait ce qu'elle veut,
Ni ce que sur un cœur une maîtresse peut.
Bien que de s'emporter on ait de justes causes,
Une belle, d'un mot, rajuste bien des choses.

ÉRASTE.

Hélas! je te l'avoue, et déja cet aspect
A toute ma colère imprime le respect.

SCÈNE VIII.

ORPHISE, ÉRASTE, LA MONTAGNE.

ORPHISE.

Votre front à mes yeux montre peu d'allégresse :
Seroit-ce ma présence, Éraste, qui vous blesse?
Qu'est-ce donc? qu'avez-vous? et sur quels déplaisirs,
Lorsque vous me voyez, poussez-vous des soupirs?

ÉRASTE.

Hélas! pouvez-vous bien me demander, cruelle,
Ce qui fait de mon cœur la tristesse mortelle?
Et d'un esprit méchant n'est-ce pas un effet,
Que feindre d'ignorer ce que vous m'avez fait?
Celui dont l'entretien vous a fait à ma vue
Passer...

ORPHISE, *riant*.

C'est de cela que votre ame est émue?

ÉRASTE.

Insultez, inhumaine, encore à mon malheur;
Allez, il vous sied mal de railler ma douleur,
Et d'abuser, ingrate, à maltraiter ma flamme,
Du foible que pour vous vous savez qu'a mon ame.

ORPHISE.

Certes, il en faut rire, et confesser ici
Que vous êtes bien fou de vous troubler ainsi.
L'homme dont vous parlez, loin qu'il puisse me plaire,
Est un homme fâcheux dont j'ai su me défaire;
Un de ces importuns et sots officieux
Qui ne sauroient souffrir qu'on soit seule en des lieux,
Et viennent aussitôt, avec un doux langage,
Vous donner une main contre qui l'on enrage.
J'ai feint de m'en aller pour cacher mon dessein,
Et jusqu'à mon carrosse il m'a prêté la main.
Je m'en suis promptement défaite de la sorte;
Et j'ai, pour vous trouver, rentré par l'autre porte.

ÉRASTE.

A vos discours, Orphise, ajouterai-je foi,
Et votre cœur est-il tout sincère pour moi?

ORPHISE.

Je vous trouve fort bon de tenir ces paroles,
Quand je me justifie à vos plaintes frivoles.
Je suis bien simple encore, et ma sotte bonté...

ÉRASTE.

Ah! ne vous fâchez pas, trop sévère beauté!
Je veux croire en aveugle, étant sous votre empire,
Tout ce que vous aurez la bonté de me dire.
Trompez, si vous voulez, un malheureux amant;
J'aurai pour vous respect jusques au monument...
Maltraitez mon amour, refusez-moi le vôtre,
Exposez à mes yeux le triomphe d'un autre;
Oui, je souffrirai tout de vos divins appas.
J'en mourrai; mais enfin je ne m'en plaindrai pas.

ORPHISE.

Quand de tels sentiments régneront dans votre âme,
Je saurai de ma part...[1]

---

[1] Des commentateurs ont blâmé la longueur de cette scène si courte : c'est elle cependant qui est le véritable nœud de la pièce, et qui va produire tout l'intérêt

SCÈNE IX.

ALCANDRE, ORPHISE, ÉRASTE, LA MONTAGNE.

ALCANDRE.

(à Orphise.)

Marquis, un mot. Madame,
De grace, pardonnez si je suis indiscret,
En osant, devant vous, lui parler en secret.

(Orphise sort.)

SCÈNE X.

ALCANDRE, ÉRASTE, LA MONTAGNE.

ALCANDRE.

Avec peine, marquis, je te fais la prière;
Mais un homme vient là de me rompre en visière [1],
Et je souhaite fort, pour ne rien reculer,
Qu'à l'heure, de ma part, tu l'ailles appeler.
Tu sais qu'en pareil cas ce seroit avec joie
Que je te le rendrois en la même monnoie.

ÉRASTE, *après avoir été quelque temps sans parler.*

Je ne veux point ici faire le capitan;
Mais on m'a vu soldat avant que courtisan :

des scènes suivantes. Si Éraste, dans les huit derniers vers qu'il prononce, n'avoit pas montré toute sa passion, la pièce n'auroit eu d'autre intérêt que celui de l'originalité de chaque caractère; elle eût été sans dénoûment. Il falloit donc appeler l'attention sur les deux amants; et c'est ce que Molière a fait, en excitant la jalousie d'Éraste. Dans la situation où il se trouve, chaque nouveau fâcheux irrite son impatience, et ajoute à l'impatience du spectateur. Le but de Molière est donc rempli. La situation d'Éraste est assez semblable à celle du boiteux de Bagdad dans *les Mille et une Nuits*, lorsqu'au moment d'un rendez-vous avec sa maîtresse, il se voit retenu par le barbier babillard; mais c'est une rencontre, et non une imitation, puisque le premier volume des *Contes arabes* ne fut traduit et publié qu'en 1704.

[1] En termes de chevalerie, c'est rompre une lance sur la visière de son ennemi. De là sans doute l'expression figurée *rompre en visière*, pour *attaquer par des paroles désobligeantes, dire en face et brusquement quelque chose de fâcheux.*

J'ai servi quatorze ans, et je crois être en passe
De pouvoir d'un tel pas me tirer avec grace,
Et de ne craindre point qu'à quelque lâcheté
Le refus de mon bras me puisse être imputé [1].
Un duel met les gens en mauvaise posture ;
Et notre roi n'est pas un monarque en peinture.
Il sait faire obéir les plus grands de l'état,
Et je trouve qu'il fait en digne potentat.
Quand il faut le servir, j'ai du cœur pour le faire ;
Mais je ne m'en sens point quand il faut lui déplaire.
Je me fais de son ordre une suprême loi ;
Pour lui désobéir, cherche un autre que moi.
Je te parle, vicomte, avec franchise entière,
Et suis ton serviteur en toute autre matière.
Adieu [2].

[1] Ces vers font allusion à l'usage où étoient les témoins *ou seconds* de se battre entre eux. On lit dans la vie de Cyrano de Bergerac, contemporain et ami de Molière, qu'il figura dans plus de cent duels *comme second*, n'ayant jamais eu de querelle de son chef. « Vous auriez grand tort de m'appeler maintenant le premier « des hommes, dit-il dans une de ses lettres ; car je vous proteste qu'il y a plus « d'un mois que je suis le second de tout le monde. En quelque lieu que j'aille, je « me trouve toujours sur le pré. » Voici comment Brantôme raconte l'origine de cet usage : « En tels combats, dit-il, il y avoit toujours (ou le plus souvent) des « appelants ou seconds, lesquels voyans battre leurs compaignons, s'entre-di- « soient entre eux (bien qu'ils n'eussent debat aucun ensemble, mais plutôt amitié « que haine) : Hé ! que faisons-nous nous autres cependant que nos amis et com- « paignons se battent? Vraiment il nous faict beau voir, ne servir ici que de spec- « tateurs à les voir entretuer ! Battons-nous comme eux. Et sans autre cérimonie se « battoient et s'entretuoient bien souvent tous quatre : cela estoit plus de gayeté « de cœur, que de subject et d'animosité. »

[2] Molière, dans cette scène, seconde le projet de son maître, d'abolir les duels. Il est vrai qu'il n'est point allé jusqu'à rendre Éraste insensible à une injure qu'il auroit reçue personnellement, mais il lui fait rejeter avec fermeté la proposition d'aller de sang-froid venger l'outrage d'un autre. Louis XIV dut voir avec plaisir l'éloge que fait de lui Molière dans cette scène. Cet éloge étoit fondé sur la vérité, et ce sont les seuls qui soient dignes de rester dans la mémoire des hommes. (B.)

SCÈNE XI.

ÉRASTE, LA MONTAGNE.

ÉRASTE.
Cinquante fois au diable les fâcheux !
Où donc s'est retiré cet objet de mes vœux ?

LA MONTAGNE.
Je ne sais.

ÉRASTE.
Pour savoir où la belle est allée,
Va t'en chercher partout : j'attends dans cette allée.

BALLET DU PREMIER ACTE.

PREMIÈRE ENTRÉE.

Des joueurs de mail, en criant gare, l'obligent à se retirer ; et, comme il veut revenir lorsqu'ils ont fait,

SECONDE ENTRÉE.

Des curieux viennent qui tournent autour de lui pour le connoître, et font qu'il se retire encore pour un moment.

ACTE SECOND.

SCÈNE I.

ÉRASTE.

Les fâcheux à la fin se sont-ils écartés?
Je pense qu'il en pleut ici de tous côtés.
Je les fuis, et les trouve; et, pour second martyre,
Je ne saurois trouver celle que je desire.
Le tonnerre et la pluie ont promptement passé,
Et n'ont point de ces lieux le beau monde chassé.
Plût au ciel, dans les dons que ses soins y prodiguent,
Qu'ils en eussent chassé tous les gens qui fatiguent!
Le soleil baisse fort, et je suis étonné
Que mon valet encor ne soit point retourné.

SCÈNE II.

ALCIPPE, ÉRASTE.

ALCIPPE.

Bonjour.

ÉRASTE, *à part.*

Hé quoi! toujours ma flamme divertie [1]!

ALCIPPE.

Console-moi, marquis, d'une étrange partie
Qu'au piquet je perdis hier contre un Saint-Bouvain,
A qui je donnerois quinze points et la main [2].

---

[1] *Divertir* pour *détourner*: du latin *vertere*. Le mot pris en ce sens a vieilli: on le trouve rarement dans les écrivains du dernier siècle.

[2] Dans l'ancien jeu de piquet, chaque couleur avoit un six, ce qui élevoit le nombre des cartes à trente-six au lieu de trente-deux. La description d'Alcippe

ACTE II, SCÈNE II.

C'est un coup enragé, qui depuis hier m'accable,
Et qui feroit donner tous les joueurs au diable;
Un coup assurément à se pendre en public.
Il ne m'en faut que deux, l'autre a besoin d'un pic[1] :
Je donne, il en prend six, et demande à refaire;
Moi, me voyant de tout, je n'en voulus rien faire.
Je porte l'as de trèfle (admire mon malheur!),
L'as, le roi, le valet, le huit et dix de cœur,
Et quitte, comme au point alloit la politique,
Dame et roi de carreau, dix et dame de pique.
Sur mes cinq cœurs portés la dame arrive encor,
Qui me fait justement une quinte major;
Mais mon homme avec l'as, non sans surprise extrême,
Des bas carreaux sur table étale une sixième.
J'en avois écarté la dame avec le roi;
Mais lui fallant un pic, je sortis hors d'effroi,
Et croyois bien du moins faire deux points uniques.
Avec les sept carreaux il avoit quatre piques,
Et, jetant le dernier, m'a mis dans l'embarras
De ne savoir lequel garder de mes deux as.
J'ai jeté l'as de cœur, avec raison, me semble;
Mais il avoit quitté quatre trèfles ensemble,
Et par un six de cœur je me suis vu capot,
Sans pouvoir, de dépit, proférer un seul mot.
Morbleu! fais-moi raison de ce coup effroyable;
A moins que l'avoir vu, peut-il être croyable?

ÉRASTE.

C'est dans le jeu qu'on voit les plus grands coups du sort[2].

---

présente quelques difficultés à ceux même qui connoissent cette circonstance : voilà pourquoi sans doute il porte un *jeu sur lui*, pour répéter *ce coup qui lui fait donner tous les joueurs au diable.*

[1] Quel naturel dans ce vers où Alcippe commence brusquement son récit comme si tout ce qui précède étoit connu de celui qui l'écoute! *Il ne m'en faut que deux!* s'écrie-t-il. Voilà bien la préoccupation du joueur. Il semble à ceux qui sont agités d'une forte passion, que tout le monde doit entendre même ce qu'ils ne disent pas.

[2] Ce vers est dans la bouche de tous les joueurs. Les bonnes pièces de Molière

ALCIPPE.

Parbleu! tu jugeras toi-même si j'ai tort,
Et si c'est sans raison que ce coup me transporte;
Car voici nos deux jeux, qu'exprès sur moi je porte.
Tiens, c'est ici mon port, comme je te l'ai dit,
Et voici...

ÉRASTE.

J'ai compris le tout par ton récit,
Et vois de la justice au transport qui t'agite.
Mais pour certaine affaire il faut que je te quitte.
Adieu. Console-toi pourtant de ton malheur.

ALCIPPE.

Qui, moi? J'aurai toujours ce coup-là sur le cœur;
Et c'est pour ma raison pis qu'un coup de tonnerre.
Je le veux faire, moi, voir à toute la terre[1].

(Il s'en va, et rentre en disant:)

Un six de cœur! Deux points!

ÉRASTE.

En quel lieu sommes-nous?
De quelque part qu'on tourne, on ne voit que des fous.

SCÈNE III.

ÉRASTE, LA MONTAGNE.

ÉRASTE.

Ah! que tu fais languir ma juste impatience!

LA MONTAGNE.

Monsieur, je n'ai pu faire une autre diligence.

---

sont pleines de traits de ce genre qui sont devenus proverbes. Il lui étoit même réservé d'en faire dans ses ouvrages en prose, comme nous l'avons remarqué en parlant des *Précieuses*. (B.)

[1] Dans *le Cocu imaginaire*, Sganarelle veut aller dire *partout* que *Lélie couche avec sa femme*. Dans cette scène de joueur, Alcippe *veut faire voir à toute la terre le coup enragé* qui a causé sa perte. Les passions fortes font naître les mêmes idées, et parlent toutes le même langage. Molière ne se répète pas, il suit la nature, il est vrai.

ACTE II, SCÈNE III.

ÉRASTE.

Mais me rapportes-tu quelque nouvelle enfin?

LA MONTAGNE.

Sans doute; et de l'objet qui fait votre destin
J'ai, par un ordre exprès, quelque chose à vous dire.

ÉRASTE.

Et quoi? déjà mon cœur après ce mot soupire.
Parle.

LA MONTAGNE.

Souhaitez-vous de savoir ce que c'est?

ÉRASTE.

Oui, dis vite.

LA MONTAGNE.

Monsieur, attendez, s'il vous plaît.
Je me suis, à courir, presque mis hors d'haleine.

ÉRASTE.

Prends-tu quelque plaisir à me tenir en peine?

LA MONTAGNE.

Puisque vous desirez de savoir promptement
L'ordre que j'ai reçu de cet objet charmant,
Je vous dirai... Ma foi, sans vous vanter mon zèle,
J'ai bien fait du chemin pour trouver cette belle;
Et si...

ÉRASTE.

Peste soit fait de tes digressions!

LA MONTAGNE.

Ah! il faut modérer un peu ses passions;
Et Sénèque...

ÉRASTE.

Sénèque est un sot dans ta bouche,
Puisqu'il ne me dit rien de tout ce qui me touche.
Dis-moi ton ordre, tôt.

LA MONTAGNE.

Pour contenter vos vœux,
Votre Orphise... Une bête est là dans vos cheveux.

ÉRASTE.

Laisse.

LA MONTAGNE.

Cette beauté, de sa part, vous fait dire...

ÉRASTE.

Quoi?

LA MONTAGNE.

Devinez[1].

ÉRASTE.

Sais-tu que je ne veux pas rire?

LA MONTAGNE.

Son ordre est qu'en ce lieu vous devez vous tenir,
Assuré que dans peu vous l'y verrez venir,
Lorsqu'elle aura quitté quelques provinciales,
Aux personnes de cour fâcheuses animales[2].

ÉRASTE.

Tenons-nous donc au lieu qu'elle a voulu choisir.
Mais, puisque l'ordre ici m'offre quelque loisir,
Laisse-moi méditer.

(La Montagne sort.)

J'ai dessein de lui faire
Quelques vers sur un air où je la vois se plaire[3].

(Il rêve.)

[1] La Montagne soutient parfaitement son caractère : nous le retrouvons ici tel qu'il étoit au premier acte. C'est un de ces officieux maladroits qui font tout, hors ce qu'on leur demande ; et il est fort plaisant de le voir, par un effet naturel de ce caractère, devenir, comme nous l'avons déjà remarqué, le fâcheux le plus redoutable à son maître. Tous les commentateurs ont blâmé le souvenir si comique du nom de *Sénèque*. Mais pourquoi La Montagne ne citeroit-il pas Sénèque? Sganarelle cite bien Aristote! Ne peut-il pas avoir entendu nommer ce philosophe? et ne suffit-il pas que la citation fasse rire, en accroissant la colère d'Éraste? Enfin si l'on veut absolument que le comique soit un peu forcé, il n'est au moins pas invraisemblable, puisqu'il est pris dans le caractère du personnage. Nous n'ajouterons plus qu'un mot, c'est que l'effet de la scène sur le public justifie Molière.

[2] *Animal*, substantif, n'a point de féminin; il convient aux deux genres, ou, pour mieux dire, aux deux sexes. (A.)

[3] Cette scène est la première esquisse de la scène IV de l'acte IV du *Misanthrope*, entre Alceste et Dubois. Seulement Dubois agit avec moins de liberté,

SCÈNE IV.

ORANTE, CLIMÈNE ; ÉRASTE, *dans un coin du théâtre, sans être aperçu.*

ORANTE.

Tout le monde sera de mon opinion.

CLIMÈNE.

Croyez-vous l'emporter par obstination ?

ORANTE.

Je pense mes raisons meilleures que les vôtres.

CLIMÈNE.

Je voudrois qu'on ouït les unes et les autres.

ORANTE, *apercevant Éraste.*

J'avise un homme ici qui n'est pas ignorant ;
Il pourra nous juger sur notre différend.
Marquis, de grace, un mot, souffrez qu'on vous appelle
Pour être entre nous deux juge d'une querelle,
D'un débat qu'ont ému nos divers sentiments
Sur ce qui peut marquer les plus parfaits amants.

ÉRASTE.

C'est une question à vider difficile,
Et vous devez chercher un juge plus habile.

ORANTE.

Non : vous nous dites là d'inutiles chansons.
Votre esprit fait du bruit, et nous vous connoissons ;
Nous savons que chacun vous donne à juste titre...

ÉRASTE.

Hé ! de grace...

ORANTE.

En un mot, vous serez notre arbitre,
Et ce sont deux moments qu'il vous faut nous donner.

CLIMÈNE, *à Orante.*

Vous retenez ici qui vous doit condamner ;

et semble moins s'écarter des convenances, c'est-à-dire qu'il agit suivant un autre caractère.

Car enfin, s'il est vrai ce que j'en ose croire,
Monsieur à mes raisons donnera la victoire.

ÉRASTE, *à part.*

Que ne puis-je à mon traître inspirer le souci
D'inventer quelque chose à me tirer d'ici !

ORANTE, *à Climène.*

Pour moi, de son esprit j'ai trop bon témoignage
Pour craindre qu'il prononce à mon désavantage.
(à Éraste.)
Enfin, ce grand débat qui s'allume entre nous
Est de savoir s'il faut qu'un amant soit jaloux.

CLIMÈNE.

Ou, pour mieux expliquer ma pensée et la vôtre,
Lequel doit plaire plus d'un jaloux ou d'un autre.

ORANTE.

Pour moi, sans contredit, je suis pour le dernier.

CLIMÈNE.

Et, dans mon sentiment, je tiens pour le premier.

ORANTE.

Je crois que notre cœur doit donner son suffrage
A qui fait éclater du respect davantage.

CLIMÈNE.

Et moi, que si nos vœux doivent paroître au jour,
C'est pour celui qui fait éclater plus d'amour.

ORANTE.

Oui ; mais on voit l'ardeur dont une âme est saisie,
Bien mieux dans le respect que dans la jalousie.

CLIMÈNE.

Et c'est mon sentiment, que qui s'attache à nous
Nous aime d'autant plus qu'il se montre jaloux.

ORANTE.

Fi ! ne me parlez point, pour être amants, Climène,
De ces gens dont l'amour est fait comme la haine,
Et qui, pour tous respects et toute offre de vœux,
Ne s'appliquent jamais qu'à se rendre fâcheux ;

Dont l'ame, que sans cesse un noir transport anime,
Des moindres actions cherche à nous faire un crime,
En soumet l'innocence à son aveuglement,
Et veut sur un coup d'œil un éclaircissement ;
Qui, de quelque chagrin nous voyant l'apparence,
Se plaignent aussitôt qu'il naît de leur présence,
Et, lorsque dans nos yeux brille un peu d'enjouement,
Veulent que leurs rivaux en soient le fondement ;
Enfin qui, prenant droit des fureurs de leur zèle,
Ne nous parlent jamais que pour faire querelle,
Osent défendre à tous l'approche de nos cœurs,
Et se font les tyrans de leurs propres vainqueurs.
Moi, je veux des amants que le respect inspire,
Et leur soumission marque mieux notre empire.

CLIMÈNE.

Fi ! ne me parlez point, pour être vrais amants,
De ces gens qui pour nous n'ont nuls emportements ;
De ces tièdes galants, de qui les cœurs paisibles
Tiennent déja pour eux les choses infaillibles,
N'ont point peur de nous perdre, et laissent, chaque jour,
Sur trop de confiance endormir leur amour ;
Sont avec leurs rivaux en bonne intelligence,
Et laissent un champ libre à leur persévérance.
Un amour si tranquille excite mon courroux.
C'est aimer froidement que n'être point jaloux ;
Et je veux qu'un amant, pour me prouver sa flamme,
Sur d'éternels soupçons laisse flotter son ame,
Et, par de prompts transports, donne un signe éclatant
De l'estime qu'il fait de celle qu'il prétend.
On s'applaudit alors de son inquiétude ;
Et, s'il nous fait parfois un traitement trop rude,
Le plaisir de le voir, soumis à nos genoux,
S'excuser de l'éclat qu'il a fait contre nous,
Ses pleurs, son désespoir d'avoir pu nous déplaire,
Est un charme à calmer toute notre colère.

ORANTE.

Si, pour vous plaire, il faut beaucoup d'emportement,
Je sais qui vous pourroit donner contentement;
Et je connois des gens dans Paris plus de quatre,
Qui, comme ils le font voir, aiment jusques à battre.

CLIMÈNE.

Si, pour vous plaire, il faut n'être jamais jaloux,
Je sais certaines gens fort commodes pour vous;
Des hommes en amour d'une humeur si souffrante,
Qu'ils vous verroient sans peine entre les bras de trente.

ORANTE.

Enfin, par votre arrêt, vous devez déclarer
Celui de qui l'amour vous semble à préférer.

(Orphise paroit dans le fond du théâtre, et voit Éraste entre Orante et Climène.)

ÉRASTE.

Puisqu'à moins d'un arrêt je ne m'en puis défaire,
Toutes deux à la fois je vous veux satisfaire;
Et, pour ne point blâmer ce qui plaît à vos yeux,
Le jaloux aime plus, et l'autre aime bien mieux.

CLIMÈNE.

L'arrêt est plein d'esprit; mais...

ÉRASTE.

Suffit. J'en suis quitte.
Après ce que j'ai dit, souffrez que je vous quitte [1].

---

[1] Cette scène rappelle les questions frivoles qu'on agitoit à l'hôtel de Rambouillet, et qui donnoient lieu à des discussions très longues. L'impatience d'Éraste, qui brûle d'aller à un rendez-vous, ajoute au comique débat des précieuses. Malgré son humeur, Éraste tranche très bien la question:

Le jaloux aime plus, et l'autre aime bien mieux.

Cette décision est digne de Molière, et très conforme à son caractère. (P.) — Nous avons déja eu occasion de remarquer le soin que prenoit Molière d'approprier chaque rôle au caractère et aux passions de ses acteurs. C'étoit un moyen sûr de donner du naturel à leur jeu, et ce moyen il ne l'a jamais négligé. C'est ainsi que dans cette scène mademoiselle Duparc jouoit le rôle d'Orante, et mademoiselle de Brie celui de Climène, et que toutes deux se trouvoient répéter devant le public ce que sans doute elles avoient souvent dit à Molière, l'une en repoussant

SCÈNE V.

ORPHISE, ÉRASTE.

ÉRASTE, *apercevant Orphise, et allant au-devant d'elle.*
Que vous tardez, madame, et que j'éprouve bien...!

ORPHISE.
Non, non, ne quittez pas un si doux entretien.
A tort vous m'accusez d'être trop tard venue,
(Montrant Orante et Climène, qui viennent de sortir.)
Et vous avez de quoi vous passer de ma vue.

ÉRASTE.
Sans sujet contre moi voulez-vous vous aigrir,
Et me reprochez-vous ce qu'on me fait souffrir ?
Ah ! de grace, attendez...

ORPHISE.
Laissez-moi, je vous prie,
Et courez vous rejoindre à votre compagnie [1].

SCÈNE VI.

ÉRASTE.

Ciel ! faut-il qu'aujourd'hui fâcheuses et fâcheux
Conspirent à troubler les plus chers de mes vœux !
Mais allons sur ses pas, malgré sa résistance,
Et faisons à ses yeux briller notre innocence.

ses vœux parcequ'il étoit jaloux, l'autre en accueillant ses hommages pour avoir le *plaisir de l'entendre s'excuser*, et de voir

Ses pleurs, son désespoir d'avoir pu lui déplaire.

[1] Dès la seconde scène du premier acte, Éraste est jaloux d'Orphise ; ici Orphise est jalouse d'Éraste. Cette répétition du même moyen est un défaut, car elle se trouve dans les deux seules entrevues que les amants aient sur le théâtre jusques au dénoûment. Du reste, la situation d'Éraste est fort piquante. C'est lorsqu'il maudit dans son cœur la longue dispute des précieuses, qu'Orphise lui reproche de se plaire *dans un si doux entretien* ; c'est lorsqu'il veut ensuite s'expliquer, qu'un nouveau fâcheux l'arrête. L'intérêt ne pouvoit être plus grand dans une scène plus courte, car elle n'a que huit vers.

SCÈNE VII.

DORANTE, ÉRASTE.

DORANTE.

Ah! marquis, que l'on voit de fâcheux tous les jours
Venir de nos plaisirs interrompre le cours!
Tu me vois enragé d'une assez belle chasse
Qu'un fat... C'est un récit qu'il faut que je te fasse.

ÉRASTE.

Je cherche ici quelqu'un, et ne puis m'arrêter.

DORANTE.

Parbleu! chemin faisant, je te le veux conter.
Nous étions une troupe assez bien assortie,
Qui, pour courir un cerf, avions hier fait partie;
Et nous fûmes coucher sur le pays exprès,
C'est-à-dire, mon cher, en fin fond de forêts.
Comme cet exercice est mon plaisir suprême,
Je voulus, pour bien faire, aller au bois moi-même,
Et nous conclûmes tous d'attacher nos efforts
Sur un cerf qu'un chacun nous disoit cerf dix-cors [2];
Mais, moi, mon jugement, sans qu'aux marques j'arrête,
Fut qu'il n'étoit que cerf à sa seconde tête.
Nous avions, comme il faut, séparé nos relais,
Et déjeunions en hâte, avec quelques œufs frais,
Lorsqu'un franc campagnard, avec longue rapière,
Montant superbement sa jument poulinière,
Qu'il honoroit du nom de sa bonne jument,
S'en est venu nous faire un mauvais compliment,
Nous présentant aussi, pour surcroît de colère,

---

[1] En sortant de la première représentation des *Fâcheux*, Louis XIV dit à Molière, en lui montrant M. de Soyecourt: *Voilà un grand original que vous n'avez pas encore copié*. Molière fit aussitôt la scène suivante, qui fut jouée six jours après à Fontainebleau. On dit que Molière, qui ignoroit les termes de la chasse, s'en fit instruire par M. de Soyecourt lui-même. (B.)

[2] *Un cerf dix cors* est un cerf de sept ans. (*Dict. des chasses.*)

Un grand benêt de fils aussi sot que son père.
Il s'est dit grand chasseur, et nous a priés tous
Qu'il pût avoir le bien de courir avec nous.
Dieu préserve, en chassant, toute sage personne
D'un porteur de huchet [1], qui mal-à propos sonne;
De ces gens qui, suivis de dix hourets [2] galeux,
Disent ma meute, et font les chasseurs merveilleux!
Sa demande reçue, et ses vertus prisées,
Nous avons été tous frapper à nos brisées [3].
A trois longueurs de trait [4], tayaut! voilà d'abord
Le cerf donné aux chiens [5]. J'appuie, et sonne fort.
Mon cerf débuche [6], et passe une assez longue plaine,
Et mes chiens après lui; mais si bien en haleine
Qu'on les auroit couverts tous d'un seul justaucorps.
Il vient à la forêt. Nous lui donnons alors
La vieille meute; et moi je prends en diligence
Mon cheval alezan. Tu l'as vu?

ÉRASTE.

Non, je pense.

DORANTE.

Comment! C'est un cheval aussi bon qu'il est beau,
Et que, ces jours passés, j'achetai de Gaveau [7].
Je te laisse à penser si, sur cette matière,
Il voudroit me tromper, lui qui me considère :
Aussi je m'en contente; et jamais en effet
Il n'a vendu cheval, ni meilleur, ni mieux fait.

---

[1] *Huchet*, petit cor qui sert aux chasseurs pour rappeler les chiens. (*Dict. des chasses.*)

[2] *Houret*, mauvais chien de chasse. (*Idem.*)

[3] *Brisée*, endroit où le cerf est entré, et dont on a rompu des branches pour reconnoître la voie. *Frapper aux brisées*, c'est faire repartir la bête du lieu où elle s'est arrêtée. (*Idem.*)

[4] On nomme *trait* la lesse qui sert à conduire les chiens à la chasse. (*Idem.*)

[5] *Le cerf donné aux chiens*, c'est-à-dire les chiens mis sur la voie. Phrase faite, et que Molière n'a pas cru devoir changer, pour éviter l'hiatus.

[6] *Débucher*, sortir du bois. (*Idem.*)

[7] *Gaveau*, marchand de chevaux, célèbre à la cour. (*Note de Molière.*)

Une tête de barbe, avec l'étoile nette,
L'encolure d'un cygne, effilée et bien droite;
Point d'épaules non plus qu'un lièvre, court-jointé,
Et qui fait, dans son port, voir sa vivacité;
Des pieds, morbleu! des pieds! le rein double : à vrai dire,
J'ai trouvé le moyen, moi seul, de le réduire;
Et sur lui, quoique aux yeux il montrât beau semblant,
Petit-Jean de Gaveau ne montoit qu'en tremblant.
Une croupe en largeur à nulle autre pareille,
Et des gigots, Dieu sait! Bref, c'est une merveille;
Et j'en ai refusé cent pistoles, crois-moi,
Au retour d'un cheval amené pour le roi.
Je monte donc dessus, et ma joie étoit pleine
De voir filer de loin les coupeurs [1] dans la plaine;
Je pousse, et je me trouve en un fort à l'écart,
A la queue de nos chiens, moi seul avec Drécar [2].
Une heure là-dedans notre cerf se fait battre.
J'appuie alors mes chiens, et fais le diable à quatre;
Enfin jamais chasseur ne se vit plus joyeux.
Je le relance seul; et tout alloit des mieux,
Lorsque d'un jeune cerf s'accompagne le nôtre;
Une part de mes chiens se sépare de l'autre;
Et je les vois, marquis, comme tu peux penser,
Chasser tous avec crainte, et Finaut balancer :
Il se rabat soudain, dont j'eus l'ame ravie;
Il empaume la voie; et moi je sonne et crie :
A Finaut! à Finaut! J'en revois à plaisir [3]
Sur une taupinière, et résonne à loisir.
Quelques chiens revenoient à moi, quand, pour disgrace,
Le jeune cerf, marquis, à mon campagnard passe.
Mon étourdi se met à sonner comme il faut,

---

[1] Un chien *coupe* quand il quitte la voie de la bête, et prend les devants pour avoir l'avantage sur elle. (*Dict. des chasses.*)

[2] *Drécar*, piqueur renommé. (*Note de Molière.*)

[3] *Revoir*, retrouver la trace de la bête. (*Dict. des chasses.*)

Et crie à pleine voix : tayaut! tayaut! tayaut!
Mes chiens me quittent tous, et vont à ma pécore;
J'y pousse, et j'en revois dans le chemin encore;
Mais à terre, mon cher, je n'eus pas jeté l'œil,
Que je connus le change et sentis un grand deuil.
J'ai beau lui faire voir toutes les différences
Des pinces de mon cerf et de ses connoissances,
Il me soutient toujours, en chasseur ignorant,
Que c'est le cerf de meute; et, par ce différen,
Il donne temps aux chiens d'aller loin. J'en enrage,
Et, pestant de bon cœur contre le personnage,
Je pousse mon cheval et par haut et par bas,
Qui plioit des gaulis¹ aussi gros que les bras :
Je ramène les chiens à ma première voie,
Qui vont, en me donnant une excessive joie,
Requérir notre cerf, comme s'ils l'eussent vu.
Ils le relancent; mais ce coup est-il prévu?
A te dire le vrai, cher marquis, il m'assomme;
Notre cerf relancé va passer à notre homme,
Qui, croyant faire un trait de chasseur fort vanté,
D'un pistolet d'arçon qu'il avoit apporté,
Lui donne justement au milieu de la tête,
Et de fort loin me crie : Ah! j'ai mis bas la bête!
A-t-on jamais parlé de pistolets, bon Dieu!
Pour courre un cerf? Pour moi, venant dessus le lieu,
J'ai trouvé l'action tellement hors d'usage,
Que j'ai donné des deux à mon cheval, de rage,
Et m'en suis revenu chez moi toujours courant,
Sans vouloir dire un mot à ce sot ignorant.

ÉRASTE.

Tu ne pouvois mieux faire, et ta prudence est rare :
C'est ainsi des fâcheux qu'il faut qu'on se sépare.
Adieu.

¹ *Gaulis*, branches qui embarrassent le chasseur lorsqu'il pénètre dans les taillis.
(*Dict. des chasses.*)

DORANTE.

Quand tu voudras nous irons quelque part,
Où nous ne craindrons point de chasseur campagnard.

ÉRASTE, *seul.*

Fort bien. Je crois qu'enfin je perdrai patience.
Cherchons à m'excuser avecque diligence [1].

BALLET DU SECOND ACTE.

PREMIÈRE ENTRÉE.

Des joueurs de boule l'arrêtent pour mesurer un coup dont ils sont en dispute. Il se défait d'eux avec peine, et leur laisse danser un pas composé de toutes les postures qui sont ordinaires à ce jeu.

SECONDE ENTRÉE.

De petits frondeurs les viennent interrompre, qui sont chassés ensuite

TROISIÈME ENTRÉE.

Par des savetiers et des savetières, leurs pères, et autres, qui sont aussi chassés à leur tour

QUATRIÈME ENTRÉE.

Par un jardinier qui danse seul, et se retire pour faire place au troisième acte.

---

[1] Le sort des amants n'étant pas décidé, l'auteur peut prolonger la pièce et tracer de nouveaux portraits. Rien ne l'empêcheroit même d'aller jusqu'à cinq actes, s'il pouvoit captiver aussi long-temps l'attention par le simple attrait de la curiosité. C'est le défaut ordinaire des pièces à *épisodes* : elles se terminent bien ou mal, dès que l'auteur a vidé son portefeuille.

ACTE TROISIÈME.

SCÈNE I.

ÉRASTE, LA MONTAGNE.

ÉRASTE.

Il est vrai, d'un côté mes soins ont réussi,
Cet adorable objet enfin s'est adouci ;
Mais d'un autre on m'accable, et les astres sévères
Ont contre mon amour redoublé leurs colères [1].
Oui, Damis son tuteur, mon plus rude fâcheux,
Tout de nouveau s'oppose au plus doux de mes vœux,
A son aimable nièce a défendu ma vue,
Et veut d'un autre époux la voir demain pourvue.
Orphise toutefois, malgré son désaveu,
Daigne accorder ce soir une grace à mon feu ;
Et j'ai fait consentir l'esprit de cette belle
A souffrir qu'en secret je la visse chez elle.
L'amour aime surtout les secrètes faveurs.
Dans l'obstacle qu'on force il trouve des douceurs ;
Et le moindre entretien de la beauté qu'on aime,
Lorsqu'il est défendu, devient grace suprême [2].

---

[1] Ce mot prenoit alors le pluriel, même en prose ; et l'usage en étoit fort ancien, puisque Sully disoit à la belle Gabrielle : « Si vous le prenez de cette façon, je vous « baise les mains, et ne laisserai pas de faire mon devoir *pour vos colères.* » (*OEconomies royales*, tom. III, p. 236.) Molière a donc parlé sa langue. C'est à cette époque cependant que la prose perdit le droit de donner un pluriel à certains mots ; mais ce droit resta à la poésie, qui avoit besoin de relever des expressions devenues trop vulgaires. Molière a dit *mes témérités*, dans *le Tartuffe* ; et Boileau, *vos rages*, dans l'ode sur la prise de Namur.

[2] Il est reçu au théâtre que les valets soient les confidents de leurs maîtres. Qui peut donc donner à ce récit si court un air d'inconvenance ? Le style. Qu'Éraste parle de son amour, rien de mieux ; mais que ce soit avec plus de simplicité. Il ne doit pas

Je vais au rendez-vous; c'en est l'heure à peu près.
Puis je veux m'y trouver plus tôt avant qu'après.

LA MONTAGNE.

Suivrai-je vos pas?

ÉRASTE.

Non. Je craindrois que peut-être
A quelques yeux suspects tu me fisses connoître.

LA MONTAGNE.

Mais...

ÉRASTE.

Je ne le veux pas.

LA MONTAGNE.

Je dois suivre vos lois :
Mais au moins, si de loin...

ÉRASTE.

Te tairas-tu, vingt fois?
Et ne veux-tu jamais quitter cette méthode,
De te rendre à toute heure un valet incommode?

SCÈNE II.

CARITIDÈS, ÉRASTE[1].

CARITIDÈS.

Monsieur, le temps répugne à l'honneur de vous voir,
Le matin est plus propre à rendre un tel devoir;

parler à La Montagne du même ton dont il parleroit à Orphise. C'est Molière lui-même qui a donné le premier exemple de cette convenance de style qu'on retrouve dans toutes ses pièces. Mais lorsqu'on fait en quinze jours une comédie en trois actes et en vers, on n'a pas toujours le temps d'être simple et naturel.

[1] Le peu de temps qu'avoit eu Molière pour satisfaire le surintendant l'engagea à chercher des secours auprès d'un de ses amis. On sut qu'il avoit chargé Chapelle de la scène de Caritidès, et bientôt ce fut à ce rimeur voluptueux et facile qu'on attribua le succès de notre auteur. Chapelle se défendit mal; et Molière, blessé de ne pas le voir s'opposer vivement au bruit qui se répandoit de la communauté de leurs travaux, le menaça de faire imprimer l'essai informe dont il avoit été impossible de tirer parti. La découverte de cette scène de Chapelle, composée sur le canevas de Molière, offriroit une comparaison intéressante : on y verroit combien ce qu'on appelle esprit dans le monde est au-dessous du génie, et même

Mais de vous rencontrer il n'est pas bien facile,
Car vous dormez toujours, ou vous êtes en ville :
Au moins, messieurs vos gens me l'assurent ainsi;
Et j'ai, pour vous trouver, pris l'heure que voici.
Encore est-ce un grand heur dont le destin m'honore;
Car, deux moments plus tard, je vous manquois encore.

ÉRASTE.

Monsieur, souhaitez-vous quelque chose de moi?

CARITIDÈS.

Je m'acquitte, monsieur, de ce que je vous doi;
Et vous viens... Excusez l'audace qui m'inspire,
Si...

ÉRASTE.

Sans tant de façons, qu'avez-vous à me dire?

CARITIDÈS.

Comme le rang, l'esprit, la générosité,
Que chacun vante en vous...

ÉRASTE.

Oui, je suis fort vanté.
Passons, monsieur.

CARITIDÈS.

Monsieur, c'est une peine extrême
Lorsqu'il faut à quelqu'un se produire soi-même;
Et toujours près des grands on doit être introduit
Par des gens qui de nous fassent un peu de bruit,
Dont la bouche écoutée, avecque poids débite
Ce qui peut faire voir notre petit mérite.
Enfin, j'aurois voulu que des gens bien instruits

---

du talent. (B.) — Les fâcheux que Molière introduit dans cet acte n'ont aucun rapport avec ceux des actes précédents. Éraste est devenu tout-à-coup une espèce de ministre dont on vient solliciter l'appui, ce qui n'a rien d'invraisemblable, mais ce qui change le ton de la pièce et détruit un peu son unité. On voit que l'auteur a voulu rompre la monotonie du sujet, en traçant quelques caractères qui ne fussent pas de la cour. Ce n'est qu'à la quatrième scène qu'il revient à la peinture des mœurs, et cette scène a pour objet de faciliter la transition au dénoûment.

Vous eussent pu, monsieur, dire ce que je suis.

ÉRASTE.

Je vois assez, monsieur, ce que vous pouvez être,
Et votre seul abord le peut faire connoître.

CARITIDÈS.

Oui, je suis un savant charmé de vos vertus,
Non pas de ces savants dont le nom n'est qu'en *us*,
Il n'est rien si commun qu'un nom à la latine :
Ceux qu'on habille en grec ont bien meilleure mine;
Et, pour en avoir un qui se termine en *ès*,
Je me fais appeler monsieur Caritidès [1].

ÉRASTE.

Monsieur Caritidès soit. Qu'avez-vous à dire?

CARITIDÈS.

C'est un placet, monsieur, que je voudrois vous lire,
Et que, dans la posture où vous met votre emploi,
J'ose vous conjurer de présenter au roi.

ÉRASTE.

Hé! monsieur, vous pouvez le présenter vous-même.

CARITIDÈS.

Il est vrai que le roi fait cette grace extrême;
Mais, par ce même excès de ses rares bontés,
Tant de méchants placets, monsieur, sont présentés,
Qu'ils étouffent les bons; et l'espoir où je fonde
Est qu'on donne le mien quand le prince est sans monde.

ÉRASTE.

Hé bien! vous le pouvez, et prendre votre temps.

CARITIDÈS.

Ah! monsieur, les huissiers sont de terribles gens [2]!

---

[1] *Caritidès* est formé de χάρις, *grace*, et de la terminaison patronymique *idès*. Il signifie, *enfant* ou *fils des Graces*. Il faudroit, par respect pour l'étymologie, écrire *Charitidès*. (A.)

[2] Il y avoit cinq mois que le cardinal Mazarin étoit mort, et Louis XIV avoit pris les rênes de son empire en homme digne de gouverner. Avec quel art Molière le loue ici de cet esprit de justice qui lui fit recevoir, dans le commencement de son administration, tous les placets que ses sujets avoient à lui présenter! C'é-

Ils traitent les savants de faquins à nasardes,
Et je n'en puis venir qu'à la salle des gardes.
Les mauvais traitements qu'il me faut endurer
Pour jamais de la cour me feroient retirer,
Si je n'avois conçu l'espérance certaine
Qu'auprès de notre roi vous serez mon Mécène.
Oui, votre crédit m'est un moyen assuré...

ÉRASTE.

Hé bien! donnez-moi donc, je le présenterai.

CARITIDÈS.

Le voici. Mais au moins oyez-en la lecture.

ÉRASTE.

Non.

CARITIDÈS.

C'est pour être instruit, monsieur : je vous conjure.

« AU ROI.

« SIRE,

« Votre très humble, très obéissant, très fidèle, et très savant
« sujet et serviteur, Caritidès, François de nation, Grec de pro-
« fession, ayant considéré les grands et notables abus qui se
« commettent aux inscriptions des enseignes des maisons, bou-
« tiques, cabarets, jeux de boule, et autres lieux de votre bonne
« ville de Paris, en ce que certains ignorants, compositeurs
« desdites inscriptions, renversent, par une barbare, perni-
« cieuse, et détestable orthographe, toute sorte de sens et rai-
« son, sans aucun égard d'étymologie, analogie, énergie, ni
« allégorie quelconque, au grand scandale de la république des
« lettres, et de la nation françoise, qui se décrie et déshonore,
« par lesdits abus et fautes grossières, envers les étrangers, et
« notamment envers les Allemands, curieux lecteurs et inspec-
« teurs desdites inscriptions [1]... »

toit encourager ce prince au bien qu'il méditoit ; c'étoit assurer au poëte lui-
même la protection dont il pouvoit avoir besoin dans la carrière difficile qu'il alloit parcourir. (B.)

[1] Ceci est une allusion au caractère des Allemands, qui ont toujours eu la

ÉRASTE.

Ce placet est fort long, et pourroit bien fâcher...

CARITIDÈS.

Ah! monsieur, pas un mot ne s'en peut retrancher.

ÉRASTE.

Achevez promptement.

CARITIDÈS *continue.*

« Supplie humblement Votre Majesté de créer, pour le bien
« de son état et la gloire de son empire, une charge de contrô-
« leur, intendant, correcteur, réviseur et restaurateur géné-
« ral desdites inscriptions, et d'icelle honorer le suppliant,
« tant en considération de son rare et éminent savoir, que des
« grands et signalés services qu'il a rendus à l'état et à Votre
« Majesté, en faisant l'anagramme de Votre dite Majesté,
« en françois, latin, grec, hébreu, syriaque, chaldéen,
« arabe... »

ÉRASTE, *l'interrompant.*

Fort bien. Donnez-le vite, et faites la retraite :
Il sera vu du roi; c'est une affaire faite.

CARITIDÈS.

Hélas! monsieur, c'est tout que montrer mon placet.
Si le roi le peut voir, je suis sûr de mon fait ;
Car, comme sa justice en toute chose est grande,
Il ne pourra jamais refuser ma demande.
Au reste, pour porter au ciel votre renom,
Donnez-moi par écrit votre nom et surnom :
J'en veux faire un poëme en forme d'acrostiche
Dans les deux bouts du vers et dans chaque hémistiche.

ÉRASTE.

Oui, vous l'aurez demain, monsieur Caritidès.

(seul.)

Ma foi, de tels savants sont des ânes bien faits.
J'aurois dans d'autres temps bien ri de sa sottise.

réputation d'être grands buveurs, et par conséquent curieux *inspectateurs des enseignes et inscriptions de cabarets, jeux de boule, et autres lieux* de la bonne ville de Paris.

SCÈNE III.

ORMIN, ÉRASTE.

ORMIN.
Bien qu'une grande affaire en ces lieux me conduise,
J'ai voulu qu'il sortît avant que vous parler.

ÉRASTE.
Fort bien. Mais dépêchons; car je veux m'en aller.

ORMIN.
Je me doute à peu près que l'homme qui vous quitte
Vous a fort ennuyé, monsieur, par sa visite.
C'est un vieux importun qui n'a pas l'esprit sain,
Et pour qui j'ai toujours quelque défaite en main.
Au Mail [1], à Luxembourg [2], et dans les Tuileries,
Il fatigue le monde avec ses rêveries [3];
Et des gens comme vous doivent fuir l'entretien
De tous ces savantas qui ne sont bons à rien.
Pour moi, je ne crains pas que je vous importune,
Puisque je viens, monsieur, faire votre fortune.

ÉRASTE, *bas, à part.*
Voici quelque souffleur, de ces gens qui n'ont rien,

---

[1] Le Mail étoit à l'Arsenal.

[2] La promenade du Luxembourg étoit alors le rendez-vous de l'élite de la bonne compagnie. On lit, dans un roman imprimé en 1648, que les hommes n'osoient passer dans la grande allée, si leurs têtes ne sortoient de la main du friseur, et s'ils n'avoient un habit neuf du même jour. « C'étoit, continue l'au-
« teur, comme une lice pacifique, où ceux qui étoient vêtus le plus galamment de-
« voient emporter le prix. Plusieurs dames étant assises à l'un des bouts de l'allée,
« sur les degrés de la terrasse qui font un demi-cercle, et quelques hommes
« étant plus haut appuyés sur les balustres, cela ne ressembloit pas mal à un am-
« phithéâtre, et donnoit à ce lieu une beauté accomplie. » (*Voyez le Polyandre*, histoire comique, livre Ier.)

[3] Ce début est excellent. Le nouvel importun, qui parle avec un si juste mépris de l'extravagance de celui qu'il remplace, va tout-à-l'heure se montrer dix fois plus extravagant que lui. Parmi les fous, c'est le signe de la plus haute folie que de se croire le seul raisonnable, et de se moquer de tous les autres. (A.)

Et vous viennent toujours promettre tant de bien.
(haut.)
Vous avez fait, monsieur, cette bénite pierre,
Qui peut seule enrichir tous les rois de la terre?

ORMIN.

La plaisante pensée, hélas! où vous voilà!
Dieu me garde, monsieur, d'être de ces fous-là!
Je ne me repais point de ces visions frivoles,
Et je vous porte ici les solides paroles
D'un avis que par vous je veux donner au roi,
Et que tout cacheté je conserve sur moi :
Non de ces sots projets, de ces chimères vaines,
Dont les surintendants ont les oreilles pleines [1] ;
Non de ces gueux d'avis, dont les prétentions
Ne parlent que de vingt ou trente millions;
Mais un qui, tous les ans, à si peu qu'on le monte,
En peut donner au roi quatre cents de bon compte,
Avec facilité, sans risque, ni soupçon,
Et sans fouler le peuple en aucune façon ;
Enfin c'est un avis d'un gain inconcevable,
Et que du premier mot on trouvera faisable.
Oui, pourvu que par vous je puisse être poussé...

ÉRASTE.

Soit; nous en parlerons. Je suis un peu pressé.

ORMIN.

Si vous me promettiez de garder le silence,
Je vous découvrirois cet avis d'importance.

ÉRASTE.

Non, non, je ne veux point savoir votre secret.

ORMIN.

Monsieur, pour le trahir, je vous crois trop discret,
Et veux, avec franchise, en deux mots vous l'apprendre.

---

[1] Molière amène ici avec adresse le souvenir de Fouquet lui-même. Cet à-propos dut faire un grand plaisir au surintendant, qui aspiroit à remplacer le ministre que e roi avoit perdu. (B.)

Il faut voir si quelqu'un ne peut point nous entendre [1].
(Après avoir regardé si personne ne l'écoute, il s'approche
de l'oreille d'Éraste.)
Cet avis merveilleux, dont je suis l'inventeur,
Est que...

ÉRASTE.

D'un peu plus loin, et pour cause, monsieur.

ORMIN.

Vous voyez le grand gain, sans qu'il faille le dire,
Que de ses ports de mer le roi tous les ans tire;
Or, l'avis dont encor nul ne s'est avisé,
Est qu'il faut de la France (et c'est un coup aisé)
En fameux ports de mer mettre toutes les côtes.
Ce seroit pour monter à des sommes très hautes;
Et si...

ÉRASTE.

L'avis est bon, et plaira fort au roi.
Adieu. Nous nous verrons.

ORMIN.

Au moins, appuyez-moi
Pour en avoir ouvert les premières paroles.

ÉRASTE.

Oui, oui.

ORMIN.

Si vous vouliez me prêter deux pistoles,
Que vous reprendriez sur le droit de l'avis [2],

---

[1] Quel naturel et quelle vérité dans cet homme qui veut qu'on lui promette de garder le silence, et qui, lorsqu'on refuse d'entendre son secret, se hâte aussitôt de le révéler! Molière est plein de ces traits de caractère qu'on remarque à peine, justement à cause de leur naturel.

[2] Le caractère d'Ormin a des rapports marqués avec un personnage de Cervantes qui a la manie des projets. Tous les deux annoncent qu'ils ne sont pas des charlatans, et qu'ils s'occupent de choses sérieuses et importantes. Celui de Cervantes est à l'hôpital : « Pour moi, dit-il, je n'aime point les travaux qui ne nour-« rissent pas leurs maîtres. Je m'occupe, seigneur, d'économie politique ; j'ai « dans ce moment un projet qui me semble propre à acquitter en peu de temps « toutes les dettes de l'état : il consiste à proposer que tous les sujets de sa ma-« jesté, depuis l'âge de quatorze ans jusqu'à soixante, soient obligés de jeûner

Monsieur...

ÉRASTE.

(Il donne de l'argent à Ormin.) (seul.)

Oui, volontiers. Plût à Dieu qu'à ce prix
De tous les importuns je pusse me voir quitte!
Voyez quel contre-temps prend ici leur visite!
Je pense qu'à la fin je pourrai bien sortir.
Viendra-t il point quelqu'un encor me divertir [1]?

SCÈNE IV.

FILINTE, ÉRASTE.

FILINTE.

Marquis, je viens d'apprendre une étrange nouvelle.

ÉRASTE.

Quoi?

FILINTE.

Qu'un homme tantôt t'a fait une querelle.

ÉRASTE.

A moi?

FILINTE.

Que te sert-il de le dissimuler?
Je sais de bonne part qu'on t'a fait appeler;

« une fois par mois au pain et à l'eau, et que ce qu'ils dépenseroient en vin, en
« viande, en poissons, en œufs ou en légumes, soit versé dans les caisses royales,
« avec serment de n'en rien retrancher. Par cet impôt d'une espèce nouvelle,
« l'état, au bout de vingt ans, seroit déchargé de toutes ses dettes. En voici la
« preuve que j'ai acquise par mes calculs: Il y a, en Espagne, plus de trois mil-
« lions de personnes qui ont l'âge requis; la dépense d'un jour ne peut être éva-
« luée à moins d'un réal et demi: ce seroit donc plus de trois millions de réaux
« qui entreroient chaque mois dans les coffres du roi. Les Espagnols ainsi imposés
« auroient le double avantage de plaire à Dieu et de servir le roi. Voilà mon pro-
« jet. » Cette idée de faire jeûner toute l'Espagne est aussi comique que celle des
ports de mer; mais ce qui rend la scène de Molière plus piquante, c'est que cet
Ormin, qui ne parle que de millions, et qui veut faire la fortune d'Éraste, finit par
lui emprunter deux pistoles. (P.)

[1] *Divertir* pour *détourner*. Nous avons déjà remarqué que le mot pris en ce
sens a vieilli.

Et comme ton ami, quoi qu'il en réussisse,
Je te viens contre tous faire offre de service[1].

ÉRASTE.

Je te suis obligé; mais crois que tu me fais...

FILINTE.

Tu ne l'avoueras pas : mais tu sors sans valets.
Demeure dans la ville ou gagne la campagne,
Tu n'iras nulle part que je ne t'accompagne.

ÉRASTE, *à part.*

Ah! j'enrage!

FILINTE.

    A quoi bon de te cacher de moi?

ÉRASTE.

Je te jure, marquis, qu'on s'est moqué de toi.

FILINTE.

En vain tu t'en défends.

ÉRASTE.

    Que le ciel me foudroie,
Si d'aucun démêlé...

FILINTE.

    Tu penses qu'on te croie?

ÉRASTE.

Hé! mon Dieu! je te dis et ne déguise point
Que...

FILINTE.

    Ne me crois pas dupe, et crédule à ce point.

ÉRASTE.

Veux-tu m'obliger?

FILINTE.

    Non.

---

[1] Molière s'élève encore ici contre un des fléaux qui, de son temps, affligeoient la société. L'édit de Henri IV, en 1602, contre les duels; celui de Louis XIII, en 1614, dans lequel il avoit protesté qu'il ne feroit aucune grace; celui de la minorité de Louis XIV, en 1643, n'avoient pu modérer cette férocité qui portoit les plus honnêtes gens à s'égorger pour des intérêts très légers : Molière essaya ici l'empire du ridicule contre cette barbarie, que, par un abus de mots, on appelle courage et bravoure. (B.)

ÉRASTE.

Laisse-moi, je te prie.

FILINTE.

Point d'affaire, marquis.

ÉRASTE.

Une galanterie
En certain lieu ce soir...

FILINTE.

Je ne te quitte pas.
En quel lieu que ce soit, je veux suivre tes pas.

ÉRASTE.

Parbleu! puisque tu veux que j'aie une querelle,
Je consens à l'avoir pour contenter ton zèle;
Ce sera contre toi, qui me fais enrager,
Et dont je ne me puis par douceur dégager.

FILINTE.

C'est fort mal d'un ami recevoir le service;
Mais puisque je vous rends un si mauvais office,
Adieu. Videz sans moi tout ce que vous aurez.

ÉRASTE.

Vous serez mon ami quand vous me quitterez.
(seul.)
Mais voyez quels malheurs suivent ma destinée!
Ils m'auront fait passer l'heure qu'on m'a donnée.

SCÈNE V.

DAMIS, L'ÉPINE, ÉRASTE, LA RIVIÈRE ET SES
COMPAGNONS.

DAMIS, *à part.*

Quoi! malgré moi le traître espère l'obtenir!
Ah! mon juste courroux le saura prévenir.

ÉRASTE, *à part.*

J'entrevois là quelqu'un sur la porte d'Orphise.

ACTE III, SCÈNE V.

Quoi! toujours quelque obstacle aux feux qu'elle autorise!

DAMIS, *à l'Épine.*

Oui, j'ai su que ma nièce, en dépit de mes soins,
Doit voir ce soir chez elle Éraste sans témoins.

LA RIVIÈRE, *à ses compagnons.*

Qu'entends-je à ces gens-là dire de notre maître?
Approchons doucement, sans nous faire connoître.

DAMIS, *à l'Épine.*

Mais, avant qu'il ait lieu d'achever son dessein,
Il faut de mille coups percer son traître sein.
Va-t'en faire venir ceux que je viens de dire,
Pour les mettre en embûche aux lieux que je désire,
Afin qu'au nom d'Éraste on soit prêt à venger
Mon honneur que ses feux ont l'orgueil d'outrager,
A rompre un rendez-vous qui dans ce lieu l'appelle,
Et noyer dans son sang sa flamme criminelle.

LA RIVIÈRE, *attaquant Damis avec ses compagnons.*

Avant qu'à tes fureurs on puisse l'immoler,
Traître! tu trouveras en nous à qui parler.

ÉRASTE.

Bien qu'il m'ait voulu perdre, un point d'honneur me presse
De secourir ici l'oncle de ma maîtresse.

(à Damis.)

Je suis à vous, monsieur.

(Il met l'épée à la main contre La Rivière et ses compagnons,
qu'il met en fuite.)

DAMIS.

O ciel! par quel secours,
D'un trépas assuré vois-je sauver mes jours?
A qui suis-je obligé d'un si rare service?

ÉRASTE, *revenant.*

Je n'ai fait, vous servant, qu'un acte de justice.

DAMIS.

Ciel! puis-je à mon oreille ajouter quelque foi?
Est-ce la main d'Éraste?...

ÉRASTE.

Oui, oui, monsieur, c'est moi.
Trop heureux que ma main vous ait tiré de peine,
Trop malheureux d'avoir mérité votre haine!

DAMIS.

Quoi! celui dont j'avois résolu le trépas
Est celui qui pour moi vient d'employer son bras?
Ah! c'en est trop; mon cœur est contraint de se rendre;
Et, quoi que votre amour ce soir ait pu prétendre,
Ce trait si surprenant de générosité
Doit étouffer en moi toute animosité.
Je rougis de ma faute, et blâme mon caprice.
Ma haine trop long-temps vous a fait injustice;
Et, pour la condamner par un éclat fameux,
Je vous joins dès ce soir à l'objet de vos vœux [1].

SCÈNE VI.

ORPHISE, DAMIS, ÉRASTE.

ORPHISE, *sortant de chez elle avec un flambeau.*
Monsieur, quelle aventure a d'un trouble effroyable...?

DAMIS.

Ma nièce, elle n'a rien que de très agréable,
Puisqu'après tant de vœux que j'ai blâmés en vous,
C'est elle qui vous donne Éraste pour époux.
Son bras a repoussé le trépas que j'évite,

---

[1] Ce dénoûment est infidèle au titre, précipité, et romanesque : *infidèle au titre*, puisque, dans le dernier entr'acte, les fâcheux n'empêchent pas Éraste de se raccommoder avec sa maîtresse : *précipité*, puisque dans ce même entr'acte, dont les ballets fixent la durée sous nos yeux, Damis a le temps d'apprendre que sa nièce a donné un rendez-vous à Éraste, et de tout préparer pour le faire assassiner : *romanesque*, puisque le valet d'Éraste, ayant découvert le dessein de Damis, veut le prévenir en l'assassinant lui-même, et qu'Éraste, en défendant Damis, obtient son consentement pour épouser Orphise. (C.) — En un mot, le dénoûment n'est pas tiré du fond, et les accidents qui l'amènent ne sont pas dans nos mœurs. Ce double projet d'assassinat est encore une influence de la comédie italienne. Molière n'a point de pareilles fautes lorsqu'il ne cède qu'aux inspirations de son génie.

Et je veux envers lui que votre main m'acquitte.
ORPHISE.
Si c'est pour lui payer ce que vous lui devez,
J'y consens, devant tout aux jours qu'il a sauvés.
ÉRASTE.
Mon cœur est si surpris d'une telle merveille,
Qu'en ce ravissement je doute si je veille.
DAMIS.
Célébrons l'heureux sort dont vous allez jouir,
Et que nos violons viennent nous réjouir !
(On frappe à la porte de Damis.)
ÉRASTE.
Qui frappe là si fort ?

SCÈNE VII.

DAMIS, ORPHISE, ÉRASTE, L'ÉPINE.

L'ÉPINE.
Monsieur, ce sont des masques,
Qui portent des crincrins et des tambours de basques.
(Les masques entrent qui occupent toute la place.)
ÉRASTE.
Quoi ! toujours des fâcheux ! Holà ! Suisses, ici ;
Qu'on me fasse sortir ces gredins que voici [1].

---

[1] Cette pièce devoit paroître d'autant plus piquante aux contemporains de Molière, que la plupart des fâcheux qu'il y a mis en scène avoient leurs originaux à la cour. On les reconnoissoit, ils se reconnoissoient eux-mêmes ; et ce qu'il y a de plus singulier, ils étoient flattés d'avoir servi de modèle à Molière. Un écrivain spirituel, et qui vivoit à la même époque, nous a laissé à ce sujet des observations piquantes qui n'ont encore été rapportées par aucun commentateur. « Après « qu'on eut joué *les Précieuses*, dit-il, où les gens de cour étoient si bien re- « présentés et si bien raillés, ils donnèrent eux-mêmes à l'auteur, avec beaucoup « d'empressement, des mémoires de tout ce qui se passoit dans le monde, et des « portraits de leurs propres défauts et de ceux de leurs meilleurs amis, croyant « qu'il y avoit de la gloire pour eux que l'on reconnût leurs impertinences dans « ses ouvrages, et que l'on dit même qu'il avoit voulu parler d'eux ; car il y a « certains défauts de qualité dont ils font gloire, et ils seroient bien fâchés que « l'on crût qu'ils ne les eussent pas... A chaque pièce nouvelle, Molière recevoit de « nouveaux mémoires, dont on le prioit de se servir ; et je le vis bien embarrassé un

« soir après la comédie, et qui cherchoit partout des tablettes pour écrire ce que
« lui disoient plusieurs personnes de condition dont il étoit environné. Tellement
« que l'on peut dire qu'il travailloit sous les gens de qualité pour leur apprendre
« après à vivre à leurs dépens, et qu'il étoit en ce temps et encore présentement
« leur écolier et leur maître tout ensemble. Ces messieurs lui donnent souvent à
« dîner, pour avoir le temps de l'instruire, en dînant, de tout ce qu'ils veulent lui
« faire mettre dans ses pièces; mais comme il ne manque pas de vanité, il rend
« tous les repas qu'il reçoit, son esprit le faisant aller de pair avec beaucoup de
« gens qui sont au-dessus de lui... Cependant le nombre des notes qu'on lui four-
« nissoit devint si considérable qu'il s'avisa, pour satisfaire les gens de qualité,
« et pour les railler, ainsi qu'ils le souhaitoient, de faire une pièce où il pût mettre
« quantité de leurs portraits. Il fit donc *la comédie des Fâcheux*, dont le sujet
« est autant méchant que l'on puisse imaginer, et qui ne doit pas être appelée une
« pièce de théâtre : ce n'est qu'un amas de portraits détachés, et tirés de ces mé-
« moires, mais qui sont si naturellement représentés, si bien touchés et si bien
« finis, qu'il en a mérité beaucoup de gloire ; et ce qui fait voir que les gens de
« qualité *sont non seulement bien aises d'être raillés, mais qu'ils souhaitent
« que l'on connoisse que c'est d'eux que l'on parle, c'est qu'il s'en trouvoit qui
« faisoient en plein théâtre, lorsqu'on les jouoit, les mêmes actions que les co-
« médiens faisoient pour les contrefaire.* » Ces pages n'ont pas été écrites par un
ami, car on y voit l'envie percer à chaque ligne. L'auteur même voudroit bien
faire croire que Molière n'avoit d'autre mérite que de savoir mettre en œuvre les
notes qu'on lui donnoit. Et cependant quel éloge involontaire du grand poëte
dans cet empressement des premiers seigneurs de la cour! quel éloge du peintre
du monde, du réformateur des mœurs, dans cette admiration générale, qu'on
avoue avec d'autant plus d'éclat qu'on fait plus d'efforts pour la dissimuler! Le
passage que nous venons de citer peut être placé parmi les morceaux les plus curieux de notre histoire littéraire.

BALLET DU TROISIÈME ACTE.

PREMIÈRE ENTRÉE.

Des Suisses, avec des hallebardes, chassent tous les masques fâcheux, et se retirent ensuite pour laisser danser à leur aise

DERNIÈRE ENTRÉE.

Quatre bergers et une bergère, qui, au sentiment de tous ceux qui l'ont vue, ferment le divertissement d'assez bonne grace.

TABLE

DES MATIÈRES CONTENUES DANS CE VOLUME.

Préface de la première édition publiée de 1824 à 1826. . . . j
Vie de Molière. xix
Histoire de la troupe de Molière. cxix
L'Étourdi, ou les Contre-Temps, comédie en cinq actes. 2
Le Dépit amoureux, comédie en cinq actes. 125
Les Précieuses ridicules, comédie en un acte. 215
    Préface. 215
Sganarelle, ou le Cocu imaginaire, comédie en un acte. 265
    A M. de Molière. 265
Don Garcie de Navarre, ou le Prince jaloux, comédie
    héroïque en cinq actes. 309
L'École des Maris, comédie en trois actes. 387
    A monseigneur le duc d'Orléans, frère unique du roi. . . 389
Les Fâcheux, comédie-ballet. 461
    Au Roi. 463
    Préface. 465

FIN DE LA TABLE DU PREMIER VOLUME.